유라시아 경제의 이해

| 이 종 문 지음 |

부산외국어대학교 출판부

유라시아 경제의 이해

2019년 2월 25일 인쇄
2019년 2월 28일 발행

저 자/ 이 종 문
발행인/ 정 기 영
발행처/ 부산외국어대학교 출판부
등 록/ 제 14-11-15호
주 소/ 46234 부산 금정구 금샘로485번길 65
전 화/ 051) 509-6466~7 팩스/ 051) 509-6468
인터넷/ http://press.bufs.ac.kr
편 집/ 주간 · 김동하, 디자인 · 서인홍
인쇄처/ 세종문화사 (051) 463-5898
공급처/ 한국출판협동조합 (02) 716-5616~9

ISBN 978-89-8312-447-0 93300

정가 26,000원

이 도서의 국립중앙도서관 출판예정도서목록(CIP)은 서지정보유통지원시스템 홈페이지(http://seoji.nl.go.kr)와 국가자료공동목록시스템(http://www.nl.go.kr/kolisnet)에서 이용하실 수 있습니다.(CIP제어번호: CIP2019002841)

머리말

중국 시진핑의 일대일로(One-Belt, One-Road) 정책과 러시아 푸틴의 신동방정책, 한국 문재인 정부의 신북방정책은 글로벌 경제위기 이후 침체된 유라시아(러시아와 중앙아시아) 지역에서 재도약과 발전을 위한 새로운 기회가 되고 있다. 중국의 일대일로 정책은 당나라(육상)와 명나라(해상)의 실크로드를 현대에 재현하는 프로젝트로 아시아 중심의 새로운 경제 질서를 구축하고자 하는 야심을 보인 것이며, 한국의 신북방정책은 9개 부문(9-bridge)에서 동북아 국가들과의 교역 및 투자 협력을 통해 아시아와 유럽을 엮어 북한의 개방을 이끌어 역내 경제협력을 강화하는 것을 목표로 하고 있다. 러시아는 극동개발을 통한 아시아-태평양 지역과의 경제 관계를 강화하여 에너지 자원 수출의 다변화와 지역개발을 추구하고 있다. 따라서 3국 정책의 중심 지역인 유라시아(러시아와 중앙아시아)는 향후 세계 경제 질서의 재편에 있어 중요 지역으로 부상할 것으로 예상된다.

21세기 들어서면서 러시아를 위시한 독립국가연합(CIS) 회원국들은 자국의 이익을 확보하고 다른 경제권과의 경쟁에서 살아남으려는 조치의 일환으로 포스트 소비에트 공간에서 새로운 경제동맹체의 결성에 대한 필요성을 강하게 느꼈다. 그리고 많은 시행착오와 갈등을 겪으면서 마침내 2015년 1월 1일 러시아, 벨라루스, 카자흐스탄 3국은 포스트 소비에트 공간에서 4개 부문(상품, 자본, 노동, 서비스)의 자유로운 이동을 목표로 한 공동시장으로 나아가기 위한 유라시아경제연합(EAEU)을 출범시켰다. 아르메니아와 키르기스스탄이 가입하면서 EAEU는 포스트 소비에트 공간에서 회원국들의 이해를 대변하는 새로운 지역경제공동체로 확대 발전하고 있다. 향후 타지키스탄과 우즈베키스탄도 가입할 가능성이 높아 EAEU의 규모는 더욱 커질 것으로 예상된다. 5개국으로 구성된 EAEU는 세계 면적의 14%, 인구 1억 8,270만 명, GDP 규모 1조 8,100억 달러의 작지 않은 시장을 형성하고 있다. EAEU는 2017년까지 역내 통합 의약품 시장, 2019년까지 역내 통합 전력시장, 그리고 2025년까지 역내 단일 에너지(석유와 천연가스) 시장을 형성하는 방안을 수립하여 추진하고 있는데 최종 목표는 유럽연합(EU)과 같은 유라시아연합(Eurasian Union)을 창설하는 것이다. 유라시아

(러시아와 중앙아시아) 지역에서의 경제통합 추진은 대외의존도가 높은 수출주도형 한국 경제에 새로운 기회를 제공할 것이다. 동시에 미국, 중국, 일본에 편중된 한국경제의 대외관계 포트폴리오를 다변화시키는 데 중요한 역할을 할 것으로 기대된다.

이 책은 글로벌 금융위기 이후 새로운 성장과 도약을 도모하고 있는 러시아와 중앙아시아를 중심으로 한 유라시아 지역 경제를 올바르게 이해하기 위해 꼭 필요한 인문 지리 및 경제 분야의 핵심 사항들을 개별 국가 및 국제경제기구들의 공식 통계자료 및 보고서를 중심으로 기술, 분석하고 있다. 이 책은 필자가 대학의 학부 및 대학원에서 러시아-중앙아시아 지역 경제를 강의하면서 작성한 강의안을 기초로 저술되었다. 그리고 교재 내용의 일부는 부산외국어대 인문역량 강화사업(CORE)의 교재 개발 사업 결과물인 '유라시아 경제연합연구', '유라시아 경제개관', '유라시아 자연, 인문, 경제 지리'에 나오는 사항을 일부 개정하여 다루고 있음을 밝히는 바이다. 교재 내용은 처음으로 러시아-중앙아시아 경제를 접하는 학생 및 독자들이 쉽게 이해할 수 있도록 평이하게 서술하려고 노력하였다. 필자 나름의 노력에도 불구하고 내용상의 부실과 미진한 부분에 대해서는 독자 제현의 넓은 이해를 부탁드리며, 아낌없는 비판과 조언을 바라는 바이다. 또한 이 책은 앞으로 계속해서 보완해야 할 과제를 동시에 가지고 있다는 점을 언급하고 싶다. 부디 이 책이 포스트 소비에트 공간에서 새로운 경제통합의 길을 모색하고 있는 러시아와 중앙아시아를 공부는 학생이나 독자들, 동 지역을 연구하는 연구자 및 전문가, 동 지역으로의 진출을 준비하는 기업인들에게 조그만 보탬이 되었으면 하는 마음 간절하다.

마지막으로 이 책이 나올 수 있도록 연구 및 집필 과정에서 성원과 도움을 주신 많은 분께 감사의 말씀을 드리는 드리며 편집을 담당해 주신 출판사 관계자들께도 고마움을 표한다. 무엇보다 한시라도 그 은혜를 잊을 수 없는 부모님과 인생의 동반자로 항상 사랑과 격려를 보내준 아내와 두 딸에게도 이 자리를 빌려서 감사함과 고마운 마음을 전한다.

2019년 1월

저자 李鍾汶

차 례

러시아 경제 개관

중앙아시아 경제 개관

러시아 경제 개관

Ⅰ. 러시아 자연 지리

1. 러시아 영토 면적

러시아는 북유럽 대륙 북부와 발트해 연안에서 우랄 지역과 시베리아를 거쳐 극동지역 베링해까지, 유라시아 대륙의 서쪽 끝에서 동쪽 끝까지 뻗어있는 국가로 세계에서 가장 넓은 영토를 보유하고 있다. 세계은행(World Bank)[1] 자료에 따르면 2017년 말 기준 러시아 영토 면적(surface area)은 세계 전체 면적의 1/8, 유라시아 대륙의 1/3에 해당하는 1,709만 8,250㎢다. 이는 남북한을 합친 한반도 면적(22만 820㎢)의 약 77.4배이며, 남아메리카 대륙 총면적(1,761만㎢)에 육박하며, 미국과 중국 영토를 합친 것에 조금 못 미치는 광대한 면적이다. 강과 호수를 제외한 육지 면적(land area)도 1,637만 6,870㎢로 세계 전체 면적의 12.6%를 차지한다. 러시아연방 국가 통계청 자료[2]에 의하면 러시아 영토 면적은 1,712만 5,200㎢로 세계은행 자료보다 26,950㎢ 더 넓은 것으로 파악되고 있는데 이는 2014년 4월 병합한 우크라이나의 크림공화국(26,100㎢)과 세바스토폴시(864㎢)가 포함되었기 때문이다.[3] 역사적으로는 제정 러시아 시대 말기인 1867년 알래

1) World Bank. ‘World Development Indicators database.’ 2018.06.30

2) Федеральная служба государственной статистики. Российский статистический ежегодник. 2017 : Стат.сб./Росстат. -P76 M., 2017. p. 52.

3) 2014년 3월 16일 우크라이나 영토였던 크림자치 공화국과 세바스토폴 특별시가 주민투표를 통

스카(155.4만㎢)를 평당 2센트(cent)인 720만 달러에 미국에 매각하기 전까지 러시아는 유럽, 아시아, 북아메리카 3대륙에 걸친 2,393만㎢에 달하는 웅대한 영토를 자랑하며, 몽골제국, 대영제국에 이어 인류 역사상 3번째로 넓은 영토를 보유한 나라이기도 했다.

오늘날 러시아는 국토 최서단인 대서양의 발트해에 위치한 칼리닌그라드(Kaliningrad)에서 최동단인 추코트카(Chukotka)까지 동서 길이는 북위 60도 상 지구 둘레(20,000㎞)의 절반에 조금 못 미치는 9,000㎞가 넘어 동서 두 지점 사이에는 11시간의 시간대가 존재한다.[4] 남북 간의 길이는 짧게는 2,500㎞, 길게는 4,400㎞에 이른다. 러시아 영토 가운데 가장 북쪽에 위치한 지역은 북극해의 제믈랴프란차-이오시파(Zemlya Frantsa-Iosifa) 제도에 있는 북위 81° 47'의 루돌프섬(Rudolf Island)이다. 러시아 본토에서 최북단은 타이미르반도의 첼류스킨(Chelyuskin)으로 북위 77° 43'에 위치한다. 많은 사람이 러시아 최북단으로 생각하는 무르만스크(Murmansk)는 북위 68° 58'에 위치한 항구도시로 인구 30만 명 이상 세계 도시 가운데 최북단에 위치한다. 그리고 러시아 비철금속의 핵심 산지인 노릴스크(Norilsk. 69° 20')[5]는 시베리아 중부의 크라스노야르스크변강 북부 예니세이강 근처에 있는 인구 17만 9,550명의 도시로 10만을 넘는 도시 중에는 세계 최북단에 있다. 러시아 최남단 도시는 극동지역의 블라디보스토크(Vladivostok. 북위 43° 07')가 아니라 남서부 볼쇼이(大) 캅카스(Bolshoi Kavkaz) 산맥 동부 지맥 기슭, 카스피해(海) 서안에 위치한 데르벤트(Derbent. 북위 42° 04')로 인구는 123,700명이다.[6]

해 96% 이상이 러시아로의 귀속을 찬성하였고, 러시아 정부 또한 이를 받아들여 3월 크림반도 편입을 결정하였다.

4) 러시아는 1924년 이후 11시간 시차제를 사용하고 있는데 2009년 11월 드미트리 메드베데프 대통령이 연례 국정연설에서 "11시간 시차로 인해 경제 효율성이 떨어진다면 그것을 조정할 필요가 있다"고 밝히면서 커다란 논쟁거리가 되기도 했다. 러시아에서는 방송 등 공적인 경우나 시간대가 다른 지역 사람끼리 약속을 잡을 때는 UTC+3의 모스크바 표준시(MSK)를 사용한다.

5) 러시아 최대 니켈광산이 위치하고 있어 니켈을 비롯한 구리, 코발트 등의 다양한 금속을 생산된다. 노릴스크 금속콤비나트는 세계 팔라듐의 35%, 백금의 25%, 니켈의 20%, 로듐의 20%, 코발트의 10%를 생산하고 있다. 그리고 러시아에서 생산되는 니켈의 96%, 코발트의 95%, 구리의 55%를 노릴스크 금속콤비나트가 담당하고 있다.(https://ru.wikipedia.org/wiki/Норильск)

자료 http://www.mytripolog.com/wp-content/uploads/2012/07/Russian-physical-map-showing-important-cities.jpg

그림 1 러시아 전도

표 1. 영토 및 육지 면적으로 본 러시아 (2017년 말 기준)

순위	영토 면적 (surface area)			육지 면적 (land area)		
	국명	㎢	비중(%)*	국명	㎢	비중(%)*
1	**러시아**	**17,098,250**	**12.73**	**러시아**	**16,376,870**	**12.62**
2	캐나다	9,984,670	7.43	중 국	9,388,211	7.24
3	미 국	9,831,510	7.32	미 국	9,147,420	7.05
4	중 국	9,562,911	7.12	캐나다	9,093,510	7.01
5	브라질	8,515,770	6.34	브라질	8,358,140	6.44
6	호 주	7,741,220	5.76	호 주	7,682,300	5.92
7	인 도	3,287,259	2.45	인 도	2,973,190	2.29
8	아르헨티나	2,780,400	2.07	아르헨티나	2,736,690	2.11
9	카자흐스탄	2,724,902	2.03	카자흐스탄	2,699,700	2.08
10	알제리	2,381,740	1.77	알제리	2,381,741	1.84
	세계 전체	134,325,130	100.0	세계 전체	129,733,173	100.0

비중(%)* : 세계에서 차지하는 비중

자료 : 세계은행(World Bank). 'World Development Indicators database.' 2018.06.30

6) 100 Крупнейших городов России по населению 2018 список РФ, http://www.statdata.ru/largest_cities_russia

러시아는 지리 좌표로 북위 41° 11'에서 81° 51', 동경 19° 38'에서 169° 39'에 위치한다. 러시아는 북쪽 지역의 영토가 북극권까지 펼쳐져 있어 해안선 중 절반 이상이 북위 70° 위쪽에 위치하고, 전체 영토의 4/5 정도가 북위 60° 위에 분포하는 고위도 국가다. 러시아는 동・서・남・북으로 광활하게 펼쳐져 있어 여객 및 화물 수송은 자동차 도로보다 항공이나 철도에 의존하고 있다. 러시아의 철도 총연장(2016년 기준)은 85,375㎞로 미국(228,218㎞)에 이어 세계 2위를 차지하나 노선의 상당 부분이 노후화되어 운송 효율이 매우 낮다. 러시아 철도의 상징인 시베리아횡단철도(TSR)는 1905년 우랄산맥 동부의 첼랴빈스크에서 시작하여 블라디보스토크까지 약 7,400㎞를 연결한 대륙횡단철도로 건설되었는데 오늘날에는 블라디보스토크에서 모스크바까지 9,334㎞를 가리키기도 한다. 러시아 해안선의 총 길이는 60,985㎞로 그 중 북극해 해안선이 39,940㎞로 65.5%를 차지하고, 태평양 해안선이 17,740㎞(29.1%), 대서양 해안선이 1,845㎞(3.0%), 카스피해 해안선이 1,460㎞(2.4%)이다.[7] 인접 국가와의 국경선 길이는 총 60,933㎞로 하천으로 7,141㎞, 호수로 475㎞, 해안으로 38,807㎞, 육지로 14,510㎞에 달하며 중국, 카자흐스탄, 몽골 등 14개 국가와 국경을 접하고 있는데 역외 영토인 칼리닌그라드[8]와 접경하고 있는 폴란드와 리투아니아를 포함할 경우 16개 국가로 늘어나 국경 인접 국가 수에서 중국(14개 국가)을 제치고 세계 1위를 차지한다.[9]

러시아는 우랄산맥(Ural Mountains)을 중심으로 지리적으로 유럽 러시아와 아시아 러시아로 구분된다. 유럽 러시아가 국토 면적의 약 1/5인 23%, 아시아 러시아가 3/4인 76%를 차지하고 있다. 러시아 유럽 지역의 대부분은 러시아(동유럽)

7) https://www.z-rus.ru/o_russia_4.php (검색일: 2018.06.30.)

8) 리투아니아와 폴란드 사이 발트해 연안에 위치한 지역으로 면적은 15,100㎢이다. 러시아 본토와 500㎞ 떨어져 있으나 대서양으로 나가는 부동항으로 지정학적으로 중요한 의미를 지닌다.

9) 16개 국가와 국경선의 길이는 다음과 같다. 노르웨이 196㎞, 핀란드 1,285㎞, 폴란드(칼리닌그라드주) 210㎞, 라트비아 288㎞, 에스토니아 467㎞, 리투아니아(칼리닌그라드주) 270㎞, 벨라루스 1,239㎞, 우크라이나 2,245㎞, 압하지야 267㎞, 조지아 898㎞, 남오세티야 74㎞, 아제르바이잔 350㎞, 카자흐스탄 7,082㎞, 몽골 3,485㎞, 중국 4,209㎞, 북한 39.4㎞이다. 미국 및 일본과는 해양을 공유하고 있다. Минприроды России, Государственный доклад «О состоянии и использовании водных ресурсов Российской Федерации в 2015 году», М.:НИА-Природа, 2016. p.212

평원 지역에 있으며 캅카스산맥의 북쪽 지역과 우랄 지역을 포함하고 있다. 러시아의 아시아 지역은 시베리아와 극동 지역으로 구성된다.

러시아 육지 면적의 절반(49.8%)은 삼림으로 덮여있고, 농지(agricultural land)가 13.3%, 농경지(arable land)가 7.5%, 습지를 포함한 지표수가 13%를 차지한다. 넓은 평원이 국토 면적의 약 70%를 점한다. 우랄산맥은 북극해 연안에서 카자흐스탄에 이르는 총 길이 약 2,080㎞의 습곡산맥으로 러시아 평원과 서시베리아 평원을 구분 짓는 경계선인 동시에 유라시아 대륙을 유럽과 아시아로 갈라놓는 분계선으로 대부분이 해발고도 1,500m 이하의 낮은 산들로 이어져 있다. 우랄산맥 서쪽에 위치한 러시아 평원은 동유럽 평원을 이루는 최대 지역으로 서쪽 경계에서 우랄산맥까지 1,600㎞에 걸쳐 뻗어 있다. 세계 최대의 저지대로 동쪽에서 서쪽으로 기복이 심한 고원과 평원지대가 교차한다. 우랄산맥 동쪽의 서시베리아 평원은 동쪽으로는 예니세이강까지, 남북으로는 북극해에서 알타이산맥까지 펼쳐진 낮은 평지 지역으로 러시아 연방 전체 면적의 약 1/7에 해당한다.

러시아의 산악지대는 동부와 남부 및 남서부 지역에서 나타난다. 남서부 산악지대는 볼쇼이 캅카스산맥의 북부 경사면 능선에 있는데 해발 5,642인 옐브루스(Elbrus)산은 러시아는 물론 유럽에서 가장 높은 고지대다. 남부 산악지대는 카자흐스탄 동쪽 국경선에서 남부 시베리아의 산들을 거쳐 바이칼호에 이르는 지역으로 알타이산맥, 쿠즈네츠키 알라타우, 동(東)·서(西) 사얀산맥, 티바산맥, 바이칼 지역, 자바이칼, 그리고 스타노보이 고원으로 구성되어 있다. 동부 산악지대는 바이칼호로부터 야블로노비산맥, 스타노보이산맥, 주그주르산맥, 콜리마산맥, 추코트카산맥으로 이어지며 베링해까지 연결된다. 고대 유럽 지괴(地塊, land block)와 북아메리카 지괴가 충돌하면서 형성된 습곡산지로 해발 2,000~3,000m 높이의 산으로 이루어져 있다. 동부 산악지대의 동쪽 지역에는 환태평양 화산지대의 일부인 캄차카반도와 쿠릴 열도의 해안 화산들이 자리하고 있다. 러시아에는 해발 4,000m 이상인 산 또는 봉우리가 총 54개 분포하고 있는데 최고봉인 옐브루스를 비롯해 51개가 볼쇼이 캅카스산맥 북부 지대에 있다. 나머지 4개는 알타이산맥과 캄차카에 자리하고 있다.[10)]

러시아는 세계에서 가장 풍부한 수자원을 보유하고 있는 국가 중 하나다. 특히 재생 가능한 담수자원(fresh water)은 연간 4,523㎦으로 브라질(8,647억㎦)에 이어 세계 2위를 차지한다.11) 러시아에는 길이가 500㎞ 이상인 큰 강(江)들이 221개나 흐른다. 길이가 101~500㎞인 강은 3,316개, 100㎞ 이하인 작은 강은 무려 137,302개나 된다. 가장 긴 강은 레나강으로 4,400㎞이며 그 외에 이르티시(4,248㎞), 오비(3,650㎞), 볼가(3,530㎞), 예니세이(3,487㎞), 니즈나야 퉁구스카(2,989㎞), 아무르(2,824㎞), 빌류이(2,650㎞), 우랄(2,428㎞) 등 2,000㎞가 넘는 강만 13개가 있다.12) 러시아의 큰 하천은 대부분이 중앙아시아 남단에 있는 산악지역에서 발원하여 북쪽으로 흘러 북극해로 들어간다. 그러나 러시아인들이 '어머니 강(мать рек)'이라 부르는 볼가강은 트베리주의 발다이 구릉에서 발원하여, 러시아 평원의 4개 지대(地帶), 북쪽에서부터 삼림지대, 삼림·초원 혼합지대, 초원지대, 반(半)사막지대를 가로질러 카스피해로 유입된다.

러시아 국가 수자원 명부에 등록된 호수의 수는 총 23,733개다. 그중 가장 큰 호수는 시베리아 남동쪽, 이르쿠츠크(Irkutsk)와 부랴트 자치공화국 사이에 위치한 바이칼호(Lake Baikal)로 '시베리아의 진주(Жемчужина Сибири)' 또는 '시베리아의 파란 눈(Голубое око сибири)'이라고 일컫는데 부랴트어로 '큰(바이) 물(칼)'이란 뜻을 지니고 있다. 2,500만 년 전 단층작용으로 형성된 세계에서 가장 오래된 역사를 자랑하는 바이칼호의 면적은 31,722㎢, 남북 길이 636km, 최장 너비 79.5km이며, 최대 수심은 1,642m로 세계에서 가장 깊은 호수다. 또한 저수량이 23,616㎦로 담수호 가운데 최대 규모이며, 세계에서 얼지 않는 담수량의 20%, 러시아 전체 담수량의 90%를 차지한다. 그 외 대형 호수로는 라도가호(17,870㎢. 카렐리야공화국과 레닌그라드주), 오네가호(9,270㎢. 카렐리야공화

---

10) Словари и энциклопедии на Академике. Список высочайших горных вершин России. http://dic.academic.ru/dic.nsf/ruwiki/1870162 (검색일: 2018.06.30.)

11) Минприроды России, Государственный доклад «О состоянии и использовании водных ресурсов Российской Федерации в 2015 году», М.:НИА－Природа, 2016. p.222

12) Федеральная служба государственной статистики. Российский статистический ежегодник. 2017. Москва. 2017. p. 65.

국, 레닌그라드주, 볼로고드주), 타이미르호(4,560㎢. 크라스노야르스크변강), 한카호(4,070㎢. 연해주) 등이 있다.[13)] 흥미로운 점은 면적이 1,000㎢ 이상 되는 9개 호수 중 7개가 유럽 러시아 지역에 분포되어 있고, 아시아 러시아에는 가장 큰 호수인 바이칼호와 한카호만이 있다. 러시아를 둘러싸고 있는 바다로는 북극해의 일부인 바렌츠해, 카라해, 백해, 랍테프해, 동시베리아해, 추코트해와 태평양의 일부인 베링해, 오호츠크해, 동해, 서쪽의 발트해, 서남쪽의 흑해와 아조프해가 있다.

2. 러시아 삼림 면적

러시아는 유라시아 대륙에 걸친 세계 최대의 영토를 바탕으로 삼림 면적(forest area)에서도 세계 최고 수준을 자랑한다. 러시아의 총 삼림 면적은 국토 면적의 약 50%에 해당하는 814만 9,305㎢로 오스트레일리아 전체 면적보다 더 넓다. 러시아는 삼림 면적에서 세계 총 면적(3,999만 ㎢)의 20.4%를 차지하며, 2~4위 그룹인 브라질(12.4%), 캐나다(8.7%), 미국(7.8%) 등을 압도하고 있다. 러시아 삼림 자원의 대부분은 타이가(Taiga)와 초원(Steppe) 지역에 집중되어 있다. 특히 미국 본토보다 더 넓은 시베리아에 발달한 침엽수 삼림지대인 타이가에는 펄프용, 건축용, 토목용으로 이용되는 낙엽송, 소나무, 자작나무, 가문비나무, 시베리아 삼나무 등이 풍부해 세계 목재 자원 잠재력의 1/3을 보유하고 있다. 타이가는 러시아의 서북부 상트-페테르부르크에서 시베리아를 거쳐 북태평양 해안인 오호츠크해에 이르는 광대한 산림지역으로 러시아 전 국토의 약 30%를 차지한다. 툰드라 지대 남쪽 아한대 기후에 냉대림이 펼쳐져 있는 생물군계로 포졸(Подзóлистые пóчвы)[14)]이라는 토양을 볼 수 있고 지하에는 영구 동토층이 있다.

---

13) Ibid.

14) 회색산림토라고도 한다. 시베리아, 캐나다, 스칸디나비아 등 북부 냉대 습윤 기후 지역의 침엽수림 지대에 널리 분포하는 회백색의 강한 산성 토양으로, 염기가 부족하고 비옥도가 낮은 척

표 2. 삼림 및 농지 면적으로 본 러시아 (2015년 기준)

순위	삼림 면적(forest land)			농지 면적(agricultural land)		
	국명	㎢	비중(%)*	국명	㎢	비중(%)*
1	**러시아**	**8,149,305**	**20.42**	중 국	5,278,330	10.85
2	브라질	4,935,380	12.37	미 국	4,058,625	8.35
3	캐나다	3,470,690	8.70	호 주	3,659,130	7.52
4	미 국	3,100,950	7.77	브라질	2,825,890	5.81
5	중 국	2,083,213	5.22	**러시아**	**2,177,218**	**4.48**
6	콩 고	1,525,780	3.82	카자흐스탄	2,169,920	4.46
7	호 주	1,247,510	3.13	인 도	1,797,210	3.70
8	인도네시아	910,100	2.28	사우디아라비아	1,736,472	3.57
9	페 루	739,730	1.85	아르헨티나	1,487,000	3.06
10	인 도	706,820	1.77	몽 골	1,129,035	2.32
	세계 전체	39,991,336	100.0	세계 전체	48,626,474	100.0

비중(%)* : 세계에서 차지하는 비중
자료 : 세계은행(World Bank). 'World Development Indicators database.' 2018.06.30

러시아 천연자원-환경부 자료에 따르면 러시아의 총 임야 면적(forest land)은 8억 9,086만 헥타르(ha)며, 그 가운데 산림지역은 7억 9,451만 헥타르다. 산림지역에는 활엽수, 소나무, 전나무, 삼나무, 참나무, 너도밤나무, 자작나무, 사시나무 등이 주요 수종으로 약 90.2%를 차지한다. 수종 군으로는 침엽수가 68.2%로 다수를 차지하고, 하드 우드(hardwood)가 2.4%, 소프트 우드(softwood)가 19.6%, 관목이 9.7%를 차지한다. 수종별로는 낙엽송이 35.7%, 소나무가 15.5%, 전나무가 10.1%, 자작나무가 15.3%, 시베리아 삼나무가 4.9%를 점유하고 있다. 2015년 말 기준 러시아의 목재 스톡(stock)[15]은 797억㎥이다. 그중 55%에 해당하는 445억㎥는 다 성장하거나, 더 크지 않을 정도로 오래된 고목인데 침엽수가 332억㎥로 대다수를 차지한다. 러시아는 삼림부문에서 세계 최고의 잠재력을 보유하고 있음에도 불구하고 실제 생산은 대단히 낮다는 문제점을 지니고 있다. 최한월(最寒月) 평균 기온이 -3℃ 이하이고, 최난월(最蘭月) 평균기온이 10℃인 한랭하고 눈이 많이 내리는 혹독한 기후 조건과 열악한 운송 인프라로 인해 성장목(成長木) 이상에서의 생산(벌채)은 16%에도 미치지 못한다.[16]

박한 토질로 농업에 부적당하다.

15) 스톡(stock) : 어떤 특정 시점을 기준으로 파악한 경제 조직 중에 존재하는 재화 전체의 양.

3. 러시아 농지 면적

러시아는 농업 생산의 바탕이 되는 농지(agricultural land) 면적에서 중국, 미국, 호주, 브라질에 이어 세계 5위를 차지한다. 세계은행 자료에 의하면 러시아의 농지 면적(2015년)은 217만 7,218㎢로 세계 농지의 약 4.5%를 차지한다.[17] 러시아 연방 국가등록, 지적 및 지도제작청(The Federal Service for State Registration, Cadastre and Cartography)에 의하면 2017년 1월 1일 기준 러시아 영토 중 농경지는 222.1백만 ha로 전체 면적의 13.0%이며, 산림지역은 870.7백만 ha로 50.8%, 늪지를 포함한 지표수(호수, 강 등)가 226.8백만 ha로 13.2%, 산악을 포함한 기타 지역이 392.9백만 ha로 23.0%를 차지한다.[18] 러시아 농지 면적이 국토 면적의 13%에 불과한 것은 영토의 대부분이 고위도에 위치한 관계로 사시사철 얼음으로 덮여 있는 완전한 동토 지역인 북극 사막(arctic desert), 일 년 중 여름 얼마 동안을 제외한 250여 일이 눈과 얼음으로 덮여 있어 생육 기간이 60일 이하인 풀과 관목이 자라는 툰드라 지대, 그리고 아한대 기후에 농업에는 부적당한 척박한 포졸 토양을 지닌 타이가 지대가 광범위하게 펼쳐져 있기 때문이다.

러시아에서 농사를 지을 수 있는 지역은 타이가 지대 남쪽인 혼합림·낙엽수림 지대와 스텝 지대에 국한된다. 혼합림·낙엽수림 지대는 타이가 지대 남쪽에 분포하며, 서쪽 국경에서 동쪽 노보시비르스크(Novosibirsk)까지 삼각형(▷) 모양으로 펼쳐져 있다. 타이가 지대보다 여름이 길고 온난하며, 겨울 또한 상대적으로 짧고 기온도 높다. 연간 강수량은 400~600㎜로 적은 편이나 증발량이 적고 여름에 집중되는 관계로 곡물 재배에 적합하다. 많은 지역이 개간되어 농지로 이용되고 있으며, 산림은 극히 일부 지역에 남아 있다. 이 지대의 토양은 스텝의 토양보다는 비옥도가 떨어지지만, 타이가의 포졸보다는 비옥하다. 상대적으로 토양의

16) Минприроды России. Доклад о состоянии и использовании лесов Российской Федерации за 2015 г. 20 Декабря 2016. pp. 1~4.

17) World Bank. 'World Development Indicators database.' 2018.06.30.

18) Федеральная служба государственной статистики. Российский статистический ежегодник. 2017. Москва. 2017. p. 68.

여과성이 떨어지고 토양층이 두꺼울 뿐만 아니라, 빙하가 운반해 온 많은 영양분을 가진 물질이 집중적으로 퇴적되어 토양의 비옥도가 높다. 그 결과 다양한 농작물이 재배되고 목축업이 성행하는 등 초원 지역과 더불어 러시아의 중요한 농업지역이 되고 있다. 토지 생산성이 높기 때문에 오래전부터 이곳에 인구가 집중적으로 분포하고 있다.

스텝 지대는 서쪽 국경에서부터 동쪽으로는 시베리아 알타이산맥까지, 남쪽으로는 흑해 연안에서 남부에 이르는 지역으로 초본식물로 덮여 있다. 여름은 온난하고 무상기일이 길지만, 연간 강수량은 200～500㎜에 불과하다. 건조한 기후에 잘 견딜 수 있는 곡물을 재배하는 한편 가축사육을 많이 한다. 토양은 두꺼운 부식층을 가진 체르노좀(Чернозём)으로 유기물이 많아 매우 비옥하다. 체르노좀은 러시아어로 '검은 흙(black earth)'이라는 뜻이며 온대에서 냉온대에 이르기까지 대륙 내부의 반건조 또는 반습윤 기후인 스텝 식생 지역에서 발달한 흑색의 토양이다. 미생물의 활동으로 식물이 썩어 형성된 두꺼운 부식층을 갖고 있어 각종 영양분과 유기물이 풍부하고 매우 비옥하여 밭작물에 이상적인 토양이다. 러시아 최대 곡창지대로 밀, 사탕무, 해바라기 등의 농작물 재배가 집중적으로 이루어진다.[19)]

---

19) [네이버 지식백과] 체르노좀 (시사상식사전, 박문각)

Ⅱ. 러시아 인문 지리

1. 러시아 인구

오늘날 세계 경제에서 인구는 생산의 핵심 요소인 노동 공급의 원천으로 한 나라의 경제력과 경제성장을 결정하는 중요한 요인이다. 고전 경제학의 창시자인 애덤 스미스(A. Smith)는 인구 증가를 경제발전의 기본 축으로 인식했고 '국부론'에서 국가의 번영은 인구수에 따른다는 이론을 제기했다. 케임브리지학파의 창시자인 앨프레드 마셜(A. Marshall)은 인구 증가가 경제발전에 중요한 요소라고 보았다. 거시경제학의 시조인 존 메이너드 케인스(J. M. Keynes)는 인구증가율의 정체가 유효수요를 감퇴시켜 투자를 감소시키고 그 결과 고용 축소와 실업 증가를 유발한다고 역설했다. 조지프 슘페터(J. Schumpeter)는 인구 증가는 중요한 국부(國富)의 상징이고 부를 생산하는 원천이자 최대 자산이라고 주장했다.

세계은행(World Bank)이 2018년 7월 1일 발표한 '세계개발지수데이터베이스(World Development Indicators database)'에 의하면 2017년 말 기준 러시아에는 세계 인구의 1.9%에 해당하는 1억 4,450만 명이 거주하고 있어 인구 규모 면에서 세계 9위에 자리매김하였다.[20] 인구밀도는 1㎢당 8.5명으로 세계 15위(낮은 순위 기준)를 차지했다. 러시아는 소비에트연방 시절인 1990년 말 총인구가 1억 4,830만 명으로 인도네시아에 이어 세계 5위를 차지하기도 하였다. 1990년대 자본주의 시장경제로의 체제전환 과정에서 발생한 심각한 경기침체와 실업 증가, 사회보장시스템의 붕괴로 인구 감소가 지속하면서 1991년에 브라질, 2003년에 파키스탄, 2006년에 나이지리아와 방글라데시에 추월당했다. 러시아연방 통계청[21]에 의하면 2018년 1월 1일 기준 러시아 인구는 1억 4,688만 명으로 인구밀도

20) World Bank, World Development Indicators database, 1 July 2018.
http://databank.worldbank.org/data/download/POP.pdf

21) Федеральная служба государственной статистики, Оценка численности постоянного на

는 1㎢당 8.6명이었다. 세계은행과 러시아 정부 간 통계에서 250만 명 이상 차이를 보이는 것은 러시아 통계청 인구 지표에는 2014년 우크라이나로부터 편입한 크림공화국 주민 192만 명, 세바스토폴 거주민 44만 명이 포함되었기 때문이다.

오늘날 세계 1위의 인구 대국은 중국으로 세계 인구의 약 1/5인 13억 8,640만 명이 살고 있고, 인도가 세계인구의 17.8%인 13억 3,818만 명으로 그 뒤를 바짝 따라붙으며 2위를 차지하였다. 미국, 인도네시아, 브라질, 파키스탄, 나이지리아, 방글라데시가 3~8위에 매겨지며 뒤를 이었다. 유엔 경제사회국(UNDESA)은 '2017 세계 인구 전망 보고서(World Population Prospects 2017)'에서 2024년 인도가 14억 3,800만 명을 기록해 중국(14억 3,600만 명)을 제치고 세계 인구 1위를 차지한 후 2030년 15억 명을 돌파하는 등 그 격차를 더욱 벌릴 것으로 예상했다. 반면 러시아는 2030년 1억 4,054만 명으로 줄어들며 멕시코에 추월당하며 10위로 내려앉을 것으로 전망했다.[22)]

표 3. 러시아 인구 통계 현황 비교

	국가	인구(2017)		조출생률* (2016)	조사망률* (2016)	합계 출산율 (2016)	기대 수명 (2016)	연령비율(2017)		중간 연령 (2015)
		천명	%**					15세 미만	65세 이상	
1	중 국	1,386,395	18.41	12.00	7.30	1.624	76.25	17.7	10.6	37.0세
2	인 도	1,338,180	17.77	19.01	7.31	2.326	68.56	27.8	6.0	26.7세
3	미 국	325,719	4.33	12.40	8.40	1.800	78.69	18.9	15.4	37.6세
4	인도네시아	263,991	3.51	18.99	7.12	2.363	69.19	27.4	5.3	28.0세
5	브라질	209,288	2.78	14.16	6.17	1.726	75.51	21.8	8.6	31.3세
6	파키스탄	197,016	2.62	28.23	7.28	3.481	66.48	34.8	4.5	22.5세
7	나이지리아	190,886	2.53	38.89	12.46	5.526	53.43	44.0	2.8	17.9세
8	방글라데시	164,670	2.19	18.95	5.28	2.104	72.49	28.4	5.1	25.6세
9	러시아	144,495	1.92	12.90	12.90	1.750	71.59	17.6	14.2	38.7세
10	멕시코	129,163	1.72	18.17	4.85	2.184	77.12	26.7	6.9	27.5세
	세 계	7,530,360	100.0	18.89	7.65	2.439	72.04	25.9	8.7	29.6세

조출생률*, 조사망률* : 인구 1,000명당 비율.

селения на 1 января 2018г. и в среднем за 2017г.
http://www.gks.ru/wps/wcm/connect/rosstat_main/rosstat/ru/statistics/population/demography/

22) UN, "World Population Prospects The 2017 Revision", ESA/P/WP/248 Department of Economic and Social Affairs Population Division. UN 2017.

%** : 세계에서 차지하는 비중

자료 : World Development Indicators database, World Bank, 1 July 2018. & UN, "World Population Prospects The 2017 Revision" Volume II: Demographic Profiles

표 4. 러시아 인구 통계 추이 (2001～2017)

(단위: 백만 명)

	2000	2001	2003	2005	2007	2009	2010	2011	2012	2013	2014	2015	2016	2017
총인구	146.3	145.2	144.3	143.2	142.8	142.9	142.9	143.0	143.3	143.7	146.3	146.5	146.8	146.9
남성	68.3	67.6	67.0	66.3	66.0	66.1	66.1	66.1	66.3	66.6	67.8	67.9	68.1	68.1
여성	78.0	77.6	77.3	76.9	76.8	76.8	76.8	76.9	77.0	77.1	78.5	78.6	78.7	78.8
도시	107.1	106.4	106.0	104.8	104.9	105.3	105.4	105.7	106.1	106.6	108.3	108.6	109.0	109.3
농촌	39.2	38.8	38.3	38.4	37.9	37.6	37.5	37.3	37.2	37.1	38.0	37.9	37.8	37.6
노령*	12.44	12.74	13.55	13.82	13.65	13.39	12.75	12.69	12.78	12.94	13.12	13.54	13.89	14.21

노령* : 전체 인구에서 65세 이상 노인이 차지하는 비중

자료 : 러시아 통계청

표 3에서 보는 바와 같이 러시아는 세계 10대 인구 대국 중에서 중간연령이 38.8세로 가장 많고, 15세 미만 유소년 비율이 17.6%로 가장 낮았지만 65세 이상 노령인구는 14.2%로 미국 다음으로 높아 인구 증가보다는 감소가 빠른 속도로 진행될 것으로 보인다. 러시아 인구 전망을 어둡게 하는 핵심 요인은 여성의 합계출산율(total fertility rate)[23]이 대단히 낮다는 점이다. 2016년 합계출산율은 1.75명으로 세계 평균(2.44명)보다 훨씬 낮은 저출산 국가다. 1999년 1.16명으로 최저치를 기록한 후 지속해서 증가하는 추세를 보이며 2008년 1.502명을 기록하며 초저출산 국가에서 벗어나는 데 성공했으나 '인구대체출산율(replacement rate)'인 2.1~2.3명에는 크게 밑돌고 있다.[24] 그리고 인구 1,000명당 아기가 몇 명 태어나는지를 나타내는 조(粗)출생률(crude birth rate)에 있어 러시아는 12.9명으로 1999년 8.3명에 비해 약 5명이나 늘었지만, 세계 평균 18.9명보다는 크게 뒤처

23) 여자 1명이 가임기간(15~49세)에 낳을 것으로 예상하는 평균 출생아 수를 말한다. 국가별 출산력 수준을 비교하는 주요 지표로 이용된다. 통상 2.08명 이하이면 '저출산', 1.5명 이하이면 '초저출산'으로 분류된다.

24) 2000년대 초까지 러시아는 세계에서 합계출산율이 가장 낮은 국가 중의 하나였으나 정부의 출산장려정책에 힘입어 출산율이 지속해서 높아지고 있다. 1999년 1.16명, 2000년 1.20명, 2002년 1.29명, 2006년 1.31명, 2008년 1.50명, 2010년 1.57명, 2012년 1.69명. 2014년 1.75명 World Bank. https://data.worldbank.org/indicator/SP.DYN.TFRT.IN?view=chart

진 수치다.[25] 러시아 인구 통계에 있어 작지만 의미 있는 증가가 나타난 것은 2009년부터다. 러시아 인구는 2009~2015년까지 매년 적게는 약 15,000명에서 많게는 25,000명 증가한 것으로 추정되고 있는데 이는 사망률의 하락과 이민 유입에 기인했다. 출생률 또한 다소 증가하였는데 향후 러시아 경제에 대한 국민들의 신뢰감 확대와 러시아 정부의 출산장려 및 이주민 지원 정책의 적극적인 추진이 종합된 결과였다.[26] 그러나 조출생률이 2015년 13.3명에 비해 2016년에는 12.9명으로 줄어들었는데 이는 2015~2016년 러시아 경제가 물가상승 속에 경기침체라는 스태그플레이션(stagflation)의 늪에 빠지면서 생활 여건이 악화하였기 때문이다. 조사망률 또한 12.9명으로 인구의 자연증가율은 -0.01을 기록하면서 오늘날 인구 감소는 러시아 국가 및 경제안보에 심각한 문제가 되고 있다.

러시아 국민들의 2016년 기준 기대수명은 71.6세로 2000년의 65.5세에 비해 6.1년이 증가했다. 그런데도 러시아 국민들의 기대수명은 세계 평균에 미치지 못했다. 남성의 기대수명은 66.5세로 2000년에 비해 7.5세 늘어났고, 여성은 4.7세 늘어난 76.9세였다. 남성과 여성 간의 기대수명은 무려 10.4년이나 차이가 난다.

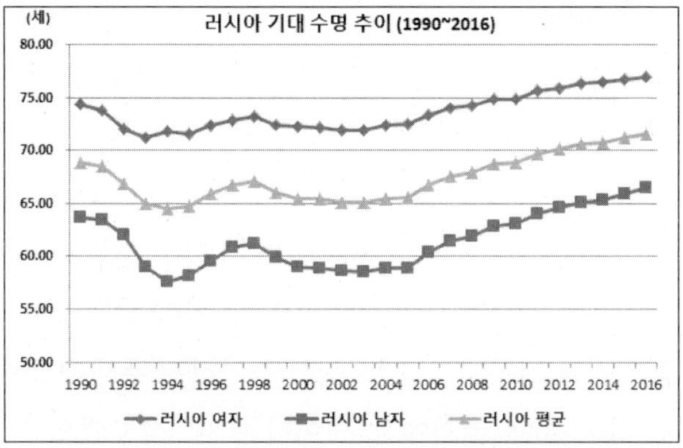

그림 2. 러시아인 기대 수명 추이 (1990~2016)

25) World Bank. https://data.worldbank.org/indicator/SP.DYN.CBRT.IN?view=chart

26) 대표적 출산 장려정책은 2006년 모성자본프로그램(maternity capital program)과 자녀를 둔 시민을 위한 국가 보조금에 대한 법령, 2007년 10월 "2025년까지의 국가인구정책개념" 등이다. 동 정책은 여성 고용 증가와 이에 따른 임신과 출산 휴가, 자녀 양육에 따른 가족과 자녀 지원금, 주택 지원에 초점을 맞추었다. 2006년 12월의 '자녀를 둔 시민을 위한 국가 보조금에 대한 법령'은 1.5세까지 지급되는 자녀 지원금을 월 700루블에서 자녀 1명의 경우 월 1,500루블, 그리고 다자녀의 경우 월 3,000루블(약 110달러)까지 확대하였다. 특히 2007년 1월 실시된 모성자산(maternity capital) 정책은 둘째 혹은 셋째를 출산하는 여성에게 25만 루블(1만 달러)을 지급하는 내용을 담고 있다.

2016년 기준 세계 평균 기대수명은 72.04세지만 러시아인의 기대수명은 71.59세로 0.5년이 적었다. 성별로 구분하여 살펴보면 남성의 기대수명이 66.5세로 세계 평균인 70.0세보다 3.5년 짧았다. 반면 여성은 76.9세로 세계 평균(74.3세)보다 2.7년 장수했다.[27)]

러시아 인구 구성을 연령별로 살펴보면 14세 이하의 영유아가 2016년 말 기준 2,554.8만 명으로 전체 인구(1억 4,680.4만 명)의 17.4%를 차지하는 반면 65세 이상 노년층은 2086.7만 명으로 14.2%를 차지했다. 러시아가 고령화 사회를 넘어 고령사회에 완전히 진입하였음을 보여준다. 노동 가능 인구인 15세~64세 인구는 1억 39만 명으로 68.4%를 차지했다. 남녀 성비에 있어 러시아는 완전한 여성 초과 사회로 그 구성이 갈수록 심화하고 있다. 2000년 말 남자 인구 1,000명당 여자 인구는 1,141명이었는데 2016년 말에는 1,157명으로 확대되었다. 흥미로운 점은 14세 이하의 영・유아에서는 남자아이 1,000명당 여자아이가 950명 수준으로 남초 현상이 발생하고 있으나 35세를 기준으로 여성 인구가 많아지기 시작해 나이가 많을수록 여자 비율이 커지고 있다. 65세~69세 노령 인구에서는 남자 1,000명당 여자는 1,595명, 70세 이상에서는 2,415명으로 급격히 확대된다.[28)]

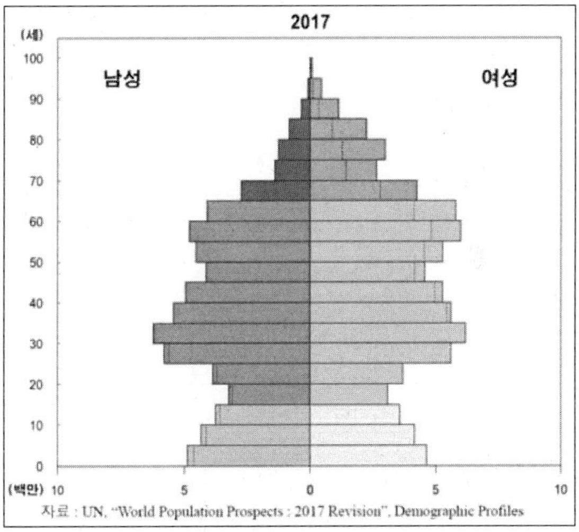

그림 3. 러시아 성별-연령별 인구 피라미드

러시아 국민들의 인구 10만 명 당 사망률은 2005년의 1,605명을 기점으로 줄어들기 시작해 2017년에는 1,244명으로 축소되었다. 사망의 주된 요인으로는 심

27) World Bank, https://data.worldbank.org/indicator/SP.DYN.LE00.IN

28) Федеральная служба государственной статистики, Демографический ежегодник России. 2017: Стат. сб./ Росстат. -М. 2017. с, 21. 26.

혈관 및 순환기 질환이 588명으로 거의 절반을 차지했고, 암으로 인한 사망이 197명으로 그 뒤를 이었다. 교통사고(28명 → 14명), 알코올(28명 → 8명), 자살(39명(2000년) → 14명, 살인(28명 → 6명)에 의한 사망은 많이 감소했다. 그리고 호흡기 질환으로 인한 사망이 70명에서 42명으로 줄어든 반면 소화기관 질환으로 인한 사망은 44명에서 63명으로 많이 늘어났다.[29)]

2. 러시아 주요 도시

2018년 1월 1일 기준 러시아는 인구의 1억 930만 명 이상이 도시에 거주하고 있을 정도로 도시 중심의 국가로 도시와 농촌 간 인구 비율은 74.4대 25.6으로 도시 인구가 3배나 많다. 지역별로도 인구 분포의 편차가 대단히 크다. 유럽 지역이 전체 인구의 74.3%를 차지하고 있는데 반면 아시아 지역은 25.7%에 불과하다.[30)] 특히 모스크바(Moscow)는 러시아의 수도로 정치, 경제, 문화, 과학의 중심지이며, 러시아 최대의 도시며, 유라시아 최대 비즈니스 및 금융센터의 하나다. 모스크바는 러시아 연방 속의 또 다른 제국이다. 모스크바가 러시아 인문 통계 및 경제에서 차지하는 비중은 세계 각국의 수도 및 메트로폴리탄이 차지하는 비중과는 비교가 되지 않을 정도로 과중하다. Demographia의 2018년 4월 판 "Demographia World Urban Areas(Built Up Urban Areas or World Agglomerations). 14th Annual Edition"에 따르면 2017년 세계에서 인구 50만 명 이상 대도시(Metropolitan)는 1,064개로 총인구는 22억 4,710만 명으로 세계 인구의 29.4%를 차지하였다. 인구 1,000만 이상의 메가시티(Megacity)는 총 37개로 세계 인구의 8.35를 차지했다. 러시아는 모스크바(모스크바주 포함)가 유일한 메

29) Федеральная служба государственной статистики, Россия в цифрах. 2018: Крат.стат.сб./Росстат－ М., 2018. с.80.

30) Федеральная служба государственной статистики, Оценка численности постоянного на селения на 1 января 2018 года и в среднем за 2017 год.
http://www.gks.ru/wps/wcm/connect/rosstat_main/rosstat/ru/statistics/population/demography/

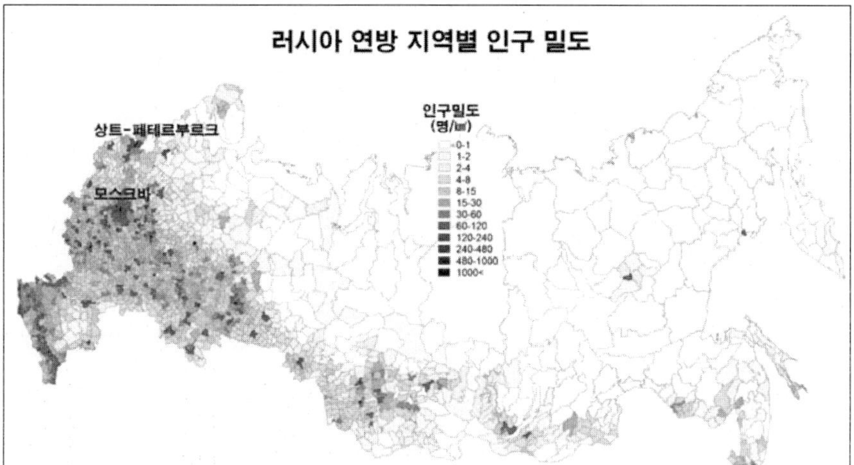

자료 : Куклы и статистика. http://strekoza.pw/876-2/

그림 4. 러시아 지역별 인구밀도 분포 (명/㎢)

가시티로 등록되었다. 모스크바는 인구 1,686만 명으로 일본의 오사카-고베-교토(1,717만 명)에 이어 세계 15위, 면적은 5,698㎢로 미국 LA(6,299㎢)에 이어 세계 7위를 차지했다. 상트-페테르부르크는 518만 명으로 83위를 차지했다.[31) 2017년 말 기준 모스크바시의 면적은 2,511㎢로 러시아 전체 면적(1712.5만㎢)의 0.01%에 불과하다. 그러나 인구는 1,251만 명으로 러시아 전체 인구의 8.5%를 차지한다. 고용 인구는 709.5명으로 러시아 전체 고용의 9.8%를 담당한다. 지역총생산(GRP)은 2016년 14조 2,998억 루블로 러시아 전체 지역총생산의 20.6%, 소매 매출액은 4.5조 루블로 약 16%를 차지했다. 2017년 구매력평가(PPP) 기준 모스크바(시와 주 포함)의 GDP는 1조 760억 달러로 런던(1조 120억 달러)과 파리(8,550억 달러)를 제치고 유럽에서 1위를 차지했다. 1인당 GDP는 54,000달러로 베를린(44,700달러)과 서울-인천(39,500달러)을 추월했다.[32) 이를 바탕으로 도시의 소비 규모에 있어서 2017년 모스크바시는 1,833억 달러로 유럽

31) Demographia, "Demographia World Urban Areas, 14th Annual Edition : 201804", p.22 & 40. http://www.demographia.com/db-worldua.pdf

32) 모스크바시 공식 투자포탈 사이트(Инвестиционный портал города Москвы) https://investmoscow.ru/investment/economic-indicators/investment-in-moscow-is-profitable/the-level-and-place-of-economic-development/ (검색일: 2018.09.28.)

에서 런던(4,213억 달러)과 파리(2,640억 달러)에 이어 3위 소비도시로 부상했다.[33] 러시아 제2의 도시인 상트-페테르부르크는 러시아 문화 및 예술의 중심지로 총인구는 535만 명이다. 상트-페테르부르크는 1918년까지 206년 동안 제정 러시아의 수도로 시가지 전체가 유네스코 세계문화유산으로 지정될 정도로 찬란한 역사를 지니고 있다. 특히 에르미타주(Ermitazh) 미술관은 영국의 대영박물관, 프랑스의 루브르 박물관과 더불어 세계 3대 박물관으로 손꼽힌다.

자료 : Города миллионники России 2018 список. http://www.statdata.ru/largest_cities_russia

그림 5 러시아 주요 도시 분포(인구 50만 이상).(2018.01.01.현재)

러시아 통계청에 따르면 2018년 1월 1일 기준 러시아에서 인구 10만 명 이상의 도시는 171개이며, 그중 100만 이상의 대도시는 모스크바와 상트-페테르부르크를 포함해 총 15개이다. 인구 3위 도시인 노보시비르스크의 인구가 160만 명일 정도로 모스크바와 상트-페테르부르크를 제외한 인구 100만 이상 13개 도시는 모두 다 100~160만 명 수준에 머무르고 있다. 인구 50만~100만 도시는 22개,

33) 모스크바시 공식 투자포탈사이트(Инвестиционный портал города Москвы) https://investmoscow.ru/investment/economic-indicators/investment-in-moscow-is-profitable/the-attractiveness-of-the-market/(검색일: 2018.09.28.)

25만~50만 도시는 41개, 10만~25만 도시는 93개다.[34] 러시아 대도시 대부분은 우랄산맥을 기준으로 유럽 러시아 지역에 집중되어 있다. 러시아 전체 국토 면적의 3/4을 차지하고 있는 아시아 러시아(시베리아 및 극동지역) 지역에는 옴스크, 노보시비르스크, 크라스노야르스크 등 3개 도시만이 인구 100만이 넘는데 이들도 대부분 시베리아 서부에 있다. 극동지역 최대 도시는 하바롭스크와 블라디보스토크로 인구는 각각 61.8만, 60.5만 명에 불과하다.

3. 러시아 민족, 언어, 종교

1) 러시아 민족(nation)

2010년 실시한 러시아 통계청의 인구 조사(2010 Russian Census)에 따르면 러시아는 160개 이상 민족이 공존하고 있는 다민족 국가로 총 1억 4,285만 6,536명이 살아가고 있는 것으로 나타났다. 다민족 국가로서 러시아의 정체성이 확립된 것은 제정 러시아 시대 카잔을 비롯한 튀르크계 민족이 거주하던 지역이 러시아 영토에 편입되면서부터다. 이후 수 세기에 걸친 적극적인 동진 및 남진 정책을 통해 시베리아와 극동, 중앙아시아 지역을 병합하면서 러시아의 민족 구성이 더욱 다변화되었다.

표 5. 러시아 주요 민족 구성 (인구 40만 이상. 인구 100,000명당)

민 족	1989년	2010년	민 족	1989년	2010년
러시아 Русские	81,538	80,900	다르긴 Даргинцы	240	429
타타르 Татары	3.756	3.870	우드무르트 Удмурты	486	402
우크라이나 Украинцы	2,968	1,405	마리 Марийцы	438	399
바시키르 Башкиры	915	1,155	오세트 Осетины	274	385
추바시 Чуваши	1,207	1,046	벨라루스 Белорусы	821	380
체첸 Чеченцы	612	1,043	카바르딘 Кабардинцы	263	377

34) 100 Крупнейших городов России по населению 2018 список РФ, http://www.statdata.ru/largest_cities_russia(검색일: 2018.10.30.)

아르메니아 Армяне	362	862	쿠미크 Кумыки	189	367
아바르 Аварцы	370	665	야쿠트 Якуты(саха)	259	348
모르도바 Мордва	730	542	레즈긴 Лезгины	175	345
카자흐 Казахи	433	472	부랴트 Буряты	284	336
아제르바이잔 Азербайджанцы	228	439	잉구슈 Ингуши	146	324

자료: 러시아연방통계청. Российский статистический ежегодник. 2017: p. 92.

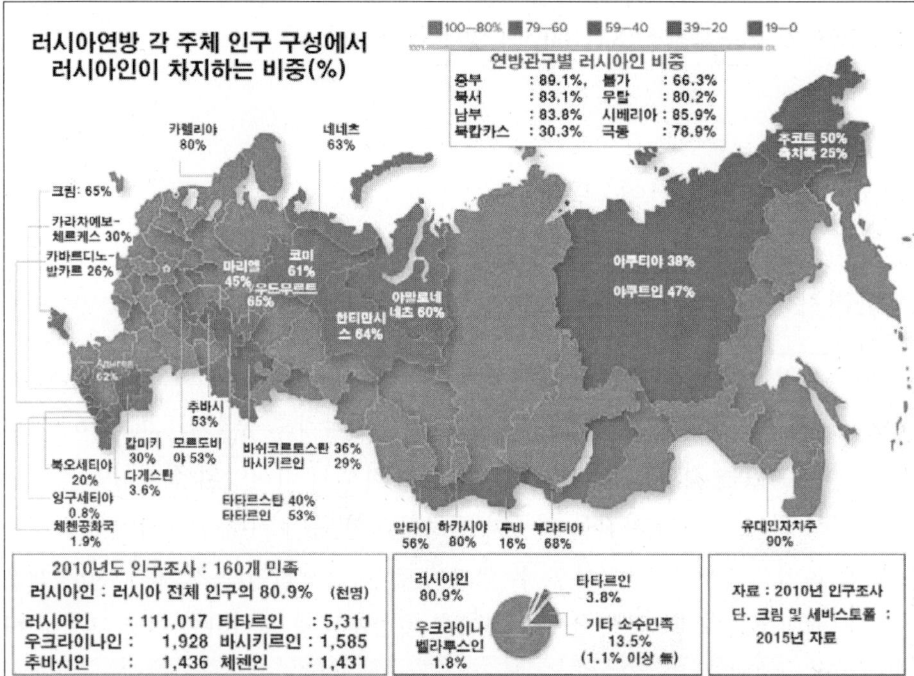

자료 : Политика 1, "Доля русских в регионах России". 30.04.2017
http://political.ru/wp-content/uploads/2017/04/Доля-Русских-в-регионах-России.jpg

그림 6. 러시아 연방주체별 민족 분포도 (2010년 인구조사 기준)

오늘날 러시아에 거주하고 있는 여러 민족은 크게 슬라브계 민족과 비(非)슬라브계 민족으로 나누어진다. 러시아 민족 구성에서 절대다수를 차지하고 있는 슬라브계 민족은 러시아인, 우크라이나인, 벨라루스인 등을 포함한다. 비슬라브계 민족은 크게 볼가-우랄 지역 민족(타타르인, 우드무르트인, 몰도바인, 바시키르인 등), 캅카스 민족(압하스인, 체첸인, 잉구슈인, 오세트인, 카바르딘인, 아디게인, 체르케스인 등), 러시아 북부와 시베리아 민족(부랴트인, 야쿠트인, 알타이인, 투바인, 예벤키인 등)으로 구분된다.

러시아 민족구성에서 가장 많은 수를 차지하고 있는 민족은 슬라브계인 러시아 민족으로 전체 인구의 80.9%인 1억 1,101만 6,896명으로 절대다수를 차지하고 있다. 그 뒤를 타타르 민족이 531만 명으로 3.8%, 우크라이나 민족이 192만 명으로 1.4%를 차지하고 있다. 표 5에서 보는 바와 같이 러시아에서 인구 40만 이상인 민족은 총 22개로 나타났다. 인구수가 1,000명 이하인 민족도 13개나 되었다. 소수 민족으로는 추바시인, 바시키르인, 키르기스인, 다게스탄인, 우드무르트인, 마리인, 코미족, 코미페르먀크족, 체첸인, 오세트인, 불가리아인, 고려인, 부랴트인, 야쿠트족, 카바르딘인, 카렐리야인, 카라칼파크인, 헝가리인, 집시, 북방족(예벤키인, 네네츠족, 한티족, 축치족 등), 칼미크인, 잉구슈인, 투바인 등이 있다.[35] 1937년 스탈린에 의해 강제 이주를 겪은 고려인들은 153,156명으로 0.11%를 차지했다. 러시아는 헌법상으로 소수 민족의 권리를 존중하고 있어 그들의 고유 언어나 문화가 잘 보존되어 있다. 그러나 민족주의나 혈통주의에 대한 과도한 부각은 허용하지 않고 있다.

2) 러시아 언어(language)

160개 이상의 다민족으로 구성된 러시아에는 100개 이상의 언어가 쓰이고 있으며 문자가 없는 민족의 언어를 포함하면 약 130종에 이른다. 그중 러시아어는 가장 많고 흔히 사용되는 공용어로 러시아의 유럽지역과 아시아지역에서 널리 사용된다. 연구 결과에 의하면 2015년 기준 세계에서 러시아어를 제1 언어로 사용하는 사람은 2억 4,300만 명으로 세계 인구의 3.4%를 차지하고 있다. 소비에트 붕괴 직전인 1990년에는 15개 연방공화국과 동유럽 국가를 중심으로 세계 인구의 5.9%에 해당하는 3억 1,200만 명이 러시아어를 사용하였다.[36] 오늘날 러시아

---

35) Федеральная служба государственной статистики. Российский статистический ежегодник. 2016: Стат.сб./Росстат.－М., 2016. pp.78~80.

36) Kebaili El hocine, "Глобализация и Русский язык", Оран 2014. pp.67~68. https://theses.univ-oran1.dz/document/TH4349.pdf (검색일: 2018.01.28.)

자료 : https://www.mapmania.org/map/37559/map_showing_different_languages_spoken_in_russia

그림 7. 러시아 연방 지역별 주요 사용 언어 분포

는 연방 체제를 유지하고 있고, 연방을 구성하는 각 주체(공화국, 자치주 및 자치구 등)는 러시아어 이외에도 따로 공용어를 지정하여 사용할 수 있도록 연방법에서 보장하고 있어 소수 민족 언어도 공화국마다 사용된다. 대표적인 예로는 타타르 공화국의 타타르어, 사하 공화국의 야쿠트어가 있다. 러시아의 언어는 크게 14개의 어족(인도유럽어족, 알타이어족, 우랄어족, 유카지르추반어족, 카르트벨리어족, 압하스아디게이어족, 나흐다게스탄어족, 중국티베트어족, 셈어족, 에스키모알류트어족, 축치캄차카어족, 예니세이어족, 오스트로아시아어족, 아이누어족, 퉁구스어족 등)으로 나뉜다.[37] 러시아 국민의 대부분인 89%가 인도유럽어족에 속하는 러시아를 사용하며, 러시아인을 제외한 기타 민족은 크게 알타이어족(7%), 우랄어족(2%), 캅카스어족(2%) 언어를 사용한다. 알타이어족은 다시 3개의 하위 그룹으로 나뉘는데, 튀르크어 계열 언어를 사용하는 민족은 타타르인, 바시키르인, 투바인, 사하인이며, 시베리아의 소수민족인 예벤키인, 오로치인 등은 만주-퉁구스 계열 언어를 사용하고, 몽골어 계열 언어를 구사하는 민족은 부

37) 위키백과. 러시아의 언어 (검색일: 2018.02.25.)

랴트인, 칼미크인 등이다. 또한 마리인, 몰도바인은 우랄어족의 핀-우그르 계열 언어를 사용하고 있다. 그러나 러시아연방을 구성하는 대부분 민족은 러시아어를 자유롭게 구사하고 있다.[38]

3) 러시아 종교(religion)

오늘날 러시아의 종교는 러시아 정교와 기독교, 이슬람교, 불교, 유대교, 힌두교 등으로 다양하다. 러시아의 대표적 종교인 러시아 정교가 지배적 종교로 기반을 다진 것은 988년 동슬라브족 최초의 도시 국가인 키예프 공국의 블라디미르 대공이 그리스 정교를 국교로 받아들이면서다. 소비에트 시대 러시아는 마르크스주의의 무신론(無神論)에 입각하여 종교를 비과학적인 것으로 보고, 반종교적인 선전이나 학교 교육을 실시하였으나 국민의 종교 신앙을 금지하지는 않았기 때문에 러시아 국내에는 여러 종교가 존재하였다. 1985년 고르바초프가 서기장으로 취임한 후 추진한 개혁, 개방정책 과정에서 종교의 자유가 허용되면서 무신론 체제하에서 억압당하고 있던 종교 활동이 활발히 일어났다. 종교의 부활 활동은 러시아 정교와 기독교는 물론 이슬람, 불교와 신흥 종교에 이르기까지 종파를 가리지 않고 러시아 전역으로 확산하였다.

2012년 11월 러시아 여론조사 기관인 '레바다 센터(Levada Center)'의 조사에 의하면 러시아 국민의 74%는 러시아 정교회를 신봉하고, 이슬람은 7%, 가톨릭 1%, 개신교 1%, 유대교 1%, 불교 및 힌두교는 1% 미만, 종교가 없다는 답이 10%, 무신론자가 5%인 것으로 나타났다.[39][40] 현재 러시아 최대의 전통 종교로 등록된 정교회 신자들은 주로 슬라브계 러시아인을 중심으로 분포되어 있으며, 예배당의 약 95%가 러시아 정교회에 속해 있다. 정교회의 위세가 워낙에 강한 탓에 오늘날 러시아의 크리스마스는 12월 25일이 아니고 1월 7일이며, 러시아 정부는 신년 연휴를 1월 1일부터 크리스마스인 1월 7일까지 지정하고 있다. 이슬

38) 강윤희, 이문영, 최아영, 황동하, 「러시아학 입문」. 인간사랑, 2006, pp.168-170.
39) Религия в России. Материал из Википедии – свободной энциклопедии.
40) http://c2.kommersant.ru/ISSUES.PHOTO/OGONIOK/2012/034/ogcyhjk2.jpg(검색: 2018.05.28.)

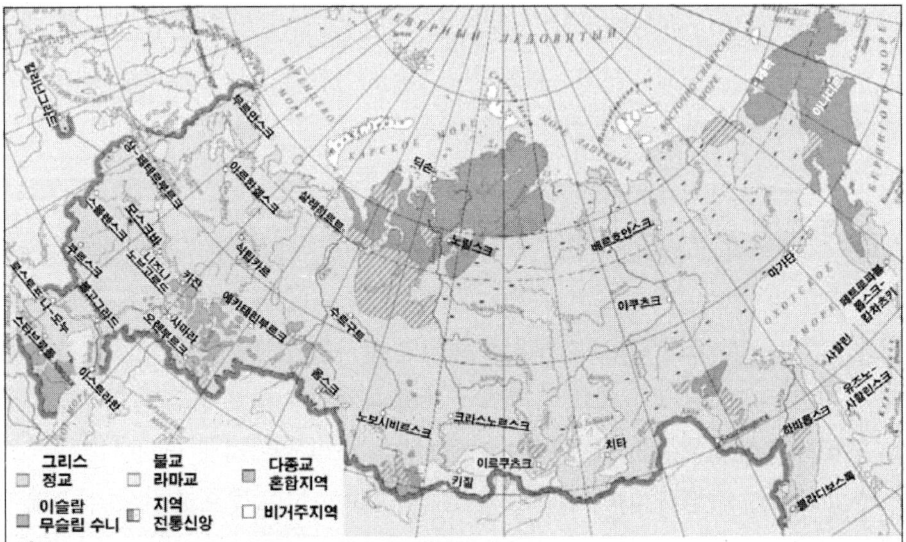

자료 : https://fs01.infourok.ru/images/doc/90/107842/img7.jpg

그림 8. 러시아 연방 지역별 종교 분포

람교는 중앙아시아 지방의 제1의 종교이며 러시아 내에는 2번째로 세력이 강한 종교다. 러시아에서 가장 큰 소수 민족인 타타르족이 대표적으로 이슬람교를 신봉하며, 북캅카스 지역의 체첸 공화국과 잉구세티아 공화국, 북오세티야 공화국 등과 일부 튀르크계 공화국 등에서 주로 믿는다. 러시아의 불교는 대부분이 티베트를 중심으로 발달한 대승불교의 종파인 라마교로 극동 지방(아무르주, 하바롭스크 지방), 투바 공화국, 칼미크 공화국, 부랴트 공화국, 치타주에 집중되어 있다. 힌두교도는 크리슈나교 신자를 포함해서 10만 명 정도이며 대부분이 인도 출신이나 일부 개종한 러시아인 신자도 약간 있다. 일부 러시아인들은 신흥 종교나, 다른 기독교와 이슬람교를 믿는다. 일부 민족(네네츠족, 아이누족 등)은 샤머니즘/애니미즘을 믿기도 한다.[41]

41) ≪글로벌 세계 대백과사전≫ <러시아의 종교>(검색일: 2018.05.28.)

4. 러시아 행정구역

러시아의 공식 국가 명칭은 '러시아연방(Russian Federation)'이다. 1993년 12월 채택된 러시아연방 헌법 제1조 1항에 의하면, 러시아연방은 공화제의 통치 형태를 보이는 민주적인 연방제의 법치국가다. 연방제는 소비에트 시대인 1922년 12월 시행된 이후 오늘날까지 러시아 정치체제의 바탕을 이루고 있다. 러시아 연방제는 중앙과 지방간의 세력 균형에 기초하여 형성되고 있다. 소비에트 붕괴 이후인 1993년 12월에 제정된 러시아연방 헌법은 중앙집권화된 연방제를 고수했으나 옐친 정부가 지방정부(연방주체)와의 타협과 협상 과정에서 지방정부의 자치권 확대 요구를 대폭 수용하면서 중앙권력의 약화가 초래되었다. 2000년 3월 대통령에 당선된 블라디미르 푸틴은 '강한 러시아(Сильная Россия)'를 국정지표로 삼으면서 지역 분리주의를 국가권력 약화의 원인으로 진단하였다. 2000년 5월 푸틴은 중앙정부의 통제력 강화와 지역 분리주의의 약화, 통치 효율성 증대를 위한 조치로 연방제 개혁안을 발표하며 러시아연방의 행정 구조를 재편성하였다. 그 주 내용은 첫째, 89개 연방주체를 7개의 연방관구로 묶고 각 관구에 대통령 전권대표를 파견하며, 둘째, 중앙정부가 연방주체 행정부 수반 해임권 및 지방 입법부 해산권을 가지며, 셋째, 지방정부의 행정부 수장 및 의회 의장 등 2명의 상원의원 당연직 규정을 폐지한 것이다.[42] 중앙집권의 강화를 위해 2004년부터 러시아 대통령이 연방주체의 수반을 직접 임명하였으나 2011년 12월 하원 총선에서 부정에 대한 시민들의 항의 시위에 영향을 받아 러시아 정부는 2012년 7월 1일부터 남부 캅카스 지역의 다게스탄공화국, 잉구세티아 공화국을 제외한 81개 연방주체의 대표자를 직접 선거로 선출할 수 있도록 선거법을 개정하였다. 이에 따라 임기가 종료되는 일부 연방주체의 경우 직접 선거 방식으로 대표자를 선출하고 있다.[43]

---

42) 홍완석, pp.13-14.
43) 코트라(KOTRA) "국가정보 : 러시아", 2015.12.28. p.4.

그림 9. 러시아 연방관구 현황

1) 러시아 연방관구(federal okrug)

연방관구는 러시아 연방정부가 편의를 위해 설정한 행정 구역으로 러시아 헌법에 규정된 행정 단위(연방주체)는 아니다. 연방관구는 여러 개의 연방주체로 구성되어 있다. 연방관구는 2000년 5월 13일 푸틴 대통령이 연방정부의 효율적 정책 시행과 연방주체에 대한 통제권 강화를 위한 계획 일부로 설정되었는데 현재 총 8개로 구성되어 있다. 모스크바를 중심으로 하는 중앙 연방관구, 상트-페테르부르크 중심의 북서 연방관구, 남부 연방관구, 북캅카스 연방관구, 우랄 연방관구, 볼가 연방관구, 시베리아 연방관구, 극동 연방관구로 구성된다. 연방관구에는 대통령이 직접 임명한 '슈퍼주지사'라 불리는 전권대표(полномочные п редставители)가 파견된다. 연방관구 대통령 전권대표는 대통령 직속으로 그 권한 및 임무는 다음과 같다. 첫째, 연방 정책 및 대통령의 주요 노선에 대한 이행 실태 관리 및 감독, 둘째, 대통령에게 연방관구 내 안전보장 및 정치・사회・경제 상황 보고, 셋째, 관구 내 연방정부와 지방정부간 업무조정, 지방정부 정책 조율, 넷째, 지방정부와 공동으로 관할지역 내 사회경제발전 프로그램 작성, 다섯째, 헌법이나 연방법에 어긋나는 지방정부의 헌법이나 법령의 효력 중지 건의 등이다.[44] 전권대표는 직접선거로 선출된 지역 행정 수반(주지사, 각 공화국 대통령) 위에 군림한다. 연방관구제와 전권대사의 파견을 통해 러시아 대통령은 지방을 직접 관장하고 있다. 이와 같은 조치는 지방정부의 자치권을 약화하고 지방민주주의를 후퇴시키며, 전권대사와 연방주체 수반과의 업무 분담이 제대로 이루어지지 않아 여러 부작용을 발생시키는 등 문제점을 안고 있다.[45] 그런데도 연방정부는 각 연방주체에 대한 통제강화를 목적으로 동 제도를 고수하고 있다. 2010년 메드베데프 대통령이 남부 연방관구에서 북캅카스 관구를 분리하면서 연방관구의 수가 8개로 증가하였다. 새로 분리된 북캅카스 연방관구에는 체첸, 잉구세티아를 비롯한 7개 연방주체가 포함되었다. 2014년 우크라이나의 크림반도를 병합한 후 크림공화국과 세바스토폴시를 묶어 크림 연방관구를 신설하면서 연방관구 수가 9개로 확대되었다. 그러나 2016년 7월 크림 연방관구를 남부연방관구에 편입시키면서 연방관구 수는 8개로 재편되어 오늘에 이르고 있다.

표 6. 러시아 연방관구 주요 인문 경제지표

연방관구	연방주체	면적		인구		지역총생산**		행정중심지
		천㎢*	%	천 명*	%	10억 루블	%	
러시아 전체	85개	17,125.2	100.0	146,804	100.0	69,254.1	100.0	모스크바
중앙관구	18개	650.2	3.8	39,210	26.7	24,135.0	34.8	모스크바
북서관구	11개	1,687.0	9.9	13,899	9.5	7,803.8	11.3	상트-페테르부르크
남부관구	8개	447.8	2.5	16,429	9.6	4,896.3	7.1	로스토프-나-도누
북캅카스관구	7개	170.4	1.0	9,776	6.6	1,798.0	2.6	피아티고르스크
볼가관구	14개	1,037.0	6.1	29,637	20.3	10,375.9	15.0	니즈니노브고로드
우랄관구	6개	1,818.5	10.6	12,346	8.4	9,354.7	13.5	예카테린부르크
시베리아관구	12개	5,145.0	30.0	19,326	13.2	7,133.9	10.3	노보시비르스크
극동관구	9개	6,169.3	36.0	6,183	4.2	3,756.6	5.4	하바롭스크
- 모스크바시		2.6	-	12,381	8.4	14,299.8	20.6	-
- 상트페테르		1.4	-	5,282	3.6	3,742.2	5.4	-

* : 2017년 1월 1일 기준, 지역총생산** : 2016년

자료 : 러시아연방 통계청. Российский статистический ежегодник. 2017.

44) 홍완석, p.22.

45) 코트라(KOTRA) "국가정보 : 러시아", 2015.12.28. p.6.

2) 러시아 연방주체(federal subjects)

러시아는 러시아 연방 헌법의 규정에 따라 지역과 거주 주민에 의해서 구분된 연방주체(federal subjects)로 구성되어 있다. 연방주체는 공화국(Republic), 변강(Krai), 주(Oblast), 연방특별시(Federal City), 자치주(Autonomous oblast), 자치관구(Autonomous Okrug) 등 6개 형태로 이루어져 있다. 2018년 6월 말 기준 러시아 연방주체는 공화국 22개, 변강 9개, 주 46개, 연방특별시 3개, 자치주 1개, 자치관구 4개 등 총 85개로 구성되어 있다.

러시아 연방주체는 '민족-영토 원칙'에 따라 구성되어 있는데 '민족' 원칙에 따라 공화국, 자치주, 자치관구로, '영토' 원칙에 따라 주. 변강, 연방특별시로 편성되었다. 6개 연방주체에 대한 헌법적-법률적 지위는 각기 다른데 그 특성은 다음과 같다.[46] 공화국은 소비에트 시절 통합적인 경제권 형성이나 특정 지역 대규모 집단 거주 소수 민족에 대한 자치권 인정이 필요한 경우에 구성된 것으로 연방 내에서 국가로 인정되나 독립국 지위는 인정되지 않는다. 자체 헌법을 제정하고 의회 및 내각을 구성할 수 있으며, 공식 언어도 보유할 수 있다. 타 연방주체로 편입되거나, 타 연방주체를 포함하는 것은 불가하다. 변강은 1923~1938년 주로 비러시아인이 거주하던 접경지역에 전략적 목적으로 설치된 행정구역으로 자체 법령을 보유할 수 있다. 주는 제정 러시아 시대 지방행정 단위인 구베르니야를 재편한 광역 행정구역으로 자체 법령을 보유할 수 있다. 자치주는 공화국 지위를 부여하기에는 소규모지만 자치권 부여의 필요성이 인정될 경우에 구성되는데 독자적인 헌법이나, 의회, 내각 등은 구성할 수 없다. 다만 문화, 언어 및 일부 경제적 자치권은 허용된다. 자치관구는 주나 변강의 구성원으로 독립된 행정주체는 아니다. 광활한 지역에 거주해 온 토착민에 대해 언어, 문화 등 극히 제한된 부문에서 자치권이 인정된다. 자체적인 법령을 보유할 수 있다. 연방특별시는 독립적인 행정 기능을 수행하는 주요 도시로 모스크바, 상트-페테르부르크, 세바스토폴 3개로 구성되었다.

---

46) 홍완석, p.15.

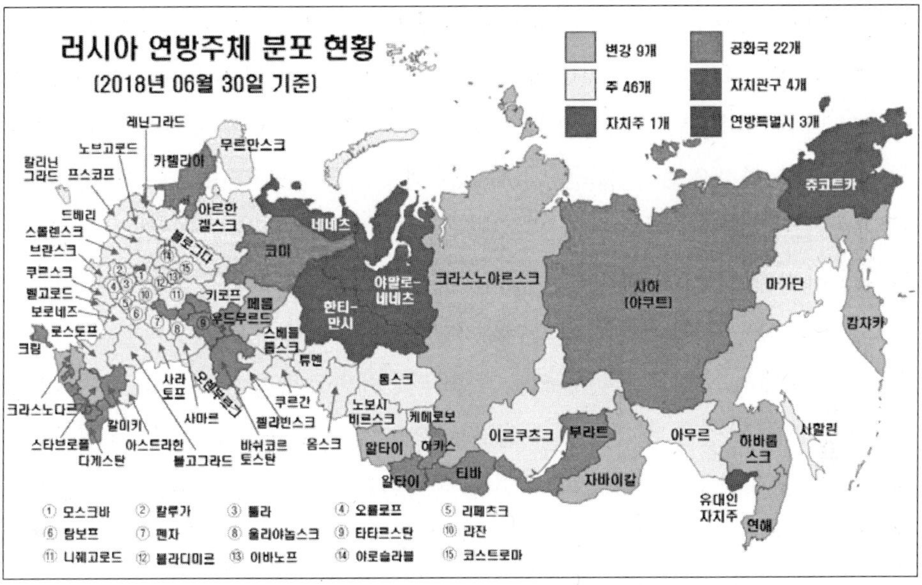

그림 10. 러시아 연방주체 분포 현황

표 7. 러시아 연방주체 구성 현황 (2018년 6월 30일 현재)

구분	연방주체
공화국 (22)	아드게야, 알타이, 바쉬코르토스탄, 부랴티야, 다게스탄, 잉구세티아, 카바르디노-발카리야, 칼미크, 카라차예보-체르케스케야, 카렐리야, 코미, 크림, 마리엘, 모르도비야, 사하, 북오세티야-알라니야, 타타르스탄, 투바, 우드무르트, 하카스, 체첸, 추바시
변강 (9)	알타이, 자바이칼, 캄차카, 크라스노다르, 크라스노야르, 페름, 연해, 스타브로폴, 하바롭스크
주(州) (46)	아무르, 아르한겔스크, 아스트라한, 벨고로드, 브랸스크, 블라디미르, 볼고그라드, 볼로그다, 보로네즈, 이바노프, 이르쿠츠크, 칼리닌그라드, 칼루가, 케메로보, 키로프, 코스트로마, 쿠르간, 쿠르스크, 레닌그라드, 리페츠크, 마가단, 모스크바, 무르만스크, 니줴고로드, 노브고로드, 노보시비르스크, 옴스크, 오렌부르그, 오룔로프, 펜자, 프스코프, 로스토프, 랴잔, 사마르, 사라토프, 사할린, 스베들롭스크, 스몰렌스크, 탐보프, 트베리, 톰스크, 툴라, 튜멘, 울리야놉스크, 첼랴빈스크, 야로슬라블;
특별시(3)	모스크바, 상트-페테르부르크, 세바스토폴
자치주(1)	유대인
자치관구(4)	네네츠, 한티-만시스크, 추코트카, 야말로-네네츠

푸틴 정부 들어 2003년부터 경제적 능력이 취약한 연방주체를 타 연방주체가 흡수하는 등 행정 주체들의 통폐합 과정을 이루어졌고 그 내용은 다음과 같다.

먼저 2005년 12월 페름주와 코미-페름 자치관구가 합병하여 페름변강으로 변경되었다. 2007년 1월에는 타이미르 자치관구와 예벤키아 자치관구가 크라스노야르스크 변강에 편입되었다. 2007년 7월에는 캄차카주와 코랴크 자치관구가 합병되어 캄차카 변강으로 변경되었다. 2008년 1월에는 우스트-오르드 부랴트 자치관구가 이르쿠츠크주에 편입되었다. 그리고 2008년 3월에는 치타주와 아긴스크 부랴트 자치관구가 합병되어 자바이칼 변강이 되었다. 이 과정을 통해 89개였던 연방주체의 수는 총 5개가 축소되어 2008년 3월부터 83개로 변경되었다. 그리고 우크라이나에서 독립을 선언한 크림 공화국과 세바스토폴이 2014년 3월 16일 러시아연방과의 합병을 위한 주민 투표를 시행하여 각각 96.8%, 95.6%의 압도적인 비율로 병합에 찬성하였다. 3월 18일 블라디미르 푸틴 러시아 대통령이 합병 조약에 서명하였고, 이후 러시아 하원과 상원 의회가 승인하고, 3월 21일 푸틴 대통령이 최종 서명하면서 크림자치 공화국과 세바스토폴이 러시아 연방주체에 편입되었다.

3) 러시아 경제지역(economic regions)

러시아경제발전부는 러시아 전역을 총 12개의 경제지역(11개의 일반 경제지역과 1개의 독립된 경제지역)으로 구분하고 있는데 러시아의 연방관구와 대체로 일치한다. 경제지역은 지역별 노동 분업과 자연 및 사회적 특성 아래에 전개

그림 11. 러시아 경제지역 구분

되는 경제활동의 특정에 의해 다른 지역과 구분되는 공간 영역(영토 단위)을 말한다. 러시아의 경제지역 획정은 국민경제의 원칙에 따라 특정 지역에서의 생산 전문화를 통해 노동 및 기타 생산요소의 비용 감소를 이끌기 위한 것이다. 러시아경제발전부가 획정한 12개 경제지역에 소속된 연방주체, 인구, 면적, 인구 밀도는 다음과 같다. 2014년 우크라이나로부터 편입된 크림공화국과 세바스토폴시는 아직 경제지역에 포함되지 않고 있다. 그리고 특별경제구역인 칼리닌그라드주가 1개의 독립된 경제지역으로 지정되어 있다.

표 8. 러시아 연방 경제지역

경제지역	연방 주체 수	소속 연방주체	인구 (백만)	면적 (천㎢)
1. 중부	13	브랸스크, 블라디미르, 이바노프, 칼루가, 코스트로마, 모스크바주, 오를로프, 랴잔, 스몰렌스크, 트베리, 툴라, 야로슬라블, 모스크바시	31.7	486 (2.85%)
2. 중부-체르노젬	5	벨고로드, 보로네즈, 쿠르스크, 리페츠크, 탐보프	7.2	167.7 (0.98%)
3. 동시베리아	6	부랴티야, 투바, 하카스, 자바이칼, 크라스노야르, 이르쿠츠크	8.2	4,123 (24.15%)
4. 극동	9	사하(야쿠티야), 캄차카, 연해, 하바롭스크, 아무르, 마가단, 사할린, 유대인자치, 추코트카.	6.2	6,215.9 (36.4%)
5. 북부	6	카렐리야, 코미, 아르한겔스크, 볼로그다, 무르만스크, 네네츠자치	4.6	1,466.3 (8.59%)
6. 북캅카스	10	아드게야, 다게스탄, 체첸, 크라스노다르, 스타브로폴, 로스토프, 카라차예보-체르케스카야, 잉구세티야, 북오세티야-알라니야, 카바르디노-발카리야	19.8	355.1 (2.08%)
7. 북서	4	레닌그라드, 노브고로드, 프스코프, 상트-페테르부르크	8.2	210.8 (1.23%)
8. 볼가 연안	8	칼미키, 타타르스탄, 아스트라한, 볼고그라드, 사마르, 사라토프, 펜자, 울리야높스크	16.0	536.4 (3.14%)
9. 우랄	7	바쉬코르토스탄, 우드무르트, 페름, 쿠르간, 오렌부르크, 스베들롭스크, 첼랴빈스크	18.9	824 (4.82%)
10. 볼고-뱌트	5	마리엘, 모르도비야, 추바시, 니줴고로드, 키로프	7.3	265.4 (1.55%)
11. 서시베리아	9	알타이주, 알타이변강, 케메로프, 노보시비르스크, 옴스크, 톰스크, 튜멘, 한티-만시스크, 야말로-네네츠	14.7	2,427.2 (14.21%)
12. 칼리닌그라드	1	칼리닌그라드	0.99	15.125 (0.09%)
크림	2	크림공화국, 세바스토폴시	2.35	

Ⅲ. 러시아 천연자원 잠재력

러시아는 광활한 영토에 어울리는 매우 다양하면서도 풍부한 광물자원을 보유하고 있는 세계 최대 자원 부국이다. 특히 산업발전의 동력원인 석유, 천연가스, 석탄 등의 에너지 자원과 철광석, 구리, 니켈, 납, 아연, 주석 등의 비철금속은 물론 금, 다이아몬드, 백금 등의 귀금속, 석회석, 규소, 암염, 흑연 등의 비금속 광물을 포함해 멘델레예프 원소 주기율표에 나오는 거의 모든 화학원소가 대규모로 매장되어 있다. 그 외에 삼림 및 수자원도 풍부하여 천연자원의 자급자족이 가능한 세계에서 몇 안 되는 국가 중의 하나로 꼽히고 있다.

1. 러시아 천연자원의 가치

세계 최대의 자원 부국인 러시아가 보유하고 있는 천연자원의 가치가 어느 정도인지에 관한 흥미로운 조사가 몇 차례 진행되었다. 1996년 러시아 국가 지질위원회는 당시 조사 발표한 자료에서 러시아 영토 내에서 탐사된 유용 광물자원 산지는 약 20,000여 개에 달하며, 그 경제적 가치는 28조 5,600억 달러이며, 잠재적 가치는 140조 달러에 이르는 것으로 평가하였다. 국가 지질위원회는 광물자원 종류에 따라 경제적 가치를 분류하였는데 에너지 자원이 20조 3,220억 달러로 전체 자원 가치의 70% 이상을 차지하였다. 그중 천연가스가 9조 1,900억 달러로 전체 자원 가치의 32.2%, 그 다음이 석탄 및 편암으로 6조 6,510억 달러로 23.3%, 석유 및 콘덴세이

표 9 러시아 광물자원 가치

자원	금액(10억$)	비중(%)
천연가스	9,190	32.2
석탄, 편암	6,651	23.3
석유, 콘덴세이트	4,481	15.7
철광석	1,962	6.8
비철금속, 희귀금속	1,807	6.3
귀금속 및 다이아몬드	272	1.0
기타 광물자원	4,197	14.7
합계	28,560	100.0

트가 4조 4,810억 달러로 15.7%를 차지하는 것으로 평가하였다. 그리고 철광석이 1조 9,620억 달러로 6.8%%, 구리, 니켈 등의 비철금속과 백금그룹 등의 희귀금속이 1조 8,070억 달러로 6.3%, 금, 은, 다이아몬드 등의 귀금속 광물이 2,720억 달러로 1.0%, 그리고 우라늄을 포함한 기타 광물자원이 4조 2,010억 달러로 14.7%를 차지하는 것으로 파악하였다.[47] 1998년 8월 러시아 정부가 모라토리엄(moratorium. 채무지급유예)을 선언한 직후 러시아의 한 경제학자가 러시아는 기존의 광물자원만 채굴해 팔아도 100년을 버틸 수 있을 정도로 막대한 자원 잠재력을 가진 국가라고 한 말이 결코 허언이 아니었음을 알 수 있다.

2000년대 들어 장기간 지속된 에너지 및 원료 자원의 국제가격 상승은 러시아 광물자원의 가치를 더욱 급등시켰다. 2007년 런던의 한 광물 저널이 발표한 러시아 특별 보고서에 의하면 러시아에는 전 세계 광물 매장량의 약 15~17%가 묻혀 있으며, 그 잠재적 가치는 340~380조 달러에 달하는 것으로 분석되었다.[48] 2006년 세계 전체 국내총생산(GDP) 총액이 48.2조 달러인 것과 비교해 볼 때 무려 7~8배가 넘는 어마어마한 규모다.

미국 경제전문 매체인 월스트리트저널(WSJ)은 2012년 4월 지구상에 존재하는 10대 천연자원을 분석한 후 각국의 전체 천연자원 사용 가능량을 추정하고 그 가격에 대한 최근 자료를 바탕으로 시장가치 측면에서 천연자원을 많이 보유한 세계 10대 자원 부국(The World's Most Resource-Rich Countries)을 선정했다. 러시아는 75.7조 달러 가치의 천연자원을 보유하고 있는 세계 1위 자원 부국으로 선정되며 2위 미국(45.0조 달러), 3위 사우디아라비아(34.4조 달러)를 압도하였다.[49] 러시아는 목재 부존량과 천연가스 매장량에서 그 가치가 각각 28.4조 달러, 19조 달러에 달하며, 원유 매장량의 가치도 7.1조 달러인 것으로 평가받았다. 3

---

47) Данные Государственного комитета РФ по геологии и использованию недр. цитируется по В. Андрианов. Экономический потенциал России // Вопросы экономики, 1997, No 3, с. 134.

48) Virginia Heffernan, "Russia's Missing Link", Earth Explorer. 03.2009. http://www.earthexplorer.com/2009-03/Technology_could_be_Russia_missing_link.asp

49) 10대 자원에는 원유, 천연가스, 석탄, 목재, 금, 은, 구리, 우라늄, 철, 인산염 등이 포함되었다. http://247wallst.com/special-report/2012/04/18/the-worlds-most-resource-rich-countries/

개 자원의 가치만 54.5조 달러로 미국의 전체 자원 가치를 압도하였다. 그 외에 석탄과 희귀 금속 매장량에서 세계 2위, 금 매장량에서 세계 3위로 평가되었다.

표 10. 세계 10대 자원부국(Wall Street Journal)

순위	국가	총가치 (兆$)	주요 자원	기타 사항
1	러시아	75.7	◦ 원유: 600억 배럴(7.08兆$) ◦ 천연가스: 1,680Tcf(19兆$) ◦ 목재: 19.5억acre(28.4兆$)	세계 최대 자원부국. 천연가스와 목재 부존량에서 단연 1위. 다만 운송/운반비용 많이 소요. 석탄 매장량 세계 2위, 금 세계 3위. 지금까지 채굴에 나서고 있지 않지만, 희귀금속 매장량에서 세계 2위.
2	미국	45.0	◦ 원유: 10대 보유국에 불포함 ◦ 천연가스: 272.5Tcf(3.1兆$) ◦ 목재: 7.5억acre (10.9兆$)	석탄과 목재가 총 자원가치의 89% 차지. 확인된 세계 석탄매장량의 31.2%(약 30兆$). 삼림은 5.5억 acre(약 11兆$). 구리, 금, 천연가스에서 세계 5위
3	사우디 아라비아	34.4	◦ 원유: 2,667억 배럴(31.5兆$) ◦ 천연가스: 258.5Tcf(2.9兆$)	세계 원유매장량의 약 20% 차지. 확인된 천연가스 매장량 - 세계 5위.
4	캐나다	33.2	◦ 원유: 1,781억 배럴(21兆$) ◦ 천연가스: 10대 부국 불포함. ◦ 목재: 7.75억acre(11.3兆$)	오일샌드가 원유 매장량에 포함되면서 10대 자원부국 등록. 1,500억 배럴의 오일샌드가 포함되며 세계 원유의 17.8%로 사우디에 이어 2위. 우라늄 세계 2위, 목재 세계 3위. 양질의 인산염 채굴
5	이란	27.3	◦ 원유: 1,362억 배럴(16.1兆$) ◦ 천연가스: 991.6Tcf(11.2兆$)	페르시아만의 거대 천연가스전(South Pars/North Dome)' 카타르와 공유. 세계 천연가스 매장량의 16%. 원유 매장량 세계 3위. 국제적인 경제제재로 천연자원의 금융자산 실현에 어려움을 겪고 있음.
6	중국	23.0	◦ 원유: 10대 부국에 끼지 못함 ◦ 천연가스: 10대부국에 불포함 ◦ 목재: 4.5억acre(6.5兆$)	석탄(세계 매장량의 13%)과 희토류를 포함한 희귀금속이 전체 천연자원 가치의 90% 차지. 셰일가스전 개발시 세계적인 자원 리더 그룹으로 도약 가능.
7	브라질	21.8	◦ 원유: 10대 부국에 끼지 못함 ◦ 천연가스: 10대부국에 불포함 ◦ 목재: 12억acre (17.5兆$)	우라늄과 금 많이 생산. 세계 철광석 공급의 17% 차지. 목재 - 가장 큰 가치를 지닌 자원. 세계 공급의 12.3%차지, 17.45兆$ 가치 지님. 최근 발견된 해양유전(추정 가치 440억 배럴)은 포함되지 않음.
8	호주	19.9	◦ 원유: 10대 부국에 끼지 못함 ◦ 천연가스: 10대부국에 불포함 ◦ 목재: 3.69억acre(5.3兆$)	석탄 목재 구리 철광석 등이 대표 자원. 세계 금 공급의 14.3%, 우라늄 공급의 46%를 담당. 북쪽 해상에 인니와 공유하는 유전 소유.
9	이라크	15.9	◦ 원유: 1,150억 배럴(13.6兆$) ◦ 천연가스: 111.9Tcf(1.3兆$)	석유 - 최대 자원으로 세계 매장량의 9% 차지. 인산염은 세계 최대 보유(1.1兆$)에도 불구하고 전혀 개발되지 못하고 있음.
10	베네수엘라	14.3	◦ 원유: 994억 배럴(11.7兆$) ◦ 천연가스: 1,709Tcf(1.9兆$)	원유, 천연가스, 철광석에서 세계 10대 보유국. 원유 매장량은 세계 6위로 세계 공급의 7.4% 담당. 이번 평가에서 970억 배럴에 달하는 고유황 원유는 포함되지 않음.

자료 : Wall street. 'The World's Most Resource-Rich Countries.' April 18, 2012.

2. 러시아 에너지 자원 잠재력

석유, 천연가스, 석탄으로 대변되는 에너지 자원은 러시아가 세계적인 부존량을 자랑하는 가장 대표적인 광물자원으로 러시아 경제성장과 발전의 원동력이 되고 있다. 동시에 '강한 러시아(Сильная Россия)' 건설을 국가안보 및 외교정책의 기본 방향으로 설정한 푸틴 정부가 국제무대에서 러시아의 영향력 회복과 국가 위상을 높이는 대외정책 수단으로 활용되고 있다. 2000년대 중반부터 석유와 천연가스를 중심으로 한 국제 원자재가격의 장기급등과 유럽 시장에서의 지배적 공급자 지위를 바탕으로 유럽연합(EU)의 에너지 안보를 압박하거나, 독립국가연합(CIS) 회원국들의 탈러시아를 견제하는 대외정책 실현의 도구로 활용되고 있다. 2006년 1월과 2009년 1월 두 차례에 걸친 러시아의 우크라이나 가스 공급 중단 사건과 2014년 12월 동부와 남부 유럽에 천연가스를 공급하는 '사우스 스트림 가스관(south stream pipeline)' 프로젝트[50] 중단 선언은 가스를 통한 영향력 확보라는 푸틴의 '에너지 외교'를 보여주는 대표적 사례라 하겠다.

1) 천연가스(natural gas)

(1) 천연가스 매장량

발전과 난방 등의 연료로 주로 활용되는 천연가스는 발열량이 많고, 연소할 때 이산화탄소 및 질소산화물 등의 발생이 적어 청정 에너지원으로 전 세계적으로 수요가 증가하고 있다. 2017년 말 기준 세계 천연가스 확인매장량은 193.5조㎥ (6,831.7조 세제곱피트)이며 52.6년 사용 가능한 양이다. 러시아에는 세계 수준의 천연가스가 매장되어 있다. 그러나 매장량에 대한 추정은 평가 기관에 따라 적지

---

50) 사우스 스트림 파이프라인은 2007년부터 러시아가 우크라이나를 경유하지 않고 천연가스를 동부와 남부 유럽으로 수출하기 위해 건설하려 했던 가스관으로 흑해를 거쳐 불가리아, 세르비아, 헝가리, 슬로베니아, 크로아티아, 오스트리아로 연결될 예정이었다. 그러나 2014년 러시아의 우크라이나 크림반도 병합 후 유럽연합이 경제제재를 가하고, 불가리아가 가스관 건설에 난색을 표명하면서 러시아는 사우스 스트림 건설을 포기하고 터키 스트림(Turkish Stream gas pipeline)을 건설하는 쪽으로 계획을 수정했다.

않은 차이를 보인다. 러시아 천연자원환경부 자료에 의하면 2017년 말 현재 천연가스의 탐사매장량($A+B_1+C_1$)은 자유가스(비수반가스) 기준[51] 50.7조㎥로 세계 총매장량의 23.8%를 차지하며 세계 1위를 점하였다. 이는 2005년 47.8조㎥와 비교해 2.9조㎥ 늘어난 수치다. 가채매장량($A+B_1+C_1+B_2+C_2$)은 자유가스 69.2조㎥, 유용성가스 2.89조㎥로 총 72.1조㎥에 달한다. 추정매장량(Prospective(D_0) +Predicted(D_1+ D_2))은 약 195.5조㎥로 탐사매장량보다 약 4배 많은 것으로 평가되었다.[52] 석유수출국기구(OPEC)도 러시아의 천연가스 확인매장량을 러시아 정부와 비슷한 50.6억㎥로 평가하였다. 반면 미국 에너지정보청(EIA)은 2017년 국제에너지통계(International Energy Statistics)에서 미국의 석유주간지 OGJ(Oil & Gas Journal) 자료를 인용하며 러시아 천연가스의 확인매장량을 세계 매장량의 24.4%에 해당하는 1,688조 세제곱피트(47.5조㎥)로 추정하며 2위인 이란(1,183조 세제곱피트)보다 40% 이상 많은 것으로 평가하였다.[53] 영국 석유 메이저인 BP는 2018년 6월 발표한 '세계 에너지 통계 보고서 2018(BP Statistical Review of World Energy 2018)'에서 2017년 말 기준 러시아의 천연가스 확인매

---

51) 천연가스는 매장구조, 구성성분, 원유수반 여부에 따라 다양하게 분류된다. 매장 구조에 따라 ① 가스전 가스 ② 유전가스(oil field gas) ③ 탄전가스(coal gas)로 분류된다. 가스전 가스는 수용성 가스(gas(dissolved-in-water type. 원유 또는 석탄의 광상을 갖지 않은 지층에서 주로 지층수 중에 용해된 채로 존재하는 가스)와 구조성 가스(물이나 원유를 함유하지 않고 가스만을 분출하는 가스 광상의 천연가스)로 분류된다. 유전가스는 석유광상(유전)에서 기름층 위에 가스층을 형성하거나 기름층 속에 용해된 가스를 말하며, 탄전가스는 석탄층에서 생산되는 메탄가스를 말한다. 구성 성분에 따라 ① 습성가스(wet gas. 유정에서 생산되는 가스로 상온 상압에서 액체 성분), ② 건성가스(dry gas. 원유가 생산되지 않는 가스전에서 생산된 가스 ③ 치밀가스(tight gas. 가스유층에 부존된 가스)로 세분된다. 원유수반 여부에 따라 ① 수반가스(associated gas. 원유에 수반해서 지하에서 산출되는 천연가스로 유정에서 산출되는 가스이므로 유정가스(oil well gas)라고도 부름), ② 비수반가스(non-associated gas. 원유를 수반하지 않고 가스만 산출되는 천연가스로 원유로부터 유리되어 있다는 뜻에서 자유가스(free gas)라고 함). ③ 캡가스(cap gas. 유전가스에서 가스가 배사구조의 저류층에서 원유에 용해되지 않고 상부를 덮은 채 부존된 가스). ④ 용존(유용성)가스(solution/dissolved gas. 저류층 내에서 원유에 용해된 가스)로 분류된다. (자료: 에너지경제연구원, "에너지・자원 개발의 이해", 2008. p.72.)

52) Министерство природных ресурсов и экологии Российской Федерации. Государственный доклад «О состоянии и использовании минерально-сырьевых ресурсов Российской Федерации в 2016 и 2017 годах». 2018. p. 41.

53) Oil & Gas Journal, "Worldwide Look at Reserves and Production." December 7. 2015.

장량을 35.0조㎥로 평가하며 세계에서 가장 많은 천연가스를 보유하고 있는 것으로 다시 인정하였다. BP는 2016년 보고서에서 러시아 천연가스 확인매장량을 32.3조㎥로 추정하며 이란(33.5조㎥)보다 적은 것으로 평가하였다. BP에 의하면 2017년 러시아의 천연가스 매장량은 세계 매장량의 18.1%, 가채연수는 55년에 달하는데 한국이 약 710년을 소비할 수 있는 규모다.

표 11. 러시아 천연가스 확인매장량 현황 (2017년 기준)

	영국 BP				미국 에너지정보청(EIA)			석유수출국기구(OPEC)		
순위	국명	Tcm	비중(%)	R/P ratio	국명	Tcf	비중(%)	국명	Tcm	비중(%)
1	러시아	35.0	18.1	55.0	러시아	1,688	24.4	러시아	50.62	25.4
2	이란	33.2	17.2	148.4	이란	1,183	17.1	이란	33.81	17.0
3	카타르	24.9	12.9	141.8	카타르	858	12.4	카타르	23.86	12.0
4	투르크메니스탄	19.5	10.1	314.1	미국	322	4.7	투르크메니스탄	9.84	4.9
5	미국	8.7	4.5	11.9	사우디아라비아	303	4.4	미국	9.07	4.5
6	사우디아라비아	8.0	4.2	72.1	투르크메니스탄	265	3.8	사우디아라비아	8.72	4.4
7	베네수엘라	6.4	3.3	170.2	UAE	215	3.1	UAE	6.09	3.1
8	UAE	5.9	3.1	98.2	베네수엘라	201	2.9	베네수엘라	5.71	2.9
9	중국	5.5	2.8	36.7	나이지리아	187	2.7	나이지리아	5.63	2.8
10	나이지리아	5.2	2.7	110.2	중국	184	2.7	알제리	4.50	2.3
	세계	193.5	100	52.6	세계	6,922	100	세계	199.4	100

자료 : BP, “Statistical Review of World Energy 2018.” June 2018. & EIA, “International energy statistics : Proved Reserves of Natural Gas”. 2017.

표 12. 러시아 천연가스 확인매장량 추이 (2000~2017년)

	2000	2005	2006	2007	2008	2009	2010	2011	2012	2013	2014	2015	2016	2017
러시아	46.7	47.8	47.8	48.0	48.1	48.2	48.3	48.8	49.0	49.5	50.2	50.7	50.5	50.7
BP	33.2	33.8	33.8	33.9	34.0	34.0	34.1	34.5	34.6	34.9	35.0	35.0	34.8	35.0
EIA	1,700	1,680	1,680	1,680	1,680	1,680	1,680	1,680	1,680	1,688	1,688	1,688	1,688	1,688
OPEC	43.8	44.9	44.9	44.9	44.9	46.0	46.0	48.7	48.8	49.3	49.9	50.2	50.6	50.6

러시아 정부, BP, OPEC은 Tcm, EIA는 Tcf 기준이며, 러시아는 탐사매장량($A+B_1+C_1$)임.

그림 12. 러시아 연방주체별 천연가스 매장 분포 현황 (가채매장량 기준)

러시아 천연가스의 보고는 야말로-네네츠 차치관구의 서시베리아 석유・가스 지대(oil-gas province)다. 얌부르그(Yamburg), 우렌고이(Urengoy), 보바넨코보(Bovanenkovo), 자폴랴르노예(Zapolyarnoye), 메드베지예(Medvezhye) 등의 대규모 가스전이 있다. 가채매장량 기준 러시아 전체 천연가스 매장량(69.2조㎥)의 64%에 해당하는 44.3조㎥의 가스가 서시베리아에 집중되어 있다. 그 외에 동시베리아의 레노-퉁구스 석유·가스지대에 9.6조㎥, 아스트라한주의 카스피해유역 석유・가스지대에 5.2조㎥, 동바렌츠해에 4.8조㎥, 오호츠크 석유・가스지대에 1.99조㎥, 볼가-우랄 석유·가스지대에 1조㎥, 북캅카스 만기쉴락 석유・가스지대에 0.8조㎥, 티만-페초라 석유・가스지대에 0.8조㎥, 레나-빌류스크 지대에 0.6조㎥가 매장되어 있다.[54](그림 12 참조)

54) Министерство природных ресурсов и экологии Российской Федерации. Государственный доклад «О состоянии и использовании минерально−сырьевых ресурсов Российской Федерации в 2016 и 2017 годах». 2018. p. 47.

(2) 천연가스 생산

러시아는 가스 생산에서도 세계적인 지위를 누리고 있다. 2017년 러시아의 가스 생산은 전년 대비 50.9억㎥(8.0%) 증가한 6,911억㎥로 역대 최고치를 경신했다. 2000년 5,840억㎥ 생산과 비교해 18.3% 늘어난 수치다. 러시아가 세계 가스 생산에서 차지하는 비중은 18.5%(전년 16.3%)로 미국에 이어 2위를 차지했다. 전체 가스 생산 중에서 천연가스(자유가스)가 2016년 대비 488억㎥(8.8%) 증가한 6,057억㎥, 수반석유가스(associated petroleum gas)가 21억㎥(2.5%) 증가한 854억㎥였다.[55] 미국이 2010년대 들어 셰일가스 생산을 본격화하면서 2011년부터 러시아를 제치고 가스 생산에서 세계 1위 자리를 확고히 하고 있다. 미국의 천연가스 수출에서 셰일가스가 차지하는 비중은 60%에 달한다. BP에 의하면 2017년 미국의 가스 생산은 7,345억㎥로 세계 생산의 20.0%를 차지했다. 러시아는 6,356억㎥로 17.3%를 차지한 것으로 분석되었다.[56]

그림 13. 러시아 천연가스 생산 (2017년)

표 13. 러시아 천연가스 생산 추이 (2006~2017)

(단위: Bcm)

	2006	2007	2008	2009	2010	2011	2012	2013	2014	2015	2016	2017
러 에너지부	657.6	654.3	665.1	583.1	650.7	670.7	654.5	667.8	642.0	635.5	640.2	691.1
-가즈프롬	546.0	546.3	547.0	458.8	504.9	505.4	478.6	476.2	432.1	406.0	405.5	455.6
BP	604.8	601.6	611.5	536.2	598.4	616.8	601.9	614.5	591.2	584.4	589.3	635.6
OPEC	615.5	611.5	621.3	546.8	610.1	628.1	614.5	627.1	601.0	594.8	599.4	649.6

자료 : 러시아연방 에너지부(https://minenergo.gov.ru/node/1215), 영국 BP & OPEC

55) Министерство энергетики РФ, Добыча природного газа и попутного нефтяного газа 2017. https://minenergo.gov.ru/node/1215

56) BP, “Statistical Review of World Energy 2018.” June 2018. p.28.

천연가스 생산을 지역별로 살펴보면 서시베리아가 러시아 가스 생산을 주도하고 있다. 2016년 기준 야말로-네네츠 자치관구가 4,684억㎥를 생산하여 러시아 천연가스(자유가스) 생산의 78%, 한티-만시스크 자치관구가 120억㎥를 생산하는 등 서시베리아는 매년 4,700~4,800억㎥로 러시아 전체 천연가스 생산의 80% 이상을 담당하고 있다. 그 외에 카라해(332억㎥)와 사할린 및 오호츠크해(275억㎥)를 중심으로 한 동시베리아와 극동지역이 12%, 우랄-볼가 지역의 오렌부르크(152억㎥), 카스피해 연안의 아스트라한(112억㎥)이 주요 생산지였다.[57)]

2017년 말 현재 러시아에서 가스 생산에 참여하고 있는 기업은 총 254개다. 수직적 통합 석유지주회사(Vertically integrated oil companies) 소속이 85개, 국영기업인 가즈프롬(Gazprom)의 자회사 16개, 민영기업인 노바테크(Novatek) 소속 7개, 기타 독립 가스 생산업체 144개, 생산물분배협정(PSA) 체결 기업 3개가 참여하고 있다. 2017년 기준 가즈프롬이 전년 대비 12.4% 증가한 4,556억㎥를 생산하며 전체 생산의 65.9%를 담당하였다. 가즈프롬은 2008년까지 러시아 전체 천연가스 생산량의 80% 이상을 담당하였으나 그 후 생산량과 비중이 지속해 감소하는 추세를 보인다. 반면 로스네프트가 2016년 대비 2% 증가한 684억㎥(9.9%)를 생산하여 2위 자리를 유지했고, 민영 천연가스 기업인 노바테크가 2016년보다 6.3% 감소한 634㎥(9.2%)를 생산하여 3위를 차지했다.

(3) 천연가스 수출

러시아는 세계 천연가스 수출시장에서 최대 공급자이다. BP에 의하면 러시아는 2017년 전년 대비 7.5% 늘어난 총 2,309억㎥(LNG 155억㎥ 포함)의 천연가스를 수출하여 세계 수출의 20.4%를 담당하였다. 카타르가 1,218억㎥(10.7%), 노르웨이가 1,150억㎥(10.1%)로 각각 2위, 3위를 차지했다. 러시아는 2010년 이후 세계 천연가스 수출 시장에서 적게는 20.0%(2014년), 많게는 21.8%(2013년)를

57) Министерство природных ресурсов и экологии Российской Федерации. Государственный доклад «О состоянии и использовании минерально−сырьевых ресурсов Российской Федерации в 2016 и 2017 годах». 2018. pp. 54~56.

담당하며 부동의 1위를 차지하고 있다. 미국은 세계 최대 천연가스 생산국임에도 불구하고 국내소비를 충족시키는데 급급한 실정이다. 미국은 2007년 천연가스 835억㎥를 수출한 동시에 829억㎥를 수입함으로써 처음으로 순(純) 수입국 지위에서 벗어났다. 반면 러시아의 국내 총수요는 연간 4,200억㎥ 수준으로 생산의 70% 수준에 그치고 있어 나머지 30% 부분을 해외로 돌리고 있다. 2010~2017년 러시아 천연가스의 국내소비 초과 생산분은 최소 1,840억㎥, 최대 2,110억㎥로 연평균 1,940㎥였다.[58] 실제 천연가스 순(純) 수출 물량은 연평균 1,890억㎥로 수출 여력과 거의 유사한 수준을 보였다. 그리고 수출 여력이 높을 경우 실제 수출도 많았던 것으로 나타났다. 2017년 러시아의 천연가스(LNG 제외) 수출은 2,102억㎥로 전년 대비 5.8% 증가했다. 수출 물량 중 CIS 이외 국가(원외 국가)로의 수출이 1,759억㎥로 전년 대비 6.8% 늘어난 반면, CIS 국가로의 수출은 340억㎥로 0.9% 증가에 그쳤다.

표 14. 러시아 천연가스 수출 (2005~2017)

(파이프라인 수송. 단위: Bcm)

	2005	2006	2007	2008	2009	2010	2011	2012	2013	2014	2015	2016	2017
수출물량	209.2	202.8	191.9	195.4	168.4	177.8	189.7	178.7	196.4	174.3	185.5	198.7	212.8
- CIS	47.5	41.0	37.5	37.0	47.9	70.4	72.5	66.0	58.4	48.0	40.7	34.0	34.3
- 비CIS	161.7	161.8	154.4	158.4	120.5	107.4	117.2	112.7	138.0	126.2	144.7	164.7	178.5
수출 가격 ($/천㎥)	151.4	216.0	233.7	353.7	249.3	268.5	338.9	348.3	335.9	313.8	225.3	157.0	181.8
수출액(억$)	316.7	438.1	448.4	691.1	419.7	477.4	642.9	622.5	659.7	548.9	417.8	311.9	386.9

자료 : 러시아 중앙은행

러시아 천연가스의 최대 수출처는 유럽국가다. 가즈프롬의 수출기업인 Gazprom Export와 Gazprom Schweiz AG에 따르면 2017년 가즈프롬은 유럽 시장에 전년보다 151억㎥(8.4%) 늘어난 1,944억㎥의 가스를 공급하여 역대 최고치를

58) Презентация Минэнерго России. Итоги работы Минэнерго России и основные результаты функционирования ТЭК в 2016 году. Задачи на среднесрочную перспективу. 07.04.2017. https://www.minenergo.gov.ru/node/7687

기록하였다. 유럽으로의 가스 수출은 전적으로 파이프라인을 통해 이루어지는데 독일(671억㎥. 34.5%), 영국(291억㎥. 15.0%), 터키(290억㎥. 14.9%), 이탈리아(237억㎥. 12.2%), 네덜란드(174억㎥. 9.0%), 프랑스(133억㎥. 6.8%)가 주요 수출대상국이었다. CIS국가로의 수출은 350억㎥로 전년 대비 5.4% 늘어났다. 벨라루스가 핵심 수출대상국으로 188억㎥로 54%를 차지했다. 그 외에 카자흐스탄 48억㎥, 몰도바 27억㎥, 우크라이나 24억㎥, 발트 3국 37억㎥ 순이었다. 흥미로운 사실은 2013년 러시아의 3번째 천연가스 수출대상국이었던 우크라이나가 2015년 이후 그 규모가 급속도로 축소되면서 전체 수출에서 차지하는 비중이 1%로 급감한 점이다.[59] 2014년 크림반도 병합에 따른 러시아-우크라이나 간의 긴장과 가스 가격 및 결제를 둘러싼 분쟁으로 우크라이나가 러시아로부터 가스 수입을 축소하고 서방으로부터 수입을 확대하였기 때문이다. 유럽은 러시아 천연가스의 핵심 수출대상국인 동시에 러시아는 유럽의 천연가스 소비를 위한 중요한 공급원이다. 유럽 전체 천연가스 소비에서 러시아가 차지하는 비중은 2010년 이후 지속해서 상승하여 2017년에는 34%를 넘어섰다. 유럽의 천연가스 수입에서 러시아가 차지하는 비중 또한 동 기간에 55%에서 64%로 확대되었다.

표 15. 유럽 천연가스 소비시장에서 러시아의 시장 지배력 추이 (2010~2017)

	2010	2011	2012	2013	2014	2015	2016	2017
유럽 가스소비 (억㎥)	6,098	5,514	5,421	5,404	4,855	5,066	5,417	5,682
- 자체 공급	3,572	2,893	2,901	2,828	2,688	2,641	2,604	2,641
- 해외 수입	2,526	2,621	2,520	2,576	2,167	2,425	2,813	3,041
- 러시아	1,386	1,503	1,399	1,627	1,476	1,594	1,793	1,944
러시아 비중 (%)								
- 유럽 소비	22.7	27.3	25.8	30.1	30.4	31.5	33.1	34.2
- 유럽 수입	54.9	57.3	55.5	63.2	68.1	65.7	63.7	63.9

자료 : 가즈프롬 Annual Report 2017. 2018. pp. 48-49.

59) Газпром. Экспорт и повышение надежности поставок газа в Европу, Пресс−конференция 31 мая 2016 г.
http://www.gazprom.ru/f/posts/75/625586/presentation-press-conf-2016-05-31-ru.pdf

러시아 천연가스 수출의 과도한 유럽 의존은 가스 수출의 변동성을 확대하는 요인이 되었다. 2008년 9월 글로벌 금융 및 경제위기, 2011년 그리스 재정위기로 전이된 유럽연합의 경기침체, 2014년 우크라이나 사태에 따른 서방의 경제제재, 미국의 셰일가스 생산 확대로 촉발된 국제 원유가격의 급락 등 세계 경제에서 블랙스완(black swan)의 출현은 러시아가 과도한 유럽 의존 대외경제 관계 포트폴리오를 점검하고 변경하는 계기가 되었다. 푸틴은 집권 3기부터 대외경제 관계에서 에너지 자원, 특히 천연가스 수출대상국의 다변화를 통해 유럽 의존도를 낮추고, 낙후된 극동지역에서의 자원개발을 통해 지역의 균형 발전을 도모함과 동시에 세계 경제의 새로운 동력원으로 부상한 동북아 지역 국가와의 경제협력 강화를 추진하였다. 그 대표적 조치가 '신동방 정책'으로 아시아 국가와의 생산 및 투자 협력 증진과 에너지 자원 수출 확대를 추구하였다. 러시아는 2014년 중국과 30년 공급계약을 체결하고 파이프라인(시베리아의 힘 1) 건설을 통해 매년 380억㎥의 가스를 수출하기로 합의했고 2015년 5월에는 '시베리아의 힘 2'를 통한 추가 공급 계약을 체결했다. 극동의 사할린 2 가스전에서 생산된 가스는 액화천연가스(LNG) 형태로 주로 아시아태평양 지역 국가로 수출되고 있다. LNG는 2009년 531만 톤으로 처음 생산을 시작한 후 2010년부터 매년 1,000만 톤을 넘고 있다. 2017년에는 1,176만 톤으로 2016년(1,093만 톤) 대비 7.6% 증가했다. 생산 물량은 대부분 해외로 수출되는데 동북아지역 국가가 주요 수출대상국이다. 2017년 LNG 총수출에서 일본이 63.1%(2016년 67.6%)로 압도적 1위를 차지했고, 한국 16.6%(17.0%), 대만 14.5%(12.4%), 중국 3.9%(3.0%) 순이었다.[60)]

2) 원유(crude oil)

(1) 원유 매장량

원유는 현대 사회에 있어 가장 중요한 에너지 자원으로 내연기관의 동력으로 사용될 뿐만 아니라 산업용, 가정용 에너지, 석유화학공업의 기초 원료로 사용되

60) Министерство энергетики РФ, Производство и поставки сжиженного природного газа (СПГ) 2017. http://minenergo.gov.ru/node/4853

는 전・후방 연관 효과가 높은 전략 상품으로 대체가 거의 불가능하다. 2017년 말 기준 세계 석유 확인매장량은 1조 6,966억 배럴이며 약 50.2년 사용 가능한 양이다. 세계 원유 매장량의 절반에 해당하는 8,077억 배럴(47.6%)이 중동 지역에 묻혀있다. 석유수출국기구(OPEC)가 확보한 원유 매장량은 1조 2,188억 배럴로 71.8%를 차지한다.[61] 미국 에너지정보청(EIA) 자료에 의하면 2017년 말 기준 러시아에 묻혀있는 원유의 확인매장량은 세계 매장량의 4.8%에 해당하는 800억 배럴로 평가되고 있다. OPEC 또한 '2018년 연례 통계 보고서(Annual Statistical Bulletin 2018)'에서 동일한 수치를 제시하고 있으나 비중은 5.4%로 높게 측정하였다. 반면 영국의 BP는 세계 6위에 해당하는 1,062억 배럴(145억 톤)이 묻혀있는 것으로 분석하고 있는데 가채연수 기준 25.8년에 해당한다. 이는 2017년 기준 한국이 104년 동안 소비할 수 있는 물량이다.

표 16. 러시아 석유 매장량 현황 (2017년 말 기준)

순위	영국 BP				미국 에너지정보청(EIA)			석유수출국기구(OPEC)		
	국명	10억 배럴	비중 (%)	R/P ratio	국명	10억 배럴	비중 (%)	국명	10억 배럴	비중 (%)
1	베네수엘라	303.2	17.9	393.6	베네수엘라	301	18.3	베네수엘라	302.8	20.4
2	사우디	266.2	15.7	61.0	사우디	266	16.2	사우디	266.3	18.0
3	캐나다	168.9	10.0	95.8	캐나다	170	10.3	이란	155.6	10.5
4	이란	157.2	9.3	86.5	이란	158	9.6	이라크	147.2	9.9
5	이라크	148.8	8.8	90.2	이라크	143	8.7	쿠웨이트	101.5	6.8
6	**러시아**	**106.2**	**6.3**	**25.8**	쿠웨이트	102	6.2	UAE	97.8	6.6
7	쿠웨이트	101.5	6.0	91.9	UAE	98	6.0	**러시아**	**80.0**	**5.4**
8	UAE	97.8	5.8	68.1	**러시아**	**80**	**4.9**	리비아	48.4	3.3
9	미국	50.0	2.9	10.5	리비아	48	2.9	나이지리아	37.5	2.5
10	리비아	48.4	2.9	153.3	나이지리아	37	2.2	미국	32.8	2.2
	세계	1,706.7	100.0	50.6	세계	1,645.2	100.0	세계	1,482.8	100.0

* 원유의 경우 캐나다는 1,678억 배럴의 Oil Sand, 베네수엘라는 Orinoco Belt의 천연역청(natural bitumen) 2,200억 배럴이 포함된 수치임. OPEC은 캐나다의 경우 Oil Sand 제외.

자료 : BP, "Statistical Review of World Energy 2018." June 2018. & EIA, "International energy statistics". 2017. OPEC, "Annual Statistical Bulletin 2018", 2018.

61) BP "Statistical Review of World Energy 2018." June 2018. p.36.

그림 14. 러시아 원유 분포 지역 (가채매장량. 연방주체별)

러시아 천연자원환경부는 2018년 1월 1일 현재 러시아에 묻혀있는 원유의 탐사매장량($A+B_1+C_1$)을 185.3억 톤으로 평가하고 있는데 이를 배럴로 환산하면 1,358억 배럴로 BP 추정치보다 28% 많은 양이다.[62] 나아가 가채매장량($A+B_1+C_1+B_{2+}C_2$)은 297.2억 톤, 추정매장량($D_0+D_1+D_2$)은 579.4억 톤에 달하는 것으로 분석하고 있다.[63] BP는 러시아 원유의 확인매장량이 2005년 1,044억 배럴보다 18억 배럴(1.7%) 늘어난 것으로 평가하고 있는 데 반해, 러시아 정부는 170억 톤에서 185.3억 톤으로 9.0% 늘어난 것으로 파악하고 있다.

러시아연방 지하자원관리청 국장이었던 아나톨리 레돕스키(Анатолий Ледовских)는 2007년 3월 '모스크바 콤소몰레츠(Московский комсомолец)'와의 인터뷰에서 지난 2005~2006년 동안 러시아 내에서 천연가스 및 원유의 탐사 및 개

62) 원유 1 Tonnes(metric)은 7.33배럴, 1배럴은 0.136425t에 해당한다.

63) Министерство природных ресурсов и экологии Российской Федерации. Государственный доклад «О состоянии и использовании минерально−сырьевых ресурсов Российской Федерации в 2016 и 2017 годах». 2018. p. 11.

발이 생산에 맞추어 이루어짐에 따라 석유는 향후 50년 동안, 천연가스는 100년 동안 사용이 가능할 것이라고 주장하였다.[64] 실제로 지금까지 러시아에서 확인된 에너지 자원 매장량은 대부분이 유럽 러시아와 서시베리아 지역에 집중되어 있다. 동시베리아의 경우 확인된 천연가스 매장량이 5.6조㎥, 석유는 70억 배럴에 그치고 있는데, 북부지역에 대한 본격적인 지질조사가 이루어지지 않았다는 점을 고려하고, 북극해에서의 자원 탐사가 본격화될 경우 매장량이 적지 않게 늘어날 것이 확실시된다. 미국 지질조사국(USGS. United States Geological Survey)에 의하면 북극 25개 구역에는 전 세계 미발견 석유 및 천연가스 자원량의 22%인 약 4,122억 BOE(석유 환산 배럴)가 부존된 것으로 나타났다.[65] 이 가운데 천연가스와 천연가스 액화물(NGL. natural gas liquid)이 78%로 대부분을 차지했다. 자원별 탐사 자원량은 천연가스가 약 1,670조 세제곱피트(47조㎥), NGL가 440억 배럴, 원유가 약 900억 배럴이다. 그중 러시아가 25개 구역 전체 북극 에너지 탐사 자원량의 52% 이상을 차지하고 있는 것으로 평가되었다. 러시아 서시베리아 해역이 1,325.7억 BOE(원유 36.6억 배럴, 천연가스 651.5조 세제곱피트, NGL 203.3억 배럴)로 전체 탐사 자원량의 32%, 동바렌츠 분지가 617.6억 BOE(74.1억 배럴, 317.6조 세제곱피트, 14.2억 배럴)로 15%, 예니세이-하탄가 유역이 249.2억 BOE(55.8억 배럴, 99.96조 세제곱피트, 26.8억 배럴)로 6%를 차지했다.[66]

(2) 원유 생산량

원유의 확인매장량과 마찬가지로 생산에서도 각 기관의 분석이 엇갈리고 있다. BP는 2017년 러시아가 세계 원유 생산량의 약 12.2%인 1일 1,125.7만 배럴을 생산

---

64) Константин Новиков, Интервью Руководителя Роснедр Анатолия Ледовских газете «Московский комсомолец» 07.03.2007. http://www.rosnedra.gov.ru/article/1016.html

65) Donald L. Gautier and Thomas E. Moore, "Introduction to the 2008 Circum-Arctic Resource Appraisal (CARA) Professional Paper", U.S. Geological Survey Professional Paper 1824. p.8. https://pubs.usgs.gov/pp/1824/a/pp1824a.pdf

66) 이성규, "북극지역 자원개발 현황 및 전망", 에너지경제연구원, 수시연구보고서 10-03. pp.3-6.

하여 미국(1,305.7만 배럴), 사우디아라비아(1,195.1만 배럴)에 이어 3위를 기록한 것으로 판단하였다. 미국 에너지정보청(EIA) 또한 1,120만

그림 15. 러시아 원유 및 콘덴세이트 생산 (2017년)

배럴로 미국(1,560만 배럴), 사우디아라비아(1,209만 배럴)에 이어 3위를 차지하는 것으로 분석하였다. 반면 OPEC은 2016년(1,029만 배럴)보다 0.6% 증가한 1일 1,035만 배럴(13.9%)을 생산하여 996만 배럴에 그친 사우디아라비아(2016년 1,046만 배럴)를 제치고 1위를 차지한 것으로 평가하였다. 러시아 에너지부 또한 2017년 러시아는 가스 콘덴세이트 포함 5억 4,680만 톤(전년 대비 0.1% 감소)의 원유를 생산하여 세계 생산의 12.4%를 차지하며 세계 1위를 유지하고 있는 것으로 분석하였다. 사우디아라비아, 미국, 이라크, 이란이 2~5위를 차지하였다. 이와 같은 차이가 발생하는 것은 OPEC은 재래식 원유(conventional crude oil)만을 기준으로 하지만, BP는 셰일오일을 포함한 비(非) 재래식 원유를 포함하며, 러시아는 가스 콘덴세이트를 포함한 원유를 기준으로 계산하고 있기 때문이다. 오늘날 러시아는 미국, 사우디아라비아와 함께 일 1,000만 배럴 이상의 원유를 생산하는 세계 Big 3 국가임은 분명하다.

2017년 말 현재 러시아 내에서 천연자원 이용에 관한 허가를 취득해 석유 및 가스 콘덴세이트(원유) 생산에 참여하고 있는 조직은 총 288개다. 104개 업체를 운영하는 11개 기업은 석유 시추 및 채굴에서 가공 및 정제, 운송, 마케팅 및 판매에 이르기까지 상・하류 부문을 독점 개발하는 대형 일관 조업회사인 '수직적 통합 석유 기업(Vertically integrated oil companies)'으로 러시아 전체 원유 생산의 85.7%(2016년 87.0%)를 담당한다. 그 외에 181개 독립 석유회사(Independent)[67]가 약 11%, 생산

67) 메이저 석유회사들보다 규모가 작고 상류나 하류 한 부문에 사업이 한정된 회사들로 특정 분야, 특정 지역의 경쟁우위를 바탕으로 메이저와 경쟁하는 석유회사를 말한다.

물분배협정(PSA)에 참여하고 있는 3개 업체가 3.0%를 차지한다.[68] 2013년부터 국영 석유기업(로스네프트, 가즈프롬네프트, 슬라브네프트, PSA)이 러시아 원유 생산의 50% 이상을 좌우하면서 천연가스에 이어 석유 부문에서의 정부 지배가 강화되고 있다. 특히 러시아 최대 국영 석유기업인 로스네프트는 총 원유 생산의 약 40%를 차지하고 있는데 이는 2013년 3월 러시아-영국 민간 합작 에너지기업인 TNK-BP의 지분 100%를 모두 인수하면서 미국의 엑손모빌(Exxon Mobil)을 제치고 세계 최고 석유 기업으로 등극하였기 때문이다.[69] 그리고 2016년 10월 바시네프트를 인수하면서 러시아 원유시장에서의 지배력을 계속해 확대해 나가고 있다.

표 17. 러시아 석유 생산업체 생산량 추이 (2008~2017)

	2008년		2010년		2012년		2014년		2016년		2017년	
	백만톤	%	백만톤	%	백만톤	%	백만톤	%	백만톤	%	백만톤	%
러시아 전체	488.5	100	505.1	100	518.0	100	526.7	100	547.5	100	546.8	100
로스네프트	113.8	23.3	112.4	22.3	117.5	22.7	190.9	36.2	211.1	38.6	209.3	38.3
루코일	90.2	18.5	90.1	17.8	84.6	16.3	86.6	16.4	83.0	15,2	81.7	14.9
TNK-BP*	68.8	14.1	71.7	14.2	72.5	14.0	-	-	-	-	-	-
수르구트네프	61.7	12.6	59.5	11.8	61.4	11.9	61.4	11.7	61.8	11.3	60.5	11.1
가즈프롬	43.4	8.9	43.3	8.6	46.1	8.9	49.8	9.5	55.2	10.1	56.9	10.4
타트네프트	26.1	5.3	26.1	5.2	26.3	5.1	26.5	5.0	28.7	5.2	28.9	5.3
바시네프트**	11.7	2.4	14.1	2.8	15.4	3.0	17.9	3.4	-	-	-	-
슬라브네프트	19.6	4.0	18.4	3.6	17.9	3.5	16.2	3.1	15.0	2.7	14.3	2.6
루스네프트	14.2	2.9	13.0	2.6	13.9	2.7	8.6	1.6	7.0	1.3	7.0	1.3
노바테크	2.7	0.6	3.8	0.8	4.2	0.8	4.3	0.8	8.0	1.5	7.7	1.4
PSA**	12.0	2.5	14.4	2.9	14.1	2.7	14.4	2.7	16.0	2.9	16.5	3.0
기타	24.1	4.9	38.2	7.6	44.1	8.5	50.1	9.5	61.7	11.3	64.0	11.7

TNK-BP* : 2013년 로스네프트가 인수.
바시네프트** : 2016년 10월 로스네프트가 인수.
PSA** : 생산물 분배 협정에 의한 생산량
자료 : IEP. Ежегодный обзор：Российская экономика. Тенденции и перспективы. 각 년호

러시아에서 원유 생산은 전 지역에 고르게 분포되어 있지 않고 특정 지역에 집중되어 있다. 러시아 85개 연방주체 중 33개 지역에서만 원유가 생산된다. 서시

68) https://minenergo.gov.ru/node/910
69) Forbes, "The World's Biggest Public Energy Companies 2016".
http://www.forbes.com/pictures/hefj45fim/introduction/#54efee1425de

베리아는 최근 수년간 생산량이 다소 줄어들고 있음에도 불구하고 여전히 러시아 원유 생산을 주도하고 있다. 2017년 기준 서시베리아의 원유 생산량은 전년대비 0.6% 감소한 3억 1,350만 톤을 생산하였는데 이는 러시아 총생산량의 57.3%에 해당한다. 2010년에는 3억 1,840만 톤을 생산하여 전체 생산의 63%를 차지하였다. 서시베리아 지역 원유 생산은 한티-만시스크와 야말로-네네츠에 집중되어있다. 한티-만시스크는 2억 3,520만 톤을 생산하여 러시아 전체 생산의 43%, 야말로-네네츠가 5,660만 톤으로 10.4%를 차지한다. 주목할 점은 한티-만시스크의 생산이 계속해 줄어들고 있는 반면에 야말로-네네츠에서 생산이 확대되고 있다는 것이다. 2010년 한티-만시스크의 원유 생산이 2억 6,590만 톤, 야말로-네네츠의 생산은 3,450만 톤이었다. 동시베리아와 극동지역이 1.7% 늘어난 6,990만 톤을 기록하며 12.8%를 차지하였다. 이 지역이 2008년 전체 생산에서 차지하는 비중이 3% 미만이었던 점을 고려할 때 급속한 증가세를 나타내고 있음을 보여준다. 특히 이르쿠츠크주에서 생산이 2010년 330만 톤에서 2017년 1,850만 톤으로 5.6배, 사하공화국에서 생산이 350만 톤에서 1,040만 톤으로 3배, 크라스노야르주에서 생산이 1,290만 톤에서 2,330만 톤으로 80% 이상 늘어났다. 그 외에 22개 연방주체가 포함된 러시아 유럽지역이 전년도와 같은 1억 6,340만 톤을 생산하여 29.9%를 차지했다. 2010년 이후 동시베리아, 극동지역과 더불어 대륙붕 바다(shelf sea)에서의 생산이 급격하게 늘어나며 서시베리아에서의 생산 감소를 보충하고 있다. 2016년 대륙붕 지역이 17.4% 늘어난 2,230만 톤, 심해나 극한 지역에서의 원유 생산(добыча «трудной» не

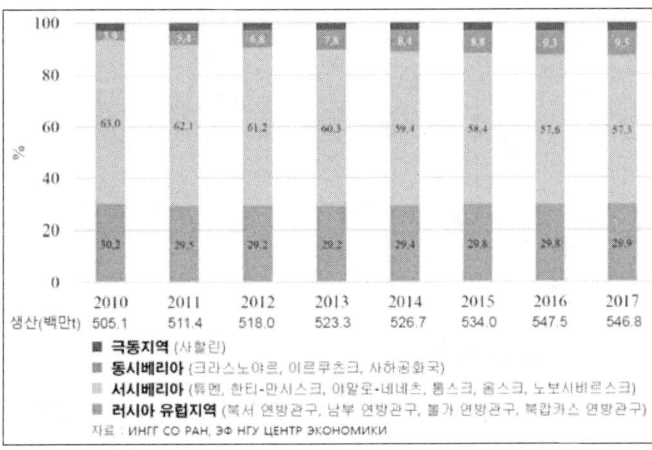

그림 16. 러시아 지역별 원유 생산 추이 (2010~2017)

фти)이 12.1% 늘어난 3,700만 톤에 달하며 러시아 전체 원유 생산의 23%를 넘어섰다.70) 장기적으로는 러시아의 동부 유전과 러시아 북극의 대부분 미개발 상태에 있는 유전이 러시아 원유 생산에서 더욱 큰 역할을 할 것으로 보인다.

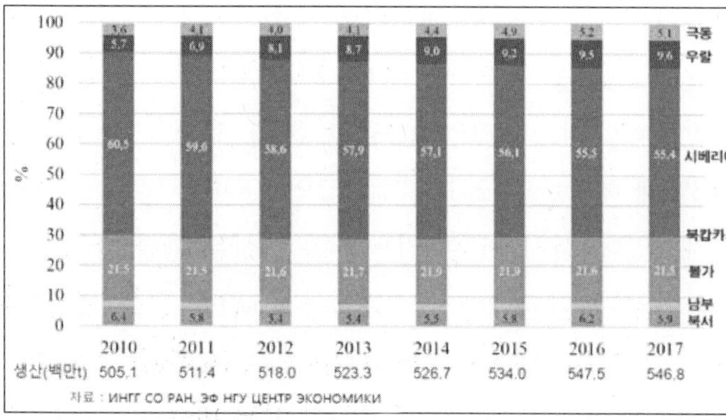

그림 17. 러시아 연방관구별 원유 생산 추이 (2010~2017)

(3) 주요 원유 및 가스 생산지

러시아에 대규모로 매장되어 있는 원유와 천연가스는 전 국토에 골고루 분포된 것이 아니라 대부분이 서시베리아, 우랄산맥과 중부 시베리아 고원 사이, 그리고 카스피해까지 이어지는 우랄-볼가 지역에 집중되어 있다. 2016년 기준 러시아 주요 원유 및 가스 생산지 및 생산량은 다음과 같다.71)

① 서시베리아(West Siberia)

서시베리아는 러시아의 핵심 석유 생산 지역으로 2016년 1일 6,294,000배럴의 원유를 생산하며 러시아 총생산의 58%를 담당하였다. 그중에 한티-만시스크(Khanty-Mansiisk)는 서시베리아에 있는 러시아 최대 유전지역이다. 러시아 원유 생산의 55% 이상, 세계 원유 생산의 6% 이상을 담당한다. 1964년 유전에서 개발이 시작된 이후 총 누적 생산량은 78억 톤이 넘는다. 413개의 석유-가스전이 발견되었고 그중 대형 유전은 프리옵스코예(Priobskoye), 사모틀로르(Samotlor), 페도

70) А.В. Новак, “Итоги работы Минэнерго России и основные результаты функционирования ТЭК в 2012 - 2017 гг”, Министр энергетики Российской Федерации. 6 апреля 2018. p.8.

71) EIA, “International Analysis : Russia”, October 31, 2017.을 바탕으로 작성. https://www.eia.gov/beta/international/analysis.cfm?iso=RUS

로프(Fedorov), 마몬톱스코예(Mamontovskoe)가 있다. 지역별로는 수르구트(Surgut), 니즈네바르톱스크(Nizhnevartovsk), 네프테유간스크(Nefteyugansk), 한티-만시스크(Khanty-Mansiysk)가 생산 대부분을 차지했다. 가스 생산도 적지 않게 이루어졌는데 대부분이 유전에서 나오는

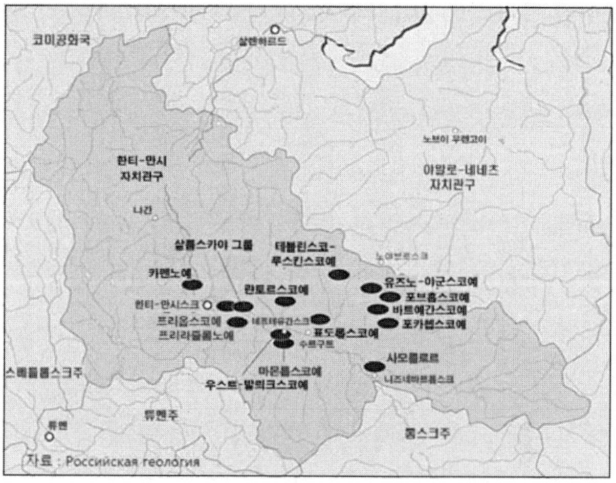

그림 18. 한티-만시스크 유전 지역

부수가스로 총 50개의 가스전에서 러시아 총매장량의 2%를 차지한다.[72] 프리옵스코예(Priobskoye) 유전은 한티-만시스크 자치관구에 위치한 러시아 최대 유전으로 면적만 5,466㎢이다. 2016년 기준 가채매장량(A+B1+C1+B2+C2)은 16억 7,100만 톤으로 러시아 전체 매장량의 5.6%를 차지한다. 1982년에 발견되어 2000년 유코스(YUKOS)의 자회사 유간스크네프테가스(Yuganskneftegaz)에 의해 생산이 시작되었다. 현재 로스네프트와 가즈프롬네프트가 공동 생산에 참여하고 있는데 2016년 생산량은 3,660만 톤으로 1위를 차지했다. 사모틀로르(Samotlor) 유전은 한티-만시스크 유전지대 중 가장 크고 오래된 유전으로 초기 매장량만 27억 톤(USGS 2000년 평가)으로 세계에서 6번째로 컸다. 계속된 채굴로 인해 2016년 기준 가채매장량은 크라스노렌스코예(Krasnoleninskoye) 유전에 이어 3위에 해당하는 9억 1,140만 톤(3.1%)인 것으로 평가된다. 1969년 생산을 시작한 이후 2006년에는 1일 635,000배럴을 생산하여 소비에트 시대 이후 최고치를 기록하기도 하였으나 그 후 감소세를 보인다. 그러나 지속적인 투자와 향상된 원유 회수 기술의 적용으로 감소가 2008년부터 2014년까지 연평균 5%에 그쳤고, 2015년에는 약 3%로 떨어졌다. 로스네프트의 자회사인 Samotlorneftegaz

72) http://www.nftn.ru/oilfields/russian_oilfields/khanty_mansijskij_ao/6

가 운영사이며 2016년 생산량은 1,920만 톤으로 프리옵스코예에 이어 2위를 차지했다. 크라스노레닌스코예(Krasnoleninskoye) 유전 지대는 한티-만시스크 자치관구 서부지역에 있다. 1962년 카멘노예(Kamennoye) 유전을 시작으로 1982년 팔리아놉스코예(Palyanovskoe)까지 여러 유전이 개발되었다. 초기 매장량 평가에서는 15억 톤으로 추정되었다. 매장량의 93%를 차지하는 3개 지역(Talinskaya, Em-Yeghovskaya, Kamennaya)에서 개발이 진행되고 있다. 2016년 현재 가채매장량은 12억 만 톤으로 러시아 전체 매장량의 4.0%에 해당한다. 생산량은 690만 톤이었다. 프리라즐롬노예(Prirazlomnoye) 유전은 북극 페초라해 연안에 위치한 해상 유전으로 1989년에 발견되었다. 가채매장량은 5억 2,800만 톤으로 러시아 전체 원유매장량의 1.8%다. 가즈프롬의 자회사 Sevmorneftegaz가 2011년 생산을 시작했고 2016년 860만 톤을 추출했다.

표 18. 서시베리아 대표 유전-가스전 매장량 및 생산량 현황 (2016년 기준)

유전 (Oil Field)	운영 기업	매장량(백만 톤)		비중	채굴량
		A+B1+C1	B2+C2	(%)	백만 톤
Prirazlomnoye (한티-만시스크)	가즈프롬	260.4	267.6	1.8	8.6
Priobskoye (한티-만시스크)	로스네프트, 가즈프롬	1205.3	465.7	5.6	36.6
Samotlor (한티-만시)	로스네프트 외3	881.1	30.3	3.1	19.2
Russkoye (한티-만시스크)	튜멘네프테가스	370.5	51.4	1.4	0.2
Fedorov(한티-만시스크)	수르구트네프테가스	230.2	37.1	0.9	8.4
Urengoy (야말로-네네츠)	가즈프롬 외5	85.5	399.3	1.7	0.21
East.Messoyakhskoye(야말로-네네츠)	메소야하네프테가스	216.9	122.8	1.1	0.7
Mamontovskoye (한티-만시스크)	로스네프트	107.4	27.8	0.46	4.9
Krasnoleninskoye (한티-만시스크)	가즈프롬네프트 외 4	553.2	646.7	4.0	6.9
Ust-Tegusskoye (튜멘)	RN-우바트네프테가스	66.3	7.8	0.3	7.6
가스전 (Gas Field)	운영 기업	매장량(10억㎥)		비중	채굴량
		A+B1+C1	B2+C2	(%)	10억㎥
Yamburg (야말로-네네츠)	가즈프롬	2,999.4	738.9	5.4	57.03
Zapolyarnoye (야말로-네네츠)	가즈프롬	2,211.9	41.3	3.2	61.7
Bovanenkovo (야말로-네네츠)	가즈프롬	4,184,99	199.5	6.4	67,4
Urengoy (야말로-네네츠)	가즈프롬, 노바테크	5,337.7	1,043.3	9.1	95.8
North-Urengoy(야말로-네네츠)	가즈프롬, 노르트가스	498.4	46.6	0.7	13.6

자료 : 러시아 천연자원 환경부.

야말반도(Yamal Peninsula)는 서시베리아 북극 해안에서 크라스노야르스크에 걸쳐 있는 지역으로 러시아의 전략적 석유-가스 공급원이다. 매장량은 가스가 26.5조㎥이며, 가스 콘덴세이트가 16억 톤, 원유가 3억 톤이다. 특히 천연가스 생산이 주를 이룬다. 2017년 야말반도에서 생산된 천연가스는 828억㎥이며, 향후 연간 3,600억㎥의 가스를 생산하여 러시아의 3대 가스 생산지 중 하나가 될 것으로 가즈프롬은 예상한다.[73] 야말의 가스를 러시아통합가스공급시스템(UGSS. Unified Gas Supply System)과 연결하기 위해 가즈프롬은 보바넨코보-우흐타(Bovanenkovo-Ukhta) 가스관을 건설하여 2012년부터 가동하였고, 보바넨코보-우흐타 가스관 II가 2017년부터 운행되었다. 야말로-네네츠의 대표적 가스전으로는 우렌고이(Urengoy), 자폴랴르노예(Zapolyarnoye), 보바넨코보(Bovanenkovo), 얌부르크(Yamburg)가 있다. 우렌고이(Urengoy) 가스전은 러시아 최대 가스전일 뿐만 아니라 이란 사우스 파르스(South Pars / North Dome Gas Condensate) 가스전에 이어 세계에서 두 번째로 큰 천연가스전이다. 2016년 기준 가채매장량은 6조 3,811억㎥로 러시아 전체 가스매장량의 9.1%를 차지한다. 1966년 6월에 발견되어 1978년부터 생산이 시작되었다. 1981년 처음으로 1,000억㎥의 가스를 추출하였고, 1984년부터 우렌고이-포마리-우즈고로드(Urengoy- Pomary-Uzhgorod) 가스관[74]을 통해 서유럽에 수출되었다. 2016년 958억㎥의 가스를 생산하며 1위를

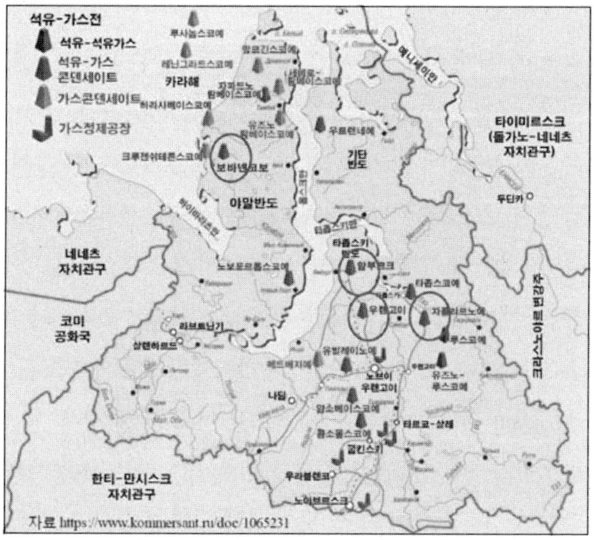

자료 https://www.kommersant.ru/doc/1065231

그림 19. 야말로-네네츠 유전-가스전

73) http://www.gazprom.com/about/production/projects/mega-yamal/

74) 러시아의 수출용 가스관은 현재 5개 정도인데 우크라이나를 거쳐 유럽으로 가는 가스관은

유지하였다. 자폴랴르노예(Zapolyarnoye) 가스전은 1965년 야말로-네네츠 자치관구 타즈지역 남서쪽에서 발견되었다. 초기 C1+C2 매장량은 3.5조㎥, 원유 및 가스 콘덴세이트는 약 8,000만 톤이었다. 상업 생산은 2001년 세노마니안 층(Cenomanian Layers)의 본격적 가스 개발과 함께 시작되어 2004년에 연간 1,000억㎥에 달했다. 2016년 기준 가채매장량은 2조 2,532억㎥로 러시아 전체 매장량의 3.2%를 차지한다. 생산량은 617억㎥였다. 보바넨코보(Bovanenkovo) 가스전은 야말반도에서 가장 큰 가스전으로 1972년 발견되었고 가즈프롬이 개발을 담당했다. 2016년 기준 가채매장량은 4조 3,845억㎥로 러시아 전체 매장량의 6.4%를 차지한다. 2012년 49억㎥를 시작으로 2013년에 228억㎥, 2015년에 619억㎥를 생산하였고, 2017년은 828억㎥로 확대되었다. 생산된 가스는 노르트 스트림(Nord Stream) 가스관을 통해 유럽으로 수출된다.[75] 가즈프롬은 Neocomian-Jurassic 광상에서 가스 개발이 이루어질 경우 총생산량은 1,400억㎥가 될 것으로 예상한다.[76] 얌부르크(Yamburg) 가스전은 야말로-네네츠 자치관구의 북쪽 타좁스키(Tazovsky) 반도에 있는 세계에서 3번째로 큰 천연가스전으로 면적은 8,500㎢이다. 1969년 발견되어 1986년 생산이 시작되었다. 가즈프롬의 자회사 가즈프롬 도비차 얌부르크(Gazprom dobycha Yamburg)가 운영한다. 2012년 10월까지 채굴된 가스는 4.5조㎥가 넘는다. 2016년 기준 가채매장량은 3.8조㎥로 러시아 전체 매장량의 5.4%를 차지한다. 생산량은 570.3억㎥였다.

야말반도 지역은 원유 생산에서는 상대적으로 새로운 지역으로 원유 수송 인프라의 구축이 필요했다. 트란스네프트(Transneft)가 2017년 자폴랴리예-푸르페

1980년 가동된 '소유스'(2,750km)와 '우렌고이~포마리~우즈고로드 가스관'(4,451km) 2개인 것으로 알려져 있다.

75) 노르트 스트림(Nord Stream)은 러시아 서북부 항구도시인 비보르크(Vyborg)에서 발트해를 통과해 독일 북부 그라이프스발트(Greifswald)로 이어지는 길이 1,224㎞의 해저 가스관으로 2개 라인(Line 1과 Line 2)이 병렬로 건설되었다. Line 1은 2011년 11월, Line 2는 2012년 10월에 개통되었다. 총 가스 수송량은 각 라인이 275억㎥로 총 550억㎥다. 동 가스관의 개통으로 러시아는 우크라이나(Ukraine corridor 가스관, 1,700억㎥)와 벨라루스(Yamal-Europe 가스관, 330억㎥)를 거치지 않고 유럽으로 직접 수출이 가능해졌다.
https://www.nord-stream.com/the-project/pipeline/

76) http://www.gazprom.com/about/production/projects/deposits/bm/)

(Zapolyarye-Purpe) 송유관[77]과 푸르페-사모틀로르(Purpe-Samotlor) 송유관[78]을 동시베리아-태평양(ESPO. Eastern Siberia-Pacific Ocean) 파이프라인과 연결함으로써 야말반도 지역에서 생산된 원유 수송을 위한 인프라를 구축하였다. 2016년 5월 가즈프롬이 생산을 시작한 노보포르토프스코예(Novoportovskoye) 유전은 2018년까지 1일 125,000배럴의 원유를 생산할 것으로 기대되는데 2016년 5월부터 북극 터미널에서 해상운송을 통해 유럽으로 공급되었다. 현재 러시아 정부는 세금 감면 혜택을 통해 러시아 및 글로벌 석유 메이저의 셰일오일 매장지 탐사를 유도하고 있으나 러시아에 대한 경제제재와 저유가로 인해 셰일자원 개발에서 큰 진전이 이루어지지 않고 있다. 미국 에너지정보청(EIA)은 러시아에 매장되어 있는 셰일오일(shale oil)의 규모를 세계 2위에 해당하는 746억 배럴로 평가하고 있다. 미국이 782억 배럴로 1위, 중국이 322억 배럴로 3위를 차지했다.[79]

② 볼가-우랄(Volga-Urals)

볼가-우랄(Volga-Urals) 지역은 러시아 전체 원유 가채매장량의 약 14%, 생산량의 약 1/5을 담당하며, 러시아 원유 매장량 및 생산에서 2위를 차지한다. 1970년대까지 소련 최대 원유 생산지로 총채굴의 70%를 차지하기도 했으나 1970년대 후반부터 서시베리아 개발이 본격화되면서 추월당했다. 볼가-우랄 지역은 러시아 유전지대 중에서 원시부존량(total initial resources) 대비 채굴이 72% 이상 이루어지면서 원유 자원의 고갈이 가장 심각한 지역이다. 이 지역에서 가장 큰 유전은 1948년에 발견된 로마쉬킨스코예(Romashkinskoye) 유전으로 가채매장량은 2억 5,270만 톤(러시아 총매장량의 0.9%)이다. 지금까지 총 150억 배럴(2.4억 톤)이 채굴되었다. 타트네프(Tatneft)가 운영하고 있는데 2016년 1,590만 톤

77) 동시베리아 야말로-네네츠 지역의 원유를 수송하기 위한 총길이 448㎞의 송유관으로 연간 최대 4,500만 톤의 원유를 수송할 예정이다. 2010년 3월 공사를 시작해 2016년 12월 완공되었고, 2017년 1월부터 트란스네프트가 운영을 시작했다.

78) 야말반도의 유전을 동시베리아-태평양(ESPO. Eastern Siberia-Pacific Ocean) 파이프라인과 연결하기 위한 Zapolyarye - Purpe - Samotlor 송유관의 일부 구간으로 길이는 430㎞이며, 연간 2,500만 톤(1일 500,000배럴)의 원유를 수송한다.

79) James Marson, "Russia Bets on Shale Oil to Defend Its Spot as Top Producer of Crude", Wall Street Journal. Dec. 29, 2017.

의 원유를 생산하였다. 대표적인 가스전은 오렌부르크(Orenburg)로 1966년에 발견되어 가즈프롬이 개발을 주도해 1972년부터 천연가스와 가스 콘덴세이트 생산을 시작하였다. 2016년 기준 가채매장량은 러시아 전체 매장량의 1.0%인 약 6,798억㎥고 생산량은 152억㎥였다.

③ 동시베리아(East Siberian)

동시베리아 유전지대는 레나-퉁구스카(Lena-Tunguska), 레나-빌류이(Lena-Vilyuy) 및 예니세이-아나바르(Yenisey-Anabar)의 3개 유전 지역으로 구성되어 있다. 러시아 기존의 전통적인 지역에서 생산이 감소함에 따라, 동시베리아 지역 매장지에 대한 지속적인 탐사와 석유 생산 확대를 위한 노력이 강화되고 있다. 2009년 12월 '동시베리아-태평양(ESPO)' 파이프라인 건설이 시작됨에 따라 이 지역의 에너지자원 개발 잠재력이 확대되고 있다.

국영석유회사인 로스네프트(Rosneft)가 동시베리아를 원유 생산 확대의 중심지로 삼고 유전개발을 추진하고 있다. 2009년 8월 반코르(Vankor) 석유-가스전의 가동으로 동 지역의 생산량이 확대되면서 2010년 이후 러시아의 석유 생산량 증가에 크게 기여했다. 크라스노야르스크주의 북극권 북쪽에 위치한 1988년 발견된 반코르(Vankor) 유전은 최근 25년 만에 발견된 러시아에서 가장 큰 유전이다. 가채매장량은 2016년 기준으로 석유와 콘덴세이트가 3억 3,150만 톤으로 러시아 전체 매장량의 1.2%를 차지한다. 유전 채굴은 2009년 8월 시작됐으며 2015년에는 약 2,110만 톤, 2016년 1,980만 톤의 석유가 채굴됐다. 로스네프트의 자회사 반코르네프트가 운영회사다. 유루브체노-토홈스코예(Yurubcheno- Tokhomskoe) 석유-가스 콘덴세이트전은 반코르(Vankor) 이후 로스네프트가 동시베리아에서 추진하고 있는 두 번째로 큰 프로젝트이다. 2009년에 개발이 시작되었고 탐사매장량(A+B1+C1)은 1억 7,260만 톤으로 반코르보다 적으나 가채매장량은 훨씬 많은 5억 2,110만 톤으로 러시아 전체 매장량의 1.8%를 차지한다. 코빅타(Kovykta) 가스 콘덴세이트전은 동시베리아에서 미개발된 천연가스전 중에서 가장 큰 것으로 이르쿠츠크주 북부에 위치한다. 1987년에 발견되었고 가즈프롬이 연간 250억

㎥ 가스 생산을 목표로 개발 중이다. 가채매장량은 천연가스 2.7조㎥(러시아 전체 매장량의 3.9% 이상), 가스 콘덴세이트 9,060만 톤이다.[80] 향후 생산된 천연가스는 중국과 한국으로 수출될 예정이다. 그 외 1983년 발견된 차얀딘스코예(Chayandinskoye) 가스전은 사하공화국 가스 생산의 중심지로 탐사매장량만 1.4조㎥이며, 석유-가스 콘덴세이트는 7,670만 톤으로 가즈프롬은 추정하고 있다. 가즈프롬의 연간 생산 목표는 가스 250억㎥, 원유 190만 톤, 콘덴세이트 40만 톤이다.[81] 1970년대에 러시아의 주요 석유 생산지역이 기존 볼가우랄 지역에서 서시베리아지역으로 이동된 것처럼, 향후에는 주요 생산지가 동시베리아와 해상지역으로 바뀔 것으로 예상된다.

표 19. 동시베리아 대표 유전-가스전 매장량 및 생산량 현황 (2016년 기준)

유전, 가스전	운영 기업	매장량 (백만 톤)		비중	채굴량
		A+B1+C1	B2+C2	(%)	백만 톤
반코르(크라스노야르스크)	로스네프트	331.5	8.8	1.15	19.8
쿠윰빈스코예(크라스노야르스크)	슬라브네프트	122.7	187.5	1.0	0.06
유루브체노-토홈스코예 (크라스노야르스크)	로스네프트 외 2	172.6	348.5	1.8	0.1
베르흐네촌스코예(이르쿠츠크)	베르흐네촌스크네프테가스	139.9	33.9	0.6	8.7
코빅타*(이르쿠츠크)	가즈프롬	1,700.6	1,017.2	3.9	0.007
차얀딘스코예*(사하공화국)	가즈프롬	999.9	373.8	2.0	0.025

* 가스전 : 단위 10억㎥
자료 : 러시아 천연자원 환경부.

④ 북캅카스(North Caucasus)

북캅카스에서 유망한 유전 지역은 카스피해 북부 해상 구역이다. 러시아 최대 민간 석유기업인 루코일(Lukoil)이 몇몇 매장 유망지역에서 적극적 탐사를 해오고 있다. 2000년 발견한 유리 코르차긴(Yury Korchagin) 석유-가스 콘덴세이트전은 매장량(3P 기준)이 5억 BOE로 2010년 원유 시추를 시작하여 2016년에 약 30,000배럴을 생산했다. 그리고 2005년 개발한 필라놉스키(Filanovsky) 유전은

80) http://www.gazprom.com/about/production/projects/deposits/kovykta/
81) http://www.gazprom.com/about/production/projects/deposits/chayandinskoye/

초기 가채매장량(initial recoverable reserves)이 원유 1억 2,900만 톤, 가스 300억㎥로 2016년 하반기 시추를 시작하여 2017년 460만 톤을 생산했다.[82] 잠재성을 가진 대표적 유전으로는 2012년 발견된 아스트라한주의 벨리코예(Velikoye) 유전으로 가채매장량은 3억 3,160만 톤으로 러시아 전체 매장량의 1.1%를 차지한다. 아스트라한스코예(Astrakhanskoye) 가스 콘덴세이트전은 1976년 발견되어 1986년 말에 개발이 시작되었다. 가채매장량이 4조 1,629억㎥에 달하는 대형 가스전으로 러시아 전체 매장량의 6.1%를 차지한다. 콘덴세이트도 4억 톤에 달한다. 그러나 황화수소(26%)와 탄산가스(16%)의 함유량이 많다는 문제점을 가진다.[83] 2016년 가스 생산량은 112억㎥였다. 이 지역에서의 에너지자원 개발은 조세 및 수출 관세에 매우 민감하여 조세감면의 변경이나 취소가 개발에 부정적인 영향을 주기도 한다.

⑤ 티만-페초라 분지 및 바렌츠해(Timan-Pechora Basin and Barents Sea)

티만-페초라 분지와 바렌츠해는 러시아 북서부의 북극해에 위치한다. 이 지역의 탄화수소 매장지대는 비교적 작지만, 잘 발달한 석유 기반시설을 갖추고 있다. 가즈프롬의 쉬토그만(Shtokman) LNG와 로스네프트의 페초라(Pechora) LNG 프로젝트가 추진되어, 상당한 양의 탄화수소 가스액체(HGL)를 생산할 잠재력이 향상됐으나 현재 두 프로젝트 모두 무한정 지연된 상태다. 1988년 발견된 쉬토크만(Shtokman) 가스 콘덴세이트전은 무르만스크 북동쪽으로 약 600km 떨어진 바렌츠해에 위치한 해상 가스전이다. 탐사매장량이 가스 3.94조㎥(러시아 전체 가스매장량의 5.6%), 가스 콘덴세이트 5,600만 톤으로 세계에서 9번째로 큰 초대형 가스전이다. 전 세계가 1.3년 동안 사용할 수 있는 양이다.[84] 가즈프롬이 운영권을 가지고 3단계로 나누어 개발을 진행하고 있는데 1단계 개발이 완료될 경우 매

82) 루코일 홈페이지, Business, Growth Projects, Northern Caspian 참조.
http://www.lukoil.com/Business/Upstream/KeyProjects

83) Астраханское газоконденсатное месторождение. http://ru-wiki.org/wiki/

84) Shtokman, Shtokman gas and condensate field. http://shtokman.ru/en/project/gasfield/

년 237억㎥의 가스를 생산할 것으로 예상한다. 그리고 2단계 개발 완료 시 474억㎥, 최종 3단계 개발이 종료 시 가스 생산이 711억㎥로 확대될 것으로 기대한다.[85] 쉬토크만 가스전에서 생산된 가스는 노르트 스트림 2(Nord Stream 2)[86]를 통해 서유럽으로 수출되거나, LNG선을 통해 다른 국가로 수송될 예정이다.

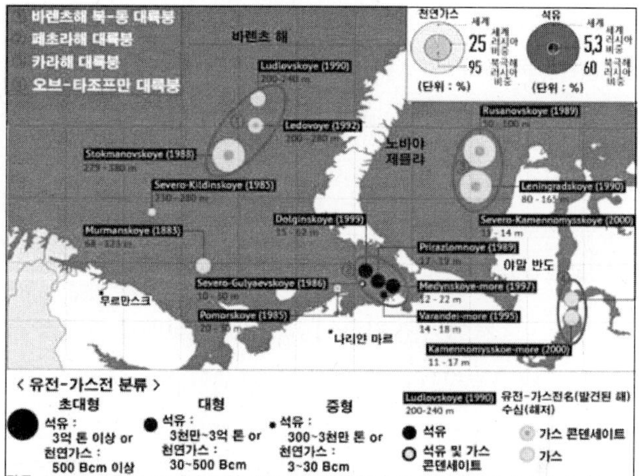

자료 : https://sputniknews.com/infographics/20111007167371478-Russian-oil-and-gas-fields-in-the-Arctic/

그림 20. 북극해 러시아 유전 및 가스전

⑥ 사할린(Sakhalin Island)

사할린의 동쪽 해안은 국제 석유메이저들이 상당한 투자를 하는 대규모의 석유 및 천연가스전이 분포하고 있는 지역이다. 사할린주 정부에 따르면 사할린의 대륙붕에는 러시아 전체 원유매장량의 3.3%, 천연가스의 4.6%가 묻혀있다. 천연

85) Gazprom, Shtokmanovskoye field http://www.gazprom.com/about/production/projects/deposits/shp/

86) 노르트 스트림 2(Nord Stream 2)는 러시아 상트페테르부르크 부근 우스트-루가(Ust-Luga)로부터 발트해를 통과해 독일 북부 그라이프스발트(Greifswald)로 이어지는 길이 1,224㎞의 해저 가스관으로 2019년 말 가동될 예정이다. 러시아의 가스프롬, 독일의 Uniper와 Wintershall, 프랑스의 ENGIE, 오스트리아의 OMV, 영국/네덜란드 합작사 Royal Dutch Shell 등 총 5개 회사가 참여하고 있다. '노르트 스트림 2'의 가스 수송량은 '노르트 스트림 1'과 같은 550억㎥로 건설이 완공되면 총수출량은 1,100억㎥로 늘어날 것이다. 독일이 적극 지지하고 있는 데 반해 우크라이나, 폴란드, 발트해 3국을 비롯한 동유럽과 중부유럽 국가들은 러시아가 기존의 노르트 스트림과 새로 건설되는 '노르트 스트림 2'의 가스 공급을 조절해 자신들에 대한 통제를 강화할 것을 우려해 반대하고 있다. 미국 또한 유럽에 대한 러시아의 영향력 확대로 유럽 에너지 안보가 위협받을 수 있다며 강한 반대 의사를 표명했다. 그러나 2010년 이후 북해 유전에서 천연가스 생산이 점점 감소하고 있는 유럽 시장을 겨냥한 미국의 셰일가스 수출 전략이 차질을 빚을 것을 염려한 측면도 크게 작용했다.

가스의 탐사매장량은 2.1조㎥, 원유는 6억 1,800만 톤이다.[87] 사할린의 유전 및 가스전은 총 9개 블록으로 세분된다. 사할린 2가 가장 먼저 개발되었고, 사할린 1, 사할린 3의 순으로 개발이 진행되고 있다. 나머지 6개 블록은 계획 중에 있다. 특히 사할린 1과 2 석유 및 천연가스전은 1990년대 중반에 체결된 생산물 분배 협정(PSA)하에 개발되고 있다. 사할린-1 PSA는 사할린섬 북동부 오호츠크해 대륙붕 상에 위치한 3개의 원유-가스전인 차이보(Chayvo), 아르쿠툰-다기(Arkutun-Dagi), 오돕투(Odoptu) 해상 석유-가스전으로 구성되어 있다. 가채매장량은 원유 3억 700만 톤, 천연가스 4,850억㎥로 평가된다.[88] 사할린-1 PSA는 엑손모빌(Exxon Mobil)이 30% 지분을 가지고 운영하고 있다. 그 외에 로스네프트(자회사 두 곳을 통해), 인도 국유석유 회사인 ONGC Videsh 및 일본 기업 컨소시엄이 참여하고 있다. 생산은 2005년 차이보, 2010년 오돕투, 2015년 1월 아르쿠툰-다기 석유-가스전에서 시작되었다. 사할린-1은 주로 원유 및 기타 액화물을 생산하며 대부분은 데-카스트리 원유 터미널(De-Kastri oil terminal)을 통해 수출된다. 현재 사할린-1에서 생산되는 대부분 천연가스는 재주입되고[89] 소량의 가스가 국내에 판매된다.

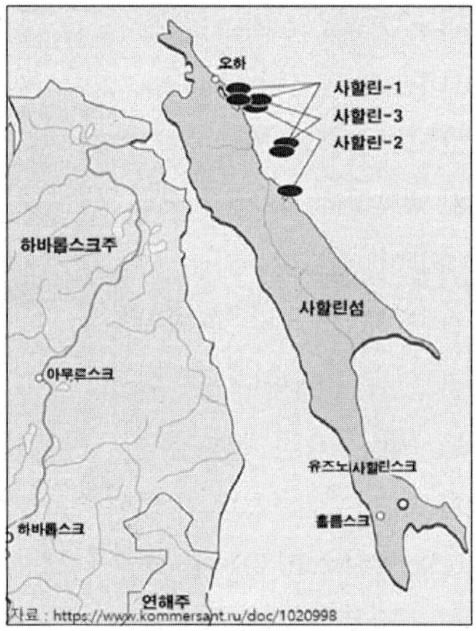

그림 21. 사할린 유전

사할린-2 PSA는 필툰 아스토흐스코예(Piltun Astokhskoye) 유전과 룬스코예

87) Андрей Зуев, Богатства шельфа Сахалина, ТЭК РОССИИ №12 2017, Декабрь. http://www.cdu.ru/tek_russia/articles/1/450/?PAGEN_1=3

88) Татьяна Яковлева−Устинова, Сахалин «Роснефти» Компания наращивает добычу в рег ионе. Offshore Russia, ноябрь 2015. p.43. http://www.offshore-mag.ru/pics/42-45-agua.pdf

89) '가스 재주입(gas reinjection)'이란 석유나 천연가스 시추 작업할 때 나오는 부산물을 다시 땅속으로 재주입해 프로판이나 부탄가스를 생산해내는 작업을 말한다. 천연가스를 단순 시추작업으로 생산해 단위당 5달러 팔 수 있다면 이렇게 재생산된 부산물들은 그 10배인 단위당 55~60 달러로 팔 수 있다.

(Lunskoye) 가스전으로 구성되어 있다. 매장량은 원유 1억 8,240만 톤, 천연가스 6,336억㎥로 평가된다.[90] 사할린-2의 운영사는 사할린 에너지(Sakhalin Energy)로 가즈프롬(50%+1주), 셸(27.5%), 미쓰이 (12.5%), 미쓰비시(10%) 등이 지분 참여하고 있다. 생산물 분배 협정(PSA)이 처음 서명될 때 컨소시엄에 러시아 회사가 포함되지 않았으나, 다른 생산물 분배 협정과 비교해 정부의 이익보다 컨소시엄의 이익에 너무 과중했다는 이유로 러시아 기업의 참여가 이루어졌다. 러시아 정부가 당시 55%의 지분을 가지고 있던 셸에 압력을 가하면서 상당한 비용 초과와 사업 지연이 초래됐고, 결국 셸과 나머지 컨소시엄 회원사들의 지분 일부를 양도해 러시아의 가즈프롬이 지배적 지분을 가지면서 분쟁이 해결되었다. 사할린-2는 1999년에 처음 석유를 생산했으며 2009년에는 처음 LNG를 생산했다. 2017년 사할린 에너지는 원유 417만 톤, 콘덴세이트 164만 톤, 1,149만 톤의 액화천연가스(LNG)를 생산하였다. 사할린에서 공급하는 액화천연가스가 아시아-태평양지역에서 차지하는 비중은 9%가 넘고. 세계 시장 공급의 약 4%를 담당한다.[91] 사할린 3은 키린스코예, 베닌스코예, 아이야쉬스코예, 동-오돕틴스코예의 4개 블록으로 구성되어 있다. 추정 매장량은 원유 7억 톤, 가스 7,460억㎥다.[92]

⑦ 북극권 유전-가스전

2008년 미국 지질연구소(USGS)는 북극권 내 미발견, 기술적으로 회수가능한 원유 매장량은 900억 배럴로 전 세계 매장량의 약 13%, 천연가스 매장량은 1,669조 입방피트로 전 세계 매장량의 30%, 액상 천연가스(NGL) 매장량은 440억 배럴로 전 세계 매장량의 26%에 이를 것으로 추정하였다.[93] 기타 광물자원은 자연조건의 한계로 정확한 부존 규모가 파악되고 있지 않으나 인회석, 니켈, 구리, 인

---

90) Андрей Зуев, Богатства шельфа Сахалина, ТЭК РОССИИ №12 2017, Декабрь. http://www.cdu.ru/tek_russia/articles/1/450/?PAGEN_1=3

91) Сахалин Энерджи, “Отчет об устойчивом развитии 2017”, с. 37.

92) Андрей Зуев, Девять Сахалинов, ТЭК РОССИИ №8 2014, Август, Тема номера http://www.cdu.ru/tek_russia/issue/2014/8/302/

93) USGS, “Circum-Arctic Resource Appraisal: Estimates of Undiscovered Oil and Gas North of the Arctic Circle, 2008

산염, 티타늄 등 다양한 광물자원이 대량 부존되어 있는 것으로 추정된다. 미발견 북극 원유 및 가스전의 총 매장량 4,120억 BOE(barrels of oil equivalent) 중에 약 84%가 해상에 매장되어 있고, 2/3인 67%는 천연가스인 것으로 추정된다. 러시아는 북극권 원유 매장량의 41%, 가스 매장량의 79%를 차지하고 있는 것으로 추정된다.[94] 1962년 타좁스코예 필드(Tazovskoye field)의 발견으로 러시아의 대규모 북극권 석유-가스 발견이 시작되었고. 1967년에는 미국의 Alaskan Prudhoe Bay Field가 발견되었다. 지금까지 약 61개의 대형 유전 및 가스전이 북극권에서 발견되었는데 그 중 43개가 러시아 지역이며, 11개가 캐나다, 6개가 알래스카, 1개가 노르웨이 지역이다.

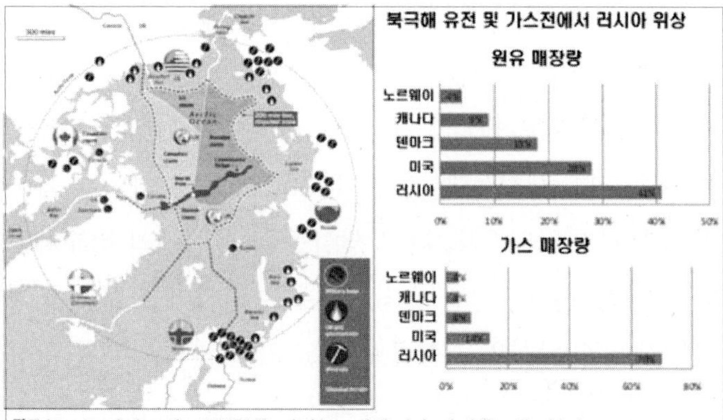

자료 http://podrobnosti.ua/1007545-pole-bitvy-arktika-kak-mir-delit-poljus.html

그림 22. 북극권 유전 및 가스전에서 러시아

러시아는 세계 최대의 1차 에너지 생산국이자 세계 최대의 석유 및 천연가스 수출국으로 러시아의 경제는 석유와 가스와 같이 탄화수소 수출에 대한 의존도가 매우 높다. 러시아의 에너지 생산과 수출은 국가 경제의 안정 및 성장과 직결된다. 러시아에게 북극의 자원 개발은 에너지 자원 수급차원에서 매우 중요한 부분이다. 러시아와 인접한 북극지역에는 전체 천연가스 91%가 생산되며 러시아의 탐사 자원량의 80%가 부존되어 있다. 최근에는 미개척지역인 북극권 지역과 해상 자원개발로 눈을 돌리고 있다. 하지만 북극권에 매장되어 있는 에너지 자원의 개발비용은 더 많이 들고, 지질학적으로도 어려우며, 기존 생산지에서도 멀리 떨어져 있어 운송로 확보도 필요하다. 그럼에도 불구하고 최근 러시아 정부는 북극권 자원개발을 도모하기 위해 적극적인 정부 지원정책을 추진해 오고 있으며,

94) Ernst & Young, ‘Arctic oil and gas’, 2013

이는 그만큼 러시아 정부가 북극 자원 개발을 정치적 및 상업적 우선순위로 보고 있다는 것을 방증해준다. 러시아 정부는 지속가능한 경제성장, 국민의 삶의 질 제고 및 국가의 대외경제적 지위 강화 지원을 위한 에너지 자원의 효율적 활용을 위해 “러시아 에너지 전략 2020(Energy Strategy of Russia)을 마련했다. 러시아 국내법에 따르면 Rosneft와 Gazprom사만이 러시아 수역 대륙붕에서 개발이 가능하나 이 들 두 기업은 재정 및 기술 측면에서 단독으로 개발사업에 참여하기에는 역부족이기 때문에 2012년 러시아 정부는 대륙붕개발촉진회의에서 대륙붕 자원개발 프로젝트에 민간 회사의 참여를 확대하는 정책을 발표했다. 2013년 12월에 러시아 Gazprom은 환경단체 그린피스 회원들의 강력한 저지로 중단되었던 북극 Prirazlomnoye 유전에서의 석유 개발을 재개했다. Gazprom 사는 이번 개발에서 2021년까지 하루 120,000배럴씩 연간 600만 톤의 원유를 생산할 계획이다. Gazprom 사와 러시아 당국은 러시아 국내에서 원유 생산이 감소하는 추세에 있는 상황에서 이번 Prirazlomnoye 유전개발 재개가 이 감소분을 보존해 줄 발판이라고 기대하고 있다.

(4) 원유 수출

러시아는 원유 및 가스 콘덴세이트 생산의 46% 이상을 수출에 할당하고 있다. 원유 수출에 있어 러시아는 사우디아라비아에 이어 부동의 세계 2위 자리를 점하고 있다. BP 통계에 의하면 2017년 러시아의 원유 수출은 2억 7,720만 톤으로 세계 수출의 12.7%를 차지하였다. 사우디아라비아가 3억 5,750만 톤으로 세계 수출의 16.4%를 담당했다. 석유제품 수출에서도 러시아는 1억 4,560만 톤을 수출하여 미국(2억 2,100만 톤)에 이어 2위를 차지했다. 세계 석유제품 수출에서 차지하는 비율은 12.8%였다. 원유와 석유제품을 합친 총수출은 4억 2,280만 톤으로 세계 수출의 12.7%를 담당하며 사우디아라비아(4억 820만 톤)를 제치고 1위를 차지했다. 2017년 러시아 원유 수출의 대부분인 60%가 유럽으로 향하고 있다. 그러나 이는 2010년대 80%와 비교해 20% 포인트나 축소되었다. 2017년 러시아 원유의 주요 유럽 수출대상국은 네덜란드(4,704만 톤, 18.6%), 독일(2,421

만 톤, 18.6%), 폴란드(1,726만 톤, 6.8%), 이탈리아(1,554만 톤, 6.1%), 핀란드(949만 톤, 3.8%), 슬로바키아(553만 톤, 2.2%), 헝가리(440만 톤, 1.7%), 체코(405만 톤, 1.6%) 순이었다. CIS 국가로는 벨라루스가 1,807만 톤으로 7.2%를 차지하였다. 아시아-태평양 지역 국가가 러시아 원유 수출에서 차지하는 비중은 31%로 2010년 16%에 비해 급격히 늘어났다. 중국이 5,257만 톤으로 전체 원유 수출의 20.8%를 차지하며 처음으로 네덜란드를 제치고 러시아 원유의 제1 수출대상국으로 부상했다. 중국의 원유 수입에서도 러시아가 2016년 사우디아라비아를 제치고 1위를 차지한 후 그 격차를 더욱 벌리고 있다. 한국이 1,254만 톤(5.0%)으로 7위, 일본이 808만 톤(3.2%)으로 9위, 인도가 184만 톤(1.1%)으로 15위에 자리매김했다.[95)]

표 20. 러시아 원유 및 석유제품 수출 (2000~2017)

		2000	2005	2006	2007	2008	2009	2010	2011	2012	2013	2014	2015	2016	2017
원유	백만t	144.4	252.5	248.4	258.6	243.1	247.5	250.7	244.5	240.0	236.6	223.5	244.5	254.9	252.8
	억$	253	834	1,023	1,215	1,611	1,006	1,358	1,818	1,809	1,737	1,539	895.9	737.1	933.8
	가격*	23.9	45.2	56.3	64.3	90.7	55.6	74.1	101.7	103.1	100.4	94.2	50.1	39.6	50.5
석유제품	백만t	62.6	97.1	103.5	112.3	118.1	124.5	133.2	132.1	138.2	151.7	165.3	171.7	156.6	148.4
	억$	109	338	446	522	799	481	705	957	1,036	1,094	1,158	674.5	461.9	582.4
	가격*	174.5	348.3	431.6	465.2	676.5	386.8	529.2	724.7	749.9	721.4	700.7	392.8	295.0	392.5

가격* : 연평균 수출가격으로 원유의 경우 배럴당 USD 이며, 석유제품은 톤 당 USD임.
자료 : 러시아 중앙은행(http://www.cbr.ru/statistics/?PrtId=svs)

러시아의 원유 수출이 유럽의 소비에 의존하는 것과 마찬가지로, 유럽 또한 에너지 자원 수입에서 러시아 의존도가 대단히 높다. 2013~2017년 유럽은 총 원유 수입의 약 28%를 러시아로부터 공급받았다.[96)] 러시아의 국영기업인 트란스네프트(Transneft)는 러시아 전역에 있는 송유관 네트워크에 대한 독점권을 가지고

95) 국제무역센터(ICT) 자료를 바탕으로 작성(www.trademap.org). List of importing markets for a product exported by Russian Federation Metadata Product: 2709 Petroleum oils and oils obtained from bituminous minerals, crude.

96) European Commission, EU Crude Oil Imports and supply cost, Volumes and prices for monthly and cumulative crude oil imports by country of origin (2013-2017), (accessed August 10, 2018).

있다. 러시아 원유 수출의 대부분은 파이프라인을 통해 이루어지는데 석유 기업들이 수출을 위해 다른 나라 국경선이나, 항구로 원유를 수송하기 위해서는 트란스네프트의 수송망을 이용해야만 한다. 러시아에서 채굴된 원유의 85%, 생산된 석유제품의 26%가 트란스네프트를 통해 수송된다.[97] 소규모의 물량만이 철도를 통해 선박으로 선적되어 수출된다. 2010년대 들어 원유 수출이 정체 상태에서 크게 벗어나지 못하고 있지만, 석유제품(디젤, 휘발유, 등유 등)의 수출은 지속해서 늘어나고 있다.

3) 석탄(Coal)

(1) 석탄 매장량

석탄은 세계에서 가장 오래되고, 가장 풍부하게 매장되어 있는 화석연료로 오랜 기간 세계 산업 발전의 동력원으로 이용되었다.

2017년 말 기준 전 세계에 묻혀있는 석탄의 확인매장량은 1조 350억 톤으로 무연탄과 역청탄이 7,183억 톤, 아역청탄과 갈탄이 3,167억 톤으로 134년 사용 가능한 양이다.[98] 전 세계 약 2,100개 이상의 탄전 지대 가운데 매장량이 5,000억 톤 이상의 거대 석탄 분지는 7개가 존재하는데 러시아에 5개(칸스크-아친스크(Kansk-Achinsk), 쿠즈네츠(Kuznetsk), 레나(Lena), 퉁구스카(Tunguska), 타이미르(Taymyr))가 집중되어 있고, 미국(Appalachian)과 남미(Alto-Amazona)에 각각 1개가 분포되어 있다. 현재 생산 단계에 있는 석탄 분지는 미국의 애팔래치아(Appalachian) 탄전과 러시아의 쿠즈네츠 탄전 2개다.[99]

BP에 의하면 2017년 말 기준 러시아에 묻혀있는 석탄은 확인매장량이 1,604억 톤으로 세계 매장량의 15.5%를 차지하며 미국(2,509억 톤)에 이어 2위를 차지하였다. 미국, 러시아, 호주, 중국, 인도 5개국의 부존량이 세계 확인매장량의

---

97) Годовой отчет ПАО «Транснефть» за 2016 г.,
https://www.transneft.ru/u/section_file/28070/godovoi_otchet.pdf

98) BP "Statistical Review of World Energy 2018." June 2018. p.36.

99) "에너지 자원 개발의 이해", 외교통상부, 에너지경제연구원. 2008. p.97.

77% 이상을 차지했다. 러시아의 가채연수는 391년에 달한다. 그중 저(低)등급 석탄인 아역청탄과 갈탄은 확인매장량이 약 907억 톤으로 세계 1위, 무연탄과 역청탄 등 고(高)등급 석탄은 미국(2,208억 톤), 중국(1,309억 톤), 인도(928억 톤)에 이어 4위에 해당하는 693억 톤이 매장되어 있는 것으로 확인되고 있다.[100)]

표 21. 러시아 석탄 확인매장량 및 가채연수 (2017년 말 기준)

순위	국가	무연탄/역청탄 (백만 톤)	아역청탄/갈탄 (백만 톤)	합계 (백만 톤)	점유율 (%)	가채년수 (년)
1	미국	220,800	30,116	250,916	24.2	357
2	**러시아**	**69,634**	**90,730**	**160,364**	**15.5**	**391**
3	호주	68,310	76,508	144,818	14.0	301
4	중국	130,851	7,968	138,819	13.4	39
5	인도	92,786	4,942	97,728	9.4	136
	전 세계	718,320	316,702	1,035,012	100.0	134

자료 : BP, “Statistical Review of World Energy 2018.” June 2018.

러시아 천연자원환경부 자료에 의하면 2018년 1월 1일 현재 러시아의 석탄 탐사매장량($A+B+C_1$)은 1,962억 톤으로 BP 평가치보다 22%가 많았다. 가채매장량($A+B+C_1+C_2$)은 2,752억 톤으로 그중 갈탄을 포함한 품질이 떨어지는 석탄이 절반이 넘는 1,552억 톤이며, 고품질 석탄이 43.5%인 1,194억 톤인데 그중 점결탄이 500억 톤, 무연탄이 90억 톤으로 분석되었다.[101)]

러시아는 세계에서 미국 다음으로 거대한 석탄 매장량을 보유하고 있다. 22개의 석탄 분지에 129개의 노천탄광과 86개의 갱내탄광이 분포되어 있다.[102)] 그러나 러시아의 석탄 산지는 불균등하게 일부 지역에 편중되어 있다. 퉁구스, 레나, 쿠즈네츠크, 칸스크-아친스크, 페초라, 이르쿠츠크, 남-야쿠트 등이 주요 산지이다. 매장량 기준으로 갈탄의 주요 산지는 크라스노야르스크 근처에 위치한 칸스

100) BP “Statistical Review of World Energy 2018.” June 2018. p.36.

101) Министерство природных ресурсов и экологии Российской Федерации. Государственный доклад «О состоянии и использовании минерально-сырьевых ресурсов Российской Федерации в 2015 году». 2017. с. 61~62.

102) Программа развития угольной промышленности России на период до 2030 года, Правительства. Российской Федерации от 21 июня 2014 г. №1099-р. p.10.

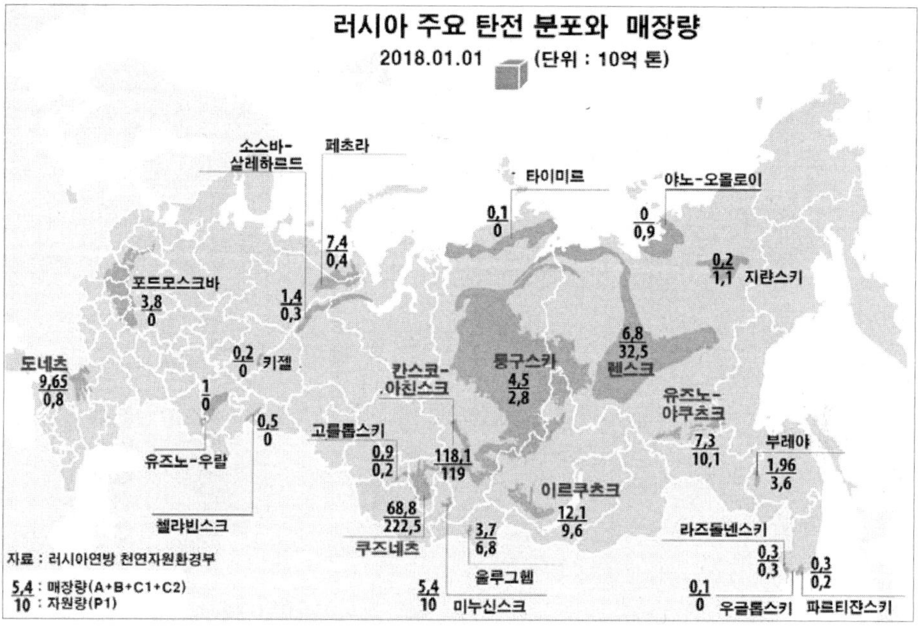

그림 23. 러시아 주요 탄전과 매장량

크-아친스크 산지이며, 다음으로는 모스크바지역 남쪽에 위치한 갈탄 산지와 극동지역에 위치한 아나디르 지역이다. 행정 구역별로 케메로브주는 러시아 석탄산업의 중심지이다. 동 지역에 총 매장량의 45%에 달하는 1,214억 톤이 묻혀있는데 세계적인 규모를 지닌 쿠즈네츠크 탄전(693억 톤)이 대표적이다. 이 탄전은 세계에서 가장 큰 탄전 중의 하나로 36개의 노천탄광과 58개의 갱내탄광에서 갈탄과 코크스 등 고품질의 다양한 석탄을 생산하고 있다. 그리고 케메로보주와 크라스노야르변강에 걸쳐있는 칸스크-아친스크 탄전에 1,182억 톤, 이르쿠츠크 탄전에 122억 톤, 도네츠 탄전(로스토프주)에 97억 톤, 페초라 탄전(코미공화국)에 75억 톤, 남-야쿠트 탄전(사하공화국)에 72억 톤이 매장되어 있다.[103]

103) Министерство природных ресурсов и экологии Российской Федерации. Государственный доклад «О состоянии и использовании минерально−сырьевых ресурсов Российской Федерации в 2014 году». 2015. с. 64.

(2) 석탄 생산

BP 자료에 의하면 2017년 러시아는 2억 630만 TOE(6.7% 증가)의 석탄을 채굴하여 세계 생산의 5.5%를 담당하며 6위를 차지했다. 석탄 생산에서는 중국이 세계 생산의 46.4%에 해당하는 17억 4,720만 TOE로 압도적 1위를 차지하였고, 미국(9.9%), 호주(7.9%), 인도(7.8%), 인도네시아(7.2%)가 2~5위를 차지하였다.[104) 향후 러시아 석탄 생산은 중국을 중심으로 한 아시아 시장 진출을 노린 개발로 지속해서 증가할 것으로 예상한다. 러시아 정부는 2030년까지 연간 석탄 생산량을 5억 2,200만 톤으로 늘릴 계획이다.

그림 24. 러시아 석탄 생산 (2017)

2016년 1월 1일 현재 러시아에서 석탄 채굴에 종사하는 기업은 191개로 그 중 갱내탄광이 60개, 노천탄광 기업이 131개다. 총 채탄 능력은 4억 2,470만 톤이다.[105) 러시아 에너지부에 의하면 2017년 러시아의 석탄 생산은 역대 최고치인 4억 890만 톤으로 전년(3억 8,690만 톤) 대비 5.7% 증가하였다. 러시아 석탄 생산은 주로 시베리아연방 관구에서 이루어졌는데 비중은 85%에 달했다. 러시아의 주요 석탄 생산지는 케메로보주의 쿠즈네츠크 탄전으로 총생산의 59%에 해당하는 2억 2,810만을 생산하였다. 크라스노야르주가 10%, 자바이칼 변강이 6%, 야쿠트가 중심인 극동지역이 4%를 차지했다.[106) 러시아 최대 석탄 생산 업체는 SUEK(Siberian Coal Energy Company)으로 확보한 석탄 매장량은 53억 톤이다. 2017년 1억 78만 톤을 생산하여 세계 최대 광산업체인 스위스의 글렌코어(1억 2,060만 톤)에 이어 6위를 차지했다. SUEK은 석탄 생산의 절반은 국내 전력발전기업에 공급하며, 절반은 해외시장에 수출하고 있다.

104) BP "Statistical Review of World Energy 2018." June 2018. p.38.

105) https://minenergo.gov.ru/node/433

106) ТЭК РОССИИ — 2016. Статистический сборник, Аналитический центр при Правительстве Российской Федерации. выпуск — июнь 2017. p.43.

SUEK이 러시아 국내 생산에서 차지하는 비중은 26%로 2위인 UGMK(Ural Mining & Metallurgical Company)의 13%에 비해 2배나 높았다.[107] 그 뒤를 Sds-Ugol (5%), Mechel Mining(6%)이 따랐다.

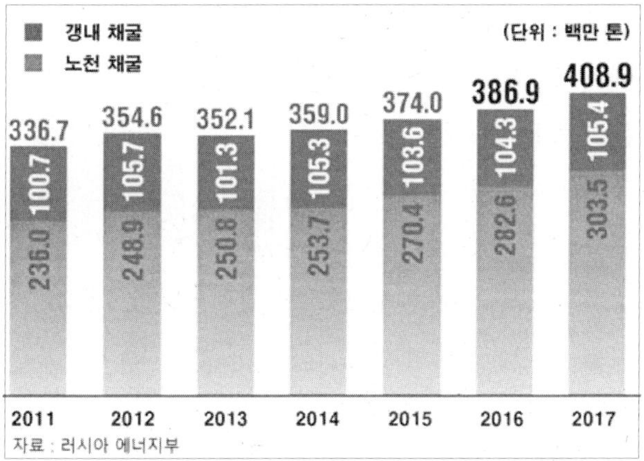

그림 25. 러시아 석탄 생산 추이(2011~2017)

(3) 석탄 수출

러시아는 석탄 수출에서도 세계적인 지위를 유지하고 있다. EIA에 따르면 2015년 기준 러시아는 1억 6,691만 톤(short ton)[108]을 수출하여 세계 3위, 수출시장 점유율은 12.3%였다. 세계 최대 석탄 수출국은 4억 2,796만 톤(31.7%)의 호주였고, 인도네시아가 3억 2,518만 톤(24.1%)으로 그 뒤를 따랐다.[109]

2017년 러시아의 석탄 수출 물량은 1억 8,630만 톤으로 전년 대비 14.8% 증가하였다. 아시아지역으로 수출이 8.5% 늘어난 8,770만 톤으로 총수출의 47.1%를 차지하였고, 유럽으로의 수출이 12.1% 늘어난 9,860만 톤으로 52.9%를 차지했다. 국가별로는 한국이 2015년 중국을 제치고 1위에 오른 후 3년 연속 러시아 최대 석탄 수출국이 되었다. 2017년 러시아 주요 석탄 수출국은 한국(12.9%), 중국(12.5%), 일본(9.6%), 터키(7.6%), 영국(6.7%), 네덜란드(6.0%), 독일(5.4%) 순이었다. 2011~2017년 석탄 수출 증가 물량은 총 7,970만 톤으로 74.8% 늘었다. 동 기간 생산 증가분이 7,220만 톤이었는데 모두 수출로 충당되었다. 석탄의 국내공

---

107) SUEK, "Integrated Report 2017". p.11.

108) 쇼트 톤(short ton)은 907kg을 1ton으로 하는 계산한 단위로 주로 미국에서 쓰이지만, 롱 톤(long ton)은 1,016kg을 1ton으로 하는 계산 단위로 주로 영국에서 사용되며, 메트릭 톤(metric ton)은 1,000kg을 1ton으로 하는 계산 단위로 프랑스에서 주로 사용된다.

109) EIA, Primary Coal Exports - 2015, https://www.eia.gov/beta/international/rankings/#?prodact=7-4&cy=2015

급 2011년 1억 9,950만 톤에서 2017년 1억 7,070만 톤으로 14.4% 감소했다.

러시아 석탄 수출 물량의 주요 공급처는 서시베리아로 총수출의 78.3%를 담당하고 있다. 그중에서도 쿠즈네츠 탄전이 절대다수인 75.5%를 차지했다. '러시아

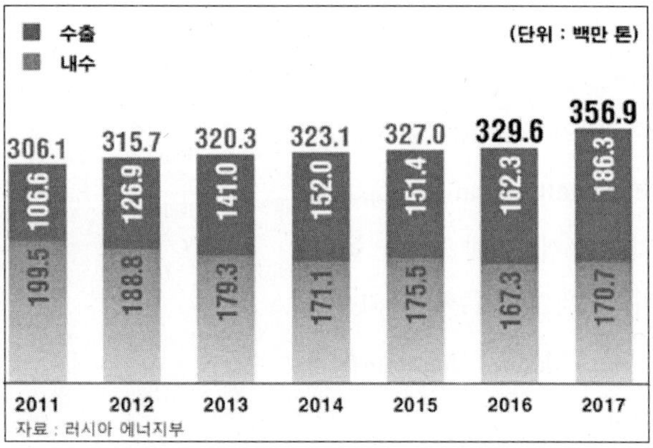

그림 26. 러시아 석탄 소비, 수출 추이 (2011–2017)

철도'에 의하면 2015년 석탄 수출의 70% 이상이 항만의 선박을 통해 해외로 공급되었다. 러시아 정부는 아시아 태평양지역 국가들을 포함해 많은 국가에서 앞으로도 석탄이 가장 저렴한 1차 에너지원으로서의 그 수요가 유지될 것으로 판단하며, 석탄 공급국으로의 입지를 더욱 확고히 할 계획이다. 러시아 에너지부는 2014년 작성한 '러시아 석탄산업 장기발전프로그램 2030'에서 세계 석탄 시장에서 러시아 석탄 공급을 2013년 현재 1억 4,000만 톤에서 2억 500만 톤으로 46% 확대하고, 특히 아시아 태평양지역 석탄 수출을 5,600만 톤에서 1억 2,000만 톤으로 2배 이상 증가시킬 목표를 세웠다. 러시아가 석탄 수출 잠재력을 확충하기 위해서는 다음의 대내외적인 장애 및 도전 요인을 극복해야만 한다. 러시아의 석탄 생산원가는 세계에서 가장 낮은 수준이지만, 주요 탄광지역에서 항구 및 국경지대까지의 수송 거리가 지나치게 길어 운송비가 비싸다. 대표적으로 러시아 최대 탄전인 쿠즈네츠크 탄전에서 항구나 국경지대까지의 거리는 4,000~5,000㎞에 달한다. 그리고 러시아의 주요 석탄 수입국인 중국에서의 경제성장 둔화와 장기적으로 재생에너지 및 원전 중심의 전력생산 구조 재편에 따른 수입석탄에 대한 수요 감소가 예상된다. 또한 미국, 유럽, 중국 등에서 셰일가스 생산 개발 확대는 유럽 및 아시아 시장에서 석탄 수요를 잠식하는 요인으로 작용하여, 러시아 석탄 수출 시장을 축소하는 요인으로 작용할 것이다.[110]

110) 이주리, "러시아의 석탄 수출역량 강화 전략과 수출 잠재력 평가", 세계 에너지 시장 인사이트

3. 러시아 원목 및 목재

1) 원목 부존량(Stock)

러시아는 광활한 영토와 시베리아에 발달한 광대한 침엽수림인 타이가(Taiga)를 바탕으로 세계 산림면적의 20.4%에 해당하는 814.9만㎢의 산림을 보유하고 있다.[111] 광대한 산림 덕분에 러시아가 사용 가능한 총 목재 자원은 831억㎥로 세계 목재 자원의 15.8%를 차지하며 브라질(1,262억㎥. 24.0%)에 이어 2위를 점하고 있다.[112] 러시아가 연간 벌채할 수 있는 목재는 5억 7,600만㎥나 기후 환경과 운송 인프라 부족 등으로 1/4에 불과한 1억 9,700만㎥를 벌채하면서 미국(5억 4,100만㎥), 브라질(2억 9,000만㎥), 캐나다(2억 2,300만㎥)에 이어 벌채량에서 4위를 차지하였다.[113]

표 22. 러시아 원목 및 목재 생산 (2016년)

순위	산업용원목 industrial roundwood		제재목 sawn wood		목재용 패널 wood-based panels		목재펄프 wood pulp	
	국가	1,000㎥	국가	1,000㎥	국가	1,000㎥	국가	백만 톤
1	미국	356,586(19.0)	캐나다	49,724(10.6)	중국	211,496(50.9)	미국	49,534(27.6)
2	러시아	**198,195(10.6)**	러시아	**36,794 (7.9)**	미국	34,516 (8.3)	브라질	19,409(10.8)
3	중국	164,434 (8.8)	독일	22,177 (4.7)	러시아	**15,049 (3.6)**	캐나다	17,080 (9.5)
4	캐나다	157,770 (8.4)	스웨덴	18,000 (3.8)	캐나다	13,199 (3.2)	스웨덴	11,569 (6.4)
5	브라질	145,102 (7.7)	핀란드	11,410 (2.4)	독일	12,661 (3.0)	러시아(8위)	**8,352 (4.7)**
	세계	1,873,652(100)	세계	467,572(100)	세계	415,602(100)	세계	179,502(100)

자료 : FAO Yearbook of Forest Products 2016.
http://www.fao.org/forestry/statistics/80570/en/

트. 제17-37호 2017.10.30. p.17.

111) 2015년 기준 브라질이 493.5만㎢(12.3%), 캐나다가 347.1만㎢(8.7%), 미국이 310.1만㎢(7.8%), 중국이 208.3만㎢(5.2%)로 2~5위를 차지하였다. http://wdi.worldbank.org/table/3.4

112) Министерство природных ресурсов и экологии Российской Федерации. Ежегодный доклад о состоянии и использовании лесов Российской Федерации за 2012 год. 2013. p. 4. http://www.mnr.gov.ru/regulatory/detail.php?ID=131589

113) Ibid, pp.5~6.

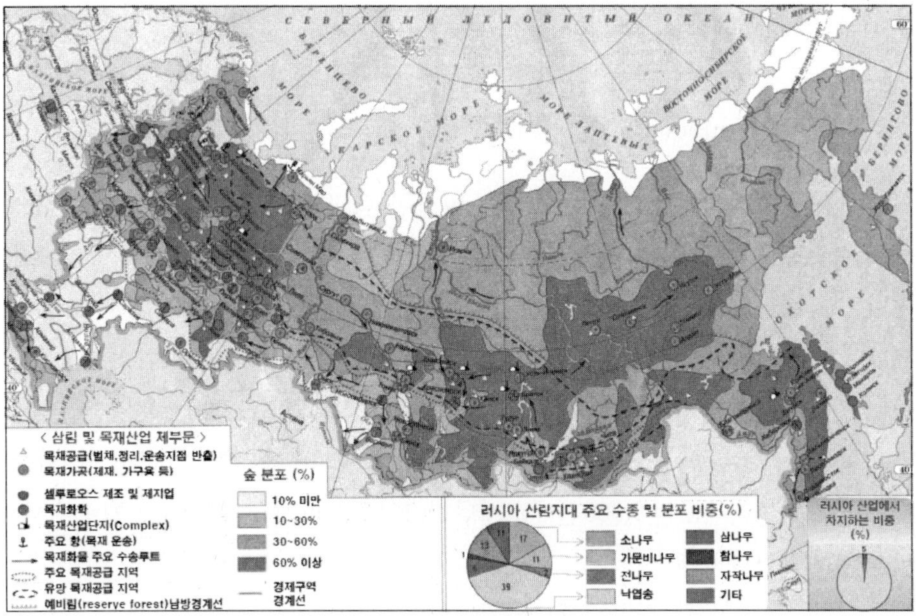

그림 27. 러시아 산림자원 분포

자료 : Лесные ресурсы России. Электронный учебник. География РОССИИ.

2) 목재 생산 및 수출

표 22 에서 보는 바와 같이 러시아는 세계 주요 산림제품(forest product) 생산과 수출에서 선도적 위치를 점유하고 있다. 2016년 러시아는 산업용 원목(industrial round wood)에서 세계 생산의 10.6%인 1억 9,820만㎥를 생산하여 미국에 이어 세계 2위를 차지하였고, 수출은 세계 수출의 16.4%인 2,005만㎥로 1위를 점하고 있다. 제재목(sawn wood)은 세계 생산의 7.9%인 3,679만㎥를 벌채하여 캐나다에 이어 세계 2위를 차지했다. 세계 수출의 18.0%인 2,635만㎥를 공급하여 캐나다(22.6%)에 이어 2위를 차지하였다. 목재용 패널(wood-based panels)은 세계 생산의 3.6%인 1,505만㎥를 생산하여 중국과 미국에 이어 3위를, 수출은 558.4만㎥(6.1%)로 세계 4위를 차지하였다. 목재펄프(wood pulp)는 세계 생산의 4.7%인 835만 톤을 생산하여 8위를 차지하였으며, 수출은 230만 톤(3.6%)으로

세계 9위를 차지하였다. 그러나 종이 및 판지, 건축용 섬유판, 목제 연료(장작) 등의 생산에서는 그 비중이 상대적으로 낮았다. 2014년~2016년까지 러시아 원목 및 목제 제품 생산과 수출에 있어 산업용 원목을 포함해 제재목, 목재용 패널, 목재 펄프의 생산 및 수출이 확대되며 세계 시장 점유율이 확대되는 추이를 보였다.

4. 러시아 광물자원

1) 주요 광물자원 매장량

광대한 영토를 바탕으로 러시아에는 멘델레예프의 원소주기율표에 등록된 117개 원소 중 자연에서 발견되는 94개 원소 대부분이 매장되어 있다. 지금까지 러시아에서 약 2만 개의 광물 매장지(mineral deposits)가 탐사되었고 그 가운데 1/3은 현재 채굴되고 있다. 2016년 광업 및 채굴이 창출한 부가가치는 7조 2,966억 루블로 러시아 전체 부가가치 총액의 9.4%를 담당했다.[114] 철 및 비철 야금을 기초로 한 금속산업은 러시아가 글로벌 경제에서 비교우위를 점하는 특화된 분야 중 하나로 러시아 국내총생산(GDP)의 약 4%, 산업 생산의 11~13%, 총수출의 8~9%를 차지하며 연료-에너지 복합체 다음으로 비중이 높다.[115]

러시아는 금, 다이아몬드, 백금 등의 귀금속과 호박, 진주, 공작석 등의 보석 원석, 대표적인 비철금속인 구리, 니켈, 주석, 납, 아연 등과 마그네슘, 바나듐, 붕소, 카드뮴, 코발트, 텅스텐, 몰리브덴 등 금속 광물의 경우 그 매장량에 있어 세계 최상위권에 속할 정도로 풍부하다. 특히 보석의 일종인 호박은 칼리닌그라드 지역에 세계 매장량의 95%가 묻혀있다. 그리고 다이아몬드, 팔라듐, 칼리염, 마그네

114) Федеральная служба государственной статистики. Российский статистический ежегодник. 2016. 2017. p.262.

115) Промышленное производство в России – 2016 г. Федеральная служба государственной статистики. http://www.gks.ru/bgd/regl/b16_48/Main.htm

슘혼합물은 세계 최고의 매장량을 확보하고 있다. 또한 바나듐, 안티몬. 셀레늄, 레늄도 각각 세계 매장량의 25,0%(2위), 23.3%(2위), 20.0%(2위), 12.4%(3위)가 러시아 지표면 밑에 묻혀있다.116)

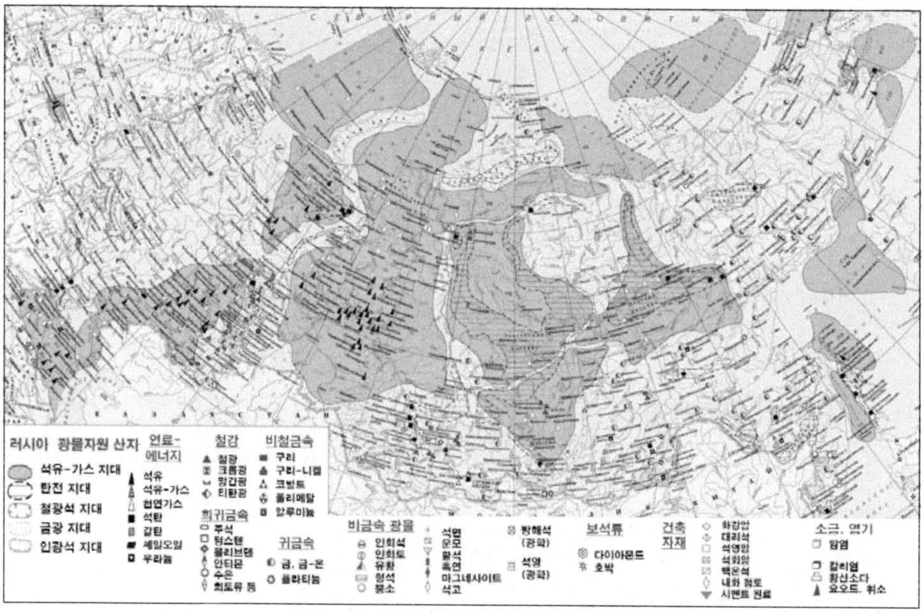

그림 28. 러시아 광물자원 분포도

자료 : География России, "Топливно－энергетические и минеральные ресурсы" https://geographyofrussia.com/mineralnye-i-toplivno-energeticheskie-resursy-rossii/

표 23. 러시아 주요 광물자원 매장량 현황 (2016년 기준)

	주요 자원 매장량					주요 매장지
	단위	매장량	순위	비중	주요국 매장량	연방주체
다이아몬드	백만 캐럿	608[2]	1위	40%	(2) 보츠와나 306.6[2] (3) 캐나다 267[2]	사하공화국, 아르한겔스크
팔라듐	천톤	7.6[5]	1위	33%	(2) 남아공 4.4[2]	크라스노야르스크
마그네슘 화합물*	백만 MgO	2,300[n]	1위	29%	(2) 북한 1,500[n], (3) 중국 1,000[n]	-
칼리염	백만톤 K_2O	2,470[5]	1위	-	(2) 캐나다 1,000[n], (3) 벨라루스 750[n]	페름

116) USGS, "Mineral Commodity Summaries 2018" 자료.

철광석	10억톤	25.7[4]	2위	18%	브라질 31.0[2], (3)호주 22.0[2]	벨고로드
플라티늄	천톤	2.4[5]	2위	10%	남아공 16.1[2]	크라스노야르스크
티타늄	백만톤 TiO_2	117.5[5]	3위	13%	중국 214.3[3], 우크라이나 183.17[n]	코미, 무르만스크
니켈	백만톤	7.4[6]	3위	12%	인도네시아 8.0[2], 호주 7.6[2]	크라스노야르스크
구리	백만톤	60.6[5]	3위	9%	칠레 206.4[n], 페루 81.6[2]	크라스노야르스크
금	톤	5,294.7[5]	3위	9%	남아공 6,000[2], 캐나다 5,590[2]	이르쿠츠크
텅스텐	천톤 WO_3	302.1[6]	3위	8%	중국 2,331[3], 카자흐 2,100*	부랴트, 연해주
보크사이트	백만톤	513[5]	3위	7%	호주 2,300[2], 중국 942.5[3]	스베르들롭스크
망간	백만톤	122.5[6]	3위	4%	남아공 630[2], 중국 214[3]	케메로브
희토류 금속	백만톤 ΣTR_2O_3	12.2[5]	4위	15%	중국 55[n], 브라질 22[n], 미국 18[n]	무르만스크
아연	백만톤	15.9[5]	4위	10%	중국 41[3], 페루 28[2], 호주 24.3[2]	부랴트
우라늄	천톤	507.8[1]	4위	9%	호주 1664.1[1], 카자흐스탄 745.3[1]	사하, 자바이칼
납	백만톤	6.3[5]	4위	7%	중국17.2[3] 호주11.5[2], 페루 6.7[2]	크라스노야르스크
지르코늄	백만톤 ZrO_2	3.1[6]	4위	7.4%	호주 14.1[n], 인도네시아 9.0[n], 남아공 7.2[n],	자바이칼, 투바, 무르만스크
은	천톤	44.6[5]	4위	7%	페루 123[2], 멕시코 112.1[2],	사하
천연흑연*	천톤	14,800[n]	4위	5.5%	브라질 70,000[n], 중국 55,000[n]	-
주석	천톤	209.6[4]	5위	10%	중국 1,092[3], 브라질 416.4[n]	사하, 연해주
형석	백만톤 CaF_2	12[6]	5위	9%	중국 41[n], 남아공 41[n], 멕시코 32[n]	자바이칼
몰리브덴	천톤	1,066[6]	6위	9%	중국 8,325[3], 칠레 3,445[2]	자바이칼, 부랴트
코발트*	천톤	250[n]	6위	3.5%	콩고 3,500[n], 호주 1,200[n]	-

[1] : Reasonably Assured Resources + Inferred Resources

[2] : Proved + Probable Reserves

[3] : Ensured Reserves

[4] : Запасы категорий A+B+C1 (생산 단계 매장지 기준)

[5] : Запасы категорий A+B+C1 (생산 및 개발 단계 매장지 기준)

[6] : Запасы категорий A+B+C1+C2 (생산 및 개발 단계 매장지 기준)

n : reserves

자료 : Министерство природных ресурсов и экологии Российской Федерации. 'Государственный доклад «О состоянии и использовании минерально−сырьевых ресурсов Российской Федерации в 2016 и 2017 годах»' МОСКВА. 2018. 을 기초로 작성함. 단 * 는 USGS, "Mineral Commodity Summaries 2018" 자료를 기초로 함.

2) 주요 광물자원 생산

러시아는 세계 Big 3에 드는 광물 보유국인 동시에 생산 및 수출국이다. 러시아는 다양하고 풍부한 광물자원의 매장량을 바탕으로 알루미늄, 안티몬, 석면,

보크사이트, 붕소, 카드뮴, 시멘트, 석탄, 코발트, 구리, 다이아몬드, 형석, 보석, 게르마늄, 금, 흑연, 석고, 요오드, 철광석, 납, 마그네슘 화합물 및 금속, 운모, 몰리브덴, 천연가스, 니켈, 질소, 팔라듐, 이탄, 석유, 인광석, 선철, 백금, 칼리, 희토류, 레늄, 셀레늄, 규소, 은, 철, 황, 티타늄 스펀지, 텅스텐, 우라늄, 바나듐 등에서 세계 최고의 생산국 중 하나다. 특히 팔라듐, 석면, 다이아몬드, 보석 원석의 생산에서 세계 1위, 백금, 알루미늄, 칼리, 바나듐은 세계 2위, 니켈, 티타늄, 금, 텅스텐 등은 3위를 차지하고 있다. 세계 주요 광물 수출 시장에서 러시아가 차지하는 비중은 니켈이 49%, 팔라듐이 42%, 다이아몬드가 33%, 알루미늄이 26%, 백금이 13%, 철광이 7%, 구리가 4%다. 러시아를 대표하는 광물자원은 표 24와 같다.

표 24. 세계 광물자원 생산에서 러시아의 위상 (2016년 기준)

순위	품목 및 세계 생산에서 차지하는 비중(%)
1위	팔라듐(40.5)*, 다이아몬드(32.0), 석면(34.6), 보석류(30.8)
2위	플래티넘(12.0%)*, 알루미늄(6.0)*, 칼리(17.4), 바나듐(22.8)
3위	니켈(11.1), 티타늄(22.4), 금(8.3)*, 텅스텐(3.0), 안티몬(4.6), 마그네사이트(8.7)
4위	선철(4.4)*, 은(4.9)*, 버라이트(5.7), 인광석(4.2), 텅스텐(2.9), 수은(1.3)
5위	철광석(5.0)*, 조강(4.2)*, 정제동(3.7), 알루미늄산화물(2.3)
6위	우라늄(4.9)*, 카드뮴(6.4), 셀레늄(4.4), 납(4.1)
7위	벤토나이트(3.6), 흑연(0.9)
8위	보크사이트(1.9), 크롬광석(1.4), 몰리브덴(1.2)

* : 2017년 기준.
자료 : US Geological Survey. "Mineral Commodity Summaries 2017"과 World Mineral Production 2012~2016, British Geological Survey, 2018. 을 기초로 작성.

(1) 귀금속

① 다이아몬드(Diamond)

러시아는 다이아몬드의 매장량 및 생산에서 세계 최고 국가다. JORC(Joint Ore Reserves Committee)의 확정 및 추정 매장량(proved and probable reserves) 기준 러시아에 묻혀있는 다이아몬드는 6억 5,300만 캐럿으로 다이아몬드 매장량에 있어 세계 1위 국가다. 러시아는 보츠와나(3억 660만 캐럿), 캐나다(2억 6,700만 캐럿), 남아프리카공화국(1억 5,850만 캐럿), 콩고(1억 1,100만 캐럿)와 더불어 상위 5위를 형성하고 있다. 러시아 천연자원환경부에 따르면 2017년 1월 1일 현재 러시아에 매장되어 있는 다이아몬드의 가채매장량(A+B+C1+C2)은 11억 8,350만 캐럿으로 세계 매장량의 약 40%에 해당된다. 그 중 탐사매장량(A+B+C1)이 9억 6,350만 캐럿으로 83%를 차지한다. 러시아연방 국가광물매장명세(Государственный баланс запасов полезных ископаемых)[117]에 의하면 러시아 영토 내의 다이아몬드 매장지는 총 79개로 그 중 24개는 광석 광상이고, 55개는 광염 광상이다[118].

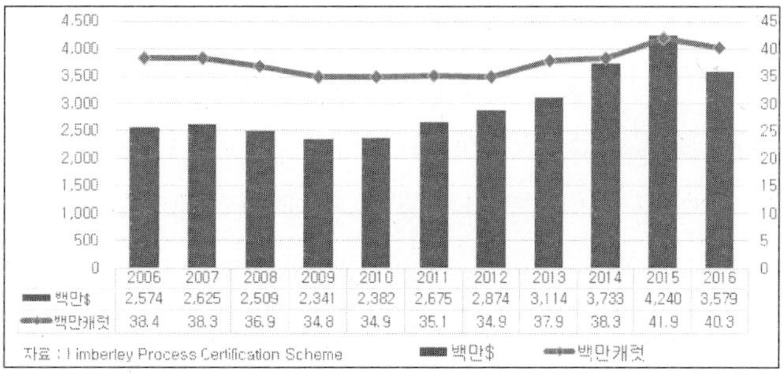

그림 29. 러시아 다이아몬드 생산 추이

가채매장량 기준 러시아의 다이아몬드 광산은 약 4/5가 극동연방관구의 야쿠티아(사하) 공화국에 나머지 1/5은 북서연방관구의 아르한겔스크주에 위치한다. 사하공화국의 트루브카 우다취나야(Трубка Удачная)는 러시아 최대 다이아몬드 광산으로 매장량이 2억 1,090만 캐럿(전체 매장량의 17.8%)에 달한다. 그 외 트르브카 미르(Трубка Мир) 광산이 1억 3,500만 캐럿(11.4%), 트루브카 유빌레이나야(Трубка Юбилейная) 광산이 1억 3,360만 캐럿(11.3%)으로 2~3위를 차지했다.

117) 국가광물매장명세(Государственный баланс запасов полезных ископаемых)는 러시아 연방정부가 광물자원의 매장현황을 파악할 목적으로 작성한다. 국가광물매장명세에는 산업적 가치가 있는 매장지별로 매장 광물의 종류별 수량, 품질, 탐사수준과 범위에 대한 정보, 위치정보, 산업적 개발・채굴・손실에 대한 정보, 연방정부가 승인한 광물매장량 분류체계에 따라 탐사된 광물매장량의 산업 공급에 대한 정보가 기록된다.

118) 광석 광상은 특정 금속원소들이 경제성을 갖는 일정 수준이상 농집되어 있는 암석으로 구성된 광상을 말한다. 광염광상은 미세한 광석이 산재하는 광상으로 광화(鑛化) 가스 또는 광액(鑛液)이 침투하여 광석과 맥석이 불규칙하게 침전하여 생긴다.

다이아몬드 생산에서 2016년 러시아는 세계 생산량의 32%인 4,032만 캐럿을 생산하여 1위를 차지하였다. 남아프리카의 보츠와나가 16.2%(2,050만 캐럿), 콩고가 12.3%(1,556만 캐럿), 호주가 11.0%(1,396만 캐럿), 캐나다가 10.3%(1,304만 캐럿)로 2~5위를 차지했다. 판매 금액에서도 러시아는 35.8억 달러(29.2%)로 보츠와나(28.5억 달러, 23.2%)를 앞질러 1위를 차지했지만 1캐럿 평균 가격은 러시아가 88.8달러로 보츠와나의 138.8달러에 비해 훨씬 낮았다.[119] 러시아 다이아몬드의 93%는 사하공화국에서 생산된다. 국영 광산업체인 '알로사(Alrosa)'[120]는 러시아 다이아몬드 광산의 90%를 운영하는 세계 1위의 다이아몬드 채굴, 생산, 가공, 판매 회사다. 2016년 세계 다이아몬드 생산의 29.4%인 3.740만 캐럿(2015년 3,830만 캐럿, 30.1%)을 생산하였다. 영국의 드비어스(De Beers)가 2,730만 캐럿으로 21.5%, 호주의 리오 틴토(Rio Tinto)가 14.2%인 1,800만 캐럿을 생산하며 세계 다이아몬드 시장에서 Big 3을 형성했다.[121]

② 백금 그룹(Platinum Group Element)

산업용 희귀 금속인 백금 그룹(팔라듐, 플래티넘) 매장량 및 생산에서 러시아는 남아프리카공화국과 함께 Big 2를 형성한다. 팔라듐은 자연에서 금이나 백금족 원소들과의 혼합물 형태로 발견되는 백색 광택의 희귀금속이다. 주로 촉매와 다른 금속과의 혼합, 자동차 배기가스 정화장치인 촉매변환기의 산화 촉매 등 산업 전반에 걸쳐 사용된다.

러시아에는 세계 백금 그룹의 약 1/5이 묻혀있어 매장량에 있어 남아프리카공화국에 이어 2위를 차지한다. 플래티넘 매장량은 2,383톤으로 남아공(6,100톤)에 이어 세계 2위, 팔라듐은 7,630톤으로 세계 1위를 차지한다. 러시아의 백금 그룹은 가채매장량의 95%에 해당하는 14,700톤이 시베리아연방관구의 크라스노야

119) Production Statistics, World Diamond Production by Volume and Value 2016. Diamond Producers Association. https://diamondproducers.com/diamond-industry/productionstats/

120) 알로사는 Forbes 선정 '2018 세계 2000대 기업' 중 1,366위를 차지했다. 매출액은 47억$, 순이익 13억$, 시가총액 105억$였다.
http://eng.alrosa.ru/diamonds-explained/the-world-diamond-market/

121) Alrosa "Annual Report 2016", 2017. p.25.

르스크주에 집중되어 있다. 광산별로는 3개 지역, 옥탸브르스코예(Октябрьское), 탈나흐수코예(Талнахское), 노릴스크 1(Норильск 1)이 각각 36.1%, 28.4%, 16.1%로 전체 매장량의 80% 이상을 독점하고 있다.

표 25. 러시아 백금 그룹 생산 추이와 비중 (2009~2017)

		2009	2010	2011	2012	2013	2014	2015	2016	2017
플래티넘	천 온스	793	785	818	803	741	687	721	678	708
	(%)*	13.1	12.7	12.8	13.9	12.3	14.2	11.7	11.4	12.0
팔라듐	천 온스	2,677	2,722	2,704	2,624	2,527	2,582	2,575	2,526	2,728
	(%)*	42.4	41.2	39.4	40.4	39.1	42.1	38.4	38.6	40.5

(%)* : 세계 생산에서 차지하는 비중.
자료 : GFMS Platinum Group Metals Survey 2018, Thomson Reuters. 2018.

팔라듐 생산 및 수출에서 러시아는 세계 1위 국가다. 러시아는 2017년 팔라듐 생산에서 세계 생산의 40%를 담당하며 1위를 차지하였다. 남아프리카공화국이 37.5%로 2위를 차지하는 등 팔라듐 생산에서 양국이 약 80%로 독점체제를 갖추고 있다. 러시아는 또한 세계 팔라듐(미가공 또는 분상) 수출시장에서 25.7%(24억 달러)를 공급하여 영국(15억 달러), 남아프리카공화국(15억 달러)을 압도했다.[122] 러시아 최대 광산기업인 노릴스크 니켈(Norilsk Nickel)이 러시아 팔라듐 생산과 수출을 100% 독점하고 있다.

플래티넘 생산에서 러시아는 12%를 담당하며 남아프리카공화국(72%)에 이어 2위를 차지했다. 러시아 최대 플래티넘 생산지인 노릴스크(Norilsk)에서 생산량이 7% 증가한 650,000온스(20.2t)를 기록한 결과다. 노릴스크 니켈(Norilsk Nickel Group)은 세계 최고의 플래티넘 그룹 금속생산 기업 중 하나다. 노릴스크 니켈은 플래티넘 생산에서 2017년 670,000온스를 생산하여 세계 5위를 차지했다. 2016년은 644,000온스로 세계 4위를 차지했다. 남아프리카공화국의 Anglo American Platinum Ltd.가 1,420,000온스, Impala Platinum Holdings Ltd가

122) Daniel Workman, "Palladium Exports by Country", World Top Export, JUNE 1, 2018. http://www.worldstopexports.com/palladium-exports-by-country/

1,046,000온스로 플래티넘 생산에서 각각 1위, 2위를 차지했다. 반면 팔라듐 생산에서 2017년 노릴스크 니켈은 전년보다 6.2% 늘어난 2,780,000온스를 채굴하여 압도적 1위를 차지했다. Anglo American Platinum Ltd.가 절반에도 미치지 못하는 1,035,000온스로 2위를 차지했다.[123)]

③ 금(gold)

러시아 천연자원환경부 2018년 보고서에 의하면 러시아의 금 탐사매장량(A+B+C1. 생산 및 개발 광상 기준)은 5,295톤으로 세계 3위에 해당한다. 남아프리카 공화국이 확인 및 추정매장량(Proved & probable Reserves) 기준 6,000톤으로 1위, 캐나다가 5,590톤으로 2위, 미국이 4,560톤으로 4위, 호주가 3,826톤으로 5위를 차지했다.[124)]

2017년 러시아연방 국가광물매장명세에 따르면 러시아 영토 내의 금 매장지는 총 5,895개로 그 중 564개는 광석 광상(금광석 광상 391개, 혼합광석 광상 173개), 5,331개는 광염 광상이다. 2017년 말 기준 러시아의 금 가채매장량(A+B+C1+C2)은 14,706톤으로 그 중 탐사매장량(A+B+C1)이 8,486.4톤, C2가 6,219.4톤이다. 러시아의 금광은 다른 광물과 마찬가지로 특정 지역에 집중되어 있다. 시베리아와 극동연방관구에 전체 매장량의 85% 이상이 편중되어 있다. 주요 금 매장지역은 이르쿠츠크(2,590톤. 18%), 크라스노야르주(2,400톤. 17%), 마가단주(2,000톤. 14%), 사하공화국(1,800톤. 12%), 자바이칼주(1,200톤. 9%)다. 가채매장량의 48%가 생산 단계에 있고, 12%는 개발 단계, 14%는 탐사 단계에 있다. 나머지 26%는 탐사/채굴 면허가 발급되지 않은 광상에 묻혀있다.

2017년 러시아의 금 생산은 270.7t으로 세계 생산의 8.3%를 담당하며 3위를 차지하였다. 중국이 426.1t(세계 생산의 13.1%)으로 1위, 호주가 295t(9.1%)으로 2위를 차지하였다. 러시아의 세계적 금광(2015년 기준)은 폴류스 크나스노야르스

123) GFMS Platinum Group Metals Survey 2018, Thomson Reuters. 2018. p.19.

124) Министерство природных ресурсов и экологии Российской Федерации. Государственный доклад «О состоянии и использовании минерально-сырьевых ресурсов Российской Федерации в 2016 и 2017 годах» МОСКВА. 2018. p. 216.

크 클러스터(Polyus Krasnoyarsk cluster)로 매장량이 6,060만 온스로 세계 6위에 해당한다. 올림피아다(Olimpiada) 금광이 4,730만 온스로 세계 10위, 나탈카(Natalka) 금광이 3,680만 온스를 보유하고 있다.[125] 2017년 금광별 생산에서 폴류스 크나스노야르스크 클러스터가 163.4만 온스로 세계 3위, 올림피아다가 117.7만 온스로 세계 4위를 차지했다. 러시아 최대 금광업체는 폴류스(Polyus)로 매장량(확인 & 추정매장량 기준)은 6,800만 온스로 미국 New Mont(6,900만 온스)에 이어 세계 2위를 차지한다. 채굴가능 연수는 31년으로 세계 금광업체 중 가장 길다. 2017년 생산량은 216만 온스로 러시아 1위(19%), 세계 7위였다. 주요 생산지는 크라스노야르스크, 이르쿠츠크, 마가단주 및 사하공화국이다.[126] 폴리메탈(Polymetal International PLC)이 9%로 2위, 킨로스 골드(Kinross Gold Corp)가 8%로 3위를 차지했다.[127]

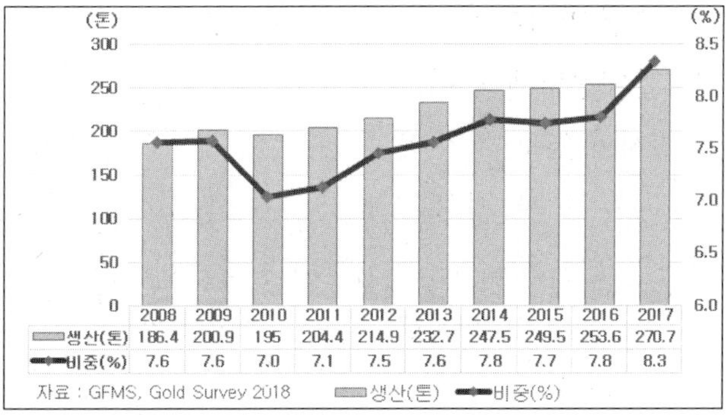

	2008	2009	2010	2011	2012	2013	2014	2015	2016	2017
생산(톤)	186.4	200.9	195	204.4	214.9	232.7	247.5	249.5	253.6	270.7
비중(%)	7.6	7.6	7.0	7.1	7.5	7.6	7.8	7.7	7.8	8.3

그림 30. 러시아 금 생산 추이 (2008~2017)

④ 은(silver)

러시아 천연자원환경부 2018년 보고서에 의하면 러시아의 은 탐사매장량(A+B+C1. 생산 및 개발 광상 기준)은 44,600톤으로 세계 4위에 해당한다. 페루가 확인 및 추정매장량(Proved & probable Reserves) 기준 123,000톤으로 1위, 멕시코가 112,100톤으로 2위, 폴란드가 3위를 차지했다.[128]

---

125) Polyus, Корпоративная презентация. Ноябрь 2016. http://polyus.com/ru/investors/presentations/

126) Polyus, Presentation, Capital Markets Day, March 2018. http://polyus.com/ru/investors/presentations/

127) http://www.ugmk.com/en/about/ummc-at-a-glance/

128) Министерство природных ресурсов и экологии Российской Федерации. 'Государствен ный доклад «О состоянии и использовании минерально−сырьевых ресурсов Российск ой Федерации в 2016 и 2017 годах»' МОСКВА. 2018. p. 234.

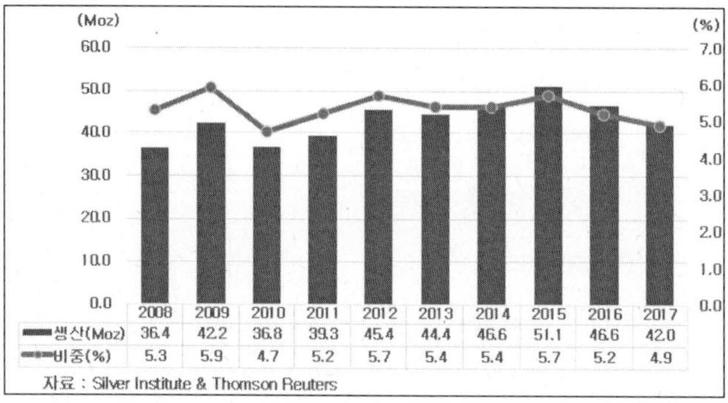

그림 31. 러시아 은 생산 추이 (2008~2017)

2017년 러시아연방 국가광물매장명세에 따르면 러시아 영토 내의 은 매장지는 총 442개로 그 중 419개는 광석 광상(은광석 광상 22개, 혼합 광석 광상 397개), 23개는 은이 포함된 금 광염 광상이다. 2017년 말 기준 러시아의 은 가채매장량(A+B+C1+C2)은 122,739톤으로 그 중 탐사매장량(A+B+C1)이 56,350톤, C2가 66,389톤이다. 러시아의 은광 또한 금과 마찬가지로 특정 지역에 집중 분포한다. 시베리아와 극동연방관구에 전체 매장량의 82% 이상이 집중되어 있다. 러시아 최대 은광은 자바이칼주의 우도칸스코예(Удоканское)로 매장량이 17,119톤(13.9%)이며, 2위는 사하공화국의 프로그노즈(Прогноз)로 매장량은 9,190톤(7.5%)이다. 가채매장량의 32%가 생산 단계에 있고, 45%는 개발 단계, 10%는 탐사 단계에 있다. 나머지 13%는 탐사/채굴 면허가 발급되지 않은 광상에 묻혀있다.

러시아는 은 생산에 있어서 세계 4~5위권을 유지하고 있다. 2017년 러시아는 전년보다 약 10% 줄어든 4,200만 온스의 은을 생산하여 세계 생산에서 차지하는 비중 역시 5.2%에서 4.9%로 줄어들었다. 그러나 순위는 5위에서 4위로 상승했다. 칠레의 은 생산이 4,850만 온스에서 4,050만 온스로 대폭 줄어든 덕분이다. 세계 은 생산은 멕시코(1억 9,640만 온스, 23.0%), 페루(1억 4,770만 온스, 17.3%), 중국(1억 1,260만 온스, 13.2%)의 3개국이 주도한다. 러시아의 은 채굴은 극동 연방관구, 특히 마가단주와 추코트 자치관구에 95%가 집중되어 있다. 러시아 최대 은 생산 기업은 폴리메탈(Polymetal International PLC)로 매장량(proved and probable silver ore reserves)이 2억 9,700만 온스로 알려졌다. 폴리메탈은 2017년 러시아 총생산의 64%에 해당하는 2,680만 온스를 생산하여 세계 은 생산 기업 중 5위를 차지하였다. 2016년은 2,920만 온스로 세계 4위를 차지했다.[129]

(2) 비철금속

① 니켈(nickel)

러시아 천연자원환경부 2018년 보고서에 따르면 러시아의 니켈 매장량(A+B+C1 생산 및 개발 광상 기준)은 740만 톤으로 세계 3위, 비중은 12%를 차지한다. 확인 및 추정 매장량(Proved+Probable Reserves) 기준 세계 최고의 니켈 매장량 국가는 인도네시아로 800만 톤이며, 호주가 760만 톤으로 2위, 필리핀이 730만 톤으로 4위, 캐나다가 610만 톤으로 5위를 형성했다.

2017년 러시아연방 국가광물매장명세에는 59개의 니켈 매장지가 등록되어 있다. 그 중 52개가 광석 광상이며, 7개는 다른 광석을 함유하고 있는 혼합 또는 광염 광상이다. 러시아 니켈 가채매장량(A+B+C1+C2)의 57.8%는 생산 단계에 있고, 26.1%는 개발 단계, 9.8%는 탐사 단계에 있다. 나머지 6.3%는 탐사/채굴 면허가 발급되지 않은 지하구역에 묻혀있다. 러시아의 니켈은 다른 광물과 마찬가지로 특정 지역에 집중 분포한다. 시베리아와 북서연방관구에 전체 매장량의 85% 이상이 집중되는데 그 중에서도 시베리아연방관구의 크라스노야르주가 전체 매장량의 약 72%를 차지한다. 특히 북극권 지역의 노릴스크는 세계 최대 니켈 매장지다. 옥탸브르스코예(Октябрьское)와 탈라흐스코예(Талнахское) 광산에는 러시아 니켈 매장량(A+B+C1)의 34.5%, 24.1%가 집중되어 있다. 광석의 니켈의 함유량은 각각 0.78%, 0.68%이다.

2016년 러시아는 220,000t의 니켈을 생산하여 필리핀(300,506t), 캐나다(235,707t)에 이어 세계 3위를 차지했다. 2015년에는 261,000t을 생산하여 필리핀에 이어 2위를 차지했다. 세계 생산에서 차지하는 비중도 2015년 12.5%에서 11.1%로 축소되었다.[130] 공급초과에 따른 가격하락으로 경영실적이 악화하며 노릴스크 니켈 소속 광산들의 생산이 부진해졌고, 노릴스크 니켈 다음으로 생산이 많았던 우파레이니켈(Ufaleynickel)사가 조업을 중단하였다. BMI Research는

129) "World Silver Survey 2018, The Silver Institute & Thomson Reuters. 2018. p.26.

130) World Mineral Production 2012~2016, British Geological Survey, 2018. p.52

2017년 8월 보고서에서 향후 5년간 러시아 니켈 생산량이 계속 감소할 것으로 전망했다. 2016년 수출(Raw Nickel. HS 7502)은 32.1억 달러로 세계 수출의 28%를 차지하며 1위에 랭크되었다. 캐나다(15.5억 달러), 호주(14.3억 달러)가 2위, 3위를 차지했다.[131] 시베리아의 '노릴스크(Norilsk)'와 '바신(Basin)'은 세계 2대 니켈 산지이며 이 지역 광산을 소유하고 있는 '노릴스크 니켈'[132]은 러시아 니켈 생산의 90%를 담당하는 세계 최대 니켈 생산 기업이다. 2017년 217,100t(2016년 235,700t)의 니켈을 생산하여 세계 생산의 10%를 차지하였다. 브라질의 광산업체 Vale이 288,200t으로 세계 생산의 12%를 차지하며 1위 자리를 고수했다.

② 알루미늄(aluminum)

알루미늄은 은백색의 부드러운 금속으로 전성(展性), 연성(延性)이 커서 박(箔)이나 철사로 만들 수 있다, 가볍고 튼튼하며 산화에 강해 일반 생활뿐만 아니라 항공우주 분야와 선박, 차량, 건축 분야 등 산업 전반에 널리 쓰인다. 산화알루미늄이 함유된 보크사이트가 알루미늄을 생산하는 원료로 보크사이트에서 산화알루미늄을 분리하고 정제된 산화알루미늄을 홀-헤럴트 처리에 의해서 전기분해하여 순수한 알루미늄(Al)을 생산한다.

㉠ 보크사이트, 네펠린 매장량

러시아는 대규모의 보크사이트 원료 기지를 보유하고 있다. 러시아 천연자원환경부 2018년 보고서에 따르면 러시아의 보크사이트 가채매장량(A+B+C1+C2)은 14억 톤에 달한다. 그 중 A+B+C1(상업 생산 및 개발 광상 기준)은 5억 1,300

131) https://atlas.media.mit.edu/en/profile/hs92/7502/

132) 노릴스크 니켈 그룹(Norilsk Nickel Group)은 러시아 최고의 비금속광물 생산업체로 비철금속 및 귀금속의 탐사, 채굴, 정련, 판매 등에 종사한다. 옥탸브르스키(Oktyabrsky) 니켈-팔라듐 광산, 타이미르스키(Taymyrsky) 구리 광산, 콤소몰스키(Komsomolsky) 구리 광산 등이 대표적인 보유 광산이다. 광물자원 보유량은 가채매장량 기준 구리 1,240만 톤, 니켈 710만 톤, 백금그룹 3,900톤이다. 2017년 기준 팔라듐(40%)과 니켈(22%) 부문에서 세계 최대 생산자이자, 플래티넘(11%) 생산에서 세계 4위, 코발트(5%) 생산에서 세계 5위, 구리(2%) 생산에서 세계 13위를 차지했다. 그 외에 이 회사는 금, 은, 텔루륨, 셀레늄, 이리듐, 루테늄, 유황 등 수많은 부산물을 생산한다. 2018년 Forbes 선정 세계 2000대 기업 중 660위를 차지했다. 매출액은 91.5억$, 순이익 21억$, 시가총액 275억$였다.
http://www.nornik.ru/en/investor-relations/annual-reports/annual-reports

만 톤으로 세계 3위, 비중은 7%를 차지한다. 확인 및 추정 매장량(Proved+Probable Reserves) 기준 세계 최고의 보크사이트 매장량 국가는 호주로 23억 톤이며, 중국이 9억 4,250만 톤으로 2위, 브라질이 4억 8,450만 톤으로 4위를 차지했다. 그러나 러시아 보크사이트 광상은 호주나 기니 등 다른 국가들과 비교해 품질이 낮고 광석 채굴이 어렵다는 문제점을 지니고 있다. 고품질의 보크사이트가 부족한 관계로 러시아는 알루미늄 생산의 약 1/3을 네펠린(nepheline) 광석을 사용한다. 러시아의 네펠린 매장량은 A+B+C1 기준 49억 4,030만 톤으로 보크사이트의 약 5배에 달한다.

2017년 러시아연방 국가광물매장명세에 따르면 러시아 영토내의 보크사이트 매장지는 57개, 네펠린 광석 매장지는 17개다. 러시아 보크사이트의 44%는 북서연방관구에 매장되어 있다. 아르한겔스크주의 익신스코예(Иксинское) 광상이 2억 5,330만 톤으로 러시아 전체 매장량의 15%를 차지한다. 그 외 코미공화국의 베자유-보리크빈스코예(7.2%)가 대규모 광상이다. 우랄연방관구에 31%가 묻혀있는데 스베들롭스크주의 체레무홉스코예(Черемуховское) 광상이 13.7%, 호보-칼인스코예(Ново−Кальинское)가 7.4%를 차지한다. 우랄연방관구 벨고로드주의 비슬롭스코예(Висловское) 광상에도 약 11%가 매장되어 있다. 네펠린은 3개 광상에 집중되어 있다. 무르만스크주의 히비스카야 그룹(Хибинская группа)에 러시아 전체 네펠린 가채매장량의 81%에 해당하는 38억 톤이 묻혀있다. 크라스노야르스크주의 고랴체고르스코예(Горячегорское) 광상에 7.4억 톤(10.7%), 바얀콜스코예(Баянкольское) 광상에 3.5억 톤(7.3%)이 매장되어 있다.

㉡ 알루미늄 생산

세계 알루미늄 생산에서 중국은 50% 이상을 차지하며 독보적인 위치를 점하고 있다. 중국을 제외한 나머지 생산 국가에 있어 러시아는 선도적 지위를 차지한다. 2017년 러시아는 1차 알루미늄(primary aluminium) 생산에서 371만 톤(M/T. Metric Ton)을 생산하여 6.0%를 담당하며 중국(54.3%)에 이어 2위를 차지했다. UC 루살(UC Rusal)은 2007년 수알(Sual)과 스위스의 글렌코어(Glencore) 간의 합병을 통해 세계 최고의 알루미늄 생산업체로 부상하였다. 2017년 세계 생산의 6.3%에 해당하는 307.7만 톤의 1차 알루미늄을 생산하여 750만 톤을 생산한 중국의 홍치아오 그룹(Honggiao Group)에 이어 2위를 차지했다.[133] 그리고 세계 수출의 9.8%에 해당하는 55억 달러의 알루미늄괴(HS 7601)를 공급하여 캐나다(11.3%), UAE(10.1%), 네덜란드(10.1%)에 이어 4위를 차지했다.

③ 구리(copper)

러시아 천연자원환경부 2018년 보고서에 따르면 러시아 지표면 밑에는 세계 매장량의 9%에 해당하는 9,740만 톤의 구리가 매장되어 있다. A+B+C1(상업 생산 및 개발 광상 기준)은 6,060억 톤으로 세계 3위에 해당된다. 확인 및 추정 매장량(Proved+Probable Reserves) 기준 세계 최고 구리 매장 국가는 칠레로 2억 640만 톤이며, 페루가 8,160만 톤으로 2위, 미국이 5,160만 톤으로 4위를 차지했다.

2017년 러시아연방 국가광물매장명세에 따르면 러시아 영토내의 구리 매장지는 172개이며 그 중 102개는 구리 광석 광상이며, 70개는 다른 광석을 함유하고 있는 혼합 광상이다. 2017년 1월 1일 기준 개발 허가된 광상은 114개로 가채매장량(A+B+C1+C2)의 93%를 차지하는데 77개가 구리 광석 광상이다. 매장량의 37%는 생산 단계, 42%는 개발 단계, 14%는 탐사 단계에 있으며, 나머지 7%는 개발 면허가 발급되지 않은 지하구역에 해당한다.

러시아 구리 광석의 2/3는 시베리아연방관구에 매장되어 있다. 그 중 50% 이상은 크라스노야르스크주 북부 노릴스크 광석지대에 집중되어 있다. 동 지역 대형 광상은 옥탸브르스코예(Октябрьское), 탈나흐스코예(Талнахское)로 러시아 전체 매장량의 30%이상을 차지한다. 그리고 자바이칼주의 우도칸소코예(Удоканское)는 세계 최대 광상 중의 하나이며 러시아 최대 구리광상으로 러시아 전체 가채매장량의 20.6%에 해당하는 2,010만 톤의 구리가 매장되어 있다. 그 외 대형 구리 광상은 극동 하바롭스크주의 말미즈스코예(Малмыжское)로 매장량이 516

133) Rusal, “Annual Report 2017”, 2018. p. 8. UC 루살(UC Rusal)은 알루미늄 및 그 합금 생산업체로 러시아 9개, 스웨덴 1개 등 총 10개 알루미늄 제련소를 소유하고 있다. 회사의 핵심 자산은 러시아 시베리아에 있으며, 알루미늄 생산의 약 94%를 차지한다. 세계 알루미늄 및 알루미나(알루미늄 산화물) 생산의 6~7%를 차지한다.

만 톤(5.3%), 오렌부르그주의 가이스코예(Гайское)는 477만 톤(4.9%), 추코트카주의 페찬카(Песчанка)는 373만 톤(3.8%), 투바공화국의 악-수그스코예(Ак−Сугское)는 363만 톤(3.7%)의 구리가 매장되어 있다.

러시아는 연간 850,000t(Metric Ton) 이상의 구리(정련동)를 생산하고 있다. 2016년 러시아의 정련동(refined copper) 생산은 867,300t으로 2014년 890,800t 생산 이후 2년 연속 감소하고 있다. 2016년 세계 구리 생산에서 차지하는 비중은 3.7%로 미국(5.2%)에 이어 5위에 해당한다. 중국(36.1%)과 칠레(11.2%)가 세계 생산의 약 50%를 차지한다.[134] 러시아의 구리 수출은 47억 달러로 세계 수출의 3.2%를 차지하며 8위에 랭크되었다. 러시아 구리 생산은 3개 기업이 전체 생산을 좌우하는데 노릴스크 니켈이 41%, UMMC(Ural Mining & Metallurgical Company)가 40%, 러시아 구리회사(Russian Copper Company)가 19%를 담당했다. 세계 정련동 생산에서 노릴스크 니켈과 UMMC가 각각 1.5%, 러시아 구리회사가 0.7%를 차지했다.[135] 노릴스크 니켈 소유의 시베리아 Polar Division (Norilsk/Talnakh Mills) 광산의 생산 능력은 450,000t으로 세계 7위다.[136]

④ 우라늄(uranium)

경제협력개발기구(OECD) 산하 핵에너지기구(NEA)와 국제원자력기구(IAEA)가 공동 작성한 보고서 "우라늄 2016 : 자원, 생산 그리고 수요(Uranium 2016: Resources, Production and Demand ('Red Book'))"에 따르면 2015년 기준 러시아에 묻혀있는 kg당 130달러 미만의 채굴비용(＜USD 130/kgU)으로 회수 가능한 우라늄 확인자원량(Identified Resources)은 507,800tU이다. 이는 전 세계 확인매장량(571.8만tU)의 8.9%에 해당하는 수치로 호주(1,664,100tU, 29%), 카자흐스탄(745,300tU, 13.0%), 캐나다(509,000tU, 8.9%)에 이어 세계 4위다.[137]

러시아 천연자원환경부에 따르면 2018년 1월 1일 현재 러시아에 매장되어 있

---

134) World Mineral Production 2012~2016, British Geological Survey, 2018. p.21.
135) http://www.ugmk.com/en/about/ummc-at-a-glance/
136) "The World Copper Factbook 2017", International Copper Study Group. p.15.
137) OECD NEA & IAEA, "Uranium 2016: Resources, Production and Demand", 2016, p.18.

는 우라늄은 A+B+C1기준 336,200톤, C2기준 384,300톤으로 가채매장량(A+B+C1+C2)은 720,500톤으로 평가된다. 러시아연방 국가광물매장명세에 따르면 2017년 1월 1일 기준 러시아 영내에 우라늄을 함유하고 있는 광산은 59개이며 그 중 31개가 개발 면허가 발급된 광산으로 러시아 전체 매장량의 73% 이상을 차지한다. 러시아의 우라늄 매장지는 특정 지역에 편중되어 있다. 가채매장량의 약 90%가 3개 지역, 극동연방관구의 사하공화국, 시베리아연방관구의 자바이칼주와 투바공화국에 집중되어 있다. 특히 사하공화국 엘콘스키 우라늄광산지대의 17개 우라늄광산에 러시아 전체 가채매장량의 절반이 넘는 382,800톤이 묻혀있고, 드루즈노예(Дружное)광산은 13%에 해당하는 95,800톤이 매장되어 있다. 그 외 매장량이 40,000~62,000톤이 되는 광산이 5개나 되는데 우라늄 함유량이 0.112~0.355%로 매우 낮다. 자바이칼주에는 15개의 몰리브덴-우라늄 광산에 러시아 매장량의 16.5%에 해당하는 118,400톤(함유량 0.081~0.215%)의 우라늄이 묻혀있다. 투바공화국에는 14%에 해당하는 103,900톤(함유량 0.014%)이 매장되어 있다.

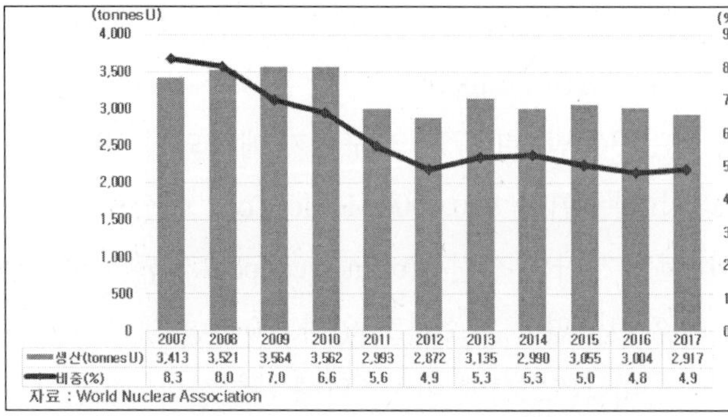

그림 32. 러시아 우라늄 생산 추이 (2007~2017)

러시아의 우라늄 생산은 2009년 3,564tU로 세계 생산의 7%를 담당하며 카자흐스탄, 캐나다, 호주, 나미비아에 이어 5위를 차지했다. 그 후 생산이 감소하며 2017년에는 세계 생산의 4.9%에 해당하는 2,917tU로 축소되며 순위도 6위로 떨어졌다. 러시아 최대 우라늄 생산업체는 우라늄 원(Uranium One)[138]으로 2017년 세계 생산의 9%인 5,102tU을 생산하여 4위를 차지했다. 1위는 카자흐스탄의

138) 우라늄 원(Uranium One)은 캐나다 우라늄 생산업체로 호주, 캐나다. 카자흐스탄, 미국, 남아공에서 우라늄 광산을 운영하였으나 2013년 1월 러시아 원자력 분야 국영기업인 로사톰(Rosatom) 그룹이 분할 법인인 Atomredmetzoloto(ARMZ Uranium Holding Co)를 통해 지분 100%를 인수하였다. 2013년 12월 우라늄 원은 로사톰의 자회사로 소속되었다.

카자톰프롬(Kazatomprom)으로 세계 생산량의 21%인 12,488tU를 생산했다.[139]

⑤ 티타늄(titanium)

티타늄은 내식성이 뛰어나고 비중이 작아 강철 대비 무게가 60%밖에 되지 않는 특성을 보여 항공기 제작이나 우주 개발 등에 사용되거나 고도의 내식(耐蝕) 재료로써 이용된다. 러시아 천연자원환경부 2018년 보고서에 따르면 러시아 지표면 밑에는 세계 가채매장량의 13%에 해당하는 6억 톤이 넘는 티타늄디옥사이드(titanium dioxide)[140]가 매장되어 있다. A+B+C1(상업 생산, 개발, 탐사 광상 기준)은 1억 1,750만 톤으로 중국과 우크라이나에 이어 세계 3위를 차지한다. 러시아 티타늄디옥사이드 광상의 상당부분이 품질 면에서 해외 국가들과 비교해 대단히 낮은 수준이다. 이로 인해 광대한 매장량에도 불구하고 세계 티타늄디옥사이드 정광(concentrate) 생산에서 러시아가 차지하는 비중은 0.4%에 불과하다.

2017년 러시아연방 국가광물매장명세에 따르면 러시아 영토내의 티타늄디옥사이드 매장지는 35개이며 그 중 19개는 광석 광상이며, 16개는 광염 광상이다. 2017년 1월 1일 기준 개발 허가된 광상은 19개로 러시아 전체 가채매장량(A+B+C1+C2)의 1/3에 해당하는 1억 9,670만 톤이다. 매장량의 7.32%는 생산 단계, 25%는 개발 단계, 0.3%는 탐사 단계에 있으며, 나머지 67%는 개발 면허가 발급되지 않은 지하구역에 묻혀있다.

러시아 티타늄디옥사이드의 약 70%는 북서연방관구에 매장되어 있다. 특히 코미공화국의 야레가 석유-티타늄 필드(Yarega oil and titanium field)에 매장량의 46,4%에 해당하는 2억 7,865만 톤이 묻혀있다. 티타늄디옥사이드의 함유량은 10.44%다. 무르만스크주의 남-동그레먀하(Юго−Восточная Гремяха) 광상에 4,980만 톤(8.3%)이 매장되어있다. 시베리아연방관구에 약 20%의 티타늄이 매장되어 있는데 자바이칼주의 크루치닌스크 광상에 5,000만 톤(8.3%)이 집중되

139) World Nuclear Association, World Uranium Mining Production(Updated July 2018)

140) 티타늄디옥사이드(TiO_2)는 이산화티탄이라고도 불리며 브루카이트, 예추석, 판티탄석, 금홍석에서 얻어지는 광물에서 정제하여 만든 백색 파우더 형태를 띠고 있는 비활성 미네랄 성분이다. 자외선 흡수 및 불투명화제, 색소, 착색 및 변색 방지로 사용된다.

어 있다.

러시아는 2016년 38,000t(세계 생산의 22.4%)의 티타늄을 생산하여 중국(35%), 일본(32%)에 이어 3위에 자리매김했다.[141] 러시아에서 가장 큰 티타늄 광산은 카렐리야 공화국의 푸도즈스키(Pudozhsky), 극동 연방 지구의 루차르(Ruchar), 무르만스크주의 유고-보스토치나야 그레미아하(Yugo-Vostochnaya Gremyakha) 광산이다. 러시아의 VSMPO-AVISMA[142]는 미국의 TIMET와 티타늄 생산에서 세계 1. 2위를 다투고 있다. 특히 VSMPO-AVISMA는 티타늄 생산 분야에서 세계에서 유일한 수직통합기업으로 우주항공 분야 세계 티타늄 시장에서 약 30%, 산업용 티타늄 시장에서 25%의 점유율을 확보하고 있다. 2015~2016년 연간 28,000~29,000t인 티타늄 생산을 2020년까지 40,000t으로 늘릴 계획이다.[143]

⑥ 텅스텐(tungsten)

텅스텐의 원료 기반에서 러시아는 세계에서 가장 큰 국가 중 하나다. 러시아 천연자원환경부 2018년 보고서에 따르면 러시아 지표면 밑에 매장되어 있는 3산화(酸化) 텅스텐(WO_3)은 130만 톤을 상회한다. 그 중 302,100톤이 생산 단계 및 채굴 준비 단계에 있다. 러시아는 세계 텅스텐 매장량에 있어 중국, 카자흐스탄에 이어 세계 3위를 차지하고 있는데 그 비중은 8%다.

2017년 러시아연방 국가광물매장명세에 따르면 러시아 영토내의 텅스텐 매장지는 92개이며 그 중 52개는 광석 광상이며, 40개는 광염 광상이다. 개발 허가된 광상은 21개로 그 중 16개가 광석 광상이며, 4개가 광염 광상이다. 가채매장량(A+B+C1+C2)의 7%가 생산 단계, 18%가 개발 단계, 28%는 탐사 단계에 있으며, 나머지 47%는 개발 면허가 발급되지 않고 있다.

---

141) Bedinger, George M. “Titanium and Titanium Dioxide” (PDF). USGS. Retrieved 20 December 2017.

142) 기업이 원재료 생산에서 가공, 최종 제품의 판매까지 모든 경영활동 단계를 수행하는 경우를 말한다. 반면 수평 통합(horizontal integration)은 일정 분야의 제품을 생산・유통하는 단계가 같은 기업끼리 결합하여 단일 기업체가 되는 것을 말한다.

143) http://www.rusaviainsider.com/titanium-success/

러시아 텅스텐 광석의 약 35%는 극동연방관구에 매장되어 있다. 그 중 50% 이상은 연해주에 집중되어 있다. 동 지역 대형 광상은 스크리토예(Скрытое)로 러시아 전체 가채매장량의 10.2%에 해당하는 136,000톤이다. 사하공화국에 전체 매장량의 10%가 묻혀있는데 대표적인 광상은 아길킨스코예(Агылкинское)로 매장량은 90,860톤(6.8%)다. 그리고 시베리아연방관구에 30%가 매장되어 있다. 그 중 부랴트공화국의 3개 광상에 26%가 집중되어 있는데 인쿠르스코예(Inkurskoe)에 13.9%에 해당하는 184,550톤이 매장되어 있다. 그리고 북캅카스연방관구에 약 1/4이 매장되어 있는데 카라바디노-발카르공화국의 티르니아우즈(Tyrnyauz) 텅스텐-몰리브덴 광상은 러시아 최대 텅스텐 광상으로 15.7%에 해당하는 209,530톤의 텅스텐이 매장되어 있다. 또한 카라차예보-체르케스공화국의 크티-테베르다(Kti-Teberda) 광상에는 91,000톤(8.2%)이 매장되어 있다.

러시아의 텅스텐 생산은 2013년 3,451t에서 2016년 2,600t으로 지속해 감소하고 있다. 그런데도 러시아는 세계 생산의 약 3%를 차지하며 중국, 베트남에 이어 세계 3위를 고수하고 있다. 중국은 세계에서 가장 큰 텅스텐 생산국으로 2015~2016년 72,000t, 세계 생산량의 81% 이상을 독점한다.[144] 2017년 1월 푸틴 대통령은 러시아 산업 생산을 위한 안정적 공급을 확보하기 위해 티르니아우즈(Tyrnyauz) 텅스텐-몰리브덴 광산에서의 생산 재개를 명령함으로써 향후 생산 증대가 이루어질 것으로 보인다. 티르니아우즈 텅스텐-몰리브덴 광산은 러시아 남부 카바르디노-발카리아(Kabardino-Balkaria)주에 소재한 러시아 최대 텅스텐 몰리브덴 필드 중 하나로 러시아 텅스텐 매장량의 40%, 몰리브덴 매장량의 10%를 차지한다. 그 외 극동 및 동시베리아에도 대규모로 매장되어 있다.

(3) 철광석

미국 지질조사국(USGS)에 따르면 2017년 기준 러시아에 묻혀있는 철광석(iron ore)은 세계 매장량의 14.7%에 해당하는 250억 톤이었다. 철광석 매장량 규모에서 러시아는 500억 톤(29.4%)을 기록한 호주에 이어 2위를 차지했다. 러시

144) World Mineral Production 2012~2016, British Geological Survey, 2018. p.77.

아 천연자원환경부는 2018년 보고서에서 가채매장량(A+B+C1+C2) 기준 러시아 지표면 밑에 묻혀있는 철광석을 1,103억 톤으로 평가하였다. 그 중 탐사매장량에 해당하는 A+B+C1이 583만 톤으로 53%를 차지한다. A+B+C1 중 상업 생산 단계에 있는(경제성이 확인된) 광상의 매장량은 257억 톤으로 러시아는 브라질, 호주와 더불어 세계 Big 3를 형성한다. 세계 철광석 매장량에서 러시아가 차지하는 비중은 약 18%다. 러시아에 매장되어 있는 철광석의 품질은 해외 국가들과 비교해 높지 않다. 철광석의 평균 철 함유량은 28~34% 수준인데 반해 주요 생산국인 호주나 브라질은 45~66%에 달한다.

그림 33 러시아 주요 철광석 산지 (연방주체별)

2017년 러시아 연방 국가 광물자원 매장지 등록부에 따르면 러시아 영토내의 철광석 매장지는 229개로 그 중 8개는 다른 광물을 함유하고 있는 혼합 광산이다. 2016년 개발 허가(licence)된 광산은 93개로 가채매장량(A+B+C1+C2)은 610억 톤이다. 개발 미허가 광산은 136개로 대부분이 중-소형 규모며 인프라가 갖추어지지 않은 지역에 분포한다. 러시아 철광석 매장량의 22%는 생산 단계, 32%는 개발 단계, 1%는 탐사 단계에 있다. 나머지 45%는 개발 미허가 매장량이다.

러시아 철광석 매장량의 핵심 기지는 중부연방관구의 쿠르스크 마그네틱 아노말리(Kursk magnetic anomaly. KMA) 지대다. 동 지역에 러시아 가채매장량의 60%이상 (A+B+C1 기준 335.5억 톤, C2 기준 347.5억 톤)이 집중되어 있다. 그 중에서도 쿠르스크주의 미하일롭스키(Mikhailovsky), 벨고로드주의 스토이렌스키(Stoilensky), 코로브콥스코예(Korobkovskoye), 레베딘스키(Lebedinsky), 스토일

- 레베딘스키(Stall-Lebedinsky) 등 5개 광산에 200억 톤(A+B+C1) 이상이 매장되어 있다. 중부우랄지역에 철광석 매장량의 15%이상에 해당하는 173억 톤이 묻혀있다. 스베들롭스주의 구세보고르스크(Gusevogorsk) 티타늄-자철석 광산은 러시아뿐만 아니라 세계적 광산 가운데 하나다. 그 외 스베들롭스크주의 솝스트벤노-카취카나르스코예(Sobstvenno-Kachkanarskoe), 첼랴빈스크주의 수로얌스코예(Суроямское) 광산으로 3개 광산이 중부우랄지역 철광석 매장량의 80%이상을 차지한다. 철 함유량은 14~16.55%로 낮은 수준이다. 시베리아연방관구에는 매장량의 약 10%에 해당하는 107억 톤의 철광석이 묻혀있다. 케메로보주 남부와 동시베리아에 2/3가 집중되었다. 철 함유량은 20~50% 수준이다. 극동연방관구에는 약 8%에 해당하는 87.6억 톤이 묻혀있다. 사하공화국의 고르키트스코예(Gorkitskoye) 광산과 타린나흐스코예(Tarynnahskoe) 광산에 극동지역 매장량의 50%이상이 집중되어 있다. 그 외 북서연방관구에 3%정도가 매장되어 있다.

표 26. 러시아 철강 생산 및 수출 추이 (2009~2017)

		2007	2008	2009	2010	2011	2012	2013	2014	2015	2016	2017
조강생산	백만 톤	72.4	68.5	60.0	66.9	68.9	70.2	69.0	71.5	70.9	70.5	71.3
	(%)*	5.4	5.1	4.8	4.7	4.5	4.5	4.2	4.3	4.4	4.3	4.2
선철생산	백만 톤	51.0	48.3	43.9	47.9	48.1	50.5	50.1	51.5	52.6	51.9	51.9
	(%)*	5.3	5.1	4.7	4.6	4.4	4.5	4.2	4.3	4.5	4.5	4.4
철강제품 수출	백만 톤	29.4	28.4	27.6	27.4	24.7	26.7	23.6	28.1	29.7	31.2	31.1
	(%)*	6.6	6.5	8.4	7.0	5.9	6.4	5.7	6.1	6.4	6.6	6.7
선철수출	백만 톤	6.18	5.69	4.08	3.48	4.24	4.00	3.95	4.36	5.34	5.14	-
	(%)*	34.0	32.7	33.7	29.9	30.9	32.1	31.7	34.7	41.0	39.6	-

(%)* : 세계 생산에서 차지하는 비중
자료 : World Steel Association. World Steel in Figures 2018 & Steel Statistical Yearbook 2017.

세계 철광석 생산에서 호주(39%), 브라질(19%), 중국(11%), 인도(8%), 러시아(5%) 5개국이 세계 생산의 81% 이상을 담당한다. 2017년 조강(crude steel) 생산에서 러시아는 전년(70.5백만 톤) 대비 1.1% 증가한 71.3백만 톤을 생산하여 세계 5위를 유지했다. 세계 시장에서 차지하는 비중은 4.2%였다. 중국이 세계 생산의 절반에 해당하는 831.7백만 톤으로 압도적 1위를 차지했고, 일본(6.2%), 인도

(6.0%), 미국(4.8%)이 2~4위를 차지했다.[145] 선철 생산에서 러시아는 세계 생산의 4.4%인 51.9백만 톤으로 중국, 일본, 인도에 이어 4위를 차지했다. 철강제품(반제품 포함) 수출은 31.1백만 톤으로 중국(74.8백만 톤), 일본(37.5백만 톤), 한국(31.4백만 톤)에 이어 4위를 차지했다.[146] 반면에 선철 수출은 5.14백만 톤으로 세계 수출 시장의 약 40%를 점유하며 1위 자리를 고수하고 있다. 2017년 상반기부터 중국의 러시아 철강 수입이 늘어나는 추세고, 2017~2026년 동안 러시아 건설 규모가 2배 가까이 커질 것으로 예상됨에 따라 러시아 철강 생산량은 지속해 늘어날 것으로 보인다.

러시아 철강 생산은 5개 기업이 전체 생산의 85%를 차지한다. 노볼리페츠철강콤비나트(NLMK)[147]는 러시아 철강 생산 1위 업체로 2017년 1,708만 톤을 생산하여 세계 17위로 등록되었다, 열간압연강, 냉간압연강, 반제품, 콘크리트 보강용 강철봉, 아연도금 강판을 생산한다. 2위는 예브라즈(EVRAZ)로 1,403만 톤을 생산하여 세계 28위를 차지했다. 철재, 철도 레일, 구조물 철근, 콘크리트 보강용 강철봉, 파이프를 주로 생산한다. 3위는 마그니토고르스크철강콤비나트(MMK)로 1,286만 톤을 생산하여 30위를 기록했다. 반제품, 열간압연강, 도금강철, 형강, 파이프 생산에 주력한다. 세베르스탈(Severstal)은 1,165만 톤을 생산하여 세계 34위를 차지했다. 평판제품, 열간압연강, 냉간압연강, 아연강판을 주로 생산한다. 메탈로인베스트(Metalloinvest)는 철강 생산은 480만 톤에 불과하나 보유하고 있는 철광석(iron ore) 매장량은 세계 2위에 해당하는 141억 톤으로 가채연수가 140년에 달한다. 이를 바탕으로 2017년 철광석 생산은 4,030만 톤으로 세계 5위, 직접환원철(Merchant HBI/DRI) 생산은 700만 톤으로 세계 1위, 철 펠릿(steel pellets) 생산은 2,510만 톤으로 세계 2위를 차지했다.[148]

---

145) World Steel in Figures 2018, World Steel Association. p.9

146) Ibid. p.27.

147) 러시아 철강 생산 1위 업체로 2017년 기준 세계 금속슬래브(slab) 시장 점유율 23.1%. 러시아 철강생산의 24.6%를 차지한다. 2018년 Forbes 선정 글로벌 2000대 기업 중 861위에 등록되었다. 2017년 매출액 107억$, EBITDA 16억$, 시가총액 153억$를 기록하였다.

148) Metalloinvest, 'Annual Report 2017', p.49~50.

3) 러시아 광물자원과 올리가르히(과두재벌)

오늘날 러시아 경제는 올리가르히(Олигархи)와 실로비키(Силовики)로 지칭되는 2개의 거대한 집단에 의해 지배되고 있다. 올리가르히는 1990년대 국유기업의 사유화 과정에 참여하여 부를 취득한 엘리트 집단인 과두재벌로 금융 및 산업 부문에서 민간 기업을 지배하고 있으며, 실로비키는 KGB(국가보안위원회), FSB(연방보안국), 내무부(MVD), 군, 검찰 등의 권력부서 출신으로 정치적 영향력을 가진 자들로 푸틴이 2000년대 관료조직 개편을 통한 친정체제를 구축하는 과정에서 등장한 신인 정치 세력으로 레닌그라드 출신, 푸틴과의 강한 인연과 신뢰, 자기 분야의 전문성을 갖추고 있다. 실로비키는 정치뿐만 아니라 러시아 국영기업의 이사회 및 경영진에 포진되어 러시아 국가자본주의를 이끄는 주역이다.

(1) 올리가르히의 산업 지배 과정[149]

올리가르히는 고르바초프의 페레스트로이카 시대 경제개혁으로부터 시작해 1990년대 시장경제로의 체제전환의 과도 과정에서 추진된 국유재산 및 기업의 사유화에 적극 참여하면서 러시아 산업 및 금융을 지배한 과두재벌이다. 올리가르히의 대부분은 최고 권력을 지녔던 특권 계층이 아닌 국가기관에 근무했거나, 무역업에 종사했거나, 소련 공산주의 청년 정치 조직인 콤소몰(Комсомол) 출신의 학생이거나 연구자 등의 지식 엘리트였다. 이들은 자본주의 시장경제에 대한 이해가 빨라 자본의 흐름을 잘 파악하고 이를 적절히 이용할 수 있는 능력을 보유한 집단이다. 러시아 올리가르히들은 다음의 4단계 과정을 거치면서 짧은 기간 동안 러시아 산업 및 경제를 지배하게 되었다.

제 1 단계는 1980년대 후반 페레스트로이카 시대에서 소비에트 붕괴까지다. 1987년 5월 소비에트 연방정부는 민간의 상품 및 서비스 부족 문제를 해결하기 위해 경공업을 포함한 약 30개 업종에 있어 부업차원의 개인업을 처음으로 허용

149) 박상남, 박정호, 이종문, 김선래, "푸틴의 러시아 : 권력과 시장 그리고 비즈니스". 한울아카데미. 2007. pp.375-388.을 기초로 정리함.

했다. 그리고 1988년 7월에는 일상 서비스 분야(수리 및 수선), 요식업(레스토랑, 카페), 2차 원료 가공(플라스틱 제품이나 고철 등)과 소비재 생산, 상업중개활동 등의 영업을 주업으로 영위할 수 있는 3인 이상의 사적 기업인 생산협동조합의 설립을 허가하였고 동시에 서구와의 합작기업 설립도 허용했다. 이 시기 올리가르히는 건설업이나 컴퓨터를 수입하는 무역업, 자동차 판매나 소매 체인점 등의 유통업에[150] 종사하면서 독점을 통한 고가격, 고이윤의 폭리를 취하면서 종자돈을 마련하였다. 1988년 개인의 상업은행 및 협동조합은행 설립이 허용되었고, 1989년 국영특수은행의 민영화가 시작되면서 올리가르히들은 은행산업으로 그 영업 기반을 확대하였다. 이들은 개인 상업은행을 설립하여 국영기업과 지방자치단체장에게 뒷돈을 제공하는 등의 방법을 통해 저리로 예금을 유치했고, 이를 달러나 마르크 등의 경화로 환전한 후 자신들 또는 다른 회사의 무역을 위한 단기금융을 제공하면서 거래쌍방으로부터 이득을 보았다. 동시에 평가 절하된 루블 예금에 대해서는 저금리를 제공한 반면, 대출에는 고금리를 적용하여 막대한 예대마진을 챙겼다.

제 2 단계는 1992년 하반기 진행된 '바우처 사유화' 프로그램을 통한 대대적인 국영기업의 사유화 시기다. 러시아 정부는 전 국민들에게 액면가 10,000루블의 바우처(사유화 증서)를 무상으로 배분하며 국민들이 이 증서를 통해 사유화가 예정된 국유기업에 투자하거나, 사유화를 목적으로 설립된 바우처 투자 펀드사에 위탁할 수 있도록 했다. 이 프로그램을 통해 1992~1994년 동안 110,000개가

---

150) 콤소몰 출신인 블라디미르 구신스키는 1988년 건설업 협동조합을 조직한 후 이를 바탕으로 은행과 미디어 중심의 모스트 그룹을 설립했다. 공학도 출신인 미하일 호도르코프스키는 1987년 청년과학기술지원센터를 설립한 후 이를 바탕으로 은행과 석유산업 중심의 메나테프 그룹을 조직했다. 수학자였던 베레조프스키는 자동차 판매를 통한 종자돈을 바탕으로 은행, 미디어, 석유 중심의 로고바스 그룹을 결성했다. 엔지니어였던 미하일 프리드만(알파그룹)은 1988년 유리창 청소 대행 협동조합과 컴퓨터 및 복사기기를 판매하는 알파-포토 협동조합을 설립해 종자돈을 마련한 후 은행과 석유 중심의 알파그룹을 조직했다. 바기트 알렉페로프는 1982년부터 코갈림네프테가스 사의 사장으로 재직하다 1990년 구소련의 석유-가스산업부 차관으로 임명되었고 소연방이 붕괴된 후 1993년 루코일의 상임회장이 되었다. 블라디미르 포타닌은 대외무역부 산하의 소유즈프롬엑스포르트에서 근무하다가 1990년 대외무역연합체인 인테로스 그룹과 오넥심방크를 설립했다.

넘는 중소형 국영기업들이 경매를 통해 민간으로 매각되었다. 무역과 은행업을 통해 대규모 부를 축적한 올리가르히들은 '바우처 사유화' 프로그램 실시 과정에서 자신 소유 은행의 자금을 이용하여 사유화 증서를 일반 국민으로부터 헐값으로 매입한 후 이를 민영화되는 기업들의 인수에 참여하면서 자신의 기업을 금융-산업그룹(Financial-Industrial Group)으로 발전시켰다.

제 3 단계는 1995~1996년 진행된 제 2단계 사유화인 '주식담보부 대출방식 경매(loans-for shares auctions)'를 통해 러시아 산업의 핵심인 원자재 및 에너지 기업들을 헐값으로 인수한 시기다. 주식담보부 대출 방식 경매는 1995년 3월 오넥심방크의 회장이었던 블라디미르 포타닌이 구상한 사유화 방안이다. 그 내용은 오넥심방크를 중심으로 러시아 주요 상업은행들이 컨소시엄을 구성한 후 핵심 국영기업들의 주식을 담보로 정부에 20억 달러를 대출하고, 정부가 대출금을 상환하지 못할 경우 각 은행들이 그 기업의 주식을 처분하거나 소유할 수 있는 권리를 지니는 내용이었다. 1995년 8월 옐친이 대통령 선거전 예산적자 충당을 위한 재원을 확보하기 위해 '주식담보부 대출방식 경매'에 관한 대통령령에 서명함으로써 핵심 산업의 경매가 실시되었다. 1996년 9월까지 러시아 정부가 대출금을 상환하지 못할 경우 은행들이 담보주식의 30%를 소유하거나 매각할 수 있는 권한이 부여되었다. 그 결과 루코일, 수르구트네프테가스, 시브네프트, 유코스와 같은 거대 석유기업과 노릴스크 니켈이나 노벨리페츠철강콤비나트 등의 핵심 비철금속 및 철강회사는 물론 군수공장과 선박회사 등이 올리가르히들의 수중으로 넘어갔다. 경매에 나온 기업들은 전략적 기업이라는 명목아래 러시아 기업들에게만 참여가 허용되었다. 올리가르히들은 정치권과 결탁하여 내부자정보를 이용하거나, 조직범죄 집단인 마피아와 손을 잡고 입찰경쟁자나 반대 세력에 대해 협박이나 테러를 자행하면서 상상을 초월하는 낮은 가격으로 자신들의 은행을 이용하여 알짜기업들을 무더기로 낙찰 받았다. 대표적인 예로 1995년 12월 경매에서 포타닌의 오넥심방크는 세계 최대의 니켈 생산업체인 노릴스크 니켈 지분 38%를 1억 7,010억 달러에 매입했고[151], 석유회사 시단코를 1억 3,000만

151) 'Rossiiskii Credit'가 경매에 3억 3,500만 달러를 적어냈으나 신청시간에 30분 늦었다는 억지

달러에 인수했다. 포타닌은 1997년 11월 시단코 주식 10%를 영국 BP에 5억 7,000만 달러를 받고 되팔아 막대한 차익을 남겼다. 호도르코프스키의 방크 메나테프는 1995년 12월부터 1996년 가을까지 유코스 지분 89%를 3억 5,000만 달러에 매입했고, 베레조프스키는 1995년 12월 경매에서 SBS은행과 석유금융회사를 통해 시브네프트 주식 51%를 1억 30만 달러에 사들였다[152]. 그리고 1996년 9~10월 로만 아브라모비치는 시브네프트 지분 34%를 각각 8,050만 달러에 매입했다. 2005년 말 노릴스크 니켈과 시브네프트의 시가총액이 각각 190.7억 달러, 180.2억 달러이며, 유코스의 시가총액이 2003년 말 277.5억 달러임을 감안할 때 그 이득이 얼마인지 가늠해 볼 수 있다. 이로써 올리가르히들은 러시아 경제 및 산업에서 확고한 지배권을 행사하게 되었다.

제 4 단계는 1996년 6월 대통령 선거에서 올리가르히들은 자산들이 보유한 막대한 자금력과 언론매체를 동원하여 힘들 것으로 예상되었던 옐친의 재선을 성공적으로 이끌며 정치적인 힘까지 비축하게 되었다. 올리가르히들은 자신들의 기업과 재산을 지키기 위해 옐친 재선을 위한 은행가동맹을 결성하고 1억 4,000만 달러에 달하는 선거 자금을 옐친 진영에 제공했다. 또한 이들은 TV방송, 신문과 잡지 등 자신들이 소유한 거의 모든 언론매체를 동원해 옐친의 선거 캠페인에 적극적으로 나서며 옐친 재선의 일등 공신이 되었다. 포타닌은 경제담당 제1부총리로 임명되었고, 베레조프스키는 국가안보회의 부의장으로 입각한 후 독립국가연합(CIS) 사무총장까지 역임했다. 그 외 나머지 올리가르히는 그에 상응하는 경제적 이득을 챙겼다. 구신스키는 정부로부터 낮은 금리로 자금을 차입했고, 가즈프롬으로 담보를 제공받아 4억 7,300만 달러의 차관을 서방은행으로부터 도입하여 러시아 최대 언론 그룹(미디어 모스트)을 구축했다. 이와 같이 올리가르히는 정치적, 경제적 각종 특혜를 누리며, 언론을 장악함은 물론 막후에서 국정

구실을 만들어 경매에서 제외시켰다. 당시 많은 전문가들은 노릴스크 니켈의 적정 경매가격이 20억 달러에 달한다는 평가를 내렸다.

152) 경매가 있기 전에 베레조프스키와 재무부 제1차관인 바빌로바(A, Vavilova) 사이에 밀약에 의해 러시아 재무부가 예산에서 1억 3,710만 달러를 빼내어 SBS은행에 예치했다. SBS은행은 이 자금을 이용하여 경매에 참여했다.

을 주무를 정도로 정치 세력화되었다. 당시 국가안보회의 부의장이었던 베레조프스키는 1997년 4월 "파이낸셜타임스(Financial Times)"와의 인터뷰에서 자신을 포함한 7명의 최고 은행가[153)]가 러시아 경제의 절반을 지배하고 있으며, 정부의 경제정책에 영향을 미칠 뿐만 아니라 각종 조치를 정부에 요구하는 것조차 가능하다고 주장했다.

(2) 푸틴 시대 올리가르히

올리가르히의 경제적, 정치적 권력은 옐친의 뒤를 이은 블라디미르 푸틴의 집권 초기까지 계속되었다. 푸틴 또한 대통령이 되는 과정에서 올리가르히의 적지 않는 지원을 받았다. 그래서 초기에는 올리가르히와의 타협이 어느 정도는 불가피했다. 실제로 푸틴은 집권 후 올리가르히들과의 비밀 회동에서 올리가르히들이 자신의 재산을 해외로 도피시키지 않고 국내 산업에 투자하며, 정치에 관여하지 않을 경우 기존의 재산과 경제적 지위를 인정해 주겠다고 약속한 것으로 알려지고 있다. 그러나 베레조프스키와 구신스키는 자신들의 경제적 이득을 영구화하고 정치적 영향력을 강화시킬 목적으로 자신 소유의 언론매체를 이용해 푸틴의 정치, 경제 개혁을 비판하며 대항했다. 특히 구신스키는 러시아의 대표적 민영 TV방송인 NTV를 통해 크렘린 최고위층의 부패 스캔들을 시리즈로 방영했고, 푸틴이 주도했었던 2차 체첸전쟁을 격렬하게 비난했다. 또한 자신 소유의 유력일간지인 '세보드냐(Segodnya)'와 '노바야 가제타(Novayagazeta)', 주간지 '이토기(Itogi)', 정치논평 전문 라디오 방송인 '에호 모스크바(Echo Moskvyi)' 등을 통해 푸틴의 개혁정책에 대한 비판적 기사를 지속적으로 게재했다. 올리가르히가 막대한 자금력과 정치로비를 통해 자신의 개혁정책을 가로막는 최대의 저항세력으로 부상하면서 푸틴은 이들에 대한 견제와 탄압을 시작했다. 푸틴은 옐친

153) 베레조프스키는 구체적으로 7명의 최고 은행가를 언급하지는 않았으나 옐친의 선거운동에 대규모 자금을 지원한 오비지논늬이 방크의 베레조프스키(B. Березовский), 모스트방크의 구신스키(B.Гусинский), 인콤방크의 비노그라도프(B. Виноградов), 스톨리치늬이 방크의 스몰렌스키(A.Смоленский), 알파방크의 프리드만(M.Фридман), 방크 메나테프의 호도르코프스키(M.Ходорковский),로시스키 크레디트의 말킨(B. Малкин)인 것으로 알려지고 있다.

과 달리 국민들의 압도적인 지지를 받고 있었기 때문에 올리가르히들의 압력으로부터 자유로울 수가 있었다.

푸틴은 2000년 6월 자신의 정책에 대한 비판을 주도했었던 미디어-모스트(Media-Most)그룹 총수 구신스키를 상트페테르부르크 시 TV방송국의 민영화 과정에서 국고 1,000만 달러를 횡령했다는 혐의로 구속한 후 곧 석방했다. 그 후 2000년 9월 검찰은 구신스키가 4억 7,300만 달러의 해외차관 도입 시 가즈프롬을 속여 차관에 대한 담보를 제공받았다는 혐의로 소송을 제기했다. 이와 동시에 미디어-모스트 그룹 계열의 언론사들에 대한 집중적 세무조사를 통해 그룹자체를 해산시키는 작업에 착수했다. 구신스키는 11월 스페인으로 도피했고, 그 후 러시아 정부는 가즈프롬을 동원해 NTV와 에호 모스크바의 경영권을 확보하였고, 일간지인 '세보드냐'와 시사 주간지인 '이토기'를 폐간시켰다.

2000년 6월에 인테로스그룹 총수인 포타닌에 대해서 검찰은 1억 4,000만 달러의 과징금을 부과했다. 이는 1995년 12월 노릴스크니켈 사를 민영화하는 과정에서 포타닌이 노릴스크니켈의 기업 가치를 부당하게 저평가하여 정부 지분 38%를 1.7억 달러라는 헐값으로 매입했으므로 그 부당 차액을 자진 납부하라는 것이었다. 그리고 7월에 국세청은 러시아 최대 석유기업인 루코일에 대해 부가가치세를 탈루한 혐의를 잡고 압수 수색을 실시했고, 루코일의 회장인 바기트 알렉페로프를 탈세혐의로 형사고발했다. 또한 러시아연방 세무경찰과 국세청으로 하여금 보리스 베레조프스키와 밀접한 관련이 있는 러시아 최대의 자동차 메이커인 아브토바즈(AvtoVaz)를 조세탈루 혐의로 기소하도록 했고, 그 회장인 블라디미르 카다니코프(V. Kadannikov)를 탈세혐의로 조사했다. 베레조프스키는 2000년 7월 17일 두마의원직 사퇴를 발표하고 자신의 3개 미디어회사를 하나로 통합하여 자신의 정치적 이익을 지키는 데 전력을 기울이겠다고 밝혔고, 푸틴의 행정체계 개편을 공개적으로 비난하면서 올리가르히에 대한 탄압정책에 정면으로 대응했다. 러시아 검찰은 베레조프스키가 대주주로 있는 러시아 최대 국내항공사인 아에로플로트와 관련된 범죄사건에 연관되어 있다는 혐의를 내세우며 베레조프스키를 압박했다. 위기감을 느낀 베레조프스키는 그 해 11월 영국으로 도피했다. 그가 소유하고 있었던 석유회사 시브네프트, 러시아 알루미늄, 민영 ORT 방송 등은 압류되어 20억 달러라는 헐값에 매각되었는데, 대부분의 자산이 로만 아브라모비치의 손으로 넘어갔다. 옐친 시대 막강한 권력을 휘두르며 올리가르히의 수장임을 자처했었던 베레조프스키와 구신스키가 해외로 망명함으로써 푸틴과 올리가르히 간의 제 1차 대결은 푸틴의 압승으로 막을 내렸다.

2003년 총선을 앞둔 시점에서 러시아 최대 재벌이며, 석유기업 유코스의 회장인 미하일 호도르코프스키가 야당인 야블로코당과 우파연합(SPS)에 1억 달러의 재정지원을 공개적으로 약속하는 등 정치적 야심을 드러냈다. 그리고 시브네프트와 합병을 추진하면서 세계 최대 석유메이저인 엑슨 모빌과 유코스 주식 25~40% 매각에 관한 협상에 들어갔다. 엑슨 모빌이 유코스 주식 40%를 매입할 경우 러시아 정부의 석유산업 통제력에 막대한 지장을 초래할 것이 분명했다. 실제로 푸틴은 영국 BP사의 튜멘석유회사(TNK)와 시단코인수를 막지 못했고, 러시아 제 2의 석유업체인 유코스마저 엑슨 모빌에게 넘어갈 경우 자신이 추진하고 있던 에너지 산업 및 전략산업의 국유화를 통한 국가자본주의 구축이 실패로 돌아갈 수밖에 없어 어떤 수를 쓰더라도 이를 막아야 했다. 검찰은 2003년 7월 4일 유코스에 대한 압수수색을 실시했고, 10월 26일 호도르코프스키를 사기, 횡령과 조세포탈 등의 혐의로 체포한 후 구속시켰다. 곧이어 유코스의 모든 자산을 동결시켰고, 2000~ 2004년까지 세금 체납을 명목으로 총 120억 달러의 세금을 유코스에 추징했다. 그리고 2004년 11월 핵심자회사인 유간스크네프테가스를 정부가 내세운 유령회사인 바이칼 파이낸스(Vaikal Finance)에 93.7억 달러로 강제 매각하면서 유코스를 해체시켰다. 2005년 9월 모스크바 대법원이 호도르코프스키에 대해 사기 및 탈세 죄로 징역 8년을 최종 선고하면서 유코스 사태는 종결되었다.

러시아 국세청은 2004년 3월 로만 아브라모비치가 소유하고 있는 시브네프트가 2000~2001년 동안 약 10억 달러에 이르는 각종 세금을 탈루했다는 통지와 함께 이를 추징했다. 2004년 11월에는 미하일 프리드만의 알파그룹 계열회사에 1억 5,800만 달러의 탈세혐의가 있다고 밝히는 등 올리가르히에 대한 압박을 지속적으로 가했다. 푸틴의 재벌개혁에 의해 올리가르히들의 정치권력은 완전히 무너지게 되었다. 결국 올리가르히들은 푸틴 정부의 정리대상이 되지 않기 위해 보신책을 강구하며 핵심 에너지 기업을 국영기업에 매각하는 방법을 취했다. 로만 아브라모비치는 2005년 9월 주력기업인 시브네프트의 지분 72.66%를 130.9억 달러에 국영기업 가즈프롬에 매각했다. 인테로스의 블라디미르 포타닌은 2005년 10월 동시베리아 최대 원유광구를 지닌 베르흐네촌스크네프네가즈(Verkhnechonskneftegaz)의 지분 25.94%를 2.3억 달러에 국영기업 로스네프트에 매각했다. 또한 12월에는 통합에너지시스템(UES)에 러시아 최대 발전기 제조회사인 실로비에 마쉬니(Silovye Mashiny)의 지분 22.43%를 1억 140만 달러에 매각했고 추가로 30.41%의 지분을 더 매각했다. 루코일의 바기트 알렉페로프는 NTV, 이즈베스티야지 등의 언론매체를 통해 친정부 보도를 지속적으로 내보냈다. TNK-BP의 빅토르 벡셀베르그는 2004년 기업의 사회적 책임이라는 명분하에 제정러시아 황실의 보물이었던 파베르제 부활절 달걀(Fabergé Easter eggs)' 9개를 소더비 경매에서 9,000만 달러를 주고 사들여 크렘린에 기증하기도 했다.[154] 그리고 2013년 러시아 3대 석유기업인 TNK-BP의 대주주였던 빅토르 벡셀베르그(V. Vekselberg), 미하일 프리드만(M. Fridman), 렌 블라바트닉(L. Blavatnik), 게르만 한(G. Khan)은 277억 달러에 자신들의 TNK-BP 지분 50% 모두를 로스네프트에 매각했다. 그 외 알파그룹의 미하일 프리드만, 러시아 알루미늄의 올레그 데리파스카, 수르구트네프네가스의 보그다노프 등은 사업에만 몰두하며 가능한 공개석상에 그 모습을 드러내지 않았다. 제 1세대 핵심 올리가르히들이 푸틴과의 투쟁에서 패해 물러나면서 푸틴 정권의 핵심 권력그룹인 실로비키가 석유 및 천연가스 등의 에너지 산업과 군수 및 전력, 우주항공 등 핵심 전략 산업을 지배하게 되었다. 실로비키 주도의 국영기업과 올리가르히의 민영기업이라는 양강 체제가 구축되었고 현재까지 지속되고 있다.

154) Carol Vogel, "Fabergé Collection Bought by Russian For a Return Home", New York Times, Feb. 5, 2004

(3) 올리가르히의 러시아 광공업 지배

오늘날 러시아 경제는 광공업 중심의 구조를 지니고 있으며, 러시아 광공업 부문은 소수의 기업들이 지배하는 독과점 체제로 운영되고 있다. 러시아 산업의 핵심인 에너지 부문은 국영 기업이 주도한다. 러시아 정부가 50%+1주의 지분을 갖고 있는 가즈프롬은 천연가스 부문에서 러시아 전체 생산의 60% 이상, 국영기업인 로스네프트(정부 지분 50%+1주)와 가즈프롬네프트(가즈프롬 지분 95.68%)는 석유부문에서 러시아 총 생산의 50%, 국영 송유관 기업인 트란스네프트(정부 지분 보통주 100%, 우선주 78.55%)는 러시아 석유 및 석유제품 파이프라인 운송의 100%를 담당하고 있다.

그 외 에너지 부문과 철강 및 비철금속 산업은 올리가르히 소유의 소수 기업들이 독과점 체제를 구축하고 있다.

가스부문 민간기업인 노바테크는 레오니드 미켈손(L. Mikhelson)과 켄나디 팀첸코(G. Timchenko)가 각각 24.8%, 23.5%의 지분을 소유하고 있으며, 이들은 또한 석유 정제기업인 시부르(Sibur)의 지분 48.5%, 17.5%를 보유하고 있다. 2018년 기준 미켈손은 개인 자산 가치가 180억 달러로 러시아 200대 억만장자 중 3위, 팀첸코는 160억 달러로 5위를 차지했다.

러시아 2위 석유기업인 루코일은 바기트 알렉페로프(V. Alekperov)가 지분 25%를 소유하고 있는 대주주로 그의 자산 가치는 164억 달러로 러시아 부호 서열 4위에 해당한다. 3위 석유기업인 수르구트네프트가스는 블라디미르 보그다노프(V. Bogdanov)가 1984년 33살의 나이로 총책임자(General Director)로 취임한 후 지금까지 그 직책을 이어오고 있다. 그는 1995년 제 2차 국영기업 사유화 과정에서 자신이 소유한 수르구트네트테가스 연기금(Pension Fund “Surgutneftegas”)을 통해 40.16%의 지분을 취득한 후 지배권을 유지하고 있다.

러시아 최대 석탄회사인 SUEK(Siberian Coal Energy Company)은 안드레이 멜니첸코(A. Melnichenko)가 92.2%의 지분을 가지고 완전 지배하고 있다. 그의 자산 총액은 155억 달러로 러시아 7위의 거부다.

러시아 철강산업은 올리가르히의 지배하에 놓여 있다. 6개 철강 기업이 러시아 철강 생산의 90% 이상을 차지하는데 모두 다 민영기업으로 올리가르히가 지배하고 있다. 러시아 최대 철강 생산업체인 노볼리페츠금속콤비나트(NLMK)는 블라디미르 리신(V. Lisin)이 지분 84.0%를 보유하며 자산 가치 191억 달러로 2018년 러시아 최고 부호로 올라섰다. 2위 철강 생산기업인 예브라즈그룹은 로만 아브라모비치(R. Abramovich)외 2인이 전체 지분의 63.3%를 소유하고 있다. 로만 아브라모비치는 108억 달러의 자산을 보유하며 러시아 11위의 재벌인데 2005~2007년 3년 연속 러시아 최대 재벌이기도 했다. 3위 생산기업인 마그니토고르스크철강콤비나트(MMK)는 84.3%의 지분을 가진 빅토르 라쉬니코프(V. Rashnikov)가 지배하고 있는데 93억 달러로 14위를 차지했다. 4위 생산기업인 세베르스탈 (Severstal)은 알렉세이 모르다쇼프(A. Mordashov)가 지분 77%를 보유하며 187억 달러로 2년 연속 2위를 차지했다. 메탈로인베스트는 알리셰르 우스마노프(A. Usmanov)가 지분 48%를 보유하며 125억 달러로 10위를 차지했다. 우스마노프는 2012~2014년 3년 연속 러시아 최대 재벌로 등극하기도 했다.

비철금속 산업 또한 핵심 부문에서 올리가르히들이 지배력을 확보하고 있다. 세계 최고 니켈 및 백금그룹 생산기업인 노릴스크 니켈은 1995년 '주식담보부 대출방식 경매'를 통한 2차 사유화를 제안한 블라디미르 포타닌(V. Potanin)이 30%의 지분을 갖고 지배하고 있는데 그의 자산은 159억 달러로 러시아 6위의 거부다. 러시아 최대 알루미늄 생산기업인 루살은 올레그 데리파스카(O. Deripaska)와 빅토르 벡셀베르그(V. Vekselberg)가 각각 48.1%, 7.7% 지분을 가지고 있다. 데리파스카의 자산은 67억 달러로 19위, 벡셀베르그는 144억 달러로 9위를 차지했다. 우랄광업금속회사(UMMC)는 이스칸데르 마흐무도프(I. Mahmudov)와 안드레이 코지친(A. Kozitsyn)이 각각 40.0%, 35.0%의 지분을 확보하고 있다. 러시아 최대 금광기업인 폴류스는 사이드 케리모프(S. Kerimov)가 82.44%의 지분을 가지고 있다. 그리고 폴리메탈은 알렉산드르 네시스(A. Nesis) 외 2인이 48.54%의 지분, 러시아구리회사(Russian Copper Company)는 이고르 알투쉬킨(I. Altushkin)이 80%의 주식을 보유하고 있다.

표 27 러시아 광공업과 올리가르히(과두재벌)

기업명	업종	매출액 (10억 루블)	지배주주(2018년 기준)		
			올리가르히	지분	재산(억$)
가즈프롬 (Gazprom)	가스	6384.0	러시아 정부	50%+1	-
노바테크 (Novatek)	가스	583.2	Leonid Mikhelson Gennady Timchenko	24.8 23.5	180 160
로스네프트 (Rosneft)	석유	5163.0	러시아 정부	50%+1	-
루코일 (Lukoil)	석유	5475.2	Vagit Alekperov Leonid Fedun	24.8 9.8	164 69
수르구트네프테가스 (Surgutneftegaz)	석유	1175.0	Vladimir Bogdanov*	-	18
가즈프롬네프트 (Gazpromneft)	석유	2003.6	가즈프롬	95.68	-
루스네프트 (Russneft)	석유	129.2	Mikhail Gutseriev	31.0	48
시부르 (Sibur)	석유정제	455	Leonid Mikhelson Gennady Timchenko	48.5 17.0	180 160
SUEK (Siberian Coal Energy Company)	석탄	332	Andrey Melnichenko	92.2	155
예브라즈 (EVRAZ plc)	철강	631.3	Roman Abramovich Alexander Abramov	30,5 20,9	108 52
노볼리페츠금속 콤비나트 (NLMK)	철강	587.1	Vladimir Lisin	84.0	191
세베르스탈 (Severstal)	철강	450	Alexey Mordashov	77.0	187
MMK (Magnitogorsk Iron & Steel Works)	철강	439.9	Victor Rashnikov	84.3	93
메탈로인베스트 (USM Holdings)	철강	363.6	Alisher Usmanov Andrey Skoch	48.0 30.0	125 49
메첼 (Mechel)	철강	299.1	Igor Zyuzin	50.1	5
루살 (Rusal)	알루미늄	581.3	Oleg Deripaska Victor Vekselberg	48.1 7.65	67 144
노릴스크니켈 (Nornickel)	니켈, 구리 백금	536.8	Vladimir Potanin	30	159
UMMC (Ural Mining Metallurgical Company)	구리	403	Iskander Mahmudov Andrey Kozitsyn	40.0 35.0	73 48
알로사 (Alrosa)	다이아몬드	269.7	러시아연방정부 사하공화국	33.03 25.0	-
폴류스 (Polyus)	금	159	Said Kerimov	82.44	-
폴리메탈 (Polymetal)	은, 금	105.8	Alexander Nesis 외 2	48.54	-
러시아 구리회사 (Russian Copper Co).	구리	129.2	Igor Altushkin	80.0	34

자료 : Forbes Russia

5. 러시아 경제에서 에너지 및 광물자원의 의미

2000년대 시장경제로의 체제전환 이후 현재까지 러시아 경제를 가장 잘 설명해 주는 키워드는 '연료-에너지 자원 수출주도형 경제'라는 것이다. 석유와 천연가스로 대표되는 에너지 자원은 2000년대 초반 10년 동안 러시아 경제를 고도성장의 길로 이끈 동력이었고, 동시에 글로벌 금융위기 이후 2010년대 러시아 경제를 장기 저성장과 침체의 늪으로 몰아넣은 핵심 요인이었다. 2000~2008년까지 러시아 경제가 연평균 7%가 넘는 고도성장을 달성한 배경에는 '에너지 자원 수출'을 통해서 만들어진 유출 효과(spillover effect)가 자리하고 있다. 석유와 천연가스의 국제가격 상승에 따른 에너지 자원의 해외 공급 확대는 먼저 에너지 기업의 실적 증가로 이어졌다. 기업들은 생산력 확충을 위해 자원개발과 관련된 고정자본 투자와 고용을 확대했다. 그 결과 에너지 산업 생산성이 높아지고, 가계 소득이 증가하면서 국내 소비가 활성화되었다. 또한 정부는 법인세를 포함한 수출세 및 광물자원 채굴세, 부가가치세 등에서의 세수확대를 바탕으로 산업기반시설구축과 신산업 분야로 재정지출을 늘렸다. 이처럼 에너지 자원은 수출, 소비, 투자, 정부지출 등 총수요의 각 구성 요소 간에 선순환 연결고리를 만들며 2000년대 초반 10년 러시아의 경제성장과 발전을 이끌었다.

1) 러시아 에너지 자원 : 축복인가?, 저주인가?

천연자원, 그중에서도 특히 광물 및 연료-에너지 자원은 한 나라의 부(富)를 결정하는 중요한 요소의 하나다. 자원이 풍부한 국가는 큰 노력과 비용을 들이지 않고 채굴한 자원을 수출하여 벌어들인 외화로 국민의 기본적인 의식주 문제를 해결할 수 있을 뿐만 아니라, 국내에서 생산되지 않는 상품 및 서비스를 수입하여 소비함으로써 국민의 경제적 후생을 높일 수 있다. 그리고 부족한 사회 및 산업 인프라 투자를 강화하여 경제 성장 잠재력을 높일 수 있다. 또한 자원개발 과정에서 외국의 자본 및 선진기술을 도입함으로써 경험학습 효과를 기대할 수 있다. 자원 부국의 개념에 관한 일반적으로 인정된 기준은 없다. 국제통화기금(IMF)은 ① 탄화수소 또는 광물자원으로부터 재정으로 유입되는 세수가 총 재정 수입의 25% 이상일 때, ② 탄화수소 또는 광물자원 수출로부터 얻는 외화 수입이 총수출 대금의 25% 이상일 경우 경제의 자원 의존도가 높다고 보았다.[155] 동 지표는 연료-에너지 또는 광물자원 의존형 경제를 가늠하는 기준으로 사용된다.

풍부한 천연자원이 국민 경제의 커다란 축복임은 분명한 사실이다. 그런데도 많은 실증 연구는 대부분의 자원 부국들이 원료 생산과 관련된 광업 외에 경쟁력을 갖춘 제조업 부문을 제대로 발전시키지 못해 산업 및 경제구조에서 후진성을 면하지 못하고 있음을 보여준다. 학자들은 이들 국가가 '자원의 덫(resource trap)' 또는 '자원의 저주(resource curse)'에 걸린 것으로 분석하고 있다. 자원 의존형 경제는 실제로 심각한 위험성을 내포하고 있다. 먼저 자원은 그 속성이 유한한 관계로 경제의 지속적이고 정상적인 성장을 보장하지 못한다. 자원의 부존량은 채굴의 정도에 따라 줄어들 수밖에 없고 이는 성장 동력원이 축소됨을 의미한다. 자원은 또한 경제의 안정성을 떨어뜨린다. 글로벌 시장에서 원자재는 일반 제조업 상품과 비교해 가격 변동성이 크기 때문에 자원 의존형 경제는 외부 충격에 취약할 수밖에 없다. 따라서 정부가 안정적이고 일관적인 금융 및 재정정책을 사용하기 어렵다. 그 결과 경제의 불확실성이 증대되며 위기가 조성될 수 있다. 그리고 자원 수출의 증가로 유입되는 외화는 환율의 절상 압력을 발생시켜 자원을 제외한 다른 산업, 특히 제조업과 서비스 부문의 수출경쟁력을 약화시킨다. 동시에 대규모 외화 자금 유입에 따른 통화 팽창과 자원산업 부문의 임금 상승은 경제 전반에 걸쳐 인플레이션 압력을 높이는 요인으로 작용한다. 자원의 생산 및 수출 증가는 노동과 자본 등의 생산 요소를 제조업에서 채굴 부문으로 이동시킨다. 그 결과 제조부문에서의 성장이 동반되지 않는 자원 주도형 성장을 강화해 경제구조의 편향을 더욱 심화시킨다. 또한 지나친 자원 의존형 경제는 현대 경제

155) IMF "Guide on Resource Revenue Transparency, 2007" p.55.
http://www.imf.org/external/np/fad/trans/guide.htm 다른 한편으로 '에너지자원 의존형' 경제구조를 국내총생산(GDP)의 10%, 수출의 40% 이상을 에너지 부문(석유, 천연가스, 전력, 석탄 등)이 차지하는 경우를 지칭하기도 한다.

에서 가장 중요한 성장 동력으로 인식되고 있는 기술정보통신(ICT) 발전을 더디게 만든다. 손쉬운 자원 채굴을 통한 수입에 함몰되면서 선진기술 확보를 통한 경제의 체질 개선(경제구조의 선진화와 다변화)을 어렵게 만든다. 이는 석유수출국기구(OPEC)를 비롯한 대부분의 자원 부국에서 공통으로 나타나고 있는 현상이며, 선진국이라 칭하는 노르웨이, 캐나다, 호주 등에서도 나타나고 있다.

신흥 석유 수출국인 러시아, 카자흐스탄, 아제르바이잔 등에서 자원의 저주를 대표하는 '네덜란드병(dutch disease)'[156] 징후가 나타나고 있는가에 대한 연구에서 Raiser et al(2004)은 이들 국가에서 자원이 경제에서 차지하는 영향이 커지면서 많은 자본이 이 부분에 집중되게 되고 제조업 부문은 상대적으로 자본의 투자가 줄어들 뿐만 아니라, 실질환율의 절상으로 제조업 부문 경쟁력이 약화하면서 네덜란드병의 원인을 제공할 수 있다고 보았다.[157]

2008년 글로벌 금융위기 이후 세계 경기가 둔화하고 국제원자재 가격이 하락하는 과정에서 자원의존도가 높은 국가들의 경기둔화, 통화가치 하락, 무역적자 확대 및 실업 증가가 두드러지게 나타났다. 이는 서방 선진국에서도 예외가 아니었다. 월스트리트(Wall Street) 저널은 2015년 9월 1일 기사에서 에너지 및 광물 의존도가 높은 캐나다, 철강 중심의 광업 의존도가 높은 호주, 석유 의존형 경제인 노르웨이에서 2015년 하반기로 가면서 경제후퇴가 다른 국가들에 비해 훨씬 심각했다고 분석했다.[158]

---

156) 천연자원을 주로 수출하는 국가들에서 발생하는 문제로 자원 수출로 막대한 외화가 유입되어 자국 화폐의 실질환율이 평가 절상되면서 천연자원을 제외한 제조업이나 서비스업의 수출 감소로 경제가 타격을 입는 현상을 말한다. 어원은 네덜란드가 1959년 북해에서 가스-유전을 발굴한 후 이를 수출하여 매년 수십억 달러를 벌어들이면서 향후 경제가 크게 발전할 것으로 예상하였다. 그러나 천연가스 수출이 확대되면서 경제가 오히려 침체되는 역설적인 현상이 발생했다. 자원이 풍부한 선진국에서 경제성장이 도리어 저조한 현상을 1977년 영국 경제주간지 이코노미스트(Economist)가 네덜란드병(dutch disease)이라 칭하면서 '자원의 저주'를 나타내는 대명사가 되었다.

157) Raiser, M., Schaffer, M.E., Schuchhardt, J. 2004. "Benchmarking structural change in transition", *Structural Change and Economic Dynamics,* 15 pp.47~81.

158) WSJ, Canada Illustrates Plight of Rich but Resource-Dependent Countries, Sept. 1, 2015. http://www.wsj.com/articles/canada-illustrates-plight-of-rich-but-resource-dependent-countries-1441120664

2000년대 세계 경제에서 러시아가 지닌 비교우위는 풍부한 광물자원 부존과 밀접하게 연결되어 있다. 광물자원 그중에서도 석유 및 천연가스로 대표되는 연료-에너지 부문은 러시아 경제를 지배하는 핵심 산업이다. 석유-가스 산업은 2000년대 초반 10년 동안 연평균 7%가 넘는 고도성장의 동력원으로 작동하며 러시아를 세계 8위의 경제 대국으로 이끌었다. 그러나 세계 금융 및 경제 위기 이후 2010년대 러시아 경제를 장기 저성장의 늪으로 밀어 넣은 것도 연료-에너지 복합체였다.

2) 러시아 천연자원 렌트(rent)

2000년 이후 러시아 및 중앙아시아 국가들이 보유하고 있는 광물 및 연료-에너지 자원으로부터 얻은 천연자원 렌트(rent)를 추정해 보면 다음과 같다. 렌트(rent)는 고전 경제학에서 한정된 토지나 기타 천연자원을 소유하는 사람이 얻게 되는 수익에 한정된 개념으로 사용되었다. 현재에는 단기적으로 공급량이 한정된 토지나 기타 천연자원을 포함하는 모든 생산요소에서 발생하는 배타적 이익을 가리키는 준 지대(準地代. quasi-rent) 개념으로 확대되었다. 자연적 독점뿐만 아니라 정부 개입에 의한 특혜로 공급이 인위적으로 제한되는 경우 발생하는 독점이윤도 준 지대로 정의된다.

2000년대 러시아의 경제성장과 천연자원 렌트는 밀접한 관련이 있음을 알 수 있다. 2000년부터 2016년까지 17년 동안 러시아가 원유, 천연가스, 석탄, 광물자원, 산림자원 등 부존 천연자원 개발과 생산을 통해 얻은 천연자원지대(natural resource rents)는 총 3조 1,240억 달러에 달한다. 이를 연간으로 환산하면 매년 약 1,840억 달러로 동기간 러시아 국내총생산(GDP)의 15.1%에 해당한다. 이를 인구수로 나눌 경우 러시아 국민들은 매년 1인당 연간 1,277달러의 천연자원 렌트를 취득하였다.

표 28. 러시아의 천연자원 렌트(rent)

		2000년	2001년	2002년	2003년	2004년	2005년	2006년	2007년	2008년
천연자원 전체	**%***	**21.8**	**19.5**	**16.9**	**17.2**	**16.7**	**19.4**	**19.5**	**16.4**	**18.1**
석유	〃	14.3	9.6	9.8	10.4	11.2	13.5	12.8	10.5	11.3
가스	〃	5.8	8.5	5.9	5.4	3.5	3.8	4.4	3.3	3.8
광물자원	〃	0.5	0.1	0.3	0.5	0.6	1.0	1.4	1.8	1.5
산림자원	〃	0.9	0.7	0.6	0.6	0.5	0.4	0.4	0.4	0.3
석탄	〃	0.3	0.6	0.3	0.3	0.8	0.7	0.6	0.4	1.4
천연자원 전체	**백만$**	**56,496**	**59,901**	**58,264**	**73,807**	**98,626**	**147,875**	**192,834**	**212,869**	**301,050**
석유	〃	37,197	29,427	33,726	44,579	66,340	103,360	126,260	136,270	186,897
가스	〃	15,072	26,079	20,509	23,447	20,921	28,892	43,705	42,537	62,497
광물자원	〃	1,249	389	907	2,045	3,779	7,280	13,735	23,645	24,834
산림자원	〃	2,320	2,261	2,008	2,608	2,915	3,087	3,637	4,873	4,368
석탄	〃	657	1,746	1,114	1,127	4,671	5,256	5,497	5,545	22,454
1인당 자원렌트	**$**	**385**	**410**	**401**	**510**	**685**	**1,030**	**1,348**	**1,491**	**2,109**
		2009년	2010년	2011년	2012년	2013년	2014년	2015년	2016년	평균
천연자원 전체	**%***	**14.2**	**13.9**	**16.1**	**15.2**	**13.4**	**13.4**	**10.0**	**11.5**	**15.1**
석유	〃	8.1	9.6	11.1	10.1	9.0	8.8	5.4	7.0	9.7
가스	〃	4.1	1.7	2.5	3.4	3.0	3.2	3.0	2.7	3.4
광물자원	〃	1.0	1.6	1.5	1.2	1.0	0.9	1.0	1.0	1.2
산림자원	〃	0.3	0.3	0.3	0.2	0.2	0.3	0.3	0.4	0.3
석탄	〃	0.7	0.8	0.8	0.4	0.2	0.2	0.3	0.3	0.5
천연자원 전체	**백만$**	**173,294**	**212,646**	**330,766**	**336,835**	**307,843**	**277,360**	**136,795**	**147,026**	**183,782**
석유	〃	99,202	145,787	226,888	222,524	206,095	182,499	74,243	89,898	118,305
가스	〃	49,542	26,077	51,052	74,705	69,093	66,749	41,553	34,650	41,005
광물자원	〃	12,613	24,124	30,848	26,021	23,587	19,116	13,236	13,399	14,165
산림자원	〃	3,538	4,242	5,218	5,092	5,273	5,287	4,332	4,948	3,883
석탄	〃	8,399	12,416	16,760	8,493	3,795	3,708	3,431	4,131	6,424
1인당 자원렌트	**$**	**1,214**	**1,489**	**2,314**	**2,352**	**2,145**	**1,929**	**949**	**1,019**	**1,277**

%* : 경상가격 GDP대비 %

금액(백만$) : %와 경상가격 GDP를 통해 계산한 추정치.

자료 : World Bank, World Development Indicators. 2018-05-02.

러시아의 자원 렌트를 2008년 글로벌 금융위기 이전과 이후로 비교해 보면 다음과 같은 특성을 보인다. 글로벌 금융위기 이전 러시아가 부존자원으로부터 얻은 자원 렌트는 금액으로는 적었으나 경제 규모와 비교해 보면 더 많았다. 러시아 천연자원 렌트는 글로벌 금융위기 이전에는 적게는 GDP의 약 16%(2004년, 2007년)에서 많게는 20% 이상(2000년)을 차지했다. 그러나 금융위기 이후 천연자원 지대는 15%대 이하로 하락한 후 2015~2016년에는 10%대 초반까지 떨어졌다. 러시아 천연자원 지대의 약 86%가 석유(64%)와 가스(22%) 부문에서 창출되었고, 광물 및 산림자원, 석탄이 나머지를 담당했다. 막대한 천연자원 렌트를 가졌던 러시아가 연평균 7%대가 넘는 고도성장을 이루었지만 2009년 이후 저성장으로 진입하고 2014년 이후 역(-)성장으로 빠져든 배경에는 자원 렌트의 축소가 결정적 역할을 했다.

표 29. G20 천연자원 렌트

	2000년		2005년		2010년		2014년		2016년		평균(2000~2016)		
	백만$	%*	백만$	%*	백만$	%*	백만$	%*	백만$	%*	백만$	%*	1인당($)
중국	29,987	2.5	115,998	5.1	381,239	6.2	303,599	2.9	126,588	1.1	216,538	4.1	164
사우디	72,533	38.3	164,952	50.2	216,217	40.9	303,493	40.1	175,823	27.2	188,867	40.9	7,209
러시아	56,496	21.8	147,875	19.4	212,646	13.9	277,360	13.4	147,026	11.5	183,782	15.1	1,277
미국	113,560	1.1	175,829	1.3	146,888	1.0	140,609	0.8	52,423	0.3	140,834	1.0	464
호주	12,793	4.2	36,237	6.9	109,987	9.6	106,148	7.3	66,259	5.5	66,853	7.0	3,114
브라질	16,080	2.5	42,368	4.8	98,342	4.5	98,923	4.0	55,478	3.1	63,489	4.2	330
인도	11,702	2.5	30,910	3.8	77.381	4.7	55,861	2.7	43,194	1.9	46,594	3.6	39
멕시코	22,469	3.3	49,339	5.7	51,049	4.9	63,138	4.9	27,672	2.6	46,299	4.7	406
캐나다	33,716	4.5	58,648	5.0	45,146	2.8	44,705	2.5	15,544	1.0	44,057	3.3	1,320
인도네시아	15,399	8.8	26,623	8.7	51,133	6.8	39,680	4.5	23,272	2.5	34,724	6.2	147
영국	17,131	1.0	23,009	0.9	21,435	0.9	18,696	0.6	10,391	0.4	20,323	0.8	328
남아공	3,955	2.9	12,340	4.8	28,781	7.7	20,216	5.8	13,881	4.7	17,841	6.4	352
아르헨티나	5,997	2.1	10,838	5.5	13,293	3.1	15,102	2.9	7,104	1.3	11,302	3.2	280
독일	1,869	0.10	4,183	0.15	5,448	0.16	3,572	0.09	2,081	0.06	4,246	0.14	52
터키	630	0.2	1,420	0.3	4,156	0.5	3,958	0.4	2,826	0.3	2,718	0.4	38
이탈리아	1,121	0.10	2,168	0.12	2,151	0.10	3,242	0.15	1,220	0.07	2,224	0.12	38
프랑스	930	0.07	949	0.04	1,467	0.06	1,402	0.05	973	0.04	1,170	0.05	18
일본	466	0.01	580	0.01	1,006	0.02	1,101	0.02	835	0.02	820	0.02	6
한국	63	0.01	172	0.02	348	0.03	357	0.03	259	0.02	257	0.03	5

%* : 경상가격 GDP대비 %
금액(백만$) : %와 경상가격 GDP를 통해 계산한 추정치.
자료 : World Bank, World Development Indicators. 2018-05-02.

러시아는 세계 주요 경제 대국(G20)과 비교해 볼 때도 천연자원의 혜택을 절대 규모에서뿐만 아니라, 상대 규모에서도 많이 본 국가다. 2000년부터 2016년까지 러시아는 천연자원 렌트에서 연평균 1,840억 달러를 취득하며 G20 국가 중에서 중국(2,165억 달러), 사우디아라비아(1,889억 달러)에 이어 3위를 차지했다.

경제 규모(GDP) 대비 러시아의 연평균 천연자원 렌트는 15.1%로 사우디아라비아(40.9%)에 이어 2위를 차지했다. 그리고 국민 1인당 천연자원 렌트에서도 연평균 1,277달러로 사우디아라비아(7,209달러), 호주(3,114달러), 캐나다(1,320달러)에 이어 4위를 차지했다. 사우디아라비아가 가장 많은 자원 혜택을 누린 데 반해 일본과 한국은 자원 혜택을 거의 보지 못했다.(표 29 참조)

3) 러시아 경제에서 연료-에너지 복합체(Complex)의 역할

석유-가스 산업은 러시아 경제의 현재 상황을 이해하고, 향후 동향을 예측하는 데 있어 가장 정확한 풍향계(barometer)다. 석유-가스는 러시아 1차 에너지 생산의 핵심 원천이자, 경제성장, 상품수출, 연방세수, 산업생산, 주식시장 등에서 중요한 기능을 수행하고 있다. 러시아 경제에서 연료-에너지 복합체(Fuel & Energy Complex)가[159] 차지하는 역할을 분석해 보면 다음과 같다.

(1) 국내총생산(GDP)과 연료-에너지 복합체

러시아 에너지부와 에너지전략연구소(Институт энергетической стратегии) 등의 분석에 의하면 러시아 국내총생산(GDP)에서 연료-에너지 복합체가 차지하는 비중이 1996~1998년에는 14~15% 수준에 머물렀으나, 1999~2003년에는 20%를 넘어섰고[160] 2005~2006년에는 30%를 기록했다.[161] 글로벌 금융위기로 국제유가가 급락세로 전환한 2008년에는 25%대 아래로 축소되기도 했으나 2010년 31%대로 확대된 후 2013년까지 30%대 부근에서 유지되었다.[162] 2014년과 2015년에는 미국과 셰일오일 생산 확대와 OPEC의 감산 합의 실패로 국제유가가 급락하면서 러시아 GDP에서 연료-에너지 부문이 차지하는 비중이 27%대

---

159) 연료-에너지 복합체(complex)는 원유, 석유제품, 가스, 석탄, 전력, 송유관을 총칭한다.

160) http://kaig.ru/rf/pnr7.pdf

161) РИА “Новости”. Доля отраслей ТЭК в ВВП России в 2003 году составила 26.3%. 17:0920.05.2004 https://ria.ru/economy/20040520/593943.html

162) http://www.slideshare.net/myatom/on-energy-strategy, ‘Энергетическая стратегия России (ЭС-2030)’(www.energystrategy.ru/projects/ES-2030.ppt)

로 줄어들었고, 2016~2017년에는 22%대 수준으로 떨어졌다. 그런데도 러시아 경제에서 연료-에너지 부문이 차지하는 비중은 여전히 과도하다. 러시아 정부 또한 연료-에너지 부문이 앞으로 안정적이고 지속적인 성장을 위한 동력원의 기능을 수행하지 못할 것을 인지하고 있다. 러시아 정부는 2040년까지 러시아 GDP에서 연료-에너지 부문이 차지하는 비중을 현재의 약 절반인 14%까지 축소할 계획을 세우고 있다. 동시에 총수출에서 차지하는 비중은 56%에서 26%로, GDP에서 에너지 수출의 기여도는 16%에서 6%로, 통합예산에서 차지하는 비중은 30%에서 14%로 축소할 계획이다.163)

표 30. 러시아 국내총생산(GDP)과 연료-에너지 복합체

	2003	2005	2006	2007	2008	2009	2010	2011	2012	2013	2014	2015	2016	2017
%(GDP대비)	26.3	30.0	30.7	28.8	24.9	26.2	31.3	29.9	29.7	30.0	27.0	27.0	22.0	22.6

자료 : Министр энергетики Российской Федерации. “Презентация Минэнерго России к докладу Александра Новака Совету Федерации”. 13.04.2017 https://minenergo.gov.ru/node/7692. &. В.А. Малахов, К.В. Несытых, О роли топливно－энергетического комплекса (ТЭК) в экономике России. 2017.

(2) 산업 총산출(output)과 연료-에너지 복합체

광업, 제조업, 유틸리티(전기, 가스, 수도)로 구성된 산업 부문에서 경제활동을 수행하고 있는 기업 및 조직들이 생산한 상품 및 서비스의 산출에서 연료-에너지 부문이 차지하는 비중 또한 2000년대 국제 원자재 가격의 상승과 더불어 급격히 늘어났다. 러시아 연료-에너지 채굴 및 석유제품 부문 산출액(output)은 2005년 4조 1,244억 루블에서 2017년에는 18조 5,459억 루블로 그 규모가 4.5배 늘어났다. 그중에서 코크스 및 석유제품 생산부문의 산출은 1조 4,381억 루블에서 8조 109억 루블로 5.6배 늘었고, 연료-에너지 채굴부문은 동 기간 2조 6,863억 루블에서 10조 535억 루블로 3.9배 늘어났다. 산출액의 급격한 증가와 더불어 전체 산업부문에서 연료-에너지 복합체가 차지하는 비중 또한 2000년 25.4%164)에서 2005

163) РИА Новости, Эксперты считают, что вклад ТЭК в ВВП России снизится к 2040 году, 08.11.2016. https://ria.ru/economy/20161108/1480889820.html

164) 러시아의 산업(광공업)분류 체계가 2005년부터 변경됨. 2000년 연료산업의 산출액은 8350.4

년 30.3%, 2017년 33.2%로 확대되며 산업에서 에너지자원 의존도가 높아졌다. 특이한 점은 석유, 천연가스, 석탄 등 채굴 부문 매출액이 차지하는 비중은 2005년부터 2017년까지 19~20%대에서 정체되며 큰 변동성 없이 조금씩 축소되는 추세를 보였다. 반면 코크스 및 석유제품 부문 매출액은 11%에서 14~15%로 확대되며, 연료-에너지 산업이 상류부문에서 하류부문으로 옮겨가고 있음을 보여주었다. 고용 부문에서 연료-에너지 부문 종사자는 2005년 76.4만 명에서 2010년에는 66.8만 명으로 급격히 줄어든 후 2015년에는 72.3만 명으로 다소 늘어났으나, 전체 산업부문 고용에서 차지하는 비중은 9.0%에 불과하다. 연료-에너지 부문이 이제 새로운 고용 창출의 기능을 수행하지 못하고 있음을 보여준다.[165)]

표 31. 러시아 산업 생산에서 연료-에너지 기업이 차지하는 비중 (%)

	2005	2006	2007	2008	2009	2010	2011	2012	2013	2014	2015	2016	2017
광물자원채굴	22.5	21.8	21.8	21.3	22.7	21.6	22.9	23.4	22.7	22.0	22.0	22.1	24.4
연료-에너지채굴*	19.7	19.3	19.3	18.8	20.2	19.0	20.1	20.7	20.1	19.4	19.3	19.1	18.8
코크스-석유제품	10.6	11.7	11.0	12.1	11.8	12.2	13.0	13.7	14.9	15.5	13.8	12.9	14.3
소계**	30.3	31.0	30.4	30.9	32.0	31.3	33.1	34.4	35.0	35.0	33.1	32.0	33.2

* : 원유, 천연가스, 석탄 채굴
소계** : 연료-에너지 채굴과 코크스-석유제품 합계
자료 : 러시아 연방통계청 "Объем отгруженных товаров собственного производства, выполненных работ и услуг собственными силами"를 바탕으로 작성.

(3) 연방정부 예산과 연료-에너지 복합체

에너지 부문은 러시아 연방정부 재정수입의 가장 중요한 원천이다. 연방정부는 매년 연방 예산을 편성하고 집행하는 데 있어 우랄산 유가를 준거 지표로 삼고 있다. 1990년대 만성적인 대규모 적자에서 벗어나지 못했던 연방 재정수지가 2000년 이후 8년 연속 흑자 기조를 유지하는데 결정적 역할을 담당한 것은 석유를 중심으로 한 국제 에너지 가격의 장기 상승에 따른 세수 증가였다.

표 32는 석유-가스산업이 러시아 연방 예산수입에서 차지하는 비중 추이를 보

억 루블로 광공업 산출의 17.5%, 전력 생산이 3759.9억 루블로 7.9%를 차지했음.

165) Промышленное производство в России. Среднегодовая численность работников организаций по видам экономической деятельности. 2016: Стат.сб./Росстат. с. 46.

여준다. 2003년까지 연방 예산수입에서 에너지 부문이 차지하는 비중은 30% 미만에 머물렀으나 2005년부터 40%를 넘어섰고 2012년에는 50%를 기록하였다. 2014년 40%대로 떨어졌고, 2015년에는 43%대, 2016년에는 36%까지 축소된 후 2017년 다시 약 40%까지 확대되었다. 2000년 이후 연방 예산에서 석유 가스 부문이 차지하는 비중이 최소 26.4%에서 최대 51.3%로 변동성이 큰 것은 동 기간 국제 원자재시장에서 원유 가격의 급등락이 발생했기 때문이다.

표 32. 러시아 연방정부 예산수입에서 석유-가스가 차지하는 비중

		2002년	2003년	2004년	2005년	2006년	2007년	2008년	2009년
연방예산 (A)	10억 루블	2,205	2,586	3,429	5,127	6,279	7,781	9,276	7,338
-석유가스 (B)	10억 루블	582	763	1,174	2,344	2,944	2,897	4,389	2,984
비중 (B/A)	%	26.4	29.5	34.3	45.7	46.9	37.2	47.3	40.7
예산수지	GDP대비. %	1.4	1.7	4.3	7.5	7.4	5.4	4.1	-5.9
-비석유가스수지	GDP대비. %	-4.0	-4.0	-2.6	-3.4	-3.5	-3.3	-6.4	-13.5
연평균 우랄 유가	$/bbl	23.7	27.0	34.5	50.6	61.1	69.5	94.4	59.6

		2010년	2011년	2012년	2013년	2014년	2015년	2016년	2017년
연방예산 (A)	10억 루블	8,305	11,368	12,856	13,020	14,497	13,659	13,460	15,089
-석유가스 (B)	10억 루블	3,831	5,642	6,453	6,534	7,434	5,863	4,844	5,972
비중 (B/A)	%	46.1	49.6	50.2	50.2	51.3	42.9	36.0	39.6
예산수지	GDP대비. %	-4.1	0.8	-0.1	-0.5	-0.5	-2.4	-3.4	-1.4
-비석유가스수지	GDP대비. %	-12.7	-9.6	-10.4	-10.3	-10.9	-9.7	-9.1	-7.9
연평균 우랄 유가	$/bbl	78.2	109.4	110.4	107.9	97.6	51.2	41.9	53.0

자료 : 러시아 재무부. 통계자료를 바탕으로 작성.[166]

2000년대 이후 석유-가스 부문은 러시아 예산수입을 지탱하는 가장 중요한 세수 원이다. 재정수입을 에너지 부문과 비에너지 부문으로 나누어 분석해 보면 에너지 부문이 연방 재정수지 안정과 건전성 확보에 얼마나 기여하고 있음을 명확히 알 수 있다. 2007년 비석유-가스 부문에서의 재정수지가 1조 1,029억 루블(GDP 대비 3.3%)의 대규모 적자를 기록하였음에도 불구하고 석유-가스 부문에서 2조 8,974억 루블(GDP 대비 8.8%)의 세수 유입에 힘입어 전체 재정수지는 1

166) http://www.minfin.ru/ru/statistics/fedbud/index.php &
http://datamarts.roskazna.ru/razdely/dohody/

조 7,945억 루블(GDP 대비 5.4%) 흑자를 기록하였다.[167) 그리고 글로벌 경제위기가 발생한 2008년 비에너지 부문에서의 재정수지가 GDP 대비 6.4% 적자를 기록했음에도 불구하고 전체 수지로는 GDP 대비 4.1%의 흑자를 유지하였고, 7.8%의 역(-)성장을 기록한 2009년에는 비에너지 부문에서의 재정수지 적자가 무려 GDP 대비 13.5%에 달했음에도 전체 수지가 5.9% 적자에 그친 것도 석유-가스 부문에서의 막대한 세수가 있었기에 가능하였다.[168) 글로벌 금융위기 이후 2009년부터 2017년까지 석유-가스 부문에서의 세수 확보가 없었다면 러시아 정부는 매년 적게는 GDP 대비 7.9%(2017년), 많게는 무려 13.5%(2009년)의 만성적인 재정적자를 기록하며 재정 건전성에 심각한 문제를 노출했을 것이다.

(4) 상품수출과 연료-에너지 복합체

에너지 자원 수출주도형 경제로 지칭될 정도로 러시아 상품 수출에서 연료-에너지 부문(원유, 석유제품, 천연가스, 액화가스, 석탄)이 차지하는 비중은 거의 절대적이다. 국제원자재 가격이 장기간 급상승한 2008년 상반기까지 에너지 자원 주도의 수출확대가 이루어지며 러시아 수출의 에너지상품 종속이 심화하였다. 국제유가가 10달러대에 머물렀던 1998년 러시아 에너지 자원 부문 수출은 280억 달러로 총 상품 수출에서 차지하는 비중은 37%대에 그쳤다. 2000년부터 국제유가의 회복과 수출물량 확대에 힘입어 총수출에서 에너지 자원이 차지하는 비중이 처음으로 50%대를 넘어서며 상품교역과 경제구조가 완전한 에너지 자원 수출주도형으로 바뀌었다. 2004년 석유-가스-석탄 수출이 사상 처음으로 1,000억 달러, 2007년에는 2,000억 달러, 2008년에는 3000억 달러를 돌파하였다. 총수출에서 에너지 부문이 차지하는 비중 또한 70%대에 접근하는 등 러시아 수출구조의 에너지 자원 의존 심화가 가속화되었다. 2009년에는 글로벌 금융위기가 실물경제 위기로 전이되는 과정에서 에너지 부문의 수출물량 변동성이 적었

167) “Обзор экономических показателей” Экономическая экспертная группа, 14 ноября 2008 года. 자료를 통해 분석.

168) “Обзор экономических показателей” Экономическая экспертная группа, 2010 года. 자료를 통해 분석.

음에도 불구하고(원유 1.8% 증가, 석유제품 5.4% 증가, 천연가스 13.8% 감소, 석탄 8% 증가), 수출가격의 급락(원유 38.7%, 석유제품 42.8%, 천연가스 29.5%, 석탄 12.0%)으로 수출금액은 37.4% 감소한 1,989억 달러를 기록하였다. 그리고 비에너지 부문 수출 또한 30% 이상 축소되면서 전체 수출이 36.3% 감소하였다. 그 결과 전체 수출에서 에너지 부문이 차지하는 비중은 1.3% 포인트 줄어든 66.9%를 기록하며 수출부문에서의 에너지 의존이 계속되고 있음을 보여주었다.

표 33. 러시아 상품수출에서 석유-가스 상품이 차지하는 비중 (2002~2017)

수출	원유 (1)		석유제품 (2)		천연가스 (3)		액화가스 (4)		석탄 (5)		합계 (1~5)		수출가격 ($)*	
	백만$	%	백만$	%	백만$	%	백만$	%	백만$	%	백만$	%	원유	가스
2002년	291	28.5	113	11.0	159	15.6	-	-	12	1.1	574	56.3	21.0	85.7
2004년	591	33.2	193	10.8	219	12.3	-	-	28	1.5	1,029	57.9	31.0	109.1
2005년	834	34.8	338	14.1	317	13.2	-	-	38	1.6	1,527	63.6	45.2	151.4
2006년	1,023	34.4	447	15.0	438	14.7	-	-	43	1.5	1,951	65.6	56.3	216.0
2007년	1,215	35.1	522	15.1	448	12.9	-	-	54	1.5	2,239	64.6	64.3	233.7
2008년	1,612	34.6	799	17.1	691	14.8	-	-	78	1.7	3,179	68.2	90.7	353.7
2009년	1,006	33.9	482	16.2	420	14.1	8	0.3	74	2.5	1,989	66.9	55.6	249.3
2010년	1,358	34.6	705	17.9	477	12.2	30	0.8	92	2.3	2,662	67.8	74.1	268.5
2011년	1,818	35.3	957	18.6	643	12.5	39	0.7	114	2.2	3,570	69.3	101.7	338.9
2012년	1,809	34.3	1,036	19.6	623	11.8	47	0.9	130	2.5	3,645	69.1	103.1	348.3
2013년	1,737	33.3	1,094	21.0	660	12.6	55	1.1	118	2.3	3,664	70.2	100.4	335.9
2014년	1,539	31.0	1,158	23.3	547	11.0	52	1.1	116	2.3	3,413	68.7	94.2	313.8
2015년	896	26.2	675	19.8	418	12.2	46	1.3	95	2.8	2,129	62.3	50.1	225.3
2016년	737	26.2	461	16.4	313	11.1	29	1.0	89	3.2	1,629	57.8	39.6	157.4
2017년	933	26.4	582	16.5	382	10.8	32	0.9	135	3.8	2,064	58.5	50.5	181.5

수출 가격* : 원유는 $/bbl, 천연가스는 $/1,000㎥ 기준임
% : 총 상품수출에서 차지하는 비중
자료 : 러시아 중앙은행. 국제수지표 중심으로 작성

2000년대 러시아 에너지 부문 수출 확대를 요인별로 살펴보면 수출물량 증가보다는 수출가격 상승이 결정적 역할을 담당했다. 2000~2008년 원유 수출을 통한 외화수입이 538% 증가하였는데 동기간 수출물량은 68.4% 증가에 그쳤지만, 수출가격은 279% 상승하였다. 천연가스 수출액 또한 동기간 315% 증가하였는데 수출물량은 1.3% 늘어난 반면 수출가격은 312% 상승한 것으로 분석되었다.

2010년대 들어서도 에너지 자원이 러시아 전체 수출에서 차지하는 비중이 더욱 확대되며 2013년에는 70%를 넘어서기도 했다. 그러나 2014년 하반기부터 국제유가하락의 여파로 2015년에는 전년 대비 37.6% 축소된 2,128억 달러를 기록하며 비중도 62.3%로 축소되었고, 2016년에도 다시 23.5% 줄어든 1,629억 달러를 기록하며 비중도 2004년도 이후 12년 만에 50%대로 떨어졌다. 2017년 에너지 자원 수출이 2,064억 달러로 회복되며 비중도 58.5%로 소폭 상승했다.

러시아 대외무역이 기술-지식 집약적 제품이 아닌 원재료, 그중에서도 경기 동향에 가장 민감한 에너지 상품에 의존하고 있어 러시아 경제가 불확실성이 높은 대외변수에 심각하게 노출되어 있다. 특히 2009년 이후 글로벌 경제위기 속에 러시아 경제가 브릭스(BRICs) 국가에서는 물론 여타 신흥경제국과 비교해 훨씬 큰 충격을 받은 것은 에너지 자원 의존형 수출구조를 가진 러시아가 세계 경기 침체기에 국제원자재 가격 급락이라는 직격탄을 맞은 것이 그 원인이었다. 반면 중국, 인도, 브라질 등이 글로벌 경제위기에서 상대적으로 작은 충격을 받은 것은 러시아보다 에너지자원 의존도가 약하고 상대적으로 다변화된 경제구조를 지닌 덕분이었다.

Ⅳ. 러시아 경제성장과 발전

경제성장은 한 나라 경제의 생산능력이 향상되어 재화와 서비스의 생산량이 지속해서 증가하는 것을 말한다. 경제성장이 거시 경제에서 중요한 의미를 지니는 것은 국민경제 규모가 양적으로 성장하면 새로운 일자리가 만들어지고 소득이 증가하는 등 국민의 경제적 후생이 증진되어 개인과 국가의 복리와 안정을 동시에 달성하는 데 기여하기 때문이다. 경제성장률은 일정 기간 한 나라의 국민경제 규모가 얼마나 증가하였는가를 비율로 나타낸 것으로 물가요인을 제거한 실질 국내총생산(GDP)이 전년보다 얼마나 변동하였는지를 백분율로 표시한다.

1991년 12월 25일 미하일 고르바초프가 소연방 대통령직 사임을 발표하면서 1917년 붉은 혁명을 통해 등장한 소비에트 사회주의 계획경제가 70여 년의 실험을 끝으로 역사의 뒤안길로 사라졌다. 소비에트 붕괴 이후 러시아는 1992년 1월 2일부터 자유화(가격 및 경제활동), 사유화(국유기업 및 토지), 거시경제 안정화(환율, 통화 공급. 재정 등)를 3대 개혁 축으로 잡고 급진적인 충격요법(shock therapy) 전략을 채택하며 자본주의 시장경제로의 체제전환을 시도하였다. 1990년대 이후 최근까지 러시아 경제는 약 10년을 주기로 불황(1992~1998), 호황(1999~2008), 침체(2009~2017)의 순환 과정을 겪으며 성장, 발전해 오고 있다.

1. 1990년대 러시아 경제성장과 발전

1990년대 러시아가 사전적 준비가 미흡한 상태에서 가격자유화와 국유재산의 사유화를 양축으로 추진한 급진적 체제개혁은 경제의 마이너스(-) 성장, 급성의 물가앙등, 대량 실업 등과 같은 심각한 경제적 혼란과 사회적 고통을 초래하며 1998년 8월 국가 부도에 준하는 채무지급유예(Moratorium) 선언으로 연결되었다. 1990년대 러시아 경제는 '모라토리엄으로 대표되는 불황, 혼란, 위기의 시대'

로 지칭될 정도로 파국의 늪으로 빠졌다. 1999년 러시아는 경제 규모(GDP)에서 세계 20위권 밖으로 밀려나며 세계 경제 무대에서 그 존재성을 거의 상실하였다.

1) 1990년대 러시아 주요 거시경제지표

1991년 소비에트 붕괴 이후 자본주의 시장경제로의 체제전환 기간(1992~1999년) 동안 러시아 경제가 달성한 성과를 주요 대내외 거시경제지표를 통해 살펴보면 다음과 같다.

표 34. 1990년대 러시아 주요 거시경제지표

	지표	단위	1992년	1993년	1994년	1995년	1996년	1997년	1998년	1999년
대내경제	경제성장률	%	-14.5	-8.7	-12.7	-4.1	-3.6	1.4	-5.3	6.4
	GDP (경상가격)	억$	919	1,974	2,975	3,368	4,210	4,351	2,912	2,105
	GDP (PPP)	억$	17,030	15,919	14,193	13,895	13,638	14,063	13,456	14,529
	1인당 GDP(경상)	US$	620	1,330	2,004	2,271	2,843	2,944	1,976	1,433
	1인당 GDP(PPP)	US$	11,482	10,724	9,563	9,370	9,210	9,517	9,130	9,889
	소비자물가상승률	%	2508.8	839.9	215.1	131.3	21.8	11.0	84.4	36.5
	실업률(ILO)	%	5.2	5.9	8.1	9.4	9.7	11.8	13.3	13.0
	최저생계비 미만자	%	33.5	31.3	22.4	24.8	22.1	20.8	23.4	28.4
	광공업생산 증감	%	-18.0	-13.7	-21.6	-4.6	-7.6	1.0	-4.8	8.9
	고정자본투자증감	%	-39.7	-11.7	-24.3	-10.1	-18.1	-5.0	-12.0	5.3
	소매매출 증감	%	0.3	1.6	0.2	-6.2	0.3	4.9	-3.2	-5.8
	재정수지(연방)	GDP.%	-28.0	-9.2	-12.1	-4.9	-7.4	-6.0	-3.2	-1.1
	재정수입(연방)	GDP.%	16.8	14.0	13.1	14.3	12.7	12.5	11.2	13.7
	재정지출(연방)	GDP.%	44.8	23.2	25.2	19.2	20.1	18.5	14.4	14.8
	대내부채	10억R	3.57	15.64	88.06	187.74	364.46	490.92	529.94	578.23
대외경제	상품수지	백만$	3,427	12,590	18,025	20,291	20,848	14,157	16,203	32,395
	수출	백만$	50,878	57,560	66,128	81,176	88,501	85,945	73,742	69,657
	수입	백만$	47,451	44,970	48,103	60,885	67,653	71,788	57,539	37,262
	경상수지	백만$	-342	8,998	8,942	7,438	10,103	-835	71	22,855
	대외부채(연방)	백만$	-	114,427	122,810	124,546	138,425	148,470	151,965	143,489
	외국인직접투자	백만$	1,161	1,211	690	2,066	2,579	4,865	2,761	3,286
	해외자본도피	백만$	40,000	25,500	13,314	12,543	33,082	35,516	23,632	16,805
	외환보유액	백만$	4,532	8,894	6,506	17,207	15,324	17,784	12,223	12,456
	국제유가(Brent)	$/배럴	19.32	17.01	15.86	17.02	20.64	19.11	12.76	17.90
	환율(연말)	루블/$	414.5	1,247	3,550	4,640	5,560	5,960	20.65	27.00
	환율(평균)	루블/$	-	-	-	-	-	5,786	9.79	24.65

자료 : 러시아연방 국가통계청, 러시아 중앙은행, 러시아 재무부, 국제통화기금(IMF)

(1) 경제성장

마이너스(-) 경제성장은 1990년대 러시아 경제를 가장 잘 설명해주는 핵심 키워드다. 두 자릿수의 충격적이고 지속적인 역(-)성장으로 러시아 국내총생산(GDP)과 국민소득(GNI)이 급감하였다. 국내 투자재원의 절대 부족으로 실물부문에서 고정자본투자가 급감하면서 농업 및 광공업 생산의 감소가 계속되었고 결국 역(-)성장의 만성화라는 악순환의 고리가 만들어졌다. 1992년과 1994년 실질 GDP 증가율이 각각 -14.5%, -12.7%로 2 자릿수 감소하는 등 5년(1992~1996년) 연속 마이너스를 기록하였다. 1998년 러시아의 실질 경제 규모는 체제개혁 시행 직전 년인 1991년에 비해 60% 수준으로 축소되었고, 국민의 실질 화폐소득도 1992~1999년 동안 무려 54%나 줄어들었다.

(2) 인플레이션

경제의 역(-)성장과 더불어 연간 3자리 수에 이르는 초인플레이션은 1990년대 러시아 경제 상황을 가장 잘 대변해주는 대표적인 경제지표다. 시장메커니즘의 도입을 위해 1992년 1월 2일 전격 실시한 일부 생필품 및 운송부문과 에너지 제품을 제외한 모든 재화와 서비스 거래에서 전면적인 가격자유화 조치는 경공업 제품 및 소비제품에서의 공급축소를 초래했다. 적자 국영기업에 대한 무분별한 자금지원과 재정적자를 충당하기 위한 연방정부의 과도한 통화 공급 확대로 소비자물가가 1월 한 달에만 245% 폭등하는 등 1992년 물가상승률이 2,500%를 넘어섰다. 다음 해인 1993년 840%, 1994년 215%, 1995년 131%를 기록하는 등 연 100%가 넘는 살인적인 물가앙등이 5년 연속(1991년 160.4% 포함) 계속되었다. 중앙은행이 관리변동환율제의 일환인 '환율 변동 폭 제한조치(currency corridor)'를 도입함으로써 1996~1997년 소비자물가 상승률을 10~20%대로 잡는 데 성공했다. 그러나 곧이어 발생한 채무지급유예(Moratorium) 선언으로 소비자물가는 다시 80%대로 폭등하였다. 1992부터 1999년까지 러시아 소비자물가 상승률은 무려 608,000%에 달했다.

(3) 재정수지

1990년대 러시아 정부는 재정부문에서 만성적인 적자에 허덕였다. 체제전환 및 개혁과 관련된 정부지출이 확대된 데 반해 경기침체의 지속과 조세체계의 미비, 지하경제의 팽창 등으로 세수 확보에 어려움을 겪으면서 재정수지의 적자는 불가피했다. 또한 연방으로부터 분리 독립을 선언하며 탈러시아를 추진한 체첸과의 전쟁(1995~1996년)도 재정적자의 확대에 일조하였다. 러시아 재무부는 국내총생산(GDP) 대비 연방 예산 적자가 1992년 28.0%, 1993년 9.2%, 1994년 12.1%, 1995년 4.9%, 1996년 7.4% 등 1992~1999년 동안 연평균 9%에 달하는 것으로 발표했다.[169] 반면 국제통화기금(IMF)은 러시아의 재정적자가 1992년 GDP 대비 44.5%, 1993년 15.6%, 1994년 10.6%, 1995년 5.3%, 1996년 7.8%, 1997년 6.5%로 러시아 재무부 발표보다 훨씬 높은 것으로 파악하였다. GDP 대비 연간 10%에 달하는 만성적인 재정적자의 누적은 대외부채의 확대를 초래하며 러시아 경제를 모라토리엄으로 이끈 실마리가 되었다.

(4) 상품 및 경상수지

상품 및 경상수지는 1990년대 러시아 거시경제지표 중에서 유일하게 긍정적 성과를 보여준 부문이다. 대외무역은 1992~1996년까지 플러스 성장을 지속하였으나 1998~1999년은 외환위기의 여파로 성장이 축소되었다. 상품 수출에서 수입을 뺀 상품수지는 1992년부터 1999년까지 8년 연속 흑자를 기록하였는데 규모는 연간 100~300억 달러에 달했다. 1999년에는 흑자 규모가 320억 달러로 최고치를 기록하기도 했다. 이는 모라토리엄 선언과 함께 실시한 루블 환율의 급격한 평가절하로 상품수입이 급격히 감소한 데 기인한다. 상품수지 흑자에 힘입어 경상수지 또한 1992년과 1997년을 제외하고는 모두 흑자를 유지했다. 경상수지 흑자는 1990년대 러시아가 시장경제로의 체제개혁을 수행하는데 절대적으로 필요했었던 자본의 가장 중요한 조달 원천이었다.

---

169) Российская экономика в 2000 году : Тенденции и перспективы, Институт экономики переходного периода, 2001. p.48.

(5) 자본유출(자본도피)

1990년대 러시아 경제는 기업과 범죄조직, 노멘클라투라(특권지배계층)에 의한 대규모 자본의 해외 도피가 발생했다. 해외 도피 자본 규모는 1992년 400억 달러, 1993년 255억 달러, 1996년 331억 달러, 1997년 355억 달러 등 1992~1999년 동안 무려 2,004억 달러(연평균 250억 달러)에 달하는 것으로 추정되는데 이는 1999년 러시아 국내총생산(GDP)보다 더 많은 액수다. 이로 인해 연간 100~200억 달러에 이르는 지속적인 상품수지 흑자 발생에도 불구하고 정부의 보유 외환이 1999년에는 금 40억 달러를 포함해 불과 120억 달러 수준으로까지 축소되어 대외지급능력에 있어 심각한 문제를 안게 되었다. 1992~1993년 대규모 자본도피는 체제개혁 초기에 정치, 경제, 사회적 혼란이 가속되는 가운데 국영기업의 사유화와 대외무역 및 외환 자유화 과정에서 막대한 부를 축적한 노멘클라투라들이 자신의 자산을 안전한 해외로 피신시키는 과정에서 발생했다. 1996~1997년의 대규모 자본도피는 대통령 선거를 둘러싼 정치적 혼란과 재정적자의 확대 및 대외부채의 급증과 상업은행의 부실 등으로 금융위기가 확산하였고, 아시아 외환위기로 인한 러시아 경제에 대한 불확실성이 증폭되면서 발생했다.[170]

(6) 대외부채

1990년대 러시아는 브라질, 멕시코와 더불어 세계 최대 채무국 중의 하나로 전락하였다. 소비에트를 승계하며 물려받은 1,050억 달러에 이르는 구(舊) 대외부채와 체제개혁 과정에서 국제금융기구(IMF, IBRD, EBRD)와 서방 국가로부터 차입한 550억 달러의 신(新) 대외부채를 포함해 1999년 중반 러시아 연방정부의 총(總) 대외부채는 1,575억 달러에 달했다. 그 결과 1999년 말 러시아 연방정부의 GDP 대비 외채 비중은 74.8%로 당시 세계 최대 채무국인 브라질(2000년)의 39.2%보다 거의 2배나 높았다. 외채가 20년 만기, 6% 이자율(LIBOR 기준)로 구

170) 이종문, “시장경제체제로의 전환과정에서 나타난 러시아에서의 자본도피”, 슬라브연구 제21권 1호. 2005. 06. p.206.

성되어 있다고 가정할 경우 매년 원리금 상환에만 130억 달러 이상이 필요하다는 결론에 달하게 된다. 결국 러시아는 빚을 얻어 빚을 갚는 외채누증의 함정에 빠지게 되었다. 그리고 대내 부채도 1995년에는 GDP 대비 11.5%로 일시적으로 감소하는 경향을 보이기도 하였으나 그 후 급격히 증가하기 시작해 1998년에는 7,510억 루블로 GDP 대비 28.0%에 달했다. 이와 같은 대내, 내외부채의 급증은 투자 위축을 불러일으켜 고용 창출과 경제성장을 저해하면서 모라토리엄을 선언하게 만드는 방아쇠(trigger)가 되었다.[171)]

(7) 달러통용화(dollarization)

1990년대 러시아 국내 상거래에서 루블은 국가통화(National currency)로서 기능을 거의 상실했다. 미 달러(USD)가 러시아 루블을 대신하여 국내 거래의 결제수단으로 이용되었고, 국민들의 주요 가치 저장(저축) 수단이 되면서 경제의 달러통용화(dollarization)가 만연했다. 고액권 발행을 통한 통화 공급 확대와 물가상승으로 환율이 급락하였고, 경기 침체와 국민들의 기대인플레이션 심리 고조로 경화(hard currency)에 대한 가수요가 발생하였다. 그리고 1994년 10월 11일 모스크바 외환거래소(MICEX)에서 '검은 화요일(Black Tuesday)'이 발생하며 달러 대비 루블 환율이 전일보다 무려 1,093루블 상승한 3,926루블로 급등하며 그 가치가 38.6% 폭락하는 사태가 발생하였다. 이틀 후인 14일 2,994루블로 그 가치를 회복했으나 러시아 국민들의 루블에 대한 신뢰는 심각하게 손상되었다. 1996년 대통령 선거에서 옐친의 재선에 대한 불안과 사회주의로의 회귀에 대한 우려, 선거 직후 옐친의 심장병 악화로 국내정치에 대한 불확실성이 확대되었다. 1997년 아시아 통화위기의 발생으로 러시아 시장에 대한 재평가 시도와 투자자본의 회수로 외환시장에서 혼란이 점증하고 중앙은행의 외환시장 개입으로 외화보유액이 100억 달러 수준으로 급감하면서 외환 유동성에 대한 불안이 고조되었다. 그리고 1998년 1월 중앙은행이 루블의 화폐단위를 1,000분의 1로 바꾸는 액면절하(denomination)를 단행하면서 달러에 대한 선호가 심화하였다. 달러 대비 루블

171) Ibid. pp.47~48.

환율이 1992년 169.2루블에서 1999년 말에는 27.00루블로 올라 그 가치가 무려 99.3%나 폭락하였다. 러시아 정부가 1997년 11월 1일 러시아 국내에서 이루어지는 모든 상거래에 대해 외화 표시 및 지급을 금지하는 조처를 하였으나 러시아 경제주체들의 상거래 및 저축에서 달러통용화는 여전히 성행하였다.

(8) 실업 및 빈곤

체제개혁 과정에서 발생한 심각한 경기침체와 물가상승으로 농업 및 공업회사를 포함한 거의 모든 기업에서 대규모 실업이 발생하였고, 근로자에 대한 임금체납이 급속도로 늘어났다. 1995년 말 133.8억 루블이었던 임금체납이 불과 3년 만인 1998년 말에는 770.2억 루블로 무려 5.8배나 증가하였다. 저임금과 임금체납에 대한 항의로 시위와 파업이 러시아 전역에서 발생하였는데 특히 1995년 9월 약 50만 명 이상이 참여한 교사들의 태업과 1996년 2월과 12월, 1997년 5월에 발생한 광부들의 대규모 파업, 1998년 5월 광부들의 시베리아철도 차단 시위 등은 그 대표적 사례라 하겠다. 6년 연속된 역(-)성장으로 13%를 웃도는 고(高)실업과 연(年) 수백 %에 달하는 초인플레이션으로 실질소득이 감소하고 임금 체납이 발생하면서 러시아 전체 국민의 30%가 최저생계비(월 37달러) 미만의 소득을 지닌 극빈층으로 전락하였고, 국민의 50% 이상이 하루(日) 평균 소득 2달러에도 미치지 못하는 절대 빈곤에 시달려야 했다. 세계은행(World Bank)은 1999년 하반기 월(月) 소득이 800루블(32달러) 이하인 극빈층이 러시아 전 인구의 40%가 넘는 6,000만 명에 달하며, 그중 2,000만 명은 400루블(16달러) 이하의 소득을 지닌 최극빈층인 것으로 추정하였다.[172)]

(9) 국가신용등급

러시아 국가신용등급은 1998년 모라토리엄 선언으로 지급불능 단계로까지 추락하였다. 국제신용평가회사의 하나인 스탠더드 앤드 푸어스(S&P)는 모라토리엄을 선언한 1998년 8월 1개월 동안에만 러시아 장기 외화표시 채권의 신용등급

172) Ibid. pp.48~49.

을 무려 3차례에 걸쳐 하향 조정하여 지급불능에 빠질 위험성이 대단히 높다는 의미인 CC를 부여하였다. 무디스(Moody's) 역시 같은 시기에 러시아 장기 외화표시 채권의 신용등급을 투자 부적격단계인 B등급 중에서도 가장 낮은 B3로 하락시켰고, 피치(Fitch IBCA)도 BB-였던 신용등급을 모라토리엄이 발생한 8월 17일에는 B-로 3단계 하향 조정하였고, 8월 27일에는 지급불능 단계인 CCC로 2단계 추가 하향 조정하였다. 이는 3대 국제신용평가기관이 러시아가 실질적인 채무불이행(default) 상태에 빠졌다고 본 것이다. 러시아의 지급불능 단계 국가신용등급은 2000년 5월 Fitch IBCA가 3단계 높은 B-로, 2000년 11월에 Moody's가 B2, S&P가 2000년 12월 B-로 상향 조정할 때까지 무려 2년 이상 계속되었다.[173)]

2) 1990년대 러시아 경제성장의 특징

1991년 소비에트사회주의연방(USSR)의 붕괴는 러시아가 1917년 붉은 혁명 이후 지난 70년 이상 유지해 온 중앙집권적 계획경제 시스템에 대한 근본적인 변혁을 요구하였다. 당시 러시아가 선택할 수 있었던 체제전환 선택지는 구조개혁 관련 제반 정책들을 동시에 추진하여 단기간에 체제전환을 이루는 급진적 충격요법(shock therapy) 방안과 개혁정책을 단계적으로 도입하여 장기간에 걸쳐 추진하는 점진주의(gradualism) 방안 2가지였다. 옐친 정부의 젊은 개혁가인 이고르 가이다르와 아나톨리 추바이스는 국제통화기금(IMF)과 세계은행(World Bank)이 제안한 상품 및 서비스 가격과 대내외 경제활동의 자유화, 국영기업 및 토지의 사유화, 금융시스템의 구축을 일시에 추진하는 빅뱅(big bang) 전략을 선택하였다. 그러나 러시아적 특성을 배제한 채 시장의 자율기능과 기업의 자유 경제활동을 중시하는 미국식 신자유주의에 바탕을 둔 급진적 체제전환 시도는 사전적 준비 미흡, 정치권의 혼란과 갈등, 정책수행 과정에서의 혼선 등이 겹쳐지며 러시아 경제를 파탄으로 내몰았다. 1990년대 러시아는 대내적으로는 마이너스 경제성장, 초인플레이션, 대량실업, 사회 안전망의 붕괴 등으로 전체 인구의

---

173) Ibid. p.49.

50% 이상이 절대 빈곤선 아래로 추락했다. 대외적으로는 국가 부도에 준하는 모라토리엄 선언으로 미국과 함께 세계무대를 양분했었던 절대 강자(super power)의 지위를 상실하며 제3세계 국가 취급을 받는 처지로 내몰렸다.

자본주의 시장경제로의 체제전환 과도기였던 1990년대 옐친 시대 러시아는 정치 제도적으로는 자유와 민주주의가 정착되었다는 긍정적 평가에도 불구하고 정치, 경제, 사회를 포함한 거의 모든 영역에 있어 국가의 조정 및 통제 기능이 마비된 시대였다. 옐친은 감성적 충동과 승부사의 기질이 대단히 강한 인물로 1991년 군부 쿠데타에 대해 과감한 결단력을 발휘함으로써 권력을 잡을 수 있었으나, 그 이후 러시아에 요구된 체제개혁을 주도면밀하게 추진할 수 있는 냉철한 판단력은 부족하였다. 체제개혁 과정에서 드러난 옐친의 정치리더십 부재는 개혁파와 보수파 간의 정쟁을 촉발해 심각한 정국혼란을 부추겼으며, 알코올 중독으로 인한 건강 악화와 무능한 국정운영은 사회 무질서와 불법의 난무, 조직범죄의 횡행, 계층 및 민족 간 갈등 심화, 탈세 및 부정부패의 조장을 초래하였다. 그리고 사전적 준비가 미흡한 상태에서 현실을 도외시한 신자유주의에 바탕을 둔 급진적, 자유방임적 시장경제체제의 도입과 일관성이 결여된 임기응변식의 경제정책 추진은 초인플레이션과 만성적 마이너스 경제성장, 계층 간 지역 간 빈부격차의 확대, 사회보장 시스템의 붕괴로 이어졌고 결국 국민경제는 파탄으로 치달았다. 또한 사유화 과정에서 정치권과의 밀착을 통해 탄생한 소수 과두재벌(올리가르히)은 국부(國富)를 약탈하며 경제 독점의 심화와 시스템의 왜곡을 이끌며 러시아 경제에 '시장 자본주의'가 아닌 '약탈 자본주의'의 뿌리를 내리게 했다, 옐친 가족과 최측근들로 구성된 '옐친 패밀리'를 중심으로 한 관료들의 부정부패는 러시아를 국제사회에서 가장 부도덕하고 부패한 국가 중의 하나로 낙인찍히게 했다.[174] 다행스럽게 1999년 러시아는 장기간의 경기침체로 따른 기저효과(base effect)[175]와 국제원자재 가격의 회복, 루블화의 급격한 평가절하를 바탕으

174) Ibid. p.80.

175) 기저효과(base effect)란 경제지표를 평가하는 데 있어 기준 시점과 비교 시점의 상대적인 수치에 따라 그 결과에 큰 차이가 나타나는 현상을 말한다. 호황기를 기준으로 현재의 경제 상황과 비교하면 경제지표는 실제보다 위축되게 나타나고, 불황기의 경제 상황을 기준시점으

로 6.4%의 플러스(+) 성장을 달성함으로써 경기가 바닥을 찍고 회복 국면으로 진입하는 계기를 만드는 데 성공했다.

2. 글로벌 금융위기 이전(2000~2008년) 러시아 경제성장과 발전

1) 2000년대 러시아 주요 거시경제지표

2000년대 초반 10년 동안 러시아는 위기와 혼란으로 점철되었던 1990년대와 달리 완전한 시장경제로의 체제전환에 성공하며 세계 경제에서 영국, 프랑스를 제치고 독일에 이어 세계 6위의 경제 대국(구매력 평가 GDP 기준)으로 도약하는 데 성공하였다. 러시아 경제는 '성장을 거쳐 번영의 시대로 접어들었다'라고 지칭되기도 했다. 푸틴이 집권한 2000년부터 글로벌 금융위기 이전인 2008년까지 러시아가 달성한 경제성과를 주요 지표를 통해 살펴보면 다음과 같다.

표 35. 글로벌 금융위기 이전(2000~2008년) 러시아 주요 거시경제 지표

	지표	단위	2000년	2001년	2002년	2003년	2004년	2005년	2006년	2007년	2008년
대내경제	경제성장률	%	10.0	5.1	4.7	7.3	7.2	6.4	8.2	8.5	5.2
	GDP (경상가격)	10억$	279.0	329.4	371.2	462.3	634.9	820.6	1,063.6	1,396.5	1,784.5
	GDP (PPP)	10억$	1,635.3	1,757.7	1,869.3	2,046.7	2,253.9	2,474.8	2,758.8	3,073.9	3,298.7
	1인당 GDP(경상)	US$	1,906	2,259	2,557	3,198	4,408	5,714	7,421	9,755	12,472
	1인당 GDP(PPP)	US$	11,170	12,054	12,875	14,156	15,647	17,232	19,249	21,473	23,054
	소비자물가상승률	%	20.2	18.6	15.1	12.0	11.7	10.9	9.0	11.9	13.3
	평균 실업률	%	10.6	9.0	7.9	8.2	7.8	7.1	7.1	6.0	6.2
	최저생계비미만자	%	29.0	27.5	24.6	20.3	17.6	17.8	15.2	13.3	13.4
	광공업생산증감	%	8.7	2.9	3.1	8.9	8.0	5.1	6.3	6.8	0.6
	고정자본투자증감	%	17.4	11.7	2.9	12.7	16.8	10.2	17.8	23.8	9.5
	소매매출증감	%	9.0	11.0	9.3	8.8	13.3	12.8	14.1	16.1	13.7
	재정수지	GDP.%	2.5	3.1	2.3	1.7	4.4	7.5	7.4	5.4	4.1
	재정수입	GDP.%	16.0	17.6	20.3	19.3	20.5	23.7	23.3	23.4	22.4
	재정지출	GDP.%	13.5	14.5	17.9	17.6	16.1	16.3	15.9	18.0	18.3

로 비교하면 경제지표가 실제보다 많이 부풀려져 나타나게 되는 현상을 말한다. 기저효과 [base effect] (한경 경제용어사전, 한국경제신문/한경닷컴)

	대내부채	10억R	557.4	533.5	679.9	682.0	778.5	875.4	1064.9	1301.2	1499.8
	주가지수(RTSI)	연말	143.3	260.1	359.1	567.3	614.1	1125.6	1921.9	2290.5	631.9
대외경제	상품수지	백만$	57,089	45,236	43,650	55,846	83,616	116,185	134,294	123,447	177,625
	수출	백만$	99,220	96,553	102,068	129,060	177,861	240,024	297,481	346,530	466,298
	수입	백만$	42,131	51,317	58,418	73,214	94,244	123,839	163,187	223,084	288,673
	경상수지	백만$	45,382	32,054	27,473	33,128	58,560	84,389	92,316	72,193	103,935
	대외부채(총)	백만$	160,234	146,553	151,302	184,955	213,335	257,204	313,214	464,384	479,823
	대외부채(연방)	백만$	125,403	109,427	102,214	101,980	99,088	69,919	43,234	35,846	28,174
	외국인직접투자	백만$	2,678	2,847	3,474	7,929	15,403	15,508	37,595	55,874	74,783
	외환보유액	백만$	27,972	36,622	47,793	76,938	124,541	182,240	303,732	478,762	426,281
	국제유가(우랄)*	$/배럴	28.7	24.5	25.0	28.9	34.5	50.6	61.1	69.5	94.4
	환율(연말)	루블/$	28.2	30.1	31.8	29.5	27.8	28.8	26.3	24.6	29.4
	환율(평균)	루블/$	28.1	29.2	31.4	30.7	28.8	28.3	27.2	25.6	24.8

국제유가(우랄)* : 2000~2003년까지는 Brent산 기준. 2004년부터 우랄산 기준.
자료 : 러시아연방 국가통계청, 러시아 중앙은행, 러시아 재무부, 국제통화기금(IMF)

(1) 경제성장

경제성장 부문에서 러시아는 모라토리엄 선언 이후인 1999년 6.4% 성장을 기록한 후 2008년까지 9년 연속 역동적인 플러스 경제성장을 지속하였다. 러시아의 실질 국내총생산(GDP)은 2000~2008년까지 9년간 총 83.1% 증가하였는데 이를 연평균으로 환산하면 7.0%가 된다. 동기간 세계 전체 경제성장률이 연평균 4.3%인 것과 비교해 2.7% 포인트 높고, 선진국의 연평균 경제성장률 2.4%에 비해 3배나 높고, 신흥경제 및 개발도상국의 연평균 경제성장률 6.5%보다도 높은 인상적인 성과다. 특히 2006~2007년에는 연속 8% 이상의 고도성장을 기록하면서 1992년부터 시작된 지난 17년 동안의 체제전환 기간에서 가장 성공적인 성과를 거두었다. 2003~2004년에도 애초 계획을 웃도는 7% 이상의 경제성장을 달성하였다. 특히 2006년 러시아는 실질 경제 규모가 개혁을 시작한 후 처음으로 개혁 이전 최고를 기록했었던 1991년 수준을 무려 15년 만에 넘어섰다. 이를 바탕으로 2008년 러시아는 경제 규모(구매력 평가 GDP)에서 독일에 이어 세계 6위로 급부상했다.

(2) 인플레이션

물가안정은 재정 건전성 확보와 더불어 2000년대 푸틴 정부의 가장 중요한 경제정책 목표였다. 물가 부문에서 2000년대 러시아 경제는 1990년대 고질적인 병폐였던 초인플레이션을 잡는 데 성공하였다. 그러나 물가상승률이 여전히 2자리 수를 유지하는 질주형 인플레이션(galloping inflation)이 계속되면서 절반의 성공에 그쳤다.[176] 1998년 모라토리엄 선언으로 84.8%에 달했던 소비자물가는 2000년 20.2%로 급격히 둔화하였다. 2001년에 18.6%로 10%대에 진입한 후 4년 동안 소비자물가는 11%로까지 축소되었다. 2005년에는 러시아 국내 석유 및 가스 가격의 급등으로 소비자 물가상승률이 애초 목표치인 8.5%를 초과하여 10.9%를 기록함으로써 10% 내로의 진입에 실패하였으나, 2006년에는 9.0%를 달성함으로써 개혁 이후 처음으로 물가안정 목표인 한 자릿수로의 진입에 성공하였다. 그러나 2007~2008년에는 다시 상승하며 10%대를 넘어섰다.

(3) 재정수지

재정 안정은 물가와 더불어 푸틴 정부의 2대 경제정책 목표였다. 옐친 시대 만성적인 재정적자가 모라토리엄 선언의 단초를 제공했기 때문이다. 1990년대 경기침체와 지하경제의 팽창, 조세제도의 미비, 민간(개인 및 기업)의 탈세, 세무공무원들의 부패 등으로 인한 세수 확보에 어려움을 겪으면서 만성적인 적자 상태에 놓였던 연방 재정수지가 2000년 처음으로 GDP 대비 2.2% 흑자를 달성했다. 그 후 2008년까지 9년 연속 흑자 기조를 유지하는 데 성공했다. 특히 2005년에는 고유가 행진과 '유코스 효과'[177]에 힘입어 GDP 대비 7.5%에 해당하는 1조 6,129

---

176) 물가상승률은 그 크기에 따라 다음의 4종류로 분류된다. 상승률이 2%대 이하일 경우 완만한 인플레이션(creeping(mild) inflation), 3~10%일 경우 워킹 인플레이션(walking inflation), 10% 이상일 경우 질주형 인플레이션(galloping inflation), 월 물가상승률이 50% 이상일 경우 초인플레이션(hyper inflation)이라 한다.

177) 러시아 정부가 석유 기업 유코스(YUKOS)에 대한 강력한 세무조사를 하자 세금, 과징금, 벌금을 연체하였던 많은 기업이 자발적으로 연체된 세금을 냄은 물론 법인 이윤세를 자진해서 신고, 납부함으로써 세수에서의 추가적인 수입이 발생한 것을 말한다. 2003년 법인 이윤세는 5,270억 루블로 세수(稅收)에서 차지하는 비중이 14.9%였으나, 2004년에는 19.5%(8,676억

억 루블의 재정수지 흑자를 달성하였고, 2006년에도 GDP 대비 7.4%(1조 9,941억 루블)에 달하는 흑자를 기록하였다. 2000년 이후 러시아가 재정 건전성 확보를 넘어 대규모 흑자를 유지할 수 있었던 것은 법인 이윤세와 소득세의 세율 인하에도 불구하고 국제유가의 고공행진으로 인한 석유 수출세와 광물자원 채굴세의 급증, 세제개혁을 통한 세수 기반의 확대, 고도 경제성장의 지속 등으로 안정적인 세입확보가 가능하였고, '세입 내 세출'이라는 원칙을 정하고 이를 엄격히 지키면서 사회복지 부문에 대한 과감한 개혁을 통해 불필요한 세출 수요를 줄였기 때문이다.

(4) 외환보유액

1999년 금을 포함해 총 125억 달러에 불과했던 외환보유액은 에너지 상품 수출증대에 힘입은 무역수지 흑자 확대, 유가 상승으로 인한 석유안정화기금의 급증, 외국인투자의 지속적 증가에 힘입어 2004년 10월에는 사상 처음으로 1,000억 달러를 돌파하였다. 이후 유가 급등에 따른 무역수지 흑자의 급신장에 힘입어 2006년 3월에는 2,000억 달러, 2006년 12월에는 3,030억 달러를 기록하며 일본, 중국에 이어 세계 외화 보유 역사상 3번째로 3,000억 달러를 넘어선 국가로 등록하였다. 그리고 불과 5개월 후인 2007년 5월에 4,000억 달러, 2008년 3월에 5,000억 달러를 돌파하였고 글로벌 금융위기 직전인 8월에는 5,980억 달러로 최대치를 기록하였다. 2000년대 외환보유액의 급증은 러시아 경제에 대단히 긍정적인 영향을 미쳤다. 먼저 대외부채에 대한 상환능력을 강화해 러시아의 국가신용도를 높여주었다. 또한 외환시장에서 루블 환율의 급격한 변동성을 줄여줌으로써 러시아 경제에 대한 안정성을 강화해 주었다.

(5) 대외부채

1999년 1,435억 달러로 GDP 대비 68.2%에 달했던 연방정부의 대외부채는 무역수지의 지속적인 확대와 러시아 정부의 외채상환 노력에 힘입어 2005년 699억

루블), 2005년에는 23.4%(1조 3,341억 루블)로 급증하였다.

달러(GDP 대비 8.5%)로 줄었고, 2006년 432억 달러(GDP 대비 4.1%), 2008년에 282억 달러로 GDP 대비 1.6% 수준으로 축소되었다. 특히 2005년 1월에 만기가 2008년인 국제통화기금(IMF) 채무 33.3억 달러를 조기 상환하여 IMF 채무로부터 완전히 벗어났다. 그리고 2005년 7~8월에는 파리클럽(Paris Club)에 150억 달러를 조기상환 하는 등 2005년 한 해에만 무려 377억 달러(원금 322억 달러, 이자 54억 달러)의 대외부채를 상환하였다. 2006년 8월에는 석유안정화기금을 통해 파리클럽에 남은 223억 달러 채무를 조기 상환하며 2006년 총 337억 달러(원금 291억 달러, 이자 46억 달러)의 대외부채를 청산하였다. 러시아는 만성적인 채무국에서 완전히 벗어나며 국제사회에서 채권국으로 확실한 자리매김 하였다.

(6) 대외무역

2000년대 러시아 상품의 수출입 실적 또한 두드러졌다. 1999년 1,069억 달러에 불과했었던 상품무역 규모가 2008년에는 7,550억 달러로 606% 급증하며 러시아는 교역 규모에서 홍콩에 이어 세계 13위를 차지하였다. 세계 상품교역에서 차지하는 비중은 2.3%였다. 그중 상품 수출은 석유를 중심으로 한 국제 원자재 가격 상승, 루블화의 평가절하에 따른 러시아 수출산업의 가격경쟁력 회복, 수출 물량의 확대 등에 힘입어 1999년 697억 달러에서 2008년 4,663억 달러로 569% 증가한 사상 최대치를 기록하며 벨기에에 이어 세계 10위를 차지했다. 소비재 및 기계설비류를 중심으로 한 수입은 더 큰 폭으로 확대되며 동기간 372.6억 달러에서 2,887억 달러로 675% 증가하였다. 상품무역 흑자 규모는 324억 달러에서 1,776억 달러로 448%, 경상수지 흑자는 228.6억 달러에서 1,039억 달러로 455% 늘어나며 9년 연속 흑자 기조를 이어갔다. 장기간의 무역수지 흑자는 러시아의 투자확대와 생산증가를 유인하여 고용 증대를 창출하면서 국민 가처분소득의 증가와 소비확대로 이어졌다. 소비증가는 구매력 증대를 유발하여 다시 투자확대 및 생산증가로 이어지는 경제의 확장적 선순환 과정을 거치며 러시아 경제의 성장기반을 강화했다.

(7) 국민소득 및 실업

러시아 근로자의 월평균 임금은 1999년 1,523루블에서 2008년에는 17,290루블로 11.4배 급증하였고, 국민들의 월평균 화폐소득도 동기간 1,664루블에서 14,941루블로 9배 늘어났고, 최저생계비도 908루블에서 4,593루블로 5.1배 증가하였다. 이에 힘입어 최저생계비 미만의 소득을 지닌 극빈층도 1999년 4,220만 명(전체 인구의 28.3%)에서 2008년에는 1,850만 명(13.1%)으로 2,370만 명이 줄어들었다. 실업자도 같은 기간 909.4만 명(경제활동인구의 12.6%)에서 530만 명(7.0%)으로 176만 명 감소하였다.

(8) 국가신용등급

1998년 모라토리엄 선언으로 지급불능 수준으로 떨어졌던 국가신용등급이 2000년대에는 투자적격 단계로 상향되었다. 2003년 10월 Moody's가 처음으로 러시아 국가신용등급을 Ba2에서 투자적격 등급인 Baa3로 상향 조정하였고, Fitch IBCA가 2004년 11월에 BB+에서 BBB-로, 그리고 2005년 1월 31일 S&P사가 러시아의 장기외화표시 채권등급을 BB+에서 BBB-로 상향 조정하면서 러시아는 세계 3대 신용평가회사 모두로부터 투자적격 등급을 부여받았다. 1998년 8월 모라토리엄 선언 이후 6년 6개월 만에 국제금융시장에서 정상적인 투자대상 국가로 대접받게 되었다. 그리고 2006년 7월 Fitch IBCA가 러시아 외화 및 루블화 국채 장기신용등급을 BBB+, 9월에는 S&P가 BBB+로 상향 조정하였고, 2008년 8월에는 Moody's가 Baa2에서 Baa1으로 한 단계 상향 조정함에 따라 A등급으로의 진입을 눈앞에 두게 되었다.

2) 2000년대 러시아 경제성장의 특징과 한계

(1) 2000년대 러시아 경제성장의 특징

1992년 백뱅(Big Bang) 전략을 통해 자본주의 시장경제로의 체제개혁을 시도한 러시아 경제는 그 후 끝없는 혼란과 침체를 거듭하며 1998년에는 국가 부도에 직면하기도 하였다. 그러나 2000년대 들어 러시아는 경제 위기를 완전히 극복함은 물론 세계 경제에서 가장 역동적 성장을 구가하며 슈퍼파워(super power)로 복귀하는 데 성공하였다. 이와 같은 러시아 경제의 극적인 반전은 내부의 정책적 요인과 외부의 경제적 요인이 정(+)의 방향으로 작동하였기 때문이다. 정책적 요인으로는 푸틴이 집권한 후 이룩한 정치 및 사회적 안정, 적극적이며 지속적인 구조개혁 추진, 경제정책의 일관성 유지를 들 수 있다. 1990년대 옐친 시대 러시아 경제 침체 및 혼란의 상당 부분이 고질적인 정치 불안에 의해 야기되었던 점을 고려할 때 푸틴이 집권 초기부터 강력한 리더십을 발휘하며 국정을 장악하고 정치 안정을 이룩한 것은 경제성장과 발전에 중요한 역할을 하였다. 그리고 경제정책에서 '국가자본주의(state capitalism)' 체제를 구축하며 물가안정과 재정 건전성 확보를 정책의 최우선 목표로 설정하고 정책 수행에서 일관성과 연속성을 유지하였다. 러시아 경제정책의 3대 축인 재무부(알렉세이 쿠드린), 경제발전부(게르만 그레프), 중앙은행(세르게이 이그나티예프) 수장을 경질 없이 연임하며 경제정책의 방향성과 의지를 보여주었다. 그리고 옐친 시대 용두사미에 그친 행정, 토지, 조세, 사회복지, 교육, 주택 등 사회-경제 모든 부문에서 강력한 구조개혁을 단행하여 적지 않은 성과를 거두었다. 그중에서도 조세 부문과 토지 사유화 부문. 금융부문에서의 개혁은 시선을 끌기 충분했다.

대외 경제적 요인으로는 무엇보다도 해외 부문에서 발생한 석유 및 천연가스를 포함한 국제 원자재가격의 지속적 상승이었다. 2000년대 글로벌 경제에서 러시아의 급부상은 에너지자원 수출을 통한 스필오버 효과(spillover effect)[178]로 인한 총수요의 확대다. 2000년대 중반까지 골디락스(Goldilocks)[179]로 지칭되는

178) 스필오버 효과(spillover effect)란 물이 넘쳐흘러 인근의 메마른 논에까지 혜택이 전해지듯이, 특정 지역에 나타나는 현상이나 혜택이 흘러넘쳐 다른 지역에까지 퍼지거나 영향을 미치는 것을 말한다. 경제에서 스필오버는 어떤 요소의 생산 활동이 그 요소의 생산성 외에 다른 요소의 생산성에 긍정적 영향을 줌으로써 경제 전체의 생산성을 증가시키는 효과를 말한다. [네이버 지식백과]. 스필오버 효과 (시사상식사전, 박문각)

179) 골디락스(Goldilocks)는 영국 동화책 '골디락스와 곰 세 마리(Goldilocks and the Three Bears)'에 나오는 소녀 이름이다. 금발 머리 소녀 골디락스가 어느 날 숲속에서 곰이 끓여 놓고 나간 '뜨겁고, 차갑고, 적당한' 온도의 수프 중에서 적당한 온도의 수프로 배를 채우고 기뻐한다.

유례를 찾아보기 어려운 세계 경기의 장기 호황이 계속되면서 국제 원자재 시장에서 원유를 중심으로 한 연료-에너지자원의 국제가격이 장기간 급등(super-cycle)하는 상황이 연출되었다. 국제 에너지 상품시장의 장기호황은 러시아 자원 수출기업들의 실적 증가로 연결되며 자원개발을 위한 고정자본 투자와 고용 증대를 촉진했다. 광공업 분야의 생산성 향상과 가계 소득의 증가는 국내 투자와 소비를 활성화하는 촉매제가 되었다. 또한 광물자원과 관련된 채굴세, 수출세, 기업 이윤세, 부가가치세 등에서 세금 수입이 증가하면서 연방정부는 연금을 포함한 국민 복지후생 향상과 산업인프라 확충을 위한 재정지출을 확대하였다. 이처럼 2000년대 중반까지 국제원자재 가격의 장기호황에 따른 러시아 연료-에너지 상품의 수출 확대는 가계, 기업, 정부 등 모든 경제주체의 최종 생산물(상품과 서비스)에 대한 총수요(aggregate demand)를 자극하면서 경제성장의 선순환 구조를 연결하는 고리가 되었다.

(2) 2000년대 러시아 경제성장의 문제점

2000년대 초반 10년 러시아 경제는 국제 원자재 가격의 급등을 통해 얻은 에너지자원지대(energy resources rents)를 활용한 투자(자본)주도형 성장을 추구하였다. 국영기업 및 올리가르히로 지칭되는 과두재벌 기업 중심의 막대한 설비투자, 특히 석유, 가스 등 에너지 산업과 철강, 비철금속 등 광공업에서의 해외 수요 증대와 투자확대가 성장을 견인하였다. 그러나 노동생산성 향상이 제대로 동반되지 않은 물적, 자본 집약적 성장은 광공업 부문의 고부가가치 창출 실패와 서비스 및 금융산업의 상대적 미발전이라는 문제점을 내포하였다.

2000년대 러시아 경제는 7%에 육박하는 고도성장을 달성하였음에도 불구하고 실질성장률이 잠재성장률에 훨씬 미치지 못하였다. 특히 2004년과 2005년의

골디락스 경제는 여기서 유래돼 뜨겁지도 차갑지도 않고 건실하게 성장하고 있는 이상적 경제 상황을 말한다. 이 용어는 영국 <파이낸셜 타임스>가 중국이 2004년 9.5%의 고도성장을 이루면서도 물가상승이 수반되지 않는 것을 일컬어 '중국 경제가 골디락스에 진입했다'고 기사화하면서 널리 알려지기 시작했다. [네이버 지식백과] 골디락스 경제[Goldilocks Economy] (한경 경제용어사전, 한국경제신문/한경닷컴)

경우 잠재성장률이 각각 11.7%, 15.5%에 달했는데도 불구하고 실질성장률은 7.2%, 6.4%에 그쳤다. 에너지자원 수출로부터 유입된 석유자본(oil money)의 상당 부분이 석유안정화기금으로 편입됨으로써 경제성장에 대한 기여는 제한적이었다. 그리고 막대한 무역 및 경상수지 흑자를 바탕으로 중앙은행에 묶여있는 6,000억 달러에 달하는 외환보유액은 사회 및 산업인프라 구축과 설비투자 확대에 기여하지 못함으로써 러시아 경제의 성장잠재력을 확충시키지 못했다.

푸틴 정부 들어 러시아는 개발독재라 할 수 있는 연방정부 주도의 '선택과 집중' 정책을 통해 적지 않는 성과를 거두었다. 그러나 지나친 정부의 시장개입과 규제는 독점의 심화와 기업경영에서의 도덕적 해이, 자원분배에서 비효율성을 높여 지속 가능 성장을 저해하였다. 또한 국가자본주의 구축에 따른 정부의 특정 산업(에너지자원, 군수산업, 특정 전략산업) 지원 및 육성 정책은 산업부문 간 불균형 성장과 '정부 실패(government failure)'로 이어졌고, 에너지 자원 수출 중심의 성장전략은 산업구조의 다변화 및 현대화에 장애 요인으로 작용하였고, 경제의 대외 의존성을 높여 외부변수의 충격에 취약하도록 만들었다.

3) 1990년대와 2000년대 러시아 경제 개혁과 정책 비교

1990년대 옐친 시대 러시아 경제체제가 '작은 정부(small government)'에 바탕을 둔 시장 우위 자본주의의 특징을 보인 반면 2000년대 푸틴 시대 러시아 경제는 '큰 정부(big government)'에 바탕을 둔 국가 우위 자본주의의 특성을 나타냈다. 표 36은 양 체제의 특성을 요약한 것으로 확연히 대비되고 있음을 보여준다. 옐친 시대 시도한 서구식 신자유주의의 '보이지 않는 손(invisible hands)'에 의한 러시아의 글로벌 경제체제로의 편입이 모라토리엄이라는 경착륙(hard landing)으로 끝났지만, 푸틴의 러시아 전통 가치관에 바탕을 둔, 국가 주도의 '보이는 손(visible hands)'에 의한 경제구조 개혁은 경제 강대국으로의 재부상이라는 연착륙(soft landing)에 성공하였다. 그러나 경제정책 수행 과정에서 대외경제 여건이 1990년 옐친 시대보다 2000년대 푸틴 시대가 훨씬 우호적이었다는 점은 고려되어야 한다. 러시아 경제성장의 핵심 동력원인 국제유가가 1990년대는 배럴당 20 달러를 넘지 못하는 저유가 국면에서 벗어나지 못하면서도 가격 급등락이 컸고, 세계 경제의 변동성도 높았다. 반면 2000년대 푸틴 시대 국제원자재 가격은 장기 상승 사이클을 유지했고 세계 경제는 수년간 고성장하의 저실업이라는 '골디락스(Goldilocks)'의 호황을 누렸다. 2000년대 러시아 경제의 역동적 성장에서 경제성장 전략의 선택과 양호했던 대내외 여건 외에 러시아 경제가 지닌 강점과 잠재력을 명확히 분석하고 이를 최대한 활용해 그 잠재력을 실현할 수 있었던 푸틴 정부의 경제정책 또한 2000년대 경기호황을 설명하는데 빼놓을 수 없는 중요한 요인이다.

표 36. 1990~2000년대 러시아 경제개혁과 정책 비교

	옐친시대(1991~1999)	푸틴시대(2000~2008)
경제체제	체제전환 경제	자본주의 경제
경제제도	약탈적/야만적 자본주의	국가자본주의
개혁방식	형식 위주의 급진주의	실용/실리 위주의 점진주의
개혁주도세력	기업가 올리가르히(과두재벌)	관료 올리가르히(실로비키)
재산권 이전	민간이전(사유화)	국영기업이전(국유화, 국영화)
경제정책기조	신자유주의(자유시장메커니즘)에 바탕을 둔 자유경쟁 정책	국익을 중심으로 한 국가주도의 경제관리 정책
재정정책	재정완화, 적자기조 유지	긴축재정, 흑자기조 유지
금융정책	통화정책 : 금융완화(easy money) 환율정책 : 자유변동. 관리변동 혼용	통화정책 : 금융긴축(tight money) 환율정책 : 이중통화바스켓제도
산업정책	민영화를 통한 생산성 및 효율성 제고와 경쟁력 강화	기간 및 전략산업의 국유화와 통폐합을 통한 글로벌화
국가-기업집단관계	기업의 정부포획	정부의 기업포획

자료 : 이종문. 현대 러시아 경제. 2008. p.86

국가자본주의로 대변되는 푸틴 시대 러시아 경제성장 전략은 옐친의 자본주의 시장경제로의 체제전환 개혁을 계승하였으나 그 방식은 전임자가 추진한 신자유주의를 바탕으로 한 시장 자본주의와는 다른 양상을 보였다. 개인의 재산권과 자유로운 기업 활동을 보장하고, 경제개방과 자유화를 표명하는 등 경제체제에서는 자본주의 틀을 유지하였다. 반면 경제운영에서는 핵심 및 전략 산업부문

에서의 경쟁력 확보를 위해 국유화를 추진하고 경제 흐름을 시장메커니즘에 전적으로 맡겨놓기보다는 국가가 통제하고 관리하는 방식을 취했다. 또한 정부 주도하에 경제성장 목표를 설정하고 과제를 제시한 후 권위주의적이고 강압적인 정책수단을 동원하여 목표를 달성하는 개발독재 방식을 취함으로써 국민경제 전반에서의 국가 기능과 역할을 확대했다. 푸틴의 국가자본주의는 자유시장 자본주의 모델에 소비에트의 사회주의 모델이 가미된 형식을 띠었다. 그러나 푸틴 시대 큰 정부의 추구는 관료집단의 형식주의와 경직성, 과두재벌과 정부의 정경유착과 부패, 생산요소의 불합리한 배분, 경제활동의 제한 및 규제 등의 문제를 초래하며 러시아 경제 전체의 효율성을 떨어뜨리고 성장잠재력을 훼손시키는 부작용을 동반했다.

3. 글로벌 금융위기(2009~2017년) 이후 러시아 경제성장과 발전

1) 2010년대 러시아 주요 거시경제지표

2008년 하반기 미국발 비우량주택담보대출(sub-prime mortgage) 사태로 촉발된 글로벌 금융・경제 위기는 정부의 시장개입 강화와 기업의 국유화로 화석화된 러시아 경제의 경직성과 에너지 자원 렌트에 안주한 자원수출 의존형 경제구조가 대외변수의 돌발적 상황 변화, 즉 세계 경기침체로 인한 국제유가 급락의 충격에 얼마나 취약한지를 여실히 보여주었다. 글로벌 금융위기 이후 2009~2016년 러시아 경제는 연평균 1%에도 미치지 못하는 장기간의 심각한 경기침체라는 극단적인 경기변동을 경험하였다. 다행히 2017년 러시아 경제는 (+) 성장으로의 완전한 추세 전환에 성공하였고, 소비자물가, 재정수지, 경상수지, 환율, 고용(실업) 등 주요 거시경제지표의 안정을 바탕으로 성장궤도에 재진입할 것으로 보인다. 글로벌 금융 및 경제위기 이후 지금까지 러시아 경제성장과 발전을 주요 거시지표를 통해 살펴보면 다음과 같다.

표 37. 글로벌 금융위기 이후(2008~2017년) 러시아 주요 거시경제 지표

	지표	단위	2009년	2010년	2011년	2012년	2013년	2014년	2015년	2016년	2017년
대내경제	경제성장률	%	-7.8	4.5	5.1	3.7	1.8	0.7	-2.5	-0.2	1.5
	GDP (경상가격)	10억$	1,313.7	1,638.5	2,051.7	2,210.3	2,297.1	2,063.7	1,368.4	1,281.3	1,527.5
	GDP (PPP)	10억$	3,063.8	3,240.9	3,475.4	3,670.4	3,796.8	3,892.0	3,835.8	3,877.0	4,007.8
	1인당 GDP(경상)	US$	9,181	11,445	14,321	15,411	15,997	14,355	9,510	8,900	10,608
	1인당 GDP(PPP)	US$	21,411	22,639	24,259	25,592	26,440	27,072	26,658	26,930	27,834
	소비자물가상승률	%	8.8	8.8	6.1	6.6	6.5	11.4	12.9	5.4	2.5
	평균 실업률	%	8.3	7.3	6.5	5.5	5.5	5.2	5.6	5.5	5.2
	최저생계비미만자	%	13.0	12.5	12.7	10.7	10.8	11.2	13.3	13.3	13.2
	산업생산증감	%	-10.7	7.3	5.0	3.4	0.4	1.7	-3.4	1.1	2.1
	고정자본투자증감	%	-13.5	6.3	10.8	6.8	0.8	-1.5	-10.1	-0.2	4.4
	소매매출 증감	%	-5.1	6.5	7.1	6.3	3.9	2.7	-10.0	-4.6	1.3
	재정수지	GDP.%	-6.0	-3.9	0.7	-0.1	-0.4	-0.4	-2.4	-3.4	-1.4
	재정수입	GDP.%	18.9	17.9	19.0	19.2	17.8	18.3	16.4	15.6	16.4
	재정지출	GDP.%	24.9	21.8	18.3	19.3	18.2	18,7	18.7	19.1	17.8
	대내부채	10억R	2094.7	2940.4	4190.6	4977.9	5722.2	7241.2	7307.6	8003.5	8689.6
	주가지수(RTSI)	연말	1444.6	1770.3	1381.9	1527.0	1442.7	790.7	757.0	1152.3	1154.4
대외경제	상품수지	백만$	113,231	146,995	196,854	191,663	180,566	188,931	148,398	90,215	115,422
	수출	백만$	297,155	392,674	515,409	527,434	521,835	496,806	341,419	281,709	353,547
	수입	백만$	183,924	245,680	318,555	335,771	341,269	307,875	193,021	191,494	238,125
	경상수지	백만$	50,384	67,452	97,274	71,282	33,428	57,513	67,777	24,517	35,436
	대외부채(총)	백만$	466,294	488,537	538,884	636,421	728,864	599,901	518,489	511,752	518,103
	대외부채(연방)	백만$	29,489	32,192	33,591	53,471	60,962	41,027	29,953	38,931	55,410
	외국인직접투자	백만$	36,583	43,168	55,084	50,588	69,219	22,031	6,853	32,539	28,684
	외환보유액	백만$	439,450	479,379	498,649	537,618	509,595	385,460	368,399	377,741	432,742
	우랄산 유가	$/배럴	59.6	78.2	109.4	110.4	107.9	97.6	51.2	41.9	53.0
	환율(연말)	루블/$	30.2	30.5	32.2	30.4	32.7	56.3	72.9	60.7	57.6
	환율(평균)	루블/$	31.7	30.4	29.4	31.1	31.8	38.0	60.7	66.9	58.3

자료 : 러시아연방 국가통계청, 러시아 중앙은행, 러시아 재무부, 국제통화기금(IMF)

(1) 경제성장

2008년 9월 발생한 미국발 글로벌 금융위기는 세계 경제의 패러다임을 변화시켰다. 2000년대 고성장, 고부채(leveraging), 고수익으로 대표되던 골디락스 시대가 종언을 고하고 저성장, 저금리, 부채 축소(deleveraging), 규제 강화 등이 글로벌 경제의 새로운 표준(New Normal)으로 고착화 되었다. 뉴노멀은 '수출 의존형' 국가와 '자원 의존형' 국가의 성장 탄력을 둔화시켰다. '에너지 자원 수출주도'의 경제성장을 추진한 러시아가 가장 큰 충격을 받았다. 2009년부터 2017년

까지 러시아 경제는 3번의 역(-)성장을 기록하며 경제성장률이 연평균 1%에도 미치지 못하는 장기 저성장 및 침체에서 허덕이며 성장잠재력을 상실하는 '머들링 스루(muddling through) 증후군'[180]을 경험해야만 했다.

표 38. 글로벌 금융위기 이후 러시아 경제성장률 추이(2009~2017년) (단위: %)

	2009	2010	2011	2012	2013	2014	2015	2016	2017	총 성장률	평균 성장률
세계	-0.05	5.41	4.22	3.46	3.28	3.41	3.09	3.16	3.54	33.6	3.27
선진국	-3.41	3.08	1.73	1.20	1.16	1.83	1.88	1.86	1.97	11.7	1.24
신흥경제	2.97	7.42	6.29	5.27	4.91	4.60	3.98	4.10	4.64	53.8	4.90
러시아	-7.82	4.50	4.26	3.66	1.79	0.74	-2.54	-0.17	1.55	5.5	0.59

자료 : IMF 및 러시아 통계청 자료를 바탕으로 작성.

2008년 9월 미국발 서브프라임모기지 사태는 약 10년 동안 브레이크 없는 가파른 성장을 구가하던 러시아 경제를 고속 추락으로 전환하는 도화선이 되었다. 금융위기가 실물 경제로 전이되면서 국제 원자재 가격이 폭락하였고, 에너지자원 수출에 전적으로 의존하며 경제성장을 추진하였던 러시아 경제는 직격탄을 맞으며 1998년 모라토리엄 선언으로 5.3% 역(-)성장을 한 후 10년 만인 2009년 다시 7.8% 마이너스 성장을 기록했다. 2010년과 2011년에는 각각 4.1%, 5.1%의 경제성장을 기록하며 회복하는 기미를 보이기도 했다. 그러나 2011년부터 그리스에서 촉발된 재정위기가 포르투갈, 이탈리아, 스페인 등 남유럽 국가(PIGS)를 거쳐 유로존(Euro zone) 경제 전체에 영향을 미치면서 러시아 경기둔화가 가속화되었다. 그리고 2014년 초에 발생한 우크라이나 사태와 러시아의 크림반도 병합에 따른 서방의 경제제재[181], 하반기에 발생한 미국과 석유수출국기구(OPEC)

---

180) 머들링 스루(muddling through) 증후군이란 진흙탕 속에서 걸어 나가듯 시간을 끌면서 힘겹게 나아간다는 뜻으로 사용된다. 점차 불확실성이 높아지는 대외환경에서 살아남는 것을 헤쳐 나가기 힘든 진흙 속을 통과하는 상황에 비유한 것으로, 유로존이 유럽의 재정문제로 촉발된 금융위기에 늑장 대응하며 경기 침체가 장기화한 현상을 일컫는 말로 사용되었다. 자료 : 네이버 지식백과. 머들링 스루 (시사상식사전, 박문각)

181) 서방(EU와 미국)의 경제제재는 2014년 3월 초 러시아의 우크라이나에 대한 군사개입과 크림반도 병합과 관련해 3~6월에 취해진 1단계 제재와 7월 말레이시아 항공기 MH-17 추락 사건을 계기로 7월 말 단행된 2단계 제재로 구분된다. 1단계 제재에는 우크라이나 사태 관련 특정

간의 원유시장을 둘러싼 주도권 싸움으로 국제유가가 폭락하면서 러시아 경제 성장률은 2014년 0%대로 내려앉았고, 2015~2016년은 -2.5%, -0.2%로 1996년 이후 처음으로 2년 연속 마이너스 성장을 기록했다. 2017년에는 유가 회복을 바탕으로 플러스(+) 1.5% 성장을 달성하며 2011년 이후 6년 동안 지속하여 왔던 경기 침체의 늪에서 탈출하는 데 성공하였다.

글로벌 금융위기 이후 2009년부터 2017년까지 9년 동안 러시아 경제성장률은 총 5.5%에 불과했고 이를 연평균으로 환산하면 0.6%에 불과하다. 동기간 동안 세계 경제가 연평균 3.3%, 신흥경제 및 개발도상국 경제가 연평균 4.9% 성장한 것과 비교해 볼 때 러시아 경기 침체가 얼마나 심각했는지를 보여준다. 2017년 러시아 경제는 2014년부터 2016년까지 3년간 진행된 국제 에너지 가격의 급락과 서방의 경제제재라는 이중 타격(double-blowing)의 충격에서 벗어나는 모습을 보였다. 국제유가의 안정적인 상승과 푸틴 3기의 새로운 경제정책 메커니즘이 효과를 보이기 시작했다. 국제유가가 바닥을 찍고 회복되면서 해외 부문에서의 수출 수입(收入)이 증가하였고 이는 러시아 국내투자, 소비, 정부지출 확대 등 총수요의 증가로 연결되며 러시아 경제를 침체의 늪에서 빠져나오는데 결정적 역할을 했다. 동시에 2015년부터 본격 시행된 총공급 중심의 경제정책, 수입대체 및 내수산업 육성 정책, 저유가 체제하에서의 예산편성과 집행 등 국내경제의 대외변수, 특히 유가변동에 대한 충격을 완화하기 위한 정책 메커니즘이 서서히 작동하고 있다. 2017년 41%나 상승한 우랄산 유가의 경제성장 기여도가 0.3%포인트에 불과하고, 실질환율은 6.5% 하락(가치상승)에 그치는 등 유가가 러시아 거

개인, 단체, 법인의 자산동결 및 입국 금지 조치, 크림 자치공화국과 세바스토폴시를 대상으로 한 수출 및 투자 금지 조치가 주를 이루었다. 2단계 제재는 대러 분야별 경제제재 조치로 이중용도품목(Dual-use goods. 전략물자) 및 관련 기술 수출 통제, 에너지(석유) 부문 탐사, 생산 설비 및 기술 수출 금지, 무기 수출 금지, 러시아 기업 및 은행의 자본시장 접근 제한 등을 주요 내용으로 한다. EU는 3개 국영 에너지 기업(로스네프트, 트랜스네프트, 가즈프롬네프트)과 3개 방산기업(Oboronprom, United Aircraft Corporation, Uralvagonzavod)이, 은행은 5개 국영은행(저축은행, 대외무역은행, 대외경제은행, 러시아농업은행, 가즈프롬방크)이 대상이었다. 미국은 EU 제재기업과 은행에다 모스크바은행, 노바테크, 가즈프롬, 루코일, 수르구트네프테가스를 추가하였다.

시경제지표에 미치는 영향력이 많이 축소되었다.

(2) 인플레이션

물가는 2010년대 변동성이 컸음에도 불구하고 러시아 경제지표 중 가장 인상적인 실적을 보인 부문이다. 2000년대 경기 호황기에 2자리 수를 기록했었던 소비자물가 상승률이 글로벌 금융위기 이후 2009~2013년 동안 1자리 수로 떨어졌다. 대외적으로는 2010년대 세계 경제가 저성장, 저금리, 저물가 시대로 접어들었고, 대내적으로는 물가안정을 위한 러시아 중앙은행의 고금리 정책과 통화량 조절, 재무부의 재정수지 적자를 축소하기 위한 재정준칙의 준수에 힘입어 인플레이션 기대심리가 약화하였고, 경기침체로 인한 소비감소가 결정적 역할을 했다. 그러나 2014~2015년 소비자물가 상승률은 각각 11.4%, 12.9%로 2010년대 들어 처음으로 2년 연속 10% 이상의 2자리 수 상승을 기록하며 글로벌 금융위기가 닥친 2008년 13.3% 이후 7년 만에 최고치를 기록했다. 우크라이나 사태와 유가 폭락에 따른 루블화의 가치하락으로 수입물가가 앙등하였고, 러시아 정부가 미국과 유럽으로부터 식료품 수입을 금지하는 조처를 하면서 식료품 가격이 급등하였다. 동시에 경제성장률이 -2.5%, -0.2%로 급격히 떨어지면서 러시아 경제는 경기침체(stagnation) 속의 물가급등(inflation)이라는 스태그플레이션(stagflation)의 수렁에 빠졌다.

표 39 주요 항목별 소비자물가지수 추이 (2009~2017)

	2009년	2010년	2011년	2012년	2013년	2014년	2015년	2016년	2017년
소비자물가지수	**108.80**	**108.78**	**106.10**	**106.57**	**106.47**	**111.35**	**112.91**	**105.39**	**102.51**
- 식료품	106.08	112.89	103.87	107.48	107.32	115.43	114.00	104.57	101.07
- 비식료품	109.65	104.95	106.65	105.16	104.46	108.05	113.65	106.54	102.75
- 서비스	111.60	108.06	108.72	107.28	108.01	110.45	110.20	104.89	104.35

* 전년도를 100으로 함.
자료 : 러시아연방 통계청

2016년부터 소비자물가는 통화 당국의 고강도 긴축 통화-신용정책에 힘입어 안정을 찾는 데 성공하였다. 중앙은행이 9월까지 기준금리를 10.5%대의 고금리로 유지하였고, 소비자금융대출을 억제하면서 통화량(M1)이 전년 대비 3.7% 축소되었다. 그리고 농업부문에서의 예상을 웃돈 풍작과 외환시장에서의 안정적인 환율 흐름으로 수입물가 상승이 둔화하였다. 2016년 소비자물가 상승률은 5.4%로 1992년 체제전환 시작 이후 역대 최저치를 기록하였다. 그리고 2017년 물가상승률은 2.5%에 그치면서 중앙은행이 물가안정목표제(inflation targeting)를 시행한 이후 처음으로 물가안정 목표치인 4.0% 이하를 달성한 최초의 해가 되었다. 2017년 물가안정은 식료품 및 비식료품 부문에서 가격상승률이 각각 1.07%, 2.75%로 2016년과 비교해 각각 3.50%포인트, 3.79%포인트 축소된 것이 절대적 이바지를 하였다. 반면 유료서비스 부문의 경우 가장 높은 4.35%를 기록하며 전년도보다 0.54%포인트 하락하는 데 그쳤다. 러시아 정부의 정책 기조가 재정 및 물가안정에 방점을 두고 있다는 점에서 국제상품시장에서의 에너지 자원 가격 급변동이나 외환시장에서 환율 급등락 등의 변수가 나타나지 않을 경우 소비자 물가는 안정세를 유지할 것으로 보인다.

(3) 재정수지

재정부문은 경제성장률과 더불어 2010년대 러시아 거시경제지표 중에서 가장 부진한 성적을 보였다. 연방 재정수지가 2000년대인 2000~2008년까지 모두 흑자를 기록했지만 2009~2017년까지는 2011년(GDP 대비 0.7% 흑자)을 제외하고는 모두 적자를 기록했다. 러시아는 연방 재정수입에서 석유-가스 부문이 차지하는 비중이 매우 높은데 특히 2010년 이후에는 석유-가스 부문이 연방세수의 50%까지 담당하고 있다. 러시아는 2012년 12월 재정 지출의 예측 가능성을 높이고 변동성을 축소하는 방안으로 우랄산 유가와 연동해 예산 수입과 지출을 3년 단위로 편성하는 재정준칙(fiscal rules)[182)]을 도입하였다. 그러나 유가는 변동성이

182) 재정준칙(fiscal rules)은 재정수지, 재정지출, 국가채무 등의 총량적인 재정지표에 대하여 구체적인 목표 수치(numerical numbers of targets)를 동반한 재정 운용 목표(fiscal objectives)를 법제화한(legally provided) 재정 운용 정책이다. 러시아는 2013년부터 최근 5년간 평균 유가에 기초하여 기준유가를 추정하고, 이를 고려하여 재정수입 중 석유 수입 부분의 이용을 제한했다. 재정지출은 석유부문 수입, 비석유부문 수입 전망치, 재정 적자의 최대 허용치를 GDP의 1% 내에 묶어둔다는 원칙 등을 종합적으로 고려하면서 최근 3년 자료를 기초로 편성한다.

크고 러시아 정부가 통제할 수 있는 변수가 아니라는 점에서 재정수지의 안정을 확보하는 데 한계점을 지녔다. 러시아 정부는 2015년 경제가 역(-)성장을 기록하자 기존 3년 예산 계획안 대신 2016년에만 적용하는 긴급 예산안을 편성하면서 예산 수입·지출을 유가와 연동해 편성하는 방식을 탈피하기도 했다. 그리고 2017년에는 유가 변동에 따른 정부지출의 취약성을 줄이고자 예산 손익분기점(균형재정)의 원유 가격을 배럴당 40달러로 하는 새로운 재정준칙을 도입하였다.[183] 러시아 재무부가 긴축재정을 기반으로 한 재정준칙을 엄격히 준수하며 재정 건전성 확보에 큰 노력을 기울이고 있으나 재정 수입에서 석유-가스의 과도한 비중은 수입(收入)의 변동성을 확대해 재정수지의 균형을 어렵게 만든다. 2009년 이후 러시아 연방 재정수지는 유가에 크게 좌우되며 급격한 변동성을 보였다. 유가 하락 시기(2009~2010년, 2015~2016년)에 러시아 재정수지는 큰 폭의 적자를 기록했고, 상승 시기에도 2000년대와 같은 대규모 흑자가 아닌 소규모 적자를 기록하였다.

표 40. 러시아 연방정부 재정수입 및 지출 추이 (GDP대비 %)

	2009년	2010년	2011년	2012년	2013년	2014년	2015년	2016년	2017년
예산수입	18.9	17,9	19,0	19.2	17.8	18.3	16.4	15.6	16.4
-석유가스	7.7	8.3	9.5	9.6	8.9	9.4	7.0	5.6	6.5
예산지출	24,9	21.8	18.3	19.3	18.2	18.7	18.7	19.1	17.8
-부채상환	0.4	0.4	0.5	0.5	0.5	0.6	0.6	0.7	0.8
예산수지	-6.0	-3,9	0.7	-0.1	-0.4	-0.4	-2.4	-3.4	-1.4
-비석유가스 예산수지	-13.7	-12.2	-8.7	-9.7	-9.4	-9.8	-9.4	-9.1	-7.9

자료 : 러시아 재무부

(4) 실업률과 임금

러시아 실업률은 2008년 6.2%에서 2009년 8.2%로 급등한 후 지속해서 하락하며 2017년 5.2%로 글로벌 금융위기 이후 최저 수준으로 떨어졌다. 실업자 수로

183) 우랄산 유가가 균형재정 유가인 배럴당 40달러보다 높으면 재정수입의 차액을 국가준비기금(National Reserve Fund)에 편입하고, 향후 유가 하락 시에 인출하여 사용하도록 정하였다.

보면 2009년 628.4만 명에서 2017년 396.7만 명으로 232만 명 축소되었다. 근로자의 월평균 명목임금은 계속해 상승하는 추세를 보인다. 2009년 18,638루블에서 2017년 39,167루블로 110% 늘어났다. 1인당 화폐소득 또한 동기간 16,895루블에서 31,477루블로 86% 상승하였다. 그러나 물가상승률을 제외한 실질소득(가처분 소득)은 2014년부터 2017년까지 4년 연속 감소하면서 2009~2017년 동안 총 6.1% 증가하는 데 그쳤다.

표 41. 러시아 실업률과 소득 추이

	2009년	2010년	2011년	2012년	2013년	2014년	2015년	2016년	2017년
실업률(%)	8.3	7.3	6.5	5.5	5.5	5.2	5.6	5.5	5.2
실업자 수(천명)	6,284	5,544	4,922	4,131	4,137	3,889	4,264	4,244	3,967
월평균임금(루블)	18,638	20,952	23,369	26,629	29,792	32,495	34,030	36,709	39,167
월평균소득(루블)	16,895	18,958	20,780	23,221	25,928	27,767	30,467	30,747	31,477
실질소득증가율(%)	3.0	5.9	0.5	4.6	4.0	-0.7	-3.2	-5.8	-1.7

자료 : 러시아 통계청

(5) 경상수지

글로벌 금융위기 이후 러시아의 상품 및 경상수지는 대규모의 흑자 기조를 이어오고 있다. 2010년대 러시아 대외수지의 특징은 상품 및 경상수지 흑자 규모의 변동성이 확대되었고, 상품수지와 경상수지 간의 격차가 커졌다는 점이다. 2011~2014년 무역수지 흑자 규모가 1,800억 달러를 넘었지만 2016년은 절반인 900억 달러로 축소되었다. 경상수지 또한 2011년 973억 달러에서 2016년 245억 달러로 1/4로 줄었다. 그리고 무역수지와 경상수지 간의 격차가 심각하다. 가장 적었던 2016년에도 양 수지 간 격차가 660억 달러를 기록했고, 2013년은 1,470억 달러에 달했다. 이는 러시아가 에너지 자원을 중심으로 한 제품 수출을 통해 얻은 상품수지 흑자의 대부분이 서비스(해외여행, 유학・연수, 운수 서비스 등), 본원소득(임금, 배당금, 이자처럼 투자의 결과로 발생한 수입과 지급의 차액), 이전소득(송금, 기부금, 정부의 무상원조 등 대가 없이 주고받은 거래)에서 대규모 적자를 상쇄하는데 충당되었음을 보여준다. 러시아는 서비스 부문의 해외여행과

본원소득 부문의 투자 배당금 지급에서 각각 연간 적게는 200억 달러에서 많게는 500억 달러에 육박하는 적자를 보였다.

2010년대 러시아 상품 및 경상수지는 2011년을 정점으로 감소한 후 2016년 저점을 찍고 2017년 반등하는 모습을 보였다. 2011년 러시아는 국제 원자재시장에서의 가격회복에 따른 수출 회복으로 상품수지에서 1,969억 달러 흑자, 경상수지에서 973억 달러를 기록하며 글로벌 금융위기 직전 최고치를 기록했었던 2008년 수준을 회복하기도 했다. 2015년 우크라이나에서의 지정학적 리스크 확대와 국제유가 급락 속에 2016년 무역 및 경상수지 흑자가 각각 902억 달러, 245억 달러로 축소되었다. 무역수지는 2005년 이후 11년 동안 유지해오던 1,000억 달러 흑자 선이 무너졌고, 경상수지는 1999년 229억 달러 흑자 이후 17년 만의 최소치다. 2017년 러시아는 에너지 자원 수출 증가에 힘입어 상품 및 경상수지 흑자 폭이 소폭 확대되었다. 우랄산 유가가 2016년 배럴당 41.9달러에서 2017년에는 53.0달러로 26.5% 상승하면서 석유-가스 부문에서의 수출 확대(25.3%)가 전체 상품 수출 증가를 견인하였다. 상품 수출이 전년 대비 25.5% 증가한 3,535억 달러, 수입은 24.2% 증가한 2,381억 달러로 확대되었다. 상품무역 수지 흑자가 903억 달러에서 1,154억 달러로 늘어나며 다시 1,000억 달러를 넘어섰다. 경상수지 흑자는 서비스수지 적자 폭의 확대에 따라 245억 달러에서 354억 달러로 109억 달러 늘어나는 데 그쳤다.

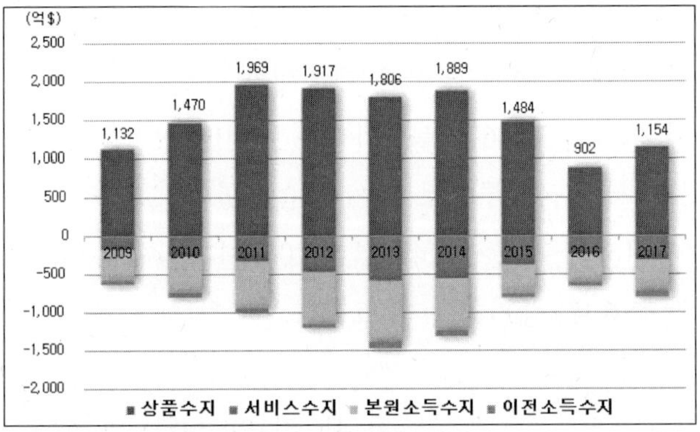

그림 34. 러시아 경상수지 구성 추이 (2009~2017)

(6) 환율

환율은 글로벌 금융위기 이후 가장 큰 변동성을 보인 경제 변수 중 하나다. 글로벌 금융위기 직후, 그리고 2014년 이후 루블은 달러 대비 가장 약세를 보인 세계 통화 중 하나다. 그러나 2017년 들어 외환시장이 안정을 찾아가는 모습을 보였다. 그림 35는 2008년 1월부터 2017년 12월까

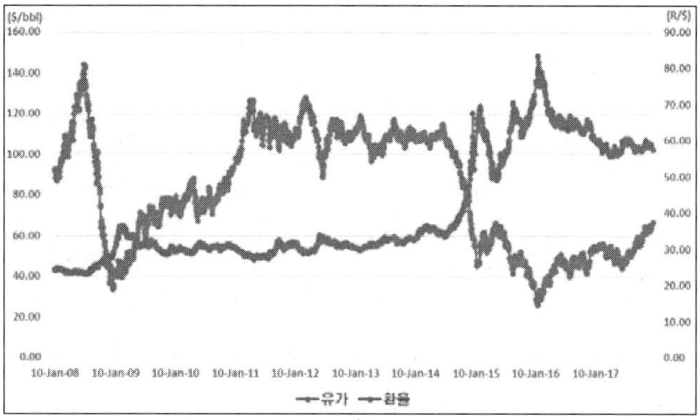

그림 35. 유가와 루블 환율 변동 추이 (2008.01~2017.12)

지 10년 동안 국제유가(Brent)와 루블/달러 환율 간의 변화 추이를 보여준다. 동기간 국제유가가 상승하면 루블 환율은 하락하고, 유가가 하락하면 환율은 상승하는 역(-)의 상관관계가 존재했다. 특히 2014년까지 유가변동에 따른 환율변동의 탄력성이 유가 상승기보다 유가 하락기에 더 크게 나타나고 있는데 이처럼 유가 상승기와 하락기에서 환율변동 탄력성의 차이가 대단히 크게 나타나고 있는 것은 러시아 환율체계가 유로화와 달러화를 바스켓으로 하는 '이중통화 바스켓(dual currency basket)'이라는 관리변동환율제를 채택한 것과 밀접한 관련이 있다. 러시아 정부가 환율시장 개입에 개입하여 유가 상승기에는 경쟁력 확보를 위해 환율하락을 억제하고, 유가 하락기에는 환율상승을 용인하는 등 정부가 시장 여건을 보며 환율을 일정 부분 내에서 조절하였기 때문이다. 그러나 2014년 후반부터 러시아 외환시장에서 달러 대비 루블 환율은 국제 유가와 거의 완전한 역(-)의 상관관계를 형성하며 탄력성 또한 동조성이 높아졌다. 2014년 이후 루블 환율과 국제유가 간 상관성이 더욱 높아진 것은 러시아 정부가 2014년 8월부터 환율변동 폭을 확대한 데 이어 11월부터 전격적으로 변동환율시스템(free-float exchange rate system)을 도입하면서 환율이 시장수급에 의해 결정되는 시대가 열렸기 때문이다.[184)]

2014년 초반 우크라이나 사태와 러시아의 크림반도 병합으로 야기된 지정학

184) "2016 Russian Report : 분야별 평가와 전망", 한국외국어대 러시아연구소. 2017. p.68.

적 리스크와 하반기 국제유가의 급락은 루블 환율의 급등(가치 하락)을 일으키며 러시아 경제의 기초체력(fundamental)을 약화한 핵심 요인이었다. 크림반도 병합에 따른 서방의 경제제재와 2014년 말부터 2016년 말까지 2년 연속된 OPEC의 감산 합의 실패로 국제유가가 급락하면서 달러 대비 루블 명목환율은 2013년 말 달러 당 32.73이었던 루블화가 2016년 1월 22일 83.59루블로 155%나 폭등하였다. 평균 환율 또한 2013년 31.8달러에서 2016년 66.9루블로 100% 이상 급등하였다. 2016년 말 OPEC과 비OPEC의 감산 합의 도달로 유가가 회복되면서 루블화의 가치가 안정되기 시작하였다. 특히 2016년의 영국의 유럽연합(EU) 탈퇴(Brexit)와 미국 트럼프 당선 등의 블랙스완(black swan)에도 불구하고 환율은 안정을 찾아가며, 가치는 꾸준히 상승하였다. 모스크바거래소(MOEX)에서 미 달러(US$) 대비 루블의 명목환율은 2016년 말 60.66루블에서 2017년 말에는 57,606루블로 5.04%(3.06루블) 절상되었다. 2017년 달러 대비 루블화의 평균 환율은 58.30루블을 기록하였고, 최댓값(60.75루블)과 최솟값(55.85루블)의 변동폭이 8.8%로 최근 수년 동안 가장 작아 외환시장에서의 불확실성이 약화하였음을 보여주었다. 물가수준을 반영하여 조정한 실질환율(real exchange rate)은 2016년 대비 6.5% 절상되었다. 명목 실효환율에 자국과 주요 교역상대국 간의 물가상승률 차이를 고려해 계산한 실질 실효환율(real effective exchange rate)은 2016년 대비 -0.9%, 즉 루블의 화폐가치(구매력)가 0.9% 하락하는 데 그쳤다.

2) 2010년대 러시아 경제 침체의 특징과 과제

2007년부터 시작된 미국 부동산 가격 하락에 따른 서브프라임모기지(subprime mortgage) 부실과 2008년 9월 미국 투자은행 리먼 브러더스(Lehman Brothers)의 파산으로 촉발된 세계 금융 및 경제 위기로 러시아 경제는 다시 장기간의 침체국면으로 빠져들었다. 글로벌 금융위기 이후 2009년부터 2017년까지 러시아 경제는 3번(2009년, 2015년, 2016년)의 마이너스(-) 성장을 기록하는 등 연평균 1%에도 미치지 못하는 저성장의 늪에서 허덕이며 경상가격 기준 GDP에서 세계 12위를 차지하며 10위권 밖으로 밀려났다. 러시아 경제성장의 견인차였던 국제원자재 가격이 글로벌 경기 후퇴로 장기 하락추세(super down cycle)로 전환되면서 에너지 산업의 스필오버 효과(spillover effect)가 부정적(negative)으로 작동하였다. 그리고 2014년부터 본격화된 미국의 셰일에너지 생산 확대와 이를 막기 위한 석유수출국기구(OPEC) 회원국들의 감산 합의 실패 등 원유시장을 둘러싼 미국과 OPEC 회원국 간의 치킨게임이 격화되면서 국제 원자재 시장에서 저유가 기조가 이어졌다. 러시아는 해외 상품 수출 부문에서 대규모의 수입(收入) 감소를 겪게 되었고 이는 가계소비, 기업투자, 정부지출의 축소로 연결되며 러시아 경제를 장기 침체의 늪으로 밀어 넣었다. 동시에 2014년 초 우크라이나 사태와 러시아의 크림반도 병합에 따른 서방의 대러 경제제재로 외환시장에서 루블화의 가치가 급락(환율 급등)하고, 주식시장에서 주가가 폭락하며, 채권시장에서 금리가 급등하는 등 금융시장의 불안이 고조되었고, 국제신용평가사(S&P, Moody's, Fitch IBCA)의 러시아 국가신용등급 하향 조정과 자본의 대규모 해외유출로 경제의 불확실성과 안정성에 대한 불안감이 확산하면서 러시아 경제의 기초체력(fundamental)이 약화하였다. 러시아 경제는 2011년부터 2016년까지 6년간의 경기후퇴와 침체를 겪은 후 마침내 2017년 경제성장률(실질 GDP 증가율)에서 플러스(+) 1.5%를 달성하며 최근 2년간의 역(-)성장에서 빠져나왔고, 소비자물가는 2000년대 이후 최저치인 2.5% 상승에 그치면서 국제 에너지 가격의 급락과 서방의 경제제재라는 이중 타격(double-blowing)의 충격에서 벗어났다.

국제유가 하락이라는 대외요인이 2010년대 러시아 경제를 장기 저성장과 침체의 늪으로 밀어 넣었다면, 대내적으로는 국제원자재 가격의 장기호황에 따른 자원 렌트(resource rent)의 과실을 따 먹는데 안주하며 경제구조의 체질 개선과 개혁을 미룬 것이 부메랑으로 돌아왔다. 에너지 자원이 성장 동력으로의 기능을 거의 상실하였음에도 불구하고 러시아 경제는 여전히 과도한 에너지자원 의존 수출주도형 경제구조에서 벗어나지 못하고 있다. 2010년대 초반과 비교해 비중이 축소되었음에도 불구하고 러시아 경제에서 탄화수소(석유 및 천연가스)가 국내총생산의 20~25%, 수출의 50~60%, 재정수입의 약 40%를 담당하고 있다.

2014년 우크라이나 사태에 따른 서방의 경제제재와 유가 폭락을 계기로 푸틴 정부가 총공급 중심의 경제정책을 통해 성장 잠재력을 확충하고, 제조 부문의 수입대체 및 혁신산업 육성을 통한 경제구조의 다변화와 현대화를 강력하게 추진하고 있음에도 불구하고 큰 효과를 보이지 않고 있다. 집권 1, 2기(2000~2008년) 동안 에너지자원 및 전략산업을 국유화하며 추진한 국가자본주의의 부작용으로 민간 분야의 경제활동이 활성화되지 못하고 있다. 정부의 과도한 시장개입으로 시장의 자율적 기능이 약화하면서 생산요소의 합리적 배분이 왜곡되었고, 국민경제 전반에 걸쳐 비효율성이 증대되었다. 특히 은행산업과 자본시장의 미발달은 자금의 흐름을 왜곡시켜 정부의 금리 및 통화정책의 유효성을 크게 떨어뜨렸다. 2017년 러시아 경제는 지난 수년간의 저유가와 서방의 경제제재에 대한 면역력을 조금씩 높이며 장기침체의 늪에서 벗어나는 데 성공하였으나 저성장, 저유가, 미국의 보호무역주의, 중국과 EU의 성장 둔화라는 글로벌 경제의 도전에 직면하고 있다. 러시아 경제가 침체와 장기 저성장 궤도에서 탈출하기 위해서는 단기적으로는 통화-신용정책과 재정 및 외환 정책을 조합된 패키지로 운영하여 대외경제 변수의 급변동에 적절히 대응해야 하며, 장기적으로는 기업의 투자 및 생산 활동 활성화와 생산성 향상에 정책의 초점을 맞추어야 한다. 동시에 화석화된 국영기업의 과감하고 조속한 민영화를 추진하고, 경제구조의 다변화 및 현대화를 위한 지속적이고 강도 높은 구조개혁을 통해 손상된 성장 잠재력을 확충해 가야 한다.

Ⅴ. 세계 속의 러시아 경제

1. 러시아 거시경제지표

2008년 글로벌 경제위기 이후 러시아가 세계 경제에서 차지하는 위상을 국내총생산(GDP), 국민총소득(GNI), 대외무역, 외국인투자, 외환보유액, 대외부채 등의 주요 대내외 거시경제 관련 통계 지표를 중심으로 살펴보면 다음과 같다.

1) 러시아 국민소득

국민소득(national income)은 한 나라의 경제 수준을 종합적으로 보여주는 대표적인 거시경제지표다. 국민소득은 포괄범위나 평가방법 등에 따라 국내총생산(GDP), 국민총소득(GNI), 국민순소득(NNI), 국민처분가능소득(NDI) 등으로 구분한다. 국민소득지표는 한 나라의 경제력이나 그 국민의 생활수준을 보여줄 뿐 아니라 경제성장률, 경제구조, 투자율, 저축률 등 경제 상황을 분석하는데 유용한 지표로 이용된다.

(1) 러시아 국내총생산(GDP)

오늘날 세계 경제에서 한 나라의 경제력이나 경제 규모를 종합적으로 보여주는 가장 대표적인 거시경제지표가 국내총생산(GDP. Gross Domestic Product)이다. GDP는 한 나라 안에 있는 가계, 기업, 정부 등 모든 경제주체가 일정 기간 새로이 생산한 최종 생산물(상품과 서비스)의 가치를 시장가격으로 환산하여 합산한 것으로 산정된다. 외환시장에서 수요와 공급에 의해 결정된 시장 환율로 환산된 미 달러 표시 국내총생산을 경상가격 GDP(GDP at current prices)라 하는데 국가 간의 경제 수준 비교를 위해 널리 사용되고 있다.[185] 1980년대까지 세계 각국이 생산 활동의 중심 지표로 국민총생산(GNP. Gross National Product)을 사용하였으나 1990년대 들어 국내총생산(GDP)으로 대체하였다. 1980년대 이후 자본과 노동 등 생산요소의 국가 간 이동이 활발해짐에 따라 한 나라의 종합적인 경제 활동 상황을 파악하고자 할 때 국민 개념보다 국내 개념이 더 중요한 의미를 가지게 되었다. 또한 세계 경제에서 글로벌화(globalization)의 급진전으로 외국에 진출하여 현지인을 고용하는 다국적기업(MNC)의 수가 급격히 늘어나면서 이들 기업이 실제로 영업하고 있는 국가의 고용 및 경기 변동에 미치는 영향력이 무시할 수 없는 수준에 이른 것도 큰 역할을 하였다.

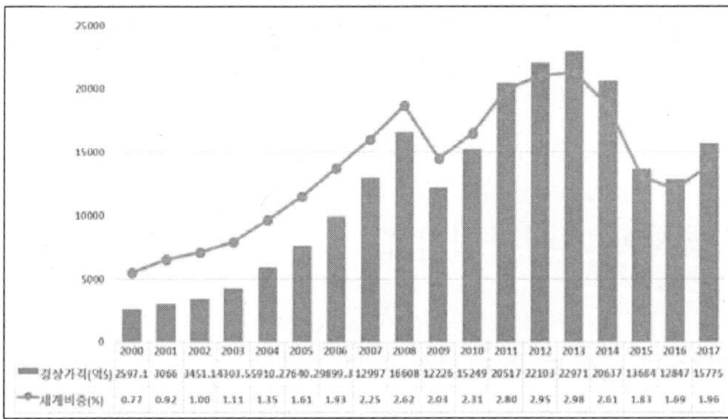

그림 36. 러시아 경상가격 GDP 추이 (2000~2017)

세계은행(World Bank) Data Bank에 의하면 2017년 러시아의 경상가격 GDP는 1조 5,775억 달러로 세계 200개 평가 대상 국가 중에서 캐나다에 이어 11위를 차지하였다. 세계 GDP에서 차지하는 비중은 1.96%였다. 미국이 19조 3,906억 달러(세계 GDP의 24.03%), 중국이 12조 2,377억 달러(15.17%)로 둘(有二)뿐인 10조 클럽 국가였다. GDP 규모에서 러시아는 2000년 2,597억 달러로 세계 20위(0.77%)에 턱걸이했다. 2000년대 세계 경제의 호황과 국제 원자재 가격의 급등에 힘입어 러시아 경제 규모는 2013년 2조 2,971억 달러로 약 9배 급팽창하며 2.98%의 점유율로 세계 8위의 경제 대국으로 발돋움했다. 그러나 2015년 러시아 경제는 2014년 대비 무려 33.8%나 축소된 1조 3,685억 달러, 2016년 1조 2,847억 달러를 생산하는 데 그치면서 세계 순위도 12위로 추락하였다. 이는 2014년 우

185) 한국은행, "알기 쉬운 경제지표 해설", 2010. pp.19~24. 경상가격 GDP(GDP at current price)란 '해당연도'의 최종생산물의 수량에 해당연도의 시장가격(경상가격)을 곱하여 산출되는 GDP로 명목 GDP(nominal GDP)라고도 한다.

크라이나 사태로 인한 서방의 경제제재와 2015~2016년 국제유가의 급락(우랄산 유가 2015년 47.5%, 2016년 18.2% 하락) 속에 러시아 경제성장률이 2년 연속 마이너스(-)를 기록했고, 동시에 달러 대비 루블 환율이 2014년 38.0루블에서 2015년 60.7루블, 2016년 66.9루블로 76% 급등(평가절하)하면서 달러 표시 경상가격 GDP가 급감하였기 때문이다. 반면 2017년 경제성장률이 1.5% 증가에 그쳤음에도 경상가격 GDP가 2016년 대비 22.8% 증가한 것은 달러 대비 명목 루블 환율이 66.9루블에서 58.3달러로 12.9% 하락한 것이 결정적 기여를 했다.

표 42. 국내총생산(GDP)

(2017년. 200개국 기준)

순위	경상가격				구매력평가(PPP)			
	전체 GDP			1인당GDP	전체 GDP			1인당GDP
	국명	10억$	(%)*	$	국명	10억$	(%)*	$
1	미국	19,309.6	24.03	59,532	중국	23,300.8	18.24	16,807
2	중국	12,237.7	15.17	8,827	미국	19,390.6	15.18	59,532
3	일본	4,872.1	6.04	38,428	인도	9,448.7	7.40	7,056
4	독일	3,677.4	4.56	44,470	일본	5,562.8	4.36	43,876
5	영국	2,622.4	3.25	39,720	독일	4,193.9	3.28	50,716
6	인도	2,597.5	3.22	1,940	**러시아**	**3,749.3**	**2.94**	**25,533**
7	프랑스	2,582.5	3.20	38,477	인도네시아	3,242.8	2.54	12,284
8	브라질	2,055.5	2.55	9,821	브라질	3,240.5	2.54	15,484
9	이탈리아	1,934.8	2.40	31,953	영국	2,896.8	2.27	43,877
10	캐나다	1,653.0	2.05	45,032	프랑스	2,871.3	2.25	42,779
11	**러시아**	**1,577.5**	**1.96**	**10,743**	이탈리아	2,411.0	1.89	39,817
12	한국	1,530.8	1.90	29,743	멕시코	2,344.2	1.84	18,149

(%)* : 세계 전체 GDP에서 차지하는 비중

자료 : World Development Indicators database, World Bank, 1. July 2018.
https://databank.worldbank.org/data/download/GDP.pdf

이처럼 시장 환율은 자본의 수요와 공급에 의해 많은 영향을 받고 비교역재나 서비스의 상대가격을 제대로 반영하지 못하고 있어 국가 간 경제력이나 후생수준을 정확하게 비교하는데 적지 않은 한계를 지닌다. 이에 따라 UN이나 경제협력개발기구(OECD), 세계은행 등의 국제기구는 회원국 통화의 대외 실질구매력을 반영한 구매력평가(PPP. Purchasing power parity)[186] 환율 표시 국민소득을 산출하여 발표하고 있다. 2017년 러시아는 환율 및 물가를 고려한 구매력평가(PPP) GDP에서 3조 7,493억 달러를 기록하며 독일에 이어 세계 6위를 차지했는데 세계에서 차지하는 비중은 2.94%였다. 러시아는 구매력평가 GDP에서 2001년 처음 세계 10위권에 진입한 후 2006년에 영국을 제치고 7위로, 2008년에 2조 8,782억 달러(3.48%)로 브라질을 제치고 6위로 부상하였다. 그리고 2011년에는 3조 4,754억 달러(3.66%)로 독일을 따돌리고 세계 5위권에 진입한 후 2013년까지 3년 연속 그 지위를 유지하였다. 그러나 2014년 우크라이나 사태로 인한 서방의 대러 경제제재와 OPEC의 감산 합의 실패에 따른 국제 유가의 급락 속에 경기 침체가 가속화되면서 러시아는 다시 독일에 5위 자리를 물려준 후 지금까지 6위에 머무르고 있다. 중국이 경상가격 GDP에서는 세계 2위에 그쳤으나 구매력평가 GDP에서는 2013년 16조 7,880억 달러를 기록하며 미국(16조 6,915억 달러)을 제치고 처음 1위에 오른 후 2017년에는 세계 최초로 20조 달러를 처음 넘어서는 등 미국과의 격차를 더욱 크게 벌리며 1위 자리를 굳건히 지키고 있다.

(2) 러시아 국민총소득(GNI)

한 나라의 종합적인 경제활동 상황을 통해 경제 규모를 파악하는 데 가장 유용한 지표가 국내총생산(GDP)이다. 그러나 한 나라 국민의 생활수준을 파악하고자 할 때는 국민총소득(GNI. Gross National Income) 지표가 더 적합하다. GNI는 한 나라의 국민이 국내외 생산 활동에 참여한 대가로 벌어들인 소득의 합계를 말한다. GDP가 '영토' 개념을 기준으로 생산의 주체가 누구이든 관계없이 그 나라 안에서 생산된 최종 생산물을 모두 포함해 측정한 생산지표인 데 반해 GNI는 '거주성' 개념을 기준으로 누구의 소득인지, 즉 생산 주체의 국적을 기준으로 측정한 소득지표다. GNI는 자국민(거주자)이 국외로부터 받은 소득(국외 수취요소 소득)은 포함되는 반면 국내총생산 중에서 외국인(비거주자)에게 지급한 소득

186) 구매력평가(PPP) 란 통상 미국 달러를 기준으로 각국의 화폐가 어느 정도의 구매력을 가지고 있는가를 평가하는 것으로 장기적으로 환율은 각국의 물가수준 차이에 의해 결정된다는 이론에 근거하고 있다. PPP 는 국가 간 화폐 교환비율이라기보다는 자국 화폐의 실질구매력을 나타내는데, 국가 간 물가수준 차이를 고려하여 GDP 등의 통계를 국가 간 비교하는 데 사용된다.

(국외 지급요소소득)은 제외된다.[187)]

세계은행(World Bank)은 매년 'World Bank Atlas Method'를 사용하여 회원국과 30,000명 이상 인구를 지닌 총 217개 국가를 대상으로 매년 각국의 GNI를 발표한다. 세계은행의 2018년 7월 "세계개발지표 데이터베이스(World Development Indicators database)"에 의하면 2017년 기준 Atlas method[188)]에 의한 러시아 전체 GNI는 1조 3,556억 달러로 세계 12위를 기록했다. 2016년 1조 4,263억 달러보다 금액은 약 708억 달러 줄었고 순위도 11위에서 1등급 하락했다. 세계 전체 GNI에서 차지하는 비중 또한 1.86%에서 1.74%로 0.12% 포인트 떨어졌다. 반면 국가 간 화폐 교환비율(경상가격)이 아닌 달러 대비 자국 화폐의 실질구매력(PPP)으로 측정한 GNI에서 러시아는 전년 대비 1,819억 달러 늘어난 3조 7,216억 달러로 세계 구매력평가 GNI의 2.92%를 차지하며 독일에 이어 6위를 기록하였다. 세계 경상가격 GNI에서는 미국이 18조 9,803억 달러(24.2%)로 압도적 1위를 차지하였고, 그 뒤를 중국, 일본, 독일, 영국이 따르며 Big 5를 형성하였고 세계 전체 GNI에서 차지하는 비중은 54%였다. 구매력평가 GNI에서는 중국이 23조 2,414억 달러(18.3%)로 미국을 제치고 1위를 차지한 가운데 미국, 인도, 일본, 독일 순으로 Big 5를 형성하였고 세계에서 차지하는 비중은 48.9%였다.

전체 GNI는 한 나라의 소득 규모를 측정하는 데 유용하나, 국민들의 평균적인 생활수준 내지 후생수준을 파악하는 데는 적합하지 않다. 국민들의 생활수준은 전체 국민소득의 크기보다는 1인당 국민소득의 크기와 더욱 밀접한 관계를 지니기 때문이다. 국민들의 생활수준을 알아보기 위해서 일반적으로 사용되는 지표가 1인당 GNI다. 1인당 GNI는 명목 GNI를 한 나라의 인구수로 나누어 구하며 국제비교를 위하여 보통 시장환율로 환산하여 미 달러($)화로 표시한다. 러시아의

187) 한국은행, "알기 쉬운 경제지표 해설", 2014. pp.29~30.

188) Atlas method는 세계은행이 미국 달러 기준 국민총소득(GNI)을 통해 경제 규모를 추정하는 데 사용하는 방법이다. 지역(국가) 통화로 작성된 국가의 GNI는 아틀라스 환산 계수를 사용하여 미국 달러로 환산된다. 아틀라스 환산 계수는 지난 3년 평균 환율을 사용하여 일시적 환율 변동의 영향을 완화하고 한 나라(국가의 GDP 디플레이터 사용)와 여러 선진국(GDP 디플레이터의 가중치 평균을 SDR 기준으로 사용) 간의 물가상승률 차이를 조절하여 작성된다. 미 달러화 표시 1인당 GNI는 전체 GNI를 연 중간 국민 수로 나누어 산정된다.

1인당 GNI(Atlas method)는 2017년 9,232달러로 2013년 15,200달러로 최고치를 기록한 후 4년 연속 감소하고 있다. 세계은행은 2018년 7월 1일 발표한 "세계개발지표데이이트베이스"[189]에서 1인당 GNI를 기준으로 995달러 이하인 국가를 저소득 국가(low income), 996~3,895달러인 국가를 하위 중소득 국가(lower middle income), 3,896~12,055달러인 국가를 상위 중소득 국가(upper middle income), 12,056달러 이상인 국가를 고소득국가(high income) 그룹으로 분류하고 있다. 동 기준에 따르면 러시아는 2012년 처음으로 고소득 국가 그룹에 포함된 이후 2015년까지 4년 연속 고소득 국가 지위를 유지하였다. 그러나 2016년 환율 영향으로 소득이 1만 달러 이하인 9,720달러를 기록하며 상위 중소득 국가군으로 떨어졌고 2017년에는 9,232달러로 추가 감소하며 고소득 국가군으로 진입하는 데 실패했다. 1인당 GNI에서 세계 1위는 영국자치령인 맨섬(Isle of Man)으로 82,650달러였다. 조세회피처(tax haven)라는 특성으로 1인당 GNI가 높게 나온 것으로 추정된다. 2위는 스위스로 80,560달러, 3위는 노르웨이로 75,990달러를 기록했다.

표 43. 국민총소득(GNI)

2017년 기준(188개국)

순위	아틀라스 방법(Atlas method)				구매력평가 (PPP)			
	GNI			1인당GNI	GNI			1인당GNI
	국명	10억$	(%)*	$	국명	10억$	(%)*	$
1	미국	18,980.3	24.31	58,270	중국	23,241.5	18.26	16,760
2	중국	12,042.9	15.43	8,690	미국	19,607.6	15.40	60,200
3	일본	4,888.1	6.26	38,550	인도	9,448.7	7.42	7,060
4	독일	3,596.6	4.61	43,490	일본	5,686.3	4.47	45,470
5	영국	2,675.9	3.43	40,530	독일	4,274.0	3.36	51,760
6	프랑스	2,548.3	3.26	37,970	**러시아**	**3,721.6**	**2.92**	**24,893**
7	인도	2,430.8	3.11	1,820	브라질	3,173.4	2.49	15,160
8	이탈리아	1,878.3	2.41	31,020	인도네시아	3,140.2	2.47	11,900
9	브라질	1,796.5	2.30	8,580	프랑스	2,939.3	2.31	43,720
10	캐나다	1,573.5	2.02	42,870	영국	2,810.0	2.21	43,160
11	한국	1,460.5	1.87	28,380	이탈리아	2,400.0	1.89	40,030
12	**러시아**	**1,355.6**	**1.74**	**9,232**	멕시코	2,304.5	1.81	17,740

(%)* : 세계 전체 GNI에서 차지하는 비중

자료 : World Development Indicators database, World Bank, 21. September 2018.
http://databank.worldbank.org/data/download/GNI.pdf

189) https://datacatalog.worldbank.org/dataset/gni-capita-ranking-atlas-method-and-ppp-based

각국의 상대 물가 수준을 반영해 실제 국민들의 구매력을 측정하는 구매력평가(PPP) 기준에 의한 2017년 러시아의 1인당 GNI는 24,890달러로 2016년 24,130달러에 비해 760달러 늘어나며 세계 54위를 차지했다. PPP 기준 1인당 GNI가 상승한 것은 다른 나라보다 물가상승률이 상대적으로 낮은데 기인한다. PPP 기준 1인당 GNI에서 러시아는 중국(16,760달러), 브라질(15,160달러), 인도(7,060달러)를 압도하며 BRICs 국가 그룹에서 1위를 차지했다. PPP 기준 1인당 GNI 세계 1위는 카타르(128,060달러), 2위는 마카오(96,570달러), 3위는 싱가포르(90,570달러)가 차지했다. 그림 37에서 보는 바와 같이 PPP 기준 러시아의 1인당 GNI는 시장환율을 적용한 Atlas method 1인당 GNI보다 훨씬 높다는 특징을 보인다. 2001년 4.1배에 달했던 격차가 줄어들면서 2013년은 1.7배까지 축소되었으나 2014년부터 다시 늘어나기 시작해 2017년 2.7배까지 확대되었다. 이는 러시아의 물가수준이 다른 국가들과 비교해 훨씬 낮아 루블화의 가치가 상대적으로 높다는 것을 의미한다.

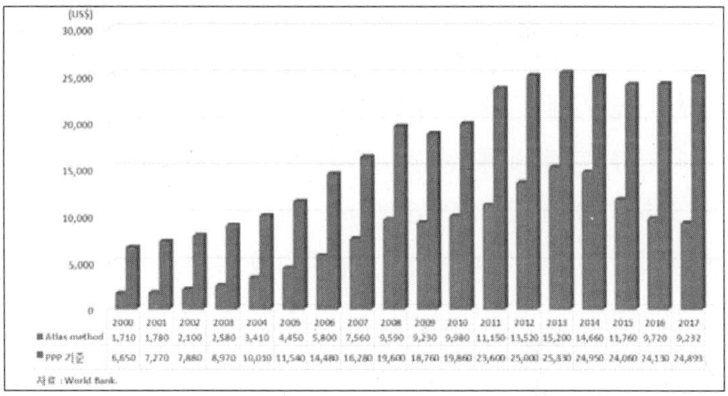

그림 37. 러시아 1인당 국민소득(GNI) 추이 (2000~2017)

2) 러시아 대외무역

(1) 러시아 상품교역

1990년 이후 세계 경제의 개방화와 글로벌화가 빠른 속도로 진전되면서 국제교역 규모는 날로 증가하는 추세를 보인다. 특히 국제 상품교역의 증가는 GDP 증가를 앞서며 세계 경제 성장을 주도하고 있다. 1990년대 세계 상품무역 물량 증가율은 시장 환율 기준 세계 실질 GDP 증가율보다 2배 이상 높았다. 글로벌 금융위기 이후 8년(2010~2017년) 동안 세계 상품 수출입의 연평균 증가율은 각각 3.0, 3.1%로 세계 GDP 증가율 2.6%를 조금 웃도는 데 그쳤다. 그러나 2017년 글로벌 무역은 물량 및 금액에서 2011년 이후 가장 높은 증가율을 기록하며 추세 전환의 신호를 보였다. 상품교역량은 4.7% 상승하며 2011년 이후 5년 평균 3%대 이하(2014년 2.7%, 2015년 2.5%, 2016년 1.8%)에서 벗어나며 1990년대 이후 평균 증가율인 4.8%에 근접했다. 달러 기준 상품 수출은 11% 늘어난 17.73조 달러, 상업용 서비스 수출은 7% 늘어난 5.25조 달러를 기록했다. 미국에서의 투자 지출 증가와 일본에서의 확연한 소비 확대, 중국 및 EU에서의 안정적인 소비 증가가 글로벌 교역의 증가를 견인했다.[190] 2005년 세계상품 수출 규모는 10조 5,091억 달러에서 2017년 17조 7,300억 달러로 68% 증가했다. 2005년~2017년까지 최근 13년간 세계 상품 교역의 추이를 살펴보면 2009년(전년 대비 -22.3%), 2015년(-12.9%), 2016년(-3.0%)을 제외하고는 매년 증가하는 추세를 보였다. 2009년은 글로벌 금융위기로 세계 경제가 침체에 빠진 해였고, 2015~2016년은 미국과 OPEC 간의 국제유가를 둘러싼 치킨게임으로 국제에너지 가격이 45% 이상 폭락한 데 기인한다. 2000년 이후 세계 경제의 글로벌화가 본격 진행되면서 세계 상품교역에서 두드러진 변화는 신흥경제(Developing Market Economies)의 약진이었다. 선진국(Developed Market Economies)이 세계 상품교역에서 차지하는 비중이 2005년 62.9%에서 2017년 53.9%로 9.0% 포인트 축소된 데 반해, 신흥경제가 차지하는 비중은 35.9%에서 46.0%로 10.1% 포인트 확대되었다. 독립국가연합(CIS)이 차지하는 비중은 2.49%에서 2.54%로 0.05% 늘어나는 데 그쳤다.[191]

190) WTO, World Trade Statistical Review 2018. p.28 & 120.
191) 국제무역센터(ITC) Trademap자료를 기초로 작성. (www.trademap.org)

표 44. 세계 주요 상품 교역국

(2017년 기준. 억 달러)

상품 수출(A)				상품 수입(B)				상품 교역(A+B)			
순위	국명	수출액	(%)*	순위	국명	수입액	(%)*	순위	국명	교역액	(%)*
1	중국	22,718	12.92	1	미국	24,095	13.51	1	중국	41,128	11.61
2	미국	15,467	8.80	2	중국	18,410	10.32	2	미국	39,562	11.17
3	독일	14,502	8.25	3	독일	11,736	6.58	3	독일	26,238	7.41
4	일본	6,981	3.97	4	일본	6,719	3.77	4	일본	13,700	3.87
5	네덜란드	6,518	3.71	5	영국	6,404	3.59	5	네덜란드	12,259	3.46
6	한국	5,737	3.26	6	프랑스	6,117	3.43	6	홍콩	11,401	3.22
7	홍콩	5,502	3.13	7	홍콩	5,898	3.31	7	프랑스	11,345	3.20
8	프랑스	5,228	2.97	8	네덜란드	5,741	3.22	8	영국	10,841	3.06
9	이탈리아	5,031	2.86	9	한국	4,784	2.68	9	한국	10,521	2.97
10	영국	4,437	2.52	10	이탈리아	4,514	2.53	10	이탈리아	9,545	2.69
15	**러시아**	**3,592**	**2,04**	**21**	**러시아**	**2,282**	**1.28**	**17**	**러시아**	**5,874**	**1.66**

(%)* : 세계에서 차지하는 비중

자료 : 국제무역센터(ITC).http://www.trademap.org/

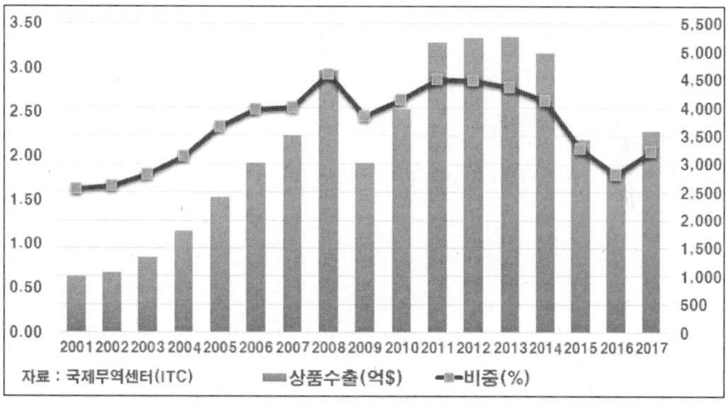

그림 38. 러시아 상품 수출 및 세계 비중 추이

국제무역센터(ITC) 수출입 통계 자료에 의하면 2017년 러시아는 상품 수출에서 전년 대비 25.8%, 금액으로는 737억 달러 증가한 3,592억 달러를 기록하며 전년보다 2단계 상승한 세계 15위를 차지했다. 세계 상품 수출에서 차지하는 비중은 1.78%에서 2.04%로 0.26% 포인트 확대되었다. 이는 2015년 3,439억 달러를 상회하는 수준이나 2013년 5,273억 달러보다 32%나 적은 수준이다. 2013년 이후 3년 연속 수출이 급감하며 2016년 2,855억 달러를 기록하였는데 이는 2005년 이후 11년 만에 최저 수출액이다. 러시아 수출의 60% 이상을 차지하는 국제 에너지 상품 가격의 급락이 결정적 요인이었다. 우랄산 유가가 2014년 배럴당 97.6달러에서 2015년에는

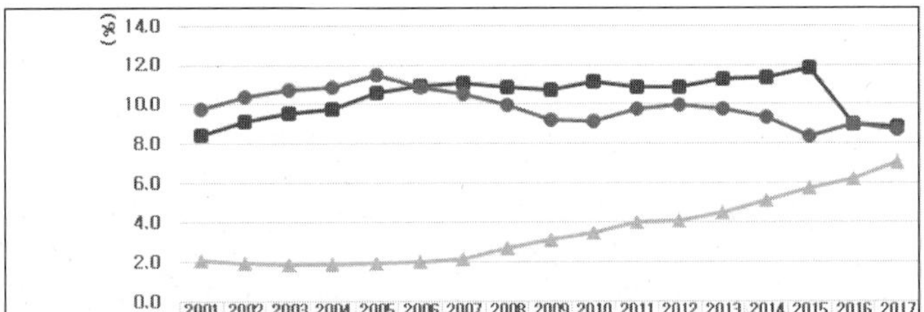

	2001	2002	2003	2004	2005	2006	2007	2008	2009	2010	2011	2012	2013	2014	2015	2016	2017
러시아	8.5	9.1	9.5	9.7	10.6	10.9	11.1	10.9	10.7	11.2	10.8	10.9	11.3	11.3	11.8	9.0	8.9
사우디아라비아	9.8	10.3	10.7	10.8	11.5	10.8	10.5	9.9	9.2	9.2	9.8	9.9	9.8	9.3	8.4	9.0	8.7
미국	2.1	1.9	1.8	1.9	1.9	2.0	2.1	2.7	3.1	3.5	4.0	4.0	4.5	5.1	5.7	6.2	7.1

(자료 : 국제무역센터(ITC)

그림 39. 세계 광물성 연료(HS27) 시장 수출국 비중

51.2달러로 47.5% 하락한 데 이어 2016년에도 41.9달러로 다시 18.2% 떨어졌다. 러시아는 2006년부터 2015년까지 10년 동안 세계 연료 및 에너지 상품 시장에서 매년 10% 이상을 공급하며 세계 최대 원유 수출국인 사우디아라비아를 제치고 1위를 차지하였다, 특히 2011~2014년 러시아는 적게는 3,460억 달러에서 많게는 3,720억 달러의 에너지 상품을 수출하며 점유율을 11%대로 확대하기도 하였다.[192] 2015년 러시아의 광물성 연료제품 수출은 2,160억 달러로 전년 대비 1,300억 달러나 줄어들었으나 세계 수출시장에서 차지하는 비중은 11.8%로 역대 최고치를 기록했다. 2016년에는 수출액이 다시 814억 달러 줄어든 1,347억 달러를 기록하면서 동 제품군의 세계 수출시장에서 차지하는 비중 또한 9.0%로 축소되며 사우디아라비아(1,350억 달러)에 1위 자리를 물려주었으나 2017년 1,733억 달러로 다시 1위로 복귀했다. 그러나 세계 광물성 연료제품 시장에서 점유율은 8.9%로 떨어지며 2001년(8.5%) 이후 최저치를 기록했다.[193] 러시아는 전체 수출 규모에서 2011년부터 2013년까지 각각 5,170억 달러, 5,248억 달러, 5,273억 달러 등 5,000억 달러 이상의 상품을 수출하며 세계 상품 수출시장에서의 점유율을 2.86%까지 확대하며 세계 8위 수출국에 자리매김하기도 하였다.

상품 수입도 수출과 유사하게 전년 대비 25.2%, 금액으로 460억 달러 늘어나며 2,282억 달러를 기록했다. 세계 수입에서 순위는 26위에서 5단계 상승한 21위로 올랐고, 세계 상품 수입에서 러시아 점유율은 1.14%에서 1.30%로 확대되었

192) WTO, World Trade Statistical Review 2015. p. 86. & 2016. p.104. https://www.wto.org/english/res_e/statis_e/wts2016_e/wts2016_e.pdf

193) 국제무역센터(ITC) 수출입통계 자료를 통해 분석함. https://www.trademap.org/

다. 러시아 상품 수입은 2015~2016년 1,820억 달러 대를 기록하였는데 이는 글로벌 금융위기로 경제 규모가 7.8%나 축소된 2009년 이후 최저 수준이었다. 기업의 투자 위축에 따른 기계설비와 가계의 소득 감소로 인한 소비재 수입의 감소가 주원인이었다. 그러나 2017년 국제유가 상승에 따른 경기 회복에 대한 기대감으로 기계설비류의 수입이 354억 달러에서 453억 달러로 28% 증가하면서 전체 수입 증가를 견인했다.

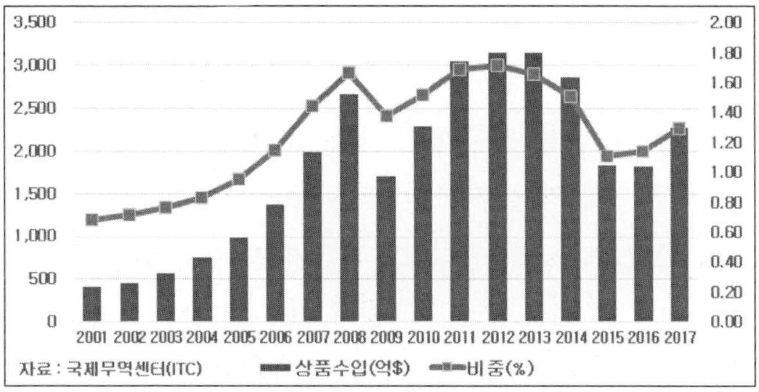

그림 40. 러시아 상품 수입 및 세계 비중 추이

수출과 수입을 합친 2017년 러시아의 총 상품 교역 규모는 2016년 4,678억 달러보다 26% 늘어난 5,874억 달러를 기록했으나 2012~2013년 8,400억 달러와 비교해 30% 이상 축소되었다. 세계 교역에서 러시아가 차지하는 비중도 2012년 2.28%에서 1.66%로 0.62% 포인트 감소했다. 러시아는 2012년을 기점으로 2016년까지 4년 연속 상품 교역 시장점유율이 감소하는 추세를 보였다. 중국, 미국, 독일은 세계 상품 교역 시장에서 압도적인 3강 체제를 구축하고 있다. 중국이 2017년 4조 달러를 넘어서며 미국을 제치고 사상 처음 세계 최대 교역국으로 부상했다. 미국이 3조 9,560억 달러로 2위로 처졌고, 독일은 2조 6,000억 달러를 넘었다. 이 3개국이 세계 상품 교역에서 차지하는 비중은 30%를 넘었다. 2017년 기준 주요 수출대상국은 유럽연합(28개국)이 44.4%, 중국 10.8%, 벨라루스 5.4%, 터키 5.1%, 한국이 3.4%를 차지했고, 수입은 유럽연합(28개국)이 35.6%, 중국 21.2%, 미국 5.6%, 벨라루스 5.0%, 일본이 3.4% 차지했다. 상품 수출 구조에서는 연료 및 광물제품이 총수출의 62.9%로 절대적 우위를 점했고, 농산물이 8.8%, 기계 및 설비류는 21.8%에 불과했다. 반면 수입은 기계설비류가 75.2%로 절대다수를 차지했고, 농산물이 13.5%로 뒤를 이었다.[194]

(2) 러시아 상업서비스 교역

상업서비스 교역(수출입) 부문에서 2017년 러시아는 전년 대비 17.6% 증가한 1,441.7억 달러를 기록하며 세계 20위(1.4%)를 차지했다. 러시아가 상업서비스 교역에서 최고액을 기록한 것은 2013년으로 1,948.5억 달러(수출 691.1억 달러, 수입 1257.4억 달러)였다. 그 후 3년 연속 감소하며 2016년 1,226억 달러로 축소된 후 2017년 회복세로 전환했다. 2017년 상업서비스 수출은 전년 대비 14.6% 늘어난 569억 달러로 세계시장 점유율은 1.08%를 기록했다. 그러나 순위는 세계 25위에서 26위로 1단계 하락했다. 2013년 691.1억 달러의 상업서비스를 수출한 것이 역대 최고치이며 당시 세계시장 점유율은 1.46%였다. 2017년 상업서비스 수입은 전년 대비 19.7% 늘어난 872억 달러를 기록하며 순위는 2단계 상승한 16위를 기록하였다. 세계시장 점유율은 0.19% 포인트 증가한 1.72%를 기록했다. 수출과 마찬가지로 러시아는 2013년 1,257.4억 달러의 상업서비스를 구입하여 최고치를 기록하였는데 당시 시장점유율은 2.73%였다.

표 45. 세계 주요 상업 서비스 교역국, 2017년 기준

(단위: 억 달러, %)

서비스 수출(A)				서비스 수입(B)				서비스 교역(A+B)			
순위	국명	수출액	(%)*	순위	국명	수입액	(%)*	순위	국명	교역액	(%)*
1	미국	7,617.2	14.43	1	미국	5,160.2	10.17	1	미국	12,777.4	12.34
2	영국	3,473.5	6.58	2	중국	4,641.3	9.15	2	중국	6,905.2	6.67
3	독일	2,998.3	5.68	3	독일	3,217.4	6.34	3	독일	6,215.7	6.00
4	프랑스	2,482.4	4.70	4	프랑스	2,404.6	4.74	4	영국	5,571.2	5.38
5	중국	2,263.9	4.29	5	네덜란드	2,106.1	4.15	5	프랑스	4,887.1	4.72
6	네덜란드	2,164.7	4.10	6	영국	2,097.8	4.13	6	네덜란드	4,270.8	4.12
7	아일랜드	1,860.8	3.52	7	아일랜드	1,988.4	3.92	7	아일랜드	3,849.2	3.72
8	인도	1,833.6	3.47	8	일본	1,888.6	3.72	8	일본	3,688.7	3.56
9	일본	1,800.1	3.41	9	싱가포르	1,705.8	3.36	9	싱가포르	3,349.9	3.24
10	싱가포르	1,644.0	3.11	10	인도	1,533.8	3.02	10	인도	3,367.4	3.25
26	러시아	**569.5**	**1.08**	**16**	러시아	**872.2**	**1.72**	**20**	러시아	**1,441.7**	**1.39**

(%)* : 세계에서 차지하는 비중

자료 : WTO, World Trade Statistical Review 2018

194) World Trade Organization, “Trade Profiles 2018”, p.296.

러시아는 상품 부문이 전통적으로 대규모의 흑자를 기록하는 반면 상업 서비스 부문은 수입이 수출을 초과하는 역조 현상을 보였다. 2013년과 2014년은 서비스 수지 적자 폭이 500억 달러를 넘어섰다. 2014년부터 수입이 급감하면서 적자 폭이 축소되어 2016년은 232억 달러까지 줄었다. 2017년 다시 수입이 확대되며 적자가 300억 달러를 넘어섰다. 세계 상업서비스 교역 또한 상품교역과 마찬가지로 미국과 중국, 독일이 주도한다. 특히 미국이 세계 서비스 교역의 12.3%를 차지하며 선두를 질주하고 있고 그 뒤를 중국과 독일이 각각 6%대로 따르고 있다.

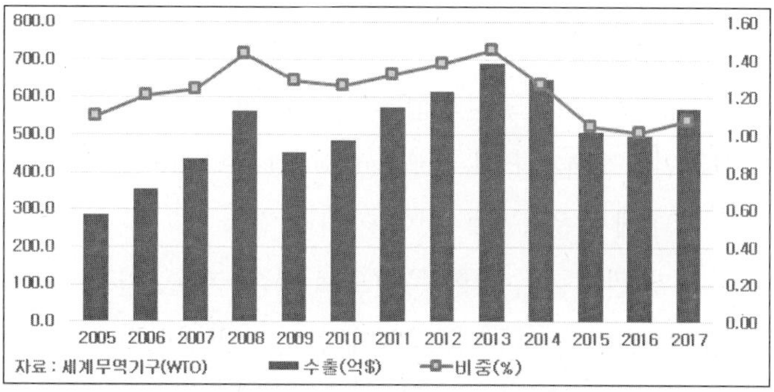

그림 41. 러시아 상업서비스 수출 추이와 비중

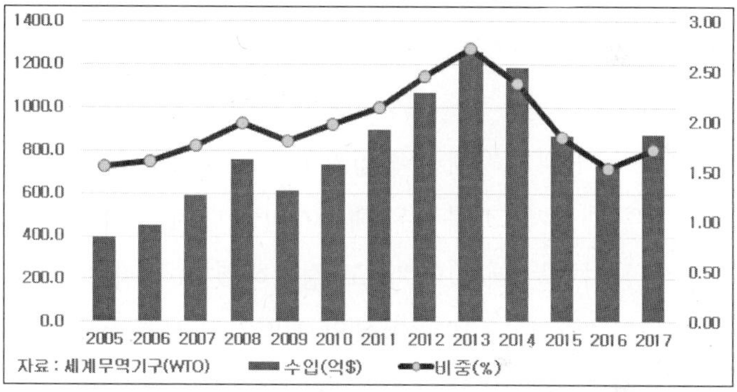

그림 42. 러시아 상업서비스 수입 추이와 비중

2017년 기준 러시아 상업서비스의 수출입구조를 살펴보면 다음과 같다. 수출은 운송이 34.3%, 여행이 15.7%, 상품 관련 서비스가 6.3%, 기타 상업서비스가 43.7%를 차지했고, 수입은 운송이 16.3%, 여행이 35.6%, 상품 관련 서비스가 2.3%, 기타 상업서비스가 45.9%를 차지했다. 주요 수출대상국(2016년 기준)은 유럽연합 28개국이 39.7%, 미국 6.8%, 스위스 6.5%, 중국 3.9%, 카자흐스탄 3.7%, 기타 39.3%를 차지했다. 수입대상국으로는 유럽연합 28개국이 49.9%, 미국 5.5%, 스위스 3.5%, 터키 3.0%, 중국 2.8%, 기타 35.3%를 담당했다.[195)]

3) 러시아 외국인직접투자 및 해외직접투자

(1) 러시아 외국인직접투자(FDI inflows)

외국인직접투자(FDI. Foreign Direct Investment)란 외국인(법인)이 단순히 자산을 국내에서 운용하는 것이 아니라 경영 참가와 기술제휴 등 국내 기업과 지속적인 경제 관계를 수립할 목적으로 자본, 기술, 인력 등의 생산요소를 국내로 이전시키는 활동을 말한다. 경영에 실질적인 영향력을 행사하기 위한 것이라는 점에서 일반적인 투자와 구분된다. FDI는 지식재산권과 부동산 등 모든 형태의 유·무형 자산이 이전되어 부를 창조할 목적으로 이뤄지는 투자를 포함한다. 하이머(Hymer. S.H.)는 "투자 대상 기업에 대한 경영권의 통제 여부"가 외국인직접투자와 외국인간접투자를 구분하는 기준이라고 보았다. 국제통화기금(IMF)은 "자국 이외의 다른 나라에서 경영활동을 수행하면서 기업에 계속 이익을 가져다주는 국제투자로써, 그 목적은 해외기업에 대한 10% 이상의 실질적 발언권을 얻어 경영에 참여하는 데 있다."라고 정의하였다. 경제협력개발기구(OECD)는 "단일의 외국인 투자자가 10% 이상의 해외기업 보통주에 대한 지분이나 의사결정권을 소유하던, 10% 미만의 보통주 지분이나 의사결정권을 소유하던 지와 관계없이 해외기업의 경영에서 실질적 발언권(effective voice in management)을 가지는 것을 그 목적으로 한다."고 정의하였다. 경영에서 실질적 발언권이란 투자자가 해외기업의 경영에 영향력을 미칠 수 있다는 것을 의미하지, 기업에 대한 절대적 통제권(absolute control)을 가지는 것을 의미하지는 않는다고 보았다. 이처럼 FDI는 투자 대상 기업을 통제할 수 있는 투자지분을 획득하여 경영활동에 직접 참여하는 것을 그 목적으로 하는 경영활동으로 자본, 생산기술, 경영 관리상의 노하우나 지식, 전문 인력 등 이동 가능한 복합적인 생산요소들의 해외 이전이 수반된다. 대표적인 형태로는 합작법인(joint venture), 현지 단독법인, 그린필드(greenfield) 투자, 브라운필드(brownfield) 투자, 인수·합병(M&A) 등이 있다.[196] 오늘날 많은 국가가 투자환경의 개선을 통해 FDI를 유치하고자 서로 경

---

195) WTO, "Trade Profiles 2018", p.297.

196) 브라운필드 투자는 현지에 있는 기존의 생산설비를 매입하거나 임차하는 투자로 초기 설립

쟁하는 것은 FDI 유치가 가져다주는 경제적 파급 효과가 크기 때문이다. 핵심 효과로는 장기적인 성격을 지닌 투자재원의 확보로 자본 부족을 겪고 있는 신흥경제 및 발전도상국에 있어 더욱 큰 의미가 있다. 그 외에 고용 창출, 훈련 및 인적자본의 개발, 선진기술 및 경영노하우 이전, 산업의 구조변화 및 기술 수준의 상향이동, 수출증대와 수입대체, 지역발전과 클러스터 구축 등을 기대할 수 있다.

유엔무역개발위원회(UNCTAD)는 매년 세계 각국이 그해에 외국인(기업)으로부터 유치한 직접투자와 해외 현지로 직접 투자한 자료를 바탕으로 해외직접투자 및 외국인직접투자에 관한 종합 보고서인 세계투자보고서(World Investment Report)를 발간하고 있다. '세계투자보고서 2018(World Investment Report 2018)'에 의하면 러시아의 FDI 유치는 2000년 26.5억 달러에서 2008년 758.6억 달러까지 매년 급격히 증가하는 추세를 보인 반면 2010년 이후는 대단히 불안정하고 가변적으로 바뀌었다. 글로벌 금융위기 전인 2004~2008년 러시아는 FDI 유치에서 연평균 356억 달러를 기록하며 BRICs 국가 중 중국(795.2억 달러) 다음으로 많은 투자를 유치했다. 반면 2013~2017년 러시아는 FDI 유치에서 BRICs 국가 중 최하위를 기록했다. 동 기간 러시아의 FDI 유치액은 연평균 314억 달러에 그쳤고, 중국이 1,316억 달러, 브라질이 624억 달러, 인도가 382억 달러를 유치하며 러시아를 앞질렀다.

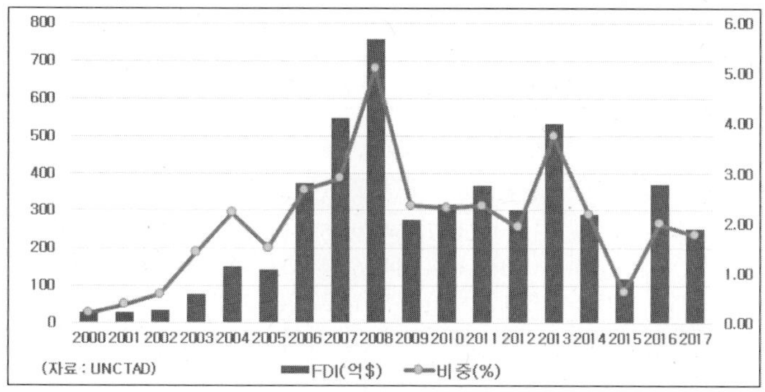

그림 43. 러시아 외국인직접투자(FDI inward) 유치 추이

러시아의 FDI 유치는 2013년 글로벌 금융위기 이후 최고치인 534억 달러를 기록한 후 2014년 292억 달러,

---

비용이 많이 들지 않아 저렴하게 인력과 생산설비 등의 확장을 꾀할 수 있다는 장점이 있다. 그린필드 투자는 해외 진출기업이 직접 공장을 건설하여 새롭게 생산설비를 만드는 등의 투자를 말한다.

2015년에는 120억 달러 미만으로 급격히 축소되었다. 특히 2015년 119억 달러의 FDI 유치는 2003년 이래 최저 수준으로 러시아 경제에 대한 외국인투자자들의 관심이 급속도로 냉각되었음을 보여주었다. 이는 2014년 2월 우크라이나 사태와 크림반도의 러시아 편입에 따른 서방의 대러 경제제재 조치로 외국인의 대러시아 투자가 위축된 데 이어 미국과 OPEC 간의 국제 에너지 시장을 둘러싼 치킨게임으로 국제 에너지 가격이 급락하면서 러시아 경제가 역(-) 성장하는 등 러시아 경제를 둘러싼 대내외 변수의 악화로 경제의 불확실성이 확대되었기 때문이다. 2016년 러시아는 전년 대비 3배 이상 급증한 372억 달러의 FDI를 유치하며 2년간의 급락에서 벗어났으나 2017년 다시 253억 달러 유치에 머물며 상승 추세로의 전환에 실패했다. 2016년 4/4분기를 기점으로 경기가 바닥을 찍고 상승으로 전환하였고, 러시아 정부가 기업환경 개선을 위한 정책 방안들을 구체화하면서 외국자본 유입이 확대되었으나 성장 지속성 대한 의구심이 증폭되면서 투자 확대가 꺾였다. FDI 유치 누계 잔액은 2013년 4,715억 달러를 정점으로 2015년에는 2,627억 달러로 급감했다가 2017년 다시 4,466억 달러로 회복되었다. 세계 전체 FDI 누계 잔액에서 러시아가 차지하는 비중도 2015년 1.04%에서 1.42%로 확대되었다. 그러나 2013년도 기록한 1.90%를 회복하지는 못했다.

표 46. 러시아 FDI 유치 및 잔액 현황 (2004~2017)

	외국인직접투자 유치 (억$)						외국인직접투자 잔액 (억$)					
	2004-2008	2013	2014	2015	2016	2017	2000	2013	2014	2015	2016	2017
러시아	395.8	534.0	291.5	118.6	371.8	252.8	297	4,715	2,900	2,627	3,939	4,466
브라질	263.4	535.6	733.7	642.9	580.0	627.1	1,219	7,248	7,259	5,682	7,033	7,783
인도	212.4	282.0	345.8	440.6	444.8	399.2	163	2,265	2,531	2,826	3,185	3,777
중국	795.2	1239.1	1285.0	1356.1	1337.1	1363.2	1,933	9,568	10,853	12,209	13,546	14,909
비중(%)*	3.08	3.75	2.18	0.62	1.99	1.77	0.40	1.90	1.14	1.02	1.42	1.42

비중(%)* : 세계 전체 외국인직접투자에서 러시아가 차지하는 비중
자료 : UNCTAD, "World Investment Report 2018"

(2) 러시아 해외직접투자(FDI outflows)

러시아의 해외직접투자는 국제 원자재 가격 상승과 경제성장을 바탕으로 2000년대 들어서면서 본격화되기 시작했다. 특히 가스프롬, 로스네프트, 루코일 등 러시아를 대표하는 에너지 기업들이 해외직접투자를 주도했다. 2000년대 러시아는 해외직접투자에서 BRICs 국가 중 선두를 유지했다. 2004~2008년 러시아의 해외직접투자는 연평균 322억 달러로 중국(236억 달러), 브라질(136억 달러), 인도(116억 달러)를 압도했다. 글로벌 금융위기 이후 러시아의 해외직접투자는 연도별로 급격한 변동성을 보여주었다. 2010년대 러시아의 해외직접투자는 2011년 486억 달러에서 2012년 284억 달러로 급감한 후 2013년 707억 달러로 급등하였고, 다시 2015~2016년은 270억 달러로 축소되었다. 2013~2017년 러시아의 해외직접투자는 연평균 450억 달러로 2000년대보다 증가했음에도 불구하고 BRICs 국가군에서는 중국에 추월당했다. 중국은 2013년부터 '육상 실크로드 경제벨트'와 '21세기 해상 실크로드' 계획 즉 일대일로(一帶一路, one belt one road) 정책을 추진하며 해외투자에 적극적으로 나섰다. 2013~2017년 중국의 해외직접투자는 연평균 1,395억 달러로 미국(2,967억 달러), 일본(1,413억 달러)에 이어 3위를 차지했다. 세계 해외직접투자에서 러시아가 차지하는 비중은 2013년 5.12%에서 2015년 1.67%로 축소된 후 2017년 2.52%로 회복되었다. 2017년 말 기준 러시아의 해외직접투자 잔액은 3,823억 달러로 세계 해외직접투자 잔액의 1.24%를 차지했다. 1조 4,820억 달러를 기록한 중국의 1/4수준에 불과하나 브라질과 인도보다는 많은 수준이다.

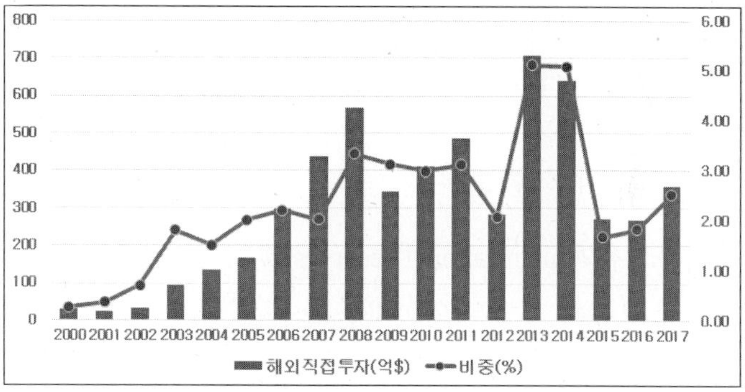

그림 44. 러시아 해외직접투자(FDI outward) 추이

표 47. 러시아 해외직접투자 현황 (2004~2017)

	해외직접투자 (억$)						해외직접투자 잔액 (억$)					
	2004-2008	2013	2014	2015	2016	2017	2000	2013	2014	2015	2016	2017
러시아	321.7	706.8	642.0	270.9	269.5	360.3	192	3,853	3,298	2,827	3,343	3,823
브라질	136.1	-11.8	22.3	30.9	-74.3	-13.5	497	3,008	3,344	3,233	3,415	3,589
인도	115.6	16.8	117.8	75.7	50.7	113.0	17	1,198	1,315	1,390	1,441	1,553
중국	235.6	1078.4	1231.2	1456.7	1961.5	1246.3	278	6,605	8,826	10,979	13,574	14,820
비중(%)*	2.31	5.12	5.09	1.67	1.83	2.52	0.26	1.54	1.31	1.11	1.25	1.24

비중(%)* : 세계 전체 해외직접투자에서 러시아가 차지하는 비중
자료 : UNCTAD, "World Investment Report 2018"

4) 러시아 외환보유액

외환보유액(international reserves)은 일국의 통화 당국이나 정부 기관이 일정 시점에 보유하고 있는 외화자산과 금을 합친 금액을 말한다. 외환보유액은 해외로부터 상품이나 서비스를 수입할 때 그 대금을 결제하거나, 외국에서 차입한 대외부채의 원금과 이자를 상환하기 위한 지급준비금의 성격을 지니기 때문에 한 나라의 대외신용을 가늠하는 척도가 된다. 외환보유액은 정부나 중앙은행이 경상수지 흑자나 외국인직접 및 포트폴리오 투자 등을 통해 국내로 유입된 외환을 매입함으로써 늘어나게 되는데 이렇게 축적된 외환보유액은 각종 국내외 경제변수나 왜곡된 정보에 의해 외환시장이 교란되었을 때 정부(중앙은행)의 환율 안정을 위한 수단으로 활용되면서 완충재로서 역할을 담당한다. 외환보유액은 통화 당국이 필요한 경우 언제든지 사용할 수 있는 유동성과 어느 채권자에게나 영수될 수 있는 수용성, 가치 변동이 심하지 않은 안정성을 갖춘 국제통화여야 한다.

오늘날 거시경제의 안정과 국가 신임도의 제고를 위해 외환보유액을 적정수준으로 유지하는 것이 대단히 중요하다. 신흥국에서 특히 외환보유액의 중요성이 크게 주목받은 것은 1990년대 후반 세계 경제의 글로벌화가 급속하게 진행되는 과정에서 헤지펀드(hedge fund)를 필두로 한 국제 투기성 단기자금의 급작스러운 유출입과 이를 완충할 수 있는 외화 유동성 부족으로 멕시코, 태국, 한국, 인

도네시아, 러시아, 브라질 등의 신흥경제 국가들에서 심각한 외환위기가 발생하면서였다. 그리고 2008년 미국발 서브프라임 모기지 사태로 촉발된 서방에서의 금융위기가 충분한 외환보유액을 쌓아두지 않은 채 과도한 외국자본 차입에 의존하는 개방형 성장 드라이브 정책을 추진해 온 아이슬란드, 발트 3국, 중동부 유럽 국가들로 빠르게 전이되면서 이들 국가에서 심각한 외화 유동성 부족이 발생하였고 이는 국가신용등급의 하향조정과 외환 및 금융시장의 위기 심화로 이어졌다. 결국 아이슬란드, 우크라이나, 헝가리, 벨로루시, 세르비아가 국제통화기금(IMF)에 구제금융을 신청하기에 이르렀다. 반면 대규모 외환보유액을 쌓아두었던 중국, 러시아, 인도, 브라질의 브릭스(BRICs) 4개국과 한국, 싱가포르, 대만, 홍콩 등의 아시아 신흥경제국은 큰 충격을 겪지 않은 것으로 드러나면서 외환보유액의 중요성이 재차 주목받았다.

IMF에 따르면 2017년 4/4분기 말 각국 중앙은행이 가진 외환보유액은 11조 4,303억 달러로 2016년 말 대비 7,176억 달러 늘어났다. 보유외환 중 외화 구성비율이 공개되지 않은 비공개 할당 보유액(unallocated reserves)은 12.4%인 1조 4,134억 달러로 2016년 말(2조 2,916억 달러)보다 8,782억 달러 줄었다. 2014년 4/4분기 4조 7,905억 달러(41.3%)를 기점으로 비공개 할당 보유액은 지속해서 줄어들고 있다. 공개된 할당 보유액(allocated reserves)은 87.6%인 10조 169억 달러로 2016년 말(8조 4,211억 달러)보다 1조 5,959억 달러 확대되었다. 이는 각국, 특히 신흥경제국 중앙은행들이 미국 연방준비제도(Fed)의 기준금리 인상 및 자산축소에 대비하여 외환 보유를 확대한 결과다. 공개 할당 보유액 국제 통화별로는 달러(62.7%)와 유로(20.1%)가 전체 외환보유액의 약 83%를 차지하며 글로벌 통화로서의 위상을 여실히 보여주었다, 일본 엔(4.9%), 영국 파운드(4.5%), 캐나다 달러(2.0%), 호주 달러(1.8%), 중국 위안(1.2%), 스위스 프랑(0.2%), 기타 통화(2.5%) 순이었다.[197] 눈에 띄는 점은 중국 위안화가 2016년 말부터 국제통화로 인정받으면서 2017년 4/4분기 말에는 세계 외환 보유 통화에서 1,226억 달러를

197) IMF, "Currency Composition of Official Foreign Exchange Reserves(COFER)". 2018.2.27 http://data.imf.org/?sk=E6A5F467-C14B-4AA8-9F6D-5A09EC4E62A4

차지하며 그 세력을 점진적으로 확대하고 있다는 점이다.

표 48. 세계 10대 외환보유국

(2018년 6월말 기준. 단위 : 억 달러)

순위	국 가	외환보유액	순위	국 가	외환보유액
1	중 국	31,121	6	러시아	4,567
2	일 본	12,587	7	홍 콩	4,319
3	스위스	8,005	8	인 도	4,057
4	사우디아라비아	5,064	9	한 국	4,003
5	대 만	4,571	10	브라질	3,795

자료 : IMF, 각국 중앙은행 홈페이지

러시아의 외환보유액은 2000년 상반기까지 100억 달러 대에 불과했다. 그러나 국제유가가 본격적으로 상승하기 시작한 2002년부터 급격히 늘어나기 시작해 2004년 10월에는 1,000억 달러를 넘어섰고, 2006년 3월에는 2,000억 달러, 12월에는 3,000억 달러, 2007년 6월에는 4,000억 달러를 넘어섰다. 그리고 2008년 7월 말에는 5,827억 달러의 외환(금 포함)을 보유하며 세계 3위의 외환 보유 대국으로 자리매김하였다. 1998년 8월 보유 외환의 부족으로 모라토리엄을 선언한 후 불과 10년 만에 이룬 대단한 성과였다. 그러나 2008년 하반기 발생한 글로벌 금융위기의 여파 속에 외환시장 안정을 위한 시장개입으로 외환 보유액이 한때 3,838억 달러(2009년 4월)까지 줄어들기도 했다. 그 후 지속적인 경상수지 흑자에 힘입어 러시아 외환보유액은 2012년 말 기준 5,376억 달러를 기록하며 중국, 일본, 스위스에 이어

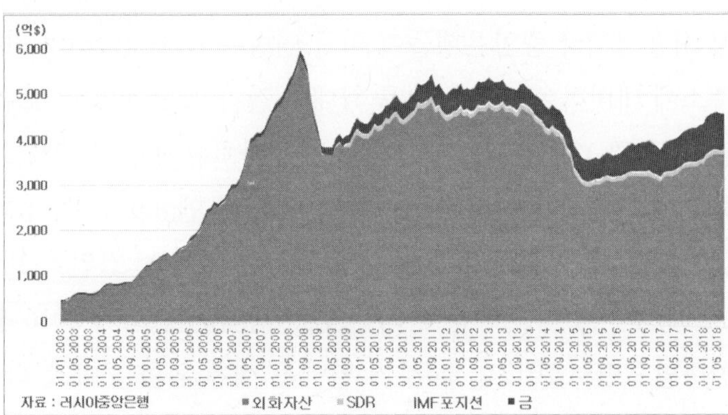

그림 45. 러시아 외환보유액(자산구성별) 추이(2002~2018.06)

세계 4위를 점하기도 했다. 2014년 우크라이나에서의 지정학적 리스크가 발생하고, 국제유가 하락으로 금융 및 외환시장이 불안해지면서 2014년과 2015년 러시아 중앙은행이 환율 안정을 위해 외환시장에 개입하면서 외환보유액은 감소하기 시작해 2015년 7월 말에는 3,500억 달러대까지 축소되었다.[198] 그러나 2016년에는 환율이 상대적으로 안정을 유지하였고, 환율 시스템을 변동환율제로 바꾸면서 외환 시장 개입을 자제하였다. 그리고 국제수지에서의 흑자가 더해지고 유가 상승에 따른 추가 재정수입을 외환시장에서 달러화 매입에 사용하면서 2017년 말 러시아 통화 당국이 보유한 외환은 4,327억 달러, 2018년 6월에는 4,567억 달러로 늘어나며 대만에 이어 세계 6위를 차지하였다.

2018년 6월 말 기준 러시아의 외환보유액을 자산구성 별로 보면 유가증권(국채, 정부기관 채권, 금융채 등)과 현금 및 예치금 등의 외화자산이 81%, 화폐성 금이 17%, 특별인출권(SDR)과 IMF 포지션(IMF position)[199]이 2%를 차지한다. 금의 경우 글로벌 금융위기 이전까지 외환보유액에서 차지하는 비중이 2%, 금액으로는 130억 달러에 불과했다. 2009년부터 러시아 외환보유액에서 금의 비중이 지속해서 높아지기 시작해 2018년부터 800억 달러, 비중도 17%를 넘어섰다.

러시아의 외환보유액에서 주목할 점은 2008년 글로벌 금융위기와 2014년 서방의 경제제재 및 유가 급락으로 외환시장의 불확실성이 커진 가운데서도 중앙은행의 외환보유액이 최소 3,500억 달러 이상을 유지하고 있다는 것이다. 이는 수입대금 결제, 대외부채의 원리금 상환, 단기성 외국인 투자자금의 유출입 등을 고려했을 때 러시아의 외환보유액이 최소 3,500억 달러 이상이어야 경제 및 금융위기 상황에서 완충작용을 할 것이라는 경제전문가들의 분석과 무관하지 않은 것으로 판단된다.

---

198) 러시아 중앙은행은 2014년 외환시장에서 루블화의 환율안정을 위해 789.2억 달러와 56.5억 유로를 매각하였고, 2015년에는 23.4억 달러를 방출하였다.

199) IMF position은 IMF 가맹국이 IMF에 의무적으로 납입한 출자금의 일정부분으로 출자한 국가가 필요하면 언제든 인출할 수 있는 수시 인출권을 말한다. 준비자산의 성격을 갖고 있으며, '리저브트랑쉐'(Reserve Tranche)라고도 한다. IMF포지션 [IMF Position] (시사경제용어사전, 2017. 11., 대한민국정부)

2018년 6월 말 기준 중국이 세계 외환 보유의 27%에 해당하는 3조 1,121억 달러로 압도적 1위를 차지하였고, 일본이 1조 2,587억 달러로 2위를, 스위스가 8,005억 달러로 3위를 차지하였다. 금융위기 속에서 세계 경제의 회복을 주도했었던 신흥시장(BRICs 4개국과 NICs 3개국)이 모두 세계 10대 외환 보유 대국에 속했다. 그리고 세계 10대 외환 보유국 중에서 러시아, 스위스, 브라질을 제외한 나머지 7개 국가는 모두 아시아권이었다.

5) 러시아 대외부채

세계은행이 분기별로 발표하는 부문별 총(總) 대외부채 포지션(Gross External Debt Position by Sector)에 의하면 2017년 4/4분기 말 정부와 민간을 합친 러시아의 총(總) 대외부채는 5,181억 달러로 G20에 속한 신흥경제 국가 중에서는 중국(1조 7,106억 달러), 브라질(6,671억 달러)에 이어 3위를 차지하였다.

2017년 12월 말 기준 러시아의 총 대외부채는 5,181억 달러로 2016년 말과 비교해 63.5억 달러 증가하였다. 경제주체별 대외부채 구성의 변동을 살펴보면 정부 및 통화 당국의 대외부채가 대폭 증가했지만, 상업은행 부문에서의 대외부채는 축소되었다. 지방정부와 중앙은행을 포함한 국가부채가 189억 증가하면서 701억 달러로 늘어난 데 반면 상업은행 부채는 1,034억 달러로 2006년 12월 말 1,011억 달러 이후 최저치를 기록했다. 2013년 말 2,144억 달러와 비교해 거의 절반 수준으로 축소되었다. 기업 부문의 대외부채는 2016년 말과 비교해 소폭(30억 달러) 감소하며 3,446억 달러를 기록하였다. 기업부문 부채도 2012년 상반기 이후 최저 수준이다. 상업은행 및 실물부문의 대외부채가 지속해 감소하고 있는 것은 2014년 중반 우크라이나 사태로 인한 서방의 경제제재로 주요 국영 상업은행과 기업들의 국외자본 조달 창구가 봉쇄되거나, 만기 연장이 힘들어지면서 만기가 돌아오는 부채를 연장하지 못하고 상환했기 때문이다. 러시아 대외부채 구조에서 가장 큰 특징은 통화 당국을 포함한 정부 부문의 부채가 대단히 적다는 것과 경제 규모와 비교해 부채 부담이 크지 않다는 점이다. 정부의 대외부채 부담이 적고, 4,500억 달러가 넘는 외환보유액은 러시아 경제의 외부 돌발 변수에 대한 대응력과 경제의 기초체력(fundamental)을 강화하는 중요한 요소가 되고 있다.

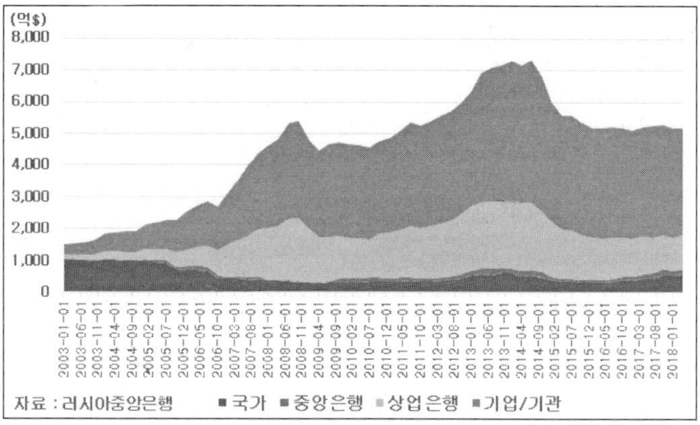

그림 46. 러시아 총대외부채 추이 (2012.12~2018.03)

러시아 대외부채 수준을 경제 규모와 비교해 살펴보면 다음과 같다. 국민소득(GNI)과 비교한 2017년 말 러시아의 총 대외부채 수준은 38.2%로 G20 국가 중 중국(14.2%), 인도(21.1%), 한국(28.7%), 브라질(37.1%), 인도네시아(37.8%)에 이어 6위를 차지했다. 그러나 지방정부를 포함한 일반정부 부문의 대외부채는 556억 달러로 총 부채의 10.7%에 불과했고, GNI 대비 4.1%에 불과해 중국(1.4%)과 더불어 세계에서 가장 낮은 수준이었다. 흥미로운 사실은 신흥국의 대외부채는 그 규모에서도 선진국(G7)과 비교해 월등히 작았을 뿐만 아니라 GNI 대비 비율에서도 낮았다. 신흥국의 경우 남아프리카공화국이 가장 높았으나 GNI 대비 56.2%에 불과했고, G7의 경우 일본이 가장 낮았음에도 불구하고 74%에 달했고, 영국은 무려 322%를 기록했다.[200]

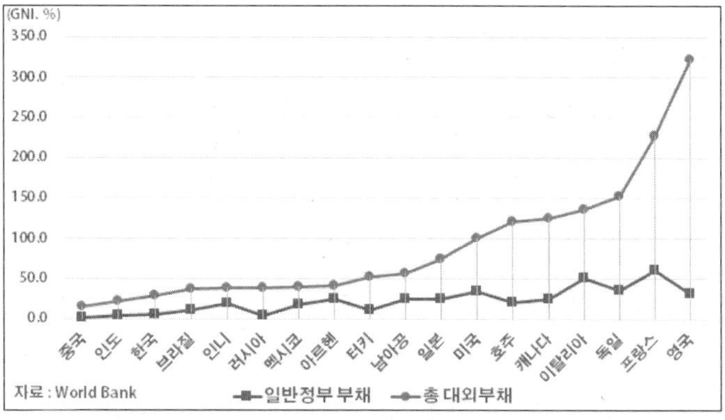

그림 47. G20 GNI 대비 대외부채 비중 (2017.12.31)

200) World Bank, Gross External Debt Position by Sector 자료를 기초로 작성. http://datatopics.worldbank.org/debt/qeds

대외부채의 상환능력을 보여주는 외환보유액 대비 대외부채 비율에서도 러시아는 상대적으로 양호한 것으로 판단되었다. 2017년 4/4분기 기준 외환보유액을 총 대외부채와 비교했을 때 러시아의 대외부채 대비 외환보유액 비율은 84%로 중국(189%)과 한국(93%)에 뒤질 뿐 인도(80%), 브라질(56%), 멕시코(40%), 인도네시아(37%), 남아공(29%), 터키(24%), 아르헨티나(24%) 등 중남미 및 아시아 신흥국가들과 비교해서 대단히 높았다.[201] 상환 기간에 따른 대외부채 구조도 양호하다. 2018년 1/4분기 기준 1년 이내에 상환해야 할 부채(유동성 장기부채 포함)의 원리금(원금+이자)은 1,097억 달러로 총 대외부채의 21.1%였고, 1년 이상 2년 미만인 부채의 원리금은 677억 달러로 13.0%를 차지했고 나머지 71.2%는 만기가 2년 이상인 장기부채였다.[202]

2. 러시아의 기업(비즈니스) 환경

기업은 이윤을 목적으로 상품과 서비스를 생산하여 시장에 공급하는 생산 활동의 주체로서 국가 경제의 성장과 발전에 기여한다. 기업은 상품과 서비스의 공급을 통해 소비자의 욕구를 충족시켜 국민 생활의 양적, 질적 향상을 이끌며, 노동력의 수요자로 고용을 창출하고, 자본과 토지의 사용 대가로 이자와 지대를 지급함으로써 소득을 배분하는 역할을 담당하고, 연구개발(R&D)을 통해 생산성을 향상하는 중요한 임무를 수행한다.

기업이 생산 활동을 수행하는 데 있어 한 나라의 법률, 제도, 규제, 금융 등의 외부 환경은 기업의 성과, 더 나아가 경제 전체의 성과에 영향을 준다. 기업 활동을 수행하는 데 있어 장애 요인들은 국가별로 큰 차이를 보이기 때문에 각국의

201) World Bank, Total reserves (includes gold, current US$)와 Gross External Debt Position by Sector 자료를 바탕으로 작성

202) 러시아 중앙은행 "График погашения внешнего долга Российской Федерации: основной долг"와 "График предстоящих выплат по внешнему долгу Российской Федерации: проценты(19.07.2018)"을 기초로 작성.

기업 환경은 한 나라의 성과 지표에 영향을 미치게 된다. 경제 자유와 규제의 측면에서 더욱 나은 기업 환경을 조성하고 있는 국가가 더 나은 경제성과를 얻고 있다는 것이 많은 연구에서 증명되고 있다.

오늘날 기업 활동과 관련된 경제 자유와 경제규제를 평가하고 수량화(지수화)하기 위한 많은 연구가 이루어져 오고 있다. 세계은행의 기업환경평가(Doing Business), 헤리티지 재단의 경제자유지수(Index of economic freedom), 캐나다 프레이저 연구소의 세계경제자유지수(Economic freedom of the world)가 대표적이다. 동 지수들은 그 산정 방법이나 기준 등에 다소의 문제점을 지니고 있어 이를 통한 국가 순위를 결정하는 것이 절대적인 기준이라 보기 힘든 것이 사실이다. 그러나 이러한 지표들이 통합화되는 세계 경제에서 각국의 신임도나 이미지에 적지 않는 영향을 미치는 것이 사실이므로 이를 통해 러시아가 세계 속에서 차지하는 위치를 살펴보는 것도 그 의미가 있다 하겠다.

1) 러시아 기업환경평가(Doing Business)

세계은행은 2004년부터 국가별 기업규제를 객관적으로 평가하고 기업들이 직면하고 있는 규제들을 분석한 기업환경평가(Doing Business) 지표를 개발하여 발표하고 있다. 오늘날 동 지표는 세계 각국의 기업규제 환경을 평가하는 대표적인 종합 평가 보고서로 인정받고 있다. 세계은행은 현지 전문가를 대상으로 한 설문조사(survey)와 실측 통계(hard data)를 바탕으로 회원국의 국가별 기업 환경을 기업 생애 주기(Life Cycle)에 따라 창업에서 퇴출에 이르는 11개 부문(노동시장 규제 부문은 참조 지표)으로 나누어 기업 활동에 대한 규제 정도를 분석하여 부문별 및 종합 순위를 산정하는 방식을 취하고 있다. 즉 각국에서 기업이 창업, 확장(재산권 등록, 자금조달, 투자자 보호, 계약집행), 운영(건축 인허가, 전기 연결, 세금 납부, 국제 교역), 퇴출의 활동을 수행할 때 실제 발생하는 절차, 시간, 비용 위주의 세부지표를 계량화하여 평가한다.

2017년 10월 발표된 '기업환경평가 2018(Doing Business 2018)'에 의하면 러시

아는 기업환경 경쟁력에서 평가 대상 190개국 중 35위를 차지하며 전년도 40위에 비해 5단계 상승하였다. 2012년 120위를 기록한 것과 비교해 6년 만에 무려 85단계나 상승하며 기업 환경에서 괄목할 개선이 이루어졌다. 러시아는 브릭스 국가 중에서 가장 양호한 평가를 받았다. 중국은 78위, 인도는 100위, 브라질은 125위에 자리하면서 러시아와 큰 차이를 보였다. 2018년 세계에서 기업을 경영하기 가장 좋은 나라로 뉴질랜드가 2년 연속 싱가포르를 제치고 최고 윗자리에 이름을 올렸다. 순위를 산정하기 시작한 2007년부터 2016년까지 줄곧 선두를 지켰던 싱가포르는 2017년에 이어 2년 연속 2위에 머물렀다. 그 뒤를 덴마크, 한국, 홍콩, 미국, 영국, 노르웨이 등이 3~8위를 형성했다.

우크라이나 사태 이후 푸틴 정부의 투자환경 개선을 위한 기업 부문에 대한 규제 완화 노력이 긍정적 평가를 받았다. 대부분의 세부 평가 항목에서 큰 개선이 있었음에도 불구하고 비효율적인 관료주의는 러시아 비즈니스 환경에 악영향을 미치는 핵심 요인으로 평가받았다. 특히 건축 인허가와 국제 교역 부문 환경에서 대단히 부정적인 평가를 받았다. 건축 인허가는 115위, 국제 교역 환경은 100위로 하위권으로 분류되었다. 2017년 기준 모스크바에서 물류 창고(warehouse)를 건축할 때 걸리는 절차, 비용, 기간을 살펴보면 인허가 절차는 15단계, 소요 기간은 230일, 소요 비용은 건축비의 1.4%였다. 이는 2012년의 51개 단계, 423일의 소요기간과 비교해 대단히 개선된 것이나 OECD 평균인 12.5단계, 155일과 비교해 크게 떨어지는 수준이다. 국제무역부문에서 기업환경은 최근 가장 많이 개선되었음에도 불구하고 여전히 취약한 부문으로 남았다. 수출에 필요한 서류가 10개(OECD 4.5개), 수입에 9개(OECD 5.0개)가 요구되는 등 지나치게 많았을 뿐만 아니라, 수출입 통관 적합성 및 서류 적합성 심사에 드는 시간과 비용이 OECD 고소득 국가와 비교해 길고 비쌌다. 모스크바에서 수출 통관 및 서류 심사에 걸리는 시간은 총 98시간이었는데 OECD에서는 15.1시간에 불과했다. 비용도 모스크바에서는 총 745달러(통관 665달러, 서류 80달러)가 요구된 데 반해 OECD에서는 총 185달러에 불과했다. 수입의 경우 총 소요 시간이 57시간, 비용은 560달러로 OECD는 물론 유럽 및 중앙아시아 국가들과 비교해서도 더 많았다.

표 49. 2018 기업환경평가(Doing Business 2018)로 본 러시아

부문	세부지표	러시아			중국		인도		브라질	
종합 순위		2008	2012	**2018**	2012	**2018**	2012	**2018**	2012	**2018**
		106위	120위	**35위**	91위	**78위**	132위	**100위**	126위	**125위**
창업	부문순위	50	111	**28**	151	**93**	166	**156**	120	**176**
	절차(수)	8	9	4	14	7	12	12	13	11
	시간(일)	29	30	11	38	22	29	29.5	119	101.5
	비용/1인당 GNI(%)	3.7	2.0	1.1	3.5	0.6	46.8	17.6	5.4	4
	최저자본금/1인당 GNI(%)	3.2	1.6	0.0	100.4	0.0	149.6	0.0	0.0	0.0
건축인허가	부문순위	177	178	**115**	179	**172**	181	**181**	127	**170**
	절차(수)	54	51	15	33	23	34	37	17	20
	시간(일)	704	423	230.5	311	279	277	128.5	469	404
	비용/건축비 (%)*	3788.4	183.8	1.4	444.1	7.6	1631.4	22.5	40.2	0.9
전기연결	부문순위	101	183	**10**	115	**98**	98	**29**	51	**45**
	절차(수)		10	3	5	5	7	5	6	4
	시간(일)		281	80	145	145	67	47	34	66
	비용/1인당 GNI(%)		1852.4	35	640.9	355.8	216.2	18.7	130.3	56.9
재산권등록	부문순위	45	45	**12**	40	**41**	97	**154**	114	**131**
	절차(수)	6	5	4	4	4	5	8	13	14
	시간(일)	52	43	13	29	28	44	53	39	25
	비용/자산가액(%)	0.3	0.2	0.2	3.6	3.6	7.4	7.6	2.3	3.6
자금조달	부문순위	84	98	**29**	67	**68**	40	**29**	98	**105**
	법적권리지수(12점)	3	3	8	6	4	8	8	3	2
	신용정보지수(8점)	4	5	7	4	8	4	7	5	7
소액투자자보호	부문순위	83	111	**51**	97	**119**	46	**4**	79	**43**
	공시지수(10점)	6	6	5	10	10	7	8	6	5
	이사책임지수(10점)	2	2	8	1	1	4	7	7	8
	주주소송지수(10점)	7	6	4	4	4	7	7	3	4
	주주권리지수(10점)	5.0	4.7	7	5.0	3	6.0	10	5.3	7
	기업소유와 통제지수(10점)	-	-	6	-	2	-	8	-	6
	기업투명성지수(10점)	-	-	8	-	9	-	8	-	8
세금납부	부문순위	130	105	**52**	122	**130**	147	**119**	150	**184**
	연간 납부횟수	22	9	7	7	9	33	13	9	10
	연간 납부소요시간	448	290	168	398	207	254	214	2,600	1,958
	실효세율(이익대비 %)	51.4	46.9	47.6	63.5	67.1	61.8	55.3	67.1	68.0
국제교역	부문순위	155	160	**100**	60	**97**	109	**146**	121	**139**
	수출필요문서수(개)/처리시간	8개	8개	26h	8개	14h	8개	58h	7개	12h
	수출통관시간(일)/(시간)	36일	36일	72h	21일	23h	16일	85h	13일	49h
	컨테이너당 수출비용($)	2,050	1,850	665	500	533	1,095	348	2,215	959
	수입필요문서수(개)/처리시간	13개	10개	43h	5개	54h	9개	65h	8개	48h
	수입통관시간(일)/(시간)	36일	36일	14h	24일	72h	20일	267h	17일	63h
	컨테이너당 수입비용($)	2,050	1,800	400	545	790	1,070	536	2,275	970
계약집행력	부문순위	19	13	**18**	16	**5**	182	**164**	118	**47**
	시간(일)	281	281	340	406	485	1,420	1,445	731	731
	비용/소송가액(%)	13.4	13.4	15.0	11.1	151	39.6	31	16.5	20.7

	부문순위	80	60	**54**	75	**56**	128	**103**	136	**80**
퇴출	소요시간(년)	3.8	2.0	2.0	1.7	1.7	7.0	4.3	4.0	4.0
	비용/기업자산(%)	9	9	9.0	22	22	9	9	12	12
	채권 회수율(%)	29.0	41.5	40.2	36.1	36.9	20.1	26.4	17.9	12.7

* : 2012년의 경우 1인당 GNI대비 비용

자료 : World Bank. Doing Business 2008, 2012 & 2018

러시아 기업환경에서 가장 양호한 부문은 전력 공급과 재산권 등록이다. 특히 전력 공급은 2012년 183위에서 10위로 급격한 개선이 이루어졌다. 모스크바에서 전력 공급 절차가 10개에서 3개로, 소요 기간이 281일에서 80일로, 비용이 1인당 GNI의 1,850%에서 35%로 급감한 것이 결정적 요인이었다. 전력 공급업자의 미터 검사를 폐지하고, 연결 수수료(비용) 조항을 수정하여 시간을 절약하고 비용을 절감하는 등 전력 공급에서 상당한 개혁과 일련의 서비스 신뢰성 지표에서의 개선 덕분이었다. 재산권 등록도 절차를 5개에서 4개로 축소하였고, 등록에 걸리는 시간도 43일에서 13일로 단축함으로써 재산권의 이전을 쉽게 하였다. 그리고 계약집행과 관련된 소송이 발생할 경우 그 해결이나 중재를 위한 소요기간(340일) 및 비용(소송액의 15.0%)과 관련된 기업환경에서는 OECD 평균(578일, 소송액의 21.5%)보다 나은 평가를 받으며 18위를 차지했다. 창업환경에서도 괄목할 개선을 이룬 것으로 평가받았다. 모스크바에서 창업하는데 필요한 절차는 4단계, 소요시간은 11일이며, 창업 신고에 드는 비용은 1인당 국민소득(GNI)의 1.1%에 불과하다. 창업절차가 4.9단계이며, 소요시간이 8.5일, 창업비용이 1인당 국민소득의 3.1%인 OECD 국가 평균과 비교해 떨어지지 않는 수준이다. 푸틴 정부가 중소기업 창업 활성화를 위해 창업 절차를 12단계에서 4단계로 대폭 간소화하였고, 은행 당좌계좌를 개설하는데 걸리는 일자를 단축한 덕분이다. 그러나 현실적으로는 담당 공무원들이 갖가지 핑계를 대며 문제를 제기하는 경우가 비일비재해 창업에 걸리는 기간은 고무줄처럼 늘어나기 일쑤다.

투자환경의 개선은 경제성장 잠재력의 기반을 다지는 필수 요인이다. 2010년 이후 러시아 경제에 있어 가장 의미 있는 성과 중의 하나가 비즈니스 활동과 관련된 기업 환경이 눈에 띄게 개선되면서 국제적인 인정을 받았다는 점이다. 우크라이나 사태 및 OPEC의 석유 감산 합의 실패로 러시아 경제에 대한 불확실성이 고조되는 가운데 푸틴은 2014년 12월 정기 국정연설에서 러시아 경제가 나아갈 길을 제시하며, 단기적인 처방보다 장기적이고 근본적인 경제정책 방향을 제시했는데 그 핵심이 투자환경 개선과 수입 대체 전략으로 총수요보다 총공급을 진작함으로써 장기적인 성장잠재력을 확충하겠다는 것이었다. 경제부문 7개 이니셔티브(Initiative) 중 투자환경과 관련된 사항이 3개 항목으로 법인 관련 세금의 4년간 동결, 역외 자본에 대한 사면, 그리고 감독, 감찰, 사법 기관들의 기업 활동에 대한 감독 및 통제 제한이었다. 2010년대 들어 푸틴 행정부가 추진한 기업 환경 관련 제도 개선 노력으로는 다음의 조치들을 들 수 있다.

첫째, 러시아 전략기획청(Agency for Strategic Initiative)의 설립이다. 과도한 행정 장벽을 제거하고 투자자 보호 및 투자환경 개선 전략 수립을 전담하기 위한 행정적 조치로 전략기획청을 2011년 5월 설립하였다. 푸틴 대통령을 이사회 의장으로 하고, 총 22개 분야의 행정 장벽을 제거하는 투자 개선 로드맵을 수립하였으며, 2012년 5월에는 통관절차 간소화(통관서류 축소 및 소요기간, 비용 단축)를 통해 기업환경을 개선하기 위한 관세행정 개선 로드맵을 발표했다. 2012년 개선 기반을 마련하고 2013년에 시법을 거쳐 2014~2018년까지 정착을 목표로 하였다.[203] 또한 사업 환경 개선의 지역별 통일을 위한 가이드라인을 제시하였는데 투자전략, 지역별 투자자 보호 지방 법령, 전문 연수센터 설립 등이 여기에 해당한다. 투자자 발굴 및 투자 유도, '단일 창구(single window)' 방식의 투자 프로젝트 조성, 산업지대 및 단지, 테크노파크의 인프라 개발, 인프라 프로젝트의 자금 조달 촉진, 투자 마케팅 구상, 투자 매력도 향상, 전시회 및 포럼 유치 등을 위해 지자체별 투자조합을 설립하였다. 동 조합은 지자체가 지분을 공유하는 개방형 합자회사의 형태로 운영되고 있다. 그리고 외국 투자유치를 위해 설립된 비정부 기관인 지역별 투자개발청을 통해 프로젝트 참가업체의 선발, 프로젝트 동행 및 지원, 제도적 절차 및 서류 처리 지원, 현지 파트너 발굴, 세부 시장 분석 데이터 등을 지원하고 있다.

203) 러시아 전략기획청(Agency for Strategic Initiative) 홈페이지. https://asi.ru/investclimate/

둘째, 대통령 직속 비즈니스 옴부즈만 제도(비즈니스 고충처리제도)를 도입하였다. 2012년 6월 푸틴은 경제단체 비즈니스 러시아(Delovaya Rossiya)의 수장인 보리스 티토프(Boris Titov)를 비즈니스 옴부즈만으로 임명하였다. 2015년부터는 지역별 비즈니스 옴부즈만 협회를 설립하면서 모스크바, 상트-페테르부르크, 하바롭스크주 등을 포함한 85개 모든 연방 주체에서 이 제도를 운용하고 있다. 옴부즈만은 외국인 또는 내국인 투자자 권익 보호를 위해 법정을 대신할 수 있으며, 투자자들의 이익을 저해하는 관료들에 대해 소송을 제기하며, 투자자 보호를 위한 국가정책을 개발할 수 있는 권리가 부여되었다. 특히 부정부패 척결과 관련해 사업 관련 공무원으로부터 직접적인 뇌물 요구를 받는 경우, 전화 또는 이메일을 통한 직접 신고도 가능하도록 했다.

셋째, 러시아 직접투자 펀드(RDIF. Russian Direct Investment Fund)를 설립하였다. 러시아 정부가 2011년 6월 전력, 에너지, 의료 등의 육성산업 분야에 외국인 투자자와 공동 파이낸싱 투자를 위해 설립한 펀드로 중국투자공사와 러-중 투자 펀드 조성을 시작으로 골드만삭스 등의 글로벌 금융회사와도 컨소시엄을 구성하였다. RDIF는 현재 100억 달러의 자본금을 보유한 러시아의 국부펀드로 러시아 유망 기업들에 대한 직접투자를 수행한다. 지금까지 RDIF는 1.3 조 루블을 투자하였는데 RDIF 단독투자가 1,000억 루블, 파트너 및 은행과의 공동투자가 1.2조 루블이다. 그리고 장기 전략적 파트너십을 통해 16개 국가로부터 400억 달러가 넘는 외국자본을 유치하였다.[204)]

넷째, 외국인투자 자문위원회(FIAC. Foreign Investment Advisory Council) 활동의 활성화다. 러시아연방 총리를 위원장으로 현재 53개의 외국 기업 및 은행을 회원으로 한 자문위원회로 2009년 말부터 적극적인 활동을 수행하고 있다. 외국인 투자자들이 겪는 문제, 대정부 비즈니스 환경 개선 관련 제언을 위해 러시아 정부에 건의할 수 있도록 하였다. 자문회의 건의는 기술 규정 및 행정 장벽, 세법 및 관세법 개선, 금융 기관 및 자본시장, 무역 및 소비자 부문, 보건 및 의약품, 현지화, 러시아 천연자원의 효율적 이용, 러시아 국가 이미지, 에너지 효율, 혁신 개

204) 러시아 직접투자 펀드(Russian Direct Investment Fund) 홈페이지. https://rdif.ru/Eng_Index/

발, 극동 및 시베리아 개발 등 다양한 분야가 포함되었다.205)

다섯째, 러시아 투자청(RIA. Russian Investment Agency)을 설립하였다. 2013년 9월 메드베데프 총리가 지역 투자 진흥기관 설립을 지시해, 2013년 12월 20일 국제투자진흥기구연합(WAPIA)과의 협력으로 설립된 비영리, 비정부 기관으로 주목표는 러시아로의 외국인직접투자(FDI) 유치로 민간투자만 취급하며, 자금 조달은 투자서비스 수입 등으로 이루어진다. 주요 기능에는 러시아 지역의 투자 잠재력과 투자 요구 및 새로운 투자 기회에 대한 정보 제공, 외국 기업의 러시아 시장 진출을 위한 여건 마련, 러시아 법의 테두리 내에서 외국인 투자자들의 이익을 위한 로비 활동, 프로젝트 시행 과정에서의 분쟁 해결 등이 포함된다.

여섯째, 건설 인허가 절차의 간소화를 추진하였다. 2012년 1월부터 정부가 임명한 전문가 외에 민간 전문가들도 건설 승인 획득이 가능하도록 건축법을 개정하였고, 건설 계획 승인 검토 기간도 종전 90일에서 60일로 단축하였다. 2011년 8월부터 주요 건설 시설에 대한 불시 검사를 금지했으며, 정기검사 횟수를 최소화하도록 규정을 개정하였다. 그 외 용지 변경 허가 기간 단축 및 토지 선정에서의 허가 단계 간소화 등의 조처를 하였다.

일곱째, 수요자 중심의 전력 공급 제도 개편에 착수하였다. 국영화된 러시아 전력 시장에서의 수요자 권리 보호 및 편의 제공을 도모하고, 전력 연결 기한을 30일로 한정하고, 15㎾까지 전력 연결 시 비용을 550루블(약 18달러)로 고정하고, 750㎾의 대규모 전력 수요 건에 대해서는 표준 계약서를 제공하였다. 계약 위반 시, 전력 공급사에 100만 루블(약 3만 3,000달러)까지의 벌금이 부과될 수 있도록 조정하였다.

여덟째, 이민법 개정을 통한 고급인력 유치를 추진하였다. 연 소득 200만 루블(약 6만 6,000달러)로 정의되는 외국 고급인력에 대한 근로기간 및 연장기한을 3년으로 연장하였다. 개정 전의 경우, 외국인 근로자 근로기간은 1년이었으며 갱신 시에도 1년 단위로 연장했으나, 개정 이후에는 근로기간 최장 3년 연장 및 3년 단위로 갱신이 가능해졌다. 그 외 임시 체류자의 거주 등록 기간을 종전 3일에서

205) 외국인투자 자문위원회(FIAC. Foreign Investment Advisory Council), https://fiac.ru/

7일로 연장하였다.

이와 같은 많은 노력과 조치에도 불구하고 투자환경 개선과 관련해 러시아 정부가 해결해야 할 시급한 과제로는 다음을 들 수 있다. 대외무역은 러시아가 가장 지속적인 노력을 기울여야 하는 분야로 이는 연방 관세청뿐만 아니라, 수출입 과정에 관련된 모든 당사자의 공동 노력이 요구된다. 건설 인허가 부문의 경우 인허가 프로세스에서 효율성과 투명성을 증가시키는 방향으로 인상적인 개선이 이루어져야 하며, 투자자 보호 및 소수 주주 보호, 노동생산성의 향상, 숙련노동자의 양성, 자유경쟁의 도입, 지역 간 큰 차이를 보이는 연결망의 구축 및 개선 등을 적극적으로 추진해야 한다.

2) 러시아 경제자유지수(Index of Economic Freedom)

경제자유지수는 미국의 월스트리트저널(Wall Street Journal)과 헤리티지재단(The Heritage Foundation)이 1995년부터 고전경제학파의 자유시장 이론을 바탕으로 개인 및 기업이 일국에서 비즈니스 활동을 영위하는데 얼마나 자유로운지를 체계적으로 수치화한 지수로 한 나라의 자원 배분이 정부의 개입 없이 자발적 교환과 시장제도에 어느 정도 의존하고 있는지를 보여준다. 지수 산정 방식은 법치주의(rule of law), 정부 규모(government size), 규제 효율성(regulatory efficiency), 시장 개방(open markets)의 4개 부문에서 재산권 보호, 정부 청렴도(부패), 사법 효율성, 정부 지출, 조세 부담, 재정 건전성, 비즈니스 자유, 노동규제, 통화정책(임금 및 물가 규제), 자유무역(관세 및 비관세 장벽), 투자(자본 이동 및 외국인 투자), 금융정책(정부의 금융시장 개입 및 규제) 등 12개 항목을 평가하여 국가별 점수(100% 만점에서 차지하는 비율(%)로 표시)를 산출하는 방법을 취한다.[206] 동 지수는 0~100 사이의 점수로 표시되며 개인이나 기업이 재화 및 서비스를 생산, 유통, 소비하는 데 있어 각 국가가 얼마나 자유롭고 편한 환경

---

206) 헤리티지 재단은 2016년까지는 4개 부문 10개 항목을 통해 비교 평가하였으나 2017년부터 법치주의에 사법 효율성 항목을 추가하였고, 정부 규모에서는 재정 건전성 항목을 조세 부담과 재정 건전성으로 세분하여 12개 항목으로 확대하였다.

을 갖추었는가를 비교할 수 있게 해 준다.

경제자유지수는 정부의 강제적인 규제나 제한이 적을수록 높게 표시된다. 점수를 기준으로 각 국가를 경제활동이 대단히 자유로운(Free. 80~100점), 상당히 자유로운(Mostly free. 70~79.9점), 비교적 자유로운(Moderately free 60~69.9점), 상당히 자유롭지 못한(Mostly unfree. 50~59.9점), 억압된(Repressed. 0~49.9점) 단계인 5단계로 분류하였다.

동 지수는 일국의 국부(國富) 창출은 물론 생활수준의 향상과 아주 밀접한 상관관계를 지니고 있다는 점에서 의미를 지닌다. 민간의 비즈니스 활동을 제한하는 장애 요인이 적을수록 일반적으로 민간의 경제활동 참여는 활성화되고 그 결과 국민소득이 증가하고 국가 부가 늘어나게 되지만, 장애 요인이 많을수록 민간의 경제활동 참여는 위축되고 그 결과 국민소득이 감소하고 국가 부가 줄어들기 때문이다. 실제로 2014년 보고서에서 헤리티지는 경제활동 자유 지수와 국민들의 삶의 질(인간개발지수. HDI) 및 소득 간에는 높은 상관관계를 갖는다고 지적했다. Free 단계 국가군의 HDI는 0.91인 반면, Mostly free는 0.85, Moderately free는 0.74, Mostly unfree와 Repressed는 0.56에 불과했다. 1인당 GDP(PPP 기준)에서도 Free 단계 국가는 평균 45,404달러인데 반해 Mostly free는 37,799달러, Moderately free는 16,457달러, Mostly unfree는 5,541달러로 Free와 비교해 무려 8배 이상 차이가 났다.[207)] 1인당 GDP 규모뿐만 아니라 증가율에서도 유사한 결과를 보였다. 최근 20년간 Free 단계 국가군의 연평균 증가율이 3.57%에 달했던 반면 Mostly free는 2.50%, Moderately free는 2.37%, Mostly unfree와 Repressed는 2.14%에 불과했다.[208)] 2016년 기준 평가대상 178개 국가의 국민 소득수준을 경제자유지수로 측정해 본 결과 상위 20개국의 1인당 국민소득은 최하위 20개국보다 10배 이상 높은 것으로 나타났다. 상위 20개국의 2016년 1인당 GDP는 42,960달러인 데 반해 하위 20개국의 1인당 평균 GDP는 4,266달러에 그쳤다. 경제자유

---

207) '2014 Index of Economic Freedom', The Heritage Foundation and Dow Jones & Company, Inc. 2014. p.26, 49.

208) '2018 Index of Economic Freedom', The Heritage Foundation and Dow Jones & Company, Inc. 2018. p.1.

지수가 높은 시장경제를 철저히 운영하는 나라일수록 국민소득 수준이 높다는 것을 증명해 주었다. 헤리티지는 2017년 보고서에서 경제활동과 국민소득(1인당 GDP. 구매력기준) 간에는 상관계수가 0.63, 경제자유와 혁신활동 간에는 0.73, 경제자유와 사회발전 간에는 0.73으로 나타날 정도로 밀접한 정(+)의 관계가 있다고 주장하였다.[209)]

표 50. 러시아의 경제자유지수 (2018년 기준)

순위	국가	지수	법의 지배			정부규모			규제효율성			시장개방		
			재산권 보호	정부 청렴성	사법 효율성	정부 지출	조세 부담	재정 건전성	기업 활동 자유	노동 자유	통화 자유	무역 자유	투자 자유	금융 자유
1	홍콩	90.2	92.5	82.8	84.3	90.2	93.1	100.0	96.3	89.4	84.3	90.0	90.0	90.0
2	싱가포르	88.8	98.4	91.2	90.9	90.6	90.4	80.0	90.9	92.6	85.2	90.0	85.0	80.0
3	뉴질랜드	84.2	95.1	95.7	88.4	49.5	70.5	98.3	91.5	84.4	90.0	87.4	80.0	80.0
4	스위스	81.7	84.2	82.8	82.1	65.4	70.5	95.9	75.7	73.9	85.2	90.0	85.0	90.0
5	호주	80.9	78.7	77.4	93.4	61.2	63.0	84.3	89.1	79.7	87.4	86.2	80.0	90.0
107	**러시아**	**58.2**	**48.7**	**38.1**	**46.9**	**62.5**	**85.8**	**87.7**	**77.0**	**52.0**	**60.8**	**79.4**	**30.0**	**30.0**
111	중국	57.8	46.7	47.3	65.4	71.6	70.4	85.9	54.9	61.4	71.4	73.2	25.0	20.0
130	인도	54.5	55.4	47.2	54.3	77.7	79.4	13.2	56.4	41.8	75.9	72.4	40.0	40.0
153	브라질	51.4	55.8	31.4	55.5	50.7	70.6	7.7	58.6	46.8	71.4	68.5	50.0	50.0

자료 : 헤리티지재단 (http://www.heritage.org/index/countries.cfm)

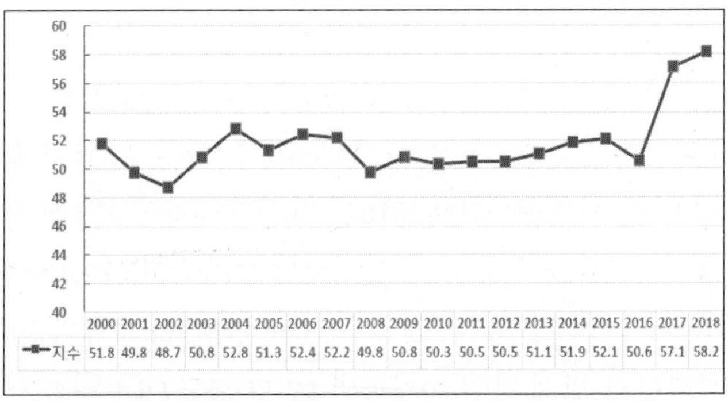

그림 48. 러시아 경제자유도지수 추이 (2000~2018)

2018년 헤리티지의 경제자유지수 보고서에 의하면 러시아의 경제자유지수는 58.2점으로 180개국 중 107위를 차지하여 세 번째 그룹인 경제활동이 상당히 자유롭지 못한(Mostly unfree) 국가군에서 상위권에 속하는 것으로 나타났다. 2016년 50.6점으로 178개

209) http://www.heritage.org/index/book/chapter-1

국 중 153위를 차지한 것과 비교해 최근 2년 사이 지수 및 순위에서 급격한 상승이 이루어진 것을 알 수 있다. 이는 2015년 이후 러시아 정부가 서방의 경제제재를 계기로 총수요 중심의 경제정책에서 총공급 중심 정책으로 전환하면서 기업활동과 관련된 규제를 완화하고, 행정절차를 간소화하고, 세제 혜택의 조치를 확대하는 등 비즈니스 친화적인 정책 수단을 마련한 것이 긍정적 평가를 받은 결과다. 그러나 러시아의 경제자유지수는 여전히 세계 평균(61.1점)보다 2.9점 뒤져있다. 러시아는 44개 유럽 국가들 가운데서는 41위를 차지하였고, BRICs 4개국 중에서는 2018년 중국을 제치고 처음으로 최고 자리를 차지하였으나, 11개 독립국가연합(CIS) 중에서 카자흐스탄(41위. 69.1), 아르메니아(43위. 68.7), 아제르바이잔(67위. 64.3), 키르기스(78위. 62.8), 타지키스탄(106위. 58.3)에 이어 6위에 머물렀다. 2000년대 이해 러시아의 경제자유지수는 단 한 번도 60점을 넘지 못하며 세계 평균을 웃돈 적이 없다. 심지어 2001년(49.8점), 2002년(48.7점), 2008년(49.9점)에는 40점대로 떨어지며 억압된(Repressed) 국가군에 포함되기도 하였다.

2018년 기준 글로벌 경제에서 경제활동 자유가 가장 높은 나라는 유일하게 90점을 넘은 홍콩으로 24년 연속 1위를 차지하였다. 그 다음이 싱가포르(88.8점), 뉴질랜드(84.2점), 스위스(81.7점), 호주(80.9점), 아일랜드(80.4점) 순으로 이들 6개 국가만이 경제활동이 대단히 자유로운 'Free' 단계에 속하였다. 에스토니아(78.8점)와 영국(78.0점)을 위시해 28개국이 'Mostly free' 단계에, 보스와나(69.9점)를 위시해 62개국이 'Moderately free' 단계에, 탄자니아(59.9점)를 포함해 63개국이 'Mostly unfree' 단계에, 니제르(49.5점)를 위시해 21개국이 'Repressed' 단계에 포함되었는데 북한이 180위(5.2점)로 최하위를 기록했다.

러시아는 조세 부담, 재정 건전성, 무역 자유 항목에서는 경제 자유도가 상대적으로 높지만, 법의 지배 부문 전 항목인 재산권 보호, 정부 청렴성(부패), 사법효율성, 시장 개방 부문의 투자 자유와 금융 자유 항목에서는 자유도가 대단히 취약한 것으로 나타났다. 그중에서도 특히 정부 청렴성 항목에서 러시아는 상대적으로 가장 낮은 평가를 받았다. 헤리티지 재단은 러시아의 자유경제에 대한 전반적 평가에서 러시아의 시장 지향적인 개혁을 향한 진전은 일부 분야에 편중되었고 정치 안정과 정권 연장이라는 정략적 목표에 추가적이고 지속적인 경제개혁이 진행되지 못하고 있어 장기적이고 지속 가능한 경제성장에 대한 전망을 어둡게 만들고 있다고 보았다. 이를 구체적으로 살펴보면 다음과 같다.

법의 지배(법치주의) 부문에서 러시아 사회 전반에 만연해있는 부패와 관료들에 대한 무처벌(無處罰) 관행은 무소불위의 권한을 행사하게 만들어 정부에 대한 신뢰를 떨어뜨린다. 소수의 엘리트가 국가 자산의 대부분을 통제하고 있으며, 반부패 캠페인은 엘리트의 충성을 확인하고 정치적 반대자들을 억압하는 수단으로 활용되고 있다. 법률 체계가 효율적으로 기능하지 못하면서 법의 지배는 전국적으로 균등하게 운영되지 않으며, 사법부는 정치적 압력에 휘둘리며 법 집행에서 일관성을 갖추지 못하고 있다. 정치적 이유로 재산권에 대한 임의적 몰수가 자주 발생하는 등 재산권 보호가 취약하다.

정부 규모(개입) 부문에 있어 개인 소득세율은 13%, 법인세율은 최고 20%로 높지 않다. 총 세금부담은 전체 국내 소득의 34.8%에 해당하며, 정부 지출은 GDP의 38.2%에 이른다. 공공부채는 연간 국내생산액 20% 미만이다. 2015년에 재정적자를 통제하기 위해 2013년에 시행된 예산준칙(재정준칙)이 포기되었다.

규제 효율성 부문에서 경직된 관료주의와 규정의 일관성 없는 시행은 기업의 의사결정을 매우 불확실하게 만든다. 지나치게 엄격하고 시대에 뒤떨어진 노동법은 고용 및 생산성 향상을 제약하고 있다. 정부는 물가 억제를 위해 광범위한 보조금과 수많은 국유기업을 이용한다. 2015년 IMF 보고서에 의하면 러시아는 절대 금액에서 세계에서 3번째로 큰 에너지 보조금 국가다.

시장 개방 부문에서 수입을 국내생산으로 대체하려는 러시아 정부의 수입 대체 정책은 무역과 투자를 방해한다. 대형 국영기관과 비효율적인 공공부문이 경제 전반을 지배하고 있어 외국인 투자를 제한하며, 러시아 경제를 크게 왜곡하고 있다. 민간부문은 정부의 지속적인 시장개입으로 야기된 구조적, 제도적 제약에서 벗어나지 못하고 있다. 국영 금융기관은 국내 은행 서비스 부문에서 예금시장을 장악하고, 대출 통제를 강화하면서 자신의 입지를 공고히 하고 있다. 비관세

장벽과 같은 비공식적인 장벽이 러시아의 자유무역을 방해하며, 러시아 정부는 외국인투자를 차별하고 있으며 경제 분야에 대한 투자를 제한하고 있다.

3) 러시아 세계경제자유지수(EFW)

캐나다 프레이저 연구소(Fraser Institute) 또한 세계 경제활동의 자유와 관련해 1980년부터 매년 세계경제자유(EFW. Economic Freedom of the World) 보고서를 발표해 오고 있다. 세계경제자유 보고서는 국가별 경제자유도 순위로 한 나라 경제가 얼마나 자유로운지, 성장하기 좋은 제도를 가졌는지, 사업하기 좋은 환경을 갖추고 있는지를 종합적으로 평가한다. 2017년에는 159개 국가를 대상으로 '2017년 세계경제자유지수 보고서(Economic Freedom of the World: 2017 Annual Report)'를 발표했다. 순위는 2015년 통계 자료를 기초로 했는데 이는 실측 자료(hard data)를 이용하면서 시차가 발생했기 때문이다. 지수는 정부 규모, 법률체제 및 재산권 보호, 통화 건전성, 국제자유무역, 규제 등 5개 분야(area) 24개 항목(components)으로 구성되어 있다.[210] 각 분야의 항목은 10점 만점으로 수치화하여 가중치 없이 계산하여 구한다. 2014년 보고서는 흥미로운 사실을 발표했는데 2014년 경제자유도가 높은 상위 25% 국가들의 1인당 평균 GDP(2011년 PPP 기준)는 41,228달러인데 반해 최하위 25% 국가들의 1인당 평균 GDP는 5,471달러에 불과했다. 그리고 경제활동이 가장 자유로운 국가군에서 최빈곤층 10%의 평균 소득은 가장 자유롭지 못한 국가군의 1인당 평균 소득보다 2배나 높았다. 상

---

210) ① 정부 규모(Size of Government) 분야는 총 소비 중 일반정부의 소비지출 비중, GDP 대비 정부의 이전 및 보조금 비중, 정부기업 및 공공투자, 최고한계세율의 4개 항목으로 구성된다. ② 법률체제와 재산권보호(Legal System and Property Rights) 분야는 사법부 독립, 공정한 재판, 재산권 보호, 군의 법의 지배 및 정치개입, 법적 체계의 무결성(완비), 계약의 법적 집행, 실물자산 판매 규제, 경찰에 대한 신뢰, 범죄에 따른 비즈니스 비용의 9개 항목, ③ 통화 건전성(Sound Money) 분야는 통화 증가율, 인플레이션의 변동성, 최근 년도 인플레이션, 외환계좌 보유의 자유 등 4개 항목, ④ 국제자유무역(Freedom to Trade Internationally) 분야는 관세율, 규제적인 무역장벽, 암시장 환율, 국제자본 및 노동이동의 통제 등 4개 항목, ⑤ 규제(Regulation) 분야는 신용(금융)시장 규제, 노동시장 규제, 기업규제 등 3개 항목으로 구성되어 있다.

위 25% 국가들의 기대수명은 80.4세인데 반해 하위 25% 국가군의 기대수명은 64.0세로 16.4세의 차이를 보였다. 그리고 경제적 자유도와 정치적 권리(Political rights) 및 시민적 자유(civil liberties)의 상관관계에서도 경제적 자유가 높은 나라의 정치적 권리와 시민적 자유도 역시 높다는 것을 보여 주었다. 보고서는 경제 자유지수가 국민소득과 정비례하며, 경제 자유가 많을수록 번영과 높은 삶의 질을 높여준다는 것을 보여주었다.

표 51. 러시아 세계경제자유지수 (2000~2015)

	러시아						BRICS (2015)			
	2000	2005	2010	2012	2014	**2015**	중국	인도	브라질	남아공
전체 순위	112	100	98	95	101	**100**	112	95	137	95
전체 점수	5.15	6.24	6.54	6.65	6.58	**6.60**	6.40	6.63	5.75	6.63
-정부규모	6.77	7.24	6.90	6.50	6.44	**6.55**	5.08	7.82	5.25	5.10
-법률체제와 재산권 (재산권 보호)	44.5 (1.88)	5.21 (3.36)	5.17 (3.02)	5.27 (3.39)	4.80 (3.89)	**4.85** **(4.14)**	5.63 (5.87)	5.10 (4.90)	4.45 (5.22)	5.76 (7.39)
-통화건전성	3.66	6.69	8.47	8.63	8.95	**8.52**	8.28	8.10	7.97	8.07
-무역자유	6.23	5.76	5.80	6.05	6.09	**6.61**	6.63	5.56	6.88	6.87
-규제	4.64	6.31	6.35	6.80	6.62	**6.49**	6.37	6.55	4.18	7.37
(금융시장)	4.29	8.00	7.77	8.33	8.16	**7.83**	7.13	6.59	5.23	10.00
(노동시장)	4.50	5.98	5.94	6.11	5.62	**5.63**	5.73	6.73	3.82	6.07
(기업)	5.14	4.94	5.35	5.97	6.07	**6.00**	6.25	6.34	3.48	6.03

자료 : Fraser Institute, Economic Freedom of the World: 2017 Annual Report

2015년 러시아의 경제활동 자유는 6.60점으로 159개 국가 중 100위를 차지하였다. BRICS 국가군에서 중국과 브라질보다는 경제활동이 자유로우나, 인도, 남아프리카공화국과 비교해서는 자유도가 낮은 것으로 평가되었다. 프레이저 연구소는 지수 크기 순서에 따라 사분위 수로 분류하고 있는데 러시아는 제3사 분위(80~119위)에 포함되었다. 평가대상 159개 국가 중에서 경제활동의 자유가 가장 많은 나라는 8.97점을 받은 홍콩이었다. 그 뒤를 싱가포르(8.81점), 뉴질랜드(8.48점), 스위스(8.44점), 아일랜드(8.19점)가 따랐다. 독립국가연합(CIS) 중에서는 아르메니아가 29위(7.60점)로 가장 높았다. 러시아는 중앙아시아의 카자흐스탄(66위. 7.18점), 키르기스(80위. 6.89점), 타지키스탄(82위. 6.80점)보다 경제 자유가 낮은 국가로 평가받았다.

2000년 이후 러시아의 경제활동 자유는 크게 개선되지 않았다. 2005년 이후로는 큰 변화 없이 등위로는 95위에서 102위, 점수로는 6.24에서 6.67 사이에서 머무르고 있다. 2012년 이후로는 도리어 경제활동 자유가 더 나빠진 것으로 평가되었다. 분야별로는 통화 건전성이 가장 개선된 데 반해 정부 규모는 더 나빠졌다, 이는 정부의 경제활동 개입이 더 강화되었다는 의미다. 법률체제와 재산권, 무역자유 분야에서 경제자유가 가장 적은 것으로 나타났다. 세부 항목으로 살펴보면 통화 건전성을 구성하는 4개 항목, 통화량 증가, 인플레이션 표준편차(변동성), 인플레이션, 외환계좌 보유의 자유에서는 모두 8.3점 이상의 점수를 받아 양호한 것으로 나타났다. 정부 규모에서는 총 소비에서 일반 정부의 소비지출 비중이 26.1%로 10점 만점에 4.09점을 받아 상대적으로 과하고, 정부의 이전지출 및 보조금 비중도 20.3%로 4.61점을 받아 많은 것으로 판명되었다. 법률 체계와 재산권 분야에서는 대부분 항목이 취약했는데 그중에서도 사법권 독립(3.94), 공정한 재판(3.72), 재산권 보호(4.14), 경찰에 대한 신뢰성(4.16) 항목에서 매우 취약했다. 반면 부동산 판매 관련 규제(9.65)에서는 양호했다. 통화 건전성 분야에서는 인플레이션이 6.89점으로 가장 낮았고 나머지 3개 항목은 8점 이상으로 양호했다. 무역 자유 분야에서는 비관세 장벽(4.81)이 높고, 외국인의 투자 제약(4.07)과 노동 이동 통제(3.77)가 심했다. 규제 분야에서는 금융시장이 양호한 가운데 노동시장과 기업 항목은 자유도가 낮은 것으로 나타났다. 특히 고용 규제 및 최저임금(3.90), 기업에 대한 행정 요구(3.35), 기업의 추가 비용/뇌물/정실주의(3.86)가 경제활동의 자유를 억압하는 것으로 나타났다.

4) 러시아 부패지수(Corruption Perceptions Index)

부패는 썩을 부(腐)와 무너질 패(敗)가 합쳐진 것으로 공적 서비스의 제공이라는 원래의 순기능이 '썩어 무너지게 되어 역기능만 남는다.'라는 의미를 지닌다. 영어로는 'cor(함께)'와 'rupt(파멸한다.)'라는 라틴어 합성(corruption)으로 '부패

행위자뿐만 아니라 그가 속한 사회나 국가도 함께 무너지게 한다.'라는 뜻을 내포하고 있다. 즉 부패는 동양과 서양을 막론하고 '추악하고 더러운 것으로 썩어 무너져 결국에는 공멸에 이른다.'라는 의미를 내포하고 있다. 부패는 세계적으로 정부의 역사만큼 오래된 것으로 시공을 초월하여 어디서나 존재했던 것으로 보인다. 기원전 2,300년경 인도 찬드라굽타(Chandragupta) 지방에서는 관리가 정부로부터 공금을 횡령하는 40가지 방법을 열거하였으며(Klitgaard, 1988), 고대 이집트 람세스 9세(Ramzes Ⅸ) 왕조 시대 파피루스에도 관리들의 뇌물수수 기록이 존재한 것으로 나타났다.(Dashkov, 1995)[211)]

세계은행(World Bank)과 국제투명성기구(TI. Transparency International) 등의 국제기구는 부패를 '개인의 이익을 위해 위임된 권력을 남용하는 행위', 또는 '공적 지위를 남용한 사적 이익의 추구'로 정의하고 있다. 즉, 부패는 불법적이거나 부당한 방법으로 재산, 지위, 기회 등과 같은 물질적 혹은 사회적 이득을 추구하거나 다른 사람이 얻도록 돕는 일체의 일탈 행위를 말한다.

부패가 국제사회에서 중요한 이슈로 대두된 것은 1990년대 후반부터 세계 경제의 글로벌화가 촉진되면서였다. 신흥국과 개발도상국에서 경제성장을 뒷받침하기 위한 기본 인프라 건설과 플랜트 건설 사업 등 대형 프로젝트를 발주하면서 해당국 정치인들의 리베이트 요구가 거세졌고, 해외시장 개척 및 확대를 위한 경쟁이 격화되면서 다국적기업들이 인·허가권을 가진 투자진출국 관료들에게 적극적인 뇌물 공세를 펴면서 국제무역 및 투자 활동에서의 불공정거래가 심화하였다. 즉, 부패가 국제 거래와 계약의 자유롭고 투명한 공정경쟁을 해치고 자원배분의 왜곡을 불러와 궁극적으로 세계 경제의 지속적인 성장과 발전을 저해하는 걸림돌이 되었다. 이에 국제사회는 국제기구를 주축으로 부패 방지를 위한 다자 간 협상, 즉 반부패 라운드(Anti-Corruption Round)를 추진하였다. 세계무역기구(WTO)는 1996년 12월 정부조달 시 부패 관행이 국제무역의 왜곡을 초래한다고 파악하고 정부조달 투명성 협정 체결을 위한 실무작업반을 발족시켰다. 국제연합(UN)도 1996년 12월 '국제비즈니스의 부패와 뇌물에 관한 선언'을 채택했

211) KDI, "사회적 청렴과 국가경쟁력 간 연관성 분석, 연구", 최종보고서 2009.10. p.5.

으며, 미주기구(OAS)도 1996년 부패 방지 조약을 체결하여 공무원에 대한 국제적 뇌물 제공 행위를 불법화하고 뇌물 공여 행위를 범죄인 인도 대상에 포함할 것을 결의하였다. 경제협력개발기구(OECD)는 해외 뇌물 방지와 관련하여 회원국들이 부패방지법을 1998년 말까지 시행할 것을 결의하였고, 1999년에는 "국제 상거래에 있어서 외국 공무원에 대한 뇌물제공행위 방지에 관한 협약(OECD Convention on Combating Bribery of Foreign Public Officials)"을 채택하였다.

국제투명성기구(TI.)는 1993년 국제사회에서 부패 방지를 위해 결성된 대표적인 비정부기구이다. TI는 부패 문제에 대한 국제적 관심을 불러일으키기 위해 1995년부터 세계 각국 공무원이나 정치인들이 얼마나 부패를 조장하는지에 대한 인식을 수치화한 부패인식지수(CPI. Corruption Perceptions Index)를 개발하여 매년 발표해 오고 있다. 부패인식지수는 TI가 세계은행 등 10개 독립기관이 실시한 국가별 공직자 부패 정도에 관한 설문조사를 바탕으로 한 국가의 부패 정도를 총체적으로 분석 평가하여 지수화한 것이다. 또한 1999년부터는 주요 수출국의 기업들이 외국에서 활동할 때 외국의 공무원들에게 뇌물을 제공할 것인가에 대한 인지도를 조사하여 그 결과를 지수화한 뇌물공여지수(BPI. Bribe Payers Index)를 발표하고 있다. 동 지수는 1999년, 2002년, 2006년, 2008년에 이어 2011년에 5번째로 발표하였다. 2011년 발표한 뇌물공여지수는 TI가 경제 규모가 큰 28개국에서 활동하는 3,000명 이상의 외국 기업인을 대상으로 그들이 뇌물을 제공하거나 비자금을 조성하는 경향이 있는지를 설문 조사해 작성하였다.

오늘날 부패인식지수와 뇌물공여지수는 한 국가의 청렴도를 나타내는 대표적인 지표로 국제사회에서 인정받고 있을 정도로 TI는 국제사회에서의 정치, 경제적 부패를 적발하고 척결하는 데 있어 구심적 역할을 담당하고 있다. 부패인식지수는 14개 전문 여론조사를[212] 바탕으로 최저 0점에서 최고 100점으로 평점을

212) 국제투명성기구의 부패인식지수 산정에는 14개 전문여론조사(expert opinion surveys)가 그 바탕이 되고 있는데 다음과 같다. 아시아개발은행(ADB), 아프리카개발은행(AFDB), 독일 베르텔스만재단(BTI), 세계은행(IDA, IBRD), 영국 Economic Intelligence Unit(EIU), 미국 프리덤하우스(Freedom House), 시장예측기관 글로벌인사이트(Global Insight), 스위스 국제경영개발원(IMD), Merchant International Group(MIG), Political & Economic Risk Consultancy

매기고 있다.[213] 부패수준이 높을수록 0점에, 낮을수록 100점에 가깝다. 일반적으로 국민소득이 높은 선진국의 경우 부패 정도가 상대적으로 적었으며, 소득이 낮은 후진국과 체제 전환 국가의 경우 부패가 만연한 것으로 나타났다. 2013~2016년의 경우 평가 대상국 168~176개국 중 약 30%에 해당하는 54개 국가만이 부패지수가 50 이상이었고, 나머지 70%의 국가들은 심각한 부패 문제를 가진 국가로 평가되는 평점 50 미만을 받았다. EU와 서유럽 지역의 경우 23%의 국가에서 부패가 심각한 수준인 데 반해, 중앙아시아의 경우 100%, 사하라 이남 아프리카는 90% 이상의 국가들에서 부패가 심각한 것으로 드러났다.

표 52. 국제투명성기구(TI)의 러시아 부패인식지수(CPI) 추이

년도	러시아		중국		인도		브라질		남아공		평가 국가수
	순위	지수	순위	지수	순위	지수	순위	지수	순위	지수	
2000	82	2.1	63	3.1	69	2.8	49	3.9	34	5.0	90
2001	79	2.3	57	3.5	71	2.7	46	4.0	38	4.8	91
2002	71	2.7	59	3.5	71	2.7	45	4.0	36	4.8	101
2003	86	2.7	66	3.4	83	2.8	54	3.9	48	4.4	133
2004	90	2.8	71	3.4	90	2.8	59	3.9	44	4.6	146
2005	126	2.4	78	3.2	88	2.9	62	3.7	46	4.5	159
2006	121	2.5	70	3.3	70	3.3	70	3.3	51	4.6	163
2007	143	2.3	72	3.5	72	3.5	72	3.5	43	5.1	180
2008	147	2.1	72	3.6	85	3.4	80	3.5	54	4.9	180
2009	146	2.2	79	3.6	84	3.4	75	3.7	55	4.7	180
2010	154	2.1	78	3.5	87	3.3	69	3.7	54	4.5	178
2011	143	2.4	75	3.6	95	3.1	73	3.8	64	4.1	183
2012	133	28	80	39	94	36	69	43	69	43	176
2013	127	28	80	40	94	36	72	42	72	42	177
2014	136	27	100	36	85	38	69	43	67	44	175
2015	119	29	83	37	76	38	76	38	61	44	168
2016	131	29	79	40	79	40	79	40	64	45	176
2017	135	29	77	41	81	40	96	37	71	43	180

자료 : 국제투명성기구(TI). http://www.transparency.org/research/cpi

TI의 국가별 부패인식지수에 의하면 유라시아경제연합(EAEU) 국가들의 경

(PERC), UN Economic Commission for Africa(UNECA), 세계경제포럼(WEF).

213) 2011년까지는 0점에서 10점까지 평점을 매김.

우 평가 대상에 포함된 1999년 이후 2017년까지 나타난 가장 큰 특징은 부패가 전 국가들에 만연해 있으며, 특히 러시아를 위시한 중앙아시아 국가들에 있어 심각한 수준이라는 점이다. 러시아는 2010년 이후 지수에서 다소의 개선에 힘입어 순위도 150위권에서 벗어났으나 하위권인 120~130위권에서 등락을 거듭하고 있다. 특히 지수에서는 2000년 이후 지금까지 한 번도 30포인트 선을 넘지 못하고 있다. 중국, 인도, 남아공 등이 40점대를 넘고 있는 것과 비교해 러시아에서는 지난 18년간 부패가 거의 개선되지 않았음을 보여준다. 그 결과 러시아는 중국, 인도, 브라질, 남아프리카공화국 등의 BRICS 회원국은 물론 카자흐스탄보다 더 부패가 만연한 것으로 국제투명성 기구는 판단하고 있다.

오늘날 부패는 국가경쟁력뿐만 아니라 세계 각국의 비즈니스(투자) 환경에 부정적 영향을 미치는 핵심 요인으로 지목되고 있다. 부패는 관료주의와 더불어 러시아와 중앙아시아 각국의 국가경쟁력과 투자환경을 약화하는 가장 심각한 요인으로 작용하고 있다. 부패수준이 낮은 20개 국가의 국가경쟁력(WEF의 2017~2018 글로벌경쟁력지수 기준)은 아이슬란드(28위)와 아일랜드(24위)를 제외하고는 모두 20위권 내에 포진되며 경쟁력이 높은 것으로 나타났다. 반면 부패수준이 가장 높은 20개 국가는 대부분(15개국)이 국가경쟁력 순위 대상국(137개국)에 포함되지 않았을 뿐만 아니라 포함된 경우도 최하위(예멘 137위, 차드 135위, 베네수엘라 127위, 콩고 126위 등)였다. 타지키스탄만이 부패지수가 21로 161위를 기록하면서도 국가경쟁력은 79위로 중위권에 포진되었다. 러시아 및 중앙아시아 지역의 부패는 소비에트 시대의 역사적, 사회문화적 유산에다 독립 이후 각 지역에서 채택한 정부 주도의 개발독재 과정에서 형성된 관료 및 정치권의 광범위하고 일반화된 권력 남용에 따른 국가 포획과 일반 대중들의 부패에 대한 지나친 무관심과 관용이라는 특성을 보인다. 동 지역에 있어 사유화 및 대형 개발 프로젝트와 관련된 정부 관료들의 관행적인 리베이트 요구와 초국적 기업들의 현지 시장 확대를 위한 자발적 뇌물 제공, 정치 권력 및 관료들의 사적 이익을 위한 개인기업 운영 등이 어우러져 부패 현상이 심화하였다.

표 53. 러시아 비즈니스 활동 방해 요인

	2006	2007	2008	2009	2010	2011	2012	2013	2014	2015	2016	2017	평균*
부패	17.41	18.8	19.4	19.0	21.2	22.8	20.5	19.1	14.3	14.3	10.9	13.1	17.6
자본조달 어려움	10.12	8.2	12.8	16.9	15.5	7.6	10.0	9.2	11.7	11.7	10.7	10.2	11.2
세제관련 법규	14.11	15.0	14.8	11.6	11.4	6.2	6.0	10.7	10.8	10.8	7.7	9.3	10.7
세율	8.19	10.0	9.2	8.2	7.5	9.1	9.3	13.0	12.3	12.3	13.3	13.1	10.5
비효율적 정부관료	9.90	8.3	11.5	8.2	8.4	13.3	11.9	9.8	8.2	8.2	6.0	6.1	9.2
인플레이션	6.57	7.0	8.4	8.7	8.5	6.7	4.1	7.1	7.6	7.6	13.8	10.1	8.0
고급인력 부족	5.63	5.9	6.7	4.1	4.9	5.3	7.1	6.6	7.3	7.3	4.6	7.4	6.1
범죄 및 절도	7.58	8.4	3.8	9.0	9.4	10.1	5.9	4.3	2.8	2.8	2.9	2.1	5.8
인프라공급 부족	6.34	6.9	8.3	3.6	3.0	4.9	4.3	4.5	4.6	4.6	4.3	3.9	4.9
불충분한 혁신능력	-	-	-	-	-	-	6.5	4.3	4.0	4.0	3.6	3.3	4.3
근로자노동윤리부족	2.49	3.4	2.0	2.4	3.2	6.1	3.1	4.2	4.8	4.8	3.6	5.2	3.8
정책의 불안정	5.52	3.4	0.6	1.7	2.3	1.5	4.5	1.8	2.8	2.8	6.7	5.5	3.3
제한적인 노동규정	2.24	1.8	0.6	1.4	1.0	2.6	2.3	2.3	3.6	3.6	2.7	2.4	2.2
외환거래규정	1.33	1.0	0.9	2.9	1.4	1.4	1.1	0.8	2.2	2.2	5.2	3.2	2.0
정부 불안정	2.57	2.0	0.8	1.4	1.4	1.2	1.6	1.6	2.0	2.0	3.1	3.8	2.0
취약한 공중보건	-	-	0.4	0.9	0.8	1.0	1.7	0.9	1.0	1.0	1.0	1.4	1.0

평균* : 2006~2017년 단순평균임.
자료 : 세계경제포럼(WEF)

세계경제포럼(WEF)은 매년 기업 최고 경영진(Executive Opinion Survey)을 대상으로 현지 시장에서 비즈니스 활동을 수행하는 데 있어 가장 장애가 되는 요인에 관한 설문조사를 한 후 그 결과를 글로벌 경쟁력 보고서에서 발표하고 있다. 설문조사는 장애 요인 5가지를 순서대로 선택하도록 하고 그 순위에 따라 가중치를 더해 점수를 산정하는 방식을 취하고 있다. 동 보고서에 의하면 2006년 이후 러시아에서 비즈니스를 수행하는 데 있어 최대 장애 요인은 부패인 것으로 드러났다. 부패는 평가 대상 16개 중 2016년 인플레이션에 처음 자리를 내준 것을 제외하고는 한 번도 1위 자리를 내주지 않았다. 러시아 비즈니스 활동 장애 요인 중에서 부패는 지난 12년 동안 평균 17.6%를 얻어 2위 항목인 자본조달의 어려움과 무려 6% 포인트 이상의 격차를 보였다. 다만 최근 들어 그 비중이 축소되는 추세를 보인다. 그 외에 자본조달에서의 어려움, 세제 관련 법규의 복잡성, 높은 세율, 정부 관료들의 비효율적인 행정 편의주의 등도 공통으로 지적된 장애 요인이었다. 2016년에는 물가 상승 항목이 현지에서 기업 활동을 수행하는 기업들이 느끼는 심각한 방해 요인으로 지적되었다.

5) 러시아 국가위험(Country risk)

2010년대 들어 글로벌 경제위기, 유럽 재정위기, 신흥국 금융위기 공포가 확산하는 가운데 2014년 8월 2일 국제스와프파생상품협회(ISDA)가 아르헨티나 디폴트를 공식 판결하면서 국가위험(country risk)의 중요성이 더욱 커지고 있다. 국가위험에 대한 정의 및 범위에 관해서 아직 일반적으로 통용되는 것은 없다. Shapiro(1999)는 국가위험을 '특정 국가에서 행해진 투자나 대출의 가치에 영향을 미치는 당해국의 정치적, 경제적 불확실성의 전반적 수준'으로 정의하였고[214], Yadong Luo(2009)는 '국내 거래에서는 나타나지 않는 추가적인 위험(additional risk)이 국제적인 거래에서 나타나는 것'으로 정의하였다.[215] 일반적으로는 국가위험은 특정국에 행해진 투자나 여신에 대해 당해국의 정치, 경제 및 사회적 여건에서 발생하는 채권회수에서의 위험도를 지칭한다. 국가위험은 그 발생 원천에 따라 여러 가지 세부 위험들로 분류하기도 한다. 대표적인 것으로 정정불안, 내란, 혁명, 전쟁 등으로 인한 정치적 위험(political risk), 대규모 파업, 비즈니스나 정책에 영향을 미칠 수 있는 사회운동 등에 기인하는 사회적 위험(social risk), 경제 불황, 인플레이션, 무역규제나 불합리한 경제 정책 등 모든 미시 및 거시경제에 영향을 미치는 경제적 위험(economic risk), 강제적 자산 몰수나 수용, 채무 상환 연기나 취소 등으로 한 국가의 정부나 공적 기관이 자금을 빌리거나 민간부문이 빌린 자금의 지급보증을 했지만 채무상환을 하지 못할 경우 자금을 빌려준 측이 안게 되는 소버린 리스크(sovereign risk), 외환 통제나 국제수지 곤란에 의한 대외지급 지연과 같은 이전위험(transfer risk) 등이 있다.

한 국가의 위험이 해당 국가만이 아니라 전 세계적으로 중요해짐에 따라 주요

214) 재인용. Shapiro (1999) defines country risk as the general level of political and economic uncertainty in a country affecting the value of loans or investments in that country. https://www.shsu.edu/~eco_hkn/CountryRiskAnalysis_Nath.pdf

215) Yadong Luo. 2009. "Political Risk and Country Risk in International Business: Concepts and Measure." The Oxford Handbooks of International Business (2 ed), p.6.

경제-연구기관뿐만 아니라 국제기구에서도 큰 관심을 가지고 세계 각국의 국가위험을 평가하고 있다. 대표적인 국가위험 평가기관으로는 OECD, PRS Group, EIU, IHS Global Insight 등이 있다.[216] OECD는 1999년부터 수출과 관련된 국가위험을 평가하고 있다. OECD의 국가위험 분류는 "공적 수출신용에 관한 협약(Arrangement on Guidelines for Officially Supported Export Credit)"에서 규정하고 있는 참여자들의 신용위험(직접대출, 리파이낸싱, 수출신용 보증 및 수출신용보험 지원 등)에 대한 최소보험료율을 산정하기 위한 것이다. 국가위험은 정부의 자본 규제나 외환 통제로 발생하는 송금 및 태환 위험(transfer and convertibility risk)과 전쟁이나 혁명, 내란, 지진, 홍수 등을 포함하는 불가항력의 경우(case of Force Majeure)로 구성된다. 유로 지역이나 고소득 국가를 제외한 2개 이상의 OECD 공적 수출신용기관(ECA)의 신용 승인 1천만 달러 이상인 국가를 대상으로 한다. 양적 분석과 질적 분석을 병행하며 국가위험도 평가모델(CRAM. Credit Risk Assessment Model)에 의해 산출된 모델 등급을 기준으로 공적 수출신용기관(ECA)이 각국 대표단으로 참가하여 국가위험도 평가 전문가(CRE) 회의에서 평가 등급을 결정한다. 국가위험 등급은 0, 1, 2, 3, 4, 5, 6, 7의 8단계로 구분되는데 등급이 높을수록 위험이 큰 것을 의미한다.[217]

표 54. 러시아 국가위험 분류(OECD)

	2000. 12	2004. 12	2006. 12	2008. 12	2010. 12	2012. 12	2014. 12	2015. 12	2016. 12	2017. 12
러시아	6	4	4	3	4	3	3	4	4	4
카자흐스탄	6	5	4	4	5	5	5	5	6	6
아르메니아	7	4	6	6	6	6	6	6	6	6
키르기스스탄	7	7	7	7	7	7	7	7	7	7

자료 : OECD, Country Risk Classification.

216) PRS Group은 140개 국가를 대상으로 국제 국가위험도 가이드(International Country Risk Guide)를 제공하고 있으나, 중앙아시아 국가는 카자흐스탄만 포함하고 있으며, EIU는 120개 국가를 대상으로 하고 있는데 키르기스스탄과 타지키스탄은 자료 부족으로 제외되었다.

217) OECD, "Country Risk Classification", http://www.oecd.org/tad/xcred/crc.htm (accessed October 18, 2013)

OECD 국가위험 분류에 따르면 러시아는 유라시아경제연합(EAEU)은 물론 CIS 국가 중에서 가장 높은(위험이 낮은) 등급을 받았음에도 불구하고 2015년 국제유가 하락과 경기침체 등으로 3등급에서 4등급으로 추락한 후 지금까지 4등급을 유지하고 있다. 카자흐스탄과 아르메니아가 하위 그룹인 6등급이었고, 벨라루스와 키르기스스탄은 최하위인 7등급에서 벗어나지 못했다. 2017년 6월 말 기준 러시아에 대한 OECD 회원국 ECA의 승인금액은 단기 17.7억 달러, 중장기 284.2억 달러 등 301.9억 달러이다. 단기외채 가운데 20만 달러가 연체 중이고, 그 중 10만 달러는 회수불능 상태이다. 중장기 외채 중 1억 1,290만 달러가 연체되고 있으며, 이 가운데 2,670만 달러가 회수불능 상태인 것으로 평가되었다.[218]

3. 러시아 국민의 삶의 질

국가 경제의 가장 중요한 목적은 국민을 잘살게 하는 것이다. 잘 산다는 것은 단순한 물질적인 풍요를 넘어 건강하며 품위 있게 의미 있는 삶을 사는 것이다. 따라서 삶의 질은 경제적 요인뿐만 아니라 경제 외적 요인들까지를 고려하여 평가해야 한다. 경제적 측면에서 소득과 고용(일)이 삶의 질을 결정하는 핵심 요인이라면 경제 외적 요인으로는 가장 먼저 인간다운 삶을 영위하기 위한 자유, 평등, 정의와 같은 기본적인 가치와 함께 정치, 사회적 요인, 지역사회(공동체), 건강, 환경, 교육, 안전 등 다양한 요인들이 언급된다.

오늘날 국제기구 및 학자들을 중심으로 삶의 질을 측정하기 위한 다양한 지표가 개발되고 있는데 대표적인 것이 유엔개발계획(UNDP)의 인간개발지수(HDI), 경제협력개발기구(OECD)의 "더 나은 삶의 지수(Better Life Index), 유엔 지속 가능 발전해법 네트워크(UN Sustainable Development Solutions Network)의 세계행복지수(World Happiness Report), 아서 오쿤(Arthur Okun)의 고통지수(Misery

218) 한국수출입은행 해외경제연구소, "러시아 국가신용도 평가 리포트", 국별리포트. 2017.12. p. 10.

Index)"가 있다.

1) 러시아 인간개발지수(Human Development Index)

인간개발지수(HDI. human development index)는 1990년부터 유엔개발계획(UNDP)이 세계 각국의 삶의 질을 보다 구체적으로 측정하기 위해 개발한 지표다. UNDP는 HDI를 삶의 질을 인간개발 성취 정도의 3가지 기본 차원에 초점을 맞춰 개발하였는데 수명이 길고 건강한 삶(long and healthy life), 지식 습득 능력(ability to acquire knowledge), 적절한 생활수준을 달성할 수 있는 능력(ability to achieve a decent standard of living)이 기준이 된다. 길고 건강한 삶은 기대수명으로, 지식 습득 능력은 평균 교육연수 및 예상 교육연수로, 적절한 생활수준은 1인당 국민총소득(GNI. 구매력평가)을 기준으로 측정하였다. 오늘날 많은 경제학자가 일국의 사회경제발전 정도를 측정하는 지표로 1인당 국민소득보다 인간개발지수가 더 적합하다는 쪽으로 의견을 모아가고 있다는 점에서 대단히 중요한 의미를 지닌다. HDI는 그 값이 0~1로 나타나는데 UNDP는 이 값을 기준으로 세계 각국을 다음의 4가지 그룹으로 분류하고 있다.

0.55 미만 : 저(低) 수준의 인간개발(low human development) 국가
0.55~0.70 미만 : 중(中) 수준의 인간개발(medium human development) 국가
0.70~0.80 미만 : 고(高) 수준의 인간개발(high human development) 국가
0.80 이상 : 최고(最高) 수준의 인간개발(very high human development) 국가

표 55. 러시아의 인간개발지수(HDI) 추이 (1990~2015)

	1990	1995	2000	2005	2010	2011	2012	2013	2014	2015
HDI지수	0.733	0.700	0.720	0.754	0.785	0.792	0.799	0.803	0.805	0.804
기대수명	68.0	66.0	65.1	65.8	68.6	69.1	69.5	69.9	70.1	70.3
예상교육연수	12.8	11.8	12.5	13.8	14.0	14.3	14.6	14.9	15.0	15.0
평균교육연수	9.2	10.0	11.3	11.6	12.0	12.0	12.0	12.0	12.0	12.0
1인당GNI($)*	20,601	12,715	13,678	18,872	22,424	23,359	24,094	24,258	24,067	23,286

* : 1인당 GNI는 2011년 기준 구매력평가(PPP) GNI임.
자료 : UNDP, Human Development Report. 2016. Russian Federation
http://hdr.undp.org/sites/all/themes/hdr_theme/country-notes/RUS.pdf

표 56. 2015년 인간개발지수(HDI)로 본 러시아

	HDI 순위	HDI지수		기대수명 (年)		예상교육 연수(年)		평균교육 연수 (年)		1인당 GNI (PPP. $)	
	2015	2000	2015	2000	2015	2000	2015	2000	2015	2000	2015
노르웨이	1	0.917	0.949	78.7	81.6	17.5	17.7	12.0	12.7	57,957	67,614
호주	2	0.899	0.939	79.5	82.5	20.5	20.4	11.9	13.2	35,678	42,822
스위스	3	0.888	0.939	79.9	83.1	15.2	16.0	11.4	13.4	52,331	56,364
독일	4	0.860	0.926	77.9	81.1	16.2	17.1	10.5	13.2	36,743	45,000
덴마크	5	0.862	0.925	76.6	80.4	16.2	19.2	10.7	12.7	40,868	44,519
러시아	49	0.720	0.804	65.1	70.3	12.4	15.0	11.3	12.0	12,933	23,286
브라질	79	0.685	0.754	70.1	74.7	14.3	15.2	5.6	7.8	11,339	14,145
중국	90	0.592	0.738	71.7	76.0	9.6	13.5	6.5	7.6	3,615	13,345
인도	131	0.494	0.624	62.6	68.3	8.3	11.7	4.4	6.3	2,495	5,663
세계 평균	-	0.696	0.717	-	71.6	-	12.3	-	8.3	-	14,447
-최고수준평균	-	0.876	0.892		79.4		16.4		12.2		39,605

자료 : UNDP, Human Development Report. 2016. http://hdr.undp.org/en/countries

2017년 3월 UNDP가 발표한 "인간개발보고서 2016 : 모두를 위한 인간개발(Human Development Report 2016 : Human Development for Everyone)"에 따르면 러시아의 2015년 HDI 지수는 0.804로 UNDP가 분류한 최고(最高) 수준의 인간개발(high human development) 국가 범주에 포함되었다. 순위로는 평가대상 188개 국가 및 지역 중 49위를 기록하며 50위권 내에 진입하였다. 러시아의 HDI 지수는 최고 수준의 인간개발 국가 그룹의 평균 0.892와 비교해 크게 떨어지는 수준이나 유럽과 중앙아시아 국가의 평균 0.756에 비해서는 앞서는 수치다.

1990년에서 2015년 사이에 러시아의 HDI 지수는 0.733에서 0.804로 9.7% 증가했는데 이를 연평균 환산하면 0.38% 증가에 해당한다. 2000년 대비 2015년 러시아 국민들의 기대수명은 65.1세에서 70.3세로 5.2세 증가하였고, 예상 교육연수는 12.5년에서 15.0년으로 2.5년 늘어났으며, 실제 평균 교육연수는 11.3년에서 12.0년으로 0.7년 증가했다. 1인당 국민소득(GNI)은 13,678달러에서 23,286달러로 70% 이상 증가했다. 러시아는 평균 교육연수에서는 세계 평균은 물론 최고 수준 인간개발 국가군보다 높았다. 그러나 기대수명은 70.3세로 최고 수준 국가군 평균(79.4세)은 물론 세계 평균(71.6세)에도 미치지 못함으로써 전체 지수(HDI) 및 순위에서 적지 않는 감점을 받은 주요인이었다.

2) 러시아 세계행복지수(World Happiness Report)

유엔 지속가능 발전 해법 네트워크(UN Sustainable Development Solutions Network)와 미국 컬럼비아대학교 지구연구소(The Earth Institute, Columbia University)는 갤럽 세계 여론조사(GWP)와 유엔 인권 지수 자료 등을 토대로 2012년부터 '세계행복보고서(World Happiness Report)'[219]를 통해 국가별 행복지수를 산출해 발표해오고 있다.

UN의 세계 행복 보고서는 사람들 자신의 삶에 대한 평가에 핵심적인 의미를 부여하고 있으며, 또한 이를 토대로 행복도를 측정해 국가 간의 행복 수준을 비교 평가하고 있다. UN의 세계행복보고서는 캔트릴 인생 사다리'(Cantril ladder of life)로 불리는 자아 준거적 성취 척도를 활용하는 방식을 토대로 삶을 평가해 세계의 행복 상태에 대해 논하고 있다.[220]

행복지수 측정에는 소득(1인당 GDP), 건강 기대수명(healthy life expectancy at life), 사회적 지원(social support. 어려움에 부닥칠 시 도움을 청할 수 있는 누군가의 존재 여부), 자신의 인생에 대한 선택의 자유(freedom to make life choices), 관용성(generosity), 부패인식(perceptions of corruption)의 6개 요인이 사용되었다. 행복 정도는 돈만 많다고 높은 것이 아니라, 사회적인 뒷받침이 충분히 되고, 투명하며, 자유로운 생활이 보장되어야 한다는 의미를 담았다.

행복보고서는 삶의 평가에서 국가 간 차이의 3/4(75%) 이상이 6개 핵심 요인에 의해 설명된다고 보았다. 즉 이 6개 요인이 각 국가 행복 수준의 대부분을 결정한다는 말이다. 이 중 사회적 지원, 소득, 건강 기대수명이 가장 중요한 3가지 변인인데, 그 상대적 중요성은 국가 및 시기에 따라 다르게 나타났다. 2015~17년

219) http://worldhappiness.report/wp-content/uploads/sites/2/2017/03/HR17.pdf

220) 평가적 행복을 측정하는 방식으로는, 첫째, 전반적 삶에 대한 행복감을 묻는 방식. 둘째, '삶의 만족'(life satisfaction)에 관해 질문하는 방식, 셋째, 개발자의 이름을 빌려 '캔트릴 인생 사다리'(Cantril ladder of life)로 불리는 자아 준거적 성취 척도를 활용하는 방법이 있다. UN의 세계행복보고서가 사다리 질문에 의존하는 이유는 세계 최대의 여론조사 기관인 갤럽월드폴(GWP)의 데이터를 토대로 하고 있기 때문이다. 갤럽월드폴은 가장 많은 국가를 대상으로 해서 정기적으로 일관성 있게 삶의 평가 자료를 축적해온 조사기관으로 사다리 방식에 따르고 있다.

을 조사 대상으로 한 행복보고서에 따르면, 사회적 지원이 35%, 1인당 GDP가 26%, 건강기대수명이 17%, 인생 선택의 자유가 13%, 관용성이 5%, 부패인식이 3%를 차지했다. 59위에 올라있는 러시아의 행복에 미치는 영향력의 정도는 사회적 지원, 1인당 국민소득, 건강 기대수명, 자신의 인생에 대한 선택의 자유 순으로 나타났다. 그중에서도 사회적 지원과 1인당 국민소득은 러시아 국민들이 느끼는 행복의 약 50%를 설명해 주었다.

표 57. 2015~2017 행복순위 (Ranking of Happiness 2015~2017)

	2010~2012		2013~2015		2015~2017		2008~2010년 대비	
	점수	순위	점수	순위	점수	순위	점수	점수상승순위
핀란드	7.389	7	7.413	5	7.632	1	0.100	62위
노르웨이	7.655	2	7.498	4	7.594	2	-0.039	76위
덴마크	7.693	1	7.526	1	7.555	3	-0.253	101위
아이슬란드	7.355	9	7.501	3	7.495	4	0.607	19위
스위스	7.650	3	7.509	2	7.487	5	-0.037	75위
브라질	6.849	24	6.952	17	6.419	28	-0.424	116위
러시아	5.464	68	5.856	56	5.810	59	0.422	31위
중국	4.978	93	5.245	83	5.246	86	0.592	20위
인도	4.772	111	4.404	118	4.190	133	-0.698	128위

자료 : UN SDSN, World Happiness Report 2018.

러시아는 전 세계 156개국을 대상으로 한 '국가별 행복 순위 2015~2017 (Ranking of Happiness 2015~2017)'에서 10점 만점에 총 5.810점을 취득하며 59위에 자리매김했다. 이는 2014~2016년 5.963점으로 49위를 차지한 것과 비교해 점수로는 0.153점, 순위로는 10등급 하락한 수치다. 2017년 러시아의 행복 지수는 세계 평균인 5.264점보다는 약간 높은 수준으로 BRICs 국가 가운데서는 중국, 인도와는 큰 차이를 보이며 앞섰으나 브라질에는 크게 뒤처진 것으로 나타났다. 흥미로운 사실은 중앙아시아에서 국민소득이 낮은 우즈베키스탄의 행복 순위가 44위(6.096점)로 러시아, 카자흐스탄(60위, 5.790점), 투르크메니스탄(68위, 5.636점)보다 높게 나타났다. 이는 겉으로 드러나는 삶의 모습(소득)에 비해 우즈베키스탄 국민들이 실제 느끼는 삶의 질이 높다는 뜻이다. 러시아는 2008~ 2010

년과 비교해 평점이 0.422점 오르며 상승률에서 세계에서 31번째로 높았고 우즈베키스탄은 0.874점 상승하며 7번째로 높았다. 타지키스탄 또한 0.677점 상승하며 15번째로 높은 순위 상승을 기록했다.

'가장 행복한 나라 순위'에서 북유럽의 복지국가 핀란드가 2016년 7.469에서 2017년에는 7.632점으로 0.163점 상승하며 처음으로 노르웨이를 제치고 1위를 차지하였다. 그 뒤를 노르웨이, 덴마크, 아이슬란드 등 북유럽권 국가들이 따르며 2~4위를 차지하였고, 한국은 5.875점으로 57위에 머물렀다. 반면 '가장 불행한 나라' 순위에는 부룬디(156위, 2.905점), 중앙아프리카공화국(155위. 3.083점), 남수단(154위, 3.254점), 탄자니아(153위, 3.303점), 예멘(152위, 3.355점), 르완다(151위, 3.408점), 시리아(150위, 3.462점) 등 아프리카 지역 또는 내전 상태에 있는 국가들이 차지했다.

3) 러시아 더 나은 삶 지수(Better Life Index)

경제협력개발기구(OECD)는 2011년 이후 격년마다 웰빙 보고서를 발간하고 있으며, 매년 '더 나은 삶 지수'(Better Life Index)라는 이름으로 각국의 웰빙 지수를 공표하고 있다. OECD는 웰빙(well-being)에 대한 개념적 프레임워크를 11개 영역으로 나누어 제시하고 있는데 크게 '물질적 생활조건'과 '삶의 질'이라는 양대 축으로 구분된다. 물질적 삶의 조건은 주거, 소득, 직업 등 3개 영역으로, 삶의 질은 지역사회(공동체), 교육, 환경, 시민참여, 건강, 삶의 만족, 안전, 일과 삶의 균형 등 8개 세부 영역으로 구성된다. 그리고 11개 영역은 24개의 지표로 구성된다. 조사대상 국가는 2015년에 34개 OECD 회원국에 러시아, 브라질을 포함한 36개국, 2016년부터 라트비아와 남아프리카공화국이 포함되면서 38개국으로 확대되었다.

'2017 더 나은 삶 지수'(Better Life Index 2017)에 따르면 11개 영역을 종합적으로 고려한 웰빙 지수에서 노르웨이, 덴마크, 호주, 스웨덴, 캐나다가 조사대상 38개국 중 상위 1~5위를 차지하였다. 러시아는 평균 4.46점으로 헝가리에 이어

33위를 차지하며 삶의 질 수준이 최하위권인 것으로 평가되었다. 특히 지난 3년 중에서 가장 낮은 점수를 기록하며 삶의 질이 더 악화한 것으로 분석되었다. 브라질, 그리스, 터키, 멕시코, 남아공 등 5개국이 러시아보다 낮았다. 러시아는 11개 영역 가운데 일과 삶의 균형(9위)만 상위권에 분포되었고, 나머지 10개 영역은 하위권에 분포되었는데 그중에서도 특히 환경(38위), 건강(37위), 안전(35위), 소득(35위), 주거(34위), 시민참여(34위) 등 6개 분야는 최하위 판정을 받았다.

표 58. 더 나은 삶 지수(Better Life Index)로 본 러시아 (2017년)

	종합	물질적 생활조건			삶의 질							
		주거	소득	일자리	지역사회	교육	환경	시민참여	건강	삶의 만족	안전	일과 삶의 균형
러시아	**33위**	**34위**	**35위**	**24위**	**24위**	**22위**	**38위**	**34위**	**37위**	**27위**	**35위**	**9위**
(2017)	**4.46**	**4.0**	**0.9**	**6.6**	**6.2**	**6.5**	**2.5**	**2.0**	**3.6**	**4.2**	**4.5**	**8.1**
(2016)	**4.61**	**4.7**	**1.3**	**7.1**	**6.6**	**6.4**	**3.2**	**1.9**	**3.0**	**4.1**	**4.2**	**8.2**
(2015)	**4.56**	**5.9**	**1.3**	**5.8**	**5.6**	**6.0**	**4.2**	**2.2**	**0.5**	**3.0**	**7.2**	**8.5**
노르웨이	8.09	8.6	4.3	8.7	8.1	7.1	9.4	5.6	8.8	10.0	9.9	8.5
덴마크	7.95	6.3	4.8	8.6	8.7	7.8	8.2	6.8	7.9	9.9	9.5	9.0
호주	7.85	8.0	5.0	8.2	7.9	8.5	8.8	8.6	9.5	9.0	7.5	5.4
스웨덴	7.80	7.3	5.5	7.9	7.1	7.5	8.9	6.6	8.9	9.1	8.7	8.3
캐나다	7.78	7.8	5.3	8.2	7.5	7.3	8.3	6.5	9.5	9.2	9.1	6.9
미국	7.67	8.7	10.0	8.6	6.3	6.6	7.0	6.8	9.0	7.8	7.8	5.8
독일	7.24	7.1	5.0	8.2	7.2	7.5	7.2	5.1	7.3	7.9	8.8	8.3
영국	6.95	6.4	5.0	8.0	7.7	6.2	6.8	6.4	7.8	6.9	9.0	6.2
프랑스	6.56	6.9	4.7	6.8	5.6	5.8	6.0	5.5	7.9	5.9	8.2	8.9
일본	5.76	6.1	5.4	8.0	6.1	7.5	6.4	1.5	5.3	4.0	8.3	4.8
한국	4.95	7.6	2.5	7.3	0.0	7.3	2.7	6.4	4.7	3.8	7.5	4.7
브라질	4.52	4.7	0.3	5.5	6.4	1.4	5.5	6.2	6.6	6.6	0.1	6.4
터키	3.94	5.2	1.0	4.5	4.3	2.6	2.6	6.7	6.9	2.4	7.1	0.0
멕시코	3.72	5.2	0.5	5.9	1.9	0.6	3.9	6.7	6.3	6.4	2.7	0.8
남아공	2.54	2.5	0.4	0.2	5.5	0.7	2.9	4.3	3.1	0.0	3.2	5.1

자료 : OECD. Better Life Index 2017

OECD '2017 더 나은 삶 지수(Better Life Index 2017)'에 나타난 러시아의 삶에 대한 평가는 다음과 같다. 러시아는 지난 10년 동안 "더 나은 삶 지수"에 대한 대부분 항목에서 평균 점수보다 낮지만, 국민들의 삶의 질을 향상하는 데 진전을 보인 것으로 평가받았다. 러시아는 교육과 기술, 일과 삶의 균형에서 평균 이상이지만 주관적 웰빙, 소득 및 부, 일자리 및 수입, 개인 안전, 환경의 질, 주거, 시민 참여, 사회적 연결, 그리고 건강 상태 항목에서 평균보다 낮았다.

행복은 돈으로 살 수는 없지만 높은 생활수준을 달성하는 중요한 수단인 소득 부문에서 러시아의 가구당 평균 순가처분소득(net-adjusted disposable income)은 1인당 연간 16,657달러로 OECD 평균인 30,563달러의 절반에 불과했다. 무엇보다 러시아는 상위 소득 20%와 하위 소득 20% 간의 격차가 8배에 달할 정도로 계층 간 소득 격차가 심각하다는 문제점을 지녔다.

고용 측면에서 러시아는 생산가능인구(만 15세~64세)의 약 70%가 유급노동에 종사하고 있어 OECD 고용 평균 67%보다 높았다. 남성의 75%, 여성의 65%가 유급 노동에 종사하고 있다. 러시아에서 장시간 근무하는 근로자(1주일에 평균 50시간 이상 근무)는 0.2%로 OECD 국가 평균인 13%에 비해 대단히 낮아 평가 대상 38개국 중 1위를 차지했다. 여가와 개인 생활에 보낸 시간(~14.9시간)에서는 19위를 차지했다.

교육과 기술 부문에서 러시아에서는 25~64세 성인 95%가 중등교육을 마쳤는데 이는 OECD 평균인 76%보다 훨씬 높다. 남성의 94%, 여성의 95%가 고등학교를 마쳤다. 교육 제도의 질적 측면에서 OECD의 국제 학생 평가 프로그램(PISA)의 읽고 쓰기, 수학 및 과학 분야에서 러시아 학생들은 평균 492점을 받아 OECD 평균인 486점보다 조금 높았다. 러시아에서 평균적으로 여학생이 남자보다 8점을 더 받았는데 이는 OECD 평균 격차인 2점보다 높은 것이다.

건강 부문에서 러시아 국민들의 기대 수명은 71.4년으로 OECD 평균인 80세보다 약 10년이 짧다. 여성의 평균 수명은 77세로 남성의 66세에 비해 11년이나 차이가 난다. 러시아인은 자신이 건강하다고 생각하는 비율이 43%에 불과해 OECD 평균 69%와 비교해 많은 차이를 보였다. 대기오염 물질로 호흡할 때 유입되어 폐에 손상을 줄 수 있는 초미세먼지(PM2.5)의 농도는 1㎥당 15.5마이크로그램(µg)으로 세계보건기구(WHO)가 정하고 있는 상한선인 10µg을 훨씬 초과했다. OECD 평균인 13.9µg보다 더 높았다. 러시아 국민의 54%만이 수질에 만족한다고 답하고 있어 OECD 평균 81%보다 훨씬 낮았다.

공공 부문에서 러시아인의 90%는 그들이 필요로 할 때 신뢰할 수 있는 사람을 알고 있다고 믿고 있어 OECD 평균인 89%와 유사한 공동체 의식을 갖추고 있었다. 시민의 정치 참여율을 보여주는 유권자 투표율은 최근 선거에서 65%로 OECD 평균 69%보다 다소 낮았다. 소득계층 상위 20%의 유권자 투표율은 70%이며 하위 20%는 66%로 OECD 평균 격차인 13% 포인트보다는 훨씬 격차가 적었다. 이는 러시아의 민주주의 제도에 광범위한 사회통합이 있음을 시사한다.

러시아인의 자신의 삶에 대한 만족은 OECD 평균보다 덜했다. 러시아인은 삶의 전반적인 만족도 조사에서 10점 기준 6.0으로 OECD 평균인 6.5보다 낮아 38개국 중 27위에 랭크되었다.

4) 러시아 고통지수(Misery Index)

소득과 일(고용)은 경제적 측면에서 국민의 일상적인 삶의 질을 결정하는 가장 기초적이고 중요한 요소다.[221] 일은 소득을 창출하여 생계를 유지하고 경제적 안전을 확보하는 기본적 경제활동일 뿐만 아니라 사회참여의 중요한 수단으로 경제외적 요소들에 영향을 미치는 요인으로 삶의 질을 결정한다. 일을 통해 얻은 소득은 생활수준을 향상하고, 더욱 나은 교육과 건강을 추구할 수 있도록 도움을 준다. 일은 또한 국민들이 사회에 완전하게 참여하게 함으로써 존엄과 가치를 제공해준다. 또한 사회적 결속을 쌓고, 가족과 공동체 내의 유대감을 강화하기도 한다. 반면에 인플레이션은 상품과 서비스의 가격이 지속해서 상승하는 현상으로 실질소득의 감소를 초래하여 국민의 경제적 삶의 질을 떨어뜨린다.

고통지수(Misery Index)는 소득, 일, 물가의 3가지 측면에서 국민들이 느끼는 삶의 질을 평가한 것이다. 미국 브루킹스 연구소 경제학자였던 아서 오쿤(Arthur Okun)은 물가 상승률과 실업률을 더한 값을 고통지수라 칭하며 동 지수가 높을수록 한 나라 국민들이 체감하는 삶의 고통이 늘어난다고 보았다. 1999년 하버드

221) UNDP의 2015년 인간개발지수(HDI) 조사에 의하면 조사 대상 118개 국가의 국가별 인간개발지수 값과 지수를 구성하는 요소인 1인당 국민소득(GNI)의 상관계수가 0.74였다. 이는 소득이 삶의 질을 결정하는 요소 중에서 가장 중요한 부문을 차지하고 있음을 보여준다.

대학 경제학 교수인 로버트 배로(Robert Barro)가 오쿤의 고통지수(물가 상승률+실업률)에다 금리는 더하고, 실제 경제 성장률과 경제성장 추세율(trend rate of GDP growth) 간의 차이가 양(음) 일 경우는 빼는(더하는) 방법을 제시하며 이를 '배로고통지수(Barro Misery Index. BMI)'라 하였다. 2011년 존스 홉킨스 대학의 스티브 한케(Steve H. Hanke) 교수가 물가상승률과 실업률의 합에다 금리는 더하고, 1인당 GDP 증가율(per-capita GDP growth)을 빼는 방식을 제시하였다.[222) 고통지수는 국가별로 물가 상승률과 실업률을 계산하는 기준이 다른 관계로 절대적 비교지표로 사용하기 어려운 측면이 있지만, 삶의 고통을 계량화한 지표라는 측면에서 국제적으로 자주 활용되고 있다. 특히 국민들이 피부로 느끼는 경제적인 삶의 질을 중시하는 추세가 늘어나면서 동 지수의 사용이 확대되고 있다.

표 59. 글로벌 금융위기 이후 G20 고통지수 추이 (2009~2016)

	2009	2010	2011	2012	2013	2014	2015	2016	평균1	평균2*
아르헨티나	38.88	20.20	25.87	34.18	33.86	58.71	54.36	66.00	41.51	22.55
호주	13.90	14.70	14.85	12.43	13.74	12.54	12.32	12.30	13.35	6.96
브라질	59.80	47.90	55.18	48.86	38.37	45.61	67.74	75.08	54.82	14.74
캐나다	15.54	10.99	11.03	10.74	9.76	10.38	10.89	10.93	11.28	8.47
중국	2.64	4.51	5.99	5.64	5.81	4.94	4.18	4.63	4.79	-0.71
프랑스	21.04	16.48	16.35	17.90	16.96	16.04	16.08	15.78	17.08	10.85
독일	18.95	8.32	6.24	11.14	11.51	8.76	9.16	10.71	10.60	5.91
인도	21.71	12.29	17.24	19.99	17.01	12.82	12.10	12.38	15.69	5.50
인도네시아	22.14	22.53	18.87	16.90	21.67	23.17	18.36	18.16	20.22	7.63
이탈리아	19.52	13.11	16.21	21.54	20.82	18.27	15.23	14.46	17.40	12.86
일본	10.24	2.25	5.67	3.83	4.61	6.90	3.48	2.91	4.99	3.62
한국	11.86	6.28	10.43	8.27	6.46	5.90	6.16	6.40	7.72	2.95
멕시코	22.25	11.53	11.43	10.70	13.22	11.59	8.62	11.06	12.55	7.81
러시아	40.27	22.48	16.87	17.78	20.35	28.70	37.23	26.63	26.29	14.71
남아공	44.43	36.42	37.91	38.48	37.52	39.67	39.75	44.61	39.85	30.25
영국	15.45	10.48	12.46	10.52	8.82	5.25	4.02	5.13	9.02	8.62
미국	18.09	12.86	14.40	11.71	11.02	8.39	7.53	8.33	11.54	8.26

평균2 : 대출 금리를 제외한 고통지수.
자료 : World Bank IMF 'World Economic Outlook Database'를 기준으로 작성.

222) Steve H. Hanke (March 2011). "Misery in MENA". Cato Institute: appeared in Globe Asia.

표 59는 스티브 한케(Steve H. Hanke)가 제시한 방법을 통해 글로벌 금융위기 이후 8년 동안(2009~2016년) 러시아를 포함한 주요 17개 국가의 고통지수를 구한 값이다. 표에서 보는 바와 같이 2008년 글로벌 금융위기 이후 러시아 경제의 연평균 고통지수는 26.29로 브라질(54.82). 아르헨티나(41.51), 남아프리카공화국(39.85)에 이어 4위를 차지하며 최하위권에 머물렀다. 연도별로는 금융위기 직후인 2009년이 40.27로 가장 높았고, 2011년과 2012년이 각각 16.87과 17.78로 가장 낮았다. 경기 침체와 물가 급등으로 경제가 스태그플레이션(stagflation)의 늪에 빠졌던 2014년과 2015년에 28.70과 37.23으로 높게 나타났다. 개발도상국의 경우 선진국보다 금리가 높다는 점을 고려해 금리를 제외한 고통지수(평균 2)를 지표로 해 비교 분석한 결과도 유사하게 나타났다. 러시아는 동기간 평균 14.71을 기록하며 남아프리카공화국(30.25), 아르헨티나(22.5), 브라질(17.74)에 이어 4위를 차지했다. 글로벌 금융위기 이후 러시아 경제가 받은 고통이 G20 국가들과 비교해 상대적으로 높았다. 특히 2014~2016년 지표가 상승하며 최근 3년간의 경기 침체로 러시아 국민들이 피부로 체감한 삶의 질이 G20 국가 중에서 최하위권에 머물고 있음을 보여주었다.

4. 러시아 정보화 수준

푸틴 정부 들어 러시아는 첨단 정보통신산업 육성을 통한 지식 정보화 사회로의 전환을 위해 부단한 노력을 기울이고 있다. 러시아 정보화 정책의 핵심은 2002년 출범한 전자정부 실현을 위한 'E-Russia' 계획과 2008년 2월 대통령령인 ' 러시아 연방 정보사회 발전전략(Стратегия развития информационного общества в Российской Федерации)으로 요약된다. 정부의 적극적인 지원과 투자에도 불구하고 러시아의 정보화 수준은 아직 높지 않은 것으로 평가받고 있다. 러시아의 정보화 수준을 주요 지표를 통해 살펴보면 다음과 같다.

Ⅵ. 러시아의 국가경쟁력

1. 국가경쟁력 개념[224)]

2000년대 뉴밀레니엄 시대 접어들면서 정보・통신 및 항공・교통 기술의 발달로 세계화(globalization)가 급속히 진전되며 상품과 서비스 시장의 규모는 물론 자본시장의 규모가 급격히 증가하였고, 브라질, 러시아, 중국, 인도 등 브릭스(BRICs)를 필두로 한 신흥경제국들의 세계시장 참여가 확대되면서 전 세계는 거대한 하나의 시장으로 재편되었다. 국가 및 국경 간 경계가 허물어지고 경쟁이 세계화되는 등 글로벌 시장 환경이 변하면서 기업들은 적자생존의 무한 경쟁 속에서 살아남기 위한 새로운 전략을 마련해야 했다. 생존 경쟁력을 확보하지 못한 기업들은 글로벌 시장에서 설 자리를 잃고 도태되었다. 글로벌 시장에서 경쟁력 강화를 위한 개별 기업의 노력뿐만 아니라, 기업이 직면한 법률적・제도적・사회적 환경과 인적・물적 인프라와 같이 국가 차원에서 우호적인 비즈니스 환경(business-friendly environment)을 창출할 수 있는 역량 결집 또한 중요한 화두가 되었다. 스위스 국제경영개발대학원(IMD. International Institute of Management Development)과 세계경제포럼(WEF. World Economic Forum)은 국가경쟁력(competitiveness of nation)이란 개념을 제시하고 이를 지수(index)로 산정하여 평가하였다. WEF는 실증분석(empirical analysis)을 통해 자신들이 고안한 글로벌 경쟁력지수(GCI. Global Competitiveness Index)는 경제의 생산성 수준을 평가하는 지표로서 신뢰성을 갖추고 있으며, 1인당 국내총생산(GDP)과 GCI 간에는 강력한 정(+)의 상관관계를 보이며, 1인당 GDP 변동의 약 2/3가 GCI에 의해 설명될 수 있다고 주장하였다.[225)] 삼성경제연구소는 국가경쟁력이 강할수록 소득 수

224) 이종문 외, "유라시아시대 러시아의 국가경쟁력", 한국외국어대 지식출판원. 2015. pp.95~108. 정리함.

225) WEF, Global Competitiveness Report 2014~2015. 2014. p.46.

준이 높고(상관계수 0.69), 외부 충격에 대한 복원력도 강한(상관계수 0.80) 것으로 분석하였다.[226)]

현대적 의미의 국가경쟁력 연구는 전략경영의 대가인 마이클 포터(M. Porter)가 1990년 그의 저서 '국가경쟁우위(The Competitive Advantage of Nations)'에서 제시한 다이아몬드 모델(Diamond Model)을 계기로 본격화되었다. 마이클 포터는 다이아몬드 모델을 통해서 이전까지 기업과 산업 차원에 적용되던 경쟁력의 개념을 국가 차원으로 확장했다. 그는 동 모델에서 어떤 국가가 특정 산업에서 국제적으로 성공하는 것은 현지 기업들이 경쟁하고, 경쟁우위의 창출을 촉진하거나 방해하는 환경을 형성하는 국가의 4가지 결정요인(determinants)에 달려있다고 보았다. 4가지 결정요인으로 요소조건(factor conditions), 수요조건(demand conditions), 관련 및 지원 산업(related & supporting industries), 기업 전략, 구조 및 경쟁(firm strategy, structure and rivalry)을 제시했다. 요소조건은 주어진 산업에서 경쟁하기 위해 필수적인 숙련된 노동력과 인프라와 같이 생산요소에서 국가의 포지션(보유 현황)을 말하며, 수요조건은 특정 산업의 제품이나 서비스에 대한 본국 수요의 특성을 말한다. 관련 및 지원 산업은 해당 국가에 국제적으로 경쟁하는 지원 산업들과 관련 산업들의 존재 여부를 말한다. 국제 경쟁력을 갖춘 기업이나 산업을 발전시키려면 개별기업이나 산업에 의존해서는 안 되고 관련 및 지원 분야가 종합적으로 발전해야 한다. 기업 전략, 구조 및 경쟁은 '기업들이 어떻게 생겨나고 조직되며 관리 되는가'를 지배하는 국가의 여러 가지 여건과 국내 기업 간의 경쟁 관계를 말한다. 포터는 이러한 4가지 결정요인들이 국가 "다이아몬드"를 구성하며 하나의 시스템으로서 다이아몬드가 가장 유리한 조건을 가질 때 산업 또는 산업의 세분화 부문에서 기업들이 국제적으로 성공할 가능성이 크다고 주장하였다.[227)] 동시에 그는 우연한 사건(chance)과 정부(government)를 2가지 추가적인 변수로 제시하며 한 국가의 다이아몬드에 큰 영향을 미친다

---

226) 손민중 외, "한국 국가경쟁력 분석과 정책적 시사점 : WEF 금융경쟁력 지수를 중심으로", 삼성경제연구소. 2010. 12. p.3.

227) Porter, M. E.,「The Competitive Advantage of Nations」, N.Y. Free Press, 1990. p.71~72.

고 보았다. 우연한 사건은 순수한 발견, 기초기술에서의 획기적 발전, 전쟁, 외부의 정치적 발전, 해외시장의 주요 변동 등과 같이 기업이나 정부가 통제할 수 없는 사건으로 산업구조를 변화시키고 그로 인해 한 국가의 기업들이 다른 국가의 기업들을 대체할 기회를 제공하며, 많은 산업에서 경쟁우위를 이동시키는 데 중요한 역할을 한다. 그리고 반독점 정책, 규제, 교육에 대한 투자, 정부 구매 등 정부의 정책 선택에 따라 국가경쟁 우위가 강화되거나 약화할 수도 있다고 보았다.[228)]

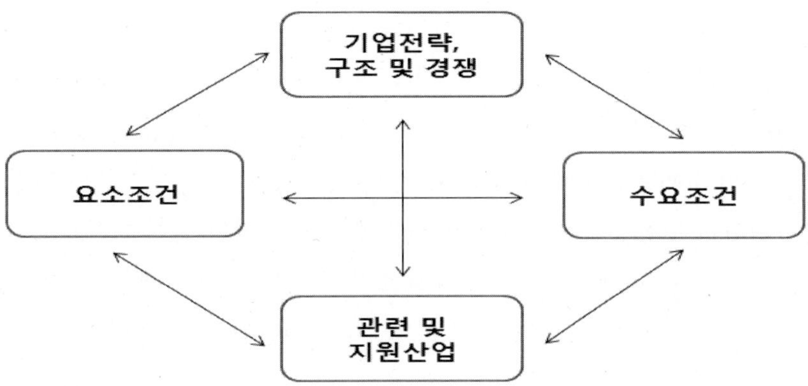

그림 49. 국가우위결정요소(Determinants of national advantage)

자료 : Porter, M. E., "The Competitive Advantage of Nations", Free Press, 1990. p.72.

다이아몬드 모델은 국가경쟁력의 원천을 체계적으로 구성하여 제시함으로써 학계는 물론 정부, 기업 등으로부터 주목을 받았으며 현재까지도 대표적인 경쟁력 분석 틀로 활용되고 있다. 그러나 국제경쟁과 인적자원 등 중요한 경쟁력 원천에 대한 고려가 부족하다는 비판 또한 존재하고 있다.[229)]

오늘날 일반적으로 활용되고 있는 국가경쟁력 모델은 정교한 이론적 배경에

228) Ibid, p.73.

229) Moon, Rugman & Verbeke(1995, 1998), Cho, Moon & Kim(2006) 등은 GDD(Generalized Double Diamond), 9-Factor DDD(Dual Double Diamond) 등 새로운 경쟁력 이론을 제시하여 다이아몬드 모델을 수정, 보완하였다.

바탕을 두기보다는 통념상 국가경쟁력에 가장 근사한 것으로 판단되는 변수를 비교하여 활용하는 방식을 취하고 있다. 가장 대표적인 모델이 세계경제포럼(WEF)과 스위스국제경영개발대학원(IMD)의 국가경쟁력 모델로 다수의 국가를 대상으로 포괄적인 경쟁력 원천을 제시하고 있다.

스위스 다보스에서 매년 초 총회가 열려서 "다보스포럼(Davos Forum)"으로 더 잘 알려진 WEF는 세계의 저명한 경제학자, 재계 및 금융계의 최고경영자, 각국의 정치 지도자, 국제기구 수장 등 글로벌 오피니언 리더들(opinion leaders)이 참가하여 세계 경제의 현안 및 발전 방안 등을 논의하는 세계 최정상 경제포럼이다. WEF는 1979년에 클라우스 슈바프(Klaus Schwab) 교수의 주창에 의해 경쟁력연구(Competitiveness Report)를 시작하였고 1989년부터 1995년까지 IMD와 공동으로 세계경쟁력보고서(World Competitiveness Report)를 발간했다. 그러나 1996년에 국가경쟁력에 대한 개념과 방법론에 대한 의견 차이로 WEF는 글로벌경쟁력보고서(Global Competitiveness Report. GCR)를, IMD는 세계경쟁력연감(World Competitiveness Yearbook. WCY)을 서로 독립적으로 발간하며 경쟁력 연구에서 경쟁 구도를 형성했다. WEF는 국가경쟁력을 기초요인, 효율성증진요인, 혁신 및 성숙도요인의 3대 분야로 나누어 평가하고 있다. IMD는 경제운영성과, 정부행정효율, 기업경영효율, 인프라 등 4개 분야로 나누어 각국의 종합 경쟁력을 평가한다. 한국 산업정책연구원(IPS)의 국가경쟁력 모델은 마이클 포터의 다이아몬드 모델(Diamond Model)을 발전시킨 'DD를 기반으로 한 9-팩터모델(Double Diamond based 9-Factor Model)'로 국내 및 국제 차원에서 한 국가의 산업이 보유한 물적 요소와 인적 요소를 통해 국가경쟁력을 평가하고 있다. 물적 요소는 생산조건, 수요조건, 관련 산업, 경영여건으로 이루어져 있고, 인적 요소는 근로자, 정치가 및 행정관료, 기업가, 전문가로 구성되어 있다. 그리고 기회요인을 추가적 변수로 제시했다.[230] 세계은행의 기업환경평가, 헤리티지재단의 경제자유지수, 국제투명성기구의 부패인식지수 등은 국가경쟁력을 구성하는 특정

230) 산업정책연구원, 국가경쟁력연구 평가지표 및 평가방법론.
http://www.ips.or.kr/site/IPS/research/download/brochure_k.pdf

분야에 초점을 맞춘 모델이다.[231)]

오늘날 국가경쟁력의 개념에 대해서는 경쟁력 평가 기관에 따라 다양하게 정의되고 있지만, 경제 및 비경제적 요소가 모두 포함된 광의의 개념으로 인식되고 있다. IMD는 국가경쟁력을 '기업이 더 많은 가치를 창출하고, 국민들이 더 많은 번영을 지속 하도록 여러 가지 여건을 창출하고 유지할 수 있도록 해주는 국가의 능력(ability of a nation to create and maintain an environment that sustains more value creation for its enterprises and more prosperity for its people)'으로 정의하고 있다.[232)] IMD는 국가경쟁력을 설명해 나가는 과정에서, 기업은 정치, 사회, 문화적 차원에 대처해야 하므로 한 나라의 경쟁력이 단순히 국내총생산이나 생산성만으로 감소할 수 없다고 보았다. 따라서 국가는 기업들의 경쟁력을 고양하는 가장 효율적인 구조, 제도 및 정책 환경을 제공해야 한다고 주장하였다.[233)] 즉, IMD는 국가경쟁력을 기업들이 그 잠재력을 최대한 발휘할 수 있도록 생산 및 투자 활동을 최대한 보장해 주는 제반 시스템의 구축으로 정의하였다. IMD가 발표하는 국가경쟁력 순위는 초국적 기업(TNC)들이 해외직접투자를 결정하고 입지(location)를 선정하는데 활용할 수 있는 유용한 정보를 제공하며, 기업의 경쟁력을 뒷받침하는 국가의 능력이라는 측면에서 정부 정책이나 기업경영 등에도 유용한 자료로 활용되고 있다.

WEF는 국가경쟁력을 '한 국가의 생산성 수준을 결정하는 제도, 정책 및 제반 요소들의 집합체(… define competitiveness as the set of institutions, policies, and factors that determine the level of productivity of a country)'로 정의하였다.[234)] 그리고 생산성 수준은 경제가 도달할 수 있는 번영의 수준을 설정하며, 생산성 수준은 경제에 투자하여 얻는 수익률을 결정하며, 경제성장률의 핵심 동인으로 보았다. 그리고 경쟁력이 있는 경제체제가 시간이 지남에 따라 보다 빠른 경제성장

231) 기획재정부, "2011년 국가경쟁력보고서", 2011. 12. p.5.

232) IMD, "World Competitiveness Yearbook 2014." IMD World Competitiveness Center. June 2014. p.485.

233) Ibid. p.480.

234) WEF, The Global Competitiveness Report 2013~2014. Geneva, 2013. p.4.

을 이룩하는 경향이 있다고 보았다.[235] 즉 WEF는 높은 1인당 국내총생산(GDP) 성장률을 유지하는 국가의 능력으로 지속적 경제성장과 장기적인 번영을 가능하게 하는 정책, 제도 및 제반 요소를 국가경쟁력으로 보았다.

한국의 산업정책연구원(IPS)은 '국가경쟁력은 한 국가가 다른 국가들과 경제적 측면에서 경쟁하여서 이길 수 있는 능력'으로 규정함으로써 국가경쟁력의 개념을 상대적인 측면에서 보았다.[236]

표 63. 주요 평가기관의 국가경쟁력 정의

평가 기관	국가경쟁력 정의
국제경영개발대학원(IMD)	기업이 더 많은 가치를 창출하고, 국민들이 더 많은 번영을 지속 하도록 제반 여건을 창출하고 유지할 수 있도록 해주는 국가의 능력
세계경제포럼(WEF)	높은 1인당 GDP성장률을 유지하는 국가의 능력으로, 한 국가의 생산성 수준을 결정하는 제도, 정책 및 제반 요소들의 집합체를 의미.
산업정책연구원(IPS)	한 국가가 다른 국가들과 경제적 측면에서 경쟁하여 이길 수 있는 능력.

자료 : IMD, WEF, IPS

이상에서 본 바와 같이, 국가경쟁력 개념은 이를 측정하는 기관이 초점을 어디에 두느냐에 따라 다소 다르게 정의되고 있다. 국가경쟁력은 글로벌 시장에서 일국의 기업이 다른 나라 기업들과 성공적으로 경쟁할 수 있도록 하는 효율적인 정치, 사회, 경제구조와 제도 및 정책을 제공하는 국가의 총체적인 능력으로 개인의 역량, 기업의 경쟁력, 정부의 효율성, 지식 창출과 관련된 교육 및 기술 경쟁력, 사회시스템, 국가 이미지, 환경 등을 포함하는 포괄적 개념으로 인식되고 있다. 흥미로운 사실은 국가경쟁력 개념도 시대에 변하고 있다는 점이다. 과거에는

235) Ibid. p. 4. "The level of productivity, in turn, sets the level of prosperity that can be reached by an economy. The productivity level also determines the rates of return obtained by investments in an economy, which in turn are the fundamental drivers of its growth rates. In other words, a more competitive economy is one that is likely to grow faster over time."

236) 삼성경제연구소, "한국 국가경쟁력 분석과 정책적 시사점 : WEF 금융경쟁력 지수를 중심으로", 2010.12. p.1.

기업 경영활동을 활성화하고 경제의 생산성과 효율성을 촉진하는 요인을 분석하는 데 초점이 두어졌다면, 현재에는 사회시스템, 환경, 보건 등 다양한 비경제적 분야도 적극적으로 수용하는 방향으로 전개되고 있다. 사회시스템의 안정과 사회통합, 환경 등을 도외시하고는 경제성장의 지속성을 담보하고, 질적 측면에서 국민 생활의 풍요를 달성하기가 어렵다는 인식이 퍼지고 있기 때문이다.

2. 스위스 국제경영개발원(IMD)의 러시아 국가경쟁력

1) IMD의 국가경쟁력 평가 체계

IMD는 1989년부터 매년 상반기에 "IMD 세계 경쟁력 연감(IMD World Competitiveness Yearbook)"을 출간하고 있다. 초기에는 26개 OECD 회원국과 기타 신흥 20여 개국의 순위를 산정 발표하였고 그 후 평가대상 국가 수를 조금씩 확대해오고 있다. 2008년에는 기존의 평가대상 55개국에 카타르, 카자흐스탄을 추가하였고, 2009년은 아이슬란드, 2010년은 아랍에미리트, 2013년에는 라트비아를 추가하여 평가 대상국을 60개국으로 확대하였다. 그리고 2015년에 몽골, 2017년에 사이프러스와 사우디아라비아를 추가하여 63개국 체제를 유지해오고 있다.

IMD의 국가경쟁력 평가에는 경제운영성과(Economic Performance), 정부행정효율(Government Efficiency), 기업경영효율(Business Efficiency), 인프라(Infrastructure) 등 4개 부문의 경쟁력 요인이 종합적으로 고려되고 있다. 경제운영성과는 경제부문 국가경쟁력의 최종 결과물로 국내경제에 대한 거시경제지표 평가에 초점을 두었으며, 정부행정효율은 정부정책과 제도적, 사회적 여건 등이 경쟁력 향상에 기여하는 정도를 평가하며, 기업경영효율은 기업경영 성과를 높이기 위한 혁신 능력, 이윤추구, 경영 책임성의 기준을 평가하며, 인프라는 기본, 기술, 과학, 보건 및 환경, 교육 등의 사회기반시설 및 구조가 기업의 요구를 얼마나 충족시키는지를 평가한다. 이러한 4개의 경쟁력 요인은 다시 각각 5개의 하위요인(sub-factor)으로 구성되어 있으며, 각 하위요인은 최소 6개(물가)에서 최다 26개(국제무역)의 세부지표(criteria)로 구성된다. 이들 지표는 새로운 이론이나 연구결과, 발생 데이터의 가용성 여부에 따라 신규로 추가되거나, 삭제되거나 갱신된다.(표 64 참조).

표 64. IMD 경쟁력지수 평가 체계 (2018년 기준)

IMD 세계경쟁력지수(WCS) 평가 체계							
I. 경제운영성과		**II. 정부행정효율**		**III. 기업경영효율**		**IV. 인프라**	
①국내경제	25	①공공재정	12	①생산성/효율성	10	①기본인프라	24
②국제무역	26	②조세(재정)정책	13	②노동시장	24	②기술인프라	19
③국제투자	17	③제도적 여건	15	③금융	20	③과학인프라	25
④고용	8	④기업관련법	20	④기업경영관행	11	④보건 및 환경	25
⑤물가	6	⑤사회적제반여건	14	⑤태도/가치관	8	⑤교육	18
소계	82	소계	74	소계	73	소계	111
Factor : 4, Sub-factor : 20, Criteria : 340.							

자료 : IMD

2018년 기준 경쟁력 평가를 위해 총 340개의 세부지표가 선택되었는데 실제 평가에 사용된 지표는 258개이며, 나머지 82개 지표(background information)는 순위 평가에 사용되지 않고 참고 자료로만 활용되었다. 세부지표 258개는 경성자료(hard data) 143개, 연성자료(soft data) 115개로 구성된다. 경성자료(hard data, 2/3)는 평가대상 국가별 통계자료 국제기구(IMF, World Bank, OECD, UN, WTO, 등), 민간 기관(CB Richard Ellis, Mercer HR Consulting, PWC 등) 등 전 세계 57개 파트너기관 네트워크(network of Partner Institutes)를 통해 수집한 최신 통계자료로 통계의 신뢰성과 정확성 등을 검토하는 절차를 거친다. 연성자료는 설문조사자료(Survey data, 1/3)로 기업경영 관행, 노사관계, 부패, 환경 관련 이슈, 삶의 질 등 정량적으로 측정하기 어려운 이슈들의 정량화를 위해 매년 경영자 의견 조사(Executive Opinion Survey)를 하여 수집한다. 통계적 대표성을 위해 각 국가의 국내총생산 비율을 반영하여 샘플의 규모를 결정하고 설문 대상은 산업별로 일차 산업, 제조업, 서비스업 등 모든 영역을 종합적으로 포괄하여 전체 경제를 대표할 수 있도록 구성한다. 2018년에 63개국에서 기업 활동을 수행하는 6,300명 이상의 민간기업 최고 또는 중간 관리자(executives in top and middle management)를 대상으로 벌인 설문조사자료 결과가 활용되었다.[237]

2) IMD의 러시아 국가경쟁력

러시아 경제가 미국과 유럽연합(EU)으로부터 시장경제지위(MES: market economy status)를 인정받으면서 자본주의 시장경제로의 체제전환을 완성한 2004년부터 2018년까지 15년간 IMD의 세계경쟁력지수(World Competitiveness Scoreboard)'를 통해 러시아 경쟁력 추이를 분석한 결과는 표 64와 같다.

2018년 러시아는 IMD로부터 세계 경쟁력 평점에서 67.179점을 취득하여 평가대상 63개국 중 45위를 차지하며 하위 30%에 포함될 정도로 경쟁력이 취약한 국가로 인정받았다. 2008년 글로벌 경제 위기 여파로 과도한 에너지자원 의존형 경제구조를 지닌 러시아가 다른 신흥경제와 비교해 상대적으로 큰 타격을 입으면서 2010년 러시아 국가경쟁력 순위는 51위를 기록하며 50위권 밖으로 밀려났다. 그 후 국제 원자재 가격 상승에 따른 경기회복으로 경제운영성과 지표들이 개선되기 시작하면서 국가경쟁력도 빠른 속도로 향상되었다. 2013년 러시아는 국가경쟁력에서 42위로 최고치를 기록하였고, 2014년에는 평가대상 60개 국가 중에서 38위를 차지하며 최고 순위를 다시 갱신했다. 지난 10년(2005~2014년) 동안 상승 폭을 기준으로 경쟁력이 향상된 국가를 살펴보면 인도네시아가 59위에서 37위로 22단계 상승하며 1위를 차지하였다. 폴란드가 57위에서 36위로 21단계 상승하며 그 뒤를 이었고, 러시아는 말레이시아(28위에서 12위)와 함께 16단계 상승하며 3위를 차지하였다. 비교 대상인 브릭스(BRICs) 국가군에서는 중국이 31위에서 23위로 8단계 상승하며 가장 강한 경쟁력을 유지했지만, 브라질은 51위에서 54위로, 인도는 39위에서 44위로 추락하며 러시아에 추월당하는 부

237) IMD World Competitiveness Center, "Methodology and Principle of Analysis 2018", pp.5~9.

진한 성과를 거두었다.

표 65. IMD의 4대 부문별 러시아 국가경쟁력 추이 (2004~2018년)

	2004	2006	2007	2008	2009	2010	2011	2012	2013	2014	2016	2017	2018
전체 순위	**50**	**54**	**43**	**47**	**49**	**51**	**49**	**48**	**42**	**38**	**44**	**46**	**45**
I. 경제운영성과	**54**	**59**	**52**	**49**	**49**	**49**	**42**	**45**	**34**	**41**	**49**	**46**	**38**
1. 국내경제	21	23	34	25	30	47	36	30	23	29	56	43	42
2. 국제무역	5	17	25	13	7	44	25	31	35	44	51	57	39
3. 국제투자	30	33	27	20	9	17	14	15	13	10	24	26	14
4. 고용	48	39	41	26	25	30	23	27	13	13	15	23	29
5. 물가	59	61	55	55	56	57	58	58	57	59	48	51	56
II. 정부행정효율	**40**	**44**	**39**	**30**	**39**	**40**	**46**	**45**	**43**	**37**	**39**	**46**	**52**
1. 공공재정	3	2	2	4	4	21	15	14	12	11	13	20	39
2. 재정정책	21	23	22	27	19	14	20	22	21	21	14	17	16
3. 제도적여건	48	50	47	38	49	50	46	45	47	32	57	56	52
4. 기업관련법	55	57	48	52	55	56	57	57	57	57	54	56	57
5. 사회적여건	50	51	46	49	48	43	57	56	59	53	50	57	59
III. 기업경영효율	**52**	**53**	**48**	**49**	**54**	**53**	**54**	**53**	**53**	**53**	**52**	**51**	**54**
1. 생산성/효율성	14	51	34	38	41	57	50	53	54	53	57	54	52
2. 노동시장	56	42	39	41	45	18	27	23	42	41	36	32	33
3. 금융	57	56	51	51	55	43	48	49	43	42	42	46	49
4. 기업경영관행	49	54	52	55	54	57	58	57	57	54	57	57	60
5. 태도 / 가치관	49	49	47	45	50	50	54	51	52	48	45	49	58
IV. 인프라	**43**	**51**	**37**	**45**	**38**	**38**	**38**	**38**	**39**	**35**	**36**	**36**	**35**
1. 기본인프라	56	58	33	36	41	37	43	42	44	38	29	42	35
2. 기술인프라	54	57	46	51	43	44	41	34	31	27	35	32	29
3. 과학인프라	12	24	22	24	23	23	24	23	25	23	23	25	25
4. 보건 및 환경	59	59	51	52	49	53	52	54	50	49	51	50	53
5. 교육	26	37	36	39	34	37	38	38	39	36	34	34	33
평가대상국가 수	**60**	**61**	**55**	**55**	**57**	**58**	**59**	**59**	**60**	**60**	**61**	**63**	**63**

자료 : IMD, World Competitiveness Yearbook, 각년도.

그러나 2015년 러시아의 국가경쟁력은 45위로 급락한 후, 2018년까지 4년 동안 44~46위 수준에서 머물고 있다. 2015년 순위 급락은 2015년과 2016년 우크라이나 사태와 국제유가 하락으로 인한 러시아 경제의 역(-)성장으로 경제운영성과에서 순위가 폭락한 것이 결정적 요인이었다. 흥미로운 사실은 경쟁력 순위는 하락했지만, 평점은 2014년 57.997에서 2015년 58.510, 2016년 63.939점, 2017년

68.852점, 2018년 67.179로 크게 상승하였다는 점이다. 이처럼 순위와 평점 사이에 적지 않은 괴리가 발생하는 것은 러시아 4개 부문의 전반적인 경쟁력 수준이 향상되었음에도 불구하고 다른 국가들과 비교해 볼 때 개선 폭이 크지 않다는 것을 의미한다.

2018년 러시아 경쟁력 평가 결과를 2014년 최고 순위와 대비해 4개 부문(factor)별로 살펴보면 다음과 같다. 기초적, 기술적, 과학적 인프라와 인적자원이 기업의 요구를 충족시켜주는 정도를 측정한 인프라(Infrastructure)는 경쟁력이 상대적으로 높은 부문으로 2014년 35위로 최고치를 기록한 후 2015~2018년 전체 경쟁력이 약화하는 기간에도 하락 없이 35~36위를 유지하였다. 국내 경제에서 거시경제의 성장을 보여주는 경제운영성과(Economic performance) 부문은 41위에서 2016년 49위로 급격히 악화한 후 2018년에 38위로 급반등하였다. 2년 동안 유가 하락으로 경제가 역(-) 성장한 후 2017년부터 선회하면서 대외무역과 외국인투자가 개선된 것이 결정적 역할을 하였다. 경쟁력에 도움을 주는 정부 정책의 정도를 측정한 정부행정효율(Government efficiency) 부문은 37위에서 52위로 15단계 떨어지며 전체 경쟁력 약화에 가장 큰 영향을 미쳤다. 특히 공공부문의 재정과 제도적 측면에서의 경쟁력이 급격히 줄어들었다. 반면 재정정책 부문은 21위에서 16위로 유일하게 상승한 하위요인(sub-factor)이었다. 기업이 혁신적이고 수익을 창출하며 책임 경영을 수행할 수 있도록 장려하고 지원하는 국가 환경의 정도를 측정한 기업경영효율(Business efficiency) 부문은 53위에서 54위로 순위가 1단계 하락하며 가장 경쟁력이 취약한 부문으로 남았다. 러시아는 기업경영효율 부문에서 2009년 이후 한 번도 50위권 내로 진입하지 못하고 있다. 20개 하위 요인으로 세분해 살펴보면 국제투자(14위)와 재정정책(16위)이 20위권 내에 포함되며 경쟁력을 갖춘 것으로 평가받았다. 반면 최하위권인 50위권 밖에는 8개 하위 요인이 포함되었는데 그중에서도 특히 기업경영 관행(60위), 사회적 여건(59위), 태도 및 가치관(58위). 기업 관련 법(57위), 물가(56위) 부문은 경쟁력이 가장 취약한 것으로 평가되었다.

3. 세계경제포럼(WEF)의 러시아 국가경쟁력

1) WEF의 국가경쟁력 평가 체계

WEF는 IMD와 더불어 세계 각국의 국가경쟁력을 평가하는 대표적 국제기관이다. WEF는 1976년부터 '경쟁력보고서(Competitiveness Report)'라는 제목으로 주요국의 국가경쟁력을 평가하였고, 1987년부터 1995년까지는 IMD와 공동으로 '세계경쟁력연감(WCY. World Competitiveness Yearbook)'을 발간하였고, 1996년부터는 '글로벌경쟁력보고서(Global Competitiveness Report)'를 발간하면서 독립적인 평가를 시작하였다. 그리고 2000년부터 마이클 포터(M. Porter) 교수와 공동으로 현재 수준에서의 성장과 번영을 지원하는 일련의 제도, 시장구조, 경제정책에 중점을 둔 '현시경쟁력지수(Current Competitiveness Index)'를 개발하였고, 2001년에는 하버드대 제프리 삭스(J. Sachs) 교수와 '성장경쟁력지수(Growth Competitiveness Index)'를 만들었는데 이는 중기적(향후 5년) 측면에서 높은 경제성장률을 지원하는 일련의 제도 및 경제정책에 초점을 두었다. '현시경쟁력지수'는 2002년부터 기업의 투자 활동과 관련된 경영환경에 중점을 둔 '비즈니스경쟁력지수(BCI. Business Competitiveness Index)'로 바뀌었다. 그리고 2005년부터 기존의 성장경쟁력지수를 '글로벌경쟁력지수(GCI. Global Competitiveness Index)'로 개편하였는데 지수 산정에 시장 효율성, 교육, 혁신 등의 요소가 추가되었고, 경쟁력과 지속가능 성장 간의 관계를 규명하기 위한 시도로 사회적, 환경적 배경(societal and environmental context)까지 고려하였다. WEF는 2005년 글로벌경쟁력지수(GCI)를 산정하며 3개 분야(sub-index), 9개 부문(pillar)으로 세분하여 각국의 경쟁력을 평가하였다. 2007년부터 시장효율성 부문을 상품시장 효율성, 노동시장 효율성, 금융시장발전, 시장규모의 4개 부문으로 세분하여 3개 분야, 12개 부문으로 구성하였고 그 후 현재까지 그 틀을 유지하고 있다.

2017~2018년 현재 WEF의 글로벌경쟁력지수(GCI)는 3대 분야, 12개 부문, 112개 항목으로 구성되어 있다. 3개 분야는 기초요인(basic requirements), 효율성

증진요인(efficiency enhancers), 혁신 및 성숙도요인(Innovation & sophistication factors)으로 구성되어 있다. 기초요인은 제도, 인프라, 거시경제환경, 보건 및 초등교육의 4개 부문 43.5개 항목(통계 14, 설문 29.5)으로 구성되어 있다. 효율성 증진요인은 고등교육 및 훈련, 상품시장 효율성, 노동시장 효율성, 금융시장발전, 기술수용성, 시장규모의 6개 부문 51.5개 항목(통계 17, 설문 34.5)으로 이루어져 있다. 혁신 및 성숙도요인은 기업 성숙도와 연구개발혁신(의 2개 부문 17개 항목(통계 1, 설문 16)으로 구성되어 있다. 항목 수는 총 112개 이지만 4개 항목의 가중치가 1/2로 한 부문 이상에서 사용됨에 따라 평가에 사용된 실제 항목 수는 116개이다.(표 66 참조)

표 66. WEF 경쟁력지수 평가 체계 (2018년 기준)

글로벌경쟁력지수(GCI) 평가 체계				Indicator
I. 기초 요인 비중 : 20~60% 항목 : 43.5개	① 제도	25%	20.5개	• 공공(15.5개) • 민간부문(5개)
	② 인프라	25%	8.0개	• 운송(6개) • 전력 및 전화(2개)
	③ 거시경제환경	25%	5.0개	• 재정수지, 총저축률, 인플레이션, 정부부채, 국가신용등급
	④ 보건/초등교육	25%	10.0개	• 보건(8개) • 초등교육(2개)
II. 효율성 증진 요인 비중 : 35~50% 항목 : 51.5개	⑤ 고등교육 / 훈련	17%	8.0개	• 고등교육 양(2개) • 고등교육 질(4개) • 직장훈련(2개)
	⑥ 상품시장 효율성	17%	16.0개	• 경쟁(14개) • 수요조건의질(2개)
	⑦ 노동시장 효율성	17%	9.5개	• 유연성(5개) • 재능의 활용(4.5개)
	⑧ 금융시장발전	17%	8.0개	• 효율성(5개) • 신용 및 신뢰도(3개)
	⑨ 기술수용성	17%	8.0개	• 기술채택(3개) • ICT사용(5개)
	⑩ 시장규모	17%	2.0개	• 국내시장(1개) • 해외시장(1개)
III. 혁신 및 성숙도 요인 비중 : 5~30% 항목 : 17.0개	⑪ 기업성숙도	50%	9.5개	
	⑫ 연구개발혁신	50%	7.5개	
3 분야, 12 부문, 112 항목(indicator)				

자료 : WEF, Global Competitiveness Report 2017~2018. pp. 322~323.

경쟁력지수 산정에는 유엔(UN), 경제협력개발기구(OECD), 세계은행(World Bank), 국제통화기금(IMF), 세계보건기구(WHO) 등 국제기구로부터 입수한 통계 항목과 기업경영자를 대상으로 한 설문 항목 자료가 사용되었다. 2017~2018년의 경우 32개 통계 항목과 148개 국가에서 비즈니스 활동을 수행하는 14,375명의 경영진(business executives)을 대상으로 한 150개 설문 결과 등 총 112개 자료를 토대로 144개국의 국가경쟁력을 평가하였다.[238)]

2) WEF의 러시아 국가경쟁력

WEF의 국가경쟁력 분석에 따르면 러시아는 글로벌 금융위기 이후 2013년까지 63~67위에 머물며 경쟁력이 상대적으로 취약한 것으로 평가받았다. 그러나 2014년 이후 경쟁력이 급격히 상승하는 추세를 보였다. WEF의 "글로벌경쟁력 보고서 2017~2018(Global Competitiveness Report 2017~2018)"에 의하면 러시아는 137개 평가 대상국 중 평점 4.64를 받아 전년 43위보다 5단계 상승한 38위를 차지하였다. 이는 평가가 시작된 2005년 이래 역대 가장 높은 순위로 최저를 기록했었던 2012년의 67위(144개국 대상)에 비해서는 무려 29단계나 상승했다. 2017년 WEF는 러시아 국가경쟁력 향상의 요인으로 경제가 2015~2016년 침체로부터 강하게 반등하면서 거시경제 환경이 91위에서 53위로 38위 상승한 것을 들었다. 그러나 경제가 광물자원 수출에 크게 의존하고 있어 향후 경제 전망은 불투명하다고 보았다. 반면 최저 임금 인상(2015년)과 임시 고용(2016년) 보호를 위한 새로운 법안을 통과시킴으로써 노동시장의 유연성을 저하(49위에서 60위로 11단계 하락)했으나 이는 인플레이션과 루블 약세에 시달리는 내수시장에서의 구매력을 회복시켜 경제 전반에는 긍정적 효과를 가져다줄 것으로 판단했다. 글로벌경쟁력지수(GCI)를 구성하는 핵심축인 3대 분야(sub-index)별로 나누어 러시아 국가경쟁력을 살펴보면 '기초요인' 분야에서 평점 4.9를 받아 48위, '효율성 증진' 분야에서 평점 4.6으로 38위, '혁신 및 성숙도 요인' 분야에서 평점 3.8로 57위를 차지하였다.

---

238) WEF, Global Competitiveness Report 2017~2018. p.333.

표 67. WEF 전체 및 3대 분야별 러시아 국가경쟁력 순위 변화 (2005~2017)

연도	전체		3대 분야(sub-index)						대상국수
			기초요인		효율성 증진		혁신 및 성숙도		
	순위	점수	순위	점수	순위	점수	순위	점수	
2005	53	4.1	60	4.53	53	3.87	66	3.53	117
2006	62	4.1	66	4.4	60	3.9	71	3.6	125
2007	58	4.2	68	4.4	48	4.2	77	3.5	131
2008	51	4.3	56	4.5	50	4.3	73	3.6	134
2009	63	4.2	64	4.4	52	4.2	73	3.5	133
2010	63	4.2	65	4.5	53	4.2	80	3.4	139
2011	66	4.2	63	4.6	55	4.2	97	3.2	142
2012	67	4.2	53	4.8	54	4.3	108	3.2	144
2013	64	4.2	47	4.9	51	4.3	99	3.3	148
2014	53	4.4	44	4.9	41	4.5	75	3.5	144
2015	45	4.4	47	4.9	40	4.5	76	3.5	140
2016	43	4.5	59	4.7	38	4.6	66	3.6	138
2017	38	4.6	48	4.9	38	4.6	57	3.8	137

자료 : 세계경제포럼(WEF)

표 68. WEF 12개 부문별 러시아 경쟁력 순위 변화 (2005~2017)

연도	전체		기초요인				효율성 증진						혁신 및 성숙도	
	순위	지수	제도	인프라	거시경제환경	보건/초등교육	고등교육/훈련	상품시장효율성	노동시장효율성	금융시장발전	기술수용성	시장규모	기업성숙도	혁신
2005	53	4.1	104	53	36	60	34	65*	-	-	74	-	77	49
2006	62	4.1	114	61	33	77	43	60*	-	-	74	-	77	59
2007	58	4.2	116	65	37	60	45	84	33	109	72	9	88	57
2008	51	4.3	110	59	29	59	46	99	27	112	67	8	91	48
2009	63	4.2	114	71	36	51	51	108	43	119	74	7	95	51
2010	63	4.2	118	47	79	53	50	123	57	125	69	8	101	57
2011	66	4.2	128	48	44	68	52	128	65	127	68	8	114	71
2012	67	4.2	133	47	22	65	52	134	84	130	57	7	119	85
2013	64	4.2	121	45	19	71	47	126	72	121	59	7	107	78
2014	53	4.4	97	39	31	56	39	99	45	110	59	7	86	65
2015	45	4.4	100	35	40	56	38	92	50	95	60	6	80	68
2016	43	4.5	88	35	91	62	32	87	49	108	62	6	72	56
2017	38	4.6	83	35	53	54	32	80	60	107	57	6	71	49

* : 2005년, 2006년 상품시장 효율성 순위는 시장효율성 순위를 말함.
자료 : 세계경제포럼(WEF)

12개 부문(pillar)을 기준으로 최근 13년간 러시아의 경쟁력 순위 추이를 살펴보면 표 68과 같다. 러시아가 가장 강한 경쟁력을 보인 부문은 시장규모로 평가 기간 10위 내에 랭크되었는데 2015년부터는 줄곧 6위를 유지하고 있다. 경제성장과 밀접한 관계를 지닌 거시경제 환경은 변동성이 가장 큰 부문이었다. 글로벌 금융위기의 충격에서 벗어나 회복세를 보인 2013년에는 19위를 기록하며 경쟁력을 갖춘 부문으로 평가받았으나, 경기둔화가 본격화된 2015년에는 40위, 2016년에는 91위로 급격하게 추락한 후 2017년에는 53위로 급반등했다. 인프라는 2015년 35위를 기록한 후 3년 연속 순위 변동이 없고, 고등교육/훈련 부문은 30위권에 포진하며 경쟁력이 상대적으로 양호했다. 반면 금융시장 발전은 평점 3.4로 107위에 랭크되며 러시아 국가경쟁력을 갉아먹는 주요인이었다. 대부분의 평가 항목에서 최하위를 기록했는데 특히 은행 건전성(121위), 유가증권시장 규제(112위), 대출 접근의 용이성(110위), 금융 서비스 가용성(101위) 등에서 거의 낙제점을 받았다. 2012년과 비교해 제도(133위에서 83위), 상품시장 효율성(134위에서 80위), 기업 성숙도(119위에서 71위) 부문은 적지 않은 개선이 있었음에도 불구하고 경쟁력이 대단히 취약한 부문으로 남았다. 특히 재산권 보호(116위), 소수 주주 이익 보호(111위), 회계감사 및 공시기준의 강도(100위), 도로의 품질(114위), 물가 상승률(112위), HIV 발병률(105위), 투자 인센티브에 대한 과세 효과(104위), 법인부담 총 세율(101위), 비관세장벽(112위), 수입(122위), FDI와 기술이전(109위), 외국인 지분 확대(124위) 등의 항목들이 취약했다.

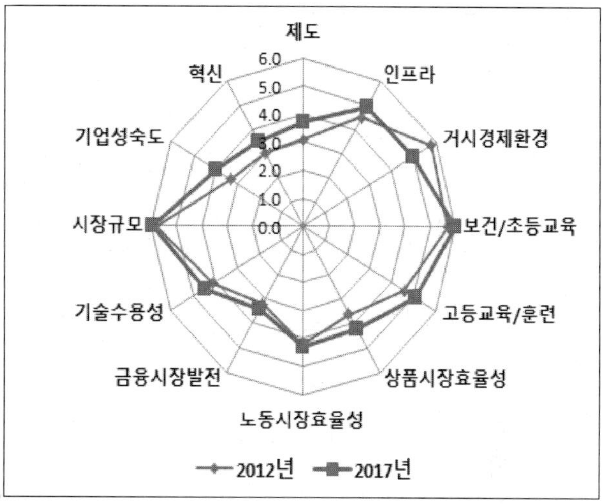

그림 50. 러시아 12개 부문(pillar) 경쟁력 추이

WEF는 국가의 경쟁력을 결정하는 요소들은 상당히 다양하며, 국가의 발전 단계에 따라 각 요소가 차지하는 중요성이 다르다는 관점에서 3대 분야별로 가중치를 달리하는 차별화된 방법론을 적용하여 글로벌경쟁력지수(GCI)를 산정하고 있다. WEF는 나아가 마이클 포터의 경제발전 단계 정의를 적용하여 세계 각국을 요소 주도형 경제(Factor-driven economies), 효율성 주도형 경제(Efficiency-driven economies), 혁신 주도형 경제(Innovation-driven economies), 한 경제 단계에서 다른 경제 단계로 이동하는 2개의 중간 단계(Transition) 등 총 5개 단계로 분류하고 있다. 각국의 발전 단계는 다음의 2가지 기준을 기초로 한다. 첫째 기준은 1인당 국내총생산(GDP)으로 평가 대상국에 대한 국제적으로 비교 가능한 임금에 대한 통계가 없기 때문에 그 대용 지표(proxy)로 사용된다. 두 번째 기준은 해당 국가의 자원집약도로 재화와 서비스를 포함한 전체 수출에서 일차 제품의 수출 비중으로 측정된다. 해당 국가의 1인당 GDP가 높더라도 석유, 천연가스 등의 광물제품 수출 비중이 70% 이상인 경우 요소 주도형 단계로 분류하고 있다. 발전 단계에 기초한 국가들의 최종 점수 산정에 사용되는 분야별 가중치는 표 69와 같다. 1인당 국내총생산이 2,000달러 미만인 요소주도 경제의 경우 기본요인에 60%, 효율성 증진에 35%, 기업혁신 및 성숙도에 5%의 가중치를 부여하며, 1인당 GDP가 3,000달러 이상 9,000달러 미만인 효율성 주도 경제에 대해서는 각각 40%, 50%, 10%의 가중치를, 1인당 GDP가 17,000달러를 초과하는 혁신주도 경제는 각각 20%, 50%, 30%의 가중치를 적용한다. 요소주도에서 효율성 주도 경제로, 효율성 주도에서 혁신주도 경제로 전환 과정에 있는 과도기 단계 경제의 경우 국가별로 가중치에 차이를 두고 있다. 동 기준에 근거해 WEF는 2017년 발행한 글로벌경쟁력보고서에서 인도를 위시한 35개국을 요소 주도 경제로, 러시아, 중국, 브라질 등 31개국을 효율성 주도 경제로, 미국을 중심으로 36개국을 혁신 주도 경제로 분류하였다. 그리고 카자흐스탄 등 15개국은 요소 주도에서 효율 주도로, 헝가리를 포함한 29개국은 효율성 주도에서 혁신 주도로 넘어가는 과도기 과정에 있다고 보았다.

표 69. WEF의 국가경제구조 발전 단계 (2017~2018년 기준)

단계		특징	1인당 GDP	단계별 가중치(%)	해당국가 수 (2017-2018)
1 단계	요소 주도 경제	비숙련 노동력과 천연자원 의존. 가격경쟁력 기반. 저임금, 저생산성 기초의 제품/상품 판매 단계. 경쟁요소 : 기본요인	2,000$ 미만	기본요인(60), 효율성증진(35), 기업혁신/성숙도(5)	35개 국가 인도, 키르기스스탄, 타지키스탄
중간 단계	요소 주도→ 효율성 주도		2,000~ 2,999	국가별 상이 기본요인(40~60), 효율성증진(35~50), 기업혁신/성숙도(5~10)	15개 국가 카자흐스탄, 우크라이나, 아제르바이잔
2 단계	효율성 주도 경제	효율적인 제품 공정 도입. 제품의 질을 개선해 나가는 단계. 경쟁요소 : 효율성증진	3,000~ 8,999	기본요인(40), 효율성증진(50), 기업혁신/성숙도(10)	31개 국가 러시아, 중국, 브라질
중간 단계	효율성 주도→ 혁신 주도		9,000~ 17,000	국가별 상이 기본요인(20~40), 효율성증진(50), 기업혁신/성숙도(10~30)	20개 국가 헝가리, 폴란드 루마니아
3 단계	혁신 주도 경제	신제품, 혁신 제품 경쟁단계. 고임금 및 높은 삶의 질 유지. 경쟁요소 : 기업혁신/성숙도	17,000$ 초과	기본요인(20), 효율성증진(50), 기업혁신/성숙도(30)	36개 국가 (OECD 회원국 외)

자료 : WEF. Global Competitiveness Report 2017~2018. p 320.

IMD와 WEF의 러시아 국가경쟁력을 분석해 보면 흥미로운 사실이 발견된다. IMD는 러시아 국가경쟁력이 2014년 이후 다소 약화한 것으로 나타난 데 반해, WEF는 2012년 이후 크게 강화된 것으로 분석되었다. 이와 같은 상반된 결과가 나타나는 것은 각 기관의 평가항목에서 객관적인 실측자료(hard data)뿐만 아니라 주관적 자료인 설문조사(survey)가 포함되고 있기 때문이다. IMD는 설문조사가 1/3 반영되는 데 반해 WEF는 설문조사가 2/3로 훨씬 높다.

국가경쟁력을 평가하는 데 있어 가장 어려운 점은 한 나라가 처한 경쟁력 수준이 어느 정도인지를 객관적으로 파악하기 힘들다는 것이다. 국가경쟁력 순위가 발표 연도와 발표 기관에 따라 큰 차이를 보이며, 종종 IMD나 WEF의 국가경쟁력 순위가 현실을 제대로 반영하지 못하고 후행하는 패턴을 보이기도 한다. 글로벌 금융위기 직전 아이슬란드의 국가경쟁력에 대한 평가가 이를 잘 설명해준다. WEF는 아이슬란드의 국가경쟁력을 2007년 23위에서 2008년에는 20위로 3단계 상승한 것으로 평가했다. 그러나 당시 아이슬란드는 글로벌 금융위기의 여파로 국가 부도의 위기에 직면하며 IMF에 구제 금융을 요청한 상태였다. 거시경제의 안정성이 56위로 대단히 취약했음에도 불구하고, 보건 및 초등교육(2위), 고등교육 및 훈련(4위), 노동시장 효율성(6위), 기술 수용성(6위) 등에서 높은 점수를 받아 경제적 취약성이 희석되었기 때문이다. IMD 또한 2007년 아이슬란드의 국가경쟁력 순위를 7위로 평가하였으나, 2008년과 2009년에는 아무런 논평이나 설명도 없이 평가대상에서 제외하는 악수를 두면서 신뢰성에 큰 상처를 입었다.

그리고 IMD와 WEF의 국가경쟁력은 지수 산정에서의 방법론적 문제점을 지니고 있다. 무엇보다 지수 산정에 포함되는 지표 선정에 있어 설문조사 의존도가 지나치게 높다. 설문의 경우 통계가 존재하지 않거나 추정이 어려운 문화, 제도, 관행, 가치관, 태도 등과 관련된 항목에 많이 포함되어 있어 자료 조사의 객관성을 담보하기 어렵고, 가중치를 자의적으로 설정함으로써 공정성을 잃고 있다. 또한 설문조사 때 응답자들의 비율이 높지 않고 응답자 수도 많지 않으며 설문조사 응답자들이 주로 다국적 기업가들로 그 자체가 응답의 건전성을 크게 해칠 수 있다는 한계점을 지닌다. 그리고 문화나 교육 부문 전문가가 아닌 기업가들이 해당 국가의 문화나 교육에 대해서 인식을 좋지 않게 가질 경우 결국 문화나 교육 시스템에 대한 부정적 인식으로 연결되어 경쟁력을 왜곡시킬 수 있다. WEF는 2015년 글로벌 경쟁력 보고서에서 한국의 금융산업 경쟁력을 87위로 평가하였는데 이는 우간다(81위)와 나이지리아(79위), 가나(76위) 등 아프리카 국가는 물론 히말라야 오지의 부탄(86위)보다 낮은 순위였다는 것이 이를 반증한다.

IMD와 WEF의 국가경쟁력 지수가 일부 평가항목에 있어 경쟁력 지표로 불합리한 측면이 있고 설문조사의 신뢰성과 객관성에 있어 문제를 노출하고 있음에도 불구하고 많은 학자 및 실무자는 국가경쟁력 개념의 필요성과 평가 결과에 대해서 나름대로 의미를 부여하고 있다. 특히 신흥경제국 정책결정자들은 경제성과뿐만 아니라, 정부 행정, 기업 경영, 제도적, 인프라, 교육, 기술혁신 등의 여러 부문에서 자국의 경쟁력이 어느 정도인지를 파악함으로써 정부 정책을 수립하는 데 있어 지침으로 활용할 수 있다.

4. 러시아의 무역경쟁력

1) 2000년대 무역원활화 협정

1990년대 세계무역의 핵심 의제는 무역자유화(Trade Liberalization)로 관세 및 비관세장벽 등 무역장벽 완화를 통한 교역 확대에 초점이 맞추어졌다. 그리고 2000년대는 무역 관련 불필요하고 복잡한 절차 및 관행을 제거 또는 간소화하고 인프라 구축을 통해 거래비용을 줄이고 효율성을 증대시켜 교역을 확대하는 무역원활화(Trade Facilitation)가 중요 의제로 대두되었다. 1947년 '무역 및 관세에 관한 일반협정(GATT)' 출범 이후 우루과이라운드(UR) 협상(1986~1994)까지 총 8차례에 걸친 다자간 무역협상(Round)을 통해 관세장벽은 크게 완화됐지만, 무역 관련 비용은 고비용 구조가 계속되었다. 유엔무역개발회의(UNCTAD)에 의하면 2001년 기준 선진국의 산업별 수입 가중평균 관세율은 3.1%, 개발도상국의 가중평균 관세율은 11.0%에 불과하지만, 국제교역에 따르는 각종 거래비용의 규모는 국제교역 총금액의 약 2~15%로 추정되었다[239] 무역원활화에 대한 통일된 정의는 없으나 '무역과 관련하여 불필요하거나 복잡한 절차, 관행, 인프라 등을 제거 또는 간소화, 조화, 자동화함으로써, 거래비용을 줄이고 효율성을 증대시켜 교역을 확대하는 모든 조치 및 활동으로 개념이 통용된다.[240] 무역원활화는 1996년 싱가포르에서 열린 제1차 세계무역기구(WTO) 각료회의에서 처음 의제로 포함되면서 논의가 시작되었으며, 2004년 8월 WTO 일반이사회에서 협상 개시가 결정되었다. 이후 도하개발 아젠다(DDA. Doha Development Agenda) 협상이 중단되면서 무역원활화 협상도 지지부진해졌으나, 2013년 12월 제9차 WTO 각료회의에서 '발리 패키지(Bali Package)' 협상이 타결되면서 무역원활화 협상도 급물살을 타게 되었다. 2014년 11월 잔여 쟁점이 해결되면서 협정이 최

---

239) 양준석, 「WTO의 무역원활화 GATT X조 투명성 논의와 정책적 함의」『무역학회지』 제30권 4호 2005. 8. 한국무역학회. p.54.

240) 이명헌 외 "WTO 무역원활화 규범 관련 논의 동향 및 대응방안 연구" 한국조세연구원. 2002.12. p.3.

종 타결되었고, WTO 회원국 2/3의 수락을 통해 2017년 2월 발효되었다. 무역원활화협정(TFA. Trade Facilitation Agreement)은 국가 간 통관 업무가 빨리 이뤄지도록 하는 것을 목표로 한 협정으로 1995년 WTO 설립 이후 최초로 타결된 회원국 간 다자간 무역협상이다. 동 협정은 통관 규정의 투명성 강화, 통관 절차의 간소화, 세관 당국 간 정보교환 등을 통해 통관에 걸리는 시간과 비용을 줄임으로써 국가 간 교역을 늘리려는 목적에서 추진됐다. WTO는 협정 발효 시 아프리카 국가 및 저개발국가는 평균 14.3%의 무역비용이 감소하고 2030년까지 세계 수출은 연평균 2.7%, 세계 국내총생산(GDP) 성장률은 0.5% 이상 증가할 것으로 전망했다.[241]

2) 러시아의 무역경쟁력

2000년대 러시아의 급속 고도 경제성장을 이끈 핵심 주체는 대외무역 부문의 수출이다. 광물자원을 중심으로 한 수출은 러시아 국내수요와 투자 및 정부지출 등 나머지 총수요 요인을 자극하며 성장의 축을 돌린 동력이었다. 그런데도 지금까지 러시아는 원활한 국제무역을 조성할 수 있는 환경적인 측면에서 대단히 열악한 것으로 분석되고 있다. 무역가능지수(ETI. Enabling Trade Index)는 대외무역 여건 부문에서 세계 각국의 경쟁력을 보여주는 대표적 지표로 세계경제포럼(WEF)과 글로벌 무역원활화 동맹(Global Alliance for Trade Facilitation)이 공동으로 한 국가가 국제무역 활동을 수행하는데 얼마나 좋은 환경을 갖추었는가를 평가하여 이를 지수화한 것이다. WEF가 2008년 발표한 세계무역가능보고서(The Global Enabling Trade Report)에서 처음 제시된 동 지수는 그 후 격년으로 발표되고 있다. 보고서는 전 세계 160개 이상의 파트너 연구기관과 141개 국가 15,000명의 기업경영자를 대상으로 한 설문조사(Executive Opinion Survey)를 바탕으로 작성된다.

ETI는 세계 136개 국가를 대상으로 무역 및 투자여건을 조사한 각종 통계자료

---

241) https://www.wto.org/english/tratop_e/tradfa_e/tfa_factsheet2017_e.pdf

와 글로벌 기업들을 상대로 한 설문조사를 바탕으로 무역 증진을 위한 각국의 시장 접근성(market access), 국경행정(border administration), 기반시설(infrastructure), 사업환경(operating environment) 등 4가지 부문을 종합 평가해 산출한다. 4개 하위 지표 내의 세부 항목은 2014년부터 9개 항목에서 7개 항목으로 축소되었다.

표 70. 러시아 무역가능지수(ETI) 추이

	2016 (136개국)*		2014 (138개국)		2012 (132개국)		2010 (125개국)		2009 (121개국)		2008 (118개국)	
	순위	점수	순위	점수	순위	점수	순위	점수	순위	점수	순위	점수
무역가능지수(ETI)	**111**	**3.8**	**105**	**3.5**	**112**	**3.4**	**114**	**3.4**	**109**	**3.3**	**103**	**3.3**
I. 시장접근성	**133**	**3.0**	132	2.8	129	2,9	125	2,7	113	3.2	99	3.1
II. 국경행정	**104**	**3.9**	103	3.6	111	3.0	109	3.0	106	2.8	92	3.2
III. 인프라	**47**	**4.5**	52	4.2	51	4.2	48	4.0	5.6	3.5	60	3.4
IV. 사업환경	**113**	**3.8**	119	3.5	113	3.5	92	3.8	96	3.7	114	3.3

( )* : 평가대상국가 수

자료 : 세계경제포럼(WEF), The Global Enabling Trade Report 각 년호

표 71. 2016년 러시아 무역가능지수(ETI)

대상국가 : 136개국	러시아		중국		인도		브라질		남아공		멕시코		한국	
	순위	점수	순위	점수	순위	점수	순위	점수	순위	점수	순위	점수	순위	점수
세계무역가능지수(ETI)	**111**	**3.8**	**61**	**4.5**	**102**	**3.9**	**110**	**3.8**	**55**	**4.5**	**51**	**4.6**	**27**	**5.0**
I. 시장접근성	**133**	**3.0**	126	3.4	135	2.8	130	3.2	87	4.3	19	5.1	99	4.1
1) 국내시장	112	3.9	101	4.3	135	2.8	109	4.0	76	5.0	10	5.9	85	4.7
2) 해외시장	129	2.2	124	2.4	117	2.7	122	2.5	100	3.6	66	4.3	105	3.4
II. 국경행정	**104**	**3.9**	52	4.9	75	4.4	92	4.1	61	4.8	64	4.8	28	5.7
3) 투명성과 효율성	104	3.9	52	4.9	75	4.4	92	4.1	61	4.8	64	4.8	28	5.7
III. 인프라	**47**	**4.5**	27	5.1	60	4.2	58	4.2	38	4.7	53	4.3	10	5.8
4) 운송인프라	37	4.1	12	5.6	28	4.5	82	3.2	29	4.5	34	4.2	11	5.7
5) 운송서비스	82	3.8	32	4.9	44	4.6	58	4.2	35	4.8	59	4.2	21	5.2
6) ICT이용	37	5.5	64	4.7	101	3.4	45	5.3	61	4.7	70	4.5	6	6.4
IV. 사업환경	**113**	**3.8**	42	4.6	76	4.2	123	3.6	61	4.4	87	4.1	47	4.6
7) 사업환경	113	3.8	42	4.6	76	4.2	123	3.6	61	4.4	87	4.1	47	4.6

자료 : 세계경제포럼(WEF), The Global Enabling Trade Report 2016.

WEF가 2008년부터 격년으로 발하는 세계무역가능보고서(The Global Enabling

Trade Report)에 따르면 러시아의 무역 여건 및 환경은 대단히 취약한 것으로 드러났다. 2016년 러시아는 대외무역의 원활성을 나타내는 '무역가능지수(ETI. Enabling Trade Index)'에서 종합 평점 7점 만점에 3.8점을 얻어 평가 대상 136개 국가 중에서 최하위 20%에 해당하는 111위를 차지했다. 2014년 105위보다 6단계나 하락했다. 7개 세부 항목별로는 큰 편차를 보였다.

세부적으로 육상, 해상운송과 정보통신 등 인프라 연결성에서 세계 47위로 중위권에 들었지만, 시장 개방성에서 최하위권에 머물렀다. 러시아는 국내 및 국외로의 시장 접근성을 종합한 순위에서 최하위인 133위에 그쳤다. 무역 협상을 통해 수출 대상 국가 간 관세 장벽을 개선했는지를 따지는 지인 '국외시장 접근성'에서 129위로 뒤처졌다. 관세 장벽의 수준 및 복잡성과 수입관세 면제 상품 등을 고려해 시장 개방성을 평가하는 '국내시장 접근성'에서 112위에 머물렀다. 세관의 효율성과 투명성(상품 수출입과 관련된 효율성, 투명성, 비용 등)을 나타내는 국경행정은 104위, 상품의 수출, 수입, 거래, 수송에서 기업에 영향을 미치는 국가의 사업환경의 품질에서 113위로 최하위권으로 나타났다. 반면 기반시설 부문에서는 운송인프라의 유용성과 품질, 기술정보통신(ICT)의 유용성과 이용에서 각각 37위를 차지해 상대적으로 양호한 것으로 판명되었다. 그러나 운송서비스의 유용성과 품질에서는 82위를 기록하며 열악한 것으로 인정되었다.

러시아가 시장 개방성에서 가장 낮은 점수를 받은 것은 EU 집행위원회가 발하는 '신규 잠재적 무역 제한조치(New Potentially Trade Restrictive Measures)'에 관한 보고서에서 드러난다.[242] EU 집행위원회는 동 보고서에서 반덤핑, 반보조금 등을 포함하는 무역구제조치(Trade Defence Instruments, TDI)라는 개념 대신 무역제한조치(Trade Restrictive Measures)라는 개념을 사용하여, 기존의 무역구

---

242) European Commission, "Tenth Report on Potentially Trade-Restrictive Measures 1 May 2012~31 May 2013", 2013., "11th Report on Potentially Trade-restrictive Measures. 1 June 2013~30 June 2014", 2014., "Analysis of new potentially trade restrictive measures in the period 1 July 2014~31 December 2015", 2016. & "Overview of potentially trade restrictive measures identified between 2008 and end 2015", 2016.
http://trade.ec.europa.eu/doclib/cfm/doclib_section.cfm?sec=722

제조치와 관세 부과, 수량제한, 수입면허, 수입금지 등의 통관 관련 조치인 국경조치(border measures)와 정부조달, 서비스 시장, 기타 등에서 취해지는 외국기업에 대한 차별적인 국내조치(behind-the-border), 보조금 지급 등 자국 기업에 대한 차별적인 우대 조치(stimulus packages and other incentives) 등을 모두 포함하였다. 유럽연합이 2008년 10월부터 2015년 12월까지 EU 주요 무역 상대국 31개국을 대상으로 신규 잠재적 무역제한조치 현황을 조사한 결과 러시아는 아르헨티나에 이어 2위에 올랐다. 동 기간 31개국이 새로 도입한 무역제한조치 누적 건수는 총 1,059건이었는데 그 중 러시아가 14.8%에 해당하는 157건이었다. 아르헨티나가 169건(16.0%)으로 1위를 차지했고, 인도네시아가 110건(10.4%), 중국이 85건(8.0%), 브라질이 69건(6.5%), 인도가 66건(6.2%)으로 3~6위에 랭크되었다. 신규 제한조치는 최근 감소하는 추세나 조사 기간 중 상기 6개국에서 취해진 무역제한조치가 약 62%를 차지하여 신흥시장의 무역제한조치 의존도가 높음을 보였다. 러시아의 경우 수입 관련 국경조치(Border Measures at imports) 건수가 92건으로 전체 건수의 59%를 차지했고, 우대 및 기타 조치(stimulus & other measures)가 18건, 기타 차별적인 국내조치(behind-the-border measures "other")[243]가 13건, 정부조달이 13건, 수출제한과 관련된 국경조치(Border Measures at exports)가 9건, 서비스 및 투자부문에서 차별적인 국내조치(Services and Investment barriers)가 7건, 수출지원조치(measures to stimulate exports)가 5건을 차지했다.

2013년 7월부터 2015년 12월까지 2년 6개월을 기준으로 할 경우 러시아의 무역제한조치는 다른 국가들과 비교해 두드러진다. EU 주요 무역 상대국 31개국의 무역제한조치 누적 건수는 총 371건이었는데 그 중 러시아가 15.6%에 해당하는 58건으로 1위를 차지했다. 중국이 49건(13.2%), 인도네시아가 37건(10.0%), 인도가 33건(8.9%), 아르헨티나가 22건(5.9%)으로 5위권 그룹을 형성했다. 58건의 무역제한조치 중 수입 관련 국경조치 건수가 28건으로 절반을 차지했고, 정부

243) 여기에는 일반적으로 차별적인 세제조치나 현지기업을 우대하거나 현지부품조달(local content)을 요구하는 차별적인 조항과 준 및 기술적 요구 사항을 포함한다.

조달이 9건, 우대 및 기타 조치가 6건, 통관 조치 등 기타 차별적인 국내조치가 5건을 차지했고 나머지 부문은 2~4건에 그쳤다, 최근 들어 러시아가 가장 많은 무역 제한조치를 취한 이유는 2014년 우크라이나 사태로 서방이 취한 경제 제재에 대한 대응조치로 다양한 농산물과 육류 및 낙농 제품, 과일 및 야채류의 수입에서 금수 조치를 했기 때문이다. 그리고 기계류, 자동차, 화학약품 등의 제품에서 수입 관세를 인상하였다. 동시에 텅스텐광과 그 정광(HS 2611)에 대해 10%의 수출세를 부과하는 등 수출제한 조처를 하였다. 러시아 또한 의료기기, 섬유제품 및 신발류, 수입 자동차, 경공업 제품 수입, 기계 및 장비, 소프트웨어 및 의약품 등 다양한 분야의 공공 조달에 대한 접근을 제한하는 일련의 조치를 채택했다.

러시아에서 대외무역에 종사하는 기업인들을 대상으로 한 2013년, 2015년 설문조사에서 수입에서 가장 큰 장애 요인으로 꼽은 것이 관세 및 비관세 장벽으로 응답자의 18% 이상을 차지했다. 그 뒤를 수입에서의 행정절차에 따른 부담, 국내 및 국제운송에서의 지연과 고비용, 세관의 부패, 기술 및 준과 관련된 국가인증제도가 10% 이상의 응답을 기록했다. 수출에서의 장애 요인으로는 부적절한 생산기술 및 숙련, 국제운송에서의 지연 및 고비용, 외국(수입국)에서의 기술 및 준 요구, 구매자(Buyer)의 품질 및 수량 요구 충족, 외국 세관에서의 절차상 부담, 잠재시장 및 구매자(Buyer) 확인 등이 지적되었다.[244)]

5. 러시아의 물류 경쟁력

2000년대 글로벌 무역이 비약적으로 성장함에 따라 물류(logistics)도 이에 걸맞게 눈부신 발전을 이룩했다. 오늘날 국제 및 국내 무역에서 물류의 효율성은 한 나라의 경제성장과 경쟁력의 핵심 요인이 되고 있다. 효율적인 물류시스템은 신뢰할 수 있는 공급망을 통해 기업을 국내 및 국제 시장에 연결해주어 생산성을

---

244) 세계경제포럼(WEF), The Global Enabling Trade Report 2014. p. 268, & 2016. p.259.

향상할 수 있도록 한다. 반대로 물류성과가 낮은 국가는 운송비용뿐 아니라 신뢰할 수 없는 공급망 때문에 고비용에 직면하게 되며 이는 글로벌가치사슬(global value chains)[245]에서 통합되고 경쟁하는 데 큰 장애가 된다. 국제무역에서 중추 역할을 담당하는 운송이 민간 물류 업체들에 의해 수행되고 있지만, 글로벌 공급망이 전 세계적으로 복잡하게 얽혀있어 물류 인프라 개발이나 통관절차의 효율화를 높이기 위한 정부 정책도 물류성과를 결정하는 중요한 부문이 되고 있다. 물류와 관계된 관료들과 정책입안자 그리고 민간업체 및 그 파트너들이 국제상 거래상 물류 수행과정에서 어떤 어려움을 겪고 있으며 또 그것을 어떻게 줄일 수 있는지 도움을 줄 목적으로 개발된 것이 물류성과지수(LPI. Logistics Performance Index)다.

물류성과지수(LPI)는 세계은행(World Bank)이 전 세계 160여 개국을 대상으로 2007년부터 2년에 한 번씩 세계 각국의 물류경쟁력을 측정하기 위해 제시한 지다. LPI는 1,200여 개의 국제물류기업에서 6,000명의 물류 관계자가 자신들이 가장 많이 거래하는 8개 국가를 대상으로 통관, 인프라, 국제운송, 물류품질, 화물추적, 수송의 적시성 등 6개 항목에 대해 최고 5점에서 최저 1점을 부가하고 종합적으로 합산해 이를 지수로 환산하는 방식을 취한다. 지수 평가는 6개 항목을 대상으로 하고 있는데 그 내용은 다음과 같다. ①통관의 효율성(Customs)은 세관 등 관계 당국이 요구하는 통관 절차의 속도, 단순성 그리고 예측 가능성을 기준으로 한다. ②물류 인프라(Infrastructure)는 항만, 철도, 도로, 정보통신기술 등 무역 및 물류와 관련한 인프라 수준을 말한다, ③국제운송(Ease of arranging

245) 가치사슬이란 매켄지 컨설팅(McKinsey Consulting)에서 최초로 제시하고, 하버드대 경영대학원의 마이클 포터(M. Porter) 교수가 발전시킨 개념이다. 그는 기업이 제품 또는 서비스를 생산하기 위해 원재료, 노동력, 자본 등의 자원을 결합하는 과정에서 부가가치가 창출되는 것을 가치사슬이라는 모델로 정립하였다. 글로벌가치사슬은 원래의 가치사슬이라는 용어가 가지는 의미에 세계화의 개념을 결합한 것이다. 오늘날 급속도로 진행된 세계화 속에서 기업은 글로벌 경영 여건, 지리적 위치, 생산요소 부존도 등을 고려해 비교우위가 있는 경영환경에서 기업 활동을 수행하며 그들의 가치사슬을 전 세계로 확대해 나가고 있다. 글로벌 가치사슬은 상품과 서비스의 설계, 생산, 유통, 사용, 폐기 등 전 범위에 이르는 기업의 활동이 운송 및 통신의 발달로 인해 세계화되는 것을 의미한다. [네이버 지식백과] 글로벌가치사슬 [Global Value Chain] (시사경제 용어사전, 2017. 11.)

shipments)은 경쟁력 있는 운송비 책정의 용이성이 대상이다. ④물류품질(Quality of logistics services)은 물류 관련 서비스 업체들의 역량과 수준을 말한다. ⑤화물추적(Tracking and tracing)은 화물의 현재 상황이나 위치를 실시간으로 파악하여 화물 흐름을 조정하고 그 정보를 제공할 수 있는 능력을 말한다. ⑥수송의 적시성(Timeliness)은 예정된 기간 내 화물이 인도되는 빈도가 대상이다.

표 72. 2018년 주요국 물류성과지수(LPI. Logistics Performance Index)

	LPI		최상	통관		인프라		국제운송		물류품질		화물추적		적시성	
	점수	순위	위국기준	점수	순위	점수	순위	점수	순위	점수	순위	점수	순위	점수	순위
독일	4.20	1	100	4.09	1	4.37	1	3.86	4	4.31	1	4.24	2	4.39	3
스웨덴	4.05	2	95.36	4.05	2	4.24	3	3.92	2	3.98	10	3.88	17	4.28	7
벨기에	4.04	3	94.93	3.66	14	3.98	14	3.99	1	4.13	2	4.05	9	4.41	1
오스트리아	4.03	4	94.52	3.71	12	4.18	5	3.88	3	4.08	6	4.09	7	4.25	12
일본	4.03	5	94.51	3.99	3	4.25	2	3.59	14	4.09	4	4.05	10	4.25	10
싱가포르	4.00	7	93.59	3.89	6	4.06	6	3.58	15	4.10	3	4.08	8	4.32	6
홍콩	3.92	12	91.21	3.81	9	3.97	15	3.77	8	3.93	12	3.92	15	4.14	15
남아공	3.38	33	74.22	3.17	34	3.19	36	3.51	22	3.19	39	3.41	35	3.74	34
한국	3.61	25	81.59	3.40	25	3.73	22	3.33	33	3.59	28	3.75	22	3.92	25
중국	3.61	26	81.37	3.29	31	3.75	20	3.54	18	3.59	27	3.65	27	3.84	27
인도	3.18	44	67.99	2.96	40	2.91	52	3.21	44	3.13	42	3.32	38	3.50	52
브라질	2.99	56	62.03	2.41	102	2.93	50	2.88	61	3.09	46	3.11	51	3.51	51
러시아	2.76	75	54.88	2.42	97	2.78	61	2.64	96	2.75	71	2.65	97	3.31	66

자료 : World Bank, Logistics Performance Index. https://lpi.worldbank.org/

표 73. 러시아 물류성과지수(LPI) 추이 (2007~2018)

	평가	LPI		최상	통관		인프라		국제운송		물류품질		화물추적		적시성	
	국가수	순위	점수	위국기준	점수	순위	점수	순위	점수	순위	점수	순위	점수	순위	점수	순위
2007년	150	99	2.37	42.9	1.94	137	2.23	93	2.48	94	2.46	83	2.17	119	2.94	86
2010년	155	94	2.61	51.6	2.15	115	2.38	83	2.72	96	2.51	88	2.60	97	3.23	88
2012년	155	95	2.58	50.7	2.04	138	2.45	97	2.59	106	2.65	92	2.76	79	3.02	94
2014년	160	90	2.69	54.3	2.20	133	2.59	77	2.64	102	2.74	80	2.85	79	3.14	84
2016년	160	99	2.57	48.7	2.01	141	2.43	94	2.45	115	2.76	72	2.62	90	3.15	87
2018년	160	75	2.76	54.9	2.42	97	2.78	61	2.64	96	2.75	71	2.65	97	3.31	66

자료 : World Bank, Logistics Performance Index. https://lpi.worldbank.org/

2018년 세계은행이 160개국을 대상으로 조사한 국제 물류성과지수(LPI)에서 최고의 경쟁력을 갖춘 국가는 독일이다. 독일은 4.20점을 기록하며, 2007년 이후 6회에 걸친 조사에서 1위를 4번 차지한 최초의 국가가 됐다. 특히 2014년 싱가포르를 제치고 1위에 등극한 후 3회 연속 선두를 고수하고 있다. 그 뒤를 스웨덴, 벨기에, 오스트리아, 일본이 따랐다. 2018년 전 세계 LPI는 국제수송 점수가 전반적으로 하락해 2016년보다 지수가 낮았다. 1위를 차지한 독일은 물류 인프라와 물류역량 부문에서 다른 국가보다 월등히 높은 점수를 보였으며, 스웨덴이 통관과 국제수송에서 높은 점수를 기록해 2014년 6위, 2016년 3위에서 2018년 2위로 상승했다. 물류 효율성이 높은 국가는 2010년 이후 비교적 안정적인 추이를 보이는 것으로 나타났다. 독일, 네덜란드, 스웨덴, 싱가포르 등 상위 10개국의 경우 약간의 순위 변동만 있을 뿐 거의 변화가 없다. 물류성과가 높은 국가와 낮은 국가 사이의 물류 격차(Logistics Gap)가 2016년 2.22에서 2018년 1.95로 많이 축소되었으나 그 간격은 여전히 크다. 2018년 상위 10개국의 평균 물류지수는 4.03인데 반해 하위 10개국의 평균 물류지수는 2.08이었다.

러시아 물류 산업의 경쟁력은 주요 선진국은 물론, 한국, 대만, 홍콩, 싱가포르 등 아시아 신흥국과 중국, 브라질, 인도, 남아공 등 브릭스(BRICS) 회원국들과 비교해서도 크게 떨어지는 것으로 나타났다. 2007년부터 2018년까지 6회에 걸쳐 평가한 물류성과지수에서 러시아는 평점은 2.37~2.76, 순위는 75위~99위권에 머물렀다. 2018년 평점 2.76을 기록하며 75위를 기록한 것이 최고 성적일 정도로 물류 부문의 경쟁력이 현저히 낮았다. 2018년 러시아는 2016년과 비교해 평점이 0.19점 상승한 데 힘입어 75위를 기록하며 처음으로 5회 연속된 90위권의 틀에서 벗어났다. 그런데도 독일과 비교해 55% 수준에 불과했다. 항목별로 살펴보면 인프라가 61위로 가장 높은 평가를 받았고, 점수에서는 적시성이 3.31로 최고 평가를 받았다. 반면 국제운송은 2.64점으로 96위, 통관은 2.42로 97위, 화물추적은 2.65점으로 97위에 머물며 여전히 취약한 부문으로 평가받았다.

푸틴은 2012년 집권 3기를 시작하면서 러시아의 투자환경개선을 중요한 정책목 중의 하나로 제시하며 세계은행이 발하는 기업환경평가(Doing Business) 순위를 2018년까지 20위까지 끌어올리도록 지시한 바 있다. 실제로 세계은행의 기업환경평가에서 러시아는 종합 순위를 2012년 120위에서 2018년에는 35위까지 끌어올리는 등 큰 폭의 상승세를 보였으나 국제운송 및 통관과 관련된 국제무역(trading across border) 부문은 100위를 기록하며 최하위 수준에 머무르고 있다. 세계은행의 '기업환경평가 2018'을 기초로 러시아 통관 때 수출입 서류와 비용 및 시간의 측면에서 살펴보면 다음과 같다. 먼저 러시아의 수출입 통관 시 요구하는 서류의 개수가 다른 국가들과 비교해 훨씬 많았다. 수출은 상업송장, 포장명세서, 선하증권, 탁송화물운송장, 원산지증명서 등 10종류의 서류를 요구하였고, 수입은 9종류를 요구하는 등 주요 신흥국과 비교해 상대적으로 많았다. 브라질은 수출 7종류, 수입 9종류, 중국은 수출 7종류, 수입 10종류, 인도는 수출 6종류, 수입 8종류, 남아프리카공화국은 수출 9종류, 수입 8종류, 멕시코는 수출 5종류, 수입 6종류로 러시아보다 적었다. 통관 때 많은 서류 제출의 요구는 통관 절차를 복잡하게 만들어 시간과 비용이 증가하는 원인이 된다. 통관 때 드는 비용에 있어서 러시아는 유럽 & 중앙아시아 국가 및 OECD 고소득국가보다 훨씬 많은 금액이 요구되었다. 수출 통관 때 드는 총비용은 745달러였고, 수입 통관 때 소요되는 총비용은 560달러였다. OECD 고소득국가의 수출 및 수입 총비용이 각각 185.3달러, 137.2달러, 유럽 및 중앙아시아 국가의 평균 수출, 수입 총비용이 305.2달러, 279.8달러인 것과 비교해 훨씬 많았다. 통관 때 소요되는 시간적 측면에서 러시아는 신흥국들과 비교해 경쟁력이 낮았다. 러시아는 수출 시 통관에 드는 총 시간은 98시간, 수입은 총 57시간 소요되는 것으로 나타났다. 유럽 및 중앙아시아 국가의 수출 시 총 소요 시간이 55.9시간, 수입 때 총 소요 시간이 53.2시간인 것과 비교해 볼 때 러시아는 유럽 및 중앙아시아 국가 평균과 비교해 수출입 모두에서 더 많은 시간이 소요되었다. BRICs 국가들과 비교해서는 수출은 시간과 비용 면에서 우위를 점하지 못했지만, 수입은 비용 및 시간적 측면에서 상대적으로 양호한 것으로 나타났다.

표 74. 러시아와 BRICs 국가 수출입 통관 시 소요시간과 비용 비교

		단위	러시아	중국	인도	브라질	남아공	유럽 & 중앙아시아	OECD 고소득국
수출	국경통관	시간	72	23	85	49	100	28	12.7
소요	서류검사	〃	26	14	58	12	68	27.9	2.4
시간	**총시간**	〃	**98**	**37**	**143**	**61**	**168**	**55.9**	**15.1**
수출	국경통관	USD	665	533	348	959	428	191.4	149.9
소요	서류검사	〃	80	90	94	226	170	113.8	35.4
비용	**총비용**	〃	**745**	**623**	**442**	**1185**	**598**	**305.2**	**185.3**
수입	국경통관	시간	14	72	267	63	144	25.9	8.7
소요	서류검사	〃	43	54	65	48	36	27.3	3.5
시간	**총시간**	〃	**57**	**126**	**332**	**111**	**180**	**53.2**	**12.2**
수입	국경통관	USD	400	790	536	970	657	185.1	111,6
소요	서류검사	〃	160	150	129	107	213	94.7	25.6
비용	**총시간**	〃	**560**	**940**	**665**	**1077**	**870**	**279.8**	**137.2**
수출서류		개	10	7	6	7	9	-	-
수입서류		개	9	10	8	9	8	-	-

국경통관 비용(Cost to export/import : Border compliance) : 항구 혹은 국경선에서 서류를 수령, 준비 및 제출, 그리고 통관과 검사 절차를 진행하는 비용

서류검사 비용(Cost to export/import : Documentary compliance) : 서류 수령, 준비, 작성, 제시, 제출까지의 과정에서 드는 비용.

자료 : 세계은행 Doing Business 2018.

6. 러시아의 지배구조(Governance)

1997년 아시아에서 발생한 금융위기는 세계은행(WB)을 비롯한 국제기구들이 국가나 기업의 지배 및 관리 구조라는 의미를 지닌 거버넌스(governance)에 관심을 가지는 계기가 되었다. 국제기구들은 아시아 금융위기의 원인을 아시아 국가의 국정 관리체계나 기업의 경영 및 통제시스템에서 찾고자 했다. 세계은행은 1996년부터 세계 연구기관과 비정부기구(NGO), 국제기구, 민간기업 등이 발표하는 32개의 자료를 바탕으로 해마다 세계 각국을 대상으로 한 '세계거버넌스 지표(WGI : Worldwide Governance Indicators)'를 발표하고 있다. WGI지표 산정에 참여한 코퍼먼과 크레이(Kaufmann & Kraay)는 거버넌스를 '하나의 국가 내에서 공공 재화와 서비스 관리 과정에서 권한이 행사되는 방법을 결정하는 시민

참여방식, 정부의 정책 형성과 집행능력, 법과 제도의 방식에 관한 정부의 능력에 관한 총체적인 질'로 정의한다.[246] 세계은행 연구팀이 발표하는 WGI에서 거버넌스는 '한 국가에서 권력이나 권위가 실행되는 전통과 제도'로 정의되는데 이것은 ① 정부가 선출되고 감시되며 교체되는 과정, ② 건전한 정책을 효과적으로 형성하고 집행하는 정부의 능력, ③ 시민과 국가 사이에 사회・경제적 상호작용에 영향을 미치는 제도에 대한 시민과 국가의 존중 등의 3가지 요소를 포함한다. 그리고 3개 요소에 각각 2개의 세부지표를 만들어 총 6개의 수치화된 지표로 세계 각국에 대한 거버넌스 현황을 발표한다.

첫째, 정부 선출과 감시 및 교체되는 과정을 반영하는 거버넌스 지표로 의사표현과 책임성, 정치적 안정성과 폭력/테러 부재가 사용되었다. 둘째, 건전한 정책을 효과적으로 만들고 집행하는 정부의 능력과 관련된 지표로 정부의 효율성과 규제의 질이 사용되었다. 셋째, 시민과 국가의 사회・경제적 상호작용 및 관계에 영향을 미치는 제도와 관련된 지표로 법의 지배와 부패 통제가 사용되었다.

표 75. 거버넌스 개념과 세부 지표

거버넌스 요소	거버넌스 지표	주요 내용
1. 정부 선출, 감시, 교체 과정	① 의사현과 책임성 (voice & accountability)	정치과정, 시민적 자유, 정치적 권리의 다양한 측면을 측정
	② 정치적 안정성과 폭력 부재(political stability & absence of violence/terrorism)	국내 폭력과 테러를 포함해 반헌법적 또는 폭력적 수단으로 정부가 와해될 가능성 측정
2. 정부의 정책입안 및 집행 능력	③ 정부의 효율성 (government effectiveness)	정부의 정책 수립과 실행 능력, 공공서비스 품질, 정치적 압력으로 독립된 정도 측정
	④ 규제의 질 (regulatory quality)	민간부문 발전에 필요한 양질의 정책과 규제 수립 및 실행 능력 측정
3. 시민과 국가의 상호작용 및 제도	⑤ 법의 지배 (rule of law)	행위자들의 법에 대한 신뢰 및 준수 정도 측정. 법과 제도적 장치의 구비 정도 측정
	⑥ 부패 통제 (control of corruption)	사적 이익을 위해 공권력을 사용하는 정도 측정. 공적권력의 부패정도 측정

246) Kaufmann, Daniel and Aart Kraay, "Governance Indicators: Where Are We, Where Should We Be Going?" Policy Research Working Paper 4370, World Bank Institute, 2007.

6개 거버넌스 지표를 구체적으로 살펴보면 다음과 같다. ① 의사 표현과 책임성은 표현의 자유, 결사의 자유, 언론의 자유 보장뿐만 아니라 한 나라 국민이 정부를 선출하는 과정에 참여하는 정도를 측정한다. ② 정치적 안정성과 폭력/테러 부재 분야는 반헌법적 폭력수단이나 정치적 목적의 폭력과 테러를 포함한 폭력적 수단에 의해 정부가 불안정해지거나 전복될 가능성을 나타낸다. 군부 쿠데타의 위험, 테러리스트에 의한 위험, 정치적 갈등 등을 반영한다. ③ 정부 효율성 분야는 정부 서비스의 질에 대한 대중의 인식과 시민 행정에 대한 질을 반영하는 지표로 정부 및 공무원의 자질과 봉사, 정치적 중립성, 정책 수립 및 실현의 우수성, 정책에 대한 정부 의지의 신뢰성 등을 측정한다. ④ 규제의 질 분야는 관료의 행정편의주의와 규제 완화, 경쟁적 환경 조성을 통한 민간부문의 자유로운 창의성과 활동성을 촉진할 수 있는 건전한 정책과 규제를 수립하고 구현할 수 있는 정부 능력을 측정한다. ⑤ 법의 지배 분야는 범죄와 폭력 가능성뿐만 아니라 계약이행과 재산권, 치안, 사법 등의 분야에서 법의 준수 정도를 측정한다. ⑥ 부패 통제 분야는 엘리트나 이익집단에 의한 국가포획이나 개인 이익을 위한 공권력 행사뿐만 아니라 크고 작은 부패를 포함하는 공공부문의 부정행위나 비리 방지 척도 등을 보여준다.[247] 6개 분야 거버넌스 지표는 비관측요인모형(Unobserved Component Model)이라는 통계적 기법을 사용하여 산정되었는데 -2.5점에서 +2.5점 사이로 측정되고 있다. 동시에 각각의 상대적 순위도 매기고 있는데 전체 100%를 기준으로 최하위(0%~10%), 하위(10%~25%), 중하위(25%~50%), 중상위(50%~75%), 상위(75%~90%), 최상위(90~100%) 등 6개 그룹으로 분류하고 있다.[248]

---

247) Kaufmann, Daniel, Aart Kraay and Massimo Mastruzzi, “Governance Matters VIII : Aggregate and Individual Governance Indicators 1996 - 2008”, Policy Research Working Paper 4978, The World Bank Development Research Group Macroeconomics and Growth Team, June 2009. p. 6. http://papers.ssrn.com/sol3/papers.cfm?abstract_id=1424591

248) 종합적인 거버넌스 지표를 구하는 방법은 먼저 각 데이터를 비교할 수 있게 만들기 위해서 개별지표의 척도를 재조정하고, 재조정된 데이터들을 가중 평균하여 종합적인 거버넌스 지표를 산출한다, 이때 각 데이터에 부여하는 가중치는 비관측 요인 모형에 의해서 생산된 자료의 정확성에 대한 추정치에 기초하여 할당한다.
http://info.worldbank.org/governance/wgi/index.aspx#doc

표 76. 러시아 및 주요국 세계거버넌스 지표 (2016년)

	의사현과 책임성		정치적안정성 폭력부재		정부효율성		규제의 질		법의 지배		부패 통제	
	est	rank	est	rank	est	rank	est	rank	est	rank	est	rank
러시아	-1.21	15.27	-0.89	16.67	-0.22	44.23	-0.42	37.02	-0.80	21.15	-0.86	18.75
중국	-1.62	6.90	-0.52	27.14	0.36	67.79	-0.26	44.23	-0.22	46.15	-0.25	49.04
브라질	0.47	61.58	-0.45	30.00	-0.18	47.60	-0.21	46.63	-0.08	51.92	-0.44	38.46
인도	0.41	28.62	-0.95	14.29	0.10	57.21	-0.31	41.35	-0.07	52.40	-0.30	47.12
카자흐스탄	-1.29	13.30	0.04	47.62	-0.06	51.44	-0.10	51.92	-0.42	34.62	-0.80	20.67
아제르바이잔	-1.60	7.39	-0.87	17.62	-0.16	49.04	-0.28	43.75	-057	31.73	-0.87	17.79

est.: 추정값(estimate of governance)으로 범위는 -2.5에서 +2.5사이.
rank : 평가대상 국가 중에서 차지하는 %로 범위는 0(최하위)에서 100(최상위)임.
자료 : World Bank, The Worldwide Governance Indicators: Aggregate Governance Indicators 1996-2016. http://info.worldbank.org/governance/wgi/index.aspx#home

2016년 세계거버넌스 지표(WGI)는 세계 215개국을 대상으로 하였다. 2016년 러시아의 WGI 성적은 6개 평가 분야에서 지표 값이 모두 음수(-)로 세계 평균에 훨씬 못 미쳤고, 순위에서도 모두 하위 그룹에 속했다. 러시아는 BRICs 회원국인 중국, 인도, 브라질은 물론 중앙아시아의 카자흐스탄, 아제르바이잔보다 6개 대부분의 거버넌스 지표에서 훨씬 낮은 수준으로 평가되었다. (표 76 참조) 러시아는 6개 분야 중 정부 효율성 부문이 가장 좋은 평가를 받았으나 지표 값은 -0.22점, 44.2%로 중하위 그룹(25%~50%)에 포함되었다. 그다음으로 규제의 질 부문이 지표 값으로 -0.42점, 37.02%로 중하위 그룹에 소속되었다. 나머지 4개 부문은 모두 하위 그룹(10%~25%)에 포함되었다. 법의 지배 부문이 -0.80점, 21.15%, 부패통제 부문이 -0.86점, 18.75%, 정치적 안정성과 폭력 부재가 -0.89점, 16.67%, 의사 표현과 책임성 부문이 -1.21점, 15.27%에 소속되었다. 부패통제 부문이 2009년 - 1.13점 11.0%에서 2016년 - 0.86점, 18.75%로 소폭 개선되었으나 여전히 하위 그룹을 벗어나지 못했다. 의사 표현과 책임성 지표는 2000년 -0.35점에서 2011년 -0.88점, 2016년에는 -1.21점으로 계속해서 나빠지고 있는 부문으로 평가받았다. 이는 푸틴의 장기집권과 독재정치 과정에서 발생한 언론 장악, 정적 제거, 야당 무력화, 인터넷과 외국기관 검열 등의 인권 탄압 강화, 관료들의 부정부패 심화가 작용한 결과다.

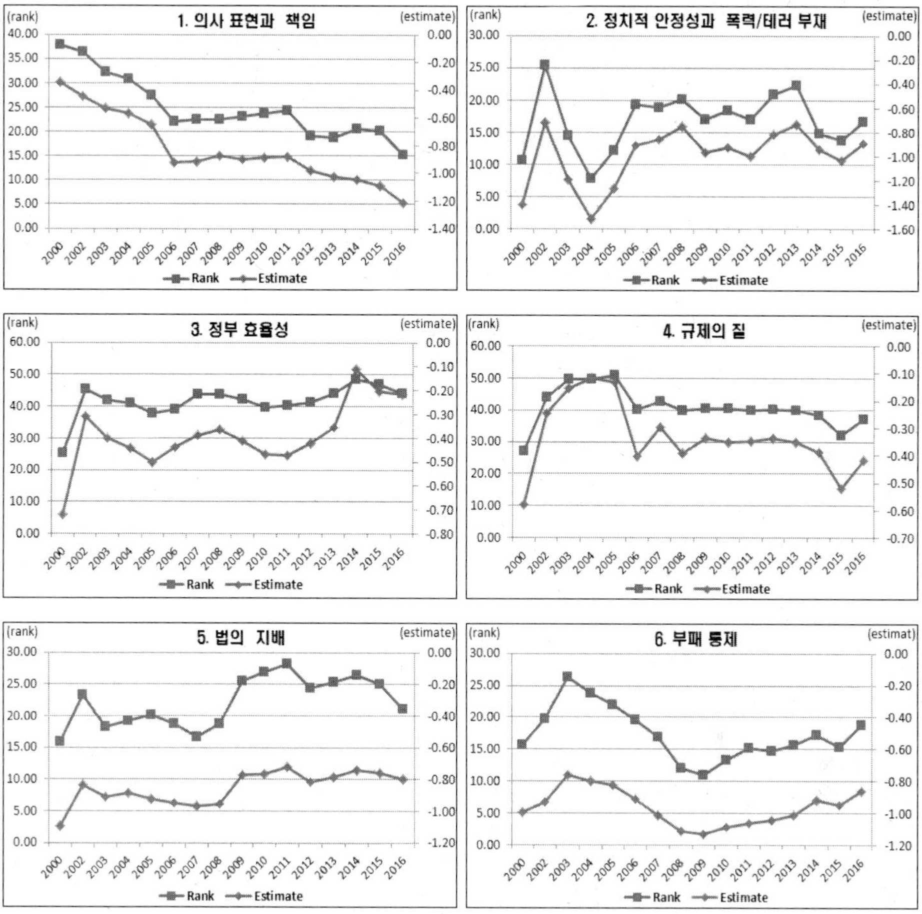

그림 51. 러시아 세계거버넌스 지표 추이

중앙아시아 경제 개관

Ⅰ. 중앙아시아 자연 및 인문지리

1. 중앙아시아 자연 지리

1) 중앙아시아의 지리적 정의(개념)

중앙아시아는 '아시아 대륙의 중앙부(Central Asia)'를 뜻하는 명칭임에도 불구하고 그 개념과 지리적 범위가 일치하는 것은 아니다. 중앙아시아의 지리적 범위에 관한 논의가 다양하게 전개되어 왔음에도 불구하고 아직 일반적으로 받아들여지고 있는 정의는 없다. 지역적 의미로서 중앙아시아란 용어를 처음 제시한 사람은 독일의 자연 과학자이자 지리학자였던 알렉산더 훔볼트(Alexander Von Humboldt)였다. 그는 1829년 니콜라이 1세(Николай I Павлович. 재위 1825년~1855년)의 초청으로 상트-페테르부르크에 갔다가 그 길로 아시아 여행길에 올랐다. 우랄, 알타이, 중앙아시아를 포함한 광활한 지역을 다니면서 기후 변화를 조사하였다. 그 후 1843년 그는 중앙아시아의 지리적 개념을 동서로는 몽골과 만주의 국경을 이루는 흥안령(興安嶺)산맥에서 카스피해까지, 남북으로는 히말라야산맥과 알타이산맥까지로 정의하였다.[1] 서구에서는 스탈린 통치 이전에 슬라브계와 민족, 문화적으로 구분되는 튀르크인들의 집단 거주 지역으로 사용되

---

1) 김대성 외, 중앙아시아학 입문. 2009. 김대성, 손영훈. "중앙아시아의 지정학적 개념과 지리적 환경" p.1.

었던 투르키스탄(Turkistan)을 중앙아시아로 지칭했다. 이 지역 설정에 따르면 중국의 신강, 남시베리아의 튀르크 무슬림 거주지, 아프가니스탄 북부 지역과 더불어 소비에트의 5개 공화국이 그 범주에 포함되었다. 반면 러시아는 2개의 구별되는 용어를 사용하였다. 전통적으로 비슬라브인 거주 지역이자 역사적으로 러시아에 통합되었던 지역을 '스레드나야 아시아(Сре́дняя А́зия. Middle Asia)'라고 지칭하였는데 소비에트 19개 경제구역의 하나였던 '중앙아시아경제구역(Среднеазиатский экономический район)'에 포함되었던 4개 소비에트연방 공화국인 우즈베키스탄, 투르크메니스탄, 키르기스스탄, 타지키스탄이 해당하였다. 그리고 역사적으로 러시아에 통합되지 않았던 지역까지 포괄하는 광의의 개념으로 '센트랄나야 아시아(Центральная Азия)'라는 용어를 사용했는데 이 범주에는 '스레드나야 아시아' 4개국과 카자흐스탄, 몽골, 아시아 러시아 남부 타이가 지대, 중국 북서부(신장웨이우얼, 티베트, 내몽골, 쓰촨성 서부, 칭하이)가 포함된다.[2] 소비에트연방이 붕괴한 직후인 1992년 우즈베키스탄의 수도 타슈켄트에서 개최된 중앙아시아 5개국 정상회담에서 카자흐스탄 대통령 누르술탄 나자르바예프(Nursultan Nazarbayev)의 발의로 "땅"이라는 의미를 지닌 "스탄(-stan)"이 들어가는 역내 5개국을 중앙아시아로 지칭하기로 합의하는 공동성명이 채택되면서 현재 가장 널리 사용되는 지역 개념으로 정립되었다.[3] 1992년 출판된 유네스코 "중앙아시아 문명의 역사(History of civilization of Central Asia)"는 중앙아시아를 "아프가니스탄, 이란 북동부, 파키스탄, 인도 북부, 중국 서부, 몽골과 옛 소비에트 중앙아시아 공화국들"이라고 정의하였다.[4] 튀르크와 이슬람이라는 문화적 동질성 측면에서 분류할 때 중앙아시아에는 소비에트 중앙아시아 역내 5개국, 러시아 알타이, 몽골, 아프가니스탄, 중국의 신장웨이우얼과 티베트 자치구가 포함된다. 본 연구서에서 중앙아시아는 카자흐스탄, 우즈베키스탄, 투르크메

---

2) Средняя Азия - Википедия, (https://ru.wikipedia.org/wiki/ Средняя_Азия) & Центральная Азия - Википедия (https://ru.wikipedia.org/wiki/Центральная_Азия)

3) http://en.wikipedia.org/wiki/Central_Asia

4) Janos Harmatta, "History of civilization of Central Asia : The development of sedentary and nomadic civilizations 700 B.C. to A.D. 250". Volume II. UNESCO. 1994. p.11.

니스탄, 키르기스스탄, 타지키스탄의 소비에트 5개국을 지칭한다.

2) 중앙아시아 영토

중앙아시아는 세계에서 가장 큰 아시아 대륙의 중앙부에 자리하고 있어, 세계에서 바다와 가장 멀리 떨어진 지역이다. 역내 5개국의 총 영토 면적(surface area)은 400만 1,727㎢로 세계 전체 면적의 3%를 차지한다. 남・북한을 합친 한반도 면적(22만 820㎢)의 약 18배이며, 유럽연합(EU) 전체 면적(438.4백만㎢)에 조금 못 미친다. 강과 호수를 제외한 육지 면적(land area)은 392만 5,616㎢로 세계 전체 면적의 3.03%를 차지한다. 역내 국가별로는 카자흐스탄이 272만 4,902㎢로 중앙아시아 전체 면적의 68%(나머지 4개국 영토의 2.1배)를 차지하며 아르헨티나에 이어 세계에서 9번째로 넓은 영토를 보유하고 있다. 투르크메니스탄과 우즈베키스탄이 각각 48.8만㎢(역내 면적의 12.2%), 44.7만㎢(11.2%)이며, 키르기스스탄과 타지키스탄은 각각 전체 중앙아시아 면적의 5.0%인 20만㎢와 3.6%인 14.1만㎢에 불과한 소국이다.

표 1. 영토 및 육지 면적으로 본 중앙아시아 (2017년 기준)

영토 면적 (surface area)				육지 면적 (land area)			
국명	㎢	(%)*	순위	국명	㎢	(%)*	순위
카자흐스탄	2,724,902	2.03	9	카자흐스탄	2,699,700	2.08	9
투르크메니스탄	488,100	0.36	52	투르크메니스탄	469,930	0.36	52
우즈베키스탄	447,400	0.33	56	우즈베키스탄	425,400	0.33	56
키르기스스탄	199,949	0.15	86	키르기스스탄	191,800	0.15	86
타지키스탄	141,376	0.11	95	타지키스탄	138,786	0.11	93
소계	4,001,727	2.98	-	소계	3,925,616	3.03	-

(%)* : 세계에서 차지하는 비중

자료 : 세계은행(World Bank). 'World Development Indicators database.' 2018.

역내 5개국 중심의 중앙아시아는 동쪽은 중국 북서부 신장웨이우얼 자치구와 국경을 맞대고 있고, 서쪽은 세계에서 가장 큰 내륙 바다인 카스피해 동안(東岸)과 볼가(Volga)강을 그 경계로 한다. 북쪽은 러시아의 서남부 시베리아와 남쪽은 이란~아프가니스탄~파키스탄을 잇는 이슬람 국가들과 국경을 접하고 있다.

중앙아시아 대부분 지역은 많이 평평하고, 낮은 지역인데 심지어 카스피해 인근 지역은 해수면보다 더 낮다. 남동쪽 산악지대로 가면서 해발이 1,000m 이상 올라간다. 높은 산맥들은 키르기스스탄과 타지키스탄의 거의 모든 지역과 카자흐스탄 동부의 일부, 투르크메니스탄의 남쪽 가장자리에 위치한다. '세계의 지붕'으로 불리는 타지키스탄의 파미르 고원(Pamir range)은 높이가 해발 약 7,500m에 이르며, 키르기즈 공화국의 일부를 차지하는 톈산(Tien Shan)산맥에는 6,000m가 넘는 봉우리가 10여 개나 된다.

3) 중앙아시아 삼림 및 농지 면적

중앙아시아는 주로 사막과 스텝, 산악으로 이루어져 있어 총 삼림 면적은 11만 7,049㎢로 세계 총 삼림 면적(3,999.1 만㎢)의 0.3%에 불과하다. 그러나 농업 생산의 기반이 되는 농지(agricultural land) 면적은 292만 9,021㎢로 세계 농지의 6%를 차지한다.[5] 이는 중앙아시아에 발달한 거대한 스텝(steppe) 지대와 해발 350~1,000m에 발달한 다양한 산록 생태계, 중앙아시아의 젖줄인 아무다리야강과 시르다리야강을 따라 전개된 강 유역(basin) 덕분이다.

중앙아시아 스텝(steppe. 대초원)은 헝가리 서부에서 몽골로 이어지는 유라시아 대초원이라는 거대한 평원의 중간 부분을 형성하는데 러시아와 아시아의 중위도 부근에 위치한 초원지대를 말한다. 사막 지역과 습윤지역의 점이지대로 강수량은 사막보다 많은 250~500㎜ 정도로 건계(乾季)와 우계(雨季)가 명확히 구분된다. 토양은 건조지역보다 비옥하여 검은색을 띠며 풀은 부식층(humid)을 형성하여 토양의 침식을 막고 식물의 양분 공급원이 된다.[6] 중앙아시아 스텝 중에서 가장 인상적이고 대표적인 것은 카자흐스탄 스텝(Kazakh steppe)으로 세계에

---

5) 러시아 통계청 자료에 의하면 2017년 1월 1일 기준 러시아 영토 중 농경지는 222.1백만 ha로 전체 면적의 13.0%, 산림지역은 870.7백만 ha로 50.8%, 늪지를 포함한 지표수(호수, 강 등)가 226.8백만 ha로 13.2%, 기타 392.9백만 ha로 23.0%를 차지한다.

6) 네이버 지식백과, 스텝 [steppe], 자연지리학사전, 2006. 5. 25., 한울아카데미

서 가장 큰 건조 스텝이다. 카자흐스탄 스텝은 연간 205~300㎜의 강수량을 지닌 바람이 많이 부는 넓게 트인 광활한 지역으로 덥고 건조한 여름과 눈이 거의 쌓이지 않는 추운 겨울로 유명하다. 이르티시(Irtysh)와 우랄 (Ural)을 포함한 큰 강이 이 지역을 가로질러 흐르고 있으며, 수많은 얕은 호수가 산재해 있다. 역사적으로, 중앙아시아의 스텝은 유목민들에게 방목 및 사료 작물 재배를 위한 땅으로 사용되었으며, 또한 수렵과 어업의 터전이었다. 구소련 흐루쇼프 시대 처녀지 개간 계획(Virgin Land Scheme)에 의해 처녀지 및 휴경지를 개발한 1954년 이후부터 중앙아시아 스텝은 크게 변경되기 시작했다. 이 계획은 스텝 및 산림 스텝 지역을 밀 생산을 위한 거대한 경작지로 개간하는 것이었다. 1950~1960년 사이에 카자흐스탄에서만 개간 면적이 780만 헥타르에서 2,850만 헥타르로 증가했다. 그러나 밀 재배를 위해 개간된 수백만 헥타르의 땅이 얼마 지나지 않아 수분 부족으로 더는 경작될 수 없는 상태에 이르게 되면서 거대한 스텝이 황폐해지었고, 결국 그 계획은 포기되었다. 그 후 나래새, 속털개밀, 갯보리와 같은 풀과 다년생 식물을 집중적으로 파종한 덕분에 스텝 일부가 복구되었다. 스텝의 토지가 완전히 회복되는 데 적지 않은 시간이 걸릴 것으로 보인다.

표 2. 삼림 및 농지 면적으로 본 중앙아시아 (2015년 기준)

삼림 면적 (forest area)				농지 면적 (agricultural land)			
국명	㎢	비중%*	순위	국명	㎢	비중%*	순위
투르크메니스탄	41,270	0.10	78	카자흐스탄	2,169,920	4.46	6
카자흐스탄	33,090	0.08	85	투르크메니스탄	338,380	0.70	36
우즈베키스탄	32,199	0.08	86	우즈베키스탄	267,700	0.55	41
키르기스스탄	6,370	0.02	132	키르기스스탄	105,571	0.22	71
타지키스탄	4,120	0.01	142	타지키스탄	47,450	0.10	91
소계	117,049	0.29	-	소계	2,929,021	6.02	-

* : 세계에서 차지하는 비중

자료 : 세계은행(World Bank). 'World Development Indicators database.' 2018.

산록은 중앙의 사막과 남동부의 산맥이 만나는 중간지대로 온화하고 비옥한 계곡과 산기슭, 강과 호수를 따라 초록이 무성한 평야가 있어 농업이 번성하며 야생 과일과 견과류가 풍부한 숲이 발달했다. 생활에 있어 가장 중요한 물은 카자흐스탄, 키르기스스탄, 타지키스탄의 일부 산과 대지에서 풍부하지만, 투르크메니스탄과 우즈베키스탄의 경우 동부와 남동부의 산악지역에서 발원하는 거대한 사막을 가로지르는 아무다리야강과 시르다리야강 유역에서 풍부하다. 두 강은 키르기스스탄과 타지키스탄에는 수력발전을 통해 전력을 공급하고, 카자흐스탄 남부, 투르크메니스탄과 우즈베키스탄에는 면화를 중심으로 한 관개농업을 가능하게 한다. 두 강 모두 내해인 아랄해(Aral Sea)로 유입되지만, 1960년대 이후 농업, 특히 면화 재배를 위한 관개수로가 만들어지면서 아랄해로 물의 유입이 급속도로 줄어들었다.

4) 중앙아시아 지형

자료 : ADB, Central Asia Atlas of Natural Resources, 2010. p.2.

그림 1. 중앙아시아 지형(Land features of Central Asia)

중앙아시아는 거대한 사막, 높은 산맥과 고원, 나무가 거의 없는 대초원(steppe)으로 이루어져 있다. 지형은 국가별로 다양하지만 크게 도식화해 보면 대체로 키르기스스탄과 타지키스탄은 알타이산맥 및 파미르 고원지대, 우즈베키스탄과 투르크메니스탄은 건조한 사막 및 반사막지대, 카자흐스탄은 시베리아와 유사한 산림과 초원이 많은 편이다. 중앙아시아 중앙에는 거대한 2개의 모래사막(카라쿰과 키질쿰)이 위치하고, 북쪽은 광활한 중앙아시아 스텝의 녹색 평원이 덮고 있고, 남쪽과 동쪽에는 이란, 아프가니스탄, 중국과 국경을 형성하는 산맥이 급격하게 치솟아 있어 전체적으로 거대한 사발 모양이다.

(1) 사막(deserts)

사막은 중앙아시아 전체 면적의 37%를 차지한다. 중앙아시아의 사막은 중부 카자흐스탄에 위치한 모래로 이루어진 북부사막과 투르크메니스탄, 우즈베키스탄 그리고 남부 카자흐스탄을 아우르고 있는 남부사막으로 구분된다. 남부사막의 연간 강수량은 총 70㎜ 이하에 불과한데 그나마도 강수량의 절반이 봄에 집중되고, 나머지는 늦가을과 겨울에 내리는 계절적 특성을 보인다. 겨울은 전반적으로 온순하다. 1월 기온은 영하 1℃에서 영상 5℃로 대부분 식물의 성장 정지는 아주 짧은 기간에만 이루어진다. 북부사막 전역에서는 여건이 더 혹독하다. 1월에는 기온이 영하 10℃에서 영하 15℃이며 7월에는 24℃에서 26℃까지 상승한다. 강수(비 또는 눈)는 연중 고르게 분포되는데 연간 150㎜에 달하기도 한다. 북부의 키질쿰 사막과 남부의 카라쿰 사막은 중앙아시아를 대표하는 사막이다. 지나친 방목과 낙후되고 비효율적인 농업 관행으로 인해 사막화 현상이 점점 크게 진행되고 있다.

표 3. 중앙아시아 사막 분포

	국토	사막 지역		
	총면적(㎢)(A)	사막 면적(㎢)(B)	모래사막(㎢)	사막 비중(B/A)
우즈베키스탄	449,000	250,000	107,000	55.7%
투르크메니스탄	488,000	387,000	260,000	79.3%
타지키스탄	143,000	25,000	5,000	17.5%
키르기스스탄	198,000	70,000	0	35.4%
카자흐스탄	2,715,000	747,000	246,000	27.5%
총계	3,993,000	1,479,000	618,000	37.0%

자료 : ADB, Central Asia Atlas of Natural Resources, 2010. p.13.

① 키질쿰 사막(Kyzylkum Desert)

북부 사막의 일부인 키질쿰 사막은 우즈베키스탄과 카자흐스탄에 걸쳐 있는 사막으로 지명은 터키어로 '붉은 모래(red sand)'라는 뜻이다. 분홍빛이 도는 모래, 모래 자갈, 자갈 사막, 분쇄 석고, 황토 및 타키르토(takyr soil)로 이루어져 있다. 북쪽은 아랄해, 북동쪽은 시르다리야강, 남서쪽은 아무다리야강까지 이어지며 길이는 약 1,400㎞, 면적은 약 30만㎢에 달한다. 연평균 강수량은 100㎜ 내외나 아랄해와 시르다리야강, 아무다리야강을 접하고 있어 강의 연안을 중심으로 목화와 과수, 채소 등이 재배되고 약간의 목양이 이루어진다. 대륙성 기후로 겨울은 춥고 여름은 더운데 7월에는 기온이 50℃에 육박하기도 한다. 키질쿰 사막에는 천연가스가 풍부하게 매장되어 있고, 알루미늄, 구리, 금, 은 및 우라늄이 대량 매장되어 있다. 특히 우즈베키스탄의 무룬타우(Muruntau) 금광은 깊이 300m 이상, 수 킬로미터에 걸쳐 있는 세계에서 가장 큰 노천 광산 가운데 하나다.

② 카라쿰 사막(Kara-Kum Desert)

카라쿰 사막은 투르크메니스탄의 대부분(약 70%)을 차지하는 사막으로 튀르크어로 '검은 모래(black sand)'란 뜻이다. 북동쪽 지역은 아무다리야강을 사이에 두고 키질쿰 사막과 이어져 있고, 남쪽은 코페트다그산맥, 남동쪽은 아프가니스탄, 서쪽은 카스피해 연안 근처, 북쪽은 우즈베키스탄 경계에 이른다. 표면은 사구(砂丘)와 판상(板狀)의 점토로 덮여 있다. 면적은 약 30만㎢이고, 기후는 대륙성으로 여름 낮 지표 온도는 50℃, 모래 온도는 80℃까지 상승하며, 겨울철에는 영하 20℃ 이하로 내려간다. 연간 평균 강수량은 90~200㎜로서 쑥 종류의 풀이 약간 자란다. 주민은 주로 튀르크 및 키르기스 민족으로 오아시스나 산기슭에 산다. 북부에는 석유, 천연가스, 유황이 매장되어 있으며, 남부에는 관개를 위한 세계에서 가장 큰 규모의 카라쿰 운하(Karakum cannel)가 통과한다. 1954년 완공된 길이 1,375㎞의 카라쿰 운하는 면화 재배를 위해 연간 13~20㎦의 물을 수송한다. 그리고 카라쿰 사막에는 '지옥의 문(Door to Hell)'이라 불리는 지름 70m, 깊이 30m에 달하는 축구장 크기의 싱크 홀(sink hole)이 존재한다. 1971년 천연가스 개발 당시 갑자기 거대한 싱크 홀이 생겼고 무너진 지반 사이로 천연가스가 새어 나왔다. 소련 정부가 가스 유출로 인한 인명사고와 대형폭발 사고를 방지하기 위해 싱크 홀에 불을 붙여 가스를 태우고자 했다. 그러나 지하에는 예상을 크게 초월하는 가스가 매장되어 있었던 관계로 47년이 지난 지금까지도 구덩이에서 불이 타오르고 있으며 향후 수백 년 이상 지속할 것으로 보인다.

(2) 산록/산기슭(piedmont or foothills)

산록/산기슭은 산맥/산악의 맨 아랫부분에 해당하는 지역으로 인구가 밀집되어 있다. 중앙아시아에는 해발 350~1,500m에서 다양한 산록 생태계가 존재한다. 북부 톈산(400~800m)의 산록 사막 생태계는 봄과 가을-겨울에, 서부 톈산(350~700m)의 산록 단초(短草) 반사바나 생태계는 여름과 겨울에, 서부 톈산과 코페트다그(700~1,200m) 산록은 겨울-봄에 소의 방목에 필요한 목초지를 제공한다. 서부 톈산과 코페트다그, 파미르 알라이(1,000~1,500m) 산록 지대는 피스타치오와 호두 삼림지로 유명하다.

그림 2. 페르가나 계곡(Fergana Valley)

중앙아시아 지역에서 가장 비옥한 페르가나 계곡(Fergana Valley) 또한 산록 지역에 위치한다. 페르가나 계곡은 우즈베키스탄, 타지키스탄과 우즈베키스탄 등 3개국의 주민이 거주하는 지역으로 인구는 중앙아시아 전체 인구의 20%에 해당하는 약 1,400만 명으로 인구밀도(636명/㎢)가 가장 높다.7) 목화, 생사(生絲), 과일, 채소, 곡물의 주요 생

7) 페르가나 계곡은 북쪽에 톈산산맥과 남쪽으로 기사르-알라이(Cissar-Alai) 산맥으로 둘러싸인 길이 300㎞, 폭 70㎞, 면적 22,000㎢에 달하는 거대한 삼각형의 분지 지역이다. 동부지역에서 흘러내리는 나린강과 카라다리야강이 페르가나 계곡에서 합쳐지고 나망간 지역에서 시르다리야강으로 합류된다. 주요 도시로는 우즈베키스탄의 나망간, 안디잔, 페르가나, 키르기스스탄의 오시, 잘랄아바트, 바트켄, 타지키스탄의 후잔트 등이다. 페르가나 계곡에 위치한 우즈베키스탄 지역은 전체 면적의 4.3%에 지나지 않으나 전체 인구의 28%인 870만 명이 거주한다. 타지키스탄은 전체 면적의 17.6%에 해당하나 인구는 235만 명으로 역시 28%에 해당한다. 키르기스스탄은 전체 면적의 40.4%에 해당하나 거주 인구는 303만 명으로 총인구의 51%를 차지한다. 페르가나 계곡에는 대(大)페르가나 운하와 카이라쿰 저수지, 그리고 타슈켄트 서쪽에는 차르다라 저수지가 건설돼 관개에 이용되며, 연안 일대는 목화 농사가 성행한다.
https://en.wikipedia.org/wiki/Fergana_Valley

산지며, 석탄, 철, 유황, 석고, 암염, 나프타 등의 광상이 발견되었고, 원유도 다소 매장되어 있다. 우즈베키스탄이 페르가나 지역 중부 평야 지대의 대부분을 차지하고 있는 데 반해, 키르기스스탄은 페르가나 계곡을 둘러싼 남과 북, 그리고 동쪽의 산악지역과 수자원 대부분을 점유하고 있다. 타지키스탄은 서부지역을 차지하고 있는데 외부와 페르가나 계곡을 연결하는 유일한 철도 지선이 통과한다. 그리고 키르기스스탄 민족 영웅인 '마나스의 땅(land of Manas)'이라고 불리는 탈라스 계곡도 키르기스스탄의 산록 지대에 위치한다.

(3) 산맥/산악지역(mountains)

키르기스스탄과 타지키스탄은 거의 산이 국토 대부분을 차지하지만, 중앙아시아 전체 면적에서 산이 차지하는 비중은 약 10%를 조금 넘는다. 타지키스탄의 파미르 고원(Pamir Range)과 키르기스스탄과 타지키스탄 북부의 톈산(Tien Shan)산맥은 세계에서 가장 오래되고 가장 높은 산맥이다. 그 외에 카자흐스탄의 알타이와 우랄, 키르기스스탄의 탈라스시키-알라타우(Talassikiy-Alatau), 투르크메니스탄의 코페트다그(Kopet-Dag)의 일부가 산악지역에 해당한다.

표 4. 중앙아시아 산악지역

산맥/산악	소속 국가	최고봉
Altai-Dzhungar Alatau, Tarbagatai & Rudny Altai	카자흐스탄	Mt. Belukha (Gora Belukha): 4,506m
톈산(Tien Shan)	카자흐스탄, 키르기스스탄, 타지키스탄, 우즈베키스탄	Victory Peak(포베다산) : 7,439m
파미르 알라이(Pamir Alay)	키르기스스탄, 타지키스탄	Pik Ismoili Somoni : 7,495m
기사르(Gissar)	타지키스탄, 우즈베키스탄	Peak of the 22nd Congress of the Communist Party : 4,643m
코페트다그(Kopet-Dag)	투르크메니스탄	Highest peak : 2,940m
알라타우(Alatau)	키르기스스탄	Peak Korona: 4,860m

자료 : ADB, Central Asia Atlas of Natural Resources, 2010. p.18.

중앙아시아에서 가장 큰 산맥은 톈산으로 해발고도가 3,600~4,000m에 달한다. "하늘처럼 높은 산(Celestial Mountains)"이라 불리는 톈산은 키르기스스탄에서 몽골 국경까지 약 2,000㎞나 뻗어 있을 정도로 그 규모가 방대하다. 세계에서 두 번째로 큰 고원 호수인 이식쿨(Issyk-Kul)호를 포함한 수많은 호수가 분포되어 있다. 톈산 지역의 가장 높은 봉우리는 키르기스스탄의 포베다산(Victory Peak. 승리봉)으로 높이가 7,439m이다. 지역 주민들은 주로 염소, 말, 양, 야크를 사육하는 목축인으로 대부분이 카자흐인과 키르기스인이다. 톈산산맥은 이 지역의 석유, 가스, 수력 발전의 중요한 원천이며 안티몬, 구리, 금, 납, 텅스텐 등의 광물자원 매장지다.

톈산산맥과 파미르 고원의 만년설과 빙하 형태로 저장된 물은 사막과 스텝이 대부분인 건조한 중앙아시아에 수많은 국가가 존재하고 사람들을 거주할 수 있게 한 생명의 원천이다. 500~1,000㎜의 산악 지역의 풍부한 강수와 설산의 만년설과 빙하가 봄에 녹아 흘러내려 가면서 내륙 하천을 만들고 오아시스를 생성하고 농경지와 촌락을 형성하였다. 만년설과 빙하는 중앙아시아의 수력발전 및 관개 농업을 위한 물의 대부분을 공급하고 있다. 중앙아시아를 흐르는 아무다리야, 시르다리야, 일리, 악수, 아트렉, 탈라스 및 자라프샨 등의 대형 강은 모두 산악지대에서 발원하여 수력발전과 관개에 사용되는 여러 댐과 저수지에 물을 제공한다.

5) 중앙아시아 수자원(하천과 호수)

강은 중앙아시아에서 사람은 물론 동식물의 생명을 유지해주는 원천이다. 중앙아시아의 대표적인 하천 유역은 아무다리야, 시르다리야, 발하슈, 추이-탈라스, 오비-이르티시, 우랄 그리고 자라프샨이다. 특히 아무다리야강과 시르다리야강 상류의 대형 댐과 저수지의 건설, 글로벌 기후 변화는 중앙아시아 생태계와 하천의 흐름에 큰 영향을 미쳤다. 산악 빙하가 녹으면서 상류 국가들이 댐과 저수지에서 물을 갑자기 방류하면서 하류에서 발생하는 홍수 피해와 전력 생산을 위한 상류 국가들의 겨울 방류와 여름 작물생육 기간 중 하류 국가들의 관개용수 확보 등 수자원 이용 목적과 시기의 상이로 인한 역내 국가 간 이해관계 상충은 지역 갈등의 중요한 요인이 되고 있다. 상류 국가(타지키스탄과 키르기스스탄)

들은 에너지 자원 빈국으로 댐의 수력 발전을 통해 전력을 생산하고 이를 가정 및 산업용 에너지로 사용하고자 한다. 반면 하류 국가인 우즈베키스탄, 카자흐스탄, 투르크메니스탄은 면화 및 곡물 재배를 위한 관개 및 산업용수로 수자원을 이용하고자 한다. 이와 같은 수자원 이용 목적의 차이로 물의 사용 시기가 달라진다. 상류 국가들은 유량이 풍부해지는 봄부터 가을까지 물을 저장해두었다가 겨울에 댐을 방류하여 전력을 생산하고자 하고, 하류 국가들은 가을부터 겨울에 물을 저장해 두었다가 농작물 재배 기간인 봄부터 여름까지 충분한 관개용수를 공급받기를 원한다. 그리고 상류 국가들이 전력 생산을 위해 겨울 방류를 할 경우 강 표면의 얼음 때문에 홍수를 유발할 수 있다는 점도 하류 국가들이 겨울 방류를 반대하는 또 다른 이유다.8)

자료 : ADB, Central Asia Atlas of Natural Resources, 2010. p.70.

그림 3. 중앙아시아 주요 하천과 유역

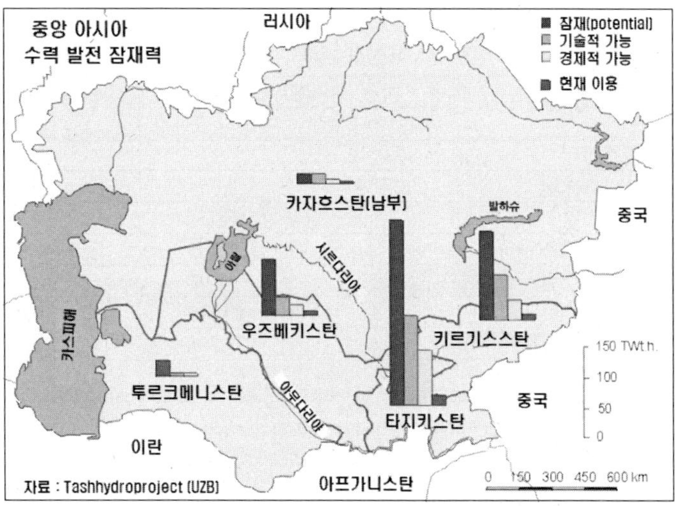

자료 : Tashhydroproject (UZB)

그림 4. 중앙아시아 수력 발전 잠재력

표 5. 중앙아시아 주요 하천 유역

하천명	유역 국가	발원지(지류)	종착지	유역 면적 (천㎢)
아무다리야 (Amu Darya)	중앙아시아 5개국	판지(panj)강, 바흐슈(Vakhsh)강 - 녹은 눈을 통해 물을 공급받음	아랄해	535
시르다리야 (Syr Darya)	중앙아시아 4개국 (투르크메니스탄 제외)	나린(Naryn)강, 카라다리야(Karadarya)강	아랄해	783
발하슈호 (Lake Balkhash)	카자흐스탄	일리강, 악수강, 카라탈강, 렙시강, 카팔강, 추이-사리수강, 콕수강	발하슈호	512
추이-탈라스 (Chui-Talas)	카자흐스탄, 키르기스스탄	추이강 : 빙하와 녹은 눈 탈라스강 : 카라콜과 우취코샤강	사막으로 흡수	추이: 63 탈라스:53
오비-이르티시 (Ob-Irtysh)	카자흐스탄	이르티시강, 토볼 & 이심강	북극해	1,674
우랄(Ural)	카자흐스탄	우랄강	카스피해	244
자라프샨 (Zarafshan)	타지키스탄, 우즈베키스탄	상류는 자라프샨강의 "입"으로 간주하는 카라쿨 오아시스 관개에 사용.	사막으로 흡수	12

자료 : ADB, Central Asia Atlas of Natural Resources, 2010. p.71.

표 6. 아랄해 유역 수자원 (연평균 취수량 ㎦/년)

국가	하천 분지(River basin)		아랄해 분지(total Aral Sea basin)	
	시르다리야강	아무다리야강	총 취수량(㎦)	비중(%)
카자흐스탄	2,516	-	2,516	2.2
키르기스스탄	27,542	1,654	29,196	25.2
타지키스탄	1,005	58,732	59,737	51.5
투르크메니스탄	-	1,405	1,405	1.2
우즈베키스탄	5,562	6,791	12,353	10.6
아프가니스탄과 이란	-	10,814	10,814	9.3
아랄해 분지 (총)	36,625	79,396	116,021	100.0

자료 : Konur Alp Kocak, "Water disputes in Central Asia: Rising tension threatens regional stability", European Parliamentary Research Service Blog, November 5, 2015

(1) 아무다리야강(Amu Darya river)

파미르 고원에서 발원해, 힌두쿠시산맥을 빠져서 투르크메니스탄과 우즈베키스탄 국경 지대의 북서쪽으로 흐르는 길이 2,394㎞ 강이다. 원래는 아랄해로 흘러 들어갔지만, 면화 재배를 위한 과도한 관개로 현재는 사막 쪽에서 사라지고

8) 강봉구, "중앙아시아 나린강/시르다리야강의 국제 수자원 정치", 세계지역연구논총. Vol.27 No.3. 2008. pp.226~227.

있다. 아무다리야강 유역은 남북으로는 950㎞, 동서로 1,450㎞에 걸쳐 있으며 북쪽으로 시르다리야강 유역, 동쪽으로 타림강 유역, 남쪽으로 인더스・헬만드강 유역과 연결된다. 총 유역 면적은 534,739㎢이며 아랄 해안에 길이 150㎞, 넓이 10만㎢에 달하는 삼각주를 형성한다. 강 전체 길이의 2/3이 평야를 이루지만, 주변 일대에 카라쿰・키질쿰 등 넓은 사막지대가 있어 아무다리야강으로 흘러들어 오는 지류는 없고, 관개용수와 증발 및 배수로 강물 대부분이 아랄해로 유입되지 못하고 사라진다. 수량은 계절에 따라 큰 차이가 있는데, 겨울철에는 여름철의 1/3에도 미치지 못한다. 아무다리야는 양안 지역의 생명수일 뿐만 아니라, 막대한 수력 자원이다. 타지키스탄 경내(境內)에는 누렉 수력발전소가 있으며, 투르크메니스탄 경내에는 카라쿰 운하가 건설되었다. 아무다리야강 유역은 세계적인 목화의 생산지이며, 중・하류 지역은 풍요한 오아시스로 멜론, 포도, 쌀 등을 재배하고, 하안(河岸)은 갈대, 버드나무, 포플러 등이 무성한 녹지대를 이룬다. 연안에는 많은 오아시스를 중심으로 도시가 자리를 잡았다. 아무다리야강 유역에 위치한 인구 10만 이상의 도시는 사마르칸트, 부하라, 두샨베 등 9개에 달하며 인구 밀도는 39명/㎢이다.[9] 1970년대와 1980년대 초 상류의 바흐슈 강에 거대한 수력발전소인 누렉(Nurek)과 로군(Rogun)이 세워졌다. 두 발전소의 댐 높이는 각각 300m, 335m로 완성될 당시 세계에서 가장 높은 댐에 속했다.

(2) 시르다리야강(Syr Darya river)

중앙아시아 2대 강 중 하나로 투르크메니스탄은 '진주의 강'이란 뜻의 '젠추우그즈'라고 부른다. 강의 유역 면적은 총 782,700㎢이며 그중 218,400㎢가 카자흐스탄에 위치한다. 키르기스스탄 동쪽 끝의 톈산산맥에서 발원하여 서쪽으로 흘러나온 나린강이 우즈베키스탄의 페르가나 계곡 동부에서 카라다리야강과 합류해서 시르다리야강이 된다. 페르가나 계곡을 나와서부터는 키질쿰 사막의 북동쪽 가장자리를 따라 북서로 흘러 아랄해로 들어가면서 거대한 삼각주를 만든다.

강의 길이가 2,212㎞(나린강 포함 3,020㎞)로 중앙아시아 지역에서는 가장 긴

9) 네이버 지식백과, 아무다리야[Amu Darya] (실크로드 사전, 2013. 10. 31., 창비)

강이지만 유수량은 연간 37㎦로 아무다리야강(97㎦)보다 적다. 상류를 제외하면 분수계가 분명하지 않으며 상류 유역의 면적은 462,000㎢에 이른다. 페르가나 계곡에서는 지류의 대부분이 완전히 관개용수로 사용되어 본류와 합쳐지지 못한다. 눈과 빙하가 수원(水源)을 이룬다. 강의 본류와 지류에는 수력발전소가 많이 건설되었는데 그중 규모가 큰 것으로 본류 쪽의 파르하드(Farkhad), 카이라쿰(Kairakum), 차르다라(Chardara) 발전소와 치르치크(Chirchik)강의 차르바크(Charvak) 발전소, 나린강의 우치쿠르간(Uchkurgan) 발전소가 있다. 페르가나 계곡과 중류에서는 목화가 주요 작물이며, 하류에서는 쌀이 주로 재배된다. 시르다리야강 유역에 위치한 인구 10만 이상의 도시는 타슈켄트, 비슈케크, 오시 등 11개에 달하며 인구 밀도는 26명/㎢이다.

(3) 추이-탈라스강(Chui & Talas river)

추이강과 탈라스강 유역은 투란 저지(Turan Lowland)[10)]의 동부지역과 텐산산맥 북부 지역에 자리한다. 추이강은 키르기스스탄 북부와 카자흐스탄 남부를 흐르는 강으로 길이는 1,186㎞로 그 중 카자흐스탄이 850㎞다. 이식쿨호 북쪽을 지나지만, 호수로 흘러들거나, 호수에서 흘러나오지는 않는다. 키르기스스탄과 카자흐스탄의 국경을 따라 흐르다가 카자흐스탄 내부로 방향을 튼다. 스텝 지역을 지나며 건천이 되어 사라진다. 추이강 유역 면적은 62,500㎢이며 그중 35,900㎢가 카자흐스탄에 있고 26,600㎢가 키르기스스탄에 위치한다. 탈라스강은 키르기스스탄과 카자흐스탄의 국경 지역을 흐르는 강이다. 탈라스스키 알라타우(Talasskiy Alatau)산맥에서 발원하여 탈라스 계곡의 서쪽을 흐른 다음, 물길을 북쪽으로 바꾸어 흐르다가 카자흐스탄의 뮌쿰 사막에서 땅속으로 스며든다. 탈라스강의 길이는 444㎞이며 그중 217㎞는 키르기스스탄 땅을 흘러간다. 탈라스

---

10) 우즈베키스탄 북서부와 카자흐스탄 남부에 있는 저지로 대부분이 모래와 진흙의 반사막 또는 사막으로 이루어져 있다. 저지의 거의 중앙에 아랄해가 있고 아무다리야강, 시르다리야강이 흘러들어간다. 지명은 투란인에서 나왔는데 이는 '이상의 땅'이라는 뜻이다. 북서쪽에 투르가이 대지(臺地)가 있어 서(西)시베리아 평원과 연결되어 있다. 해수면보다 132m 낮은 저지가 있는가 하면 일부 지대는 해발고도 300m가 넘는 구릉지를 이룬다.

강 유역 면적은 52,700㎢이며 카자흐스탄에 41,270㎢, 키르기스스탄에 11,430㎢가 분포되어 있다. 두 유역에 거주하는 총인구는 약 160만 명이며, 인구 밀도는 14명/㎢이다.

(4) 오비-이르티시강(Ob-Irtysh river)

오비강은 주요 지류인 이르티시(Irtysh)강과 결합하여 오비-이르티시강 유역을 형성한다. 몽골에서 서부 시베리아까지 뻗어있는 이 강은 북극해로 흘러 들어간다. 주로 러시아(73.8%)와 카자흐스탄(24.7%)에 속하며, 나머지 1.5%는 중국과 몽골에 해당한다. 길이 4,248㎞인 이르티시강은 몽골 알타이산맥에서 시작하여 중국과 카자흐스탄(1,200㎞)을 거쳐 러시아의 오비(Ob)강에 합류한다. 오비-이르티시강 유역 면적은 1,673,470㎢이며, 인구 밀도는 11명/㎢이다. 동 유역에 위치한 인구 10만 이상의 도시는 12개로 카자흐스탄의 아스타나, 외스케멘, 우크라이나의 스베들롭스크, 러시아의 튜멘, 옴스크, 페트로파블롭스크 등이 있다. 카자흐스탄에서 이르티시강은 대형 수력발전소에 의해 조절되며 내륙 교통의 동맥 역할을 하며, 중부 카자흐스탄의 주요 수원(水源)이다. 중국에서 이르티시강은 관개용으로 사용된다. 현재 이르티시강은 관개, 광업 및 폐수로 인한 오염으로 몸살을 앓고 있다.

(5) 우랄강(Ural river)

우랄강(러시아어: Урал, 카자흐어: Жай ык)은 러시아와 카자흐스탄을 흐르는 강으로 우랄산맥의 남쪽에서 발원해서 카자흐스탄의 카스피해로 흘러 들어간다. 유럽과 아시아의 경계 부분을 이룬다. 우랄강 유역 면적은 약 244,000㎢로, 그중 60% 이상이 카자흐스탄에 있다. 우랄강의 길이는 2,428㎞이며 그 중 약 1,082㎞가 카자흐스탄에 있다. 강 유역의 인구 밀도는 15명/㎢이다. 동 유역에 위치한 인구 10만 이상의 도시는 4개로 카자흐스탄의 아티라우, 우랄스크, 악튜빈스크와 러시아의 오렌부르크가 여기에 해당한다. 우랄강은 카스피해로 흘러 들어가는 하천 중에서 유일하게 수력발전을 위한 댐 건설이나 강물의 흐름을 돌리기 위해 막은 둑이 없는 강으로 고급 어종의 어류들이 풍부하다. 특히 철갑상어의 산란을 위한 이상적인 장소를 제공한다. 그러나 우랄강은 러시아의 산업 폐기 및 오염물과 카자흐스탄 우랄스크와 아티라우에서 나오는 하수 및 폐수 배출로 위협에 직면해 있다.

(6) 발하슈호(Lake Balkhash)

발하슈호(湖)는 카자흐스탄의 옛 수도인 알마티로부터 북서쪽으로 370㎞ 떨어진 남동부 해발 340m의 고지에 자리하고 있다. 세계에서 4번째로 큰 호수로 동서 길이는 605㎞, 최대 너비는 74㎞의 길쭉한 호수로 면적은 18,000~19,000㎢, 평균 수심은 6m이며 가장 깊은 곳은 26.5m에 이른다. 우지나랄 호협(湖峽)이라 부르는 좁은 수로를 기준으로 동서로 나뉘는데 서부는 담수(淡水)로 이루어져 있고, 동부는 염수(鹽水)로 염기가 1ℓ당 5,000㎎이다. 남쪽에서 일리, 카라탈, 레프사강이, 북쪽에서 아야구즈강이 호수로 흘러들지만, 호수에서 흘러나가는 강은 없다. 강의 동부는 깊고, 서부는 비교적 얕다. 남쪽 연안은 평평한 모래땅으로 매우 건조한 사막·관목(灌木) 지대지만, 관개를 통해 목화와 포도 등이 재배되고 있다. 북쪽 연안은 지세가 높고 바위가 많다. 잉어와 철갑상어 등의 어류와 물새가 서식하고 있다.

(7) 이식쿨호(Lake Issyk-Kul)

이식쿨호(湖)는 키르기스스탄 동쪽 텐산산맥 북동부 해발 1,607m에 자리하고 있는 고산(高山) 호수다. 키르기스어로 '따뜻한 호수(warm lake)'이라는 뜻의 이식쿨호는 '텐산산맥의 진주'로 불리는데 세계에서 9번째로 큰 호수다. 해발 1,200m 이상에 위치한 호수로는 남미 티티카카호(Lake Titicaca)에 이어 세계에서 2번째로 큰 산중 호수(mountain lake)이며, 2,500만 년 전에 형성된 20개의 희귀한 고대 호수 중 하나다. 수중 20m의 흰 원판이 보일 정도로 투명도가 높으며, 물의 색깔은 푸른색으로 그 색소는 아랄해의 3~4배에 달한다. 이식쿨호는 깨끗하고 맑은 푸른 물과 멋진 자연경관과 문화유산, 휴양 및 온천지로서 오랜 역사를 지니고 있다. 동서 길이는 180㎞, 남북 폭은 60㎞로 평균 수심은 200m이며 최고 수심은 668m에 이른다. 호숫물의 양은 1,738㎦이며, 호수 수위는 계절에 따라 변동하는데 눈과 빙하가 녹는 봄과 여름에는 수위가 올라가고, 가을과 겨울에는 낮아진다. 물에 함유된 염분량이 많아 추운 겨울에도 호수가 얼어붙지 않아 철새에게 겨울철 중간 기착지가 된다. 이식쿨호 분지의 기후 조건은 채소와 과수의 재배에 적합하며, 약용 양귀비 재배는 구소련 시대 성행했다. 관개는 계곡물로 하며, 목축도 이루어진다. 그러나 지난 수십 년 동안 과도한 개발과 이용으로 호수의 수위가 2.5m 낮아지는 등 심각한 훼손이 발생하고 있다. 키르기스스탄 정부는 호수의 생태계 복원을 목표로 장기간 사회-경제적 개발을 지원하기 위해 43,000㎢에 달하는 지역을 '이식쿨 생물권 보전 지역(Issyk-Kul Biosphere Reserve)'으로 지정하였다.

6) 중앙아시아의 내해(內海)

중앙아시아는 내륙지역으로 지구상에 있는 5개 대양(大洋)과는 접하지 않고 있으나 2개의 내해(內海)가 자리하고 있는데 아랄해와 카스피해다.

(1) 아랄해(Aral sea)

아랄해(카자흐어: Арал Теңізі, 우즈베크어: Orol dengizi, 러시아어: Аральское море)는 카스피 해 동쪽에 위치한 중앙아시아의 대염호(大鹽湖)다. 카자흐스탄 남부와 우즈베키스탄 북부 사이에 위치한다. 서남에서 동북까지 길이는 428㎞, 서북에서 동남까지 길이는 235㎞이며, 호안선의 총 길이는 3,238㎞다. 평균 수심은 16m인데, 서해안 쪽은 최고 수심이 69m다. 아랄해라는 이름은 튀르크어로 '섬들의 바다(island archipelago)'라는 뜻으로 실제로 면적 1ha 정도의 섬들이 1,000개 이상 호수에 흩어져 있다. 아랄해의 수원(水源)은 아무다리야강과 시르다리야강이며 그 외에 추이, 무르갑, 테젠, 탈라스강이 아랄해 유역의 일부를 담당하였다. 오늘날 시르다리야강의 일부만을 제외하고는 어떤 강물도 아랄해로 유입되지 않고 있다.

아랄해는 1950년대 말까지 총면적 68,300㎢, 수량 1,066㎦로 세계에서 4번째로 큰 내해(內海)였다. 1960년대 아랄해는 어획량이 46,000t에 달할 정도로 어업이 발달하고 해상 항구가 번창했다. 그러나 1960년 초부터 소비에트 정부가 대규모 농작물(면화, 쌀, 곡물, 참외 등) 재배를 목표로 우즈베키스탄, 카자흐스탄, 투르크메니스탄 등지에 700만ha에 달하는 농경지를 개간하고 전력 발전을 위해 주요 수원(水源)인 아무다리야강과 시르다리야강의 물길을 돌리면서 아랄해가 줄어들기 시작했다. 1986년에 아랄해는 두 개의 수역(남쪽의 큰 바다와 북쪽의 작은 바다)으로 분리되었고 2005년에 아랄해는 이전 크기의 절반으로 줄어들었다.

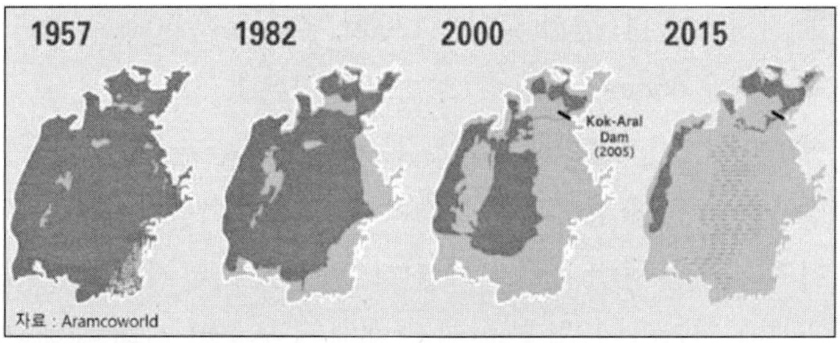

그림 5. 아랄해의 사막화 추이

아랄해로 흘러드는 강물의 양이 대폭 줄어, 호숫물의 염도가 3배 이상 높아지고, 광물질 함유량이 급속히 늘어나 음료수로 사용할 수 없게 되었다. 예전에 풍부했던 철갑상어와 잉어 등의 토착 어종이 사라지면서 어민들은 생계를 잃게 되었다. 아랄해의 수위가 계속 줄어들면서 사막화가 급속도로 진행되어 현재 약 10% 정도만 남아있다.[11] 그러나 카자흐스탄에 속한 작은 바다(북 아랄해)는 2005년 완공된 콕아랄(Kok-Aral) 댐 덕분에 현재 바다의 나머지 부분과 분리되었고, 카자흐스탄의 시르다리야강 지역의 물 관리 개선으로 회복되고 있다. 북 아랄해의 지표 면적은 최저 수준보다 50% 더 넓어졌다.

(2) 카스피해(Caspian sea)

카스피해(러시아어 Каспий ское море, 카자흐어 Каспий теңізі)는 아시

11) 네이버 지식백과, 아랄해[Aral Sea, —海] (두산백과) & 아랄해[Aral Sea] (실크로드 사전, 2013. 10. 31., 창비)

아와 유럽 사이에 있는 세계 최대의 내해(內海)로 미국 5대호나 아프리카 빅토리아호보다 더 넓다. 카스피해는 러시아, 아제르바이잔, 이란, 투르크메니스탄, 카자흐스탄 5개국에 둘러싸여 있으며, 바다와 호수의 성질을 모두 지니고 있다. 아조프해와 쿠마마니치 운하와 볼가-돈 운하로 연결되어 있다. 면적은 378,000㎢로서 한반도보다 1.7배나 넓다. 담수 용량은 78,100㎦로 세계 내륙 수자원의 약 40%에 해당한다. 남부 카스피해의 평균 수심은 208m, 최고 수심은 1,025m로 바이칼호(1,620m)와 중앙아프리카 탕가니카호(1,435m)에 이어 3번째로 깊다. 그러나 북부 카스피해는 물이 적어 최대 수심은 25m를 넘지 않으며 평균 수심은 4m에 불과하다. 남북 길이는 약 1,200㎞, 동서 길이는 195~435㎞, 해안선 길이는 약 7,000㎞이다. 호수의 형태는 S자 모양이다.

카스피해로 유입되는 하천은 130개나 되는데 그중 9개 하천이 하구에 삼각주를 형성한다. 대표적인 강으로는 러시아에서 유입되는 볼가강, 카자흐스탄의 우랄강, 아제르바이잔의 쿠라강, 투르크메니스탄의 아트렉강, 이란의 사피드루드강이 있다. 카스피해로 유입되는 총 수량(水量)은 연간 300㎦이며, 그중 볼가강을 통한 유입 수량이 70% (215~224㎦) 이상을 담당한다. 카자흐스탄은 카스피해의 북부, 북동부, 동부에 인접해 있으며 해안선 길이는 약 2,320㎞다. 이란은 남부 해안에 접하며 길이는 724㎞, 투르크메니스탄은 남동부 해안선을 끼고 길이는 1,200㎞, 러시아는 서부 및 북서부 해안에 접하며 길이는 695㎞, 아제르바이잔은 남동부에 위치하며 해안선 길이는 955㎞다.[12] 카스피해에 인접해 있는 대표적인 도시로는 아제르바이잔의 수도인 바쿠, 투르크메니스탄의 투르크멘바시, 이란의 반다르에안잘리, 카자흐스탄의 악타우와 아티라우, 러시아의 라간과 마하치칼라 등이 있다.[13]

수상 교통을 이용해 바쿠의 석유, 중앙아시아의 목화, 캅카스의 목재 등의 자원 및 농산물 수송이 이루어진다. 수산 자원으로 워브라라는 바닷물고기류가 가장 풍부하고 그 밖에 철갑상어, 청어 등이 많이 잡힌다.[14] 한때 번성했었던 카스

12) http://www.azerbaijan.az/_Geography/_Caspian/_caspian_e.html?caspian_02
13) https://ru.wikipedia.org/wiki/Каспийское море

피해의 어업은 대부분 강에서 댐 건설이 이루어지면서 감소했다. 댐 건설로 인해 철갑상어를 비롯한 일부 고급 어종이 산란을 위해 강 상류로 이동하는 것이 막혀버렸고, 농업과 대지를 바탕으로 한 산업, 해상에서 석유개발로 인한 오염, 석유플랫폼의 건설이 카스피해의 어획을 감소시켰다. 어업은 해안 주변국들에 있어 여전히 중요한 소득원이지만, 카스피해의 가장 큰 수익은 탄화수소(석유 및 천연가스)의 추출이다. 카스피해 지역의 추정 석유 매장량은 490억 배럴이며, 가스 매장량은 232조 세제곱피트(232 Tcf)다. 카자흐스탄과 투르크메니스탄은 석유 및 농업과 관련해 카스피해 오염의 상당 부분을 차지한다.

그림 6. 카스피해(Caspian Sea)

2. 중앙아시아 인문지리

중앙아시아는 과거 아시아와 유럽을 잇는 동서 교류의 통로였던 비단길과 초원길의 접촉지대라는 지정학적 입지로 인해 민족, 문화, 종교 등이 혼합된 독특한 특성을 보이게 되었다. 중앙아시아는 유목문화와 농경문화, 동양과 서양문화(페르시아 문화, 투르크 문화, 러시아 문화, 이슬람교 문화 등)가 혼재된 문화의 혼합지역이다.

중앙아시아는 세계 면적의 3%에 달하는 넓은 영토에 비해 인구는 적으면서도

14) 네이버 지식백과, 카스피해[Caspian Sea] (두산백과)

여러 민족과 부족들이 혼재하는 지역이다. 2017년 기준 중앙아시아에 거주하는 인구는 7,131만 명으로 세계 인구의 1%(0.95%)에도 미치지 못한다. 남・북한을 합친 인구의 1.4배에 불과하다. 중앙아시아 최대 인구 대국은 우즈베키스탄으로 중앙아시아 전체 인구의 45.4%에 해당하는 3,239만 명이다. 카자흐스탄이 1,804만 명으로 25.3%를 차지한다. 타지키스탄이 890만 명 수준으로 3위를 차지하며 900만 명을 목전에 두고 있다. 키르기스스탄이 600만 명을 겨우 넘어섰고, 투르크메니스탄은 576만 명으로 중앙아시아에서 인구가 가장 적다. 2017년 중앙아시아 5개국의 인구 증가율은 1.7%로 세계 평균 1.2%에 비해 높다. 개별 국가로는 타지키스탄이 2,11%를 기록하며 중앙아시아 5개국 중에서 가장 높은데 반해 카자흐스탄은 1.36%로 가장 낮았다. 중앙아시아 전체 인구 밀도는 17.8명/㎢로 세계 평균 58명/㎢에 비해 1/3수준에 불과하다. 우즈베키스탄과 타지키스탄에는 1㎢당 각각 76.1명, 64.3명이 거주하며 세계 평균보다 인구 밀집도가 높았던 반면, 카자흐스탄과 투르크메니스탄에는 각각 6.7명, 12.3명으로 인구밀도가 낮았다.

표 7. 중앙아시아 주요 인문지리 지표 (2017년 기준)

	인구		인구 밀도	인구 증가율	기대* 수명	중간* 연령	합계* 출산율	노령 인구	유소년 인구	도시-농촌 인구
	천명	순위	명/㎢	%	세	세	명	%	%	%
우즈베키스탄	32,387	44	76.1	1.68	71.3	26.3	2.46	4.5	28.0	36.6:63.4
카자흐스탄	18,038	64	6.7	1.36	72.3	29.4	2.73	7.0	27.9	53.2:46.8
투르크메니스탄	5,758	113	12.3	1.68	67.8	25.6	2.89	4.3	30.9	50.8:49.2
키르기스스탄	6,202	110	32.3	1.99	71.0	25.3	3.10	4.5	31.8	36.0:64.0
타지키스탄	8,921	96	64.3	2.11	71.1	22.4	3.36	3.5	35.3	27.0:73.0
총계	71,306	0.95	17.8	1.69	-	-	-	-	-	-

* 기대수명과 합계출산율 2016년, 중간연령 2015년. 나머지 통계는 2017년 기준.
노령인구 : 65세 이상 인구, 유소년 인구 : 0~14세 인구
자료 : World Development Indicators database, World Bank, 2018-06-18. & UN, "World Population Prospects The 2017 Revision" Volume II: Demographic Profiles

중앙아시아 5개국에 거주하는 사람들의 기대수명(life expectancy)[15)]은 다른

15) 출생자가 출생 직후부터 생존할 것으로 기대되는 평균 생존 연수를 말한다. 기대수명은 측정 시기를 포함하여 2010년 출생의 경우 기대수명, 2015년 기대수명 등으로 표시된다.

지역에 비해 상대적으로 짧다. 카자흐스탄 국민들의 2016년 기대 수명이 72.3세로 세계 평균(72.04세)보다 조금 높았을 뿐 나머지 4개국은 세계 평균에 미달했다. 우즈베키스탄, 키르기스스탄, 타지키스탄이 71세로 세계 평균에 근접했으나, 투르크메니스탄은 67.8세로 무려 4세 이상 짧았다. 중앙아시아 5개국은 인구의 연령별 구성에서 노령인구는 적고 유소년 인구는 많은 젊은 국가군에 속했다. 전체 인구에서 65세 이상 노령인구가 차지하는 비율은 카자흐스탄이 7.0%로 가장 높았음에도 세계 평균(8.7%)과 비교해 1.7% 포인트 낮은 수치였다. 타지키스탄은 노령인구가 3.5%에 불과했고 나머지 3개 국가도 4%대에 머물렀다. 반면 전체 인구에서 14세 이하 유소년이 차지하는 비율은 중앙아시아 각국이 세계 평균(25.9%)보다 훨씬 높았다. 카자흐스탄의 유소년 비율이 27.9%로 가장 낮았음에도 세계 평균과 비교해 2.0% 포인트 많았다. 투르크메니스탄, 키르기스스탄, 타지키스탄의 유소년 인구 비율은 30% 이상을 차지하였는데 그 중 타지키스탄이 35.3%로 가장 높았다. 중간연령(median age)에서도 중앙아시아 5개국은 세계 평균보다 낮았다. 카자흐스탄이 29.4세로 세계 평균인 29.6세에 근접했고, 우즈베키스탄, 투르크메니스탄, 키르기스스탄은 25~26세 수준이었고, 타지키스탄은 22.4세로 가장 젊은 국가였다.

중앙아시아 5개국은 국가별 출산력 수준을 보여주는 대표 지표인 합계출산율(total fertility rate)에서 높은 수준을 보였다. 2016년 기준 우즈베키스탄의 합계출산율이 2.46명으로 중앙아시아 5개국 중에서 가장 낮았음에도 불구하고 세계 평균과 같았다. 키르기스스탄과 타지키스탄의 합계출산율은 각각 3.10명, 3.36명을 기록할 정도로 높은 수준을 유지하고 있다.

중앙아시아 각국의 민족 구성은 다민족 혼재 사회의 특성을 반영하여 매우 다양하다. 중앙아시아 각국은 대체로 국명과 일치된 민족이 다수를 차지하는 가운데 적게는 80여 개(키르기스스탄)에서 많게는 120여 개 이상(카자흐스탄, 우즈베키스탄)의 민족이 공존 · 공생하고 있는 다민족 · 다문화 국가다. 중앙아시아 각국이 다민족을 형성하게 된 근본적인 이유는 페르시아, 투르크, 몽골 등 유라시아 유목민족의 생활공간이자 활동 무대였기 때문이다. 그리고 19세기 초 제정러시아의 중앙아시아 진출이 본격화되면서 러시아인, 우크라이나인, 타타르인, 코사크인, 독일인 등이 다양한 목적으로 이주하였고, 소비에트 시대 수차례에 걸친 행정구역 개편과 1930~1940년대 자행된 민족 강제이주 정책의 결과 중앙아시아 전역은 100개 이상의 민족이 거주하는 상황이 되었다. 문화적 형태 범위로는 우즈베키스탄과 타지키스탄은 농촌 사회 중심의 정착 민족적 생활 관습을 유지하고 있지만, 카자흐스탄, 키르기스스탄, 투르크메니스탄은 전통적인 유목 문화 형태를 보인다.16)

자료 : https://www.globalsecurity.org/military/world/centralasia/maps.htm

그림 7. 중앙아시아 민족 분포

종교적 측면에서 중앙아시아 국가들은 다원성의 특징을 보이는데 이는 포스트 소비에트 시기 개방을 계기로 기독교 선교사들을 위시한 다양한 종교 단체의 유입이 활발하게 전개되었기 때문이다. 국가별로는 카자흐스탄과 키르기스스탄에서 종교적 다원성이 강하게 나타나고 있는 데 반해 투르크메니스탄, 우즈베키스탄, 타지키스탄에서는 종교적 다원성이 상대적으로 약하다.17) 중앙아시아 지역에서 가장 광범위하게 신봉되고 있는 종교는 전통적 이슬람인 수피즘(Sufism)으로 극단적 성격을 지닌 이슬람 원리주의와는 구분된다. 오늘날 중앙아시아에서 급진적 이슬람주의 (Radical Islamism)는 테러리즘이나 원리주의의 주범 세력

16) 정세진, “중앙아시아 민족 정체성과 이슬람”, 한양대학교 출판부. 2012. p.28.
17) Ibid. p.29.

으로 낙인찍혀 공식적인 활동이 금지되고 있다. 반면 '전통 이슬람', '온건파 이슬람'으로 인정받는 수피즘은 중앙아시아 5개국 정권에 의해 합법적인 종교로 인정받고 있다. 강경 이슬람주의가 이슬람 국가 수립을 목표로 하지만 수피즘은 비정치적이면서 민족 전통의 일부로 인정해도 큰 위협을 주지 않는 온건한 종파로 인정되고 있기 때문이다.[18] 중앙아시아에는 러시아인과 우크라이나인 등 슬라브 민족이 많이 사는 관계로 러시아 정교를 믿는 사람도 적지 않다. 특히 카자흐스탄의 경우 전체 인구의 약 21%가 러시아인을 중심으로 한 슬라브 민족인 관계로 러시아 정교를 신봉하는 사람이 20% 이상을 차지했다. 그 외에 소수 종교로는 루터교, 침례교, 기독교 오순절 등이 있다.

자료 : https://www.globalsecurity.org/military/world/centralasia/maps.htm

그림 8. 중앙아시아 이슬람 분포

언어적으로는 카자흐인, 우즈베크인, 투르크멘인, 키르기스인은 터키계 언어를 사용하는 반면 타지크인은 페르시아계 언어를 사용하고 있다. 지난 70여 년간의 소비에트 지배 영향으로 러시아어 또한 지역 공용어로 사용되고 있다.

18) 현승수, '중앙아시아 수피즘 연구를 위한 시론(試論), 유라시아의 생활양식과 정체성 II. 민속원. 2011. p.157.

Ⅱ. 중앙아시아 5개국 자연 및 인문지리

1. 카자흐스탄(Kazakhstan)

1) 지리(geography)

카자흐스탄은 중앙아시아 북부지역에 위치한 국가로 유럽과 아시아에 걸쳐있다. 포스트 소비에트 공간에 자리하고 있는 12개 국가 중에서 러시아를 제외하고 가장 넓은 영토를 차지하고 있다. 국토 면적은 272만 4,900㎢로 한반도의 약 12배이며 서유럽 면적과 비슷한 크기로 세계 9위에 해당한다. 동서 길이는 3,000㎞가 넘고 남북 길이는 1,700㎞에 이른다. 총 국경선 길이는 13,394㎞로 북과 서로는 러시아와 7,591㎞를 접경하고 있는데 이는 세계에서 가장 긴 국경선이다. 남으로는 아랄해를 통해 우즈베키스탄(2,354㎞)과 투르크메니스탄(426㎞), 그리고 톈산산맥(天山山脈)을 경계로 키르기스스탄(1,241㎞), 동으로는 중국(1,782㎞), 서로는 카스피해를 사이에 두고 아제르바이잔과 접경하고 있다.[19] 2개의 지중해(카스피해, 아랄해)와 접하고 있으나 세계 오대양과 직접 접하고 있지 않은 세계에서 가장 큰 내륙 국가(landlocked country)다.

국토의 58%가 사막 지역(반사막 14% 포함)으로 구성되어 있고, 초원지대(steppe)가 26%, 산림지역이 5.5%를 차지한다. 넓은 사막과 스텝으로 인해 국토 대부분이 평지를 이룬다. 카자흐스탄의 산악지대는 동남부와 동북부 지역에 집중되어 있다. 특히 톈산산맥의 북단에 있는 동남부 지역은 해발 7,010m의 '한텡그리봉(Khan Tengri Peak)'을 최고봉으로 해발 4,500m 이상의 고산들로 이루어져 있다. 중국과 접경을 이루고 있는 동부지역은 알타이산맥 남단에 자리하고 있는데 해발 2,000~3,000m에 이르는 산악지대와 계곡으로 이루어져 있다. 북부지

19) "Kazakhstan in figures 2016", Ministry of National economy of the Republic of Kazakhstan Committee on Statistics. Astana 2016. p.4. www.stat.gov.kz

자료 : ADB, Central Asia Atlas of Natural Resources, 2010. p.31.

그림 9. 카자흐스탄 전도

역은 대부분이 초원 지역으로 수목이 자라지 못하는 곳이나 1950년대 말부터 추진된 소련의 처녀지(處女地) 개간 정책으로 일부 농업이 가능한 지역을 중심으로 현재는 밀 등의 곡물이 재배된다. 북부지역 이남에서 남부에 이르는 영토는 경작할 수 없는 사막 또는 흙 사막 지역이다. 아랄해 서쪽으로부터 카스피해에 이르는 우스튜르트고원(Ustyurt plat)과 아랄해 동남쪽에 위치한 키질쿰 사막을 우즈베키스탄과 공유하고 있다. 그리고 아랄해와 발하슈 호수 사이에 베탁크달라(Bethakdala) 흙 사막이 자리하고 있다.[20]

2) 하천과 호수(rivers & lakes)

카자흐스탄 영내를 흐르는 크고 작은 하천(간헐천 포함)은 약 8,500개에 달한다. 주요 하천으로는 이르티시(4,248㎞), 시르다리야(2,212㎞), 우랄(2,428㎞), 추이(1,067㎞), 엠바(712㎞) 등이 있다. 이르티시강은 러시아로 흐르는 유일한 강이며 나머지는 카자흐스탄 내의 카스피해, 아랄해, 발하슈호 등으로 유입된다. 또한 카자흐스탄에는 48,000개나 되는 크고 작은 호수가 분포되어 있는데 카스피해, 아랄해, 발하슈, 자이산, 알라콜 등이 대표적인 호수다.[21] 카스피해는 세계에

20) 외교부, '2014 카자흐스탄 개황'2014. p.4.

21) Official site of the President of the Republic of Kazakhstan.

서 가장 큰 호수(371,000㎢)로서 카자흐스탄, 투르크메니스탄, 아제르바이잔, 러시아, 이란 등 5개국 사이에 있다. 아랄해(3,300㎢)는 카자흐스탄과 우즈베키스탄 사이에 있다. 발하슈호는 일리강의 물이 유입되는 아시아에서 4번째로 큰 호수로 서쪽 부분이 담수(淡水)지만 동쪽 부분은 염수(鹽水)라는 특징을 지닌다. 자이산호가 담수호인 데 반해 나머지 호수는 모두 염수호이다.

3) 인구(population)

2017년 12월 31일 기준 카자흐스탄 총인구는 1,815.7만 명으로 전년 대비 23.9만 명 늘어났다. 인구밀도는 6.66명/㎢이다. 수도는 1997년 12월 천도한 아스타나(Astana)로 인구는 103만 명으로 처음 100만 명을 넘어섰다, 알마티(Almaty)는 구(舊) 수도이며 180만 명의 인구를 지닌 카자흐스탄 최대 상업 도시다. 그 외에 주요 도시로는 쉼켄트(95.2만 명), 카라간다(50.1만 명), 악토베(47.7만 명), 타라즈(35.6만 명), 파블로다르(36.0만 명), 세메이(34.7만 명), 우스트-카메노고르스크(34.1만 명), 아티라우(32.8만 명), 우랄스크(30.4만 명) 등이 있다. 1991년 독립 이후 10여 년간 카자흐스탄의 인구는 러시아인과 독일인 등 유럽계의 귀국 현상이 계속되면서 감소 일로에 있다가 경제성장이 본격화된 2000년을 기점으로 인구 감소율이 축소되면서 2002년부터는 증가로 돌아섰고 2010년부터는 순증 비율이 1.4%를 넘어섰다. 2016년 기준 합계출산율은 2.73명이다. 1999년 1.7명으로 최저치를 기록한 후 2002년 2.0명으로 올라섰고 그 후 지속적인 증가세를 이어오고 있다. 2017년 인구의 자연증가율은 14.48명(인구 1천 명당)으로 그 중 조출생률은 21.64명(인구 1

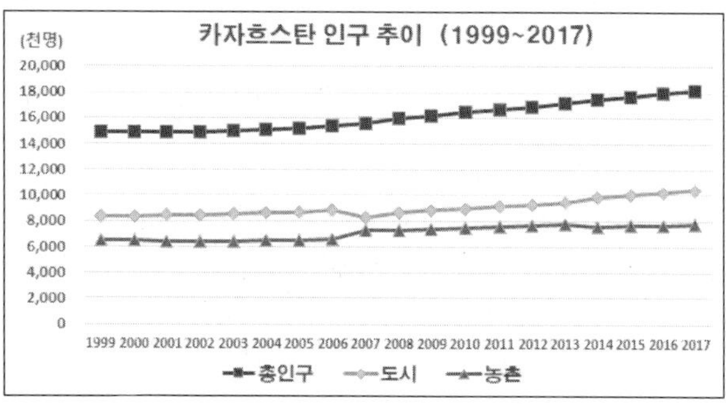

그림 10. 카자흐스탄 인구 추이(1999~2017)

---

http://www.akorda.kz/ru/category/kazakhstan

천 명당 출생아 수), 조사망률은 7.15명(인구 1천 명당 사망자 수), 영아 사망률은 7.93명(인구 1천 명당)이었다. 평균 기대수명은 72.95세로 여자(76.92세)가 남자(68.72세)보다 8.2세나 더 길었다. 흥미로운 사실은 수도인 아스타나와 최대 도시인 알마티에서 평균 기대수명이 각각 76.21세와 76.01세로 전체 평균 수명보다 3세 이상 높았으며, 그중 남성은 72세, 여성은 80세에 달했다는 점이다. 자연성비는 48.4 : 51.6으로 전체적으로 여초 현상을 보인다. 카자흐스탄의 평균 연령은 30세이며, 연령별 인구 구성비는 0~15세의 아동이 전체 인구의 24.9%, 노동가능 인구(남성 16~62세, 여성 18~57)가 59.3%, 노령인구(남성 63세, 여성 58세 이상)는 11.3%로 중앙아시아 국가 중에서 노령인구 비율이 가장 높았다. 도시와 농촌 간 인구 비율은 57.4 대 42.6으로 중앙아시아 5개국 중에서는 도시화가 가장 진척된 국가였다.[22)]

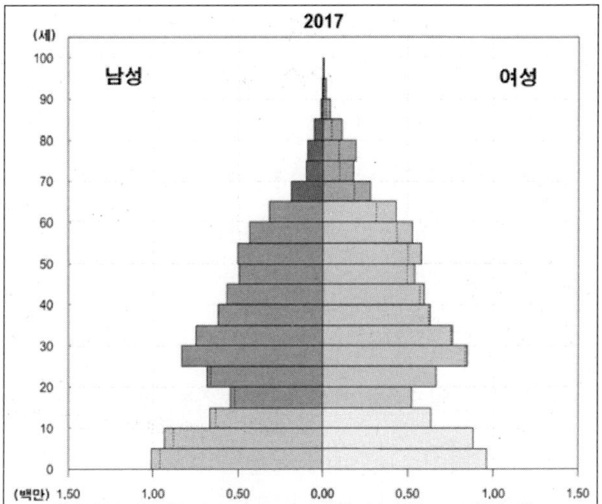

자료 : UN, "World Population Prospects : 2017 Revision", Demographic Profiles

그림 11. 카자흐스탄 인구 피라미드

4) 민족(nation)

카자흐스탄의 공식 명칭은 카자흐스탄 공화국(Republic of Kazakhstan)으로 카자흐 민족의 국가라는 의미다. 국명이 주는 의미에도 불구하고 카자흐스탄은 현재(2009년 인구조사 결과) 125개에 달하는 다양한 민족 집단이 공존하고 있는 다

---

22) 카자흐스탄통계위원회(Комитет по Статистике), Официальная статистическая информация > Оперативные данные (экспресс информация, бюллетени) > Население 자료. www.stat.gov.kz

민족·다문화 국가다. 1920년 카자흐 공화국에는 38개의 민족이 거주하였으나 1970년에는 그 수가 114개까지 늘어났고 소연방 말기인 1989년에 민족 수는 130개였다.[23] 독립 전인 소비에트 시기 카자흐스탄에는 명목 민족인 카자흐인이 전체 인구의 절반에도 미치지 못했다. 소비에트로부터 독립한 후 카자흐스탄 정부가 카자흐 민족 중심 구조로의 전환을 위한 다양한 노력을 강구하면서 카자흐스탄 전체 인구에서 카자흐 민족이 차지하는 비율이 1999년 53.5%에서 2009년 63.1%로 9.6% 포인트 증가했다. 그 뒤를 러시아인이 23.7%로 약 1/4을 차지했다. 그 외에 우즈베크인(2.85%), 우크라이나인(2.08%), 위구르인(1.4%), 타타르인(1.28%), 독일인(1.11%), 기타 민족(4.51%) 순으로 나타났다.[24] 카자흐스탄 통계청 자료에 의하면 2017년 말 기준 카자흐인이 67.5%, 러시아인 19.8%, 우즈베크인 3.2%, 우크라이나인 1.5%, 위구르인 1.5%, 타타르인 1.1%, 독일인 1.0%로 나타났다.[25]

5) 종교(religion)

카자흐스탄 국민들이 신봉하는 주된 종교는 이슬람교로 절대다수인 약 70%를 차지하고 있으며, 러시아 정교(23%)와 개신교(2%)를 포함한 크리스천(christian)이 26.3%를 차지한다. 카자흐, 우즈베크, 위구르, 투르크, 쿠르드, 아제르바이잔, 타지크, 키르기스인의 95% 이상이 이슬람교를 믿지만, 슬라브족(러시아, 우크라이나, 벨라루스)의 90% 이상은 러시아 정교를 신봉한다.[26] 종교적인 측면에서도 카자흐스탄은 우즈베키스탄보다 훨씬 개방적이고 세속적인 이슬람 국가다. 러

---

23) Тугжанов, Е. Л., Г. В. Кан, В. С. Коробков, и Н. У. Шаяхметов, Ассамблея народа Казахстана: исторический очерк, Алматы: Раритет, 2010. с. 51.

24) 카자흐스탄 대통령궁 공식 사이트 (http://www.akorda.kz/republic_of_kazakhstan/kazakhstan)

25) 카자흐스탄 통계위원회(Комитет по Статистике), Численность населения Республики Казахстан по отдельным этносам на начало 2018 года www.stat.gov.kz

26) “Results of the 2009 National population census of the Republic of Kazakhstan : Analytical Report”, Agency of Statistics of the Republic of Kazakhstan. Astana 2011. pp.19, 24. http://liportal.giz.de/fileadmin/user_upload/oeffentlich/Kasachstan/40_gesellschaft/Kaz2009_Analytical_report.pdf

시아 정교를 제외한 기독교는 환영받지 못하고 있다.

6) 언어(language)

카자흐스탄의 국가 언어(state language)로 카자흐어가 지정되어 있으나, 헌법 제 7조에 의해 국가기관이나 지방자치 행정기관에서 러시아어가 공식어(official language)로 카자흐어와 같이 사용된다. 카자흐스탄은 인구의 약 4분의 1이 러시아인으로 구성되어 있어 러시아어가 '민족 간 소통언어(language of interethnic communication)'로 지정될 만큼 러시아의 영향이 대단히 크다. 러시아어가 민족 간 의사소통에 사용되는 비율은 95%에 달한다.[27] 특히 알마티 지역과 북부지역에서 러시아어가 사용된다. 카자흐스탄 인구의 64.4%에 해당하는 529만 명이 카자흐어를 사용한다. 카자흐스탄에서는 소수 언어도 법에 따라 보호받고 있다, 우크라이나어 사용자가 89.8만 명, 독일어 95.8만 명, 위구르어 30.0만 명, 타타르어 32.8만 명 순이다.[28]

7) 행정구역(administrative divisions)

2017년 12월 31일 현재 카자흐스탄의 행정구역 시스템은 2개 특별시(cities of republican importance)와 14개 주(regions), 177개 행정 지역(administrative areas), 87개 시(cities)로 구성되어 있다. 2개 특별시는 아스타나(Astana)와 알마티(Almaty)이며, 14개 주의 주도, 면적, 인구는 아래 표 8과 같다. 가장 면적이 넓은 주는 카라간다주로 428,000㎢, 인구가 가장 많은 주는 남카자흐스탄주로 292.9만 명, 지역총생산(GRP)이 가장 많은 주는 구(舊)수도인 알마티로 11.3조 텡게로 21.8%를 차지했다. 반면 1인당 지역총생산이 가장 많은 주는 원유가 대량생산되는 아티라우주로 972만 텡게로 다른 주를 압도했다. 가장 낮은 남카자흐스탄주(106.4만 텡게) 및 잠빌주(117.7만 텡게)와 비교해 9배의 차이가 났다.

---

27) ADB, "Central Asia Atlas of Natural Resources", 2010. p.29.

28) Benjamin Elisha Sawe, "What Languages Are Spoken In Kazakhstan?", August 24, 2017 https://www.worldatlas.com/articles/what-languages-are-spoken-in-kazakhstan.html

표 8. 카자흐스탄 행정구역별 주요 인문 사회 지표 (2017년)

행정구역(州)명	주도 (州都)	면적 (천 ㎢)	인구 (천명)	기대 수명	지역총생산(GRP) 비중 (%)	지역총생산(GRP) 1인당 (천 텡게)	특화 산업
아크몰라	코크쉐타우	146.2	738.6	70.80	2.7	1,910	농업, 제조업
악튜빈스크	악토베	300.6	857.7	73.47	4.4	2,707	광산업, 도소매
알마티	탈디코르간	223.9	2,017.6	72.70	4.8	1,250	제조, 농업
아티라우	아티라우	118.6	620.6	73.22	11.5	9,721	광산업(원유)
동카자흐스탄	외스케멘	283.2	1,383.6	71.97	5.8	2,169	제조, 도소매
잠빌	타라즈	144.3	1,117.5	72.43	2.5	1,177	운송, 제조
서카자흐스탄	우랄스크	151.3	646.8	72.38	4.3	3,466	광산업(가스)
카라간다	카라간다	428.0	1,380.3	71.57	7.7	2,894	제조, 도소매
코스타나이	코스타나이	196.0	875.4	72.20	3.2	1,910	도소매, 농업
키질로르다	키질로드다	226.0	783.1	72.60	2.8	1,839	광산업(원유)
망기스타우	악타우	165.6	660.3	74.34	5.1	4,072	광산업(원유)
파블로다르	파블로다르	124.8	754.7	72.10	4.3	2,968	제조, 운송
북카자흐스탄	페트로파블	98.0	558.4	70.86	2.0	1,844	농업, 도소매
남카자흐스탄	쉼켄트	117.3	2,928.3	73.07	6.0	1,064	공업, 부동산
아스타나市	-	0.7	1,032.5	76.21	11.1	5,751	도소매, 건설
알마티市	-	0.7	1,801.7	76.01	21.8	6,384	도소매, 부동산
총	-	2,724.9	18,157.1	72.95	100,0	2,881	

자료 : 카자흐스탄 통계위원회 Комитет по статистике Министерства национальной экономик и Республики Казахстан. www.stat.gov.kz

2. 우즈베키스탄(Uzbekistan)

1) 지리(geography)

우즈베키스탄은 역사적으로 중앙아시아의 지리적, 경제적, 문화적 중심지다. 중앙아시아 다른 국가들과 비교해 수자원이 풍부한 지리적 특성으로 고대 실크로드(Silk Road)의 중심지 역할을 담당했다. 중앙아시아 나머지 4개국과 국경을 접하고 있는 유일한 국가이며, 유럽의 리히텐슈타인(Liechtenstein)과 더불어 세계에서 둘뿐(有二)인 이중내륙국가(double land-locked country)다. 국토 면적은 한반도의 약 2배인 447,400㎢로 세계 56위로 미국 캘리포니아주보다 조금 넓다. 동서로 1,425㎞, 남북으로 930㎞ 펼쳐져 있다. 접경국 및 국경 길이는 6,221㎞로 북과 서로는 카자흐스탄(2,203㎞), 남으로는 아프가니스탄(137㎞), 남서로는 투르크메니스탄(1,621㎞), 동으로는 키르기스스탄(1,099㎞)과 타지키스탄(1,161㎞) 등 5개국과 접경하고 있는 교통 요충지다.29) 아랄해를 카자흐스탄과 공유하고 있으나 카스피해와는 접하지 않고 있다.

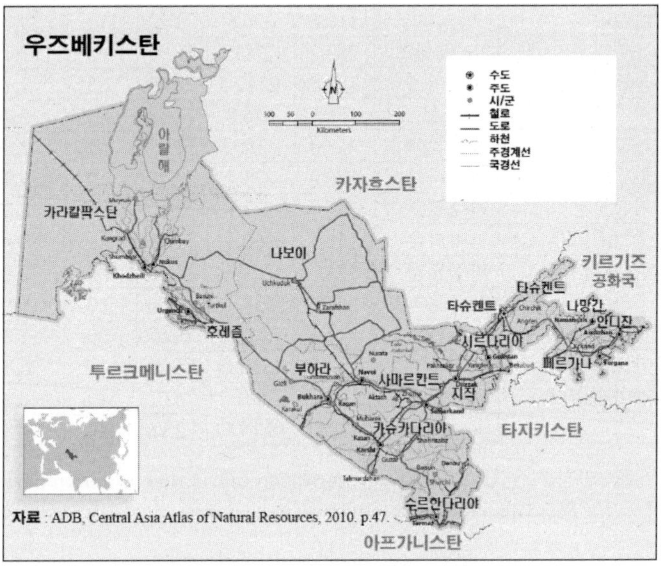

자료 : ADB, Central Asia Atlas of Natural Resources, 2010. p.47.

그림 12. 우즈베키스탄 전도

전체 영토의 70%가 황무지 및 산지이며, 강우량 부족으로 평원의 중북부는 키질쿰 사막이 형성되어 있다. 북서부와 중앙부에 넓은 초원지대가 위치하는 반면 동쪽 국경의 1/5은 산악지역으로, 동북부 지역은 톈산산맥 일부와 서남부 지역은 파미르 고원에 부분적으로 걸쳐 교차한다. 산악 고지대는 해발이 4,000m가 넘으며, 산악의 눈 녹은 물과 지하수가 남북 국경을 따라 아무다리야강과 시르다리야강을 이뤄 아랄해로 유입된다. 우스튜르트 대지, 아랄해 연안, 키질쿰 사막, 아무다리야강 중・하류의 충적지 등 평탄한 북서부와 중앙부가 국토의 71%를 차지한다. 우즈베키스탄 동부지역에 자리하고 있는 페르가나 분지는 '황금 계곡', '흙 속의 진주', '중앙아시아의 보석'이라고 불리는데 사방이 4,000m급의 산맥(북쪽은 톈산산맥 남쪽은 알라이산맥)으로 둘러싸여 있어, 마치 '거대한 사발' 모양을 하고 있다. 페르가나 지역은 우즈베키스탄 전 국토의 4%밖에 되지 않지만, 기후와 토양이 좋

29) "Правительственный портал Республики Узбекистан", Справочная информация, География. http://www.gov.uz/ru/helpinfo/geography

고 물이 풍부하여 인구의 약 30%가 집중되어 있다. 석탄, 철강, 유황, 암염, 석고 등의 광물자원과 석유와 천연가스가 다소 매장되어 있다. 소비에트 시절부터 목화(총생산의 1/3)와 비단(35%)의 주요 생산지였으며, 견직, 면직, 정유, 화학비료, 시멘트 공장 등이 있어 우즈베키스탄 산업의 중심지이다.[30)]

2) 하천과 호수(rivers & lakes)

우즈베키스탄의 대표적인 강은 아랄해로 유입되는 아무다리야강과 시르다리야강으로 길이는 각각 1,437㎞, 2,137㎞이다. 그 외에 치르치크(Chirchik), 아한가란(Akhangaran), 나린(Naryn), 카라다리야(Kara-Darya), 제라프샨(Zeravshan), 카시카다리야(Kashka-Darya) 등이 있는데 그 중류나 하류가 우즈베키스탄을 가로지른다. 대부분 강이 소비에트 시대 관개용수로 과도하게 이용되고 증발이 많아 강물의 양이 크게 줄어들면서 아랄해의 사막화가 급속도로 진행되었다. 동시에 호숫물의 염도가 높아지고, 강에서 흘러드는 화학비료와 농약, 산업폐수, 방사능 폐기물 등으로 오염되면서 예전에 풍부했던 철갑상어, 잉어 등 어류의 멸종 위기는 물론 식수 사용마저 불가능하게 되었다.[31)] 하천이 흐르는 계곡이나 오아시스를 중심으로 개간이 이루어졌는데 관개 면적은 전 국토의 10% 미만인 360만 ha로 이 중 곡물 경작지는 164만 ha, 목화 경작지는 131만 ha다. 우즈베키스탄은 전반적으로 강우량 대비 증발량이 많고 수자원 분포가 불균등하여 수자원 공급 부족에 시달리고 있다. 산간지역에 있는 호수는 매우 적고, 극도로 불규칙적으로 분포되어 있으며, 대형 호수는 없다. 대부분의 산간 호수는 2,000~3,000m의 고도에 있고 면적이 10㎢ 이상이 되는 호수는 32개에 불과하다.[32)]

---

30) '페르가나' 소개. 주우즈베키스탄대사관. 2015.07.28.
http://uzb.mofa.go.kr/webmodule/htsboard/template/read/korboardread.jsp?typeID=15&boardid=2969&seqno=1158554

31) http://archive.aramcoworld.com/issue/201505/reviving.the.north.aral.sea.htm

32) The Regional environmental centre for central Asia, supported by UNECE, 2011.

3) 인구(population)

우즈베키스탄은 중앙아시아 5개국 중에서 최대 인구 대국이다. 2018년 1월 1일 현재 우즈베키스탄의 인구는 3,265만 3,900명으로 1991년 2,060만 7,700명과 비교해 숫자로는 1,204.6만 명 늘었고 증가율로는 약 58.5%였다.[33] 인구밀도는 72.7명/㎢로 중앙아시아 국가 중 가장 높다. 수도는 중앙아시아 최대 도시인 타슈켄트(Tashkent)로 인구는 247만 명이다. 유럽과 극동아시아를 연결하는 고대 실크로드에 자리 잡고 있어 사마르칸트(Samarkand), 부하라(Bukhara), 히바(Khiva)는 수 세기 동안 상업과 무역의 중심지가 되었고, 소비에트 붕괴 이후 그 기능이 부활하고 있다. 주요 도시로는 사마라칸트, 나망간, 안디잔, 부하라가 있다. 중앙아시아 다른 국가들과 달리 1991년 독립 이후 인구 감소를 겪지 않았고 1.5%에 달하는 순증을 기록하고 있다.

우즈베키스탄 정부의 국가통계위원회 자료에 따르면 2017년 우즈베키스탄의 조출생률은 약 22.1명(인구 1,000名당), 조사망률은 5명(1,000名당)으로 자연증가율은 17.1명이었다. 영아 사망률은 11.3명(1,000名당)이다. 도시와 농촌 간 인구 비율은 50.6 : 49.4이다. 자연성비(2016년 말)는 남성 50.2 대 여성 49.8로 전체적으로 균형을 보인다. 연령별 인구 구성비는 유소년(0~15세)이 전체

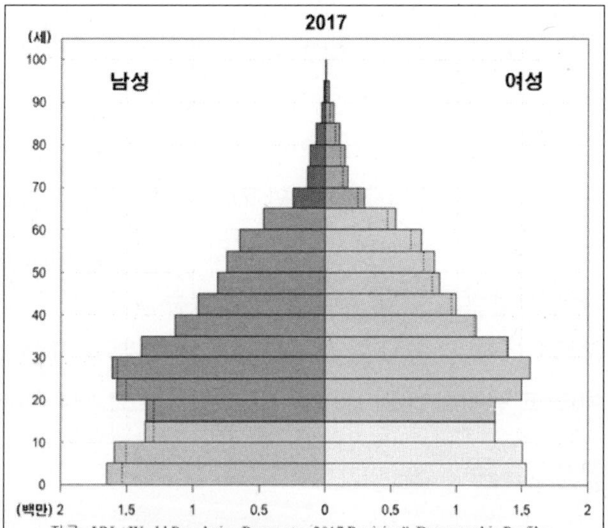

자료 : UN, "World Population Prospects : 2017 Revision", Demographic Profiles

그림 13. 우즈베키스탄 인구 피라미드

33) Государственный комитет Республики Узбекистан по статистике. https://stat.uz/ru/ofitsialnaya-statistika/publikatsii/433-analiticheskie-materialy-ru/2055-demograficheskaya-situatsiya-v-respublike-uzbekistan

인구의 30.1%를 차지할 정도로 젊은 국가다. 노동 가능 인구(남성 16~59세, 여성 16~54세)가 60.5%, 노령인구(남성 60세, 여성 55세 이상)는 9.4%를 차지하고 있다. 우즈베키스탄 전 인구의 평균 연령은 32.8세이며 그중 남성이 31.2세 여성은 34.2세다. 2016년 기준 합계출산율(total fertility rate)은 2.46명으로 2012년 2.19명으로 최저치를 기록한 후 조금씩 증가하는 추세를 보인다. 1991년에는 합계출산율이 4.2명에 달했고 그 후 2003년에는 2.36명으로 축소되기도 했다. 평균 기대수명은 73.8세로 여자(76.2세)가 남자(71.4세)보다 4.8세 정도 더 장수한다.[34] 그러나 세계은행(World Bank) 자료에 따르면 2016년 영아 사망률은 21.4명(1,000名당)으로 우즈베키스탄 정부 자료(11.3명)보다 2배 높은 것으로 분석하고 있다. 그리고 남성과 여성의 인구구성비는 49.8 : 50.2로 여성이 많고, 도시와 농촌 간 인구 구성도 36.5 : 63.5로 농촌 인구가 절대적으로 많은 것으로 나타나는 등 적지 않은 차이를 보였다. 그리고 유소년(0~14세) 인구, 생산가능(15~64세) 인구, 노령(65세 이상) 인구 구성비는 각각 28.0%, 67.5%, 4.5%로 나타났다.[35]

4) 민족(nation)

우즈베키스탄은 125개 민족으로 구성된 다민족 국가다. 우즈베키스탄 인구 구성에서 우즈베크 민족이 절대다수인 83.8%를 차지할 정도로 타 민족을 압도한다. 우즈베크 민족은 우즈베키스탄을 중심으로 중앙아시아와 아프가니스탄 북부에 거주하고 있는 북방 튀르크계 민족이다. 오늘날의 우즈베크 민족은 튀르크계를 주류로 이란계와 혼혈로 형성되어 있다. 우즈베크인은 우즈베키스탄 외에 주변 국가에서도 많은 수가 살고 있다, 2016년 말 기준 우즈베키스탄에 거주하는

34) Государственный комитет Республики Узбекистан по статистике. “Основные показател и социально−экономического развития Республики Узбекистан за январь−декабрь 2017 года”.
https://stat.uz/ru/ofitsialnaya-statistika/makropokazateli/2-uncategorised/2780-ezhekvartalnye-doklady-2017

35) World Bank, World Development Indicators : Uzbekistan(2018.06.28.).
https://data.worldbank.org/country/uzbekistan?view=chart

소수 민족으로는 타지크인 4.8%, 카자흐인 2.5%, 러시아인 2.3%, 카라칼파크인 2.2%, 키르기스인 0.9%, 타타르인 0.6%, 투르케멘인 0.6%, 고려인 0.6%, 우크라이나인 0.2%, 기타 소수민족이 1.5%를 차지한다.[36] 러시아인은 주로 타슈켄트 및 공업 중심지에 거주하며, 타지크인은 부하라와 사마르칸트에 밀집해 있고, 카라칼파크인은 자치공화국을 이루어 살고 있다. 1937년 스탈린 시대 극동 연해주에서 강제 이주한 고려인이 우즈베키스탄(2016년 기준)에 약 17.7만여 명(0.6%. 9위)이 살고 있어 CIS 국가 중에서 가장 높은 비율을 차지하고 있다. 1991년 소비에트로부터 독립 이후 카리모프 대통령의 강력한 권위주의적 독재 통치와 우즈베크 민족 정체성 확립을 위한 일련의 조치, 우즈베크어의 공식어 공포 등 다수의 민족주의 정책 추진으로 많은 소수 민족이 우즈베키스탄을 떠났다. 유대인들은 주로 미국이나 이스라엘로, 상당수의 독일인과 러시아인이 본국으로 귀환하면서 소수 민족의 비중이 축소되었다.

5) 종교(religion)

우즈베키스탄은 공식적으로 특정 종교를 국교로 채택하고 있지 않다. 국민의 대다수인 88%가 이슬람교를 믿고 있는데 그 중 온건한 수니파가 다수(약 70%)를 차지하고 있다. 그 외에 슬라브족을 중심으로 동방정교가 9%를 차지하며, 기타 종교 3%로 구성되어 있다.[37] 카자흐스탄 등 주변 중앙아시아 국가보다 이슬람 색채가 강하다. 카자흐스탄이나 키르기스스탄에는 마스지드(모스크)가 눈에 잘 안 띄는 데 비해 우즈베키스탄은 곳곳에 마스지드가 있고 이슬람 유적이 즐비하다.

6) 언어(langage)

1991년 독립 이후 국가 어(state language)로 터키계 언어인 우즈베크어만을 인

36) Государственный комитет Республики Узбекистан по статистике, Демографическая ситуация в Республике Узбекистан, 20/07/2017.

37) "Invest in Uzbekistan". UNDP. 2013. p.10.

정하고 있다. 그러나 타슈켄트를 포함한 대도시에서는 상당수 사람이 러시아어를 여전히 모국어로 사용하고 있으며 민족 간 소통 언어로 인정된다. 관공서나 비즈니스에서는 우즈베크어와 러시아어가 함께 사용된다. 인구의 85%인 2,700만 명 이상이 우즈베크어를 사용하고 있지만, 러시아어는 14% 이상이 제 1언어로, 그리고 많은 사람이 제 2언어로 사용하고 있다. 3번째로 많이 사용되는 언어는 타지크어로 인구의 약 4%에 해당하는데 주로 사마르칸트와 부하라 등의 도시에서 많이 사용된다.[38] 주변 중앙아시아 국가들이 모두 키릴문자를 사용한 데 비해 우즈베키스탄은 라틴문자를 정부 시책으로 사용하고 있다.[39] 그리고 카자흐스탄에서 카자흐어나 키르기스스탄에서 키르기스어는 비록 국어의 위치를 점하고 있지만, 공용어로 지정된 러시아어가 훨씬 더 널리 쓰이는 것에 비해 우즈베키스탄에서 확고부동하게 우즈베크어가 강세를 보인다. 영어는 거의 사용되지 않는다.

7) 행정구역(administrative divisions)

행정구역은 1개의 특별시(首都)와 12개의 주(viloyat), 1개의 자치공화국(respublika)으로 이루어져 있다. 수도는 타슈켄트(Tashkent. 돌의 도시라는 의미)로 인구는 약 250만 명이다. 1966년 4월 발생한 대지진(리히터 규모 7.5)으로 시 전체의 2/3가 파괴되어 그 후 다시 건설되었다. 각 주의 특성 및 현황은 표 9와 같다. 타슈켄트는 우즈베키스탄 정치, 경제, 행정의 중심지로 지역총생산(GRP)의 15.5%를 담당하며, 1인당 지역총생산에서도 1,581만 숨으로 다른 지역을 압도하고 있다. 나망간주(394만 숨)와 비교해 약 4배의 차이를 보인다.

38) Joyce Chepkemoi, "What Languages Are Spoken In Uzbekistan?", August 1, 2017 https://www.worldatlas.com/articles/what-languages-are-spoken-in-uzbekistan.html
39) 우즈베크어를 라틴 문자로 전환하는 법령을 1993년 9월 2일 공포하였고, 1996년 8월 31일부터 부분적으로 시행한 후 2005년 9월 1일부터 전면 실행하고 있다.

표 9. 우즈베키스탄 행정구역별 주요 인문 사회 지표 (2017년 기준)

행정구역(州)	주도 (州都)	면적 (천㎢)	인구 (천명)	지역총생산(2017. 숨)		주요 산업
				지역(10억)	1인당(천)	
타슈켄트市	-	0.34	2,465.6	38,643 (15.5)	15,805.5	정치, 경제, 행정중심지
부하라州	부하라	40.32	1,870.0	12,284 (4.9)	6,616.0	정유, 면가공, 직물
호레즘州	우르겐치	6.05	1,804.7	8,233 (3.3)	4,597.6	농업(목화, 쌀), 카페트
지작州	지작	21.21	1,324.9	5,762 (2,3)	4,388.9	농업(면화, 밀)
나보이州	나보이	110.99	957.8	12,317 (4.9)	12,961.6	광업, 야금, 화학
카슈카다리야州	카르시	28.57	3,148.1	17,366 (7.0)	5,568.8	석유, 가스가공
사마르칸트州	사마르칸트	16.77	3,719.6	18,320 (7.4)	4,970.4	전기기계, 경공업, 식품, 건자재, 비철금속
시르다리야州	굴리스탄	4.28	815.7	5,066 (2.0)	6,259.5	목축, 관개농업, 전력
수르한다리야州	테르메즈	20.10	2,513.1	10,633 (4,3)	4,274.3	건설자재, 식료품가공
타슈켄트州	타슈켄트	15.25	2,861.3	23,525 (9.4)	8,268.1	에너지, 광산, 야금, 화학, 섬유, 신발, 가축업
페르가나州	페르가나	6.76	3,620.1	16,773 (6.7)	4,669.0	정유, 화학, 직물, 실크
안디잔州	안디잔	4.30	3,011.6	14,479 (5.8)	4,847.2	금속, 화학, 식품가공
나망간州	나망간	7.44	2,699.0	10,553 (4.2)	3,943.8	양잠, 목화, 직물, 신발
카라칼팍스탄 공화국	누쿠스	166.59	1,842.4	8,285 (3.3)	4,527.7	농업, 어업
계	-	448.97	32,653.9	249,136 (100.0)	7,692.4	

자료 : The State Committee on statistics of the Republic of Uzbekistan, latest available data for 2017. https://stat.uz/ru/

3. 투르크메니스탄(Turkmenistan)

1) 지리(geography)

투르크메니스탄은 중앙아시아 서남부에 위치한 국가로 역내 5개국 중에서 카자흐스탄에 이어 두 번째로 큰 영토를 보유하고 있다. 총면적은 491.210㎢(세계 52위)로 한반도의 2.2배이다. 지리 좌표로는 북위 35°~43°, 동경 52°~67°에 위치한다. 동서 간 최장거리는 1,100㎞이고, 남북 간 최장거리는 650㎞이다. 인접 국가와의 국경선 길이는 3,736㎞로 동남쪽으로 아프가니스탄(744㎞), 남쪽으로 이란(992㎞), 북쪽으로 카자흐스탄(379㎞), 북동쪽으로 우즈베키스탄(1,621㎞) 등 4개 국가와 국경을 맞대고 있다. 또한 서쪽으로 카스피해와 접하고 있는 해안선

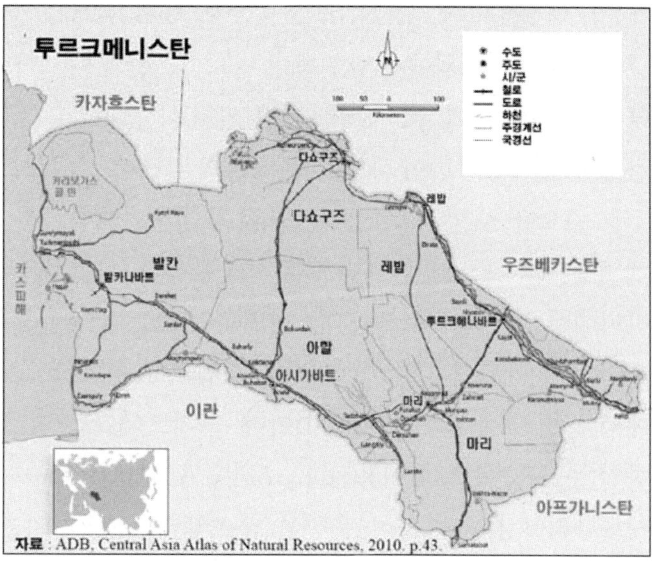

자료 : ADB, Central Asia Atlas of Natural Resources, 2010. p.43.

그림 14. 투르크메니스탄 전도

은 그 길이가 1,768㎞로 주변국과의 국경선보다 훨씬 길다.

투르크메니스탄은 그 지리적 특성에 따라 지하자원이 풍부한 서부지방, 남서부 코페트다그 산록 지대, 남부 오아시스 지대, 동부 아무다리야강 유역 그리고 카라쿰 사막 등 5개 지역으로 구분된다. 국토의 80% 이상이 투란 저지대(Turan Depression)와 카라쿰사막(Karakum Desert)이 차지하고 있다. 특히 검은 모래(Black Sands)라는 뜻을 지닌 카라쿰사막은 그 면적이 35만㎢로 투르크메니스탄 중부를 가로질러 국토의 72%를 차지하고 있다. 사막에는 막대한 원유 및 천연가스 등의 에너지자원이 매장되어 있어 투르크메니스탄 부의 기반을 제공한다. 카스피해와 접하고 있는 서쪽 해안은 얕은 모래가 깔려있는데 해안선 북부는 반도와 만(灣)이 발달하여 복잡하지만 남부는 단조롭다. 동남단의 우즈베키스탄과 국경을 접하는 파미르-알타이산맥 돌출부에 위치한 쿠기탕타우 산지(Köýtendag Range)는 해발고도가 3,139m에 달하는 고산지역이나 석유와 천연가스 등의 에너지자원과 황, 암염, 수은, 아연, 구리 등의 광물자원이 다량 매장되어 있다. 투르크메니스탄 최고봉은 해발 3,139m인 아이리바바(Ayrybaba)산이다.

2) 하천과 호수(rivers & lakes)

주요 하천으로는 아무다리야(Amu Darya. 2,400㎞)강, 무르갑(Murghab. 852

㎞)강, 테젠(Tedjen. 1,124㎞)강, 아트렉(Atrek. 495㎞)강이 있다. 특히 아무다리야강은 파미르고원에서 발원하여 타지키스탄과 아프가니스탄의 국경을 이루며 투르크메니스탄과 우즈베키스탄을 거쳐 아랄해로 유입되는 대하천으로 봄과 여름에 수량이 풍부하여 사막이 전 국토의 약 3/4인 투르크메니스탄에 물을 공급해 주는 중요한 원천이다. 1954년 이후 건설된 카라쿰운하(Karakum Canal)[40]를 통해 투르크메니스탄 동남부에 물을 공급한다. 이란과 아프가니스탄 국경지대의 산지에서 시작돼 투르크메니스탄으로 흐르는 무르갑강은 오아시스를 형성하는 원천이다. 아트렉강은 카스피해로 유입되나 무르갑강과 테젠강은 카라쿰 사막에서 소멸되는 무미천(無尾川)이다. 코페트다그 산맥 북사면으로 흐르는 짧은 하천은 주로 목축에 이용된다. 소비에트시대인 1960년경부터 아무다리야강과 시르다리야강의 물을 이용하여 우즈베키스탄・카자흐스탄・투르크메니스탄 등지의 광대한 땅을 관개 농지로 바꾸기 시작하였다.

서부와 내륙에 분포한 호수는 자연 호수로 대부분 염호(鹽湖)인데 반해 이아스한 호수는 담수호로 네비트다크와 토피아탄 등지에 용수를 공급한다. 카스피해는 지구상에서 가장 큰 내해로 면적은 371,000㎢로 지질학적으로 과거에 호수의 동쪽과 북쪽이 바다와 연결되었다는 주장이 제기되었다. 해안선의 길이는 총 7,350㎞인데 이 중 카자흐스탄이 면한 길이가 2,320㎞로 가장 길고, 투르크메니스탄 1,200㎞, 아제르바이잔 955㎞, 이란 724㎞, 러시아 695㎞ 순이다.

3) 인구(population)

세계은행 자료에 의하면 2018년 1월 1일 기준 투르크메니스탄의 인구는 578만 8,070명으로 중앙아시아 5개 국가 중에서 가장 적다. 인구밀도는 12.3명/㎢이다. 조출생률은 25.37명(인구 1,000名당), 조사망률은 7.08명(인구 1,000名당)으

40) 1954년 건설을 시작해 1988년 완공된 세계에서 2번째로 긴 수로다. 총 길이는 1,375㎞이며, 아무다리야강으로부터 수량의 약 25%에 해당하는 13~20㎦의 물을 매년 카라쿰사막을 가로질러 투르크메니스탄 동남부로 공급한다. 이를 통해 투르크메니스탄은 대규모 목화재배 단지를 조성했다.

로 자연증가율은 18.3명(인구 1,000名당)이었다. 영아 사망률은 43.4명(1,000名당 남아 51.7명, 여아 34.6名)으로 중앙아시아 국가 중에서 높게 나타났다. 카자흐스탄의 영아 사망률이 10.1명인 것과 비교해 볼 때 지나치게 높음을 보여준다. 2017년 인구성장률은 1.67%로 2003년 0.99%로 최저치를 기록한 후 2013년까지 지속해서 상승하며 1.85%를 기록하기도 하였으나 그 후 계속해 감소하는 추세를 보인다. 인구의 자연증가율보다 인구성장률이 낮게 나타나고 있는데 이는 인구의 사회적 증가(유입자-유출자)에서 해외로 나가는 투르크메니스탄인이 입국하는 투르크메니스탄인보다 많다는 의미다. 2016년 기준 합계출산율(total fertility rate)은 2.89명으로 2010년 이후 2.8명 이상을 유지하고 있다. 평균 기대수명은 67.8세로 여자(71.3세)가 남자(64.4세)보다 7세 정도 더 장수한다. 평균 기대수명은 투르크메니스탄이 남녀 모두에서 중앙아시아 5개국 중 가장 짧았다. 남녀 성비는 49.2 : 50.8로 전체적으로 여초 현상을 보인다. 연령별 인구 구성비는 0~14세의 유소년이 전체 인구의 30.9%, 15~64세의 생산가능인구가 64.8%, 65세 이상 고령 인구는 4.3%를 차지하고 있다. 도시와 농촌 간 인구 비율은 50.8 : 49.2로 2015년 도시 인구가 농촌 인구를 처음 추월한 이후 증가 폭이 확대되는 추세다.[41] 주요 도시별 인구는 수도인 아시가바트(Ashgabat)가 72.8만 명으로 최대 도시다. 그 외 투르크메나바트(Turkmenabat)가 23.5만 명, 다쇼구즈(Dasoguz)

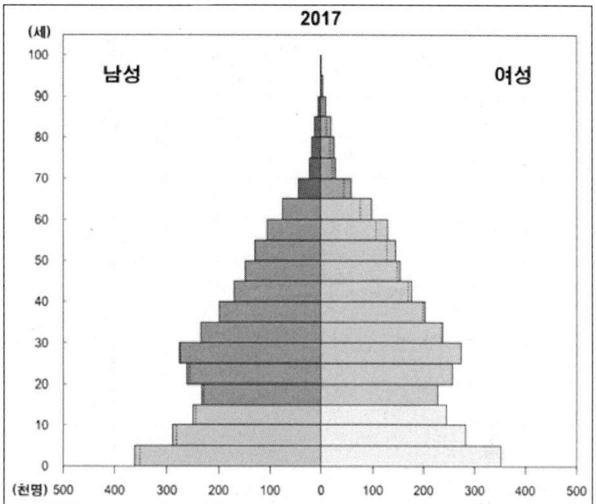

자료 : UN, "World Population Prospects : 2017 Revision", Demographic Profiles

그림 15. 투르크메니스탄 인구 피라미드

41) World Bank, World Development Indicators : Uzbekistan(2018.06.28.).
http://data.worldbank.org/country/uzbekistan?view=chart

가. 16.7만 명, 마리(Mary)가 11.5만 명으로 100만 이상의 도시는 없고 10만 이상의 도시도 4개에 불과하다. 1만 이상 10만 미만 도시는 24개였다.[42]

4) 민족(nation)

투르크메니스탄은 '중앙아시아 은둔의 나라'로 사회주의적 요소를 가장 많이 가지고 있는 100개 이상의 민족이 공존하고 있는 다민족 국가다. 미국 CIA World Factbook에 의하면 투르크메니스탄의 민족 구성은 2003년 기준 투르크멘인 85%로 대다수를 점하고 있고, 우즈베크인 5%, 러시아인 4%, 기타 아르메니아인, 카자흐인, 타타르인, 우크라이나인 등 소수민족이 6%를 차지한다.[43] 반면 2001년 2월 아시가바트 자료에 의하면 인구의 91%가 투르크멘인이며, 우즈베크인이 3%, 러시아인이 2%였다. 1989년부터 2001년까지 투르크멘인은 250만 명에서 490만 명으로 2배 늘어난 반면, 러시아인은 33.4만 명에서 10.0만 명으로 2/3 이상 줄어들었다고 발표했다.[44]

5) 종교(religion)

투르크메니스탄은 중앙아시아에서 국가통제 수준이 가장 높은 국가다. 헌법에는 종교의 자유를 보장하고 있으며 공인된 국교(國教)는 없다. 그러나 실제로는 종교 활동에 대해 많은 제약을 가하고 있다. 정부 당국은 등록 조건을 통해 종교적 자유를 제한하고 있으며, 종교 간행물의 제작과 보급에 대해 엄격한 규제를 적용하며, 단체와 개인의 종교 활동을 제약하는 법과 정책을 시행해 오고 있다. 법률에 따라 법무부에 등록된 종교기관만 합법적인 운영이 가능하다. 미등록 종교 단체들은 어떠한 종교 활동도 수행할 수 없다. 위반 시 행정 범죄로 처벌되며

---

42) World Population Review, Population of Cities in Turkmenistan. (http://worldpopulationreview.com/countries/turkmenistan-population/cities/)

43) CIA, The World Factbook : Turkmenistan > People and society > ethnic groups https://www.cia.gov/library/publications/resources/the-world-factbook/geos/tx.html

44) "Ethnic composition of Turkmenistan in 2001" (37 - 38). Demoscope Weekly. 2001-04-14. Retrieved 2013-11-25. http://demoscope.ru/weekly/037/evro010.php

벌금이 부과된다. 종교법은 성직자를 제외한 공공장소에서 종교적인 복장 착용을 금지하며, 종교적, 국가적, 민족적 또는 인종 간의 증오를 선동하는 종교 간행물의 출판도 금지하고 있다. 오늘날 투르크메니스탄에는 이슬람이 공식적으로 인정되어 번성하고 있다. 인구의 89%가 이슬람교(수니파)를 믿으며, 9%가 동방정교를 믿는데 대부분이 러시아인을 중심으로 한 슬라브족이며, 2%가 기타 종교를 신봉한다.[45)]

6) 언어(langage)

투르크메니스탄은 다민족 국가인 관계로 소통 언어 또한 다양하다. 투르크멘어가 1991년 공식 국가 언어(official state language)로 채택되었다. 투르크메니스탄어는 터키어, 아제르바이잔어와 더불어 튀르크 어족(語族)의 오구즈 어군(語群)에 속한다. 우즈베키스탄, 타지키스탄, 카자흐스탄 및 러시아의 카스피해 북안(스타브로폴 지바)에서도 일부 사용되고 있다. 인구의 72%에 해당하는 300만 명 이상이 투르크멘어를 사용하고 있다. 러시아어가 공용어로 널리 사용되고 있다. 특히 수도인 아시가바트를 포함한 도시 지역이나 지역 통상 및 대외관계에서는 투르크멘어보다 러시아어가 좀 더 공식적인 언어로 사용되고 있다. 25만 명 이상의 러시아인들을 포함해 전체 인구의 약 12%가 러시아어를 사용한다. 러시아어 사용이 지속해서 줄어들고 있는데 이는 투르크메니스탄 정부의 러시아어 학교를 폐교하는 등 공식부문에서의 사용을 금지하고 있기 때문이다. 그리고 약 30만 명이 우즈베크어를 제1 또는 제2 언어로 사용하고 있다.[46)]

7) 행정구역(administrative divisions)

행정구역은 주(velayat)와 군(etrap)으로 구성되어 있다. 주(州)는 5개(아할

---

45) CIA, The World Factbook : Turkmenistan > People and society > religions
https://www.cia.gov/library/publications/resources/the-world-factbook/geos/tx.html

46) John Misachi, “What Languages Are Spoken In Turkmenistan?”, Worldatlas. August 1, 2017.
https://www.worldatlas.com/articles/what-languages-are-spoken-in-turkmenistan.html

(Akhal), 발칸(Balkan), 다쇼구즈(Dashoguz), 레밥(Lebap), 마리(Mary)이다. 수도는 아시가바트(아랍어로 '사랑의 도시'라는 의미)로 아할주에 있으며, 독자적인 지위(특별시)를 보유하고 있다. 모든 건물이 하얀 대리석으로 지어지도록 설계되어 "대리석의 도시"로 불린다. 가장 넓은 주는 발칸이며, 인구가 가장 많은 주는 마리다. 발칸과 레밥은 대규모의 원유 및 천연가스 매장지를 보유하고 있다. 마리와 다쇼구즈는 면화를 중심으로 한 농업이 주를 이룬다. 아할은 투르크메니스탄의 국가 상징인 아할 테케(Ахал−Теке) 말(馬)의 기원지로 유명하다.[47] 각 주(州)의 특성 및 현황은 다음과 같다.

표 10. 투르크메니스탄 행정구역별 주요 인문 사회 지표

주명(州名)	면적(㎢)	주도(州都)	인구(%)*	산업생산(%)*	월평균임금*	주요 산업	주요 생산물
전체	491,210	시(市)	100.0	100.0	848.4	-	-
아시가바트	470	수도	12.7	4.6	854.6	식품, 섬유, 기계, 건축자재	면직물, 판유리
아할	97,160	아나우	14.5	18.7	725.1	가스, 섬유	가스, 면화, 곡물, 광물비료
발칸	139,270	발카나바트	8.5	36.2	1,192.5	원유, 유화, 가스	원유, 가스, 전력
다쇼구즈	73,430	다쇼구즈	21.1	2.3	690.7	식품, 섬유	면화, 곡물
레밥	93,730	투르크메나바트	20.5	25.1	793.7	가스	가스, 면화, 곡물
마리	87,150	마리	22.7	13.1	789.0	가스, 전력	면화, 면직물, 곡물, 전력

* : 2011년 기준. 단위: 마나트

자료 : State Committee of Turkmenistan for Statistics, "Statistical Yearbook of Turkmenistan 2014", Ashgabat, 2014c. 의 자료를 활용하여 작성.

47) 아할 테케(Ахал−Теке)는 원산지가 투르크메니스탄인 말(馬)로 알렉산더 대왕의 애마로 사용되었으며, 중국에서는 하루에 천 리를 달리는 말로 유명하며, 한혈보마(汗血寶馬. 달릴 때 목 부분에서 흐르는 땀에 붉은 물질이 들어있어 땀이 피같이 붉은 색을 띤다는 의미)로 칭해졌다. 투르크메니스탄 정부는 아할 테케를 국가 보물로 지정하고 국장(國章)에 아할 테케의 이미지 사용하고 있다.

4. 키르기즈 공화국(Kyrgyz Republic)

1) 지리(geography)

키르기스스탄은 아름다운 톈산산맥에 둘러싸인 수려한 자연경관을 지닌 내륙 산악국가로 '중앙아시아의 스위스(the Switzerland of Central Asia)'라 불린다. 총 면적은 세계 86위에 해당하는 199,951㎢로 한반도의 0.9배이다. 지리 좌표로는 북위 39°~ 44°, 동경 69°~ 81°에 위치한다. 동서 간 거리는 900㎞이고, 남북 간 거리는 410㎞이다. 국경선 총 길이는 3,051㎞로 동쪽으로는 중국 위구르 자치주(858㎞), 북쪽으로는 카자흐스탄(1,224㎞), 서남쪽으로 우즈베키스탄(1,099㎞) 및 타지키스탄(870㎞)과 국경을 맞대고 있다. 국토 대부분이 톈산산맥과[48] 그 지맥인 알라타우산맥이 점하는 산악국가로서 해발 1,000m 이상의 고산지가 전 국토의 94.2%, 3,000m 이상의 고산지가 40.8%를 차지한다. 키르기스스탄 최고봉은 톈산산맥에 있는 해발 7,439m의 '포베다산(젱이시 초쿠

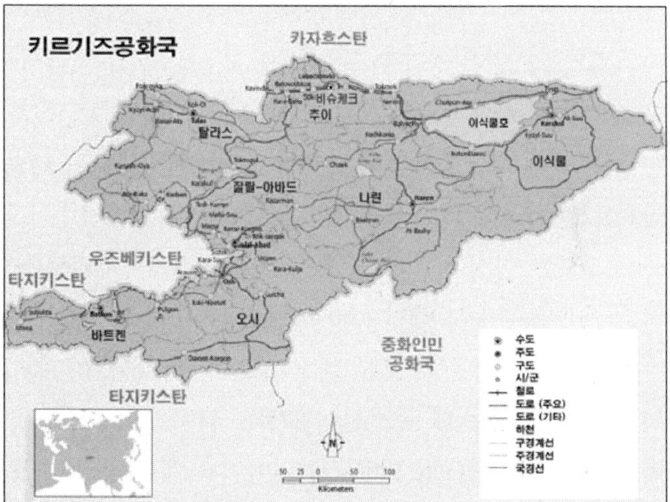

자료 : ADB, Central Asia Atlas of Natural Resources, 2010. p.35.

그림 16. 키르기스스탄 전도

---

48) 톈산산맥은 길이 약 2,000㎞, 해발고도 3,600~4,000m, 너비는 400㎞로 중앙아시아 최북단(중국 신장웨이우얼 자치구에서 카자흐스탄, 우즈베키스탄, 키르기스스탄까지 뻗어있는)에 위치한 대산맥이다. 알프스, 히말라야에 버금가는 만년설과 빙하를 가지고 있어 시르다리야강, 이리강, 추이강 등의 하천의 발원지가 된다. 내륙으로 둘러싸여 만성적인 물 부족을 겪는 중앙아시아의 젖줄이기도 하다. 이 때문에 톈산산맥 물줄기의 상류에 있는 키르기스스탄과 타지키스탄, 하류 지역의 카자흐스탄과 우즈베키스탄은 대립하고 있다. 최고봉은 포베다산(7,439m)이며, 칸텡그리산(6,995m) 등의 5,000~6,000m급의 여러 높은 산들이 몰려 있다.

수. Jengish Chokusu)'이며, 가장 저지대가 해발 401m로 평균 해발이 2,750m에 달한다.[49] 경작 가능한 토지는 국토의 7~8%에 불과하다. 페르가나 계곡(Fergana Valley) 주변과 북부 저지대를 중심으로 목화, 담배, 채소, 과일 농사가 이루어지고 있다. 원유 및 가스 부존량은 적으나 북부 및 남서부 산악지대를 중심으로 석탄, 우라늄, 금, 텅스텐, 몰리브덴 등의 광물자원이 다소 풍부하게 묻혀있다.[50] 높은 산과 곳곳에 있는 드넓은 평원과 초원이 아름다운 조화를 이루고 있는 빼어난 자연환경을 보유하고 있어 관광잠재력이 높다. 고산지대로 인해 단절된 북부와 남부를 왕래하기 위해서는 우즈베키스탄과 카자흐스탄 영토를 통과해야만 한다.

2) 하천과 호수(rivers & lakes)

키르기스스탄은 풍부한 수자원을 보유하고 있는 국가 중의 하나로 염분이 낮은 담수 보유량에서 세계 20위권에 속한다. 파미르고원과 텐산산맥의 빙하와 눈이 녹으면서 고산으로부터 내려오는 풍부한 강수는 키르기스스탄을 수자원 부국으로 만들었다. 키르기스스탄에 산재해 있는 호수는 1,923개인데 그 중 대표적인 것으로는 이식쿨(Issyk-Kul), 손쿨(Son-Kul), 차티르쿨(Chatyr-Kul)이 있다. 특히 텐산산맥 북동부 해발 1,607m에 자리하고 있는 키르기스스탄어로 '뜨거운 호수(hot lake)'라는 뜻의 고산(高山) 호수인 이식쿨호(Lake Issyk-Kul)는 '텐산산맥의 진주'로 불리는데 동서길이 275㎞, 남북길이 146㎞, 그 면적이 6,236㎢로 남미 티티카카호수(Lake Titicaca)에 이어 세계에서 2번째로 큰 산중호수(mountain lake)다.[51] 물에 함유된 염분량이 많아 추운 겨울에도 얼지 않는 '뜨거운 물'이라는 의미의 이름이 붙었다. 키르기스스탄에는 252개의 강이 흐르고 있는데 그중 가장 긴 하천은 나린(Naryn)강으로 길이는 535㎞이다. 그 외에 탈라스(Talas. 294

49) "Business in the Kyrgyz Republic: Legal Aspect", informational and Reference Guide 2014. Kalikova & Associates Law Firm. 2014. p.8.

50) 외교부, '키르기스 개황 2013'. 2013. pp.4~5.

51) Asia Mountains / Lakes of Kyrgyzstan.
http://asiamountains.net/en/catalog/touris-around-kyrgyzstan/lakes-of-kyrgyzstan/

㎞)강, 추이(Chui. 221㎞)강, 카라다리야(Kara Darya. 189㎞)강, 사리자즈(Sary Jaz. 165㎞)강, 차트칼(Chatkal. 155㎞)강 등이 있다. 키르기스스탄은 국내 전력 소비의 90%를 수력발전으로 충당할 정도로 풍부한 수자원을 바탕으로 한 높은 수력발전 잠재력을 보유하고 있다. 시르다리야강은 중앙아시아에서 길이가 가장 길고 강물이 두 번째로 많은데 시르다리야 유입 수량의 75%가 키르기스스탄 영토에서 형성되고 있다. 반면 아무다리야강의 유입 수량 74%는 타지키스탄 영토에서 형성되고 있어 중앙아시아 국가 간 수자원 분포의 불균형이 심각하다.[52] 그 결과 수자원은 중앙아시아 국가들에 있어 중요한 분쟁 요인이기도 하다. 에너지 및 광물자원이 부족한 산악국가인 키르기스스탄과 타지키스탄은 하천 상류에 거대 댐을 건설하여 부족한 국내 전력 사정을 해결하고자 한다. 반면 목축과 농업(면화 재배)이 주요 산업인 우즈베키스탄과 카자흐스탄은 키르기스스탄과 타지키스탄이 댐 건설이 자국의 산업 및 경제안보에 결정적 영향을 미칠 수 있다며 불가피할 경우 전쟁도 불사하겠다며 강하게 반발하고 있다. 실제로 타지키스탄과 마찬가지로 키르기스스탄은 에너지 수요(전력생산)를 충족시키기 위해 겨울에 많은 양의 물을 방류하는 경우가 발생하는데 이처럼 시기적으로 부적절한 방류는 하류 지역에 홍수를 일으키고, 토질을 저하할 뿐만 아니라 관개 농업 시기에 필요한 물의 양을 감소시키기도 한다.

3) 인구(population)

키르기스스탄 통계위원회 자료에 의하면 2018년 1월 1일 기준 인구는 625만 6,700명이며, 인구밀도는 31.3명/㎢이다. 수도는 비슈케크(Bishkek)로 100.2만 명이다. 국토의 중앙에 동서로 가로지르는 톈산산맥이 자리하고 있어 수도인 비슈케크를 중심으로 하는 북부와 오시를 중심으로 하는 남부의 계곡에 집중적으로 거주하고 있다. 주요 도시로는 제2의 도시인 오시(288.8천 명), 잘랄-아바드(117.2천 명), 카라콜(77.7천 명) 등이 있다. 2017년 기준 합계출산율(Total

52) 김영술, “중앙아시아 수자원 갈등 구조 분석과 해결 방안 모색”. 분쟁해결연구 제 8권 제1호, 2010. pp.16~17.

Fertility Rate)은 2.95명으로 2009년(2.88명) 이후 8년 만에 다시 3명 이하로 떨어졌다. 도시와 농촌 간 인구 비율은 33.9 : 66.1로 농촌 인구가 압도적으로 많다. 남녀 구성비는 49.6 : 50.4로 여초현상을 보인다. 연령 구성비는 유소년(0~15세) 인구 비율이 33.9%, 노동가능(남성 16~62세. 여성 16~57세) 비율이 58.6%, 노령(남성 63세, 여성 58세 이상) 인구 비율이 7.5%로 유년층의 비율이 대단히 높고 노년층의 비율이 매우 낮다. 조출생률은 24.6명(인구 1,000명당)이며, 조사망률은 5.45명(인구 1,000명당)으로 자연증가율은 19.1명(인구 1,000명당)이다.[53] 평균 기대수명(2016년)은 71.0세로 여자(75.1세)가 남자(67.0세)보다 8.1세 정도 더 장수한다.[54]

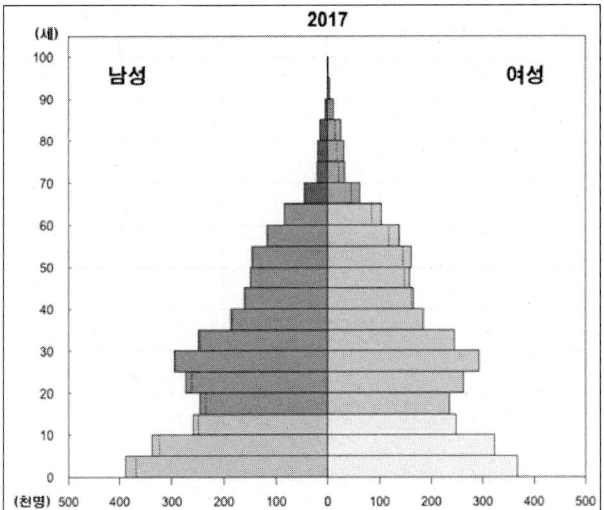

자료 : UN, "World Population Prospects : 2017 Revision", Demographic Profiles

그림 17. 키르기스스탄 인구 피라미드

4) 민족(nation)

키르기스스탄은 약 90여 민족으로 구성된 다민족 국가다. 2018년 1월 1일 기준 키르기스인이 73.3%(458.7만 명)로 절대다수를 차지하며, 우즈베크인이 14.7%(91.8만 명), 러시아인이 5.6%(35.3만 명), 둥간족이 1.1%(7.1만 명), 위구르인과 타지크인이 각각 0.9%씩, 기타 민족 3.4%로 구성되어 있다. 우즈베크인의

53) Национальный статистический комитет Кыргызской Республики. Главная > Официальная статистика > Население (http://www.stat.kg/ru/statistics/naselenie/)

54) World Bank, World Development Indicators : Kyrgyz Republic (2018.06.28.). https://data.worldbank.org/country/kyrgyz-republic?view=chart

비중이 늘어나고 있지만, 러시아인의 경우 1999년에는 12.5%를 차지했으나 그 후 계속해서 줄어들고 있다. 고려인도 0.3%에 해당하는 17,070명이 키르기스스탄에 거주하고 있는 것으로 알려졌는데 그중 13,000명이 수도인 비슈케크에 거주하고 있다. 고려인은 1999년 19,800명에 비해 그 수가 약간 줄었지만, 여전히 전체 민족 중 11위에 해당하는 인구구성을 보인다.[55] 키르기스 민족은 수 세기에 걸쳐 중앙아시아로 이동해 온 튀르크족의 한민족이다. 대략 9세기경부터 바이칼호수와 예니세이강 지역에서 이주해 온 것으로 알려져 있다. 구소련에서 독립한 이후 슬라브족인 러시아인과 우크라이나인은 본국으로 돌아가 그 비율이 상당히 줄었다. 그런데도 키르기스스탄의 민족 구성에서 우즈베크인의 비중이 상대적으로 높다. 우즈베크인 대부분은 우즈베키스탄과 경계를 이루는 남부지방에 집중적으로 거주하고 있다. 특히 남서부의 페르가나 계곡에 위치한 제2의 도시 오시에는 도시 인구의 약 44.2%가 우즈베크인이다.[56] 반면 키르기스인은 대부분 북부지방에 많이 살고 있어 민족 간의 갈등이 심각한 편이다. 1990년 6월과 2010년 6월 오시 지역에서 키르기스인과 우즈베크인 간의 대규모 유혈 충돌로 각각 300명, 470여 명의 사망자가 발생하기도 했다.

5) 종교(religion)

오늘날 키르기스스탄은 중앙아시아 국가 중에서 종교의 다원주의적 성격이 가장 강하다. 포스트 소비에트 시기에 키르기스스탄에서는 정치적 개방과 해외로부터의 경제적 개방, 기독교 등 해외의 다양한 종교 단체의 유입이 중앙아시아 5개국에서도 가장 활발하게 이루어졌기 때문이다.[57] 키르기스스탄 국민들이 신

55) Национальный статистический комитет Кыргызской Республики, “Численность постоянного населения Кыргызской Республики по отдельным национальностям в 2009-2018гг.” http://www.stat.kg/ru/statistics/naselenie/

56) Национальный статистический комитет Кыргызской Республики, Перепись населения и жилищного фонда Кыргызской Республики 2009 года. Книга Ⅲ Регионы Кыргызстана. Город Ош (Бишкек, 2010a), p.26.

57) 한양대학교, 유라시아 DB서비스> 유라시아 종교 DB> 중앙아시아 이슬람> 키르기스스탄 이슬람 (http://www.euris.co.kr/eurasiadb/Religion/view_text.asp?menu_id=200034&pageno=sub4)

봉하는 종교는 이슬람교와 러시아 정교가 주를 이루는데 차지하는 비중은 각각 75%와 20%로 절대다수를 차지한다. 그 외에 개신교 등 기타가 5%를 차지한다.[58)]

6) 언어(langage)

1991년 키르기스어는 국가 언어(state language)로 공식 인정되었다. 러시아어는 제 2언어(second language)로서의 지위가 주어졌다. 러시아어는 법적으로는 인정받지는 않고 있으나 비즈니스와 정부 기관에서 공식어(de facto language)로 사용되고 있다. 키르기스어는 전국에서 가정에서만 사용되었으며 정부 행정업무에서는 거의 사용되지 않았지만, 현재는 국회 회의에서 키르기스어가 사용된다. 2009년 인구 조사에 따르면, 410만 명이 키르기스어를 사용하는데 383.1만 명이 원어민 키르기스어 사용자이며 27.1만 명이 외국어로 키르기스어를 사용한다. 러시아어 사용자는 250만 명이다. 그리고 87만 명이 우즈베크어를 사용하는데 77.3만 명이 우즈베크어 원어민이며, 9.8만 명이 외국어 사용자다. 영어는 소수의 사람이 외국어로 사용하는데 28,400명에 불과하다.[59)]

7) 행정구역(administrative divisions)

키르기스스탄의 행정구역은 2개 특별시(비슈케크, 오시)와 7개의 주(oblast)로 구성되어 있다. 나린주가 면적이 가장 넓지만, 인구는 오시주가 가장 많고 인구밀도도 가장 높다. 수도인 비슈케크시(市)와 오시시(市)에서만 경공업을 중심으로 한 공업과 도소매 유통업이 발달했지만 다른 대부분 주에서는 농업이 주를 이룬다.

---

58) CIA, The World Factbook : Kyrgyzstan > people and society > religions (https://www.cia.gov/library/publications/the-world-factbook/geos/kg.html)

59) Oishimaya Sen Nag, “Languages Spoken In Kyrgyzstan”, Worldatlas. 25 April 2017. (https://www.worldatlas.com/articles/languages-spoken-in-kyrgyzstan.html)

표 11. 키르기스스탄 행정구역별 주요 인문 사회 지표 (2017년 기준)

주명(州名)	면적 (1,000㎢)	인구 (천명)	주도 (州都)	지역총생산(GRP)* 총(백만 솜)	1인당(천솜)	주요 생산물
바트켄	17.0	513.6	바트켄	17,023 (3.6)	37.9	가구, 석탄
잘랄-아바드	33.7	1,190.6	잘랄-아바드	52,614 (11.0)	48.4	전력, 원유, 원면
이식쿨	43.1	483.0	카라콜	60,566 (12.7)	131.6	건축자재, 감자
나린	45.2	283.8	나린	14,177 (3.0)	53.1	식품, 석탄
오시	29.0	1,314.1	오시	32,779 (6.9)	28.0	육류, 석탄, 면화
탈라스	11.4	259.0	탈라스	14,711 (3.1)	59.8	농산물
추이	20.2	921.7	비슈케크	78,410 (16.5)	88.7	곡물, 야채, 우유
비슈케크市	-	1,002.1	-	180,880 (38.0)	181.0	신발, 의류, 식료품
오시市	-	288.8	-	25,172 (5.3)	95.3	식품, 면화
	199.9	6,256.7		476,331 (100)	81.8	

*지역총생산 : 2016년 기준.
자료 : Национальный статистический комитет Кыргызской Республики.

5. 타지키스탄(Tajikistan)

1) 지리(geography)

중앙아시아 남동쪽 변경에 위치한 타지키스탄은 해발고도 3,000~4,000m에 이르는 북부의 트랜스 알라이산맥과 동부의 해발 5,000m 이상의 파미르 고원(Pamir Plat)[60]을 중심으로 하는 산악에 위치한 내륙국가다. 총면적은 142,600㎢(세계 96위)로 한반도의 2/3 크기에 불과한 소규모 국가로 중앙아시아 5개 국가 중에서 가장 면적이 작다. 동서 길이는 700㎞, 남북 길이는 350㎞이다. 전체 국경선 길이는 3,651㎞로 남쪽으로는 아프가니스탄(1,030㎞), 동쪽으로 중국(430㎞), 북동쪽으로 키르기스스탄(630㎞), 북서쪽으로 우즈베키스탄(910㎞)과 접경하고

60) 중앙아시아의 남동부에 위치한 대산계(大山系)와 고원으로 세계의 지붕이라 불린다. 트랜스 알라이산맥, 알라이산맥, 사리콜산맥, 카슈카르산맥 등으로 이루어진 고원지대다. 어원은 페르시아어 '태양신의 자리(Pa-imihr)'이다. 파미르 지방의 대부분은 타지키스탄 동부의 고르노바다흐샨주에 속하며, 산계는 중국 영토인 동부파미르, 중부파미르, 서부파미르 3개 그룹으로 구성된다.

자료 : ADB, Central Asia Atlas of Natural Resources, 2010. p.39.

그림 18. 타지키스탄 지도

있다. 해발이 300m~7,495m의 전형적인 산악국가로 국토의 93%가 산악 및 고산지역이며, 해발 3,000m 이상의 고산지대가 국토의 50% 이상을 차지한다. 경작지는 5.3%에 불과하다. 저지대 대부분은 페르가나(Fergana) 계곡의 일부인 북쪽과 아무다리야강의 지류인 남부 코파르니혼(Kofarnihon) 계곡과 남서쪽 바흐슈(Vakhsh), 히사르(Hissar) 계곡에 자리하고 있다. 북서쪽과 중앙부에는 투르케스탄, 제라프샨, 히사르, 알라이산맥이 자리하고 있으며, 남동부지역에는 세계의 지붕인 파미르고원이 자리하고 있어 해발 7,495m인 중앙아시아 최고봉인 소모니봉(Somanids peak)을 필두로 6,000m 이상의 고봉이 13개나 된다.[61] 이와 같은 고산환경에 의해 타지키스탄의 토양과 동식물이 결정된다.

2) 하천과 호수(rivers & lakes)

타지키스탄은 강과 호수가 대단히 많아 중앙아시아에서 수자원이 가장 풍부한 국가다. 타지키스탄에는 길이가 10㎞ 이상인 하천이 947개 흐르는데 총 길이는 28,500㎞에 달한다. 남쪽으로는 아무다리야강(1,415㎞)과 판지강(921㎞)이 아프가니스탄과 국경 일부를 이루며, 북쪽에는 시르다리야강(2,212㎞)이, 중앙부에는 제라프샨강(877㎞)이 흐른다. 그 외에 바르탕-무르갑-옥수강(558㎞), 바

61) “Таджикистан в цифрах, 2017”, Агентство по статистике при Президенте Республики Таджикистан 2017. сс. 10~12.

흐슈강(524㎞) 등이 있다. 타지키스탄의 고산지대는 풍부한 얼음과 눈을 제공해 준다. 만년설은 서부지역에서는 해발 3,500~3,600m에, 동부에서는 해발 5,800m 이상에서 형성되는데 면적은 타지키스탄 총면적의 8%에 달한다. 타지키스탄에 펼쳐져 있는 빙하의 총면적은 8,476㎢가 넘는데 그 길이가 1.5㎞ 이상인 것만 1,000개가 넘는다. 그중 16개는 길이가 16km가 넘는다. 페드첸코(Fedchenko) 빙하는 세계에서 가장 큰 빙하로 그 길이가 약 77㎞, 면적은 156㎢로 아무다리야강의 원천이 된다. 그 외에 그룸-그르지마일로(Grumm-Grzymailo) 빙하와 가르모(Garmo) 빙하가 있는데 면적이 각각 142.9㎢, 114.6㎢에 달한다. 거대한 빙하와 강은 타지키스탄의 최대 천연자원으로 풍부한 물과 수력 에너지를 위한 막대한 잠재력을 제공하고 있다. 특히 파미르 산맥에서 남쪽의 아무다리야강으로 흐르는 엄청난 양의 물과 북쪽의 시르다리야강으로 흐르는 물은 수력발전의 잠재력을 제공하고 있으나 지금까지 개발되지 못하고 있다.[62] 호수는 1,300여 개나 되는데 총 표면적은 705㎢이며 대부분이 3,500m 이상 고지대에 위치한다. 대표적인 호수로는 카라쿨(Karakul, 380㎢), 사레즈(Sarez, 86.5㎢), 조르쿨(Zorkul, 38.9㎢), 야쉬쿨(Yashilkul. 35.6㎢)이 있는데 인공이 아닌 자연스레 형성된 천연호수다. 타지키스탄에는 2개의 대형 저수지가 만들어져 전력생산과 관개농업에 중요한 역할을 한다. 카이라쿰 댐 건설로 만들어진 카이라쿰 호수(Kayrakkum Reservoir)는 표면적이 520㎢에 달하는 거대한 호수로 의회에서 2016년 타직해(Tajik Sea)로 명명하였다. 누렉(Nurek) 저수지도 표면적이 106㎢인 대형 저수지다.[63]

3) 인구(population)

타지키스탄 통계청에 따르면 2017년 1월 1일 기준 인구는 874만 2,800명이며

62) 이미혜, "수력발전 현황 및 전망", 해외경제연구소 산업투자조사실. 한국수출입은행. Vol. 2013-P-02 (2013.7.2.)

63) "Таджикистан в цифрах, 2017", Агентство по статистике при Президенте Республики Таджикистан 2017. сс. 12~14.

인구밀도는 61.8명/㎢로 중앙아시아에서 우즈베키스탄 다음으로 높다. 2016년 기준 합계출산율(total fertility rate)은 1991년 이후 가장 낮은 3.36명을 기록했으나 중앙아시아 5개국 중 가장 높은 수준이다.[64] 도시와 농촌 간 인구 비율은 26.4 : 73.6으로 전형적인 농업생산 체계를 갖추고 있다. 인구 성비는 남성 50.7%, 여성 49.3%로 중앙아시아 국가 중에서 유일한 남초 현상을 보이는 국가이다. 연령별 구성비는 유소년(0~14세) 인구 비율이 34.4%, 노동가능(남성 15~62세. 여성 15~57세) 인구 비율이 60.3%, 노령(남성 63세, 여성 58세 이상) 인구 비율이 5.3%로 중앙아시아 5개국 중에서 유년층 비율이 가장 높고, 노년층 비율은 가장 낮다. 2016년 1월 1일 기준 평균 연령이 25.7세(남성 25.3세, 여성 26.1세)에 불과한 가장 젊은 국가다. 조출생률은 26.6명(인구 1,000명당)이며, 조사망률은 3.9명(인구 1,000명당)으로 자연증가율은 22.7명(인구 1,000명당)이다. 인구의 자연증가율이 2000년 이후 연평균 23.3명(인구 1,000명당)에 달해 중앙아시아 국가 중 인구의 자연증가율이 가장 높다. 평균 기대수명은 73.7세다. 남성은 71.9세, 여성은 75.7세로 약 4년 정도 여성이 더 장수한다.[65] 그러나 세계은행은 기대수명은 71.1세이며 그중 남성은 68.3세, 여성은 74.2세로 평가하며 적지 않은 차이를 보였다.[66]

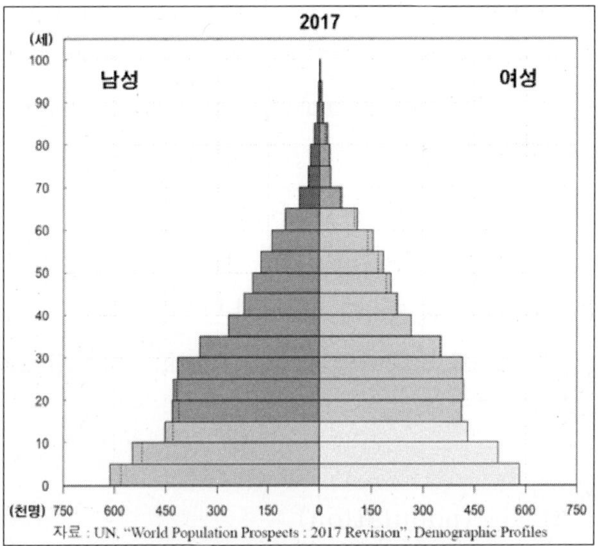

그림 19. 타지키스탄 인구 피라미드

64) World Bank, World Development Indicators : Tajikistan (2018-06-28). https://data.worldbank.org/country/tajikistan?view=chart

65) "Таджикистан в цифрах, 2017", Агентство по статистике при Президенте Республики Таджикистан 2017. сс. 24~28. www.stat.tj/ru/

4) 민족(nation)

타지키스탄에는 80개 이상의 민족이 거주하고 있는데 타지크인이 80%로 대다수를 차지하며, 우즈베크인이 15.3%, 러시아인이 1.1%, 키르기스인과 타타르인 등 기타 민족이 나머지를 구성한다.[67] 타지크인은 터키 민족 문화권인 중앙아시아에 정착한 유일한 페르시아 민족(이란계)이다. 타지키스탄은 이슬람 칼리프 제국들의 세력이 약화하던 시기 현재 우즈베키스탄 일대를 중심으로 번영했던 페르시아계 국가인 사만 왕조의 후예라고 여긴다. 자신들이 튀르크계 민족들보다 먼저 자리 잡았고 문화적으로도 투박한 유목 민족인 튀르크계보다 세련되고 발전된 페르시아를 계승하고 있어 문화적으로 우월하다는 의식이 강하다. 같은 계통인 이란과 친밀한 관계를 맺고 있고, 타지크족 자체도 아프가니스탄에 더 많이 거주하고 있다.

5) 종교(religion)

타지키스탄은 헌법에서 종교의 자유를 보장하고 있으나 18세 이하 미성년자들 종교 활동을 법으로 금지하고 있는 독특한 국가다. 타지키스탄에서 가장 널리 신봉되는 종교는 이슬람으로 인구의 약 97.5%가 수니파이며, 시아파는 3%에 불과하다. 시아파 무슬림은 주로 산간 외지에서 믿고 있다. 2번째로 큰 종교는 러시아인과 우크라이나인을 중심으로 한 러시아 정교(Russian Orthodox)다. 그 외에 기독교(Christian), 로마 가톨릭(Roman Catholicism), 힌두교(Hinduism) 등이 소수 종교로 신봉된다.[68]

---

66) World Bank, World Development Indicators : Tajikistan (2018-06-28). https://data.worldbank.org/country/tajikistan?view=chart

67) "Investment Guide to the Silk Road 2014." UNCTAD. 2014. p.6.

68) Oishimaya Sen Nag, "Religion In Tajikistan: Important Facts And Figures", World Atlas, August 30, 2017.

6) 언어(langage)

타지키스탄은 중앙아시아에서 유일하게 터키 계통 언어가 아닌 이란과 아프가니스탄에서 사용되는 페르시아어 계통인 타지크어(Tajik language)를 사용한다. 타지크어는 타지키스탄의 공식 국가 언어(official state language)다. 타지크어는 정부 행정, 교육, 비즈니스, 법원, 국민들의 일상생활에서 광범위하게 사용된다. 러시아어는 법적으로는 인정받지는 않고 있으나 비즈니스와 정부 기관에서는 물론 민족 간 의사소통 언어로서 광범위하게 사용되었다. 그러나 지난 수십 년간 러시아어를 모국어로 사용하던 많은 러시아인이 자국으로 이주해 가면서 러시아어 사용이 급격하게 줄어들었다. 90여만 명이 우즈베크어를 사용하고 있으며, 키르기스어 사용자도 60,000명에 달한다. 페르시아어 사용자도 50,000명, 슈그니어를 모국어로 사용하는 사람도 약 40,000명에 달한다.[69] 비공식적인 통계에 따르면 타지키스탄을 포함한 우즈베키스탄, 아프가니스탄 등 세계 전역에서 타지크어를 사용하는 사람은 3,000만 이상인 것으로 알려졌다.[70]

7) 행정구역(administrative divisions)

타지키스탄의 행정구역은 총 1개 특별시(特別市)와 2개의 주(oblast), 1개 자치주(autonomous oblast), 1개 공화국 직할구(region of republican subordination)로 구성되어 있다. 수도는 두샨베(Dushanbe)로 인구는 81.6만 명이다. 고르노-바다흐산 자치구가 국토 면적의 약 45%에 해당하는 가장 넓은 면적을 차지하나 인구는 가장 적은 22.0만 명(2.5%)에 불과하다. 반면 하트론주는 전체 인구의 약 36%인 가장 많은 312.4만 명이 거주한다. 광업 생산은 소그드주가, 제조업 생산은 소그드주와 하틀론주가, 전기, 가스 수도는 하틀론주가 절대적 부분을 담당하고 있

69) Oishimaya Sen Nag, What Languages Are Spoken In Tajikistan?, Worldatlas. August 1, 2017. (https://www.worldatlas.com/articles/what-languages-are-spoken-in-tajikistan.html) & ADB, Central Asia Atlas of Natural Resources, 2010. p.29.

70) Р.Бобохонов, "Языки народов Центральной Азии. Историко - лингвистический анализ", ЦентрАзия. 03.03.2016, http://www.centrasia.ru/newsA.php?st=1456954620

다. 농업 생산은 하틀론주와 소그드주가 78%를 담당하였다.71)

표 12. 타지키스탄 행정구역별 주요 인문 사회 지표 (2017년 기준)

주명(州名)	면적 (천㎢)	인구* (천명)	주도 (州都)	산업 생산 (백만 소모니)			월평균임금 (소모니)**
				광업	제조업	농업	
고르노바다흐샨자치주	62.9	220.2	호루그	50.7	53.6	733.7	939.2
소그드	25.2	2,560.8	후잔드	4,050.0	5,495.1	8,000.0	1,003.5
하틀론	24.7	3,124.4	쿠르간튜베	319.0	3,380.5	12,527.5	844.1
두샨베시	0.1	816.2	-	9.3	1,223.9	-	1,780.3
공화국 직할구	28.5	2,021.2	두샨베	94.5	996.9	4,936.5	948.5
합계	141.4	8,742.8	-	4,523.5	11,754.0	26,197.8	1,135.2

* 인구 2016년 말 기준, ** : 2017년 1~11월 평균

자료 : Агентство по статистике при Президенте Республики Таджикистан 자료를 기초로 작성.

71) Агентство по статистике при Президенте Республики Таджикистан 자료를 기초로 재작성함.

Ⅲ. 중앙아시아의 천연자원 잠재력

2000년대 들어 중앙아시아가 세계열강의 관심을 끌게 된 결정적 동인의 하나는 국제 원자재시장에서 원유를 중심으로 한 에너지 상품의 장기간 가격 상승이었다. 21세기 초기 10년 동안 글로벌 경제는 중국과 인도를 필두로 한 신흥 경제국에서의 역동적 경제성장을 기반으로 골디락스(Goldilocks)로 지칭되는 세계경기의 장기 호황으로 석유를 중심으로 한 에너지 및 원자재 수요가 빠르게 증가한 시기였다. 그 결과 국제 원유 가격이 2002년 1월부터 상승국면에 진입한 후 2008년 7월까지 장기간 급등하는 호황(super cycle)을 연출했다. 미국 에너지정보청(EIA) 자료에 의하면 유럽 현물시장에서 브렌트유(Europe Brent Spot Price. FOB 기준)는 2002년 1월 배럴당 평균 19.4 US$에서 2008년 7월에는 배럴당 132.7 US$로, 뉴욕상업거래소(NYMEX)에서 서부텍사스원유(Cushing, OK WTI Spot Price. FOB)는 19.7 US$에서 133.4 US$로 무려 6.8배나 폭등하였다.[72)]

2000년대 국제유가의 슈퍼사이클은 지난 1970년대 1, 2차 석유파동(oil shock)과는 다른 특성을 보인다. 과거의 고유가 상황은 대부분이 산유국(OPEC)에서의 군사적 충돌(1973년 이스라엘과 아랍연합과의 제4차 중동전쟁), 정치적 불안(1979년 이란의 이슬람 혁명) 및 자연 재해로 인한 에너지 공급시설 파괴 등 일시

---

72) http://www.eia.gov/dnav/pet/pet_pri_spt_s1_a.htm
국제 원유시장의 거래 기준이 되는 대표적인 유종(油種)은 3가지로 미국의 서부텍사스산 원유(WTI), 영국의 브렌트(Brent)유, 중동 아랍에미리트(UAE)의 두바이(Dubai)유이다. 두바이유는 상대적으로 품질이 낮아 WTI나 브렌트유보다 가격이 싸다. 중동권과 싱가포르에서 현물로 거래되는데, 사우디아라비아나 쿠웨이트 같은 중동 국가에서 생산하는 원유 가격의 기준이 된다. 서부텍사스산 원유(WTI · West Texas Intermediate)는 미국 텍사스 지역에서 생산되어, 뉴욕상업거래소(NYMEX)에서 선물로 거래된다. WTI는 불순물인 황 함량이 적어 처리 비용이 적게 들고 휘발유나 경유같이 가격이 비싼 기름을 많이 생산할 수 있어, 통상적으로 값이 가장 비싼 유종이다. WTI의 가격은 미주 지역뿐 아니라, 국제 원유 시장에서 가장 유력한 기준으로 사용된다. 영국의 북해 유전에서 생산되는 브렌트유는 유럽 현물시장과 런던의 국제석유거래소(IPE)에서 선물로 매매된다. 노르웨이와 영국이 절반씩 소유한 북해 원유 생산지 중 '브렌트'라는 이름의 유전에서 나오는 기름을 가리킨다. 유럽 국가를 비롯해 세계 여러 나라로 수출되는 국제적인 유종이다. (자료 : 유한빛, (알기 쉬운 경제지표) 원유시장의 3대 유종과 가격, ChosunBiz. 2011.12.08.)

적인 석유 공급 교란에 따른 단기적인 가격 급등이었다. 이와 같은 공급 교란에 의한 급격한 유가 상승은 소비감소를 유발하고 공급이 정상적으로 돌아오면 가격이 곧바로 제자리를 찾아가는 경향을 보였다. 반면에 2000년대 유가 급등의 기저에는 증가하는 석유 수요를 공급이 감당하지 못했다는 점이 자리하고 있다. 중국을 비롯한 신흥개도국에서의 높은 경제성장과 세계 경기 회복에 따른 원유 수요의 급증과 석유수출국기구(OPEC)의 여유 생산능력 부족이라는 공급 측면의 불안에 기인하는 수급여건과 관련된 구조적 요인으로 인해 유가 상승이 장기간 계속되었다.[73] 이처럼 어려운 수급 상황에서 이라크 전쟁(2003년), 베네수엘라 및 나이지리아 등 산유국에서의 정정불안(2002~2004년), 러시아 유코스(Yukos)사 해체(2004년), 허리케인 카트리나에 의한 정유시설 파괴(2005년), 겨울철의 한파 등은 석유 가격의 상승을 촉발하는 요인이 되었다. 또한 달러화의 가치 하락, 대테러전의 확대, 이란의 핵 개발 의혹, 정유시설의 부족 및 화재사고 등도 석유 가격 상승에 일조하였다. 석유 가격의 상승에 편승한 투기자본(hedge fund)의 시장참여, 수급 불안을 느낀 주요국의 비축확대 등도 유가 상승을 부추기는 요인으로 작용하였다.[74] 국제유가의 장기상승과 더불어 불거진 석유생산 정점이론(peak oil theory)의[75] 급부상은 중앙아시아에 대한 세계열강의 관심을 증폭시킨

---

73) 이달석, 최성희, 오세신, 김영덕, "新 고유가 대응전략 연구 : 유가 상승의 원인과 파급효과 분석," 에너지경제연구원 연구보고서 07-12, 2007.

74) 이원우, 이문배, 김중구, 김재두, "고유가의 원인과 대응방안", 에너지경제연구원 연구보고서 05-15, 2005.

75) 1956년 미국 지질학자 킹 하버트(M. K. Hubbert)가 처음으로 주장한 이론으로 어떤 유전 안에서 채굴 가능한 매장량의 50%를 채굴한 시점을 정점으로 그 후부터 산출 가능한 원유량이 감소할 수밖에 없다는 것이다. 오늘날에는 원유생산 능력이 한계에 도달해 조만간 원유생산이 최고점에 이른 뒤 급감하는 과정에서 유가가 크게 오르고 세계경기는 침체기를 맞고 화학비료를 사용하는 농업이 타격을 받으면서 인류는 대규모 기아 사태를 맞게 된다고 주장이다. 투자은행인 골드만삭스(Goldman Sachs)는 2005년 유가폭등(Super spike) 시대를 예측했었고, 2008년 5월 보고서에서 '국제유가가 향후 6개월~2년 이내에 배럴당 150~200달러까지 이를 수 있다고 전망했다. 미국 에너지정보청(EIA)은 세계 주요 산유국의 오일 피크(oil peak) 연도를 다음과 같이 제시하였다. 미국 1971년, 멕시코 2003년, 베네수엘라 1970년, 영국 1999년, 노르웨이 2000년, 네덜란드 1966년, 리비아 1970년, 이집트 1987년, 나이지리아 1979년, 이란 1974년, 시리아 1996년, 오만 2000년, 쿠웨이트 2013년, 사우디아라비아 2014년, 이라크 2018년, 러시아 2007년, 인도네시아 1991년, 인도 1997년, 호주 2004년이다.

계기가 되었다.

1. 중앙아시아 에너지 자원 잠재력

중앙아시아는 카스피해에 대규모로 매장되어 있는 원유와 천연가스 등의 에너지 자원을 비롯해 금, 구리, 우라늄, 크롬 등 풍부한 광물자원을 보유하고 있는 세계 최고 자원 보고(寶庫)의 하나다. 그중에서도 에너지 자원은 중앙아시아가 세계적인 부존량을 자랑하는 가장 대표적인 광물자원이다. 다른 지역과 비교해 중앙아시아에 묻혀있는 석유 및 천연가스 자원이 가진 매력적인 요인은 첫째, 추정 매장량이나 산유량에 있어 중동에는 크게 미치지 못하고 있는 것이 사실이나 미개발지가 많아 추가 개발 가능성이 다른 지역에 비해 월등히 높다. 또한 북해나 미국은 물론 중동 등 대규모 유전을 보유하고 있는 기존 지역에서 생산량이 줄거나 정점에 이른 것과는 반대로 중앙아시아에서 본격적인 상업유전 개발이 이루어진 것은 2000년대 들면서였고 그 후 확인매장량과 산유량은 시간이 갈수록 늘어나고 있다. 둘째, 중앙아시아는 국제 에너지 상품 시장에서 원유 및 천연가스의 공급(수출) 능력이 우수하다. 특히 카자흐스탄(원유)과 투르크메니스탄(천연가스)은 인구가 적은 데다 에너지 자원 생산 확대 폭보다 소비 증가 폭이 크지 않아 수출 여력이 갈수록 높아지고 있다. 중앙아시아 지역의 원유 생산은 1999년 4,530만 톤에서 2017년에는 1억 180만 톤으로 125% 증가하였다. 반면 소비는 1,830만 톤에서 2,420만 톤으로 32% 증가에 그쳤다. 그 결과 중앙아시아의 원유 수출 여력은 2,700만 톤에서 7,760만 톤으로 만 톤으로 190%나 확대되었다. 천연가스 또한 유사한 패턴을 보였다. 수출 여력이 1999년 139억㎥(13.9 bcm)에서 2017년에는 562억㎥로 300% 이상 증가하였다. 셋째, 중앙아시아는 유럽과 아시아를 연결하는 지리적 요충지로 에너지 자원 수송에 있어 많은 이점을 지니고 있으며, 세계 최고의 에너지 자원 수요처를 사방에 두고 있다. 중앙아시아는 동(東)으로는 세계 경제에서 가장 역동적인 성장을 구가하고 있는 아시아태평양지역(APEC) 국가를, 서(西)로는 세계 최대 에너지 소비 지역인 유럽연합(EU)을, 그리고 브릭스(BRICs)로 지칭되는 세계 4대 신흥경제 중 러시아, 중국, 인도 등의 3개 국가를 배후 수요처로 두고 있다.

1) 석유 매장량

2017년 말 기준 중앙아시아에는 세계 석유 확인매장량(proved reserves)의 1.83%인 312억 배럴이 묻혀있는 것으로 영국 석유메이저 BP는 분석하고 있다. 2000년 말 기준 중앙아시아지역의 석유 확인매장량이 65.4억 배럴인 것과 비교해 볼 때 무려 378%나 늘어났다. 특히 카자흐스탄의 확인매장량이 2000년 54억 배럴에서 2007년 300억 배럴로 급증한 것이 결정적 요인이었다. 동기간 동안 세계 원유 확인매장량의 증가는 30.4%에 그쳤다. 석유수출국기구(OPEC)의 중앙아시아 지역 원유매장량에 대한 분석도 BP와 같으나 세계 매장량에서 차지하는 비중에서 OPEC은 2.11%로 BP보다 높게 평가하였다. 이는 OPEC이 전통적 방식에 의한 유정 추출 원유를 의미하는 재래형 오일(Conventional crude oil)만을 계산에 넣었지만, BP는 비재래형 오일(Non-conventional crude oil)을 포함하였기 때문이다. BP는 캐나다의 원유 확인매장량을 1,689억 배럴로 평가한 데 반해, OPEC은 오일샌드를 제외한 재래형 오일만 계산하여 38억 배럴로 평가하였다. 비재래형 오일에는 오일 셰일 및 오일 샌드 추출 오일, 바이오 오일, 석탄 추출 오일(CTL), 천연가스의 화학적 처리로 생산한 오일(GTL) 등이 포함되며, 재래형 오일에 비해 고난도 기술과 높은 생산비용이 소요된다. 2014년 중반부터 국제유가가 급락하기 시작한 것은 미국과 캐나다의 비재래식 원유생산이 본격화되면서 공급초과 현상이 발생했기 때문이다. 최근 증가하고 있는 비재래식 원유의 대표적인 것으로는 북극 원유, 심해유전, 캐나다의 오일샌드(oil sand)[76], 셰일오일

76) 타르샌드(tar sand)라고도 한다. 지하에서 생성된 원유가 지표면 근처까지 이동하면서 수분이 사라지고 돌이나 모래와 함께 굳은 원유로 캐나다 앨버타주와 베네수엘라 등지에 집중적으로 분포되어 있다. 열탕 처리법으로 원유분을 추출 분리하며 열분해법 등을 병용하면 보통 원유와 가까운 것이 얻어진다.

(shale oil)[77]이 있다. 미국 에너지정보청(EIA)은 확인매장량에다 궁극매장량(probable reserves)을 합친 총 잠재매장량의 경우 카스피해 분지(Caspian basins)에만 석유가 480억 배럴 묻혀있는 것으로 평가하며, 매장량의 75%가 해안선으로부터 100마일 이내 지역에 집중된 것으로 보고 있다.[78] 중앙아시아 석유 매장에 있어 가장 큰 특징은 카자흐스탄에 집중되어 있다는 점이다. 카자흐스탄에 중앙아시아 전체 석유매장량의 대부분인 96%가 집중되어 있고, 투르크메니스탄과 우즈베키스탄이 각각 2%를 차지하였다. 반면 키르기스스탄과 타지키스탄은 확인매장량이 5,000만 배럴에도 미치지 못해 아주 미미한 것으로 평가되었다.

표 13. 중앙아시아 석유 확인매장량 현황 (2017년 기준)

	영국 BP				석유수출국기구(OPEC)		
	억 배럴	비중(%)	순위	가채연수	억 배럴	비중(%)	순위
카자흐스탄	300.0	1.77	12위	44.8	300.0	2.02	11
투르크메니스탄	6.0	0.04	45위	6.4	6.0	0.04	36
우즈베키스탄	5.94	0.04	47위	30.0	5.94	0.04	37
키르기스스탄	-	-	-	-	0.4	-	79
타지키스탄	-	-	-	-	0.12	-	89
소계	311.94	1.84	-	-	312.46	2.11	-

자료 : BP Statistical Review of World Energy. June 2018. OPEC, Annual Statistical Bulletin 2017. 단 키르기스스탄과 타지키스탄은 US Energy Information Administration, International energy statistics 자료 사용.

2) 천연가스 매장량

천연가스는 중앙아시아 지역에 묻혀있는 에너지 자원 중 가장 큰 의미를 지니는데 확인매장량에 대한 평가는 국제 석유 관련 기관에 따라 큰 차이를 보인다. 영국의 BP는 2017년 말 기준 중앙아시아에는 세계 천연가스 확인매장량의

---

77) 원유 성분 물질인 케로겐(Kerogen)을 함유한 퇴적암의 한 종류인 셰일층에 섞여 있는 원유를 말한다. 비용이 많이 드는 탓에 이전에는 채산성이 떨어져 아무도 채굴하지 않았지만 2003년 이후 고유가가 계속되고 채굴 기술이 발달하면서 붐을 이뤘다. [네이버 지식백과] 셰일 오일 [shale oil] (한경 경제용어사전, 한국경제신문/한경닷컴)

78) EIA, Overview of oil and natural gas in the Caspian Sea region, Last Updated: August 26, 2013. http://www.eia.gov/countries/regions-topics.cfm?fips=CSR

11.3%에 해당하는 21조 6,800억㎥(21.68tcm)가 묻혀있는 것으로 평가하고 있다. 2000년 말 4조 7,507억㎥와 비교해 약 360% 늘어났는데 동기간 동안 세계 천연가스 확인매장량의 증가는 37%에 그쳤다. 석유수출국기구(OPEC)와 미국 에너지정보청(EIA)은 중앙아시아 지역에 묻혀있는 천연가스 매장량은 세계 전체 매장량의 6% 수준으로 BP보다 훨씬 낮게 평가했다. EIA는 확인매장량에다 궁극매장량(probable reserves)을 합친 총 잠재매장량의 경우 카스피해 분지(Caspian basins)에 천연가스가 292조 세제곱피트(292tcf)에 달하는 것으로 추정하고 있다. 천연가스 매장량의 67%는 해안선으로부터 100마일 이내 지역에 집중된 것으로 보고 있다.[79] 천연가스의 경우 BP, OPEC, 미국 에너지정보청(EIA)의 평가가 큰 차이를 보이는 것은 이 지역 최대 천연가스 매장국가인 투르크메니스탄에서 2006년 발견된 남욜로탄-오스만 가스전(South Yolotan-Osman field, 2011년 갈키니쉬(Galkynysh)로 명칭 변경)의 가스매장량에 대한 평가가 서로 다르기 때문이다. 영국에 본사를 두고 있는 석유-가스전 평가기관인 Gaffney, Cline and Associates(GCA)는 2006년 투르크메니스탄 정부의 의뢰를 받아 갈키니쉬 가스전의 매장량을 측정한 후 2008년 그 결과를 발표하며 동 가스전의 추정매장량(estimated reserves)이 최소 4조㎥에서 최대 14조㎥, 최적 추정량은 6조㎥에 이를 것으로 추정했고, 2011년 가스전의 가스 매장량 수치를 최소 13.1조㎥(가능성 95%)에서 최대 21.2조㎥(가능성 5%)로 상향 조정했다.[80] 영국의 BP가 이 자료를 자사의 통계에 반영하기 시작하면서 투르크메니스탄의 가스 매장량 수치가 2007년 2.67조㎥에서 2008년 7.94㎥, 2012년 17.5조㎥, 2017년 19.5조㎥로 확대되었다. 투르크메니스탄의 매장량 기준 국가 순위 및 비중도 전 세계 13위에서 4위로, 1.5%에서 10.1%로 급등했다. 반면 OPEC과 EIA는 2011년 수정치를 인정하지 않고 있다. 천연가스도 석유와 마찬가지로 지역별 분포에 있어 특정 국가에 편중되어 있다. 중앙아시아 전체 천연가스 확인매장량의 약 90%가 투르크메니

79) EIA, Overview of oil and natural gas in the Caspian Sea region, Last Updated: August 26, 2013. https://www.eia.gov/beta/international/regions-topics.cfm?RegionTopicID=CSR

80) Annette Bohr, "Turkmenistan: Power, Politics and Petro-Authoritarianism", Research Paper, Russia and Eurasia Programme, March 2016. p.72.

스탄에 집중되었고, 우즈베키스탄과 카자흐스탄이 각각 5%를 차지하였다.

표 14. 중앙아시아 천연가스 매장량 (2017년 기준)

	BP				OPEC			EIA		
	bcm	비중(%)	순위	가채연수	bcm	비중(%)	순위	tcf	비중(%)	순위
투르크메니스탄	19,486	10.07	4	314.1	9,838	4.93	5	265	4	6
우즈베키스탄	1,211	0.59	23	22.7	1,564	0.78	21	65	1	20
카자흐스탄	1,144	0.63	24	42.2	1,898	0.95	19	85	1	15
소계	21,680	11.29	-	-	13,330	6.67	-	415	6	-

자료 : BP Statistical Review of World Energy. June 2018. OPEC, Annual Statistical Bulletin 2017. US Energy Information Administration, International energy statistics 2017 data.

3) 석탄 매장량

석탄 또한 중앙아시아 지역에 풍부히 매장되어 있는 에너지 자원의 하나다. BP에 의하면 중앙아시아 지역에 묻혀있는 석탄의 확인매장량은 약 270억 톤으로 세계 매장량의 2.6%를 차지하고 있다. 그중 카자흐스탄에 265억 톤(세계 매장량의 2.47%), 우즈베키스탄에 13.8억 톤(세계 매장량의 0.13%)이 집중되어 있다. 키르기스스탄, 타지키스탄, 투르크메니스탄은 적은 매장량으로 주요 매장 국가에서 제외되었다. 반면 EIA는 키르기스스탄에 10.7억 톤, 타지키스탄에 4.1억 톤 등 상당한 양의 석탄이 묻혀있는 것으로 평가하였다. 중앙아시아에 매장되어 있는 석탄은 탄소 함량이 높은 무연탄과 휘발성 성분 함량이 많은 무연탄이 60% 이상을 차지하나 탄소함유량이 적어 열효율이 낮은 저급 석탄인 갈탄 또한 상대적으로 많다는 특징을 보였다.

표 15. 중앙아시아 석탄 매장량

	BP (2017)				EIA (2015)		
	백만 톤	비중(%)	순위	가채연수	백만 톤	비중(%)	순위
카자흐스탄	25,605	2.47	9	230	28,225	2.48	9
우즈베키스탄	1,375	0.13	26	340	1,516	0.13	28
키르기스스탄	-	-	-	-	1,070	0.09	34
타지키스탄	-	-	-	-	413	0.04	42

자료 : BP, Statistical Review of World Energy. June 2018. & US Energy Information Administration, International energy statistics 2015 data.

2. 중앙아시아 5개국 국가별 에너지 자원 잠재력

1) 카자흐스탄 에너지 자원 잠재력

1899년 카자흐스탄 아티라우주(州)에서 유정(油井)이 처음 발견된 후 1911년부터 원유의 본격적 생산이 시작되었다. 소비에트연방 시절 카자흐스탄은 원유 생산에서 15개 연방 국가 중에서 러시아에 이어 2위를 차지했다. 그러나 카자흐스탄의 석유 및 천연가스의 탐사, 개발 및 생산은 1991년 독립 이전까지 활성화되지 못했다. 당시 소비에트 정부가 서시베리아 유전개발에 정책의 최우선 순위를 두면서 카자흐스탄 유전개발에서 기술적 문제와 더불어 탐사 및 개발을 위한 자본 투자가 제대로 이루어지지 않았다. 1980년대 후반 러시아의 원유 생산은 1일 1,100만 배럴로 세계 최고 수준인 데 반해, 카자흐스탄은 50만 배럴로 러시아의 1/20에도 미치지 못했다.[81] 소비에트로부터 독립한 후 카자흐스탄 석유산업은 여러 심각한 도전에 직면하게 되었다. 먼저, 카스피해 영유권을 둘러싼 주변 5개 국가들의 의견 상충으로 카스피해 연안 및 해상 유전 개발이 진척되지 못했다. 둘째, 내륙국가라는 불리한 지리적 조건은 생산된 원유의 해외시장 수송에 장애 요인이 되었다. 당시 수송로가 연결된 인접국들은 카자흐스탄의 석유를 대량으로 수입할 필요가 없었다. 소비에트 시대 건설된 송유관은 모두 러시아를 통과했고 그 소유권은 러시아 국영 기업인 트란스네프트(Transneft)가 가지고 있어 원유 수출 물량과 운송료에 있어 러시아의 승인을 받아야 했다. 1990년대 석유 수요 감소로 국제유가가 하락하자 러시아는 자국과 경쟁 관계에 있던 카자흐스탄의 석유 수출을 제한했고 카자흐스탄 경제는 심각한 타격을 입었다.[82] 셋째, 국내 자본의 부족으로 탐사 및 개발을 위한 자금 조달에 어려움이 가중되었고, 유전 대부분이 카스피해 북부 연안이나 내륙 오지에 자리 잡고 있어 혹독한 기후 환경을 극복하고, 운송 인프라를 구축해야 하는 문제에 직면했다. 이러한 도전들

81) BP, Statistical Review of World Energy. June 2004. Oil production - barrels(from 1965)
82) 이유신 "카자흐스탄과 투르크메니스탄의 에너지자원 수송로 다변화 정책의 비교 연구", 21세기정치학회보 제25집 1호. 2015년 3월. p.222.

은 신생 독립국인 카자흐스탄의 원유 및 천연가스 개발에 심각한 걸림돌이 되었다. 카자흐스탄 정부는 1990년대 사유화 프로그램을 통해 가스 및 석유산업을 국제 석유메이저(IOCs)들에게 매각하거나 생산물분배협정(PSA)을 체결하는 방법을 통해 외국자본과 개발 기술을 도입하였다. 반면에 2000년대 들어서는 에너지 자원 정책 기조를 '개방'에서 '자원민족주의'로 바꾸면서 카자흐스탄에서 개발 및 생산되는 천연자원에 대한 정부 통제를 강화하였다. 2002년 국영석유기업인 카즈무나이가스(KazMunaiGas. KMG)를 설립하였고, KMG의 자회사인 카즈트란스오일(KazTransOil)과 카즈트란스가즈(KazTransGaz)를 통해 카스피해파이프라인컨소시엄(CPC. Caspian Pipeline Consortium)[83)]을 제외한 다른 에너지수송 파이프라인에 대한 국가독점체제를 확립했다. 그리고 에너지개발과 관련된 법령을 개정하여 카자흐스탄 정부(KMG)나 자국 기업이 전략적 석유 및 가스 프로젝트의 지분 50%를 소유하도록 하였고, 2004년부터 KMG에게 모든 새로운 원유 및 가스 프로젝트에 참여할 수 있는 권리를 부여하였다. 2007년 10월 카자흐스탄 정부가 외국 유전개발 투자자들과의 계약조건 변경 및 종료 권한을 갖는 법안을 통과시키면서 에너지 자원의 감독, 통제권을 더욱 강화했다. 이처럼 카자흐스탄 정부가 석유 및 천연가스 산업에서 KMG의 역할을 확장하는 법률적 기반을 제공했음에도 불구하고 많은 유전 및 가스전 개발은 기술적, 기후적 문제로 인해 외국기업에 대한 의존도가 여전히 높았다. 그러나 2010년 이후 자원민족주의의 강화와 국제 유가 하락으로 투자 매력보다 위험(risk)이 확대되면서 몇몇 국제 석유메이저들이 카자흐스탄에서 그들의 활동을 축소하거나 철수하는 행동을 취하고 있다. 2016년 기준 카자흐스탄에는 271개의 탄화수소 매장지가 분포되어

83) CPC는 카자흐스탄의 텡기즈(Tengiz) 유전에서 생산된 원유를 러시아 흑해 연안의 노보로시스크 2 (Novorossiysk-2) 해상 터미널로 수송하기 위한 파이프라인 컨소시엄이다. 카샤간과 카라차가낙 유전에서 생산된 원유의 수출 경로이다. 총길이 1,511㎞, 연간 최대 수송 능력 6,700만톤인 CPC는 러시아의 트란스네프트(Transneft)가 100% 지분을 가지고 있지 않은 러시아 영토에서 유일한 석유 수출 파이프라인이다. 지분은 러시아 정부(Transneft) 24%, 카자흐스탄 정부(KazMunaiGaz) 19%, Chevron Caspian Pipeline Consortium Company 15%, LUKARCO B.V. 12.5%, Mobil Caspian Pipeline Company 7.5%, Rosneft-Shell Caspian Ventures Limited 7.5%, CPC Company 7%, 기타 7.5% 등이다. (http://www.cpc.ru/en/about/pages/default.aspx)

있는데 그중 64개는 시추 단계에 있고, 92개는 본격 생산 단계에, 115개는 시추 및 생산 단계에 있다.[84] 탄화수소 매장량의 약 2/3는 상업적 가치가 있는 석유 및 콘덴세이트인 것으로 평가되고 있다. 탄화수소의 약 70%가 카자흐스탄 서부지역, 그중에서도 특히 카스피해 석유-가스 분지에 집중되어 있다.[85]

(1) 원유

카자흐스탄은 중앙아시아 최대 에너지자원 부국이다. 1911년 석유가 처음 생산된 후 석유 매장량 및 생산량에 있어 카자흐스탄은 포스트 소비에트 공간에서 러시아에 이어 2위를 차지하고 있다. 영국계 석유메이저인 BP의 에너지 통계 자료에 의하면 2017년 말 기준 카자흐스탄에 묻혀있는 석유는 세계 확인매장량의 1.8%인 300억 배럴(39.3억 톤)로 미국에 이어 세계 12위에 해당하며, 채굴 가능량을 연간 생산량으로 나눈 가채연수는 45년에 달한다.

카자흐스탄 투자-발전부 산하 지질 및 지하자원 위원회는 2017년 1월 1일 기준 카자흐스탄에 묻혀있는 석유액화물(petroleum liquids)의 가채매장량(A+B+ C1+C2)은 52억 280만 톤으로 그 중 원유가 47억 6,180만 톤, 콘덴세이트(초경질원유)가 4억 4,100만 톤으로 평가했다. 2016년에는 52억 9,309억 톤(원유 48

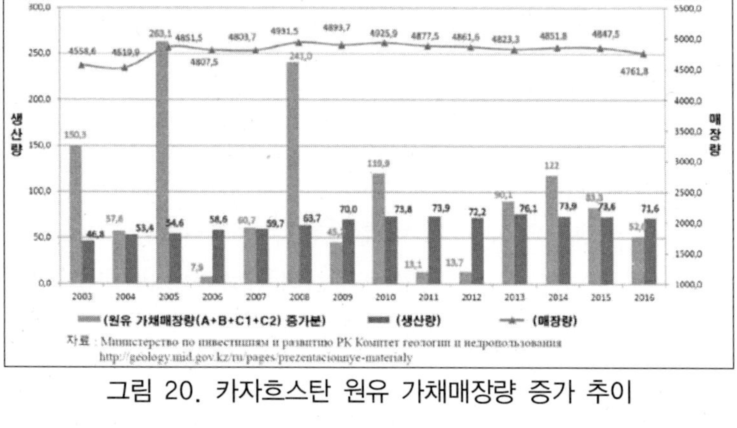

그림 20. 카자흐스탄 원유 가채매장량 증가 추이

---

84) Эльвира Джантуреева, “Недропользование. Энергетический комплекс: запасы, добыча, инвестиции” Деловой журнал “Казахстан”, №5, 2016 год. (http://investkz.com/journals/112/1568.html)

85) JSC NC “KazMunayGas”, “Integrated Annual Report 2017”, p.12.

조 4,754만 톤, 콘덴세이트 4조 4,555만 톤)으로 평가하였다. 2000~2016년 동안 카자흐스탄 정부는 약 200억 달러를 투자하여 탄화수소 지질조사 및 탐사에 나섰고 그 결과 22억 2,120만 톤에 달하는 원유 매장량을 추가 확보했다. 특히 카샤간 유전에서 2002년 8.95억 톤, 2003년 1.5억 톤, 2005년 2.37억 톤 등 총 13억 톤 이상이 발견되었다. 생산이 동기간 10억 3,390만 톤 증가하면서 가채매장량의 순(純)증가분이 11억 8,730만 톤에 달했다.86) KMG 회장인 라자트 키노프(Lazzat Kiinov)는 카스피해 카자흐스탄 해상지역에만 궁극매장량(possible reserves) 기준 170억 톤(1,243억 배럴) 이상의 "검은 황금(black gold)"이 묻혀있다고 주장하였다. 카자흐스탄 육상 및 해상지역에 묻혀있는 탄화수소 확인매장량에 있어 원유는 50억 톤(350억 배럴), 천연가스는 3조㎥(3tcm)로 추정했다.87)

카자흐스탄 영토의 약 62% 지역에 석유 및 가스가 매장되어 있는데 172개의 유전과 42개의 콘덴세이트전이 발견되었다. 그 가운데 80개 이상이 개발 중이다. 확인 원유매장량의 65%가 3개 초대형 유전(카샤간, 텡기즈, 카라차가낙)에, 90% 이상이 15개 대형 유전에 집중 매장되어 있다.88) 지역별로는 14개 주(州) 가운데

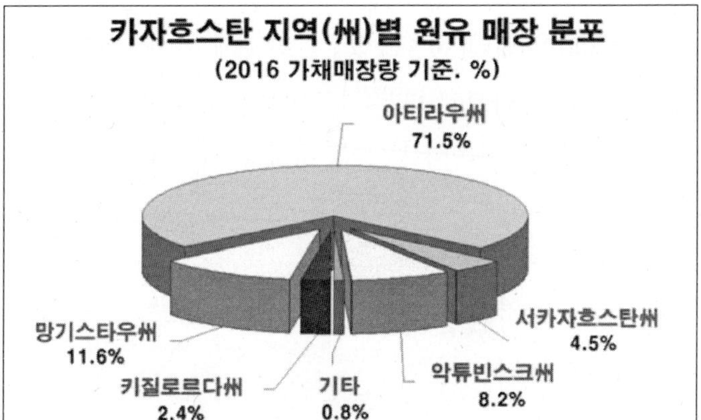

그림 21. 카자흐스탄 지역별 원유 매장량 분포 현황

86) Эльвира Джантуреева, Недропользование. Энергетический комплекс: запасы, добыча, и нвестиции. Деловой журнал "Казахстан", №5, 2016 год. & Committee of Geology and Subsoil Use, Ministry for Investment and Development of the RK. Home > Press Center > Presentation Materials > Доклад Надырбаева А.А.(12.03.2018) & KazEnergy, "The National Energy Report 2017", KazEnergy Association, p.45.

87) http://eurodialogue.org/Probabl-reserves-of-oil-in-Kazakhstan-exceed-17-billion-tons

88) JSC NC "KazMunayGas", "Integrated Annual Report 2017", p.12. & Dariya Ivantsova,

6개 주에서만 유전이 발견되었다. 카스피해 연안을 포함하고 있는 아리타우주가 전체 원유 가채매장량의 71.5%를 보유하며 압도적 1위를 차지했다. 압도적 1위를 차지했고, 망기스타우주가 11.6%, 악튜빈스크(악토베)주가 8.2%, 서-카자흐스탄주가 4.5%, 키질로르다주가 2.4%를 차지했다.(표 16 참조) 아티라우주에는 75개 이상의 유전이 분포하고 있는데 상업적 가치를 가진 매장량만 9.3억 톤에 달한다. 이 지역에 있는 가장 대표적인 유전은 텡기즈로 초기 참사매장량이 7억 8,110만 톤이었으나 잔존 매장량은 1.5억 톤이다. 그 외 대형 유전으로는 코롤레프(Korolevskoye. 5,510만 톤)와 켄바이(Kenbai. 3,090만 톤)가 있다. 망기스타우주에는 70개 이상의 유전이 발견되었는데 가채매장량 기준 원유 7.25억 톤, 콘덴세이트 560만 톤이 묻혀있다. 생산 광구는 전체 유전의 절반이 되지 않는데 많은 광구가 정점을 지난 상태다. 대형 유전으로는 우젠(Uzen), 제티바이(Zhetybai), 칼람카스(Kalamkas), 카라잔바스(Karazhanbas)가 있다.

표 16. 카자흐스탄 지역별 탄화수소 매장량 현황

(2013년 가채매장량 기준: A+B+C1+C2)

주(州)	원유			용해가스			자유가스			콘덴세이트		
	유전	백만t	비중(%)	가스전	10억 m^3	비중(%)	가스전	10억 m^3	비중(%)	콘덴세이트전	10억 m^3	비중(%)
악튜빈스크	36	405.3	8.4	28	108.4	4.8	28	129.3	8.1	6	18.2	5.0
아티라우	102	3511.6	72.8	62	2018.5	88.5	62	439.5	27.6	5	106.4	29.5
서카자흐스탄	10	150.9	3.1	13	104.3	4.6	13	780.1	49.0	12	224.9	62.3
카라간다	11	49.6	1.0	13	5.0	0.2	13	7.7	0.5	3	0.2	0.1
키질로르다	27	116.3	2.4	30	8.6	0.4	30	27.7	1.7	9	1.1	0.3
만기스타우	65	586.8	12.2	74	36.4	1.6	74	171.3	10.8	24	9.3	2.6
동카자흐스탄	1	2.3	0	1	0.02	-	1	5.1	<1	-	-	-
남카자흐스탄	1	-	-	-	-	-	2	7.3	<1	-	-	-
잠빌	-	-	-	-	-	-	5	25.4	1.6	3	0.8	0.2
계	253	4823.3	100.0	221	2281.2	100.0	228	1593.4	100.0	62	360.9	100.0

자료 : http://investkz.com/upload/2014_5/Zhantureeva_3.gif

%* : 카자흐스탄 전체에서 차지하는 비중

자료 : Committee of Geology and Subsoil Use, Ministry for Investment and Development of the Republic of Kazakhstan.

"Kazakhstan: A Market of Possibilities for Russian Oil field Service Companies", ROGTEC, September 29, 2016.

표 17. 카자흐스탄 주요 유전 매장량과 석유 채굴 기업

(단위: 백만 톤, %)

광물자원(유전) 채굴기업	카즈무나이가스 지분(%)	유전명	초기 탐사매장량 (A+B+C1)	가채매장량(2017.01.01) A+B+C1			채굴량(2016)	
				전체	%*	C2	전체	%*
텡기즈셰브로일(TCO) Tengizchevroil (TCO)	20.0	텡기즈	1373.3	1028.3	33.1	0	25.3	35.3
		코롤레프	96.7	68.08	2.2	9.27	2.25	3.1
북카스피해 오퍼레이팅 컴퍼니(NCOC)	16.88	카샤간	824.6	823.6	26.5	1240.8	0.9	1.3
오젠무나이가스 (Ozenmunaigas JSC)	100.0	우젠(카라만디바스 제외)	465.2	108.2	3.5	0	5.08	7.1
망기스타우무나이가스 (JSC Mangistaumunaigas)	50.0	칼람카스	207.8	59.4	1.9	1.83	4.1	5.7
		제티바이	129.34	52.7	1.7	-	1.61	2.3
부자치 오퍼레이팅 Ltd (Buzachi Operating Ltd)	CNPC 50 Lukoil 50	북(北)부자치	85.7	63.6	2.0	4.15	1.53	2.1
카라잔바스무나이 (Karazhanbasmunai JSC)	50.0	카라잔바스	90.25	43.1	1.4	0.87	2.13	3.0
카라차가낙 페트롤리엄 오퍼레이팅(KPO)	10.0	카라차가낙	255.4	176.1	5.7	19.07	6.24	8.7
CNPC-악토베무나이가스 (CNPC-AktobeMunaiGas)	CNPC (85.42%)	자나졸	124.1	81.3	2.6	1.55	1.8	2.5
		북(北)트루바	65.9	55.5	1.8	8.6	0.8	1.1
카자호일-악토베 (KazakhOil-Aktobe LLP)	50.0	알리베크몰라	42.53	33.7	1.1	5.16	0.33	0.5
페트로카자흐스탄 쿰콜 리로스(PKKR)	33.0	쿰콜	96.2	15.9	0.5	0.09	0.86	1.2
카즈게르무나이 (JV "Kazgermunai" LLP)	65.5	악샤불락센터	54.5	18.1	0.6	6.2	2.4	3.4
합계	-	-	3911.8	2628.1	84.6	1297.7	55.4	77.4

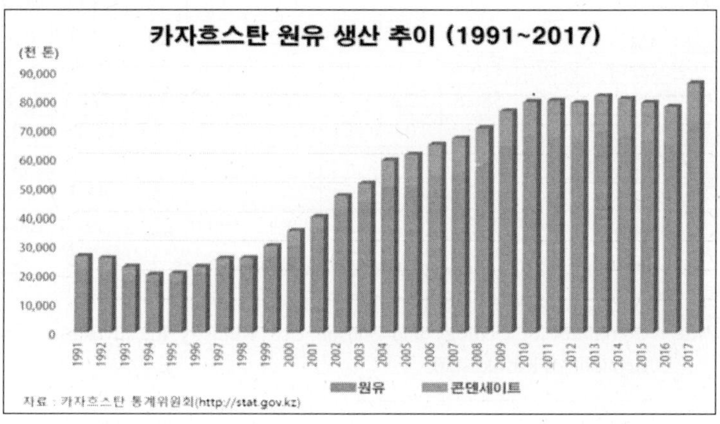

그림 22. 카자흐스탄 원유 생산 추이(1991~2017)

서-카자흐스탄주에 소재한 가장 대표적 유전은 카라차가낙으로 가채매장량 기준 액화탄화수소가 3.2억 톤, 천연가스 450bcm 이다. 2005년 9월

발견된 카라차가낙 블록 인근의 페도롭스크 블록(Fedorovsky block)에는 석유 및 가스 콘덴세이트 매장량이 2억 톤에 달하는 것으로 평가되고 있다. 악토베주는 석유가스 매장 잠재력이 대단히 높은 지역이다. 25개의 유전이 발견되었는데 그 중에서 가장 시선을 끈 유전은 원유 및 콘덴세이트의 가채매장량이 1.7억 톤인 자나졸(Zhanazhol)유전 지대다. 그 외에 키질로르다주와 카라간다주에서는 카자흐스탄에서 5번째로 큰 석유 및 가스 지역인 쿰콜 필드그룹(Kumkol group of fields)이 있다.[89)]

카자흐스탄에서 유전 개발 및 원유 생산은 정부로부터 허가권을 취득한 합작법인 또는 컨소시엄에 의해 이루어진다. 표 17에서 보는 바와 같이 11개 기업 또는 컨소시엄이 카자흐스탄 전체 원유 확인 매장량의 84.6%, 가채매장량의 82.4%를 확보하고 있다. 이를 바탕으로 카자흐스탄 원유 생산의 약 80%를 차지한다. 대표적인 생산업체로는 텡기즈셰브로일(Tengizchevroil), 북카스피해 오퍼레이팅 컴퍼니(NCOC), 카라차가낙 페트롤리엄 오퍼레이팅(KPO), 국영기업인 카즈무나이가스(KazMunayGas)가 있다.

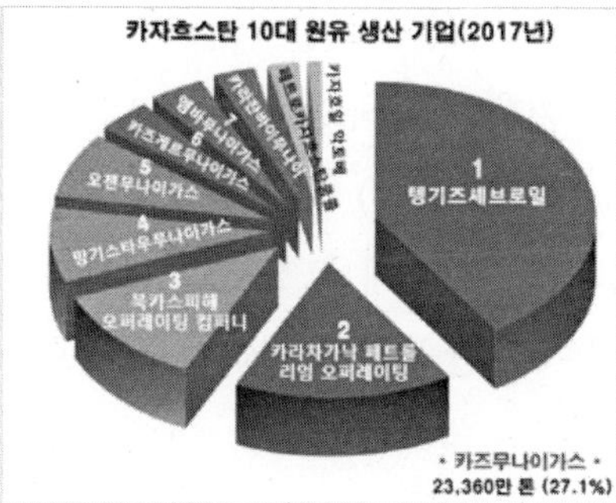

순위	석유기업	생산 (천톤)	비중 (%)	2015 (%)
1	Tengizchevroil	28,697	33.3	34.2
2	Karachaganak Petroleum Operating	11,247	13.0	15.1
3	North Caspian Operating Company	8,286	9.6	-
4	Mangistaumunaigas	6,356	7.4	7.9
5	Ozenmunaigas	5,480	6.4	6.9
6	Kazgermunay LLP	2,800	3.2	3.8
7	Embamunaygaz	2,840	3.3	3.6
8	Karazhanbasmunai JSC	2,141	2.5	2.7
9	PetroKazakhstan Kumkol Resources	1,587	1.8	2.4
10	Kazakhoil Aktobe LLP	702	0.8	1.0
	(소계)	(70,136)	(81.4)	(77.6)
	총 생산	86,202	100.0	100.0

자료 : 카즈무나이가스 & 카자흐스탄 투자-발전부 지질 및 지하자원 위원회

그림 23. 카자흐스탄 주요 원유 생산 기업(2017년)

텡기즈셰브로일(Tengizchevroil)은 미국 석유메이저인 셰브런(Chevron)과 카자흐스탄 정부가 텡기즈 유전 개발을 위한 합작투자 계약에 의해 1993년 4월 설립된 법인으로 40년 동안 동 유전의 탄화수소 개발 및 생산 라이센스를 부여받았다. 카자흐스탄 전체 원유 가채매장량의 24%에 해당한다.[90)] 지분 구성은 셰브런

89) KazMunaiGas, Home Page » About Kazakhstan » Oil and gas sector (https://www.kmgep.kz/eng/about_kazakhstan/oil_and_gas_sector/)

90) Сергей СМИРНОВ, “Казахстан и мировой рынок нефти” CAA Network, 21.02.18. http://www.inozpress.kg/news/view/id/52543

50%, 엑손모빌 25%, 카즈무나이가스 20%, 러시아 루코일(LukArco B.V.)이 5%다. 카자흐스탄 최고의 원유 생산기업으로 카자흐스탄 전체 원유 생산의 1/3 이상을 담당하고 있다. 2016년과 2017년 생산량은 각각 2,756만 톤(38.4%), 2,870만 톤(33.3%)이었다. 그 외 천연가스 7.45bcm, 유황 249만 톤을 생산하였다.[91)]

북카스피해운영회사(NCOC. North Caspian Operating Company)는 북카스피해 생산물분배협정에 의해 설립된 다국적 컨소시엄으로 아티라우에 본부를 두고 있다. 카샤간, 칼람카스, 하자르 유전에 대한 개발권을 가지고 있는데 카자흐스탄 원유 전체 가채매장량의 약 45%에 해당한다. 동 컨소시엄은 7개 석유메이저가 참여하고 있는데 2017년 말 기준 지분은 다음과 같다. 카즈무나이가스(카자흐스탄), ENI(이탈리아), 엑손모빌(미국), 로열더치셸(영국/네덜란드), Total S.A.(프랑스)가 각각 16.81%, CNPC(중국) 8.4%, INPEX(일본) 7.56%다. NCOC는 2016년 90만 톤의 원유를 생산하는 데 그쳤으나 카샤간 유전에서의 생산이 정상화되기 시작한 2017년에는 830만 톤을 생산하여 카자흐스탄 전체 원유 생산의 약 10%를 담당했다.

카라차가낙 페트롤리엄 오퍼레이팅(KPO)은 생산물분배협정에 의해 카라차가낙 유전을 개발하기 위해 1997년 설립된 다국적 합작법인이다. 유전개발 라이센스 기간은 2038년까지 40년으로 카자흐스탄 전체 원유 가채매장량의 4.1%에 해당한다. 5개 기업이 참여하고 있는데 지분은 로열더치셸 29.25%, ENI 29.25%, 셰브런 18%, 루코일 13.5% 카즈무나이가스 10%다.[92)] 카즈무나이가스가 KPO 지분을 취득한 것은 2012년 6월이다. KPO는 2016년 총 1억 3,970만 배럴(석유환산 배럴. BOE)의 원유 및 콘덴세이트, 가스(처리 및 연료가스)를 생산하였고 2017년에는 역대 최고치인 1억 4,600만 배럴을 생산하였다.[93)] KPO는 카자흐스탄 원유생산에서 텡기즈셰브로일에 이어 2위를 차지하고 있다.

---

91) 텡기즈셰브로일 홈페이지, Facts and Figures 참조.
(http://www.tengizchevroil.com/about/media/factsheet)

92) KPO 홈페이지, About KPO 참조 (http://www.kpo.kz/en/about-kpo/parent-companies.html)

93) KPO, "KPO announces 2017 performance results", February 5, 2018. & "KPO announces 2016 performance results", February 9, 2017. Home/News Room/Company news/

카즈무나이가스(KazMunayGas)는 카자흐스탄을 대표하는 국영 석유기업으로 2002년부터 정부의 에너지산업 정책을 수행하고 있다. 수직통합 석유-가스회사인 카즈무나이가스는 탐사-시추-생산 등 상류(upstream) 부문에 13개, 수송 및 저장 등 중류(midstream) 부문에 12개, 가공, 정제 등의 하류(downstream) 부문에 4개, 서비스 부문에 7개의 자회사 및 계열회사를 거느리며 카자흐스탄 석유-가스 생산과 수송 및 정제 부문을 지배한다. 2017년 말 기준 카자흐스탄 원유 및 가스 콘덴세이트 확인매장량의 20%인 7억 5,600만 톤, 천연가스의 30%인 468bcm을 자산으로 보유하고 있다. 카자흐스탄 3대 유전인 텡기즈 유전에 20%, 카샤간 유전에 16.88%, 카라차가낙 유전에 10%의 지분을 가지고 있다. 그리고 100% 지분을 가진 자회사(우젠무나이가스, 엠바무나이가스)를 통해 엠바, 제티바이, 우젠 유전 등에 대한 독점적 개발권을 가지고 있다. 이를 바탕으로 2017년 카자흐스탄 원유 및 가스 콘덴세이트 생산의 27%(2,336만 톤), 천연가스 및 부수가스 생산의 15%(8.0bcm), 원유 정제의 82%(1천 220만 톤), 석유 수출의 74%, 국내소비의 26%, 가스 수출의 28%, 국내소비의 72%를 차지한다. 그리고 카자흐스탄 원유 수송의 57%, 천연가스 수송의 82%를 담당한다.[94]

표 18. 카즈무나이가스 원유-가스 생산 추이

	단위	2006년	2007년	2008년	2009년	2010년	2011년	2012년	2013년	2014년	2015년	2016년	2017년
원유 생산	천 톤	12,887	16,689	18,051	18,701	21,969	21,105	21,390	22,630	22,490	22,669	22,638	23,362
	%*	19.8	24.9	25.5	24.5	27.6	26.4	27.0	27.7	27.8	28.5	29.0	27.1
가스 생산	백만㎥	3,224	3,532	3,786	4,332	4,912	4,850	5,528	6,924	7,025	7,255	7,365	7,997
	%*	12.2	11.9	11.5	12.1	13.1	12.3	13.7	16.3	16.2	15.9	15.8	15.0
원유 수송 (송유관)	백만 톤	46.85	50.8	60.65	64.18	65.83	66.87	65.79	67.22	64.01	61.0	56.58	58.54
	%*			62	63	66	67	67	67	65	65	58.1	57
가스 수송 (가스관)	10억㎥	121.9	114.2	116.7	91.1	101.65	110.55	109.19	110.14	105.44	102.75	88.08	100.86
	%*			100	100	97.9	93.5	90.5	94	95	94	91	82
원유 정제	천 톤	3,746	4,712	6,079	8,193	11,399	11,422	11,837	11,869	12,691	12,111	11,892	12,200
	%*			49.5	80.4	83.3	83.2	83.3	83	82	83.3	82.1	82
원유 매장	백만 톤	604.8	611.3	706	795.4	806.3	793.4	822.7	811.3	818.3	801.2	785.8	756
천연가스매장	10억㎥	52.7	236.5	343.2	374.6	395.6	394.9	481.6	475.5	487.6	486.2	480.1	467.9

%* : 카자흐스탄 전체 생산 및 수송에서 차지하는 비중
자료 : 카즈무나이가스 Annual Report 각년호
http://www.kmg.kz/rus/investoram/finansovye_i_godovye_otchety/

(2) 천연가스

카자흐스탄에는 석유에 비해 적지만 상당한 양의 천연가스가 매장되어 있다.

94) NG KMG, "Investor Presentation FY 2017 Result", May 2018. p.5, 7, 13. (http://www.kmg.kz/rus/investoram/prezentacii/

천연가스의 확인매장량은 평가 기관에 따라 큰 차이를 보인다. BP에 따르면 2017년 말 기준 세계 매장량의 0.63%인 1조 1,440억㎥가 묻혀있어 약 42년 동안 채굴이 가능하다. 반면 OPEC은 세계 매장량의 약 1%에 해당하는 1조 8,980㎥로 평가하였다. 카자흐스탄 지하자원 국가위원회는 2016년 1월 1일 기준 천연가스 가채매장량을 4.01조㎥(4.01tcm)로 확신하며 그 중 자유가스(free gas. 천연가스)가 1.74tcm, 용해가스(solution gas. 원유에 용해하여 존재하는 천연가스)가 2.27tcm으로 평가했다.[95] 2000년부터 2015년까지 지질 조사 및 탐사를 통해 새로 발견된 천연가스는 가채매장량 기준 290bcm이었다. 가채매장량에 있어 카자흐스탄은 CIS 국가 중에서는 러시아, 투르크메니스탄에 이어 3위를 차지한다.

카자흐스탄 천연가스의 특징은 언급한 바와 같이 대부분이 원유 생산에 수반되는 부수가스(associated gas)로 가스전은 유전지대와 거의 일치한다. 따라서 천연가스 생산량은 석유액화물의 생산에 따라 결정된다. 그리고 황화수소와 이산화탄소 함유량이 높은 사워가스(sour gas)로 상업용 판매를 위해서는 정제과정이 필요해 생산비가 커지는 문제점을 지니고 있다. 카자흐스탄 내에서도 생산지와 수요처가 멀리 떨어져 있어 운송비용이 많이 든다. 이와 같은 요인들이 오늘날까지 카자흐스탄에서 천연가스의 생산과 수출을 제한하고 있다. 따라서 카자흐스탄은 원유채굴 과정에서 나오는 가스의 상당 부분을 저류층까지 굴착된 주입 정을 통해 고압 주입하여 저류층 내의 석유 회수율을 높이는 데 사용하고 있다.[96] 2016년 전체 가스 생산량의 36%인 16.9bcm이 석유 회수율을 높이기 위해 재주입되었다.[97] 카자흐스탄 가스 생산에서 두드러진 점은 가스 플레어링(Gas

95) KazEnergy, “The National Energy Report 2017”, KazEnergy Association, p.103.

96) 원유를 채굴할 때 처음보다 압력이 하강하여 채굴량이 감소하면 물이나 가스를 주입해 생산량을 증대시키는데 이를 ‘석유회수증진법’ 이라 한다. 압력 보강 없이 자연 상태의 압력을 이용해 원유를 생산하는 것이 1차 회수 단계, 지하에 있는 물이나 가스, 기름을 넣어 압력을 보강해 생산하는 것이 2차 회수단계, 열처리, 이산화탄소 주입, 폴리머 주입 등으로 원유의 점성도를 낮추거나 화학물질 주입으로 친유성과 친수성을 조절하는 방식을 통한 생산 방법이 3차 회수단계다. 석유회수증진법의 개발로 석유의 회수율(경제적 매장량/원시 부존량)이 과거 30%에서 60%까지 높아졌다. (한국에너지공단, 에너지용어 : EOR과 IOR. 제118호 주간 에너지 이슈 브리핑_2016.1.29.)

97) KazEnergy, “The National Energy Report 2017”, KazEnergy Association, p.100.

flaring)이 심하다는 것이다. 2014년에는 가스 플레어링이 3.9bcm으로 세계 전체 가스 플레어링의 2.7%를 차지하며 9위를 차지하기도 했다. 그 후 감소세를 보이며 2017년에는 2.4bcm으로 줄어들었지만, 세계 13위로 투르크메니스탄(1.67bcm. 17위)과 우즈베키스탄(0.8bcm)보다도 월등히 높은 수치다.[98)]

카자흐스탄 천연가스전은 확인된 것만 228개이며 그중 68개 가스전에서 생산이 되고 있다. 매장지를 지역별로 살펴보면 서부지역(망기스타우, 아티라우, 서카자흐스탄, 악토베)에 약 98%가 매장되어 있다. 그중에서도 특히 북 카스피해 분지에 대부분(3.72tcm)이 집중되어 있다.[99)] 4개의 대형 가스전(field)이 천연가스 매장량의 75% 이상을 차지한다. 최대 가스전은 카샤간으로 매장량은 2.88tcm인데 대부분이 사워가스(sour gas)로 생산량의 80%가 석유회수 증진에 사용할 것으로 보인다. 그 외에 텡기즈에 1.8tcm, 카라차가낙에 1.37tcm, 이마쉐프스코예(Imashevskoye)에 100bcm 이상의 천연가스가 매장되어 있는 것으로 추정되고 있다.[100)]

천연가스 생산은 2017년 53.2bcm으로 전년(46.7bcm) 대비 14% 증가했다. 카자흐스탄 천연가스 생산은 카라차가낙(KPO)과 텡기즈 프로젝트, CNPC-악토베무나이가스가 주도하면서 전체 생산의 85% 이상을 차지한다. KPO는 2013~ 2016년 동안 17.5~18.2bcm을 생산하며 전체 생산의 39~

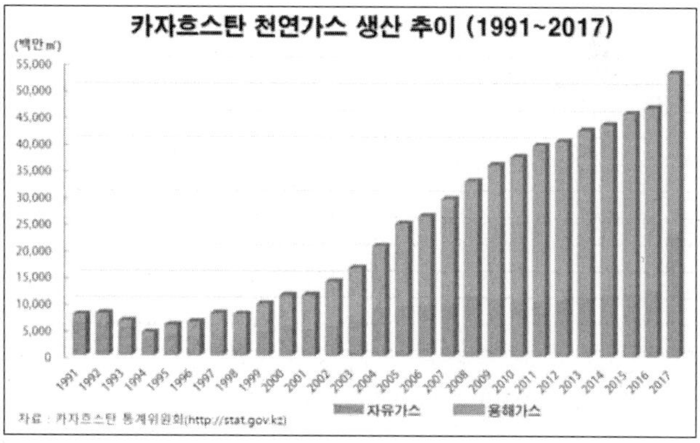

그림 24. 카자흐스탄 천연가스 생산 (1991~2017)

98) World Bank, "Global Gas Flaring Reduction Partnership(GGFR) : All flaring data (2013-17)" http://pubdocs.worldbank.org/en/965611531840923687/Gas-flaring-data-2013-17.pdf
99) KazEnergy, "The National Energy Report 2017", KazEnergy Association, p.104.
100) Michelle Witte, "Natural Gas: Kazakhstan's Other Natural Resource", Edeg, http://www.edgekz.com/natural-gas-kazakhstans-natural-resource/

42%를 담당하는 카자흐스탄 최대 가스생산 기업이다. 텡기즈셰브로일은 2016년 최고치인 15.1 bcm (34%)을 생산하여 2위를 차지했다. CNPC-악토베무나이가스가 13%를 차지하며 3위에 자리매김하였다. IHS Markit은 카자흐스탄의 천연가스 생산이 2020년 48bcm, 2030년 72bcm, 2040년 77bcm에 달하며, 그중 상업용 가스가 각각 27bcm, 35bcm, 47bcm을 차지할 것으로 전망했다. 예전과 마찬가지로 향후 카자흐스탄의 천연가스 생산을 결정하는 가장 핵심적 요인은 원유 생산 추이다.[101] 카자흐스탄의 천연가스 생산은 북서부 지역에 집중되었는데 2016년 이전까지 남부, 북부, 중부 및 동부의 인구 밀집 지역을 연결하는 운송 네트워크가 구축되지 않았다. 카자흐스탄 남부 지역은 투르크메니스탄이나 우즈베키스탄으로부터 천연가스를 수입해 소비하였다. 2015년 11월 국영기업인 가즈트란스가스(KazTransGas)가 베이네우-보조이-쉼켄트(Beineu-Bozoi- Shymkent) 가스 파이프라인을 완공하면서 남부지역으로 가스공급이 가능해졌다. 북서쪽에서 생산된 천연가스가 남부의 인구 밀집 지역으로 공급되면서 국내 생산 가스가 수입 천연가스를 대체했다. 동시에 투르크메니스탄~중국 간 가스파이프라인(Turkmenistan-China Gas Pipeline)과 연결되면서 북서부에서 생산된 가스가 중국으로 수출될 수 있는 길이 열렸다. 그러나 나머지 다른 지역으로의 가스 공급과 서부와 남부를 연결하기 위한 계획은 더욱 불확실해졌다. 상대적으로 인구 밀도가 낮은 북부, 중부 및 동부 지역으로의 파이프라인 연결은 먼 거리로 인한 파이프라인 건설비용과 소비 수요라는 경제성 측면에서 실현 가능성이 낮다. 카자흐스탄은

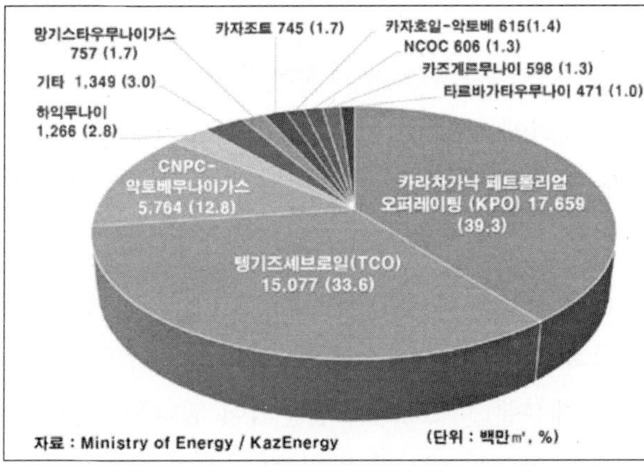

그림 25. 카자흐스탄 천연가스 생산업체(2016년)

101) KazEnergy, “The National Energy Report 2017”, KazEnergy Association, pp.101~106.

2017년 러시아로부터 약 5,000t(0.2bcm의 천연가스)의 액화천연가스(LNG)를 도로를 통해 수도인 아스타나와 기타 북부 다른 도시로 수입하기로 계약을 체결했다. 카자흐스탄 정부는 가스 운송망 구축보다는 북부와 중부에 위치한 탄광과 석탄층에서 메탄을 생산하는 방법을 통한 가스공급 가능성을 모색하고 있다.102)

(3) 석탄

석탄은 카자흐스탄 에너지 생산에서 가장 중요한 임무를 수행한다. 2017년 카자흐스탄 전력 생산의 62%, 1차 에너지 소비의 54%를 석탄이 담당한다.103) 카자흐스탄은 석탄 매장량에 있어 세계 10대 부국 가운데 하나다. BP에 의하면 2017년 말 기준 카자흐스탄에 묻혀있는 석탄은 확인매장량이 256억 톤(세계 매장량의 2.5%)으로 폴란드에 이어 9위를 차지하였다. 가채연수는 230년에 달한다. 무연탄과 역청탄만 평가되었고 아역청탄과 갈탄은 제외되었다.104) EIA는 282억 톤, 세계 매장량의 2.5%로 평가하였다. 카자흐스탄 지질위원회(Kazakhstan's Geological Committee)의 평가에 따르면 47개 탄전에 341억 톤(세계 매장량의 4%)이 묻혀 있어 순위로는 우크라이나에 이어 8위를 차지한다. 2003~2015년까지 5,170만 톤의 석탄이 추가로 발견되었다. 석탄의 64%는 무연

표 19. 카자흐스탄 주요 탄전과 매장량(2017.01.01)

카라간다州	100만 톤	파블로다르州	100만 톤
Shubarkol	2,000	North section 1,2,3,4,7..	2,000
Tentekskaya Mine	533	Bogatyr section 5,6	1,000
Kuznetsky	417	East section	1,000
Saranskaya Mine	252		
Kostenko Mine	230	동카자흐스탄州	
Abaiskaya Mine	213	Karazhyra	890
Kuzembayeva Mine	195		
Kumyskuduksky	121	코스타나이州	
Kazakhstanskaya Mine	113	Eginsai	1,000
Shakhtinskaya Mine	103	Kushmurun 1,2	3,000
Lenina Mine	70	Kyzyl tal	2,000
북카자흐스탄州		악튜빈스크州	
shoptykol	1,000	Mamyt	1,000

자료: https://lsm.kz/krupnye-mestorozhdeniya-uglya-v-kazahstane-infografika

102) EIA, "Country Analysis Brief: Kazakhstan", Last Updated: May 10, 2017.
103) BP "Statistical Review of World Energy 2018." June 2018. p.9. & 48.
104) BP "Statistical Review of World Energy 2018." June 2018. p.36.

탄이며 36%는 갈탄이다. 매장량의 90% 이상이 중부와 북부 지역에 집중되어 있다. 카라간다주에 매장량이 1억 톤이 넘는 대형 탄전이 11개, 파블로다르주와 코스타나이주에는 매장량이 10억 톤이 넘는 탄전이 각각 3개, 악튜빈스크주, 동-카자흐스탄주와 북-카자흐스탄주에 10억 톤 규모의 탄전이 각각 1개씩 분포한다.[105] 카자흐스탄 최대 탄전은 중부 석탄 분지 에키바스투즈(Ekibastuz) 탄전과 카라간다(Karaganda) 탄전으로 매장량은 각각 125억 톤, 93억 톤이다. 그리고 북부 석탄 분지에 있는 투르가이(Turgay) 탄전이 58억 톤으로 세 번째로 매장량이 많다. 카자흐스탄에 매장되어 있는 석탄은 대부분이 수분 함량이 많고 상대적으로 열량이 낮으면서 회성분과 유황성분이 높다는 특징을 지닌다. 특히 에카바스투즈 탄전은 석탄층이 두껍고 지표면에서 얕게 묻혀있어 생산 비용이 저렴하지만 회성분 함유량(42~44%)이 특히 높아 경제성이 떨어진다. 반면 카라간다의 슈바르콜(Shubarkol) 탄전은 회성분(5~15%)과 유황성분(0.5%)이 낮고, 발열량(5,600 kcal/kg)이 많다.[106] 카자흐스탄은 2003년 8,500만 톤의 석탄을 생산하며 우크라이나를 제치고 10위권에 진입한 후 지금까지 그 순위를 유지하고 있다. 2017년 카자흐스탄의 석탄 생산은 1억 596만 톤으로 전년 대비 2.8% 증가했다. 2012년 1억 2,053억 톤 생산하며 정점을 찍은 후 2016년까지 감소하다 소

그림 26. 카자흐스탄 지역별 석탄 생산 추이

105) Алина Есеналина, “Крупные месторождения угля в Казахстане. Инфографика” LS, 1 марта 2018 года.
(https://lsm.kz/krupnye-mestorozhdeniya-uglya-v-kazahstane-infografika) & Эльвира Джантуреева, “Недропользование. Энергетический комплекс: запасы, добыча, инвестиции” Деловой журнал “Казахстан”, №5, 2016 год.

106) KazEnergy, “The National Energy Report 2017”, KazEnergy Association, pp.179~180.

폭 반등하였다. 생산량의 95% 이상이 무연탄이며 갈탄은 5%에 불과하다. 지역별로는 파블로다르주와 카라간다주가 생산의 92~95%를 차지한다. 2000년대 중반 이후 매년 적게는 2,400만 톤에서 많게는 3,400만 톤이 수출되며 생산의 25~30%를 차지하였다. 러시아가 최대 수출국으로 약 80%를 담당했다. 2010년 3,260만 톤을 수출한 이후 2014년 2,780만 톤, 2016년 2,580만 톤으로 감소하는 추세에 있다. 국내 석탄 소비의 50% 이상이 발전용으로 사용되는데 2016년에는 65%에 달했다. 2016년 기준 석탄은 카자흐스탄 전력 생산의 65%(2016년 70%)를 담당하고 있다. 그 외 가스가 21%(2016년 16%), 수력이 12%, 석유가 2%를 책임졌다.107)

(4) 카자흐스탄 주요 유전-가스전

카자흐스탄은 석유와 천연가스 등 탄화수소 매장량 부문에서 중앙아시아 최대 부국이다. 그리고 대형 유전이 여전히 발견되고 있는 세계에서 몇 안 되는 국가 중의 하나다. 그러나 카자흐스탄은 암석층이 세계 어느 곳보다 2~3배나 두껍고 탄화수소가 지하 깊숙이 매장되어 있다는 특징은 지닌다. 카자흐스탄 유전은 대부분이 가스를 대량 수반하고 있는데 가스에 부식성이 높은 유황 함유량이 매우 높다는 문제점을 지닌다. 원유 생산을 위해서는 부식을

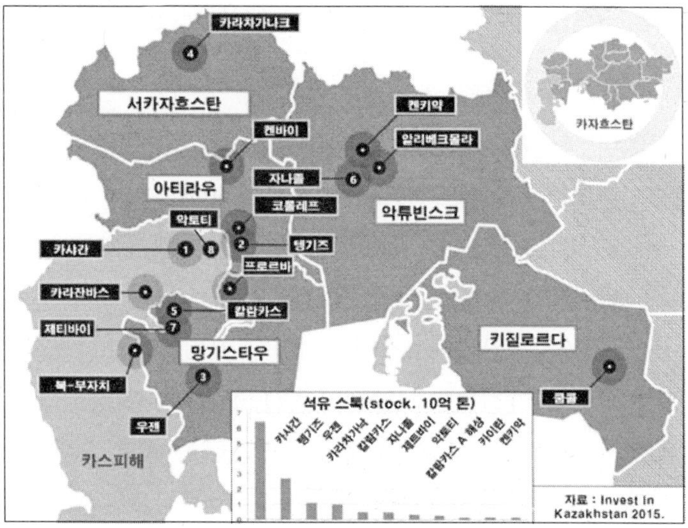

그림 27. 카자흐스탄 주요 유전-가스전 지대

107) KazEnergy, "The National Energy Report 2017", KazEnergy Association, p.237.

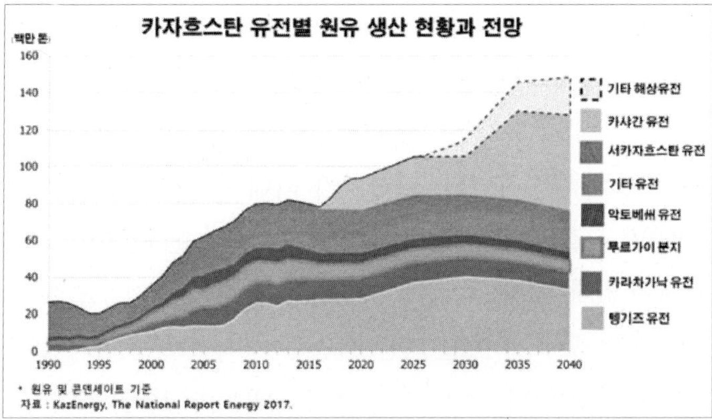

그림 28. 카자흐스탄 유전 별 원유 생산 전망

막기 위한 고가의 정화 장비 및 설비가 필요하며, 유황 처리 장치를 별도로 설치해야 한다. 텡기즈(Tengiz), 카라차가낙(Karachaganak), 우젠(Uzen) 등이 대표적인 육상 유전이며, 카샤간과 악토티는 카스피해 북부 연안에 있는 대표적인 해상 유전이다. 가채매장량 및 확인매장량 규모에서 카자흐스탄을 대표하는 초대형 3개 유전(카샤간, 텡기즈, 카라차가낙)을 중심으로 주요 8개 유전을 살펴보면 다음과 같다.

① 카샤간(Kashagan) 필드

2000년 6월 발견된 아티라우市 인근 카스피해의 북쪽 해상에 위치한 카자흐스탄 최대 석유 및 가스전으로 면적이 5,600㎢이다. 1968년 알래스카 프루도 만(Prudhoe Bay) 유전 이래 50년 동안 발견된 세계에서 가장 큰 유전이며, 동시에 현존하는 세계 최대 해상 유전이다. 동카샤간은 2000년 여름, 서카샤간은 2001년, 남-서카샤간은 2003년 발굴되었다. IHS Markit은 원유의 가채매장량이 110억 배럴, 천연가스는 1조 5,800억㎥(1.58tcm)로 평가한다. 프로젝트 운영 회사인 NCOC는 총매장량이 360억 배럴(60억 톤)이며 그 중 가채 매장량은 100억 배럴로 평가한다. 천연가스 매장량 또한 1조㎥이상으로 예상한다.[108] 카샤간 유전은 세계에서 가장 비싼 에너지 자원개발 프로젝트의 하나로 지금까지 투입된 자본 규모가 550억 달러에 달한다.[109]

캬사간 필드의 원유와 천연가스는 카스피해 북부 대륙붕 지대에 지표면으로

108) 2016 Kazakhstan EITI Report, EITI Kazakhstan, September 2017. p.37.
109) KazEnergy, “The National Energy Report 2017”, KazEnergy Association, p.47.

부터 4.5㎞ 지하에 묻혀있어 높은 압력(770psi)을 받고 있다. 특히 가스는 약 17%의 황화수소를 함유하는 등 복잡한 지질학적 환경을 갖고 있다. 그리고 여름은 최고 40℃에 달할 정도로 무덥고 겨울은 -40℃의 매서운 추위를 보이는 극심한 대륙성기후로 일 년 중 두꺼운 얼음층으로 결빙되는 기간이 5개월에 달하는 기후적 문제점을 안고 있다.[110] 이탈리아 Agip-KCO가 2001~2009년까지 운영사로 개발을 추진했으나 지질학적, 기후적 환경에 따른 기술적 난관에 봉착하면서 프로젝트 개발 비용 상승을 감당하지 못하면서 카샤간 필드 운영권이 북카스피해 생산물분배협정(NCSPSA. North Caspian Sea Production Sharing Agreement)에 의해 2009년 북카스피해운영회사(NCOC)로 넘겼다. NCOC는 초기 계획보다 8년이나 늦은 2013년 9월 처음으로 일 40,000배럴의 원유를 생산하였다. 그러나 석유생산 13일 만에 파이프라인에서 가스가 유출되어 즉시 수리하였으나, 생산설비의 잦은 가스 누출에 따른 폭발사고로 인명피해가 발생하며 결국 10월 생산을 잠정 중단하였다. 파이프라인 교체비용의 증가 등으로 3년 동안 생산이 지연되었다가 2016년 9월 말부터 생산을 재개하며 12월까지 3개월 동안 96만 6천 톤(81,000bbl/d)의 원유를 생산하였다. 2017년에는 835만 톤의 원유와 5.1bcm의 가스를 생산하였다. 2018년은 1,080만 톤의 원유와 6.8bcm의 가스 생산이 예상된다. 2018년 6월 현재 원유 생산은 1일 320,000~330,000만 배럴이며, 2019년까지 370,000배럴, 2024년까지 450,000배럴 생산이 가능할 것으로 보인다.[111] 그리고 2단계 개발 계획이 2025년부터 시작되면 2030년 생산은 760,000배럴(3,580만 톤), 2040년 1,100,000배럴(5,200만 톤)에 이를 것으로 보인다. 카자흐스탄 에너지부가 2017년 6월 발표한 "Foresight-2050" 보고서에 의하면 석유액화물 생산이 2015년 7,950만 톤에서 2030년에는 1억 200만 톤으로 확대될 것으로 예상하는데 그 달성 여부는 전적으로 카샤간 유전에서의 생산 증가에 달려있다. 기존의 유전

110) Jesse Allen, "Kashagan, Oil and Gas Field, Kazakhstan", NASA Earth Observatory, September 20, 2015.

111) EnergyBase, "Казахстан не будет снижать добычу нефти в 2018 году", 26 июня 2018. https://energybase.ru/news/industry/kazahstan-ne-budet-snizat-dobycu-nefti-v-2018-godu-glava-minenergo-2018-06-26

들이 대부분 생산의 정점을 지났거나, 새로 발견된 유전들이 소규모인 데 반해 카샤간 유전은 세계에서 5번째로 큰 초대형 유전으로 2017년부터 생산이 궤도에 진입했다.112)

그림 29. 카샤간 유전

그림 30. 카샤간 원유 수송 루트

② 텡기즈(Tengiz) 필드

카자흐스탄 Atyrau주에 있는 세계에서 6번째로 큰 유전 지대로 다른 석유구조와 마찬가지로 천연가스가 대규모로 포함되어 있다. Atyrau시의 남동쪽 160km 지점에 있다. 카스피해의 석유 및 가스 지역에 속하는데 길이 21㎞, 폭이 19㎞에 달하는 거대한 유전으로 지하 4,000m에 1.6㎞에 달하는 유층(油層)을 지니고 있다.113) 텡기즈 유전은 1979년에 발견되었고 1991년 4월부터 상업 생산이 시작되었다. 원시 부존량(OIIP)은 코롤레프 필드 2억 톤(16억 배럴)을 포함해 32억 톤(255억 배럴)이었다. 총 가채매장량은 8.9억~13.7억 톤(71억~109억 배럴)으로 평가되었다. 텡기즈 유전개발 운영회사는 "Tengizchevroil(TCO)"로 1993년 카자흐스탄의 Tengizneftegaz production association과 셰브런이 설립한 합작법인이다.

112) Joseph Murphy, "NCOC Mulls Development Of Kashagan Satellites", FSUOGM, 28 February 2018. & "Министерство энергетики Республики Казахстан, Форсайт-2050 : Новый мир энергии и место Казахстана в нем", Астана - Июнь, 2017. http://wsec.kz/wp-content/uploads/file/19/Kanat%20Bozumbayev.pdf

113) KazMunayGas, Upstream projects, Tengiz.(http://www.kmg.kz/eng/deyatelnost/project/prd/)

2008년 사워가스 주입과 제2차 발전 플랜트 확장 공사가 완료되면서 원유는 1일 600,000배럴, 천연가스는 2,200만㎥를 생산할 수 있게 되었다.[114] 1993년부터 2015년까지 텡기즈 유전의 석유-가스 개발에 투입된 자본지출은 총 251억 달러였고, 총 3억 3,850만 톤의 원유가 채굴되었다.[115] 텡기즈 유전은 2010년 이후 카자흐스탄 원유 생산의 30% 이상을 담당하고 있다. 2017년에 총 2,870만 톤의 원유를 생산하여 카자흐스탄 전체 원유 생산의 1/3을 차지했다. 텡기즈 유전은 생산시설이 가장 복잡한 유전 중의 하나로, 세계 10대 유전에 포함된다. 텡기즈세브로일이 2016년 7월 텡기즈 유전 확장 프로젝트에 총 368억 달러를 투자하기로 함에 따라 공사가 완료되는 2022년 이후 텡기즈 유전의 원유 생산이 연간 1,200만 톤 더 늘어날 것으로 보인다.[116]

③ 카라차가낙 필드(Karachaganak field)

카라차가낙은 카자흐스탄 북서부 악사이(Aksai) 근처에 위치한 280㎢가 넘는 면적을 지닌 거대한 가스 콘덴세이트전이다. 1979년에 발견되어 1984년부터 상업 생산이 시작되었다. 개발 초기는 오렌부르크(Orenburg) 가스정제 플랜트의 일환으로 가즈프롬이 운영하면서 원유보다 가스 생산이 중심이 되었다. 탄화수소의 원시 부존량(HIIP. hydrocarbons initially in place)은 원유 및 콘덴세이트가 133억 배럴(17억 톤), 천연가스는 60.2tcf(1.7tcm)로 지금까지 석유액화물의 11%, 천연가스의 12%가 채굴되었다.[117] 가채매장량은 원유와 12억 톤, 천연가스 1.35조㎥(1.35tcm)로 평가되고 있다.[118] 현재 115개의 유정과 17개의 사워가스 재주

114) TCO, "Tengizchevroil Fact Sheet", Year-end 2017. (http://www.tengizchevroil.com/about/media/factsheet)

115) Деловой журнал "Казахстан", "Нефтегаз. Минэнерго подводит итоги", №5, 2016 год. http://investkz.com/journals/112/1566.html

116) KazMunaygaz, "Факты об НК КМГ за 2017 год". http://www.kmg.kz/uploads/Factsheet%202017_rus_10.pdf

117) KPO,"KPO announces 2017 performance results", Home/News Room/Company news/, February 5, 2018. (http://www.kpo.kz/en/news-room/company-news.html)

118) Hydrocarbons Technology, Karachaganak Gas Condensate Field https://www.hydrocarbons-technology.com/projects/karachaganak/

입정(sour gas re-injection wells)이 운영되고 있다. 국제 컨소시엄인 "Karachaganak Petroleum Operating(KPO)"이 1997년 카자흐스탄 정부와 생산물분배협정을 체결하고 2038년까지 채굴운영권을 가지고 있다. KPO는 지금까지 카라차가낙 유전 개발에 총 230억 달러 이상을 투자하고 있다. 2012년 이후 매년 원유와 콘덴세이트 1,100만 톤, 가스 180억㎥를 생산하고 있다. 생산된 가스의 약 50%는 재주입되어 석유 회수율을 높이는 데 사용된다.[119] 2017년 카라차가낙 유전에서 역대 최고치인 1억 4,600만 배럴(석유 환산 배럴. BOE)의 원유 및 콘덴세이트, 가스(처리 및 연료가스)가 생산되었다. 가스 생산량의 49.1%인 9.3bcm이 재주입되었다.[120] 카라차가낙의 원유 및 가스 생산력 확장 프로젝트(Karachaganak Growth Project 1 (KGP-1))가 2024년 이후 계획되어 있는데 약 4,500만 톤의 원유 및 콘덴세이트 생산 증가가 예상된다.[121] 카라차가낙 유전은 경제적 측면에서 카자흐스탄 내에서 최고의 유전으로 평가받고 있다. 품질면에서 카라차가낙 원유는 텡기즈 유전과 같지만, 유황 함량이 낮아 생산 원가가 훨씬 저렴하다.

표 20. 카라차가낙 필드 원유 및 가스 생산 추이

	단위	2007년	2008년	2009년	2010년	2011년	2012년	2013년	2014년	2015년	2016년	2017년
원유 생산	천 톤	10,429	10,450	10,695	10,247	10,854	11,013	10,492	11,004	10,795	10,466	11,250
	%*	15.6	15.1	13.4	13.6	13.8	13.2	13.5	13.4	13.2	13.4	13.1
가스 생산	백만㎥	14,233	15,004	15,564	15,009	16,868	17,519	17,531	18,248	18,234	17,659	18,920
	%*	48.1	45.6	43.3	40.1	42.7	43.5	41.3	42.0	40.1	37.8	35.6
- 재주입가스	백만 톤	6,016	6,372	6,589	6,437	8,129	8,667	8,570	8,818	8,652	8,039	9,290
	%**	42.3	42.5	42.3	42.9	48.2	49.5	48.9	48.3	47.4	45.5	49.1

%* : 카자흐스탄 전체 생산에서 차지하는 비중, %** : 카라차가낙 가스 생산에서 차지하는 비중
자료 : Karachaganak Petroleum Operating(KPO) & KazMunayGas Annual Report 2016을 바탕으로 작성

④ 우젠(Uzen) 필드

우젠 필드는 카자흐스탄의 망기스타우주의 남부 망기쉴락(Mangyshlak) 반도의 지하 900~2,400m에 있는 석유 및 가스전이다. 1961년에 발견되어 1965년부터 상업용 생산이 시작되었다. 석유의 추정매장량은 11억 톤이며, 가채매장량은 1억 9,160만 톤(15억 배럴)으로 평가된다. 유전 운영기업은 오젠무나이가스

119) JSC NC ""KazMunayGas", "Annual Report 2016", p.25.
120) KPO, "KPO announces 2017 performance results", February 5, 2018. Home/News Room/Company news/
121) JSC NC "KazMunayGas", "Annual Report 2016", p.25.

(Ozenmunaygas JSC)로 카즈무나이가스가 100% 지분을 갖고 있다. 1975년 1,630만 톤을 생산하여 최고치를, 1994년에는 270만 톤을 생산하여 최소치를 기록했다.[122] 2016~2017년 원유 및 콘덴세이트 생산량은 각각 555.5만 톤, 548만 톤, 가스는 3.01억㎥, 3.2억㎥이다.[123]

⑤ 칼람카스 필드(Kalamkas field)

망기스타우주 부자치(Buzachi) 반도에 위치한 석유-가스전이다. 1976년 발견되어 1979년 개발이 시작된 북부 부자치 원유-가스전으로 지하 500~1,100m에 위치한다. 지질학적 원유생산량(geological oil reserves)은 5억 톤으로 평가된다.[124] 원시부존량은 2억 780만 톤이며, 확인매장량은 2017년 1월 1일 기준 5,940만 톤으로 카자흐스탄 전체 원유 매장량의 1,9%에 해당한다. 카즈무나이가스의 자회사 망기스타무나이가스(Mangistaumunaigas)가 운영자로 동 필드의 개발을 주도하고 있다. 2016년 원유 추출은 카자흐스탄 전체 생산의 5.7%인 410만 톤이었다.[125]

⑥ 자나졸 필드(Zhanazhol field)

악토베주 무갈자르(Mugalzhar) 지역에 위치한 가스 콘덴세이트전으로 1978년에 발견되었다. 카스피해 원유 및 가스 지역에 속하며, 탄화수소는 지하 1.9~3.6㎞ 지점에 매장되어 있다. 지질학적 원유생산량(geological oil reserves)은 5억 톤으로 1983년 개발이 시작되었다. 원시 부존량은 1억 2,410만 톤이며, 확인매장량은 2017년 1월 1일 기준 8,130만 톤으로 카자흐스탄 전체 원유 매장량의 2.6%에 해당한다.[126] 현재 중국의 석유기업인 CNPC가 85.42%의 지분을 가진 'CNPC-

122) EITI, Kazakhstan, 2016 Kazakhstan EITI Report, September 2017. p.39.

123) KazMunayGas, "Management discussion and analysis of financial and operating performance of JSC NC "KazMunayGas" for the twelve months ended 31 December 2017", p.9.

124) EITI, Kazakhstan, 2016 Kazakhstan EITI Report, September 2017. p.36.

125) Министерство по инвестициям и развитию Республики Казахстан Комитет геологии и недропользования > ГЛАВНАЯ > ПРЕСС−ЦЕНТР > ПРЕЗЕНТАЦИОННЫЕ МАТЕРИАЛЫ > ДОКЛАД НАДЫРБАЕВА А.А. http://geology.mid.gov.kz/ru/pages/prezentacionnye-materialy

126) Ibid.

Aktobemunaigas'가 개발을 주도하고 있다. 2016년 원유생산량은 200만 톤을 넘어섰다.

⑦ 제티바이 필드(Zhetybai field)

망기스타우州 망기쉴락(Mangyshlak) 반도에 위치한 가스 콘덴세이트-유전이다. 1961년 발견되어 1969년 개발이 시작되었는데 지하 1.7~2.4㎞ 지점에 있다. 남망기스타우 석유-가스전을 말한다. 원시 부존량은 1억 2,934만 톤이며, 확인매장량은 2017년 1월 1일 기준 5,270만 톤으로 카자흐스탄 전체 원유 매장량의 1,7%에 해당한다. 카자흐스탄의 석유회사인 망기스타우무나이가스(JSC Mangistaumunaigas)와 제티바이무나이가스(PO Zhetibaymunaigas)가 필드 개발을 추진하고 있다. 2016년 원유생산량은 161만 톤이다.[127)]

⑧ 악토티 필드(Aktoty field)

아티라우시 남동쪽 200km에 자리하고 있는 해상유전으로 2003년 9월 발견되었다. 북카스피해 프로젝트(North Caspian Project)의 일부로 Agip KCO가 개발운영권을 가지고 있다. 유전으로 지질학적 생산량은 2억 6,900만 톤이며 추출 가능량은 1억 톤이다.[128)]

2) 투르크메니스탄 에너지 자원 잠재력

투르크메니스탄은 카자흐스탄에 이은 중앙아시아 제2의 에너지 자원 부국이다. 특히 '천연가스의 나라'로 불릴 정도로 천연가스 매장량에 있어 세계적 수준이다. 특히 1인당 천연가스 매장량에서는 세계 최고를 자랑한다.

그러나 투르크메니스탄의 가스 확인매장량 규모는 과거는 물론 지금도 논란의 대상이 된다. 영국의 석유회사 BP는 지난 2007년 6월 발행한 "BP Statistical Review of World Energy 2007"에서 2006년 말 기준 투르크메니스탄의 가스 확인매장량을 2.86조㎥로 평가했다. 이는 당시 전 세계 매장량의 1.6%에 해당하는 수

127) Ibid.
128) EITI, Kazakhstan, 2016 Kazakhstan EITI Report, September 2017. p.35.

치로 순위는 세계 13위였다. 이에 반해, 투르크메니스탄 당국은 공식적으로 자국의 천연가스 매장량을 공식적으로 발표하지 않았지만, 정부 소식통은 최대 22.4조㎥라고 말했다. 이는 BP가 발표한 수치보다 무려 8배나 많은 것으로 러시아(47.65㎥), 이란(28.13㎥)에 이은 세계 3위에 해당하였다. 당시 많은 전문가는 투르크메니스탄이 국제 석유메이저를 유인하여 자국의 가스전을 개발하기 위해 수치를 부풀린 것으로 생각하며 통계자료를 신뢰하지 않았다.[129] 투르크메니스탄 당국은 2008년 5월 영국의 유전 평가기관인 Gaffney Cline & Associates(GCA) 의뢰해 중부 및 동부지역의 가스 매장량을 측정하였다. 2008년 10월 GCA가 공개한 결과는 투르크메니스탄 정부의 주장이 과장이 아님을 밝혀 주었다. GCA는 2개의 거대한 가스전 Yashlar와 Yuzhniy Iolotan-Osman에만 매장된 가스양이 최소 4조㎥에서 최대 14조㎥에 달할 것으로 발표했다. 그리고 3년 후인 2011년 GCA는 욜로텐-오스만 가스전의 가스 매장량 수치를 최소 13.1조㎥에서 최대 21.2조㎥로 상향 조정했다. BP, 석유수출국기구(OPEC), 미국 에너지정보청(EIA)이 이를 반영하면서 투르크메니스탄의 천연가스 확인매장량이 2008년부터 급격히 증가하였다. 그러나 시기 및 반영 규모가 각기 다르면서 투르크메니스탄 천연가스 매장량에 대한 평가가 BP와 EIA 간에 2.5배 이상 차이를 보인다.

에너지 자원 매장량에 대한 투르크메니스탄 정부는 BP보다 훨씬 더 많다는 입장을 견지하고 있다. 투르크메니스탄 석유-가스부는 2008년 갈키니쉬 가스전에 이어 2015년 Galkynysh가스전 근처에서 Garakel과 Bagli 가스전이 새로 발견되었고 2개 가스전의 가채매장량이 42tcf에 달한다고 보도했다.[130] 국영기업 Turkmengas의 수장인 Ashirguli Begliyev는 투르크메니스탄에 묻혀있는 탄화수소의 잠재매장량은 712억 TOE(석유환산톤)에 달하며 그중 530억 TOE는 육상에, 나머지 182억 TOE는 해상지역에 매장되어 있다고 주장한다.[131] 투르크메니

129) Jonathan Davis, "Turkmenistan runs rule over reserves", Upstream, 17 Mar 2008. http://www.upstreamonline.com/live/1089897/turkmenistan-runs-rule-over-reserves

130) http://www.eia.gov/beta/international/analysis.cfm?iso=TKM

131) AzerNews, "Turkmenistan reveals volume of potential hydrocarbon reserves", 11 December 2016. http://www.azernews.az/oil_and_gas/106340.html

스탄 정부는 2017년 5월 개최된 투르크메니스탄 가스 콘퍼런스(Turkmenistan Gas Conference)에서 천연가스 매장량이 50.4조㎥라고 발표했다.[132)]

(1) 천연가스

① 천연가스 매장량

천연가스는 투르크메니스탄이 세계 에너지자원 시장에서 중요한 위치를 점하는 핵심 요소다. 투르크메니스탄은 매장량이 3.5tcf 이상인 10개를 포함해 다수의 세계 최대 규모 천연가스전을 보유하고 있다. 대규모 가스전은 주로 남동부의 아무다리야 분지와 남부의 무르갑 분지, 서부의 남부 카스피해 분지에 자리하고 있다. 유전 대부분은 국영기업인 TurkmenGaz(가스), TurkmenNeft(석유), TurkmenGeologya(지질조사)가 보유하고 있다. 언급한 바와 같이 투르크메니스탄의 천연가스 매장량은 세계적 수준이나 규모에 대한 기관들의 평가는 다양하고 그 편차 또한 대단히 크다. BP는 매년 발행하는 '세계 에너지 통계 리뷰'에서 2017년 기준 투르크메니스탄의 확인매장량 기준 천연가스는 세계 매장량의 10.1%에 해당하는 19.5tcm으로 러시아(35.0tcm), 이란(33.2tcm), 카타르(24.9tcm)에 이어 세계 4위로 평가한다.[133)] 반면 OPEC은 투르크메니스탄의 천연가스 매장량을 세계 매장량의 4.9%인 9.8tcm로, Oil and Gas Journal은 3.8%에 해당하는 265tcf(7.5tcm)로 사우디아라비아(294tcf)에 이어 세계 6위로 평가하였다. 천연가스 매장량 평가에서 이처럼 기관마다 큰 차이를 보이는 것은 투르크메니스탄이 소비에트 폐쇄 경제체제를 유지하며 에너지자원의 탐사 및 개발에 있어 서방의 참여를 극도로 제한하는 정책을 취하면서 에너지 관련 정보를 전혀 공개하지 않았다. 그리고 투르크메니스탄 정부는 많은 사회-경제 지표들을 부풀려 발표해 오면서 신뢰성을 얻지 못하고 있다.

132) Export.Gov > Turkmenistan Country Commercial Guide > Turkmenistan - Oil and Gas Production, Last Published: 10/31/2017.
https://www.export.gov/article?id=Turkmenistan-oil-and-gas-production

133) BP "Statistical Review of World Energy 2016." June 2016. p.20.

표 21. 투르크메니스탄 천연가스 확인매장량 추이

(단위: 조㎥(tcf))

	2000	2002	2004	2005	2006	2007	2008	2009	2010	2011	2012	2013	2014	2015	2016	2017
BP	2.86	2.90	2.90	2.90	2.86	2.67	7.94	8.1	8.0	24.3	17.5	17.5	17.5	17.5	17.5	19.5
%*	1.9%	1.7%	1.6%	1.6%	1.6%	1.5%	4.3%	4.3%	4.3%	11.7%	9.3%	9.4%	9.4%	9.4%	9.4%	10.1%
OPEC	2.68	2.68	2.68	2.68	2.68	2.68	8.40	8.34	10.0	10.0	9.97	9.93	9.90	9.87	9.84	9.84
EIA**	2.86	2.86	2.01	2.01	2.01	2.83	2.83	2.66	7.50	7.50	7.50	7.50	7.50	7.50	7.50	7.50

%* : 세계 매장량에서 차지하는 비중, EIA** : 입방피트 자료를 입방미터로 환산(1bcm= 35.315bcf)
자료 : BP, OPEC, EIA 통계 data를 바탕으로 작성.

표 22. 투르크메니스탄 주요 가스전

가스전	확인매장량 (bcm)	운영사	계약형태	생산 2012	공급처	2020년 예상
Galkynysh	13,100	CNPC, 현대엔지니어링, LG상사, 페트로팍	PSA	25 (2013년)	중국 30 (현재) 유럽 30 (향후) 인도, 파키스탄 33(향후)	35
Dauletabad	1,200	Turkmengaz	라이센스	34	현재 국내소비 (동-서파이프라인) 과거 러시아, 이란 수출	30
Mayskoye	11	Turkmengaz	라이센스	n/a	국내, 러시아	-
Gagarinskoye	23	Turkmengaz	라이센스	n/a	국내, 러시아	-
Korpezhe	141	Turkmengaz	라이센스	n/a	이란	-
Shatlyk	1,000	Turkmengaz	라이센스	n/a	국내, 러시아	-
Byashkyzyl	100	Turkmengaz	라이센스	n/a	러시아	-
Saman Depe	1,300	CNPC	PSA	13	중국	-
총	17,500			64		83

자료 : Qaya Mammadov, "Turkmenistan positions itself as Eurasian natural gas power", Oil & Gas Journal, Oil &Gas Journal 113 (12), 76-83

② 천연가스 생산

소비에트시대 투르크메니스탄의 연간 천연가스 생산은 80bcm이 넘었다. 독립 이후 투르크메니스탄의 천연가스 생산은 60bcm까지 떨어졌고, 1994년 러시아가 천연가스 수출을 금지하면서 생산은 1995년 30bcn 이하로 급감하였다. 1997년 투르크메니스탄은 가스 수출대금 결제를 지연하고 있던 아르메니아, 조지아, 우크라이나로의 천연가스 판매를 중단하였다. 그 결과 투르크메니스탄의 가스 생산이 1998년 12bcm까지 떨어졌다.

1997년 투르크메니스탄과 이란 간 가스관이 개통되면서 연간 최대 13.5bcm의 가스를 수출하는 길이 열렸고, 1999년 가스 수출 미수금에 대한 채무 재조정(rescheduling)과 수출 대금에 대한 협정이 체결되면서 러시아를 비롯한 CIS 국가

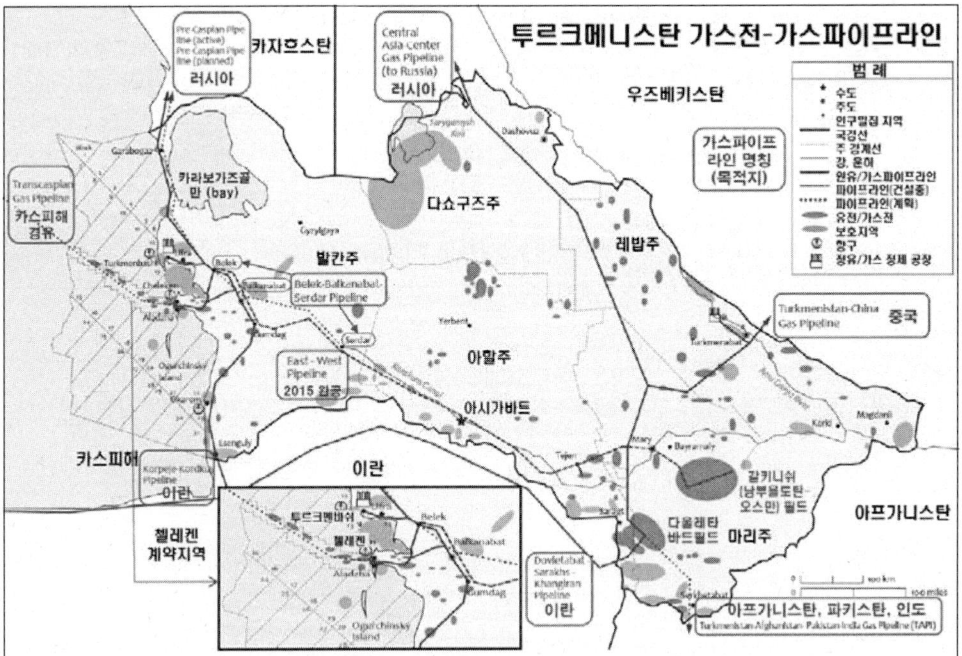

자료 : Turkmenistan Oil and Gas Map. https://crudeaccountability.org/wp-content/uploads/2012/04/2011-CrudeOileAndGasMap-en.pdf

그림 31. 투르크메니스탄 석유-가스전 및 가스파이프라인

로의 수출이 재개되면서 가스 생산은 2000년 42.5bcm로 급격히 회복되었다. 그리고 2002년 하반기부터 국제에너지 가격이 장기상승(super cycle) 국면으로 진입하였고, 2003년 러시아와 25년 장기 가스공급 계약(연간 최대 48bcm)을 체결하면서 투르크메니스탄의 가스 생산 또한 빠른 속도로 증가했다. 가스 생산량이 글로벌 금융위기 직전인 2007년에는 67.4bcm으로 늘어나며 독립 이후 최고치를 기록했다.

그러나 2008년 글로벌 금융위기 여파로 유럽의 대러시아 천연가스 수요가 감소하는 가운데 2009년 4월 대러 수출 가스관 폭발사고가 발생하였고, 가스 수출 가격과 물량을 둘러싼 러시아와의 협상이 결렬되면서 러시아 수출이 2009년 10bcm으로 줄면서 천연가스 생산 또한 36,4bcm으로 전년 대비 절반 수준으로 급감했다. 그 후 중국, 이란, EU로의 가스 수출을 다변화하면서 투르크메니스탄의 가스 생산은 다시 회복되기 시작해 2015년에는 70bcm을 넘기도 했다. 그러나 러시아 가즈프롬이 2015년 수입 물량을 일방적으로 4bcm으로 대폭 축소한데 이어 2016년 1월 투르크메니스탄 천연가스 구매를 전면 중단하였고, 2017년 이란으로 가스 수출도 중단되면서 투르크메니스탄의 가스 생산은 2016년 66.8bcm, 2017년 62bcm으로 축소되었다.

표 23. 투르크메니스탄 천연가스 생산, 소비, 수출 현황 (2002~2017)

(단위: bcm)	2002	2004	2005	2006	2007	2008	2009	2010	2011	2012	2013	2014	2015	2016	2017
생산 (A)	49.9	54.6	58.8	62.2	67.4	66.1	36.4	42.4	59.5	64.4	62.3	69.3	72.4	66.8	62.0
소비 (B)	13.2	15.5	16.6	18.9	21.9	19.0	19.8	20.4	25.0	23.3	22.3	27.7	34.3	29.5	28.4
수출여력(A-B)	36.7	39.1	42.2	43.3	45.5	47.1	16.6	22	34.5	41.1	40	41.6	38.1	37.3	33.6

자료 : BP "BP Statistical Review of World Energy" 각 년호를 기초로 작성

2016년 이후 투르크메니스탄의 천연가스 생산은 국내 수요가 예상보다 완만하게 증가하고 수출이 감소 추세를 유지하고 있어 단기적으로는 감소할 전망이나, 장기적으로는 신규 수출시장 개척과 국내 수요의 증가가 예상되어 2020년 이후부터는 생산의 지속적 증가가 예상된다. 국제에너지기구(IEA)는 2017년 세계에너지전망 보고서에서 투르크메니스탄의 가스 생산이 연평균 2.4% 증가하며 2030년 102bcm, 2040년 141bcm을 기록할 것으로 예상하였다.[134] 반면 투르크메니스탄 정부는 '2014~2030 석유-가스 산업 발전프로그램(Oil and Gas Industry Development Program 2014-2030)'에서 2030년까지 250bcm 천연가스 생산을 목표로 설정하였다.[135]

투르크메니스탄에서 가스 생산은 국영 가스회사인 투르크멘가즈(TurkmenGaz)에 의해 주도된다. 투르크멘가즈는 국가 전체 가스 생산의 80%를 담당한다. 나머지를 Petronas Carigali(말레이시아), ENI(Burren Energy. 이탈리아), ENOC (Dragon Oil. 아랍에미리트), CNPC(중국) 등의 해외 에너지기업들이 생산한다. 투르크멘가스의 다울레타바드(Dauletabad)전에서 생산량이 감소함에 따라 향후 외국기업이 생산하는 가스의 절대적 생산량과 비중이 증가할 것으로 보인다.

134) IEA, Outlook for Natural Gas, Excerpt form World Energy Outlook 2017, 2018, p.346.
135) Oil & Gas Sector Analysis : Turkmenistan, Business Sweden, Kazakhstan, November 2016.

Petronas는 1996년 생산물배협정에 의해 카스피해 해상 'Block 1'지역의 디야르베키르(Diyarbekir), 마그팀굴리(Magtymguly) 및 가라골 데니스(Garagol Deniz) 필드에서 탄화수소 개발 및 생산을 수행하고 있다. 2006년 Diyarbekir 가스전에서 생산을 시작했으며, 2011년에는 Magtymguly 필드에서 가스를 생산하기 시작했다. 2015년에는 석유 생산량이 증가한 서부 및 중부 Diyarbekir 지역에서 채굴 작업을 시작했다.[136] ENI는 2008년 2월 Burren Energy 인수를 완료하였고 투르크메니스탄에서 2016년 평균 1만Boe/d의 석유와 천연가스를 생산하였다. ENI는 2014년 11월, 투르크메니스탄과의 육상 Nebit Dag 광구의 생산물분배협정(PSA)과 부속계약(addendum)을 체결하였으며, PSA계약 기간을 2032년 2월까지 연장하는 것을 조건으로 계약지분의 10%를 Turkmenneft에 이전하였다. 부속계약을 통해 Burun과 다른 주변 매장지에서 탐사・개발 투자 허가권을 보유하게 되었다. ENOC의 자회사인 Dragon Oil은 투르크메니스탄의 카스피해 지역인 Cheleken Contract Area에서 생산 활동을 수행하고 있는데 향후 원유 생산 잠재력을 1일 10만 배럴 이상으로 평가하고 있다.[137] 중국의 CNPC는 바그티야를릭(Bagtyyarlyk) PSA 계약지역[138]에서 생산 활동을 수행한다. 바그티야를릭 계약지역은 사만-테페(Saman-Tepe)와 알틴 아시르(Altyn Asyr) 2개의 대형 가스전을 포함하고 있으며 총 매장량은 1.3 tcm이다. CNPC는 2007년 7월 체결한 PSA에 의해 바그티야를릭 계약 지역에서 30년간 천연가스를 개발 및 생산한다. 연간 생산량은 20bcm으로 모든 중국으로 수출된다. 그리고 2009년 12월 CNPC, LG상사, 현대엔지니어링, UAE가 투르크메니스탄 정부와 97억 달러 규모의 갈키니쉬(Galkynysh) 가스전 개발 계약을 체결하며 투르크메니스탄 가스 생산에서 주요 역할을 담당하고 있다.

---

136) Nebit-Gaz, "Petronas prepares for the industrial development of the field West Garagol Deniz in the Turkmen sector of Caspian Sea", 30.03.2016.

137) 양의석, "투르크메니스탄의 천연가스 수급 및 수출능력 확충 전략", 에너지경제연구원, 세계 에너지시장 인사이트 제18-22호 2018.6.18. pp.7~8.

138) Bagtyyarlyk은 레밥주 아무다리야강 오른쪽 제방에 위치한 Sagkenar지역의 여러 천연가스전(Saman-Depe 및 Altyn Asyr 필드 포함)으로 구성된 대형 PSA계약 지역이다.

투르크메니스탄 정부의 에너지 자원 개발정책의 기본 방침은 육상광구는 자국 국영기업이 개발을 전담하고 외국기업에 대해서는 해상 광구만 개방하는 것이다. 예외적인 경우에만 외국기업에 육상 광구 개방을 허용하고 있는데 중국 CNPC의 바그티야를릭 가스전과 갈키니쉬 가스전, 이탈리아 ENI의 네비트 다그(Nebit Dag) 유전[139]이 대표적이다. 외국기업은 투르크메니스탄 국영기업인 Turkmengaz나 Turkmenneft와의 서비스 계약 형태로만 육상광구 개발에 참여가 가능하다. 외국기업의 석유-가스 부문 개발 참여는 생산물분배계약(PSC), 합작법인(Joint Venture) 등이 가능하다. 현재 진행 중인 외국기업 프로젝트는 모두 PSC 방식으로 운영된다.

③ 투르크메니스탄 천연가스 수출

투르크메니스탄은 카스피해 및 중앙아시아 지역에서 대표적인 가스수출국으로 천연가스 수출 규모는 2012~2014년에는 매년 40bcm을 넘었다. 투르크메니스탄의 러시아 및 이란 가스 수출이 2017년부터 중단되면서, 천연가스 수출 규모는 2014년의 41.6bcm에서 2017년 33.6bcm으로 많이 감소하였고, 수출량 대부분(94%)이 중국으로 전환되었다. 2014년 기준 투르크메니스탄에서 생산된 천연가스는 중국(61.4%), 러시아(21.7%), 이란(15.7%), 카자흐스탄(1.2%)으로 수출되었다. 투르크메니스탄의 가스 수출은 러시아, 이란 수출시장 축소와 중국 시장의 성장 둔화로 감소 추세는 2020년 이후까지 지속할 것으로 전망되고 있다.

러시아는 중국-투르크메니스탄 가스 파이프라인이 본격 운영되기 전인 2010년까지 투르크메니스탄의 최대 가스 수출시장이었다, 러시아는 수입한 투르크메니스탄 가스를 다시 우크라이나를 중심으로 한 유럽으로 재판매하였다. 투르크메니스탄의 러시아 가스 수출량은 1991년에는 79bcm으로 최대치를 기록하였으나, 1998년에는 러시아가 수출 파이프라인을 봉쇄함으로써 수출 규모는 13bcm로 축소되었다. 투르크메니스탄은 러시아 소유의 파이프라인을 이용하여

139) 2014년 11월 체결된 생산물분배계약(PSA)으로 기간은 2032년 2월까지 유지되며 계약자 점유율 중 지분 90%는 이탈리아의 에니(ENI), 나머지 10% 지분은 투르크메니스탄의 투르크멘네프트(Turkmenneft)가 보유한다.

우크라이나 등에 천연가스를 수출하기도 했다. 2003년 러시아와 연간 최대 48bcm을 25년간 공급하는 장기 계약을 체결하면서 러시아로의 가스 수출이 2008년 40bcm에 달했다. 러시아 가즈프롬은 투르크메니스탄으로부터 고정가격으로 천연가스를 수입하여 유럽 시장에 재(再)수출함으로서 수익을 창출하였다. 그러나 2009년 러시아로 수송되는 가스관 폭발사고와 가스 수출가격과 물량을 둘러싼 러시아와의 협상이 결렬되면서 대러시아 천연가스 수출이 2009년에 10bcm로 줄었다. 그리고 2015년에 가스 가격이 크게 하락하면서 중간 이윤이 줄어들자, 러시아는 투르크메니스탄 가스 수입을 2.8bcm으로 축소한 데 이어, 2016년 가스 수입을 중단하였고 지금까지 이를 유지하고 있다.

표 24. 투르크메니스탄 천연가스 수출 추이(2009~2017)

(단위: bcm)		2009	2010	2011	2012	2013	2014	2015	2016	2017
생산-소비		16.6	22	34.5	41.1	40.0	41.6	38.1	37.3	33.6
수출	이란	5.77	6.50	10.2	9.0	4.7	6.5	7.2	6.7	-
	러시아	10.66	9.68	10.1	9.9	9.9	9.0	2.8	-	-
	중국	-	3.55	14.3	21.3	24.4	25.5	27.7	29.4	31.7
	기타*	0.3	-	-	0.9	1.1	0.5	0.3	1.1	2.0*
	총수출	16.73	19.73	34.6	41.1	40.1	41.6	38.1	37.3	33.6

기타* : 2014년부터 카자흐스탄 수출. 단 2017년의 경우 카자흐스탄 수출은 0.3bcm임.
자료 : BP "BP Statistical Review of World Energy" 각 년호를 기초로 작성

이란과 투르크메니스탄 간의 가스 교류는 1997년 양국을 연결하는 가스관이 개통되면서 본격화되었다. 최대 수송량은 연간 13.5bcm이었다. 2011년 대이란 가스 수출은 10.5bcm으로 최고치를 기록했다. 그러나 이란이 2007년부터 누적된 20억 달러 규모의 대금을 지급하지 않았고, 계약 물량보다 적은 물량만을 수입하는 데 불만을 제기하며 투르크메니스탄 정부는 2017년 1월부로 對이란 가스 수출을 중단하였고 2018년 현재까지 가스 수출은 재개되지 않고 있다. 이란은 2016년부터 자국의 South Pars 가스전 광구 15-16에서 천연가스 생산을 시작하면서 투르크메니스탄産 가스 수입을 축소하였다. 이란이 국내 가스공급망 확충을 계획하고 있다는 점에서 대금 미지급 문제가 해결되더라도 2020년까지 對이란 가스 수출은 완전히 중단될 가능성이 높을 것으로 평가되고 있다. 이란은 국내 가스수송 인프라 부족으로 인해 북동부 지역에 가스 공급이 원활히 이루어지지 않아 동절기에 투르크메니스탄의 가스를 수입해왔다. 이란은 북동부 지역 가

스 공급을 위해 IGAT-11 파이프라인을 건설을 계획하고 있다.140) 이란의 2016년 투르크메니스탄産 가스 수입량은 6.7bcm수준이었다.

중국과 투르크메니스탄을 연결하는 중앙아시아-중국 가스파이프라인(CACP. Central Asia-China Gas Pipeline)이 2009년 가동을 시작하고 2010년(line B)과 2012년(line C) 파이프라인이 확장되면서 중국은 러시아를 제치고 투르크메니스탄의 최대 천연가스 수출국으로 급부상하였고 이와 같은 추세가 계속 강화되고 있다. 2012년 21.3bcm이었던 중국 수출이 2017년에는 31.7bcm으로 확대되며 투르크메니스탄 천연가스 수출에서 차지하는 비중 또한 52%에서 94%로 확대되었다. CACP는 투르크메니스탄의 가스 수출선 다변화의 전환점이 되었고, 중국으로의 가스 수출 확대와 이에 따른 중류(mid-stream) 인프라 협력사업 확대의 계기가 되었다. 2012년 투르크메니스탄은 중국과 2030년까지 연간 65bcm의 가스를 공급하는 장기 천연가스공급 계약을 체결하였고, 2013년 9월 중국 가스관 증설, 갈키니쉬 가스전의 2단계 개발에 대한 중국의 재정적 지원, 2020년까지 중국으로의 천연가스 공급 65bcm까지 확대 등을 합의하였다. 투르크메니스탄은 중국으로의 천연가스 수출 확대를 도모하고 있으나, CACP의 D라인(Line D) 사업 추진이 2017년 초 중단되면서 투르크메니스탄이 예상한 중국으로의 가스 수출 물량 확대는 어려울 것으로 전망되고 있다.

④ 세계 천연가스 시장에서 투르크메니스탄의 위상

IEA는 세계 1차 에너지 수요에서 천연가스의 비중이 2016년 22%에서 2040년 25%로 증가할 것으로 예상한다.141) 2011~2017년 투르크메니스탄의 가스 국내 소비는 생산의 36~45% 수준에 불과해 수출 여력이 매우 높다. 투르크메니스탄의 가스 수출 여력은 향후 증가할 가능성이 높은데 지난 2013년부터 최대 가스전인 갈키니쉬에서 가스가 생산되기 시작했고, 인구가 적기 때문에 가스 소비량이 앞으로 급격히 증가하지 않을 것으로 예상하기 때문이다. IEA는 투르크메니스

140) 양의석, “투르크메니스탄의 천연가스 수급 및 수출능력 확충 전략”, 에너지경제연구원, 세계 에너지 시장 인사이트 제18-22호 2018.6.18. pp.7~8.

141) IEA, Outlook for Natural Gas, Excerpt form World Energy Outlook 2017, 2018, p.337.

탄의 가스 생산이 2040년까지 매년 2.4% 증가해 141bcm에 달할 것으로 예상한다. 투르크메니스탄이 세계 4위의 가스 매장량을 보유하고

표 25. 유럽, 중국, 인도 천연가스 수급 전망

		2016	2025	2030	2035	2040	2016~2040	
							증감	%*
유럽	수요	590	604	618	633	631	41	0.3
	생산	285	244	238	236	236	-49	-0.8
	공급부족	305	360	380	397	395	90	-
중국	수요	210	397	482	554	610	401	4.6
	생산	137	222	261	298	336	199	3.8
	공급부족	73	175	221	256	274	201	-
인도	수요	55	97	126	155	183	128	5.2
	생산	31	42	59	72	84	53	4.3
	공급부족	24	55	67	83	99	75	-

%* : 연평균 증가율
자료 : IEA, "Outlook for Natural Gas, Excerpt form World Energy Outlook 2017", 2018.

있음에도 불구하고 생산 및 수출에서 세계 10위권 밖에 머물면서 세계 천연가스 시장에서 그 영향력은 높지 않다. 열악한 생산 및 운송 인프라 시설과 수출 능력의 한계가 문제점으로 지적된다. 천연가스의 수송은 파이프라인을 통하는 방법이 가장 일반적이고 비용이 적게 든다. 그러나 파이프라인을 통한 해외 수송이 지리적으로는 가능하지만, 종종 경제적(건설비용), 정치적(국가 간 이해관계 등) 요인이 그 실현을 어렵게 만든다. 투르크메니스탄이 지정학적 요인과 국가 간 이해관계로 인해 거대한 가스잠재력을 발휘하지 못하는 대표적인 경우다. 1991년 독립 이후 투르크메니스탄은 자국에서 생산된 천연가스를 해외로 공급하는 데 있어 전적으로 러시아 가스관 네트워크를 이용해야 하는 어려움으로 인해 현격한 생산 감소를 수차례 경험해야 했다. 니야조프 사후 정권을 잡은 베르디무하메도프는 수출가격의 국제가격 확보 및 천연가스 수출시장 다변화를 통한 대 러시아 의존도를 낮추고자 에너지 자원 시장의 부분적 개방을 통해 외국자본을 유치하고 석유 및 천연가스전을 개발하고 이란과 중국 등으로 가스 수출시장 노선을 개척하는 정책을 추진하고 있다.

세계 천연가스 시장에서 투르크메니스탄이 지닌 장단점을 살펴보면 다음과 같다. 먼저 투르크메니스탄은 동으로는 중국, 서로는 터키와 유럽, 남으로는 인도와 파키스탄 등 세계 최대의 천연가스 순(純)수입국을 배후 시장으로 두고 있다. 중국이 세계에서 가장 많은 가채매장량 기준 31.5tcm의 셰일가스를 보유하고

있고, 인도와 파키스탄 또한 1.3tcm 및 0.7tcm의 천연가스 매장량을 보유하고 있지만 2040년까지 가스 수요 증가를 국내 생산 증가가 뒷받침해주지 못함으로 가스의 해외 수입이 확대될 것으로 예상한다. 유럽 시장은 수요 증가가 완만하나 자체 생산의 감소가 예상되면서 공급 부족이 더욱 확대될 것으로 보인다. 유럽 시장에서 러시아의 시장지배력이 높지만, EU가 러시아 수입 의존을 줄이기 위해 노력하고 있다는 점은 투르크메니스탄에 기회가 되고 있다. EU 집행위원회의 에너지 분야 총 책임자인 마르코스 세프코빅(Marcos Sefcovic)은 2015년 5월 2일 로이터와의 인터뷰에서 2019년부터 EU가 투르크메니스탄에서 가스를 공급받을 수 있기를 기대한다. 라고 공개적 의사표시를 했다.[142]) 특히 중국은 미국에 이어 세계 2위 천연가스 소비국으로 부상할 것이 확실시된다. IEA에 따르면 중국의 공급 부족은 2016년 73bcm에서 2040년 274bcm으로 급증하며, 유럽은 305bcm에서 395bcm으로, 인도는 24bcm에서 99bcm으로 확대될 것이다. 잠재 시장의 확대와 더불어 투르크메니스탄의 가스 공급 여력 또한 높아질 것으로 보인다.

동시에 투르크메니스탄이 직면하고 있는 도전적 상황은 유라시아 가스 시장, 특히 중국과 유럽 시장을 둘러싸고 이웃하고 있는 세계 최대 천연가스 생산국인 러시아, 이란과 직접 경쟁해야 한다. 특히 러시아가 추진하고 있는 중국과 EU에 추진하고 있는 통합 가스인프라 구축 전략은 투르크메니스탄의 가스 독립과 수출 루트의 다변화 전략에 새로운 도전이 될 것이다. 특히 러시아가 시베리아 극동지역 개발과 중국시장 개척을 위한 가스파이프라인 '시베리아의 힘(Power of Siberia)'을 건설함으로써 중국시장에서 직접적 경쟁 관계가 형성되었다. 그리고 내륙국가라는 점과 주변 각국의 이해관계 상충이라는 점은 투르크메니스탄의 약점으로 지적되고 있다. 투르크메니스탄은 지리적 위치로 액화천연가스(LNG) 수출을 선택할 수 없고, 세계적인 LNG 무역의 증가는 자본 집중적이고 복잡하며 정치적으로 도전적인 카스피해 지역 파이프라인 프로젝트가 정치적 및 재정

142) Marat Gurt, "Exclusive: European Union sees supplies of natural gas from Turkmenistan by 2019", Reuters, May 2, 2015.

적 지원을 확보하는 것을 어렵게 만들 수 있다. 그리고 잠재 시장인 유럽연합, 중국, 파키스탄 또는 인도에서 증가하는 가스 수요를 충족시키기 위해서는 적어도 하나의 다른 나라를 통과하는 장거리 국경 파이프라인이 필요하다. 러시아와 이란은 자신들이 세계 가스시장에서 가진 영향력을 통해 파이프라인 통과 국가에 대한 이해관계를 제한할 수도 있다.[143)]

⑤ 투르크메니스탄 수출 가스파이프라인

투르크메니스탄에는 4개의 주요 수출 파이프라인이 있다. 하나는 건설 중이며 2개는 검토 단계에 있다. 기존 수출 파이프라인의 최대 수송용량은 연간 153bcm이다. 그러나 실제 수송은 정치적 및 기술적 문제로 인해 훨씬 적다. 투르크메니스탄은 천연가스의 최대 소비지역인 유럽, 중국 또는 인도와 직접 경계하지 않으며 다른 국가를 통해 가스를 수송해야 한다. 따라서 투르크메니스탄 정부는 갈등이 없거나 갈등 가능성이 낮은 국가를 경유하는 파이프라인 운송을 선호한다. 투르크메니스탄은 더디지만, 러시아를 우회하는 수출 루트의 다각화를 꾸준히 진행해오고 있다. 주요 가스파이프라인은 표 26과 같다.

러시아로 향하는 가스파이프라인으로 '중앙아시아센터 파이프라인(CAC. Central Asia Center Pipeline)'과 '부하라-우랄 파이프라인(BUP. Bukhara Urals Pipeline)'이 있다. CAC는 소비에트 시대 건설된 투르크메니스탄에서 가장 오래되고 가장 큰 파이프라인으로 거의 모든 중요한 가스전과 연결되어 있다. 연간 90bcm의 가스를 수송할 수 있는 용량을 갖고 있지만, 적절한 유지 보수 및 제한된 러시아 가스 구매로 인해 수송 능력의 10%만 사용된다. BUP는 소비에트 시대 건설된 2번째 파이프라인으로 유지 보수가 제대로 이루어지지 않았고 수요도 적어 수송 용량(20bcm/년) 아래에서 운영된다. 이 두 파이프라인은 모두 러시아의 가스 수출 파이프라인 네트워크와 연결되어 있다. CAC와 BUP를 통해 2012년에 수출된 가스의 총량은 9.9bcm이며 이는 연간 가용 용량 110bcm의 10% 미만이다.

143) IEA, Outlook for Natural Gas, Excerpt form World Energy Outlook 2017, 2018, p.354.

표 26. 투르크메니스탄 주요 가스 파이프라인

파이프라인 명	개통	출발지	경유	종착	수송용량	길이	운영사
CACP Line A	2009	사만-데페 (투르크메니스탄)	Olot(우즈베키스탄),Shymkent, Alataw (카자흐스탄)	Horgos, Xinjiang (중국)	15	1,139	CNPC (중국)
CACP Line B	2010				15	1,139	CNPC (중국)
CACP Line C	2011		우즈베키스탄 카자흐스탄 (가스공급)		25	530	CNPC 52%, Baosteel 16%, China NCSSF 16%, CUIF 16%.
CACP Line D*	2020 (예정)	투르크메니스탄	우즈베키스탄, 타지키스탄, 키르기스스탄	중국		1,000	Trans-Asia Gas (CNPC자회사), Tojiktransgaz
CAC 동부지선 (라인 1,2,4,5)	1960~ 1988	다울레타바드 (투르크메니스탄)	우즈베키스탄, 타지키스탄,	러시아	55	4,163	가스프롬. 초기90bcm 노후화로 45bcm 축소
CAC 서부지선 (라인 3)	1972~ 1975	카스피해 오카렘 (투르크메니스탄)	카스피해연안, 카자흐스탄	러시아파이프라인연결			
East-West Pipeline	2015	CAC 동부지선 Shatlyk	투르크메니스탄 남부 경유	CAC서부지선 Belek1	30	766	Turkmengaz. 국내 파이프라인
Bukhara - Tashkent - Bishkek - Almaty Pipeline	1967~ 1971	부하라 (우즈베키스탄)	타슈켄트, 쉼켄트, 타라즈, 비슈케크	알마티 (카자흐스탄)	22	133	CACP와 연결 계획. Uzbekneftegas, KazTransGas, KyrKazGas,
Korpeje - Kordkuy Pipeline (KKKP)	1977	코르페제 (투르크메니스탄)		코르트쿠이 (이란)	12 최대	200	Türkmengaz, National Iranian Oil Co.
Dauletabad-Khangiran Pipeline	2010	다울레타바드 (투르크메니스탄)		항기르 (이란)	12 최대	182	Türkmengaz
Bukhara Urals Pipeline	1964	부하라 (우즈베키스탄)	카자흐스탄	우랄 (러시아)	8.03	1,577	
South Caucasus Pipeline / BTE	2006	샤데니즈가스전 상가찰터미널 (아제르바이잔)	트빌리시 (조지아)	에르주름 (터키)	25 최대	692	BP 28.8%, TPAO 19%, SOCAR 16.7%, Petronas 15.5%, Lukoil 10% 외
Pre - Caspian Gas Pipeline*		카스피해 오카렘 (투르크메니스탄)	우즈베키스탄, 카자흐스탄	러시아	20~ 30	2,000	CAC3과 병행 건설, 현재 보류 상태
Trans-Caspian Gas Pipeline*		투르크멘바쉬 (투르크메니스탄)	카스피해	바쿠 (아제르바이잔)	30		BTE연결. 러시아, 이란 반대
TAPI*	2018년 시작	갈키니쉬 (투르크메니스탄)	아프가니스탄, 파키스탄	파질카 (인도)	33 최대	1,814	Türkmengaz

* : 건설 예정 가스파이프라인

이란으로 향하는 파이프라인 역시 2개로 '코르페제-쿠르트 쿠이 파이프라인(KKKP. Korpezhe-Kurt Kui pipeline)과 '다울레타바드-항기란 파이프라인(DTP. Dauletabad-Khangiran Pipeline)이 있다. KKKP는 1997년 건설된 200㎞의 중형 파이프라인으로 가스수송 용량은 연간 13.5bcm이다. 이 파이프라인은 포스트 소비에트 공간에서 건설된 러시아를 우회하는 최초의 에너지 자원 수출 파이프라인이다. DTP는 2010년 1월 개통된 파이프라인으로 연간 12bcm의 수송 용량을 가지고 있다. 두 파이프라인은 이란 북동부 지역으로 가스를 공급한다. 2011년 KKKP와 DTP를 통한 이란으로의 총수출은 10.2bcm으로 전체 수송용량(연간 25.5bcm)의 35%를 차지했다. 그 후 수출의 감소가 계속되고 있는데 이는 유지보수 문제가 아닌 이란의 수요 감소로 인한 것이다.

중국으로 향하는 가스파이프라인은 '중앙아시아-중국 파이프라인(CACP. Central Asia - China Gas Pipeline) 시스템으로 가장 최근에 건설되었다. 투르크메니스탄에서 시작하여 우즈베키스탄과 카자흐스탄을 통과하여 중국으로 연결되는 4개 라인(A, B, C, D)을 사용하도록 고안되었다. A, B 및 C는 병렬 파이프라인으로 수송 용량은 연간 25bcm이다. 라인 A와 B는 각각 2009년과 2010년, 그리고 C 라인은 2014년 6월 개통되어 운영되고 있다. 라인 D는 투르크메니스탄에서 우즈베키스탄, 타지키스탄, 키르기스스탄을 거치는 다른 경로로 2017년 3월 중국 CNPC와 우즈베키스탄 국영기업 Uzbekneftegaz가 파이프라인 경로 설정에 대한 이견, 다국적의 국영기업 간 합작기업 형성에 따르는 어려움 등을 이유로 라인 D 건설을 추진하지 않을 것을 발표하였다. 수송망 구축에 수반되는 지정학적 위험요인이 존재하고, 중국이 중앙아시아産 가스의존도를 축소하려 한다는 측면에서 라인 D 사업의 추진 가능성이 작게 점쳐지기도 했다. 그러나 2018년 1월 타지키스탄에서 제일 먼저 건설에 착수하면서 2022년에 완전히 개통될 예정이다.[144] 라인 D(30bcm)의 경로가 다른 것은 CNPC가 모든 파이프라인이 카자흐스탄을 통과하는 것을 피하고, 이미 탐사 및 생산 계약을 협상하고 있는 타지

144) Bruce Pannier, "Why Didn't Turkmen, Uzbek Leaders Mention 'Line D' To China?", Radio Free Europe/Radio Liberty, April 27, 2018.

키스탄에서 가스를 수입하고자 하는 중국의 선호와 관련이 있다. 4개 라인의 총 수송 용량은 연간 80bcm이다.

투르크메니스탄이 계획하고 있는 파이프라인은 '트랜스 카스피해 가스파이프라인(TCGP, Trans-Caspian Gas Pipeline)'과 '투르크메니스탄 - 아프가니스탄-파키스탄 - 인도(TAPI. Turkmenistan - Afghanistan - Pakistan - India) 파이프라인이다. TCGP은 길이 300km, 수송 용량 연 30bcm의 해저 파이프라인이다. 총비용은 50억 달러에 이르며 카스피해 동부에서 시작하여 아제르바이잔의 가스파이프라인(BTE)으로 연결되어 유럽으로 수송된다. TCGP 건설은 확정되지 않았지만, 투르크메니스탄 정부는 그 실현을 위한 실질적인 조처를 취하였다. 2012년 투르크메니스탄 동부와 서부를 연결하는 동-서 파이프라인(East-West Pipeline) 건설을 시작하여 2015년 완공했다. 길이 766km, 연간 수송 용량 30bcm인 이 파이프라인은 투르크메니스탄 남동부 갈키니쉬 가스전에서 시작하여 카스피해 동부 해안 투르크멘바쉬 항구까지 이어진다. 거기에서 TCGP를 통해 아제르바이잔 바쿠나 해안을 따라 CAC 라인 중 하나와 병행하여 러시아로 연결될 것이다. 그러나 TCGP 건설은 카스피해 주변 국가들의 정치적 이해관계로 인해 전망이 불투명하다. 카자흐스탄은 텡기즈 유전에서 생산되는 부수 가스를 수출하기 위해 TCGP와의 연결에 관심을 표명했고, 아제르바이잔과 투르크메니스탄은 동 파이프라인 건설에 찬성한 상태다. 그러나 러시아와 이란은 카스피해에 대한 해상지위가 해결되고 해당 5개 국가(러시아, 아제르바이잔, 이란, 카자흐스탄, 투르크메니스탄)의 동의하에 계획 실현을 주장하면서 이 프로젝트에 강력히 반대하고 있다. TAPI는 투르크메니스탄 가스를 파키스탄과 인도에 연간 33bcm을 공급할 수 있는 국제 가스파이프라인이다. 아프가니스탄 국경에 가까운 다울레타바드 또는 갈키니쉬 가스전에서 시작하여 아프가니스탄과 파키스탄의 물탄(Multan)을 거쳐 인도의 파질카(Fazilka)에 이르는 1,814㎞의 파이프라인으로 건설비용만 100억 달러(초기 예상 비용 76억 달러)가 소요된다. 2015년 투르크메니스탄에서 처음 공사에 착공하였고, 2018년 2월 아프가니스탄에서도 공사가 시작되었다. 동 프로젝트 수행의 가장 큰 장애 요인은 탈레반 통제 아래에 있는 아프가니스탄 지역을 관통하는 구간에서의 보안 문제다. 2018년 탈레반이 동 프로젝트에 협력하고 훼방 놓지 않겠다고 공식 서약을 했지만, 이행의 불확실성은 여전히 상존한다.145) 그리고 인도가 파키스탄에 운송에 의존하지 않으려는 정치적 이해관계 또한 이 프로젝트의 장애물이다. 그리고 유일한 컨소시엄의 리더인 투르크메니스탄 국영 가스생산기업인 Turkmengaz가 복잡한 국제 프로젝트를 이끌 수 있는 역량이 있는지에 대한 의구심이 있으며 현재까지 글로벌 석유메이저 중에서 이 프로젝트에 파트너로 참여한 기업이 없다는 점도 장애 요인으로 지적되고 있다.146)

Source : Asian Development Bank

그림 32. TAPI 가스 파이프라인 노선

(2) 원유

투르크메니스탄의 확인된 원유매장량은 2017년 말 기준 6억 배럴로 대부분이 남부 카스피해 분지와 서부 Garashsyzlyk 육상 지역에 있다. 투르크메니스탄 정부는 카스피해 분지 6억 6,300만 톤을 포함해 총 9억 6,300만 톤의 원유가 매장되어 있다고 주장하고 있다.147) 투르크메니스탄은 구소비에트 15개 연방 국가 중 러시아, 카자흐스탄, 아제르바이잔에 이어 제4위의 원유생산국이다. 소비에트연방에서 독립한 이래로 투르크메니스탄의 원유 생산은 많이 증가하고 있다. 1991년 540만 톤에서 1995년 410만 톤으로 감소한 후 생산 증가가 계속되고 있다.

---

145) Alikozai, Hasib Danish. "Taliban Vows to Protect TAPI Gas Pipeline Project". voanews.com. February 24, 2018.

146) Qaya Mammadov, "Turkmenistan positions itself as Eurasian natural gas power", Oil & Gas Journal. December 7, 2015. pp.76~83.

147) "Oil & Gas Sector Analysis : Turkmenistan", Business Sweden, Kazakhstan, 25, November 2016.

1999년 700만 톤을 넘어섰고, 2007년에는 1,000만 톤을 생산했다. 2015년 1,270만 톤으로 세계 33위를 차지하였다.[148] 2016~2017년에도 세계 생산의 0.35에 해당하는 1,230~1,240만 톤을 생산하며 세계 34위를 차지하였다. 생산된 원유 대부분은 국내 정유에 사용된다.

표 27. 투르크메니스탄 원유 생산 추이

	2000	2002	2004	2005	2006	2007	2008	2009	2010	2011	2012	2013	2014	2015	2016	2017
생산	7.1	8.9	9.6	9.4	8.6	10.1	11.0	10.7	10.4	10.6	11.0	11.3	11.7	12.7	12.3	12.4
소비	4.0	4.3	4.9	5.0	4.8	5.1	5.2	5.0	5.5	5.8	6.0	6.2	6.5	6.5	6.8	7.0

자료 : BP "BP Statistical Review of World Energy" 각 년호를 기초로 작성

현재 투르크메니스탄에서 원유 생산은 국영 석유기업인 Turkmenneft와 외국 기업이 주도하고 있다. 외국 기업으로는 말레이시아의 Petronas, 이탈리아의 ENI, 아랍에미리트(UAE)의 Dragon Oil 등이 있다. Dragon Oil은 2000년 5월 체결한 생산물분배협정을 통해 2025년간 '첼레켄 계약 지역(Cheleken Contract Area)'에서 원유 탐사 및 개발 활동을 수행하고 있는데 2014년에 일일 평균 78,790배럴(b/d)의 원유를 생산하였고, 2015년일 10만 배럴(b/d)의 생산 목표량을 맞추기 위해 새로운 플랫폼을 증설하였다. 2017년 상반기에는 일 85,000배럴을 생산하며 1~5월에 처음으로 100만 톤을 생산했다.[149] Petronas는 1996년 투르크메니스탄 정부로 카스피해 해상 석유 및 가스 탐사 및 생산 라이센스를 최초로 취득한 기업으로 2006년 Block 1의 Diyarbekir 유전에서 원유 생산을 시작했다. 2015년부터 서부 및 중부 디야르베키르에서 1일 1만 배럴의 석유를 생산했다. 그리고 Garagol Deniz West 프로젝트를 시작하며 생산량을 1일 17,000배럴로 늘릴 계획이다.[150] ENI는 2032년까지 부룬(Burun) 필드의 독점 운영자며, 키즐쿰

148) EIA, "Total Petroleum and Other Liquids Production, 2015" https://www.eia.gov/beta/international/rankings/#?prodact=53-1&cy=2015
149) Bloomberg, "Dragon Oil Turkmenistan Ltd, Plans to Drill 12 Wells ; Reports Production Results for the First Five Months of 2017", Jul 20 17.
150) Nebit-Gaz, "Petronas prepares for the industrial development of the field West Garagol Deniz in the Turkmen sector of Caspian Sea", 30.03.2016.

(Kyzl Kum), 쿰다그(Kum Dag), 다라테페(Dara Tepe), 네비트다그(Nebit Dag) 필드에서도 지분을 가지고 있다. 2014년 원유 생산은 9,000 b/d이었다. 투르크메니스탄 정부는 '2014~2030 석유-가스 산업 발전프로그램(Oil and Gas Industry Development Program 2014-2030)'에서 2030년까지 원유 생산 목표를 1억 1,000만 톤으로 설정했다.[151)]

2000년 이후 투르크메니스탄의 원유 생산은 유전개발 투자 확대를 통해 꾸준한 증가세를 유지하고 있다. 향후 투르크메니스탄의 원유 생산은 장기적으로 Turkmenneft의 투자 확대 규모와 정부의 외국기업에 대한 추가 탐사 및 개발 면허 부여에 달려있다. 그리고 투르크메니스탄 석유의 대부분이 매장되어 있는 카스피해 연안에서 이란, 아제르바이잔과의 유전 개발 합의 여부가 생산 확대의 중요한 변수가 될 것이다. 특히 카스피해 해상 접경에서 아제르바이잔과 분쟁 상태에 놓여있는 Kapaz/Serdar 석유-가스전은 탄화수소의 가채매장량이 10억 BOE(barrels of oil equivalent, 석유 환산 배럴)가 넘는 것으로 평가된다.[152)] 투르크메니스탄은 아제르바이잔과의 해상 국경 분쟁 해결을 위해 2009년 국제 중재를 신청하였으나, 아직 해결되지 않고 있다. 투르크메니스탄 정부의 석유생산 증대 노력에도 불구하고 천연가스 생산으로의 관심 이전, 외국인투자의 부진, 카스피해에서의 투자 경쟁 과열로 생산 증대 목표 달성은 어려울 것으로 전망된다.[153)]

(3) 투르크메니스탄 주요 유전-가스전

지금까지 투르크메니스탄에는 19개의 원유 및 가스-원유전, 65개의 가스전이 확인되었다.[154)] 미국 지질조사국(USGS)의 평가에 따르면 투르크메니스탄이 약

151) "Oil & Gas Sector Analysis : Turkmenistan", Business Sweden, Kazakhstan, 25, November 2016.
152) Joseph Murphy, "Turkmenistan's Floundering Offshore Strategy", FSUOGM - Former Soviet Union Oil & Gas, 07 August 2017, Week 30, Issue 942.
153) 한국에너지공단, "개도국 이슈리포트 : 투르크메니스탄" 2018.5. pp.8~9.
154) Kamila Aliyeva, "Turkmenistan remains key natural gas holder in Central Asia", AzerNews, 19 September 2017.

90%를 차지하는 아무다리야 분지에 묻혀있는 미발견-기술적 회수가능 자원량(undiscovered, technically recoverable resources)은 천연가스가 6.9tcm, 천연가스 액화물(NGL)이 93억 배럴이다. 그리고 카스피해 분지에는 1.4tcm의 천연가스와 6억 8,200만 배럴의 천연가스 액화물이 묻혀있는데 자원의 대부분(가스와 천연가스 액화물의 81%)이 카스피해 아제르바이잔과 투르크메니스탄 해양 경계에 해당하는 남부 카스피해 분지에 분포되어 있다.155) 투르크메니스탄의 대표적인 유전 및 가스전으로는 갈키니쉬 가스전, 다울레타바드 가스전과 카스피해(Turkmen section of the Caspian Sea) 유전이 있다.

① 갈키니쉬 가스전 (Galkynysh Gas Field)

갈키니쉬 가스전은 투르크메니스탄 남동부 지역 아프가니스탄 국경과 가까운 지역에 위치한다. 2006년 마리주에서 발견된 투르크메니스탄 최대 가스전으로 2011년까지 남욜로탄-오스만(South Yolotan-Osman) 가스전으로 불렸다. 갈키니쉬 가스전은 욜로탄(Iolotan), 미나라(Minara), 오스만(Osman) 그리고 야쉴라르(Yashlar) 가스전으로 구성되어 있다. 2008년 영국 GCA(Gaffney, Cline and Associates)은 탐사 후 가스의 원시부존량(GIIP. Gas initially in place)을 최소 4조㎥, 최대 14조㎥로 세계 4~5위 수준인 것으로 평가하였다. 상업적 가치를 지닌 확인매장량만 2.8조㎥이다. 이는 기존의 최대 가스전인 다울레타바드 가스전(Dauletabad gas field)보다 5배나 큰 규모였다. 원유 매장량 또한 3억 톤에 달하는 것으로 평가하였다.156) 그리고 3년 뒤인 2011년 GCA가 가스 매장량 수치를 최소 13.1조㎥(가능성 95%)에서 최대 21.2조㎥(가능성 5%)로 상향 조정했고 야쉴라르 가스전도 최소 1.45조㎥에서 최대 5조㎥로 조정하면서 야쉴라르를 포함한 갈키니쉬 가스전 매장량을 최대 26.2조㎥ 평가했다. 이로써 갈키니쉬 가스전은 페르시아만에 있는 이란의 South Pars North 필드에 이어 세계에서 2번째로 큰 가스전으로 등극했다.157)

155) Qaya Mammadov, "Turkmenistan positions itself as Eurasian natural gas power", Oil & Gas Journal. December 7, 2015. pp.76~83.

156) http://en.wikipedia.org/wiki/Galkynysh_gas_field

갈키니쉬 가스전은 압력이 높고 황화수소 함량이 높아 개발을 위해서는 대규모 투자와 고도의 선진기술이 요구되고 있다. 따라서 개발계획이 지연되거나 다음 단계의 개발 활동 추진이 지연될 가능성이 존재한다. 2009년 12월 중국의 CNPC, 한국의 현대엔지니어링과 LG상사, 영국의 Petrofac Emirate가 가스전 서비스 계약을 체결하면서 투르크메니스탄의 국영기업인 투르크멘가즈(Turkmengaz)와 가스전 개발에 참여하고 있다. 투르크메니스탄 정부는 2013년 9월 갈키니쉬에서 상업적 생산이 시작되었다고 발표하면서 1단계 개발 사업이 완성되면 연간 1조 세제곱피트(1tcf) 이상의 천연가스가 생산될 것이며, 2014년에 착수한 2단계 개발이 완성되면 연간 1조 세제곱피트의 추가적 가스 생산이 이루어질 것으로 전망하였다.[158] 그리고 3단계 개발은 계획 중인데 1.2조 세제곱피트의 추가적인 가스 생산이 가능할 것으로 보인다. 투르크메니스탄 에너지부는 3단계 개발이 완료될 때 갈키니쉬 가스전으로부터 매년 약 3.3조 세제곱피트의 천연가스 생산을 계획하고 있다.[159] 갈키니쉬에서 가스 생산은 2013년 9월 시작되었고 향후 30년간 중국에 30bcm을 수출할 예정이다. 투르크메니스탄은 중국과 연간 65bcm을 공급하기로 계약을 체결하였고, 갈키니쉬에서 30bcm, 나머지는 Bagtyyarlyk PSA 및 Turkmengaz의 자체 생산을 통해 충당하기로 했다. 투르크메니스탄 정부는 갈키니쉬전에서 연간 100bcm을 생산하여 중국(30bcm) 이외에 유럽(30bcm/년)과 인도-파키스탄(33bcm/년)으로 공급할 계획이다.[160]

② 다울레타바드 가스전(Dauletabad Gas Field)

다울레타바드 가스전은 다울레타바드-돈메즈(Dauletabad-Donmez)라고도 불리는데, 갈키니쉬 가스전이 발견되기 전까지 투르크메니스탄 최대 가스전이었

157) BP Statistical Review June 2013: Cheap shot at Turkmenistan and Russia, News Central Asia, 17 June 2013. http://www.newscentralasia.net/2013/06/17/bp-statistical-review-june-2013-cheap-shot-at-turkmenistan-and-russia/

158) EIA, "Turkmenistan : International energy data and analysis", Last Updated July 2015. http://www.eia.gov/beta/international/analysis.cfm?iso=TKM

159) http://www.eia.gov/beta/international/analysis.cfm?iso=TKM

160) Qaya Mammadov, "Turkmenistan positions itself as Eurasian natural gas power", Oil & Gas Journal. December 7, 2015. pp.76~83.

다. 투르크메니스탄과 이란 국경선 부근, 아할(Ahal)州 아무다리야 분지에 자리잡고 있다. 1974년 발견되어 1982년 생산을 시작하였다, 1992년 추정 가채매장량은 1.38조㎥였고, 2005년 아시아개발은행(ADB)은 총매장량을 1.4조㎥로 평가하였다. 1991년 독립 이후 가스 생산이 급격히 감소한 후 1998년부터 생산이 늘고 있다. 동 가스전에서 생산된 가스는 CAC(Central Asia-Center) 가스관을 통해 러시아로 수출되었고, 2009년부터는 Dauletabad - Salyp Yar 파이프라인을 통해 이란으로 수출되었다. 2017년 러시아와 이란으로 수출이 중단되면서 현재 동-서 가스관을 통해 국내로 공급된다. 2000년대 들어 생산이 정점을 지남에 따라 2012년 34bcm을 생산하였으나 2020년에는 생산이 30bcm으로 줄어들 것으로 보인다.[161)]

③ 카스피해(Caspian Sea) 해상 유전

EIA는 카스피해 투르크메니스탄 해상에 가채매장량 기준 11억 배럴의 액화탄화수소와 225bcm의 천연가스가 묻혀있는 것으로 추정하고 있다. 투르크메니스탄은 자국에 소속된 카스피해 해상 구역을 총 32개의 계약지역(contract area)으로 나누고 있는데 현재 4개 블록(block)만이 외국 기업에 의해 운영되고 있다. 블록 1(block 1)은 5개의 원유-가스 콘덴세이트전을 포함하고 있는데 1996년부터 말레이시아의 페트로나스(Petronas)가 개발을 시작하였고 2016년 총 65,000 BOE의 탄화수소를 생산하였다. Block 2는 첼레켄 계약 지역(Cheleken contract area)으로 불리는데 카스피해 동부 해상 면적 950㎢, 수심 8~42m에 위치한 제이툰(Dzheitune/Lam)과 쥐갈리베크(Dzhygalybeg/Zhdanov)의 2개의 유전을 포함하고 있다. Dragon Oil이 25년 PSA를 통해 2000년부터 개발을 주도하고 있는데 2014년 말 현재 첼레켄 계약 지역의 석유 및 콘덴세이트 가채매장량을 원유 6억 6,300만 배럴, 가스 1.3조 세제곱피트로 추정하고 있다.[162)] 생산은 2006년 1일 20,000배럴에서 2014년 78,790배럴로 늘었고, 2016년 상반기에는 93,300배럴까

161) Ibid.

162) Dragon Oil PLC, “Annual Report 2014”, p.8.

지 확대되었다. 나머지 2개 계약 지역은 키프로스에 기반을 둔 Buried Hill이 운영하는 Block 3과 러시아의 ARETI가 통제하는 Block 21이다. 현재 두 블록은 현재 활동이 거의 없으며 개발 계획도 불분명하다. Block 23을 운영했었던 독일의 DEA는 투르크메니스탄의 관료주의, 부패 및 정부의 무능력 등의 문제로 인해 2015년 8월 계약을 갱신하지 않기로 했다.[163]

3) 우즈베키스탄 에너지 자원 잠재력

우즈베키스탄에서 처음 석유가 생산된 것은 1885년 페르가나(Fergana) 계곡에서다. 우즈베키스탄에서의 대규모 석유 탐사 활동은 1900년에 시작되어 1904년부터 유출 유정에서 석유가 추출되었다.[164] 20세기 동안 우즈베키스탄은 중앙아시아 지역의 원유 및 석유 제품의 주요 생산국가 중 하나였다. 국토 면적의 63.1%에 탄화수소가 매장되어 있을 정도로 적지 않은 양의 천연가스와 석유 자원을 보유하고 있다. 2017년 말 현재 원유는 확인매장량이 5억 9,400만 배럴로 러시아, 카자흐스탄, 아제르바이잔, 투르크메니스탄에 이어 독립국가연합(CIS) 중 5위를 차지하고 있다. 천연가스는 전 세계매장량의 0.63%인 1조 2,105억㎥(1.21tcm)로 러시아, 투르크메니스탄, 카자흐스탄에 이어 CIS 국가 중 4위를 차지하고 있다.[165] 국토의 상당 부분이 아직 미개발 상태로 남아 있어 본격적인 지질조사 및 탐사가 이루어질 경우 매장량은 많이 증가할 것으로 전망되고 있다. 특히 천연가스의 경우 대규모 자본에 의한 본격적인 탐사가 진행될 경우 매장량은 3배 이상 늘어날 것으로 추정된다.

(1) 주요 유전과 천연가스전

지금까지 우즈베키스탄에는 5개 지역(region)에서 246개의 석유 및 가스전이

163) Joseph Murphy, "Turkmenistan's Floundering Offshore Strategy", FSUOGM - Former Soviet Union Oil & Gas, 07 August 2017, Week 30, Issue 942.

164) Uzbekneftegaz, "History of oil and gas sector of Uzbekistan", 2015. http://www.ung.uz/ru/about/history.

165) BP "Statistical Review of World Energy 2018." June 2018.

발견되었다. 발견된 지역은 우스튜르트(Ustyurt), 부하라-히바(Bukhara-Khiva), 기사르(Gissar), 수르한다리야(Surkhandarya), 페르가나(Fergana)다. 그리고 호레즘(Khorezm), 중부 시르다리야

자료 : http://www.uzbekistans.ru/ekonomika/sovmestniie-proekt-po-dobiche-gaza-uzbekistana.html

그림 33. 우즈베키스탄 유전–가스전

(Middle Syr Darya), 자라프샨(Zarafshan)은 매장 유망지역이다.166) 발견된 석유 및 가스전의 50% 정도가 채굴 단계에 있고, 35%는 생산을 위한 준비 단계에, 나머지 15%는 시굴(試掘) 과정에 있다.167) 우즈베키스탄 국영 석유-천연가스업체인 우즈벡네프테가즈(Uzbekneftegaz)는 전 국토의 60% 지역에 원유 및 천연가스가 묻혀있는 것으로 추정하고 있다. 특히 남부 아무다리야(Amudarya) 분지에는 콘덴세이트 포함 원유의 83%, 천연가스의 88%가 매장되어 있다. 석유 및 천연가스전의 약 60%는 부하라-히바(Bukhara-Khiva) 지역에, 20%는 페르가나(Fergana) 지역에 분포하고 있다. 1989년 생산을 시작한 아무다리야 분지의 부하라-히바 지역 코크두말락(Kokdumalak) 원유-가스 콘덴세이트전은 우즈베키스탄 석유 생산의 약 70%를 담당하고 있는 최대 에너지 광구로 확인매장량이 원유 4억 배럴, 가스 5.4조 세제곱피트, 콘덴세이트 5억 4,000만 배럴에 달했다. 그러나 계속된 생산으로 잔존매장량은 원유 1억 6,000만 배럴, 가스 1.5조 세제곱피트에 불과한 것으로 알려지고 있다. 그 외 대형 광구로는 콘덴세이트 1억 배럴, 가스 4조6,000

166) Kamila Aliyeva, “New gas fields discovered in Uzbekistan”, AzerNews, 23 January 2018.
167) http://www.gov.uz/ru/business/oilgas/

억 세제곱피트가 매장되어 있는 슈르탄(Shurtan)가스-콘덴세이트전, 가채매장량이 원유 9,000만 배럴, 가스 18.7조 세제곱피트인 중부 우스튜르트-남서기사르(Central Ustyurt & Southern-Western Gissar)원유-가스전이 있다. 현존하는 원유 및 가스전은 계속된 채굴로 그 생산량이 급격히 감소하고 있어 새로운 유전 및 가스전 개발을 위한 투자가 시급히 요구되고 있다. 이에 우즈베키스탄 정부는 2017년 5월 '2017~2021년 석유가스 발전 5개년 사업'을 발표하며 향후 5년간 304억 달러를 투자하여 78개 이상의 프로젝트를 시행할 계획이라고 밝혔다. 동 계획에 따르면 향후 5년 내 우즈베키스탄 내 석유가스 부문 생산에서 천연가스가 53.5bcm, 원유가 1.9백만 톤, 가스 콘덴세이트가 110만 톤 늘어날 전망이다.[168)]

(2) 천연가스 생산과 소비

2017년 우즈베키스탄의 1차 에너지 총소비는 4,300만 toe(석유환산톤)이다. 천연가스가 에너지 소비의 대부분인 83%를 담당하였고, 석유제품이 8%, 석탄이 3%, 수력발전이 6%를 차지하였다.[169)] 우즈베키스탄 석유-가스 Complex의 운영사는 국영기업인 우즈벡네프테가스(Uzbekneftegaz)로 200개 이상의 석유-가스 기업을 거느리며 2017년 56.5bcm의 천연가스를 생산하였고, 2018년에는 66bcm의 가스를 생산할 계획이다. 우즈베키스탄의 석유-가스 부문에서 라이센스를 취득하여 지질 조사 및 유전-가스전 개발 활동을 수행하는 외국기업은 러시아의 가즈프롬과 루코일, 중국의 CNPC가 대표적이다.[170)]

높은 에너지 집약적 경제구조를 지닌 우즈베키스탄은 상당한 탄화수소 매장을 보유하고 있는데 그 중심은 천연가스이다. 우즈베키스탄은 2017년 53.4bcm의 천연가스를 생산하며 세계 생산의 1.5%를 차지했다. 우즈베키스탄은 러시아

168) 주우즈베키스탄 대한민국대사관, 에너지 동향, "2017-2021년간 유가스 304억불 규모의 78개 프로젝트 추진", 2017.05.23.

169) BP "Statistical Review of World Energy 2018." June 2018. p.9.

170) Kamila Aliyeva, "Uzbekistan plans to increase gas production in 2018", AzerNews, 26 December 2017.

표 28. 우즈베키스탄 천연가스 생산과 소비

(단위: bcm)	2002	2004	2005	2006	2007	2008	2009	2010	2011	2012	2013	2014	2015	2016	2017
생산 (A)	55.3	56.7	56.5	59.2	60.9	60.4	58.1	56.9	53.9	53.9	53.9	54.2	54.6	53.1	53.4
소비 (B)	49.6	42.4	44.7	43.8	48.0	50.9	41.7	42.7	44.1	43.7	43.3	45.3	48.6	41.6	41.6
% (B/A)	89.7	74.8	79.1	74.0	78.8	84.3	71.8	75.0	81.8	81.1	80.3	83.6	89.0	78.3	77.9

자료 : BP "BP Statistical Review of World Energy 2018"

와 투르크메니스탄에 이어 유라시아에서 3번째로 큰 천연가스 생산국이다. 2008년까지는 60bcm의 천연가스를 생산했으나 그 후 지속해서 감소하는 추세를 보인다. 2017년 천연가스의 소비는 41.6bcm이었다. 천연가스는 생산의 80%가 국내에서 가정용, 발전용, 화학산업용으로 소비되고 나머지는 파이프라인을 통해 주변국으로 수출된다. 2017년 수출은 11.8bcm으로 2016년보다 0.4bcm 늘었다. 러시아로 절반이 넘는 6.7bcm이 공급되었고, 2012년부터 CACP를 통해 수출을 시작한 중국이 3.4bcm, 전통적인 수출 대상국이었던 카자흐스탄으로 3.4bcm, 그 외 키르기스스탄과 타지키스탄으로 소규모가 수출되었다. 수출 또한 2010년 14bcm에서 2015년에는 7.5bcm으로 급감하였다가 그 후 회복세를 보인다. 더욱 많은 탄화수소를 수출하기 위한 수송 인프라(파이프라인)의 부족과 노후화된 에너지 인프라로 인해 최근 수년 동안 생산과 유통 및 수출이 둔화하고 있다. 석유-가스 산업에서의 현대화가 늦어지면서 가스 생산 및 수송과정에서 발생하는 손실률이 최근 수년 동안 20~23%에 달하는 것으로 알려졌다.[171)]

미국 해양대기청(NOAA)에 따르면 천연가스를 채굴하는 과정에서 타버리는 플레어링 가스(flaring gas)가 2006년 이후 계속 감소하고 있음에도 불구하고 2011년에는 플레어링 가스가 생산의 3%가 넘는 1.8bcm로 세계 상위 20위 국가에 포함되기도 했다. 경제적 손실만 5억 달러에 달했다.[172)] 그 후 부수가스의 사용 효율을 높이고, 플레어링으로 인한 온실가스 방출을 줄이기 위한 지속적인 노력을 기울이면서 가스 플레어링이 2017년에는 0.85bcm으로 크게 줄었다.[173)]

171) Ibid
172) Artur Kochnakyan, "Uzbekistan Energy/Power Sector Issues Note" World Bank, 2013. p.vi
173) World Bank, "Global Gas Flaring Reduction Partnership(GGFR) : All flaring data (2013-17)" http://pubdocs.worldbank.org/en/965611531840923687/Gas-flaring-data-2013-17.pdf

우즈베키스탄은 투르크메니스탄에서 러시아와 중국으로 연결되는 국제 천연가스파이프라인이 통과하는 국가다. 또한 2개의 새로운 천연가스 파이프라인 가즐리-카간(Gazli-Kagan)과 가즐리-누쿠스Gazli-Nukus)가 건설되어 우스튜르트(Ustyurt)와 부하라-히바(Bukhara-Khiva) 지역의 파이프라인 시스템에 연결되었다. 우즈베키스탄은 2010년 중국과 연간 350bcf의 가스를 CACP의 Line C를 통해 공급하는 가스 수출계약을 체결하였다. 2012년부터 중국으로 천연가스를 공급하고 있다. 그리고 2017년 4월 러시아 가즈프롬과 5년간 매년 6bcm의 천연가스를 수출하는 계약을 체결하였고, 5월에는 중국으로 2018~2020년 동안 매년 10bcm의 천연가스를 공급하는 계약을 체결하였다. 이를 위해서는 대규모 투자를 통해 새로운 업스트림 프로젝트에서 가스를 생산해야만 한다. 2013년 중국은 우즈베키스탄 및 기타 중앙아시아 국가들과 CACP Line D 파이프라인을 건설하기로 협정을 체결했으나 각국의 이해관계로 인해 2020년까지는 운영되기가 힘들 것으로 보인다. 부하라-타슈켄트-비슈케크-알마티(Bukhara-Tashkent-Bishkek-Almaty)'간 가스 파이프라인의 키르기스스탄 지역 재건/건설공사(1차 및 2차 라인)가 2017년 8월 완료되면서 부하라 가스전에서 키르기스스탄으로 가스 수송규모가 연간 3.9bcm으로 확대될 것이다.[174] 동 파이프라인은 향후 CACP와 연결될 예정이다.

2018년 4월 러시아 석유기업인 루코일(Lukoil)과 우즈벡네프테가즈(Uzbekneftegaz)는 우즈베키스탄 남서부 부하라(Bukhara)주에서 칸딤가스처리단지(KGPC. Kandym Gas Processing Complex)를 완공하였다. 루코일에 따르면 동 단지는 연간 8bcm 이상의 가스를 처리하여 중앙아시아에서 가장 큰 가스 처리 시설 중 하나가 될 것이다.[175] 2017년 5월 중국 CNPC와 부하라주의 카라쿨광구 내 3개의 가스 콘덴세이트전(호자사야트, 호자디블라트, 동부 알랏) 개발사업에 착수했다. 동 가스전의 연간 생산량은 1bcm, 사업비는 3.77억 달러로 평

174) Kyrgyzstan: Revamped Transnational Gas Pipeline Unveiled, Eurasianet, Aug 30, 2017.

175) CORRECTED-UPDATE 1-Russia's Lukoil starts up Uzbekistan gas plant for Chinese exports, Reuters Staff, APRIL 19, 2018.

가된다.[176]

(3) 원유 생산과 소비

2017년 원유 및 기타 액체 탄화수소 생산은 1일 54,230배럴이었다. 1999년 190,890배럴과 비교해 72%가 축소되었다. 부하라-히바 지역의 코크두말락 유전-가스전은 우즈베키스탄 총 원유 생산의 약 70%를 차지하고 있다.

표 29. 우즈베키스탄 원유 생산과 소비

(단위: 천bbl/d)	2002	2004	2005	2006	2007	2008	2009	2010	2011	2012	2013	2014	2015	2016	2017
생산 (A)	153	138	115	114	104	102	95	78	77	68	63	61	59	58	54
소비 (B)	132	146	103	103	94	93	89	76	71	63	60	57	57	70	71
정제처리능력	232	232	232	232	232	232	232	232	232	232	232	232	232	232	232
정제처리량	138	153	105	105	95	93	88	73	69	62	58	55	51	51	52

자료 : BP "BP Statistical Review of World Energy 2018"

우즈베키스탄은 페르가나(Fergana), 알티-아릭(Alty-Arik) 및 부하라(Bukhara)에 3개의 정유 공장을 보유하고 있는데 원유 정제 능력은 일 232,000배럴(b/d)이다. 정유 공장은 완전히 가동되지 못하고 있는데 이는 국내 석유 생산이 부족하기 때문이다.[177] 2000년 1일 146,000배럴이었던 정제 처리량이 2017년에 52,210배럴로 급감했다. 최초의 정유 플랜트는 1906년 페르가나에 건설된 정유공장으로 현재 하루 114,288배럴의 원유 처리 능력을 갖추고 있으며, 휘발유, LPG, 연료유, 황 및 용제를 생산한다. 두 번째 대규모 정유 플랜트는 1997년에 건설된 부하라 정유공장으로 하루 50,000배럴의 원유를 가공, 처리할 수 있으며, 최대 하루 110,495배럴까지 확대할 수 있다. 주요 제품은 휘발유, 디젤, LPG 및 연료 오일이다. 2개 정유 공장의 원유처리 용량은 국내수요를 완전히 충족시킬 뿐만 아니라 석유제품의 수출도 가능하게 한다. 그러나 지난 수년 동안 석유 생산량 감소로

176) 주 우즈베키스탄 대한민국대사관, 에너지 동향, "중국 CNPC, 부하라주 가스콘덴세이트전 개발 사업 착수", 2017.06.01.

177) http://www.eia.gov/beta/international/analysis.cfm?iso=UZB

전체 정제 능력의 22%만이 가동되었다. 향후 석유 생산량이 더 감소할 것으로 예상하면서 우즈베키스탄은 원유 수출국에서 순수입국으로 전환하여 정유공장에서 원유를 처리하고 있다. 우즈베키스탄의 석유 처리 능력은 2024년까지 하루 225,000~230,000배럴 범위에서 유지되지만, 정제된 석유제품은 69,050배럴에 불과할 것으로 예상된다.[178)] 우즈베키스탄은 현재 수입하고 있지만, 러시아와 카자흐스탄으로부터 원유 수입 물량을 더 늘리는 것이 필요하다.

우즈베키스탄의 유일한 국내 원유 파이프라인은 페르가나 및 알티-아릭 정유 플랜트와 연결되어 있다. 우즈베키스탄은 사실상 국제 송유관 인프라를 갖고 있지 않다. 현재 우즈베키스탄에는 각각 1개씩의 국제 송유관과 석유제품 파이프라인이 통과하고 있다. 옴스크-쉼켄트-부하라(Omsk-Shymkent-Bukhara) 송유관은 시베리아시의 옴스크에서 파블로다르(Pavlodar), 카라간다(Karaganda) 및 쉼켄트(Shymkent)를 통해 우즈베키스탄으로 석유를 운송하는 데 사용된다. 우즈베키스탄 내에서는 누라타(Nurata)와 나보이(Navoi)를 거쳐 부하라(Bukhara) 정유공장으로 보내고 또한 투르크메니스탄의 차르조우(Chardzhou) 정유 공장으로 보내진다. 쉼켄트-타슈켄트(Shymkent-Tashkent) 파이프라인은 카자흐스탄의 쉼켄트 정유공장에서 생산된 휘발유 및 원유를 타슈켄트(Tashkent)로 수송하는 파이프라인이다. 우즈베키스탄에서 생산된 석유는 남서부에 위치한 부하라(Bukhara)와 동부의 페르가나(Fergana) 정유공장에서 가공, 처리되므로, 카자흐스탄 쉼켄트에서 정제된 제품을 수입하여 수도 타슈켄트에 공급하는 것이 비용 측면에서 효율적이다.[179)] 러시아와 카자흐스탄은 타슈켄트에서 소비되는 정유제품의 주요 공급자다.

우즈베키스탄은 중앙아시아의 석유 및 석유 제품을 대량 생산하는 국가지만 공급이 국가의 석유 제품에 대한 수요를 충족시키지 못한다. 우즈베키스탄 정부가 에너지 자원의 자급자족 정책을 고수하면서 석유 수입에 대한 의지를 보이지

178) BMI Research, "Uzbekistan 2015," Business Monitoring International, 2015, 22.
179) http://eurasian-research.org/en/research/comments/energy/oil-sector-development-uzbekistan-net-exporter-net-importer

않기 때문에 지난 10년 동안 석유 생산량이 많이 감소하면서 소비 수준 또한 크게 감소했다. 우즈베키스탄 소비자들은 내수시장에서 심각한 석유제품의 부족을 경험하고 있다. 원유 생산 감소로 우즈베키스탄 정부의 내부에 초점을 두었던 에너지 정책(에너지 수급의 자급자족, 보조금 지급을 통한 국내 저유가 기조 유지)의 대규모 변화가 나타났다. 외국인 투자유치를 통해 원유 생산과 매장량을 끌어 올리는 방향으로 에너지자원 관련법이 대폭 수정되었다. 국영 석유가스 기업인 우즈벡네프테가스가 국제석유 메이저들과의 생산물분배협정이나 합작투자를 적극적으로 추진하고 있다.

4) 키르기스스탄 에너지 자원 잠재력

미국 에너지정보청(EIA)의 International energy statistics에 의하면 2017년 기준 키르기스스탄의 확인된 원유매장량은 4,000만 배럴로 세계 78위로 평가되고 있다.[180] 다른 자료에 의하면 가채매장량(A+B+C_1+C_2)은 원유 1,300만 톤, 천연가스 6.5bcm이다. 페르가나 계곡에서 상업적 개발이 시작된 이래 1,000만 톤의 원유와 7.5bcm 이상의 천연가스가 회수되었다. 원유의 연 최고 생산량은 320,000톤이며, 천연가스는 3.8억㎥다. 키르기스스탄에서 탄화수소 매장량 증가 가능성은 페르가나 계곡의 중생대 이전 퇴적층의 조사뿐만 아니라, 알라이(Alai), 나린(Naryn), 악사이(Aksai) 및 기타 산간 지역에 대한 심층 조사에 달려있다.[181]

키르기스스탄의 석유 및 천연가스 생산은 페르가나 계곡에서 이루어지고 있다. 키르기스스탄에는 총 14개의 원유 및 가스 광상(oil & gas deposit)이 나타나고 있는데 그중 7개는 원유광상이고 4개는 원유-가스 광상이고, 2개는 가스광상이다.[182]

180) U.S. Energy Information Administration, International Energy Statistics, crude oil including lease condensate, accessed 16 July 2018.

181) Central Asian Countries, Geoportal of Kyrgyzstan, Fuel and Energy Resources. http://www.geoportal-kg.org/index.php/geology/mineral-resources/coal-oil-gas

182) 7개 원유광상은 Maili-Sai, Chigirchik, Changyrtash, Karagachi, Tamchy, Bishkent-Togap, Tashravat이고, 4개 원유-가스광상은 Mailisu III, Mailisu IV-Vostochnyi Izbaskent, Izbaskent,

석탄 광상은 약 70개가 발견되었는데 크게 남부 페르가나, 북부 페르가나, 우즈겐, 카박의 4개 분지(basin)와 알라이(Alai), 알라부카-차티르쿨(Alabuka-Chatyrkul) 및 남부 이식쿨(Southern Issyk-Kul)의 3개 지역(district)에 분포되어 있다. 석탄 가채 매장량은 총 13억 7,750만 톤인데 76%가 확인매장량(A+B+C1)이며, 24%는 C2 범주이다. 대부분 석탄이 지하 깊숙이 매장되어 있어, 상당한 매장량에도 불구하고 생산량은 1991년 310만 톤에서 최근에는 40~55만 톤으로 급감하였는데 이는 1990년대 많은 탄광이 폐쇄되었기 때문이다. 현재 석탄 소비의 65~70%가 카자흐스탄으로부터 수입에 의존하고 있다. 가장 유망한 개발지역으로는 탐사 매장량이 각각 4억 3,500만 톤과 1억 1,600만 톤인 카라-케체(Kara-Keche)와 민쿠쉬(Minkush) 매장지다.[183)]

자료 http://www.geoportal-kg.org/images/geology/geology5_b.jpg

그림 34. 키르기스스탄 유망 석유-가스 지대

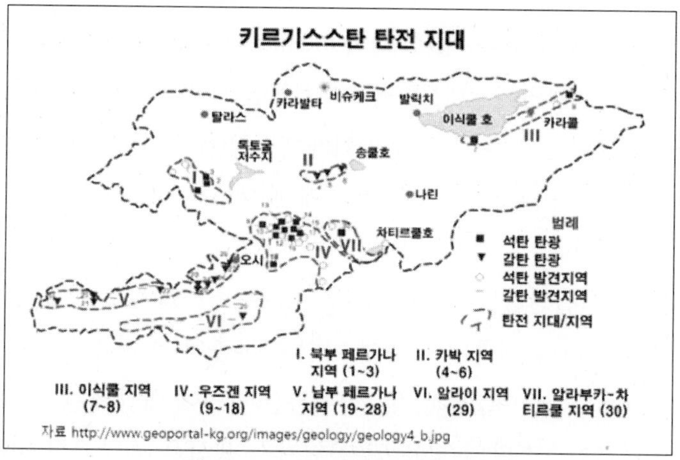

자료 http://www.geoportal-kg.org/images/geology/geology4_b.jpg

그림 35. 키르기스스탄 탄전 지대

Nyiazbek-Severnyi Karachikum이며, 2개 가스광상은 Suzak, Yuzhnyi Rishtan이다.
http://www.geoportal-kg.org/index.php/geology/mineral-resources/coal-oil-gas

5) 타지키스탄 에너지 자원 잠재력

타지키스탄은 석유와 천연가스의 확인매장량(proven reserves)은 대단히 부족하지만, 추정매장량(probable reserves)은 상당한 것으로 평가되고 있다. 미국 에너지정보청(EIA)의 International energy statistics에 의하면 2017년 기준 타지키스탄의 확인된 원유매장량은 1,200만 톤으로 분석되고 있다. 원유의 추정매장량은 1억 2,000만 톤, 천연가스는 880bcm, 가스 콘덴세이트는 3,600만 톤으로 평가되고 있다. 현재 타지키스탄에는 21개 석유-가스 콘덴세이트전이 발견되었는데 그 중 18개는 석유 및 가스전이고, 나머지 3개는 가스 및 가스 콘덴세이트전이다.[184] 추정 매장량의 대부분이 지하 4,000m 이상에 매장되어 있어 생산 및 운송에 있어 채산성을 가지지 못하고 있다. 이러한 상황으로 인해 타지키스탄 경제는 가스와 원유 가공산업의 경우 거의 전적으로 수입에 의존하고 있다.

표 30. 타지키스탄 에너지 자원 생산

	국내생산			수입	
	원유 (천톤)	천연가스 (천 TOE)	석탄 (천톤)	석유제품 (천 TOE)	천연가스 (천 TOE)
2005	22	22	99	287	515
2006	24	14	105	359	523
2007	26	12	181	499	529
2008	26	13	199	523	419
2009	26	16	202	503	177
2010	27	19	200	531	142
2011	28	15	236	559	147
2012	30	9	412	720	109
2013	27	3	516	683	0
2014	25	3	878	935	0
2015	25	3	1,042	927	0

자료 : IEA.

석탄은 타지키스탄의 경제에서 가장 중요한 에너지원이다. 석탄의 경우 추정매장량은 2억 1,200만 톤인 것으로 평가되고 있다.[185] 현재 타지키스탄에는 40개 이상의 탄전이 발견되었는데 3개 지역(자라프샨(Зеравшан), 남기사르(Южный Гиссар), 슈로보드 라브노우(Шурobод Равноу)에 집중되어 있다. 가장 큰 탄전으로는 갈탄은 슈라브(Shurab)탄전, 석탄은 판야그노브(Fan Yagnob)탄전, 무연탄은 나자라일록크(Nazarailok)탄전이다.[186] 상업적 규모의 석탄 채굴은 주로 2개 탄전(슈라브와

183) http://www.geoportal-kg.org/index.php/geology/mineral-resources/coal-oil-gas

184) http://www.geoportal-tj.org/images/pi_tjk.pdf

185) http://www.geoportal-tj.org/index.php/geology/deposits

186) http://www.geoportal-tj.org/images/pi_tjk.pdf

판야그노브)에서 이루어지며 연간 80~85만 톤에 달한다. 그러나 35개 탄전(약 30억 톤)에서의 상당한 매장량과 타지키스탄 정부의 예상 석탄매장량(7억 1,380만 톤)에도 불구하고, 많은 탄전에서의 탐사 부족과 슈라브탄전과 판야그노브탄전에서 생산 감소로 수요를 충족시키지 못하고 있다. 2012년부터 우즈베키스탄에서의 천연가스 수입이 중단되면서 석탄의 수요가 급증하였다. 타지키스탄의 석탄 매장지 중에서 가장 주목할 만한 것은 두샨베에서 280km 떨어진 라슈트(Rasht) 지역에 위치한 무연탄 광산인 Nazar Aylokskiy광산이다.[187)]

타지키스탄이 에너지자원 중에서 가장 큰 비교우위를 지닌 부문은 수력발전이다. 타지키스탄은 중앙아시아 국가 중에서 수력발전 잠재력이 가장 클 뿐만 아니라 유라시아 12개 국가 중에서는 러시아에 이어 2위를 차지한다. 중앙아시아 전체 수력발전 잠재력의 76.8%가 타지키스탄에 집중되어 있다. 키르기스스탄과 카자흐스탄이 각각 12.6%, 6.5%를 차지한다. IEA 자료에 따르면 타지키스탄은 전력생산 대부분을 수력발전에 의존하고 있다. 2015년 타지키스탄의 에너지 생산량은 총 193.9만TOE였는데 그 중 수력발전이 145.3만TOE로 75%를 차지하였고, 석탄이 45.7만TOE로 24%, 석유 및 천연가스가 2.8만TOE 1.5%를 차지했다.[188)] 아프가니스탄과 2029년까지 전력공급 계약을 체결하여 2018년 15억kWh를 수출할 예정이며, 우즈베키스탄과도 2018년 4월부터 15억kWh의 전력 수출을 개시하였다.[189)]

3. 중앙아시아 5개국 광물자원 잠재력

중앙아시아에는 경제성장을 위한 동력원이라 할 수 있는 석유와 천연가스로

---

187) http://www.geoportal-tj.org/index.php/geology/deposits

188) IEA, “Tajikistan: Balances for 2015”

189) 주우즈베키스탄 대한민국대사관, 에너지 동향. “타지키스탄, 4.2부터 對우즈벡 전력 수출 개시”. 2018.04.05.

자료 : ADB, Central Asia Atlas of Natural Resources, 2010. p.64.

그림 36. 중앙아시아 광물자원 매장지

대표되는 에너지 자원 이외에 금, 은, 동, 우라늄, 아연, 크롬, 몰리브덴, 철광석 등의 일반 산업 광물이 풍부히 매장되어 있다. 구소비에트 계획경제 체제하에서 중앙아시아 지역은 광물 부문 특화를 통해 광공업이 크게 발달했다. 그러나 소비에트 붕괴 이후 1990년대 시장경제로의 체제전환과정에서 재정지원 부족으로 기존 광구 및 신규 광구의 추가적 탐사 및 개발이 이루어지지 않아 광공업 부문에서의 침체가 계속되었다. 다른 한편으로는 광물자원들이 완전히 개발되지 않은 채 지하에 풍부히 매장되어 있는 결과로 이어졌다. 특히 카자흐스탄과 우즈베키스탄은 대표적인 광물자원 부국으로 광물자원은 오늘날 이들 국가 경제발전의 버팀목이 되고 있다.

1) 카자흐스탄의 광물자원

카자흐스탄이 세계 자원시장에서 주목받는 이유는 풍부하고 다양한 자원매장

자료 http://5-bal.ru/pars_docs/refs/113/112011/112011_html_2bc3188e.png

그림 37. 카자흐스탄 광물자원 분포도

량 때문이다. 카자흐스탄은 독립국가연합(CIS) 소속 국가 중 러시아 다음으로 광물자원이 풍부히 매장되어 있는 세계적인 자원 부국이다. 절대 및 1인당 자원 보유량으로 세계에서 선도적 위치에 있다. 카자흐스탄 정부 자료에 의하면 다양한 광물 자원이 5,004개 광구에 매장되어 있는데 예정원가(잠재적 가치)가 약 46조 달러로 금액 면에서 세계 6위에 해당한다. 카자흐스탄에는 멘델레예프 주기율표의 105개 원소 중에서 99개가 발견되었는데, 그중 70개가 탐사되었고 현재 60개 이상이 생산되고 있다. 1,225 종류의 광물원료를 품고 있는 확인된 광상(鑛床. deposits)만 493개에 달한다.[190] 풍부한 광물자원은 카자흐스탄 경제에서 중요한 몫을 담당한다. 2018년 1월 1일 기준 광업-야금 산업(Mining and metallurgical complex)[191]에는 198,500명이 종사한다. 기업은 2,064개이며 그 중 대기업이 85개, 중기업이 79개, 나머지 1,900개는 소기업이다. '2015~2019년 카자흐스탄 국가 산업-혁신발전 프로그램'에서 노동생산성의 향상과 환경 개선을 위한 생산 현대화의 우선순위 산업으로 금속산업, 특히 철강산업이 채택되었다. 광업은 무

190) KazMunayGas, "Integrated Annual Report 2017", KazMunaiGas Exploration Production, p. 11. & http://www.invest.gov.kz/?option=content&section=4&itemid=71

191) 동 산업에는 금속 광석 채굴, 석탄 및 갈탄 생산, 금속 가공 및 금속제품을 포함한다.

엇보다 산업 생산에서 중요한 임무를 수행한다. 2017년 광업-야금 산업의 총생산액은 전년 대비 20.5% 증가한 5조 8,310억 텡게로 전체 산업생산의 28.5%를 차지했다. 수출은 43% 증가한 총 121.7억 달러를 기록하며 전체 수출의 28.2%를 담당했다. 주요 수출 품목은 평면 압연 철강이 21.4%, 정제 구리가 19.2%, 철합금이 18.1%, 구리광석 및 정광이 8.9%, 미가공 아연이 6.9%, 미가공 은이 4.4%였다. 2017년 채광 및 야금 분야의 고정자본투자는 6,241억 텡게로 전년 대비 20% 감소하였다.192) 현재 카자흐스탄에서 생산 중인 광산들은 주로 구소련 시절에 탐사된 광산들로서, 노후화 및 매장량 고갈이 갈수록 심해지고 있다. 이에 카자흐스탄 정부는 '2010-2014 국가 광물 자원 개발' 프로그램을 진행하여 새로운 광산 탐사 지원 및 적극적인 해외투자 유치를 벌였으며, 광물 자원의 생산 증대가 2016년부터 가시화되고 있다.

카자흐스탄에는 세계적인 규모의 매장량을 지닌 광물자원이 분포되어 있는데 대표적인 광물로 우라늄, 크롬, 납, 망간, 아연, 구리, 알루미늄, 철광석, 몰리브덴, 인산염, 금 등을 들 수 있다.(표 31 참조) 공식적으로 밝혀진 연-아연 광구는 38개, 철광석 광구는 15개, 금 90개, 금 포함 혼합광석 광구는 39개이며, 그 외에도 망간, 니오븀, 탈륨, 인듐 등 희소금속도 풍부히 매장되어 있다.193)

표 31. 카자흐스탄 주요 광물자원 매장량 및 생산 현황 (2016)

	매장량 순위	생산 순위	생산 비중
텅스텐	1	-	-
우라늄	2	1	39.6
크롬	2	3	16.2
망간	4	8	2.7
은	4	10	3.6
납	5	11	0.7
아연	5	8	2.5
보크사이트	10	8	1.7
티타늄	10	19	0.4
주석	10	-	-
철광석	11	13	1.0
구리	12	11	2.6
금	15	21	1.7

자료: The Committee on Geology and Subsoil Use of the MID of the RoK, Investor's Guide RoK, 2018. p.25

192) АГМП(Республиканская Ассоциация горнодобывающих и горно−металлургических предприятий), Горно−металлургический комплекс. http://agmp.kz/informatsiya-ob-otrasli/

193) 조영관 외. "중앙아시아 자원에너지 투자환경 분석과 정책 시사점", 전략지역심층연구 09-01. 대외경제정책연구원. 2009. p.33.

(1) 우라늄(Uranium)

우라늄은 카자흐스탄이 세계 광물자원 시장에서 절대 강자(superpower)의 지배력을 지니는 대표적 자원이다. 경제협력개발기구(OECD) 산하 핵에너지기구(NEA)와 국제원자력기구(IAEA)가 공동 작성한 보고서 "우라늄 2016 : 자원, 생산 그리고 수요(Uranium 2016: Resources, Production and Demand ('Red Book'))"에 따르면 2015년 기준 카자흐스탄에 묻혀있는 kg당 130달러 미만의 채굴비용(<USD 130/kgU)으로 회수 가능한 우라늄 확인자원량(Identified Resources)은 745,300tU이며, 전 세계 확인매장량(571.8만tU)의 13%에 해당하는 수치로 오스트레일리아(1,664,100tU, 29%)에 이어 세계 2위다.[194] 카자흐스탄 정부에 따르면 확인매장량이 900,000tU 이상이며 약 80%가 남부 카자흐스탄 츄-사리수(Shu-Sarysuy)와 시르다린(Syrdaryin) 우라늄 지구에 집중되어 있다. 채굴 가능 연수가 100년이 넘는다.[195] 2016년 1월 1일 현재 24개의 우라늄 광산이 발견되었는데 그중 11개에서는 생산이 이루어지고 있으며, 2개는 시굴이, 11개는 시굴과 생산이 함께 이루어지고 있다.[196] 풍부한 매장량과 저렴한 채굴가격을 바탕으로 우라늄 생산에 있어 카자흐스탄은 선도적인 지위를 누리고 있다. 거의 모든 국가에서 우라늄 생산업자들이 확장에 어려움을 겪고 있지만, 중앙아시아, 특히 카자흐스탄은 특히 지난 10년간 우라늄 생산량을 늘려오고 있다. 2009년 세계

표 32. 세계 우라늄 주요 생산국 (단위: tonnes U)

	2008	2009	2010	2011	2012	2013	2014	2015	2016	2017
카자흐스탄	8,521	14,020	17,803	19,451	21,317	22,451	23,127	23,800	24,575	23,391
	19.4%	27.6%	33.2%	36.4%	36.4%	37.8%	41.3%	39.3%	39.4%	39.3%
캐나다	9,000	10,173	9,783	9,145	8,999	9,331	9,134	13,325	14,039	13,116
호주	8,430	7,982	5,900	5,983	6,991	6,350	5,001	5,654	6,315	5,882

% : 세계 생산에서 차지하는 비중.
자료 : World Nuclear Association, World Uranium Mining Production(Updated July 2018)

194) OECD NEA & IAEA, "Uranium 2016: Resources, Production and Demand", 2016, p.18.
195) http://geoportal-kz.org/index.php/en/geologicheskaya-informatsiya-en
196) http://geoportal-kz.org/index.php/en/geologicheskaya-informatsiya-en & http://investkz.com/journals/112/1568.html

생산의 27.2%인 14,020tU를 채굴하며 캐나다(10,174tU)와 오스트레일리아(7,934tU)를 제치고 1위로 올라선 이후 2014년부터는 그 비중을 40%까지 확대하며 확고부동한 1위를 지키고 있다.

2016년 기준 세계 10대 우라늄 광산이 세계 우라늄 생산의 53%를 차지하는데 카자흐스탄은 절반인 5개 광산이 포함된다. 쉼켄트(Shymkent) 북쪽 250km에 위치한 Tortkuduk & Myunkum광산은 세계 생산의 6%에 해당하는 3,519tU의 우라늄을 생산하며 세계에서 3번째로 큰 광산으로 등록되었다. 캐나다의 Cigar Lake(6,924tU, 12%)와 McArthur River(6,193tU, 10%)가 1, 2위를 차지했다. Budenovskoye 2 광산이 2,352tU(4%), Inkai 광산이 2,116tU(4%)를 생산하여 각각 5, 6위, South Inkai 광산이 1,982tU로 8위, Budenovskoye 1, 3 & 4 광산이 1,931tU를 생산하여 세계 10위를 차지하였다.[197)]

(2) 크롬 광석(Chromium ore)

크롬 광석은 우라늄과 더불어 카자흐스탄이 보유하고 있는 세계적 광물자원의 하나다. 세계 크롬 생산량의 약 95%는 페로크롬[198)]을 제조하는 데 투입된다. 크롬 생산의 약 70%가 남아프리카공화국, 카자흐스탄, 인도, 중국 등 4개국에 집중되어 있다. 카자흐스탄 크롬 광석 매장량은 세계 매장량의 38%에 해당하는 3억 6,700만 톤으로 남아공에 이어 세계 2위를 차지한다. 채굴 가능 연수는 80년 이상이 될 것으로 추정한다.[199)] 2016년 1월 1일 기준 17개 매장지가 확인되고 있는데 모두 악튜빈주에 집중되어 있다. 카자흐스탄 크롬 광석은 품질(크롬 산화물 45~50%)이 우수하다는 특징을 지닌다. 현재 9개 대상 지역에서 생산 활동이 수행되고 있는데 그중 8개는 채굴이, 1개는 시굴이 진행되고 있다. 2000~2016년까지 생산된 크롬 광석은 7,150만 톤이며 그중 550만 톤이 2016년에 이루어졌다.

---

197) World Nuclear Association, The largest-producing uranium mines in 2016. http://www.world-nuclear.org/information-library/nuclear-fuel-cycle/mining-of-uranium/world-uranium-mining-production.aspx

198) 크롬을 60~65%를 함유한 합금철로 스테인리스스틸(STS) 생산의 주요 원재료로 쓰인다.

199) http://geoportal-kz.org/index.php/en/geologicheskaya-informatsiya-en

동기간 동안 크롬 광석의 확인매장량은 약 100만 톤 증가하는 데 그쳤는데 2007년부터는 증가가 이루어지지 않고 있다. 가채연수는 80년 이상으로 예상된다.[200] 2017년 카자흐스탄은 세계 크롬생산의 약 17%인 5,400 MT(metric tons)를 담당하며 남아프리카공화국(48%)에 이어 2위를 차지했다. 카자흐스탄의 최대 크롬 생산업체는 TNK Kazchrome으로 연간 처리 능력은 360만 MT다. 두 번째 생산업체는 카자흐스탄 크롬타우(Chromtau)에 있는 '보스호드 광업 및 선광단지(GOK Voskhod)'를 소유하고 있는 러시아 철강기업 메첼(OAO Mechel)의 자회사인 Oriel Resources Ltd.다. 보스호드 광산의 확인 및 추정매장량은 600,000 MT이다.[201]

(3) 금(gold)

세계 금 매장량에서 카자흐스탄이 차지하는 비중은 약 6%로 15위에 해당한다. 확인매장량은 2,500t이다. CIS 국가 중에서는 러시아, 우즈베키스탄에 이어 3위를 차지한다. 금의 가채연수는 30년 이상으로 예상된다.[202] 금광은 카자흐스탄 전 국토의 약 70% 지역에 소형(25t 미만) 또는 중형(25~100t) 규모 형태의 광산 지역에 흩어져 있다. 매장량 기준 52%가 동부지역에, 30%가 북부와 중부 지역에 분포한다. 최대 금 광산은 바실콥스키(Vasilkovskoye)로 확인매장량이 370t(1t 광석 2.8g 기준)이며, 2번째 금 광산은 바키르치크(Bakyrchik)로 208t(1t 광석 7.5g 기준)이다. 그 외 매장량이 100t 이상인 주요 금광은 악수(Aksu), 베스튜베(Bestobe), 졸림베트(Zholymbet) 등이 있다. 2017년 1월 1일 현재 186개 금광에서 개발이 이루어지고 있는데 109개는 시굴단계에 있고, 45개는 시굴과 채굴이 동시에, 32개 금광에서는 채굴이 이루어지고 있다. 현재 약 100개의 금광업체가 등록되어 있지만, 금 채굴을 수행하고 있는 업체는 35개에 불과하다. 금 생산의 1/3이 금광 채굴기업에서 이루어지고 나머지 2/3는 구리, 납-아연 생산기업이 담당

200) http://investkz.com/journals/116/1615.html &
http://geoportal-kz.org/index.php/en/geologicheskaya-informatsiya-en
201) U.S. Geological Survey, Mineral Commodity Summaries, January 2018, p.47.
202) http://geoportal-kz.org/index.php/en/geologicheskaya-informatsiya-en

한다. 2000~2016년까지 채굴된 금은 총 697t이며 동기간 탐사를 통한 매장량의 증가는 984t(2015년 61t, 2016년 26t 증가)이었다. 2016년 금 생산은 전년 대비 17.1% 증가한 74.6t으로 세계 17위를 차지했다. 지역별로는 아크몰라주가 26.2t (전체 생산의 35.1%)으로 선두를 차지했고, 동카자흐스탄주가 22.9t (30.7%), 카라간다주가 8.2t(11%)으로 뒤를 이었다. 카자흐스탄의 대표적인 금 생산업체는 카즈진크(Kazzinc), 카자흐미스(Kazakhmys), 폴리메탈 인터내셔널(Polymetal International Plc)이다.[203)]

(4) 구리(copper)

구리의 세계 전체 확인매장량은 약 7억 톤으로 평가된다. 상당한 양이 칠레, 호주, 페루, 미국, 멕시코에 집중되어 있다. 2017년 1월 1일 현재 카자흐스탄 영토 내에 묻혀있는 구리는 확인매장량이 4,100만 톤으로 세계 매장량의 약 6%에 해당한다. 64개 대상 지역에서 구리 생산이 이루어지고 있는데 14개는 채굴이, 35개는 시굴이, 15개는 시굴과 채굴이 동시에 이루어지고 있다. 2000~2016년 동안 카자흐스탄에서 생산된 구리는 총 850만 톤이며, 2016년 50.1만 톤이 생산되었다. 동기간 동안 추가 확보된 매장량은 2016년 160만 톤을 포함해 총 1,360만 톤이다. 카자흐스탄 최대 금생산업체는 '카자흐미스(Kazakhmys)'로 2016년 총 생산의 56%를 차지했다. 그 외 '보스토크츠베트메트(Vostoktsvetmet)'가 17%, '카자흐미스 악토가이(Kazakhmys Aktogay)'가 13%, '카즈진크(Kazzinc)'가 11%를 담당했다.[204)] 구리는 동카자흐스탄주의 아르테미옙스코예(Artemyevskoye) 광산과 카라간다주의 제즈카즈간스코예(Zhezkazganskoye) 광산에 집중되어 있다. 서카자흐스탄의 «50 let oktyabrya»에서도 새로운 광산채굴 단지가 설립될 예정이어서 구리와 아연 생산을 위한 우호적인 조건이 갖추어졌다. 구리의 총 가채연수는 30년 미만으로 예상된다.[205)]

203) http://investkz.com/journals/116/1615.html, http://investkz.com/journals/116/1613.html & http://investkz.com/journals/116/1614.html

204) http://investkz.com/journals/116/1615.html

205) http://www.geoportal-kz.org/index.php/en/geoinfo-en/catalogen

(5) 폴리메탈(Polymetals. 납과 아연)

전 세계에 분포된 납과 아연의 매장량은 각각 9,000만 톤, 2억 5,000만 톤으로 평가된다. 카자흐스탄에 묻혀있는 납의 확인매장량은 1,600만 톤이며, 아연은 3,300만 톤으로 세계 5위를 차지한다. 세계 핵심 아연 생산 및 수출국은 호주, 캐나다, 중국, 페루이며 카자흐스탄은 포스트 소비에트 국가 중에서 1위를 차지한다. 96개 지역에서 납이 확인되었고, 93개 지역에서 아연이 확인되었다. 주로 동카자흐스탄주의 Ridder-Sokolnoye와 Maleyevskoye 등지에 집중되어 있다. 가채연수는 25년 미만으로 예상된다.[206] 현재 38개 대상 지역에서 생산 활동이 수행되고 있는데 19개는 채굴이, 14개는 시굴이, 5개 지역에서는 시굴과 채굴이 동시에 이루어지고 있다. 최근 17년(2000~2016년) 동안 카자흐스탄에서 생산된 납은 약 200만t, 아연은 1,000만t이다. 2016년에 각각 67,000t, 378,000t이 생산되었다. 동기간 동안 탐사를 통해 늘어난 확인매장량은 납이 100만 톤, 아연이 190만 톤이다. 최대 생산업체는 '카즈친크'로 2016년 납 생산의 54%, 아연 생산의 52%를 차지했다. 2위는 '보스토크츠베트메트'로 각각 34%, 29%를 차지했다. 노바친크(Nova Цинк)가 각각 11%를 담당했다.[207]

(6) 망간 광석(manganese ores)

카자흐스탄에 묻혀있는 망간 광석의 확인 매장량은 6억 8,000만 톤으로 세계 매장량의 약 30%를 차지한다. 카자흐스탄은 망간 광석 매장량에 있어 남아프리카공화국과 우크라이나 등에 이어 세계 4위를 차지한다. 망간은 주로 중부 카자흐스탄의 아타수(Atasu) 광상 지역(Zapadny Karazhan, Ushkatyn III, 등)에 집중되어 있다. 가채연수는 약 50년으로 평가된다.[208] 비교적 선광이 쉽고, 인과 유황을 적게 포함한 산화합성물(oxide composition)로 되어있다는 특징을 지닌다. 총 48개 대상 지역에서 망간이 확인되었다. 망간의 채굴 및 정제는 주로 2개 기업, 자

---

206) http://geoportal-kz.org/index.php/en/geologicheskaya-informatsiya-en
207) http://investkz.com/journals/116/1615.html
208) http://www.geoportal-kz.org/index.php/en/geoinfo-en/catalogen

이렘스키GOK(Жай ремский ГОК)와 TNK 카즈크롬(ТНК Казхром)을 중심으로 이루어진다. 2016년 두 기업이 카자흐스탄 망간 생산에서 차지하는 비중은 각각 56%, 35%였다. 2000~2016년까지 카자흐스탄에서 채굴된 망간 광석은 4,200만 톤이며 그 중 2016년에 150만 톤이 생산되었다. 동기간 동안 탐사를 통해 확보된 추가 매장량은 8,660만 톤이다.[209)]

(7) 보크사이트(bauxites)

보크사이트는 알루미늄의 원광(原鑛)으로 금속광물 퇴적으로 되어 있다. 기니, 호주, 브라질, 베트남, 자메이카, 중국 등 6개국이 세계 매장량의 3/4 이상을 차지한다. 카자흐스탄에는 세계 확인된 매장량의 약 1%에 해당하는 3억 2,500만 톤의 보크사이트가 묻혀있어 세계 10위에 해당한다. 거의 모든 보크사이트는 코스타나이州의 서토르가이, 중부토르가이, 동토르가이 구역에 집중되어 있다. 채굴 가능 연수는 50년이 넘는 것으로 평가된다.[210)] 27개 매장지 41개 대상 지역에서 보크사이트가 묻혀있는 것으로 확인되었다. 현재 6개 대상 지역에서 생산 활동이 수행되고 있는데 4개에서 채굴이, 2개에서 시굴이 이루어지고 있다. 2000~2016년까지 17년 동안 카자흐스탄에서 채굴된 보크사이트는 약 8,000만 톤이며 그중 480만 톤이 2016년에 이루어졌다. 동 기간 추가 발견된 확인매장량은 100만 톤에 불과했는데 2010년 이후 발견은 이루어지지 않고 있다. 보크사이트 생산은 모두 '카자흐스탄 알루미늄(Aluminium of Kazakhstan JSC)'에 의해 이루어진다.[211)]

(8) 철광석(iron ore)

철광석의 세계 매장량은 1,700억 톤으로 평가된다. 카자흐스탄에 묻혀있는 철광석의 확인 매장량은 약 25억 톤으로 세계 매장량의 1.5%를 차지하며 미국에

209) http://investkz.com/journals/116/1615.html
210) http://www.geoportal-kz.org/index.php/en/geoinfo-en/catalogen
211) http://investkz.com/journals/116/1615.html

이어 11위를 차지했다.[212] 총 12개의 철광상이 운영되고 있는데 가장 큰 광상은 북부 코스타나이주 소콜롭스코예(Sokolovskoye), 사르바이스코예(Sarbaiskoye), 카차르스코예(Kacharskoye) 등이다. 철광석의 가채연수는 100년이 넘는 것으로 평가된다.[213] 총 66개 대상 지역에서 철광석이 확인되었는데 그 가운데 15개 지역은 부외(off-balance sheet) 매장량으로 산정된다. 철광석 및 망간의 개발은 67개 대상 지역에서 수행되고 있는데 21개는 채굴이, 33개는 시굴이, 13개는 시굴과 채굴이 동시에 이루어지고 있다. 2000~2017년까지 17년간 카자흐스탄에서 생산된 철광석은 2016년 3,400만 톤을 포함해 7억 1,000만 톤이었다. 동기간 동안 새로 발견된 철광석 매장량은 29억 톤으로 그중 2016년에 1,590만 톤 늘었다.[214]

2) 우즈베키스탄의 광물자원

(1) 우즈베키스탄 주요 광물자원 매장량

우즈베키스탄의 광물자원은 종류가 다양하고 규모가 크며 경제발전을 위한 유리한 조건을 제공해준다. 우즈베키스탄에는 다양한 광물이 풍부하게 묻혀있다. 특히 천연가스, 금, 납, 아연, 텅스텐 및 알루미늄이 풍부하다. 또한 석재와 구리, 우라늄, 칼륨염, 인산염, 고령토가 매장되어 있다.

‘우즈베키스탄 지질-광물자원 국가위원회(Goscomgeo)’는 2016년 자료에서 자국 지하에 매장되어 있는 광물자원의 가치를 7.9조 달러에 달하는 것으로 평가하고 있다. 항목별로는 석유, 가스, 콘덴세이트가 5조 6,630억 달러로 70% 이상을 차지했고, 철, 비철금속, 희귀금속이 6,850억 달러(9%), 소금 및 유황 등이 4,250억 달러, 건축자재가 4,130억 달러, 귀금속이 3,690억 달러, 칼륨과 인산염이 2,460억 달러, 흑연, 현무암, 중정석, 활석 등이 1,180억 달러를 차지했다.[215]

---

212) U.S. Geological Survey, Mineral Commodity Summaries, January 2018. p.89.

213) http://www.geoportal-kz.org/index.php/en/geoinfo-en/catalogen

214) http://investkz.com/journals/116/1615.html

215) “Mineral Resources of Uzbekistan and opportunities for project development“ State Committee of the Republic of Uzbekistan on Geology and Mineral Resources, 2016. http://www.ubtic.org/wp-content/uploads/2015/11/Goscomgeology.pdf

자료 : http://news.fergananews.com/photos/2011/01/goskomgeo.jpg

그림 38. 우즈베키스탄 광물자원 분포도

2017년 1월 1일 기준 우즈베키스탄 국가 등록 광물자원 매장지는 총 1,931개로 탄화수소가 235개, 귀금속이 97개, 방사성 금속이 38개, 비철금속 및 희귀금속이 12개, 철금속이 5개, 석탄 및 오일셰일이 7개, 비금속 원료 37개, 화학원료 32개, 보석원료 30개, 건축자재 814개, 지하수 624개였다.[216] 우즈베키스탄에는 약 100종류의 광물 원료가 매장되어 있는데 그중 60여 종류가 채굴되고 있다. 금, 은, 동, 연, 아연, 텅스텐, 레늄 등을 포함한 다수의 비철금속을 비롯해 형석과 장석, 우라늄 등의 광물자원이 상당량 매장되어 있다. 특히 금과 우라늄은 매장량 및 생산에 있어 선도적 국가군에 포함된다.

우즈베키스탄의 금 매장량은 1,800t으로 세계 매장량의 3.3%를 차지하며 순위로는 중국(2,000t)에 이어 10위를 차지했다. 구소비에트 국가 중에서는 러시아(5,500t)에 이어 2위를 차지했다.[217] 반면 '우즈베키스탄 지질-광물자원 국가위원회(Goscomgeo)'에 의하면 2011년 말 기준 확인된 금광은 총 63개이며 확인매

216) State Committee of the Republic of Uzbekistan on Geology and Mineral Resources, "Status of the State Balance of Mineral Reserves of the Republic of Uzbekistan as of 01.01.2017". http://www.uzgeolcom.uz/en/about/state_balance/14159/

217) U.S. Geological Survey, Mineral Commodity Summaries, January 2018, p.71.

장량은 2,500t이다.[218] 주요 매장지는 키질쿰, 사마르칸트, 타슈켄트 외곽지에 위치한다.[219] 키질쿰 지역의 대표적인 금광으로는 1958년 발견된 키질쿰 사막의 무룬타우(Muruntau) 금광은 세계 최대의 노천 금광으로 우즈베키스탄 연간 금 생산량의 60%에 해당하는 50t 이상이 채굴되고 있다. 2014년과 2015년 무룬타우는 약 61t의 금을 채굴하여 세계 1위를 차지했다. 2위를 차지한 인도네시아의 Grasberg 광산의 생산량이 42.3t인 것과 비교해 압도적인 생산량을 자랑한다.[220] 반면 잔존 매장량에서는 2,500t에서 5,300t으로 다양한 평가가 존재하는데 러시아의 Polyus는 약 4,400만 온스로 세계 8위 수준으로 분석했다.[221] Goscomgeo에 따르면 우즈베키스탄은 2015년에서 2019년 사이에 금 생산량을 20~30% 늘릴 계획이다.[222] 이와 관련한 조치로 2017년 6월 우즈베키스탄 정부는 타슈켄트주, 사마르칸트주(갈라불락 금광), 나보이주, 카라칼팍스탄(자만사이 금광) 등 4개 지역 내 12개 금광(총매장량 14.5t)개발 사업에 외국자본 참여를 허용하였다.

표 33. 세계 주요 금 생산국과 중앙아시아

(단위: 톤)	2008	2009	2010	2011	2012	2013	2014	2015	2016	2017	순위
중국	292.0	324.0	350.9	371.0	411.1	432.2	478.2	454.1	453.5	426.1	1
호주	215.2	223.5	256.7	258.7	250.4	267.1	274.0	279.2	290.2	295.0	2
러시아	186.4	200.9	195.0	204.4	214.9	232.7	247.5	249.5	253.6	270.7	3
미국	233.6	221.4	229.7	233.5	232.4	229.6	208.7	216.2	222.0	230.0	4
우즈베키스탄	72.2	70.5	71.0	71.4	73.3	77.4	81.0	83.2	82.9	84.9	11
카자흐스탄	22.0	22.5	29.9	36.7	40.0	42.6	46.1	48.2	49.8	55.1	16
키르기스스탄	18.4	17.0	18.5	19.7	11.3	20.2	19.2	18.4	19.7	20.4	30
타지키스탄	1.7	1.4	2.0	2.2	2.4	2.7	3.4	4.5	5.0	5.5	-
세계 생산	2466.5	2651.3	2770.9	2867.7	2882.2	3075.7	3179.7	3221.9	3251.4	3246.5	

자료 : GFMS Gold Survey 2018.

---

218) USGS, 2014 Mineral Year Book : Uzbekistan, December 2017. p.50.2.

219) 키질쿰 지역의 대표적 금광으로는 Muruntau, Muytenbay, Triada, Ajibugut, Amantaytau, Kokpatas, Daugyztau, 사마르칸트는 Charmitan, Gujumsay, Sarmich, Biran, Marjanbulak, 타쉬켄트 외곽지역은 Kochbulak, Kayragach, Kyzylalmasay, Kauldy, Pirmirab, Guzaksay를 들 수 있다.

220) 우즈베키스탄은 금 생산에 관한 통계를 공식적으로 발표하지 않고 있어 추정치임. http://www.mining.com/web/here-are-the-worlds-top-10-gold-producing-mines/

221) Polyus, Corporate Presentation. May 2018. p.31. http://polyus.com/ru/investors/presentations/

222) USGS, 2014 Mineral Year Book : Uzbekistan, December 2017. p.50.2.

우라늄은 2015년 kg당 130달러 미만의 채굴비용(<USD 130/kgU)으로 회수가능한 확인자원량(Identified Resources)이 130,100tU이며, 전 세계 확인매장량의 2.3%로 몽골(141,500tU)에 이어 세계 11위다.[223] 우즈베키스탄은 우라늄 생산에서 세계 선도국가군에 포함된다. 우라늄은 2017년 세계 생산량의 4%인 2,404tU(추정치)를 생산하여 러시아(2,917tU)에 이어 세계 7위를 차지했다.[224] 우즈베키스탄은 효율성을 유지하고 환경을 보호한다는 취지에서 지하침출방식(Underground Leaching)으로 우라늄 광석을 처리하는데 그 과정에서 레늄, 스칸듐, 셀레늄, 희토류 원소가 부산물로 추출된다.

은 광산은 총 26개가 등록되어 있으며, 4/5가 특정지역에 밀집되어 있다. 복합광산구역으로 Kalmakyr, Barakaly, Uchkulach, Khandiza이 있으며, 금을 포함하고 있는 은 광산은 Kochbulak, Kyzylalmasay, Muruntau 등이며, 순수 은 광산은 약 20%에 불과한데 smanacha, Okjetpes 등이 대표적 은광이다.

동은 Olmalyq 광산지역의 반암동광복합지대(complex copper-porphyry fields)에 주로 분포한다. Almalyk GMK(Almalyk mining & Metallurgical Complex)는 우즈베키스탄 유일의 동 생산업체로 중앙아시아에서 선도적인 비철금속 생산업체 중 하나다. Kalmakyr, Sary Cheku 동(銅) 광상을 개발하고 있으며 Dalneye광상을 소유하고 있다.

텅스텐, 몰리브덴, 형석과 레늄 또한 세계적 수준의 매장량을 보유하고 있는 것으로 평가된다.

(2) 우즈베키스탄 주요 광물자원 생산

우즈베키스탄은 금과 우라늄 외에 질소, 레늄 및 황의 생산에서 세계적 규모에 해당한다. 생산된 기타 의미 있는 광물에는 구리, 석고, 은, 텅스텐 및 아연이 포함된다. 철광석과 리튬 등은 매장이 확인되었지만 채굴되지는 않았다. 2015년 레

223) OECD NEA & IAEA, "Uranium 2016: Resources, Production and Demand", 2016. p.18.

224) World Nuclear Association, Uranium Production Figures, 2008-2017 (Updated July 2018). http://www.world-nuclear.org/information-library/facts-and-figures/uranium-production-figures.aspx

늄은 세계 생산의 2%에 해당하는 1,000kg을 생산하여 세계 5위를 차지했다. 그리고 몰리브덴은 450 Mt(metric ton)를 생산하여 세계 12위, 칼륨은 10만 Mt로 14위, 질소는 120만 Mt로 20위를 차지하였다.[225)]

표 34. 우즈베키스탄의 주요 광물 자원 생산 현황

	광물자원	단위	2009	2010	2011	2012	2013	2014
금속	구리 광석	톤	95,000	90,000	91,500	95,600	98,000	99,500
	정련동	톤	80,000	90,000	91,500	95,600	98,000	99,000
	금	kg	90,000	90,000	91,000	93,000	98,000	100,000
	몰리브덴 광석	톤	500	500	557	522	490	450
	레늄	kg	1,200	1,200	1,200	1,200	900	900
	은	kg	82,876	59,097	60,000	60,000	61,000	61,000
	조강	톤	716,400	731,373	733,400	736,300	746,200	731,000
	텅스텐, 금속	톤	-	-	48	131	98	83
	아연	톤	40,000	40,000	54,900	61,100	61,500	62,000
공업용 광물	석고	톤	48,400	44,000	48,000	50,000	50,000	35,000
	질소, 암모니아	천톤	1,000	1,344	1,294.3	1,300	1,350	1,200
	인광석	톤	600,000	800,000	800,000	800,000	850,000	800,000
	칼륨	톤	33,000	33,000	110,000	111,700	84,600	110,000
	황. 황산	천톤	1,024	1,193	950	900	900	900
광물성 연료	석탄, 역청탄, 갈탄	천톤	3,654	3,300	3,844	3,750	4,090	4,397
	천연가스	백만㎥	65,000	65,937	63,036	62,911	55,200	55,000
	원유	천배럴	16,900	13,600	26,200	23,000	21,200	21,200
	우라늄 광석	톤	2,429	2,400	3,000	3,000	3,315	3,401

자료 : USGS, 2014 Mineral Year Book : Uzbekistan, December 2017. p. 50.7~8.

1991년 독립 이후 우즈베키스탄의 광업 부문은 그 잠재력에도 불구하고 인프라 부족, 이중내륙국가로 인한 세계시장으로부터의 격리된 입지조건, 외국자본을 유치하기 어려운 엄격한 정부 규제 등으로 생산에서 한계를 가졌다. 지난 수 년 동안 우즈베키스탄 정부는 구리 및 금 생산 시설의 확장, 새로운 인산염 및 칼륨 공장의 건설, 셰일 오일 및 가스 콘덴세이트전의 개발을 포함하여 광물 생산을 증가시키기 위해 상당한 노력을 기울이고 있다. 2014년 우즈베키스탄의 외국

225) USGS, Commodity Statistics and Information, 2015 Mineral Yearbook을 기초로 작성. https://minerals.usgs.gov/minerals/pubs/commodity/

인직접투자(FDI) 유치액은 전년 대비 10.5% 증가한 23.1억 달러를 기록했다. 이는 우즈베키스탄 총투자의 15.8%에 해당한다. 외국인직접투자의 60%가 연료 부문에 집중되었다.[226)]

광물자원은 우즈베키스탄 수출 및 산업생산에서 중요한 역할을 담당한다. 2014년 총수출액은 전년 대비 3.8% 증가한 132.2억 달러였다. 주요 광물 수출상품은 철과 비철금속, 금, 광물성 비료, 그리고 석유와 가스였다. 2014년 국내총생산에서 산업생산이 차지하는 비중은 51.9%였다. 산업생산은 전년 대비 8.3% 증가하였는데 항목별 비중은 에너지가 20.1%, 기계제작 및 금속가공이 19.7%, 식료품 가공이 16.0%, 섬유산업이 14.0%, 비금속광물 및 야금 8.8%, 건축자재 생산이 6.1%, 화학 및 석유화학제품이 5.5%를 차지했다.[227)]

우즈베키스탄 광물자원 생산은 소수의 정부산하 국영 광물공사에 의해 진행된다. 구리 생산은 '알마릭 광업-금속제련 공사(Almalyk GMK)'가 독점하고 있다. Almalyk GMK는 2014년 구리정광 99,500Mt, 정제동 99,000Mt를 생산하였다. 칼마키르(Kalmakyr)와 사리체쿠(Sary-Cheku) 광산은 우즈베키스탄 구리의 핵심 공급원으로 두 광산의 원시부존량(initial total resources)은 1,700 만 톤이었으며 그 중 약 20%가 고갈되었다. 2017년 4월 Almalyk GMK는 2015-2019년 산업 현대화 계획에 따라 가장 큰 프로젝트인 'Dalneye' 구리-몰리브덴 광산 개발사업을 착수하였다. 동 사업은 Dalneye광산의 중앙채석장 개발/생산과 연간 2,300만 톤을 처리할 수 있는 제련 가공플랜트 건설로 사업비는 17억 달러로 예상된다. 그 외 Almalyk GMK는 지작주에 위치한 Uch-Kulach광산과 카슈카다리야주에 위치한 Khandiza 폴리메탈 광산에서 납, 아연, 중정석을 채굴 및 가공하고 있다. 금 생산은 Almalyk GMK와 '나보이 광업-금속제련 공사(Navoi GMK)'가 주도한다. 중앙아시아 최대 금 생산업체인 Navoi GMK는 우즈베키스탄 최대 금광인 키질쿰 지역의 무룬타우 금광을 운영하고 있다. Navoi GMK는 13개 금광에 대한 독점권을 가지고 4개의 생산 공장(나보이, 자라프샨, 우치쿠둑, 지르미

---

226) USGS, 2013 Mineral Year Book : Uzbekistan, March 2016. p. 49.1.

227) USGS, 2014 Mineral Year Book : Uzbekistan, December 2017. p.50.1.

탄)을 운영하며 우즈베키스탄 전체 금 생산의 약 80%를 차지하고 있다. 그리고 Navoi GMK는 우즈베키스탄의 유일한 우라늄 생산기업이다. 그리고 텅스텐은 '우즈베크 내화-하드메탈 공사(UzKTZhM)는 우즈베키스탄 유일의 텅스텐 금속 생산업체로 2014년 총 83t을 생산했다. 우즈베키스탄의 유일한 텅스텐 광산은 사마르칸트州에 위치한 '인기치크' 광산으로, 1941년부터 생산이 개시되었으나 1996년 국제 가격 인하로 인해 생산 중단되었다. 현재 텅스텐 금속 생산은 수입된 텅스텐 정광을 통해 이루어진다.[228]

3) 키르기스스탄의 광물자원

키르기스스탄 경제 및 국민 생활에 있어 광물자원은 대단히 중요한 의미를 지닌다. 광업은 2011년 이후 그 비중이 줄어들고 있음에도 불구하고 2014년 국내총생산의 8.4%, 산업생산의 53.9%, 국가 총 세수의 17.5%, 총수출의 47.1%(2013년)를 차지할 정도로 중요한 산업이다.[229] 채굴산업 구조에 있어 금광이 주도하는 기초금속 생산 부문이 2014년 산업 생산의 93.5%를 차지하였다. 석탄과 갈탄이 2.5%, 원유 및 천연가스가 2.4%, 금속광석이 1.0%를 차지했다.[230]

키르기스스탄은 표 35에서 보는 바와 같이 금, 수은, 안티몬, 주석, 석탄, 철, 알루미늄, 구리 및 희토류와 같은 많은 가치 있는 광물의 상당량을 보유하고 있다. 키르기스스탄의 광물자원 중에서 금은 가장 경제성이 높은 대표적인 품목이다. 키르기스스탄 정부의 자원매장 국가등록처에 따르면 2013년 1월 1일 현재 탐사가 된 금광

표 35. 키르기스스탄 주요 광물자원 매장량 및 광상 수

광물명	매장량(톤)	광상	광물명	매장량	deposit
금	566	68	비스무트	5,083	-
은	481	1	납	30,000	3
구리	314,500	9	아연	17,600	2
철	943,800	1	안티몬	263,968	7
수은	39,510	4	비소	65,200	-
형석	2,282,300		몰리브덴	2,523	2
주석	186,761	2	희토류	51,500	
텅스텐	117,233	2	자료: EITI. 2013.01.01기준		

228) USGS, 2014 Mineral Year Book : Uzbekistan, December 2017. p.50.1~3.
229) EY, "EITI Report of Kyrgyz Republic for 2013-2014". 30 December 2015, p.7.9.
230) ibid, p.8.

그림 39. 키르기스스탄 광물자원 분포도

은 68개이며 총 매장량은 565t이다. 채금은 쿰토르(Kumtor)와 마칼(Makal)을 중심으로 소수의 금광에서 이루어지고 있다. 최대 금광은 이식쿨州의 쿰토르 금광으로 2014년 17,657kg의 금을 생산했는데 가채매장량이 68.5Mt로 평가되고 있다. 금의 함량은 1톤 당 2.8g(g/t)이다. 노천광의 매장량(measured and indicated resources)은 29.5Mt(평균 3.0g/t 기준)로 평가되었다.[231] 반면 키르기스스탄 정부는 매장량을 731t으로 평가하고 있다.[232] 경제성장률을 결정할 정도로 쿰토르 광산의 금 생산은 키르기스스탄 경제에서 중요한 역할을 한다. 2013년 키르기스스탄의 경제성장률은 10.5%였는데 쿰토르 금광의 생산량을 제외할 경우 성장률은 5.8%에 불과했다.[233] 현재 새로운 금광 개발이 추진되고 있다. 추이주 탈디-불락(Taldy-Bulak Levoberezhny) 금광은 매장량이 64,625kg(평균 7.23g/t)으로 평가된다. 잘랄아바드주의 보짐차크(Bozymchak) 구리-금광의 매장량은 구리 146,000t, 금 23,000kg, 은 138,000kg으로 평가된다. 키르기즈알튠(KyrgyzAltyn)은 금광 개발에 특화한 키르기스스탄의 금광개발 국영기업으로 키르기스스탄 금 생산의 97%를 담당한다.[234]

키르기스스탄에는 주석, 텅스텐, 안티몬, 수은, 베릴륨 및 희토류 원소의 대규모 원료 기반을 가지고 있다. 그 중에서도 특히 수은은 매장량 기준 세계 2~3위 수준인 것으로 평가된다. 수은은 Chonkoi, Khaidarkan, Zardobuka 광산에, 주석

231) USGS, 2014 Mineral Year Book : Kyrgyzstan, August 2017. p.26.2.
232) 키르기스알튠, http://www.kyrgyzaltyn.kg, Kumtor Project.
233) 2013 Mineral Year Book : Kyrgyzstan, January 2016. p.26.2.
234) 키르기스알튠, http://www.kyrgyzaltyn.kg

표 36. 키르기스스탄의 주요 광물 자원 생산 현황

	광물자원	단위	2010	2011	2012	2013	2014
금속	안티몬 광석	톤	700	1,500	1,200	0.026	-
	금 광석	kg	18,072	18,647	10,332	19,000	18,000
	수은 금속	kg	98,700	112,700	74,700	70,500	46,000
공업용 광물	시멘트 유압식	천톤	759.7	1,022	1,239	1,675.8	1,727.5
	점토, 고령토	톤	NA	108,900	113,900	133,500	NA
	석고	톤	51	57	59	37	39
	석회	m^3	6,500	2,600	3,000	5,700	5,800
	암염	톤	900	800	900	600	600
	소금, 기타	m^3	850,000	850,000	800,000	934,000	935,000
광물성 연료	석탄, 역청탄, 갈탄	톤	575,000	839,000	1,184,000	1,424,600	1,777,400
	천연가스	천m^3	22,800	26,600	18,500	32,500	33,800
	원유	배럴	602,000	656,000	612,800	613,500	608,000
	우라늄 광석	톤	1,696	1,696	1,500	1,300	1,700

자료 : USGS, 2014 Mineral Year Book : Kyrgyzstan, August 2017. p. 26.7.

및 텅스텐은 이식쿨주 Saryjaz-Akshyiryak 광산 지역에 집중되어 있다. 안티몬은 Kadamjai와 Khaidarkan 광산에서 생산되고 있다. 키르기스스탄의 몇몇 국회의원들은 키르기스스탄에 매장되어 있는 총 천연자원의 가치는 5천억 달러에 달하나 현재 키르기스스탄 내에서 이루어지고 있는 작업은 3천억 달러에 상응하는 수량만 채굴할 수 있을 것이라고 주장하고 있다.[235] 대규모 원료기반에도 불구하고 시장에서의 가격하락과 수요 감소로 키르기스스탄의 비철 산업 발전은 더딘 상태다. 최근 몇 년 동안, 안티몬 및 수은의 생산이 상당히 감소했고, 희토류 원소의 채굴이 중단되기도 했다.[236]

2014년 키르기스스탄의 총 수출액은 전년보다 0.9억 달러 감소한 14.6억 달러를 기록했는데 대부분이 광물제품이었다. 금이 5억 9,850만 달러로 총수출의 41%를 차지했다. 포틀랜드 시멘트가 1,260만 달러로 1%를 담당했고 석탄이 660만 달러, 은이 270만 달러, 비료가 220만 달러 수출되었다.[237]

235) http://kgz.mofa.go.kr/korean/eu/kgz/policy/condition/index.jsp

236) http://www.geoportal-kg.org/index.php/geology/mineral-resources/ore-deposits

237) USGS, 2014 Mineral Year Book : Kyrgyzstan, August 2017. p.26.1.

4) 타지키스탄의 광물자원

타지키스탄에는 금, 은, 알루미늄, 안티모니 등 다양한 광물이 풍부하게 매장되어 있다. 특히 타지키스탄은 중앙아시아 국가 중 아연, 연, 형석을 가장 많이 보유한 국가다. Sughd 지역에는 타지키스탄 최대 규모의 은 광상과 금광상이 존재한다. 텅스텐, 몰리브덴, 스트론튬, 비스무스, 연, 아연, 형석, 소금, 수은 등 70여 종류의 무기물이 묻혀있다. 무기물 광상은 400여 개로 100여 개의 광상에서 광석, 비금속 광물 등 약 40 종류의 광물 원료 채굴이 이루어지고 있다. 나머지 광상들은 지리적 조건(고산 지대 및 지하)으로 미개발 상태로 남아있다. 타지키스탄은 중앙아시아에서 가장 큰 석탄 매장량을 보유하고 있다. 매장량은 약 40억 톤에 이른다.[238] 광산이 험준한 산악지방에 자리 잡고 있어 개발이 힘들 뿐만 아니라 운송 인프라가 갖추어져 있지 않아 채산성이 대단히 낮다. 금, 은, 안티몬이 대표적인 광물자원인데 매장량은 각각 429톤, 6만 톤, 2만 톤이다. 금은 주로 Gharm의 남동쪽, 파미르고원, Yakhsu Valley, Chkalovsk, 그리고 Jilau에 위치한다. 구(舊)소련에서 독립한 이후, 타지키스탄은 금 생산에 더욱 박차를 가하고 있다. 타지키스탄과 중국의 합작법인인 "자라프샨(Zarafshon)"은 금광 개발에 종사하고 있는데 적절한 투자가 이루어질 경우 연간 10~20t의 금을 생산할 것으로 기대

자료 http://www.geoportal-tj.org/ru/images/deposits_map.jpg

그림 40. 타지키스탄 광물자원 분포도

238) "Таджикистан в цифрах, 2015", Агентство по статистике при Президенте Республики Таджикистан 2015. c. 16.

되고 있다. 그리고 코니만수르(Big Kon-i Mansur) 광산은 세계 2위의 은 매장량을 보유하고 있는 광산으로 확정매장량이 53,000t에 달한다. 연과 아연도 함께 부존하는 것으로 확인되었다. 안티몬의 경우 세계 매장량의 2.4%인 20,000t이 분포되어 있다.[239] 그 외에 만년설로 덥힌 파미르와 텐산 산맥의 줄기에 위치한 국토의 50% 이상이 해발 3,000m 이상인 고산 국가의 이점을 이용해 대규모의 수력발전소를 건설함으로써 수력발전 용량에서는 CIS 국가 중에서는 러시아에 이어 2위, 세계에서는 8위에 자리매김한다.[240]

2015년 타지키스탄은 8,000t의 안티몬을 생산하여 세계 5위, 30t의 수은을 생산하여 세계 6위를 차지했다. 또한 알루미늄, 시멘트, 석탄, 구리, 원유, 금, 석고, 천연가스, 소금, 모래 및 자갈, 은, 아연 등을 생산했다.[241] 역사적으로 타지키스탄은 우즈베키스탄으로부터 연간 10억㎥의 천연가스를 수입했지만, 우즈베키스탄이 2012년 초 러시아 및 중국으로 천연가스 수출 증가를 구실로 타지키스탄으로의 가스 공급을 중단하면서 2013~2017년까지 수입하지 못하였다. 천연가스 수입 가격에 관한 합의에 이르지 못했기 때문이다. 2018년 3월 타지키스탄은 가격 합의(1,000㎥당 120$, 국제 시세 277$)에 도달하면서 2108년 1.26억㎥의 가스를 공급받게 되었다. 동시에 타지키스탄은 4월부터 우즈베키스탄에 15억kWh 규모의 전력 수출을 시작하였다.[242]

천연가스 수입 중단으로 인한 에너지 공급에서의 갭은 석탄 사용 증가로 이어졌다. 석탄화력발전소의 건설과 천연가스의 대체로 2014년 석탄생산은 878,100t으로 2013년 515,600t에 비해 70%나 늘었다. 천연가스 공급 부족은 타지키스탄 광물자원 생산 감소에 결정적 역할을 했다. 타직알루미늄사(TALCO. Tajik Aluminium Co)의 알루미늄 생산이 감소하였고, 타직시멘트사(Tajikcement Ltd)

239) Presentation on Investment opportunities-Tajikistan, November 2014. http://www.unescap.org/resources/presentation-investment-opportunities-tajikistan

240) http://www.geoportal-tj.org/index.php/geology/deposits

241) USGS, 2014 Mineral Year Book : Kyrgyzstan, September 2017. p.45.1.

242) 주 우즈베키스탄 대한민국대사관, 에너지 동향, “우즈벡, 2018년 1.2억㎥ 규모의 천연가스 타지키스탄으로 수출”, 2018-03-23, & “타지키스탄, 4.2부터 對우즈벡 전력 수출 개시”, 2018-04-05

표 37. 타지키스탄 주요 광물 자원 생산 현황

	광물자원	단위	2009	2010	2011	2012	2013	2014
금속	1차 알루미늄	톤	359,385	348,850	278,000	272,500	216,369	121,000
	안티몬 광석	톤	2,000	3,000	6,000	6,600	5,500	8,000
	구리 광석	톤	-	-	-	-	-	2,200
	금 광석	kg	1,361	2,049	2,240	2,400	2,774	3,477
	납 광석	톤	4,000	4,000	9,000	12,000	19,000	24,000
	수은 광물	톤	30	30	30	32	34	35
	은 광석	kg	1,267	2,651	1,764	1,767	1,800	1,700
	아연 광석	톤	-	-	10,000	20,000	20,000	39,500
공업용 광물	시멘트 유압식	천톤	195	288	299	251	385	1,150
	석고	톤	26,400	15,000	11,000	14,000	12,200	12,900
	소금	톤	52,000	52,000	27,000	27,954	31,800	32,300
광물성 연료	석탄, 역청탄, 갈탄	톤	178,000	199,700	236,000	412,000	515,600	878,100
	천연가스	천㎥	19,900	22,800	18,800	11,170	2,100	2,900
	원유	배럴	80,000	78,500	82,069	86,419	79,169	71,049

자료 : USGS, 2014 Mineral Year Book : Tajikistan, September 2017. p.45.7.

의 공장이 가동을 완전히 멈추었다. 타지키스탄의 2014년 국내총생산 규모는 86억 달러(2013년 85억 달러)로 경제성장률은 전년 대비 6.7%(2013년 7.4%)를 기록하였다. 산업생산이 국내총생산에서 차지하는 비중은 2013년 12.6%에서 2014년 12.0%로 축소되었다. 광업이 산업생산에서 차지하는 비중은 2013년 8.9%에서 2014년 13%로 증가했다. 광업 부문의 2014년 총매출액은 2013년 2억 3,400만 달러(11억 소모니)와 비교해 26% 증가한 2억 6,500만 달러(14억 소모니)로 산업부문 총매출액의 13%를 차지했다. 광업 및 채석 부문 고용 인원은 2013년 12,000명에서 2014년에는 10,600명으로 줄었다. 2014년 타지키스탄의 총수출은 9억 7,730만 달러로 전년 12억 달러에 비해 2억 달러 이상 감소했다. 타지키스탄 최대 수출품목인 알루미늄 수출이 2억 3,400만 달러로 총수출의 23%를 차지했다. 2013년에는 3억 7,000만 달러로 전체 수출의 32%를 차지했다. 알루미늄 수출의 급감은 타직알루미늄사(TALCO. Tajik Aluminium Co.) 공장에서 제한된 전력 공급과 국제가격 하락으로 인한 재정 압박과 같은 지속적인 문제로 인해 발생했다. TALCO의 알루미늄 생산이 2013년 216,369t에서 2014년에는 121,000t으로 40%

나 감소했다.[243] 인프라 개발 프로젝트 수행에서 타지키스탄은 외국으로부터의 차입 및 투자에 크게 의존한다. 주요 투자국은 중국, 이란, 러시아 및 국제기구다. 타지키스탄 정부는 비즈니스등록시스템에서 '단일창구제도(single-window)' 도입, 투자자 보호 조치 강화, 재산등록 절차의 간소화 등 해외로부터의 투자를 유치하기 위해 투자 장벽을 제거하는 조치를 강화하고 있다.[244]

5) 투르크메니스탄의 광물자원

투르크메니스탄은 국토의 70% 이상이 사막인 관계로 에너지 자원을 제외한 철광석을 포함한 일반 광물자원은 풍부하지 못하다. 지금까지 중정석, 천청석, 구리, 점토(벤토나이트, 고령토 등), 석탄, 석고, 납, 대리석, 칼리, 규사, 소금, 사력(모래와 자갈), 유황, 아연 등의 광물자원 광상이 200여 개 이상 확인되었다. 투르크메니스탄에서 경제적 가치 측면에서 가장 중요한 광상은 천연가스, 석유 그리고 브롬, 요오드다. 광물성 연료를 제외한 금속, 비금속, 공업용 광물은 풍부한 편이 아니다. 2014년 투르크메니스탄은 요오드 생산에서 세계 4위(미국 제외), 브롬 생산에서 세계 8위(미국 제외)를 차지했다. 2014년 투르크메니스탄에서 생산된 비 연료 광물자원으로

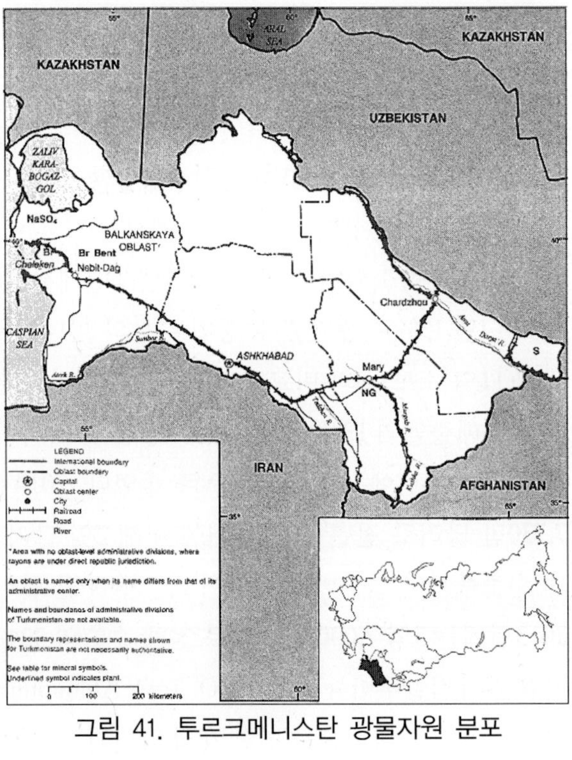

그림 41. 투르크메니스탄 광물자원 분포

243) USGS, 2014 Mineral Year Book : Kyrgyzstan, September 2017. pp.45.1.~45.2.
244) USGS, 2013 Mineral Year Book : Kyrgyzstan, January 2016. p.45.1.

는 벤토나이트 점토, 시멘트, 석고, 석회, 소금 정도이다. 2014년 투르크메니스탄의 명목 국내총생산은 479.3억 달러로 2013년 418.5억 달러보다 약 15% 증가했다. 2013~2014년 투르크메니스탄의 경제성장률은 각각 10.2%, 10.3%를 기록했는데 이는 중국으로의 천연가스 수출이 확대된 데 기인한다. 2014년 탄화수소(석유, 천연가스, 석탄 등) 생산은 6.1% 증가했다. 화학, 건축자재, 전력, 탄화수소 생산의 확대에 힘입어 산업생산은 2013년(7.3%)에 비해 11.4% 늘었다.[245] 투르크메니스탄 정부는 2012년 "국가 사회-경제발전 프로그램 2012~2016"을 채택하고 비(非)탄화수소 부문의 개발을 지속하고 있다. 프로그램은 투르크메니스탄의 탄화수소자원에 대한 경제의 지나친 의존도를 축소하고 경제구조의 다변화를 추진하기 위해 인프라의 현대화와 외국인직접투자 유치의 촉진을 포함하고 있다. 2014년 투르크메니스탄의 총수출은 196억 달러였는데 탄화수소 수출이 185억 달러로 전체 수출의 94%를 차지했다. 천연가스, 원유, 면화, 석유화학, 섬유 등이 주요 수출 상품군을 형성했다.

표 38. 투르크메니스탄 주요 광물 자원 생산 현황

	광물자원	단위	2010	2011	2012	2013	2014
금속	압연강	톤	40,000	50,000	120,000	134,000	135,000
공업용 광물	벤토나이트	톤	50,000	50,000	61,000	72,000	80,000
	브롬	톤	445	460	480	500	500
	시멘트	천톤	1,150	1,950	2,370	2,650	2,900
	석고	톤	100,000	100,000	105,000	105,000	107,000
	요오드	톤	470	470	480	500	500
	석회	톤	16,000	16,000	18,000	19,000	19,400
	암모니아	톤	270,000	270,000	280,000	285,000	293,000
	요소	톤	341,000	341,000	341,000	341,000	344,000
	소금	톤	215,000	215,000	220,000	225,000	230,000
	황산나트륨	톤	60,000	60,000	62,000	63,000	68,000
	유황	톤	100,000	200,000	240,000	400,000	440,000
광물성 연료	천연가스	백만m^3	42,400	59,500	62,300	62,600	69,000
	원유	천배럴	78,120	78,120	79,620	83,160	86,040

자료 : USGS, 2014 Mineral Year Book : Turkmenistan, August 2016. p. 46.7.

245) USGS, 2014 Mineral Year Book : Turkmenistan, August 2016. p.46.1~2.

4. 중앙아시아 5개국의 천연자원 렌트(Natural resource rents)

1) 카자흐스탄의 천연자원 렌트

2000년 이후 카자흐스탄은 천연자원의 혜택을 가장 크게 입은 국가다. 2000년부터 2016년까지 17년 동안 카자흐스탄이 자원개발과 수출을 통해 얻은 천연자원지대(natural resource rents)는 총 4,203억 달러다. 이를 연간으로 환산하면 매년 247억 달러로 동기간 국내총생산(GDP) 대비 21.5%에 달한다. 카자흐스탄 국민들은 매년 1인당 연간 1,548달러의 천연자원 렌트를 취득하였다. 자원렌트는 특히 글로벌 금융위기 이전에 많았고, 이후에는 급속도로 축소되었는데 이는 세계시장에서 에너지 자원 가격 변동에 기인한다. 카자흐스탄의 천연자원 렌트는 글로벌 금융위기 이전에는 적게는 GDP의 약 20%(2001년, 2002년)에서 많게는 30% 이상(2005년, 2006년, 2008년)에 달했다. 그러나 금융위기 이후 천연자원지대는 20%대 초반으로 하락한 후 2013~2014년에는 10%대 중반으로까지 떨어졌고, 국제유가가 50달러 밑으로 떨어진 2015년에는 10.3%까지 급락하였다. 카자흐스탄 천연자원지대의 약 70%가 석유 부문에서 창출되었고, 광물자원, 석탄, 천연가스가 나머지를 담당했다. 2000년대 이후 카자흐스탄은 중앙아시아 5개국 중에서 가장 많은 천연자원 렌트를 바탕으로 경제성장과 발전을 이룩했다. 천연자원 중에서도 특히 석유 렌트는 카자흐스탄이 오랜 역사 동안 중앙아시아의 맹주를 자처하던 우즈베키스탄을 제치고 중앙아시아 최대 경제 대국으로 부상하는데 결정적 역할을 담당했다.

표 39. 카자흐스탄의 천연자원 렌트

		2000년	2001년	2002년	2003년	2004년	2005년	2006년	2007년	2008년
천연자원 전체	**%***	**26.6**	**20.8**	**21.0**	**22.2**	**27.7**	**32.4**	**30.6**	**27.0**	**30.8**
석유	〃	22.8	15.9	17.6	18.5	21.3	26.0	22.3	18.9	20.3
가스	〃	1.3	1.9	1.4	1.4	1.1	1.2	1.3	1.0	1.4
광물자원	〃	1.8	1.1	1.2	1.4	2.3	3.3	5.4	5.7	4.5
석탄	〃	0.7	1.8	0.8	0.8	3.0	2.0	1.6	1.5	4.7

천연자원 전체	**백만$**	**4,870**	**4,598**	**5,177**	**6,847**	**11,940**	**18,517**	**24,789**	**28,327**	**41,149**
석유	〃	4,179	3,520	4,344	5,708	9,177	14,843	18,076	19,812	27,060
가스	〃	231	412	334	445	470	678	1,043	1,058	1,806
광물자원	〃	321	253	290	447	985	1,868	4,400	5,932	6,065
석탄	〃	133	407	205	244	1,302	1,116	1,267	1,521	6,211
1인당 자원렌트	**$**	**327**	**309**	**348**	**459**	**795**	**1,223**	**1,619**	**1,829**	**2,625**
		2009년	2010년	2011년	2012년	2013년	2014년	2015년	2016년	평균
천연자원 전체	**%***	**19.3**	**23.0**	**26.5**	**22.0**	**18.0**	**17.5**	**10.3**	**15.0**	**21.5**
석유	〃	13.3	15.8	18.9	16.3	13.8	13.5	6.7	10.1	15.5
가스	〃	1.4	0.6	0.8	1.1	0.9	1.0	0.8	0.9	1.0
광물자원	〃	3.0	4.5	4.3	3.5	2.9	2.6	2.4	3.5	3.5
석탄	〃	1.6	2.2	2.4	1.0	0.4	0.4	0.4	0.6	1.4
천연자원 전체	**백만$**	**22,271**	**34,063**	**50,961**	**45,789**	**42,659**	**38,774**	**18,994**	**20,648**	**24,728**
석유	〃	15,300	23,397	36,476	33,997	32,589	29,795	12,286	13,803	17,904
가스	〃	1,647	829	1,554	2,284	2,238	2,215	1,430	1,207	1,169
광물자원	〃	3,453	6,628	8,316	7,371	6,808	5,768	4,465	4,815	4,011
석탄	〃	1,864	3,203	4,607	2,131	1,015	989	806	816	1,638
1인당 자원렌트	**$**	**1,384**	**2,087**	**3,078**	**2,727**	**2,504**	**2,243**	**1,083**	**1,160**	**1,548**

%* : 경상가격 GDP대비 %
금액(백만$) : %와 경상가격 GDP를 통해 계산한 추정치.
자료 : World Bank, World Development Indicators. 2018-05-02.

2) 투르크메니스탄의 천연자원 렌트

투르크메니스탄도 카자흐스탄 못지않은 천연자원의 혜택을 누리고 있는 국가다. 금액 면에서는 카자흐스탄에 미치지 못하나 국가 경제발전에서 차지하는 비중과 역할을 훨씬 더 크다. 글로벌 금융위기 이전인 2008년까지 투르크메니스탄이 석유와 천연가스 자원개발과 수출을 통해 얻은 천연자원렌트(natural resource rents)가 많게는 GDP의 80% 이상(2001년), 적게는 50% 이상(2004년)을 차지하였다. 국제 에너지 가격 하락으로 자원렌트가 2016년에는 16%대로 떨어지기도 하였다. 투르크메니스탄 천연자원 렌트의 2/3가 천연가스에서 발생하며, 나머지 1/3을 석유 부문이 차지하고 있다. 투르크메니스탄은 광물자원과 산림부문에서 자원렌트가 거의 없는 상태다.

2000~2016년 동안 투르크메니스탄 경제가 천연자원으로부터 얻은 불로소득은 총 1,155억 달러였다. 이는 동기간 연평균 68억 달러, GDP의 34.4%에 해당한

표 40. 투르크메니스탄의 천연자원 렌트

		2000년	2001년	2002년	2003년	2004년	2005년	2006년	2007년	2008년
천연자원 전체	**%***	**69.7**	**82.5**	**60.9**	**55.8**	**52.5**	**62.7**	**63.7**	**56.2**	**53.9**
석유	〃	28.4	18.9	18.6	17.4	22.4	26.1	21.6	18.8	17.8
가스	〃	41.4	63.6	42.2	38.4	30.1	36.7	42.1	37.4	36.1
천연자원 전체	**백만$**	**2,025**	**2,917**	**2,715**	**3,337**	**3,590**	**5,083**	**6,549**	**7,122**	**10,387**
석유	〃	824	670	831	1,042	1,534	2,111	2,222	2,382	3,424
가스	〃	1,201	2,248	1,885	2,295	2,057	2,971	4,327	4,740	6,963
1인당 자원렌트	**$**	**448**	**639**	**589**	**717**	**763**	**1,069**	**1,361**	**1,462**	**2,105**
		2009년	2010년	2011년	2012년	2013년	2014년	2015년	2016년	평균
천연자원 전체	**%***	**26.0**	**20.7**	**34.2**	**39.1**	**32.1**	**28.3**	**20.1**	**16.7**	**34.4**
석유	〃	9.2	12.1	15.8	13.8	12.1	10.0	5.0	5.5	12.5
가스	〃	16.8	8.6	18.4	25.3	20.1	18.2	15.0	11.2	21.9
천연자원 전체	**백만$**	**5,259**	**4,669**	**10,006**	**13,737**	**12,599**	**12,310**	**7,186**	**6,044**	**6,796**
석유	〃	1,853	2,733	4,621	4,837	4,734	4,367	1,807	1,997	2,470
가스	〃	3,406	1,936	5,385	8,900	7,865	7,943	5,379	4,047	4,326
1인당 자원렌트	**$**	**1,050**	**918**	**1,934**	**2,608**	**2,348**	**2,252**	**1,291**	**1,067**	**1,359**

%* : 경상가격 GDP대비 %
금액(백만$) : %와 경상가격 GDP를 통해 계산한 추정치.
자료 : World Bank, World Development Indicators. 2018-05-02.

다. 투르크메니스탄 국민 1인당 연간 천연자원 렌트는 1,359달러로 카자흐스탄의 1,548달러에 이어 중앙아시아 5개국 중 2위를 차지했다. 천연자원 렌트는 투르크메니스탄의 경제성장과 국민 생활 수준을 향상해주는 원동력이 동시에 과거 사파르무라트 니야조프(1990~2006년)와 현재의 구르반굴리 베르디무함메도프 대통령(2006~현재)이 사회주의 체제를 고수하며 절대 권력의 독재 정권 체제를 유지하는 바탕이 되고 있다.

3) 우즈베키스탄의 천연자원 렌트

우즈베키스탄은 중앙아시아 자원 부국 중에서 상대적으로 자원의 혜택을 적게 받고 있다. 자원렌트의 총량과 GDP 대비 자원렌트가 카자흐스탄이나 투르크메니스탄보다 적다. 이는 부존 자원량이 상대적으로 적을 뿐만 아니라 우즈베키스탄 정부가 새로운 자원 매장지를 탐사, 개발하는 데 투자하는 것보다 국내 수요를 맞추기 위해 기존의 유전-가스전에서 석유와 천연가스를 생산하는 데 정책의 우선순위를 두면서 자원개발에 적극적으로 나서지 않았기 때문이다. 그러나

2016년 카리모프 대통령 사후 미르지요예프 신정부가 경제개혁을 강력히 추진하고 거시경제 안정과 지속적인 성장을 정책의 방향으로 정하며 에너지 자원개발 부문에서 개방 및 외국자본의 도입을 추진하고 있어 광물자원의 생산 확대가 점진적으로 이루어질 것으로 예상된다.

우즈베키스탄의 자원렌트는 천연가스가 약 60%로 절대다수를 차지하고, 광물자원이 29%, 원유가 11%를 차지하는 구조로 이루어져 있다. 삼림 및 석탄을 통한 자원렌트는 대단히 미약하다. 2000~2016년 동안 투르크메니스탄 경제가 천연자원으로부터 얻은 불로소득은 총 1,206억 달러로 이를 연평균으로 환산하면 71억 달러에 불과했으나 GDP 대비로는 21.3%로 카자흐스탄(21.5%)과 비슷했다. 동기간 우즈베키스탄 국민 1인당 연간 천연자원 렌트는 255달러로 카자흐스탄(1,548달러), 투르크메니스탄(1,359달러)보다 월등히 작았다.

표 41. 우즈베키스탄의 천연자원 렌트

		2000년	2001년	2002년	2003년	2004년	2005년	2006년	2007년	2008년
천연자원 전체	**%***	**15.1**	**27.1**	**26.4**	**30.0**	**27.1**	**30.2**	**38.0**	**31.3**	**33.8**
석유	〃	3.9	3.2	3.8	4.9	5.1	5.4	4.7	4.2	4.2
가스	〃	10.9	23.4	20.9	22.1	17.4	20.0	25.5	20.0	22.0
광물자원	〃	0.3	0.4	1.7	2.9	4.2	4.6	7.7	6.9	7.0
천연자원 전체	**백만$**	**2,080**	**3,088**	**2,562**	**3,040**	**3,255**	**4,317**	**6,589**	**6,989**	**9,977**
석유	〃	532	367	367	501	618	778	810	947	1,249
가스	〃	1,499	2,667	2,026	2,243	2,093	2,855	4,423	4,455	6,502
광물자원	〃	46	42	165	293	506	656	1,327	1,539	2,082
1인당 자원렌트	**$**	**84**	**124**	**101**	**119**	**126**	**165**	**249**	**260**	**365**
		2009년	2010년	2011년	2012년	2013년	2014년	2015년	2016년	평균
천연자원 전체	**%***	**24.5**	**16.7**	**23.6**	**26.4**	**21.3**	**18.1**	**11.9**	**11.4**	**21.3**
석유	〃	1.4	2.1	3.0	2.9	2.5	1.9	0.7	0.7	2.4
가스	〃	16.4	6.5	11.1	14.6	12.0	10.7	6.5	5.7	12.6
광물자원	〃	6.6	7.9	9.2	8.8	6.7	5.5	4.7	5.1	6.1
천연자원 전체	**백만$**	**8,267**	**6,573**	**10,849**	**13,680**	**12,264**	**11,416**	**7,976**	**7,688**	**7,095**
석유	〃	457	811	1,376	1,487	1,450	1,175	447	458	813
가스	〃	5,540	2,560	5,115	7,575	6,902	6,770	4,345	3,803	4,198
광물자원	〃	2,228	3,125	4,246	4,574	3,891	3,449	3,173	3,413	2,044
1인당 자원렌트	**$**	**298**	**230**	**370**	**459**	**406**	**371**	**255**	**241**	**255**

%* : 경상가격 GDP대비 %

금액(백만$) : %와 경상가격 GDP를 통해 계산한 추정치.

자료 : World Bank, World Development Indicators. 2018-05-02.

4) 키르기스스탄의 천연자원 렌트

키르기스스탄은 타지키스탄과 함께 중앙아시아 국가 중에서 천연자원의 혜택을 가장 적게 보는 국가다. 이는 키르기스스탄에서 석유와 천연가스 등 에너지자원이 거의 생산되지 않기 때문이다. 키르기스스탄은 금, 수은, 안티몬, 몰리브덴을 중심으로 한 광물자원이 풍부한데 이를 바탕으로 한 광물자원 렌트가 주를 이룬다. 키르기스스탄 자원 렌트의 대부분인 92%를 광물자원이 차지한다. 2000~2016년 동안 키르기스스탄 경제가 천연자원을 통해 얻은 불로소득은 총 53.6억 달러였다. 이를 동기간 연평균을 환산하면 3.15억 달러, GDP 대비로는 7.3%에 해당한다. 동기간 키르기스스탄 국민 1인당 연간 천연자원 렌트는 59달러에 불과했다.

표 42. 키르기스스탄의 천연자원 렌트

		2000년	2001년	2002년	2003년	2004년	2005년	2006년	2007년	2008년
천연자원 전체	**%***	**1.2**	**1.1**	**2.2**	**3.8**	**4.5**	**4.2**	**4.7**	**3.8**	**6.7**
석유	〃	0.9	0.6	0.4	0.4	0.5	0.9	1.0	0.4	0.4
광물자원	〃	0.2	0.3	1.6	3.3	3.7	3.1	3.6	3.3	5.8
천연자원 전체	**백만$**	**16**	**17**	**35**	**73**	**100**	**104**	**133**	**146**	**345**
석유	〃	12	9	7	8	11	23	27	15	21
광물자원	〃	2	4	26	63	81	76	101	124	301
1인당 자원렌트	**$**	**3**	**3**	**7**	**15**	**20**	**20**	**26**	**28**	**65**
		2009년	2010년	2011년	2012년	2013년	2014년	2015년	2016년	평균
천연자원 전체	**%***	**7.9**	**11.3**	**12.3**	**7.1**	**9.1**	**7.4**	**7.2**	**8.4**	**7.3**
석유	〃	0.2	0.3	0.4	0.4	0.3	0.2	0.1	0.1	0.4
광물자원	〃	7.5	10.6	11.5	6.5	8.6	7.0	6.9	8.1	6.7
천연자원 전체	**백만$**	**371**	**541**	**765**	**471**	**664**	**550**	**478**	**550**	**315**
석유	〃	11	17	26	24	21	17	7	9	15
광물자원	〃	351	510	710	428	630	519	462	531	289
1인당 자원렌트	**$**	**69**	**99**	**139**	**84**	**116**	**94**	**80**	**91**	**59**

%* : 경상가격 GDP대비 %
금액(백만$) : %와 경상가격 GDP를 통해 계산한 추정치.
자료 : World Bank, World Development Indicators. 2018-05-02.

5) 타지키스탄의 천연자원 렌트

타지키스탄은 중앙아시아 국가 중에서 천연자원의 혜택을 가장 적게 보는 국가다. 타지키스탄에는 석유와 천연가스 등 에너지 자원이 생산이 극히 제한적이기 때문이다. 타지키스탄에서의 천연자원 렌트는 주로 금, 은과 같은 귀금속과 석탄을 중심으로 한 광물자원이 약 90%로 대부분을 차지한다. 2000~2016년 동안 타지키스탄 경제가 천연자원으로부터 얻은 렌트는 총 12.4억 달러에 불과했다. 이는 동기간 연평균 7,300만 달러, GDP 대비 1.6%에 해당한다. 동기간 타지키스탄 국민 1인당 연간 천연자원 렌트는 10달러로 중앙아시아 5개국 중에서 최하위를 기록했다. 이는 자원빈국인 키르기스스탄의 59달러와 비교해서 1/6 수준에 불과하다.

표 43. 타지키스탄의 천연자원 렌트

		2000년	2001년	2002년	2003년	2004년	2005년	2006년	2007년	2008년
천연자원 전체	**%***	**0.4**	**0.4**	**0.6**	**0.7**	**0.8**	**0.7**	**0.9**	**0.9**	**0.9**
광물자원	〃	0.0	0.0	0.3	0.5	0.5	0.4	0.7	0.7	0.6
천연자원 전체	**백만$**	**4**	**5**	**7**	**11**	**17**	**15**	**26**	**34**	**47**
광물자원	〃	0	0	4	8	11	9	19	25	29
1인당 자원렌트	**$**	**1**	**1**	**1**	**2**	**2**	**2**	**4**	**5**	**6**
		2009년	2010년	2011년	2012년	2013년	2014년	2015년	2016년	평균
천연자원 전체	**%***	**0.8**	**1.3**	**1.9**	**1.9**	**1.7**	**1.8**	**2.1**	**3.0**	**1.6**
광물자원	〃	0.6	1.1	1.7	1.7	1.6	1.7	1.9	2.8	1.4
천연자원 전체	**백만$**	**37**	**74**	**127**	**147**	**147**	**166**	**162**	**210**	**73**
광물자원	〃	29	64	110	130	136	153	151	196	63
1인당 자원렌트	**$**	**5**	**10**	**16**	**18**	**18**	**20**	**19**	**24**	**10**

%* : 경상가격 GDP대비 %
금액(백만$) : %와 경상가격 GDP를 통해 계산한 추정치.
자료 : World Bank, World Development Indicators. 2018-05-02.

2000년대 중앙아시아 국가들의 경제성장과 천연자원 렌트는 밀접한 관련이 있음을 알 수 있다. 막대한 천연자원 렌트를 가졌던 카자흐스탄이 연평균 10%대, 투르크메니스탄이 15.2%대의 고도성장을 이룩하였고, 우즈베키스탄도 양호한 경제성장을 달성했다. 반면 천연자원 렌트가 적었던 키르기스스탄과 타지키스탄은 경제성장률이 상대적으로 저조했다.

5. 중앙아시아 주요국의 카스피해 영유권 분쟁

카스피해는 중앙아시아와 유럽, 중동을 잇는 요충지에 위치한 에너지 자원의 보고다. 추정 석유와 천연가스 매장량이 각각 500억 배럴과 8조4,000억㎥에 달하고 최고급 '벨루가 캐비어(철갑상어 알)'의 주산지이다. 카스피해는 영어로 Caspian Sea로 되어 있어 바다로 부르지만, 세계 최대의 호수이자 염호(鹽湖. salt lake)다. 카스피해는 러시아, 아제르바이잔, 카자흐스탄, 투르크메니스탄, 이란의 5개 국가에 둘러싸여 있다. 내해에 매장되어 있는 엄청난 양의 에너지 자원 소유권에 대한 인접한 5개국의 이해관계가 첨예하게 대립하면서 카스피해는 1990년대 후반부터 중앙아시아에서 영유권 분쟁의 대상이 되었다. 그리고 마침내 2018년 8월 12일 카스피해 연안 5개국이 카자흐스탄 악타우에서 정상회담을 열고 '카스피해의 법적 지위에 관한 협정'에 동의하면서 1991년 12월 소련 연방 해체 이후 51차례 회담을 하며 27년 동안 끌어온 카스피해 영유권 분쟁 해결을 위한 합의를 끌어냈다.

표 44. 바다와 호수에 대한 국제법 적용

분류	적용제도 (applicable regime)	효력(effect)
바다 (sea)	해양법에 관한 유엔협약(UN Convention on Law of the Sea. UNCLOS, 1982)	◦ 연안국은 12해리 범위 내에서 영해 및 대륙붕을 갖는다. ◦ 영해는 두 나라가 각각 영해를 측정하는 기준선에 가장 가까운 지점에서 같은 거리에 있는 중간선을 넘어 확장하지 않는다. ◦ 내륙국가들(아제르바이잔, 카자흐스탄, 투르크메니스탄)은 공해(公海)에 접근할 수 있는 권한을 청구할 수 있다.
호수 (lake)	호수국경과 관련된 국제관습법(Customary Inter national law governing border lakes)	◦ 국경국가들은 국제협약에 따라 수자원 사용을 규제한다. ◦ 각국은 자국 지역에서 자원과 수면(水面)에 대한 독점적인 권한을 갖는다. ◦ 호수는 해안선이나 중간선처럼 여러 방법으로 구분할 수 있다.

자료 : http://www.eia.gov/countries/regions-topics.cfm?fips=CSR

그림 42는 카스피해 해저 구역에 대한 당사국들의 이해관계를 보여준다. 카스피해의 경계 중에 실선은 합의가 이루어져 확정된 것이고, 점선은 여전히 분쟁 중에 있는 것을 의미한다. 특히 이란과 관련 있는 해안 쪽이 서로 의견이 달라 합

의를 보지 못했다. 카스피해를 둘러싼 당사국 간의 쟁점은 카스피해를 바다로 볼 것인가?, 호수로 볼 것인가? 의 문제다. 표 44에서 보는 바와 같이 바다냐 호수냐에 따라 카스피해의 경계선이 다르게 결정되며 석유, 가스자원의 소유권이 달라지기 때문이다.

자료 : http://ruxpert.ru/Файл:Варианты_раздела_Каспийского_моря.jpg

그림 42. 카스피해 당사국의 이해관계

카스피해를 바다로 볼 경우 "해양법에 관한 유엔 협약(UNCLOS. 1982)"을 따라야 한다. 반면에 호수로 볼 경우 국제관습법에 따라 당사국 간의 협약에 의해 정해지게 된다. 문제는 러시아를 제외한 나머지 4개 국가들이 "해양법에 관한 유엔협약"에 서명하지 않았거나, 협약에 서명했으나 아직 비준하지 않고 있는데 이는 카스피해에 매장되어 있는 석유나 천연가스 때문이다. 소비에트 시대 아제르바이잔, 투르크메니스탄, 카자흐스탄이 소련의 영토였기 때문에 1921년 소련과 페르시아제국(이란) 간 우호조약(Treaty of Friendship)을 맺을 때는 항해 권리에 초점을 뒀고, 천연자원에 관해서는 단지 어업협정을 참조하기로 하였다. 그 후 소련과 이란 분할협정에서 카스피해를 호수로 규정, 영토분할 형식으로 양분해버렸다. 그러나 1991년 소비에트 붕괴 이후 신생 독립국이 된 아제르바이잔, 카자흐스탄, 투르크메니스탄 3국은 1978년 서명된 "조약 분야의 국가승계에 관한 비엔나협약(Vienna Convention on Succession of States in Respect of Treaties)"을 근거로 카스피해에 자신들의 영역을 인정해 줄 것과 바다를 나누는 새 접근법을 요구했다. 카스피해 해상에 거대한 유전과 가스전을 가진 아제르바이잔, 카자흐스탄, 투르크메니스탄 3국은 바다로 보고 "해양법에 관한 유엔 협약(UNCLOS)"에 따라 카스피해의 영해, 대륙붕, 경제수역에서 독점적 권리는 자신들에 있다고 주장하였다. 카스피해 연안 면적이 가장 좁고 석유-가스 자원이 거의 없는 이란은 카스피해를 호수로 보고 연안국은 카스피해에 균등한 권리를 갖는다며 해당 5개국이 20%씩 동등하게 천연자원을 배분해야 한다고 맞섰다. 러시아는 중립적인 태도를 보이며 이 양자 간의 중재 및 협상에 나섰다. 바다를 기준으로 할 경우 카스피해는 카자흐스탄이 해안선의 30%에 해당하는 2,320㎞, 러시아가 1,930㎞, 아제르바이잔이 800㎞, 투르크메니스탄이 650㎞, 이란이 740㎞를 차지한다. 카스피해를 바다로 보느냐, 호수로 보느냐에 따라 당사국 간, 특히 이란과 아제르바이잔, 이란과 투르크메니스탄, 투르크메니스탄과 아제르바이잔의 원유 및 천연가스에 대한 지배권이 크게 달라진다.

각 국은 카스피해의 법률적 지위에 관해 일치된 합의를 볼 수 없었고, 각각의 정치적, 경제적 이익에 따라 연안 국가 간 일방적이거나 쌍방적 조처를 하였다. 러시아와 카자흐스탄은 양측이 각자의 영역에서 석유자원을 개발할 수 있도록 해상경계를 설정하기로 합의하였다. 2001년 아제르바이잔과 카자흐스탄은 해저구획협정을 체결하였고, 2003년에는 러시아, 아제르바이잔, 카자흐스탄 3국이 해저구획에 관한 협정을 체결함에 따라 석유 및 천연가스의 구역을 명확히 하게 되었다. 반면 아제르바이잔, 이란, 투르크메니스탄, 카자흐스탄 간에는 합의를 하지 못했다.[246)]

마침내 2018년 8월 협정에서 5개국은 카스피해에 호수도 아니고 바다도 아닌 '별도의 법적 지위', 즉 '특수 바다' 지위를 부여하며 논쟁을 일단락 지었다. 이번 합의로 러시아, 이란, 카자흐스탄, 아제르바이잔, 투르크메니스탄 등 카스피해 주변 5개국은 자국 연안에서 15해리(약 27.78㎞)까지를 '영해'로 삼고, 다음 10해리 즉 25해리(약 46.3㎞)까지 배타적 조업 수역을 설정하게 되었다. 나머지 수역은 공동이용 수역으로 관리하고, 해저 자원의 소유권은 국제법에 따라 당사국 간 합의에 따라 확정하기로 했다. 또 다른 쟁점이었던 해저 파이프라인 설치 문제도

246) http://www.eia.gov/countries/regions-topics.cfm?fips=CSR

내부적 합의가 이루어진 것으로 알려졌다. 투르크메니스탄과 카자흐스탄은 카스피해 동부에서 생산한 원유와 천연가스를 유럽으로 공급하려는 방안으로 해저 파이프라인을 건설한 뒤 아제르바이잔의 BTC와 BTE 파이프라인과 연결하기를 원했다. 반면 러시아는 이 파이프라인이 생기면 유럽 시장에서 러시아산 천연가스를 대체할 수 있는 경쟁자가 될 것을 우려하면서 카스피해 오염을 명분으로 반대해 왔다. 합의 후 카자흐스탄 나자르바예프 대통령이 "파이프라인이 특정한 환경 기준을 충족하면 허용되게 될 것"이라고 말한 것으로 보아 파이프라인 설치도 허용하는 쪽으로 방향을 잡은 것으로 보인다. 그러나 카스피해의 명료한 합법적 지위 부여는 아제르바이잔을 비롯한 공급 경쟁에서 인프라 제약에 더해 Trans-Caspian Gas Pipeline(TCGP) 건설의 상업적 및 전략적 장애물로 작용할 것이라는 부정적인 주장이 제기되고 있다.[247] 그 외 흥미로운 사실은 카스피해 5개국 협약에서 당사국이 아닌 타국 군대의 카스피해 진입을 인정하지 않기로 했다는 점이다. 카스피해 지역에서 가장 강력한 해군력을 가진 러시아의 입김이 앞으로 더욱 강하게 작용할 것임을 보여준다. 그러나 이번 합의가 카스피해 법적 지위에 관한 것이지 핵심 쟁점인 해저 영토 분할과 자원 개발 문제에 대한 추가 합의가 남아있다는 점에서 카스피해 갈등이 완전히 해소된 것은 아니다.

247) Olzhas Auyezov, "Russia, Iran, and three others agree Caspian status, but not borders", Reuters, August 12, 2018.

Ⅳ. 중앙아시아 5개국 경제성장과 발전

1. 중앙아시아 경제성장의 역사

1) 1990년대 체제전환과 경제성장

중앙아시아는 소비에트사회주의연방(USSR) 시절 중앙정부의 계획경제 방침에 의해 농업과 광물자원 채굴에 편중된 일차 산품 중심의 산업구조를 가지게 되었다. 중앙아시아는 중앙정부에 원유, 천연가스, 비철금속, 우라늄 등의 광물자원과 면화, 쌀, 과일, 채소 등의 농산물을 조달하는 공급원으로서 한정된 역할을 담당했으며, 지역개발을 위한 투자 자금과 주민 생활에 필요한 물자 및 생필품 등은 중앙정부의 지원에 전적으로 의존하는 수직적 관계를 유지했다. 특히 1950년대 중앙정부가 곡물 생산 확대를 위한 '처녀지 개간사업(Virgin Lands Campaign)'[248]을 전개하면서 농업이 중심 산업으로 부상했다. 동시에 이 지역에 대규모로 매장된 석유, 천연가스, 석탄 등의 에너지 자원과 금, 은, 우라늄 등 다양하고 풍부한 광물자원 채굴을 위한 광업 및 그 연관 산업에 특화된 산업정책이 추진되었다. 그 결과 카자흐스탄은 석유 산업, 투르크메니스탄은 천연가스 부문, 우즈베키스탄은 면화 및 천연가스 산업에 편중된 경제구조를 가지게 되었다.

1991년 소비에트연방이 붕괴하면서 중앙아시아 5개국은 다른 독립국가연합(CIS) 회원국들과 마찬가지로 새로운 독립국 건설과 시장경제로의 체제전환 이

248) 흐루쇼프가 스탈린 시대 중공업 중심 정책으로 황폐해진 농업을 진흥시키기 위해 1954년부터 카자흐스탄, 서시베리아, 우랄 지역의 거대한 처녀지를 농업생산 지역으로 개발하기 위한 정책이다. 동 프로젝트는 육류생산을 늘리기 위해 기존 곡물 생산지였던 흑토지대의 농경지를 사료 재배로 전환하는 한편 새로운 농경지를 개발하여 곡물 재배에 이용하고자 했다. 그러나 사회간접자본의 낙후와 기후 특성을 고려하지 않은 새로운 농경지 개간은 오히려 곡물 생산 부족을 초래하였다. 그리고 농업용수 확보를 위한 과도한 관개수로의 개발은 중앙아시아의 두 젖줄인 아무다리야강과 시르다리야강의 수자원을 고갈시켰고, 강물이 아랄해까지 흘러들지 못하면서 사막화라는 심각한 환경문제를 일으켰다.

표 45. 1990년대 중앙아시아 5개국 경제성장률

(단위 : %)

	1992	1993	1994	1995	1996	1997	1998	1999	92~99 연평균	92~99 총 성장률
카자흐스탄	-5.3	-9.2	-12.6	-8.2	0.5	1.7	-1.9	2.7	-4.2	-29.0
우즈베키스탄	-11.1	-2.3	-5.2	-0.9	1.7	5.2	4.3	4.3	-0.7	-5.1
투르크메니스탄	-5.3	-10.0	-17.3	-7.2	-6.7	-11.3	6.7	16.5	-4.8	-32.7
키르기스스탄	-13.9	-13.0	-19.8	-5.4	7.1	9.9	2.1	3.7	-4.2	-29.2
타지키스탄	-28.9	-11.1	-21.4	-12.5	-4.4	1.7	5.3	3.7	-9.2	-53.8
세계 평균	2.3	2.1	3.3	3.4	3.9	4.0	2.6	3.6	3.1	27.9

자료 : IMF 자료를 바탕으로 작성.

표 46. 1990년대 중앙아시아 5개국 인플레이션

(단위 : %)

	1993	1994	1995	1996	1997	1998	1999	93~99 연평균	93~99 총 상승률
카자흐스탄	2,165	854.6	60.4	28.6	11.3	1.88	18.1	149.2	59,648
우즈베키스탄	884.8	1,281	116.9	64.4	50.2	26.1	26.0	173.9	115,624
투르크메니스탄	n/a	1,328	1,262	445.8	21.5	19.8	20.1	250.5	185,462
키르기스스탄	929.9	62.1	30.9	34.8	13.0	16.8	39.8	76.5	5,340
타지키스탄	7,344	1.075	2,144	40.5	163.6	2.725	30.1	263.4	836,112
세계 평균	42.6	25.7	12.5	7.8	5.9	7.2	5.1	14.6	159

자료 : IMF 자료를 바탕으로 작성.

행이라는 미증유의 상황에 직면하게 되었다. 중앙아시아 5개국은 신생 독립 국가를 건설하고, 사회주의 계획경제에서 자본주의 시장경제로의 체제전환을 추진하는 과정에서 심각한 정치, 경제, 사회적 혼란을 겪었다. 무엇보다 중앙아시아 지역에서 발생한 첨예한 인종, 민족, 종교 분쟁은 정치적 불안정과 사회적 갈등을 증폭시켜 독립 국가 기틀을 확립하는 데 걸림돌이 되었다. 그리고 70년 동안 세계 경제로부터 고립되면서 굳어지고 왜곡된 경제 및 산업구조, 낙후되고 노후화된 사회간접자본, 심각한 빈곤, 재정의 고갈, 권력층의 독재와 부패 등은 중앙아시아 국가의 구조개혁과 체제전환을 방해하는 장애 요인이었다. 사회주의 계획경제 틀을 벗어나기 위한 체제 변혁의 시도는 똑같은 체제개혁 과정의 소용돌이 속에 있었던 러시아의 투자 및 경제적 지원 중단, 중앙아시아 각국에서의 권력 독재 구축과 국정운영 능력 부족, 시장경제 이행에 필요한 제반 토대 부족으로 경제적 혼란을 가중했다. 그 결과 1990년대 중앙아시아 5개국은 지속적인 마이너스(-) 경제성장, 초인플레이션, 대량실업, 만성적인 재정 및 경상수지 적자로 인한 대외부채 급증이라는 악순환 고리에서 벗어나지 못하며 국가 부도에 직면하게 되었다.

1990년대(1992~1999년) 중앙아시아 5개국은 연평균 경제성장률에서 모두 마이너스(-)를 기록하였다. 국가별로는 타지키스탄의 연평균 경제성장률이 무려 -9.2%에 달하면서 경제력이 1991년 대비 54%나 축소되었다. 우즈베키스탄이 가장 양호한 실적을 거두었으나 연평균 -0.7%로 역시 역(-)성장에서 벗어나지 못했다. 카자흐스탄과 키르기스스탄, 투르크메니스탄 또한 동기간 연평균 4%대 역성장을 기록했다. 독립 후 체제전환 초기 기간 카자흐스탄, 우즈베키스탄, 키르기스스탄은 4년 연속(1992~1995년), 타지키스탄은 5년 연속(1992~1996년), 투르크메니스탄은 6년 연속(1992~1997년) 마이너스(-) 경제성장이라는 진기록을 수립하였다. 소비자물가 또한 폭등세를 시연하였다. 1993년부터 1999년까지 7년 동안 중앙아시아 5개국 중에서 키르기스스탄의 소비자물가 상승률이 가장 낮았음에도 불구하고 총 5,340%, 연평균 76.5%를 기록했다. 나머지 4개국에서 7년 동안 연평균 3자리 수의 초인플레이션이 발생했다. 특히 타지키스탄과 투르크메니스탄은 연평균 250%가 넘는 살인적인 물가상승률을 기록했다. 같은 기간 세계 평균 물가상승률이 14.6%였던 것과 비교해 보면 중앙아시아 5개국에서의 물가폭등이 얼마나 심각했는지를 짐작할 수 있다.

2) 2000년대(글로벌 금융위기 이전) 경제성장

2000년 뉴 밀레니엄 시대 첫 10년 동안 글로벌 경제 환경의 변화는 중앙아시아 각국이 장기간의 경기침체와 물가폭등에서 벗어나 새로운 성장과 발전의 길로 나아갈 수 있는 계기가 되었다. 글로벌 경제가 골디락스로 지칭되는 안정적 성장 국면에 접어들면서 석유를 중심으로 한 국제원자재 가격이 장기간 상승하는 슈퍼사이클(super-cycle)이 진행되었다. 신흥 경제국에서 에너지 자원의 수요 증가에 따른 원자재 가격의 지속적 상승으로 '세계 에너지 자원의 마지막 보고'라 일컬어질 정도로 내륙 및 카스피해 지역에 막대한 석유 및 천연가스가 매장되어 있는 중앙아시아에 대한 세계의 관심이 증폭되었다. 중앙아시아 지역에서 석유 및 천연가스 개발, 생산, 수송 인프라 구축을 위한 미국, 유럽연합(EU), 러시아, 중국, 터키, 한국, 일본 등 세계열강의 골드러시가 시작되면서 대규모 투자자금이 중앙아시아로 유입되었다. 국제 에너지 자원 가격 상승과 함께 중앙아시아의 지정학적, 지경학적 중요성이 부각되는 등 대외 환경의 우호적인 조성을 바탕으로 중앙아시아 각국은 자국의 풍부한 에너지 및 광물자원과 열강들의 정치, 에너지 역학 관계를 적절히 활용하면서 경제성장의 발판을 마련했다.

중앙아시아 5개국은 20세기 마지막 10년 동안 체제전환 과정에서 심각한 경기침체를 겪은 후에 새로운 21세기 초반 10년 동안 세계 경제에서 가장 역동적인 경제성장을 이룩하는 데 성공했다. 2000년대 중앙아시아 역내 5개국은 적지 않은 차이를 보였지만 모두 세계 경제의 평균 성장률을 상회하는, 적게는 연평균 5%에서 많게는 10%에 달하는 괄목할 성장을 기록하며 세계 경제에서 자신들의 존재감을 드러냈다. 그중에서도 투르크메니스탄은 2000년부터 글로벌 금융위기 직전인 2007년까지 8년간 연평균 15.1%에 달하는 고도성장을 이룩함으로써 인구 100만 이상인 전 세계 151개 국가 중에서 아제르바이잔(15.5%)에 이어 2위를 차지했다. 투르크메니스탄의 경우 연평균 경제성장률이 실질 국내총생산(real GDP)이 아니라 총산출량(AGO. Aggregate Gross Output)을 지표로 사용하고 있어 성장률이 훨씬 높게 나온다는 점을 고려하더라도 대단한 성장세라 하겠다. 카자흐스탄 또한 석유 수출을 바탕으로 연평균 9.4%의 고도성장을 달성하였다. 타지키스탄 역시 8.6%의 고성장을 기록했는데 이는 1990년대 급격한 경기침체(연평균 -9.2%)에 따른 기저효과가 큰 부분을 차지했다. 반면 키르기스스탄과 우즈베키스탄은 각각 4.8%, 6.3%의 성장률을 기록하는 데 그쳤는데 이는 동기간 세계평균 성장률(4.3%)보다는 높은 수치나 신흥경제 및 개발도상국 평균(6.6%)에는 다소 못 미치는 수준이다. 2000년대 중앙아시아 각국의 고도성장은 외국자본 유치를 통한 자원개발(카자흐스탄과 투르크메니스탄) 및 이주노동자의 본국 송금(키르기스스탄, 타지키스탄)을 바탕으로 하고 있다. 그리고 에너지 자원을 포함한 광물자원의 수출이 중앙아시아 국가의 경제성장과 발전을 이끈 또 다른 성장 축이었다. 2007년 기준 카자흐스탄은 석유를 중심으로 한 연료 자원과 광물제품 수출이 전체 수출의 82.8%, 투르크메니스탄은 천연가스를 중심으로 한 연료 및 광물자원이 수출에서 차지하는 비중이 81.4%를 차지했다. 키르기스스탄은 금을 중심으로 한 귀금속(35.1%)과 광물자원(14.4%)이 상품 수출의 50%를 차지했고, 타지키스탄은 알루미늄(75%)과 면화(9.2%)가, 우즈베키스탄은 금(27.6%)과 면화(21.7%)가 상품 수출의 중추를 이루었다.

표 47. 2000년대 중앙아시아 5개국 경제성장률

(단위: %)

	2000	2001	2002	2003	2004	2005	2006	2007	2008	00~08 평균	00~08 총 성장
카자흐스탄	9.8	13.5	9.8	9.3	9.6	9.7	10.7	8.9	3.3	9.4	123.9
우즈베키스탄	3.8	4.2	4.0	4.2	7.4	7.0	7.5	9.5	9.0	6.3	72.8
투르크메니스탄	18.6	20.4	15.8	17.1	14.7	13.0	11.0	11.1	14.7	15.1	254.8
키르기스스탄	5.4	5.3	-0.02	7.0	7.0	-0.2	3.1	8.5	7.6	4.8	52.8
타지키스탄	8.3	10.2	9.1	10.2	10.6	6.7	7.0	7.8	7.9	8.6	110.8
세계 평균	4.8	2.4	3.0	4.3	5.4	4.9	5.5	5.6	3.0	4.3	46.2

자료 : IMF 자료를 바탕으로 작성

2000년대 들어 중앙아시아 각국이 경제성장과 발전을 도모하는 과정에서 취한 전략적 선택의 근거를 이룬 것은 자신들이 세계 경제에서 비교우위를 지닌 연료와 원재료를 중심으로 한 광물자원이었다. 광물자원을 바탕으로 한 중앙아시아 5개국의 경제성장은 다음의 3가지 공통적인 특징을 지닌다.

첫째. 광물자원이 중심이 된 일차 산품 수출주도형 경제성장을 추진하면서 세계 경제로의 편입을 가속하였다. 2000년부터 2008년까지 GDP 대비 상품 수출 비중을 살펴보면 중앙아시아 5개국은 세계 평균(23%)과 비교해 모두 그 비중이 높았다. 타지키스탄이 23.8%로 가장 낮았고, 카자흐스탄과 투르크메니스탄은 40%에 달했다. 중앙아시아는 국내자본 축적이 빈약할 뿐 아니라 내수시장 기반이 취약한 관계로 수출주도형 경제성장 정책을 추진할 수밖에 없었다. 카자흐스탄과 투르크메니스탄은 석유와 천연가스 등 탄화수소를 중국, 러시아, EU 등으로 수출하여 얻은 석유 자금(oil money)을, 비에너지 자원 생산국인 키르기스와 타지키스탄은 금, 은, 알루미늄, 면화 등의 광물 및 농산물 수출과 러시아를 위시한 CIS 국가로의 인력 송출을 통한 외화 송금(remittance) 유입을 바탕으로 자국의 경제 성장을 도모했다. 중앙아시아의 대외경제 관계, 그중에서도 수출입에 있어 러시아에 대한 의존성이 높았는데 이는 언급한 바와 같이 소비에트 시대 구축된 광물자원의 공급자로서 광업 및 그 연관 산업에 특화된 경제구조와 탄화수소 및 광물자원의 운송 인프라가 러시아를 경유하도록 되어 있었기 때문이다. 이는 2000년대 중반 이 지역의 석유-가스 운송 파이프라인 건설을 둘러싸고 러시아와 EU, 미국, 중국 간에 '신 거대게임(New Great Game)'이 연출되는 원인이 되었다.

표 48. 2000년대 중앙아시아 5개국 해외 이주노동 송금 규모

		2000	2001	2002	2003	2004	2005	2006	2007	2008	00~08 평균
카자흐스탄	송금액	67	85	111	42	57	62	84	143	126	86
	GDP 대비 %	0.4	0.4	0.5	0.1	0.1	0.1	0.1	0.1	0.1	-
우즈베키스탄	송금액	-	-	-	-	-	-	898	1,693	3,007	1,866
	GDP 대비 %							5.2	7.6	10.2	-
투르크메니스탄	송금액	-	-	-	-	-	-	14	30	50	31
	GDP 대비 %							0.1	0.2	0.3	-
키르기스스탄	송금액	2	5	30	70	179	313	473	704	1,223	333
	GDP 대비 %	0.2	0.3	1.9	3.7	8.1	12.7	16.7	18.5	23.8	-
타지키스탄	송금액	-	-	79	146	252	467	1,019	1,691	2,544	885
	GDP 대비 %			6.4	9.4	12.1	20.2	36.0	45.5	49.3	-

자료 : World Bank.

둘째, 광물자원 부문으로 외국인투자 유치를 통한 고정자본투자 확대가 경제성장을 이끈 또 다른 축이었다. 2000~2008년 중앙아시아 각국의 고정자본투자에서 외국인직접투자(FDI)가 차지하는 비중이 수입대체전략을 추진한 우즈베키스탄을 제외하고 모두 다 세계 평균을 크게 웃돌았다(표 49 참조). 중앙아시아 각국은 외국자본 유치를 통한 자원개발 및 인프라 구축을 추진하였다. 2000년대 들

어 세계 경제의 역동적 성장과 더불어 세계 각국은 중앙아시아에 매장되어 있는 풍부한 에너지 및 광물자원 개발에 관심을 가졌다. 중앙아시아 국가도 경제성장과 국민 생활의 향상을 위해서는 비교우위를 지닌 에너지 및 광물자원의 개발과 그 수송을 위한 인프라 건설에 필요한 외국자본의 유치가 절실했다. 에너지 및 광물자원 부문으로 외국인투자 유인을 확대하기 위한 우호적인 투자환경을 조성하면서 중앙아시아로의 외국인투자가 급증하였다. 1992년 카자흐스탄, 우즈베키스탄과 타지키스탄으로 외국인투자 자본이 처음 유입되었고 1993년부터는 투르크메니스탄, 키르기스스탄으로 퍼졌다. 1992년부터 1999년까지 외국인투자는 체제전환의 혼란기에 있었던 중앙아시아 국가의 고정자본형성에 중요한 역할을 담당했다. 중앙아시아로의 FDI 유입은 2000년대 들어 본격화되었고 이는 중앙아시아가 세계 경제에서 가장 역동적인 성장을 달성한 지역의 하나로 급부상하는데 결정적인 요인으로 작용했다. 석유, 천연가스, 석탄, 우라늄 등의 풍부한 광물자원과 역외 국가와의 유대 강화, 중앙아시아 지역 경제에 대한 긍정적 전망이 FDI 유입을 이끈 동력이었다.

표 49. 2000년대 중앙아시아 5개국 외국인직접투자와 총고정자본 형성 대비 비중

		2000	2001	2002	2003	2004	2005	2006	2007	2008	00~08 평균
카자흐스탄	FDI (백만$)	1,283	2,835	2,590	2,092	4,157	1,971	6,278	11,119	14,322	5,183
	%*	40.5	53.9	43.8	29.4	38.4	12.3	25.7	35.3	40.0	33.3
우즈베키스탄	FDI (백만$)	75	83	65	83	177	192	174	705	711	252
	%*	2.5	2.7	3.2	4.3	7.1	7.5	5.2	15.1	9.8	7.5
투르크메니스탄	FDI (백만$)	131	170	276	226	354	418	731	856	1,277	493
	%*	13.0	15.2	22.4	14.9	22.4	22.5	36.5	36.3	20.9	23.6
키르기스스탄	FDI (백만$)	-2	5	5	46	176	43	182	208	377	115
	%*	-0.9	1.9	1.8	17.2	53.8	10.7	27.4	21.9	27.0	21.7
타지키스탄	FDI (백만$)	24	10	36	32	272	14	190	398	815	199
	%*	36.9	9.8	46.9	25.3	126.3	5.5	43.3	46.1	64.4	52.6
세계 평균	%*	17.2	10.1	7.6	6.3	6.9	8.6	11.5	13.6	9.7	10.3

%* : 중앙아시아 각국 및 세계 총고정자본형성 대비 FDI
자료 : UNCTAD와 World Bank 자료를 바탕으로 작성.

셋째, 개발독재[249] 및 국가 주도의 장기발전계획을 추진하였다. 중앙아시아 국가가 추진한 시장경제로의 체제전환은 '국가 주도 신(新)권위주의 개발독재'라는 공통분모에 다른 전략을 선택했다는 특징을 지닌다. 카자흐스탄, 타지키스탄, 키르기스스탄은 국가 주도하에 개방적, 급진적 시장경제정책을 채택하며 사유화와 자유화를 도모함과 동시에 외국인투자 촉진과 수출주도의 대외지향적 전략을 추진하였다. 반면 우즈베키스탄은 강력한 민족주의를 바탕으로 경제적 자유화를 반대하며 수입대체산업 육성 정책을 통한 경제안정과 자립을 추구하는 점진적 경제개혁을 추진하였다. 투르크메니스탄은 시장경제로의 체제개혁을 단호히 거부하며 소비에트식 계획-지령 경제 틀을 유지하였다. 중앙아시아 주요국은 국영기업을 통한 핵심 산업의 관리를 강화했을 뿐만 아니라, 대규모 공공투자 프로그램을 통해 국가의 자원배분 기능을 강화하였다. 특히 카자흐스탄과 투르크메니스탄은 장기국가발전에 대한 청사진을 제시한 후 이를 실행하는 전략을 추진하였다. 1997년 10월 채택된 카자흐스탄의 '카자흐스탄 2030' 전략은 국제 안보, 다민족 화합, 경제 성장, 국민 보건 및 교육환경 개선, 에너지를 통한 국가 성장, 사회적 인프라 구축을 핵심 내용으로 하였다. 1999년 수립된 투르크메니스탄의 '2010년까지 경제・사회 발전 전략'과 2004년 수립된 '2020년까지 경제・정치・문화 발전 전략'은 역동적인 발전과 강력한 힘을 가진 복지국가 건설을 목표로 고도 경제성장을 통한 개도국 지위 획득 및 경제적 독립 보장과 투자 유치 확대 및 산업시설 건설 증대에 주력하였다. 2006년 키르기스스탄의 '국가발전전략 2006~2010'은 지속적인 경제성장, 고용 창출과 소득 증대를 통한 국민 생활수준의 향상을 목표로 하였다. 2000년대 중앙아시아 각국이 추진한 국가 주도의 발전 전략이 경제성장에 상당히 긍정적인 역할을 수행했다는 점은 부인할

249) 2017년 12월 말 기준 카자흐스탄은 누르술탄 나자르바예프(Nursultan Nazarbayev)가 1990년 4월부터 28년 동안, 우즈베키스탄은 이슬람 카리모프(Karimov)가 또한 1990년 3월부터 25년 동안, 타지키스탄은 에모말리 라흐몬(Rahmon)이 1994년 11월부터 23년 동안 장기 통치하고 있다. 투르크메니스탄은 사파르무라트 니야조프(Niyazov)가 16년(1990년 10월~2006년 12월), 그 뒤를 이어 구르반굴리 베르디무하메도프(Berdymukhammedov)가 11년(2006년 12월~2017년 현재) 동안 집권하고 있으며, 키르기스스탄은 아스카르 아카예프(Askar Akayev)가 1990년 10월부터 2005년 3월 레몬 혁명을 통해 축출될 때까지 15년간 통치하였다.

수 없는 사실이다.

3) 2010년대(글로벌 금융위기 이후) 경제성장

2000년대 초반 10년 동안 중앙아시아 5개국은 세계 경제에서 가장 역동적인 경제성장을 달성했음에도 불구하고 지속 가능한 경제성장을 이룩하는 기반을 마련하는 데 실패했다. 경제의 과도한 광물자원 의존성, 러시아 경제와 지나치게 높은 연동성, 내륙국(landlocked countries)이라는 지리적 특수성에 따른 교통 및 물류망의 한계, 교역 및 투자 부문에서의 과도한 규제 및 제약, 금융 인프라 미비 등의 구조적 문제점을 해결하지 못했다.[250)]

2008년 9월 미국발 서브프라임모기지 사태로 촉발된 세계 금융 및 경제위기가 성장 가도를 질주하던 중앙아시아 경제에 급제동을 걸었다. 글로벌 금융시장의 불안과 경기 둔화, 유로존에서의 채무위기와 경기후퇴라는 새로운 돌발변수가 나타나면서 대외경제 환경이 급속도로 악화하였다. 세계 경기 둔화로 원유와 천연가스를 위시한 원재료 상품의 해외수요가 감소하면서 국제 상품시장에서 원자재 가격이 하락하였다. 그리고 유럽의 재정위기와 러시아의 경기둔화로 인한 해외 수요의 감소, 외국인직접투자(FDI) 흐름의 축소, 글로벌 금융부문의 부채축소(deleverage)[251)]가 발생하였다. 이러한 대외경제 흐름의 변화는 에너지 및 광물 자원 수출과 외국인투자자본 중심의 경제구조를 지닌 중앙아시아 각국의 경제성장에 심각한 타격을 입혔다. 2008~2009년 중앙아시아 5개국의 경제성장률 둔화는 신흥경제국(emerging market) 평균을 훨씬 웃돌았다. 2010년 이후 중앙아시아 경제는 글로벌 금융위기 직후 2년간의 충격에서 벗어나며 건실한 성장을 지속했지만 과거 고도성장에는 크게 미치지는 못했다. 중앙아시아 경제의 빠른 회복은 중국, 인도 등 아시아 신흥국의 경기 회복으로 인한 에너지 자원 수요 증

---

250) 박정호 외, "중앙아 주요국의 경제발전 전략과 경협 확대방안", 대외경제정책연구원(KIEP), 2016. p.21.

251) 보유한 자산보다 많은 부채를 끌어들여 이를 지렛대로 삼아 투자수익률을 높이는 것을 레버리지(leverage)라 한다. 이와는 반대로 부채 규모를 축소, 정리하는 것을 디레버리지(deleverage. 차입청산)이라 한다.

가에 따른 국제원자재 가격의 재상승이 주된 요인이었지만 중앙아시아 정부들의 적극적인 사회 인프라 투자 또한 한몫을 담당했다.

중앙아시아 국가 중에서 글로벌 충격에 가장 큰 영향을 받은 국가는 경제의 개방성 및 대외경제 의존도가 높았던 카자흐스탄이었다. 세계 경기침체로 인한 국제 원자재 가격 하락과 더불어 투자 및 여신 자금을 해외차입을 통해 조달했던 상업은행들이 만기도래 원리금 상환에 어려움을 겪게 되면서 금융부문 부실화가 급속히 진전되었다. 2008~2017년 동안 카자흐스탄 연평균 경제성장률은 2000년대의 절반에도 미치지 못하는 4.1%대로 축소되었다. 심지어 2015~2016년에는 1% 성장에 그쳤다. 반면에 투르크메니스탄과 우즈베키스탄은 각각 8.9%, 7.8%의 경제성장을 기록하며 글로벌 금융위기의 충격을 거의 받지 않았을 뿐만 아니라 강하고 빠른 성장을 지속했다. 투르크메니스탄은 폐쇄적인 경제체제 및 상업은행 시스템의 부재가 대외 충격을 차단하는 역할을 했다. 우즈베키스탄 또한 은행 및 전략산업에 대한 강력한 정부 개입과 다변화된 경제구조, 글로벌 금융시장으로부터 상대적 고립 덕분에 세계 경제의 침체로부터 거의 영향을 받지 않았다. 우즈베키스탄 은행은 대부분 국가 소속으로 부채비율(leverage ratio)이 12~20%에 불과하고, 대외 의존도가 낮아 글로벌 리스크에 노출되지 않았다. 다만 광물자원 및 천연가스 수출에서 작은 손실을 경험했을 뿐이다. 키르기스스탄과 타지키스탄은 글로벌 금융시장 및 원자재 시장과의 연계성이 약해 세계 경제 위기로 인한 충격이 상대적으로 적었다. 2010년대 타지키스탄 경제가 안정적인 회복세를 보인 반면 키르기스스탄 경제는 정치 불안이 겹치면서 급변동하는 롤러코스터 성장 패턴을 보였다.

2010년대는 미국 경제의 저성장 기조가 장기화하고, 유로존의 경기 침체가 계속되는 가운데 중앙아시아 경제의 새로운 버팀목이었던 중국 또한 2012년부터 성장세가 7%대로 떨어지는 '신창타이(新常態)'[252]에 들어서면서 중앙아시아 경

---

252) 신창타이란 중국 경제의 '새로운 상태'를 나타내는 말로 중국 국가주석 시진핑이 2014년 5월 중국경제가 개혁개방 이후 30여 년간의 고도 성장기(연평균 10% 내외의 고속성장)를 끝내고 새로운 상태(연 7~8% 안팎의 중속 성장)로 이행하고 있다고 말하면서 처음 사용되었다. 인민일보는 신창타이의 4대 특징으로 중고속 성장, 구조 변화, 성장 동력 전환, 불확실성 증대 등

제의 불확실성이 확대되었다. 그리고 2014년 우크라이나 사태에 따른 러시아 경제의 스태그플레이션(stagflation) 진입, 미국의 셰일 에너지 생산 확대와 OPEC의 감산 합의 실패에 따른 국제 원유의 저가격 사이클 시대 돌입, 2016년 6월 영국의 브렉시트(Brexit) 결정과 '미국 우선주의(America First)'를 주창하며 11월 당선된 미 트럼프 행정부의 보호주의 무역정책의 강화, 2017년 미연방준비제도이사회(FRB)의 자산축소와 금리 인상 정책 등으로 세계 경제 환경의 불확실성이 고조되었다.

표 50. 2010년대 중앙아시아 5개국 경제성장률

(단위: %)

	2009	2010	2011	2012	2013	2014	2015	2016	2017	09~17 평균	09~17 총 성장
카자흐스탄	1.2	7.3	7.5	5.0	6.0	4.3	1.2	1.1	4.0	4.1	44.2
우즈베키스탄	8.1	8.5	8.3	8.2	8.0	8.0	7.9	7.8	5.3	7.8	96.4
투르크메니스탄	6.1	9.2	14.7	11.1	10.2	10.3	6.5	6.2	6.5	8.9	116.0
키르기스스탄	2.9	-0.5	6.0	-0.1	10.9	4.0	3.9	3.8	4.5	3.9	41.0
타지키스탄	3.9	6.5	7.4	7.5	7.4	6.7	6.0	6.9	7.1	6.6	77.7
세계 평균	-0.1	5.4	4.3	3.5	3.5	3.6	3.5	3.2	3.8	3.4	35.0

자료 : IMF 자료를 바탕으로 작성

표 51. 2010년대 중앙아시아 5개국 외국인직접투자 유입

(단위 : 백만$)

	2009	2010	2011	2012	2013	2014	2015	2016	2017	09~17 평균
카자흐스탄	13,243	11,551	13,973	13,337	10,321	8,406	3,860	8,097	4,634	9,714
우즈베키스탄	842	1,636	1,635	563	635	757	67	133	96	707
투르크메니스탄	4,553	3,632	3,391	3,130	2,861	3,830	3,043	2,243	2,314	3,222
키르기스스탄	189	438	694	293	626	248	1,142	616	94	482
타지키스탄	131	113	200	234	144	289	397	219	141	208

자료 : UNCTAD

을 제시했다.

표 52. 2010년대 중앙아시아 5개국 해외 이주노동 송금 규모

)

		2009	2010	2011	2012	2013	2014	2015	2016	2017	09~17 평균
카자흐스탄	송금액	198	226	180	178	207	229	194	275	355	227
	GDP 대비 %	0.2	0.2	0.1	0.1	0.1	0.1	0.1	0.2	0.2	0.1
우즈베키스탄	송금액	2,071	2,858	4,276	5,693	6,689	5,828	3,062	2,479	2,839	3,977
	GDP 대비 %	6.1	7.3	9.3	11.0	11.6	9.2	4.6	3.7	5.8	7.5
투르크메니스탄	송금액	34	35	35	37	40	30	16	9	10	27
	GDP 대비 %	0.2	0.2	0.1	0.1	0.1	0.1	0.0	0.0	0.0	0.1
키르기스스탄	송금액	982	1,266	1,709	2,031	2,278	2,243	1,688	1,995	2,486	1,853
	GDP 대비 %	20.9	26.4	27.6	30.8	31.1	30.0	25.3	29.3	32.9	28.7
타지키스탄	송금액	1,748	2,021	2,722	3,222	3,698	3,384	2,259	1,867	2,255	2,575
	GDP 대비 %	35.1	35.8	41.7	42.2	43.5	36.6	28.8	26.9	31.6	35.9

자료 : World Bank.

중앙아시아 각국은 2009년 위기에서 탈출하며 반등에 성공하였으나 2015년 이후부터 성장률이 정체되며 하락세를 나타내고 있다. 카자흐스탄의 경기 하락이 두드러진 가운데 우즈베키스탄과 투르크메니스탄의 경우 견실한 성장세를 나타냈으나 투르크메니스탄은 2015년, 우즈베키스탄은 2017년부터 성장세의 둔화가 나타나고 있다. 특히 크림반도 병합에 따른 서방의 경제제재와 국제유가의 급락에 이은 저유가 추세의 고착으로 2015년 러시아 경제가 스태그플레이션에 접어들면서 국가별로 다소의 차이는 존재하지만, 러시아의 경기침체가 중앙아시아 주요국의 경제 전반에 상당히 부정적 파급효과를 미쳤다. 이러한 상황에서 중앙아시아 주요국은 대외교역 및 투자유치 관련 제반 문제점들을 극복함과 동시에 지속적인 경제발전 달성을 위한 조치를 마련해야 하는 입장이 되었다.[253)]

이와 같은 대외적 도전에 직면한 중앙아시아 각국은 자신들의 사회-경제적 특성과 핵심 정책목표를 반영한 경제발전 전략을 추진하는 등 글로벌 환경변화에 대응하고 있다. 2012년 발표한 카자흐스탄 정부의 '카자흐스탄 2050' 전략, 우즈베키스탄의 '2017~2021년 국가개발전략', 투르크메니스탄의 '2011~2030년 투

253) 박정호 외, "중앙아 주요국의 경제발전 전략과 경협 확대방안", 대외경제정책연구원(KIEP), 2016. p.22~23.

르크멘 사회 · 경제발전 프로그램', 타지키스탄의 '타지키스탄 국가발전전략 2030(NDS 2030)', 키르기스스탄의 '국가지속발전전략 2013~2017' 등은 새로운 세계 경제 환경에 적응하고 산업 및 경제구조의 체질을 개선하기 위한 노력의 일환이다. 중앙아시아 주요국의 경제발전전략이 과거 에너지 및 광물 자원 수출 확대와 외국인투자 유치에 기반한 양적 성장 중심에서 산업 및 수출구조의 다각화를 통해 경제의 체질 개선을 도모하면서 지속적 가능한 성장 동력을 확보하는 방향으로 추진되고 있다. 그리고 대외경제 관계에서 협력 파트너의 다변화를 통해 과도한 러시아 의존을 탈피하고자 노력하였다. 특히 2008년 글로벌 금융위기 이후 중앙아시아 국가는 중국과의 경제협력 관계를 강화하기 시작했다. 중국 또한 2000년대 들어서면서 경제성장에 필요한 에너지 자원을 확보하기 위한 전략으로 중앙아시아의 원유와 천연가스 채굴 및 운송 인프라 프로젝트에 투자하기 시작했다. 중앙아시아 각국과 중국과의 이해관계가 부합되며 글로벌 금융위기 이후 중국과 중앙아시아국가 간의 상품 및 서비스 교역과 투자 분야에서의 협력이 급속도로 확대되었다. 그 결과 중앙아시아 국가의 외국인투자 유치 및 교역에 있어 중국이 최대 파트너로 급부상하고 있다. 카자흐스탄-중국간 송유관 건설이 2009년 완공되면서 카자흐스탄의 중국 원유 수출이 급격히 늘어났다. 2009년 58.9억 달러였던 중국 수출이 2012년 168.4억 달러로 급증하면서 양국의 총교역이 240억 달러를 기록하며 러시아를 제치고 제1의 교역대상국으로 부상하기도 했다. 투자 부문에서도 가장 많은 자본을 공여하고 있다. 중국은 카자흐스탄의 대외경제 관계에서 러시아와 더불어 가장 중요한 협력 파트너가 되었다. 우즈베키스탄에 있어서도 2013년 중국이 최대 수출대상국이 되며 교역 규모가 45억 달러를 넘었고, 2015년에는 최대 수입대상국 자리까지 차지하며 명실상부한 최대 교역대상국이 되었다. 중국은 우즈베키스탄에 지속해서 투자하면서 최대 투자 공여국이 되었다. 투르크메니스탄에 있어 중국은 2010년부터 러시아와 터키를 제치고 최대 교역대상국으로 부상한 후 그 점유율을 더욱 확대하고 있다. 2017년 투르크메니스탄의 교역에서 중국이 차지하는 비중은 61%(수출 84.3%, 수입 10.2%)에 달했다. 러시아가 차지하는 비중은 3.7%로 축소되었다. 2008년까지 투르크메니스탄 천연가스 수출의 약 90%를 담당했던 러시아가 2009년 가스 파이프라인 폭발사고를 계기로 수입을 축소하였기 때문이다. 2008년 400억㎥이었던 러시아 수출이 2017년에는 영(0)으로 급감하였다. 반면 2010년 40억㎥이었던 중국 수출이 2017년에 300억㎥로 확대되었다. 그리고 중국은 투르크메니스탄에 가장 많은 투자를 제공하고 있다. 타지키스탄에서도 중국은 2014년 전체 무역액의 15%를 차지함으로써 러시아에 이어서 두 번째 무역 파트너가 되었고 2016년에는 그 비중이 22.5%까지 확대되었다. 또한 중국은 최대 투자 공여국으로서 타지키스탄이 필요로 하는 사업들의 추진 동력을 제공하고 있다. 키르기스스탄의 대외무역에 있어 중국은 2016년 15.4억 달러(총 교역의 29.3%)를 기록하며 러시아를 제치고 최대 교역 대상국이 되었다. 특히 키르기스스탄 수입의 38%를 중국제품이 차지하는데 대부분이 소비재다. 아울러 그동안 키르기스스탄 국내 정치의 불안정으로 인하여 상대적으로 적었던 투자도 꾸준히 늘어나면서 2013년 중국은 4,545억 달러를 투자하여 키르기스스탄의 최대 해외 투자 공여국이 되었으며 동년 전체 해외투자의 45.8%를 차지했다. 이는 엄격한 의미에서 볼 때 대외경제 관계 및 파트너에서의 다변화라기보다 러시아에서 중국으로 경제협력 파트너의 교체가 이루어진 것으로 평가할 수 있다. 대부분 국가에서 러시아와의 교역 절대 규모가 축소되었고 이를 중국이 상쇄해 주었다는 점에서 경제관계 포트폴리오의 실질적 다변화는 이루어지지 않았다.

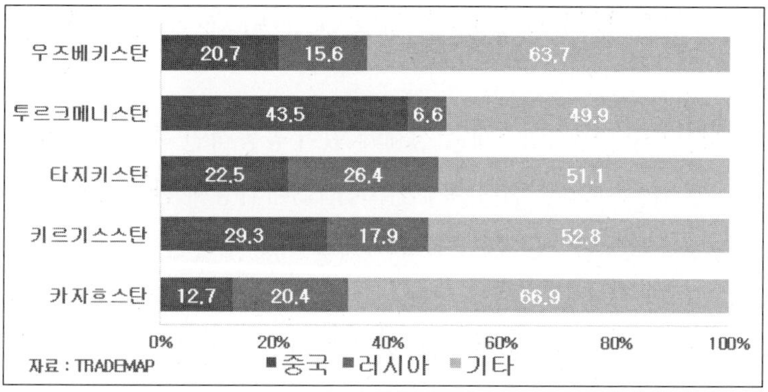

그림 43. 중앙아시아 5개국과 중국, 러시아 상품교역(2016년)

2. 중앙아시아 5개국 경제발전 전략과 경제구조

오늘날 중앙아시아 5개국 경제에 있어 공통적인 특성은 경제 및 산업구조가 농업 및 광공업 중심으로 지나치게 단조롭고, 대외경제 관계에서 러시아 및 중국에 대한 의존성이 과도하다는 점이다. 소비에트 시대 구축된 농산물과 광물자원의 공급자로서 그 연관 산업에 특화된 경제구조가 고착되었고, 탄화수소 및 광물자원의 운송하기 위한 파이프라인 및 도로/철도 인프라가 러시아를 경유하도록 건설되면서 독립 이후에도 중앙아시아 각국의 러시아 의존성은 극복되지 못했다.

2001년 9.11테러를 계기로 미국 부시 행정부의 중앙아시아 지역에서 이슬람 근본주의 확산 방지와 테러와의 전쟁 수행을 위한 중앙아시아 지역에서의 교두보 확보 전략, 유럽연합의 에너지 안보 및 천연가스 공급처의 다변화를 위한 중앙아시아 진출과 중앙아시아 지역 내 각국의 에너지 자원 수송에서 탈러시아 추진, 러시아 의존형 경제구조를 통해 중앙아시아에서 통제권을 유지하려는 러시아의 전략, 중앙아시아로의 서진 정책을 통하여 미국과 러시아의 영향력 확대를 견제하고, 중앙아시아의 석유 및 가스 자원을 확보하려는 중국의 전략이 중앙아시아에서 충돌하였다. 2000년대 중반 이후 이 지역의 탄화수소 운송 파이프라인 건설을 둘러싸고 러시아, EU, 미국, 중국 간에 '신거대게임(New Great Game)'이 연출되었다. 중국은 러시아와 미국/EU, 중앙아시아 국가의 이해관계를 이용해 투자 및 무역 협력을 강화하면서 실리를 취하는 전략을 추진하였다. 그 결과 중앙아시아에서 러시아의 지배력이 약화하는 대신 중국의 입지가 급속도로 커졌다. 그러나 최근 들어 러시아 경제의 침체와 루블화의 가치절하, 중국에서의 경기둔화가 심화하면서 중앙아시아 경제가 직접적 영향을 받고 있다.

1) 카자흐스탄

(1) 카자흐스탄 경제발전 전략과 경제성장

카자흐스탄은 개혁 초기부터 적극적인 대외개방을 통한 외자 유치와 원자재 수출 확대 전략을 추진하며 경제성장을 도모하였다. 대외경제 관계에서 러시아, 중국 및 중앙아시아 주변국들과 전통적 우호, 협력관계를 유지 발전시켜 나감과 함께 미국, 영국, 유럽연합(EU) 등 선진 경제 대국들과 교역 및 투자 부문에서 협력 관계를 확대 발전시키는 등 경제적 실리를 추구하고 있다. 이는 지리적 측면에서 내륙국가라는 태생적 한계와 경제적 측면에서 자본집약도가 높은 에너지, 광물자원을 기반으로 한 소규모 경제(small size economy)라는 문제점을 극복하고, 세계 경제에서 카자흐스탄이 지닌 에너지 및 광물자원 부문에서의 비교우위를 극대화하기 위한 불가피한 전략이었다. 카자흐스탄은 1997년 '카자흐스탄 2030'으로 명명되는 장기국가발전 전략을 수립한 후 에너지 자원 생산 및 수출 확대, 국내시장 개방 및 외국인투자자본 유치 확대 정책을 적극적으로 추진했다. 카자흐스탄은 1996년 1월 세계무역기구(WTO)에 가입의정서를 제출하였고, 중앙아시아에서는 키르기스(1998년), 타지키스탄(2013년)에 이어 2015년 11월 162번째 회원국이 되었다. 그리고 2000년부터 포스트 소비에트 공간에서 지역경제 통합에 가장 적극적으로 참여하였다. 카자흐스탄은 2010년 러시아, 벨라루스와 함께 관세동맹(Customs Union)을 체결하였고, 2015년에는 러시아, 벨라루스, 아르메니아, 키르기스스탄과 유라시아경제연합(EAEU)을 출범시켰다.

2000년대 카자흐스탄은 중앙아시아 5개국 중에서 가장 역동적인 경제성장을 이룩하였는데 이는 1995년부터 경제 개혁 및 개방정책을 적극적으로 추진하며 석유 및 천연가스 부문 개발을 위한 외국자본의 적극적 유치와 국내 산업자본을 축적하기 위한 금융산업 육성에 노력을 기울인 덕분이었다. 2000년부터 2010년까지 카자흐스탄이 석유 및 광물자원 개발을 통해 얻은 천연자원 렌트는 1,811억 달러이며, 동기간 국내총생산의 23.2%에 해당한다. 그리고 외국인직접투자 유치는 795억 달러로 12개 CIS 회원국 중에서는 러시아(2,926억 달러)에 이어 2위를 차지했다. 이를 바탕으로 카자흐스탄은 연평균 8.5%의 경제성장을 이룩하며 아제르바이잔(13.9%)과 투르크메니스탄(13.8%)에 이어 성장률에서 3위를 차지하며 중앙아시아 지역 최대 경제 대국으로 발돋움했다.[254] 그러나 원유 및 천연

254) IMF, "Caucasus and Central Asia: Oil Price Decline and Regional Spillovers Darken the

가스 등 에너지 부문이 카자흐스탄 GDP의 30% 이상, 수출의 약 55%를 차지할 정도로 원유, 천연가스 및 광물자원에 대한 의존도가 심화하였다. 글로벌 금융위기로 국제원자재 가격이 크게 하락하면서 카자흐스탄은 수출, 해외직접투자 유치 및 재정수입 등에서 곤란을 겪으며, 성장의 한계를 드러내고 있다. 또한 해외차입에 의존한 가계 및 기업대출의 확대가 글로벌 금융위기 이후에는 상업은행 부문의 부실화를 초래하며 경제침체의 새로운 도화선이 되었다. 카자흐스탄은 축적된 국내자본의 부족을 해외금융기관으로부터의 차입이나 외국인직접투자(FDI)로 충당하며 자본투자를 확대했다. 그러나 글로벌 금융위기 이후 해외차입이 곤란해짐에 따라 금융기관들은 신용경색을 겪게 되었고, 만기도래 차입금 상환의 어려움에 봉착하면서 은행 부문이 취약해졌다. 카자흐스탄 주요 은행인 알리안스 은행, BTA 은행, 테미르 은행 등 주요 은행들이 지급불능(default)을 선언하였다.

2008년 글로벌 경제위기로 대외경제 환경의 구조적 변화가 발생하였고 에너지자원 수출에 의존한 경제성장을 추진한 카자흐스탄 정부에 새로운 도전이 되었다. 2012년 카자흐스탄 정부는 '카자흐스탄 2050' 전략을 전격적으로 발표하며 경제발전 전략을 경제구조의 체질 개선을 통한 지속 가능 성장으로 전환하였다. 경제정책의 핵심 과제로 경제 분야의 경쟁력 증진, 투자환경 개선, 국가발전을 위한 인프라 구축, 기술 혁신을 통한 산업 다각화 추진, 경제 부문에 대한 민간의 역할과 참여 확대, 국가자산 관리의 효율성 제고, 인적자원 개발 등을 선택하였다.[255] 원료산업 중심에서 제조업으로의 산업구조의 다변화를 위한 1단계로 2010~2014년 동안 비즈니스 활동에 필요한 기본조건인 운송, 전력, 통신, 산업인프라 발전에 집중했다. 광업이 GDP에서 차지하는 비중이 20%에서 13%로 축소되었으나 제조업이 차지하는 비중은 여전히 10~11% 수준에 머무르고 있다.[256]

Outlook". Regional Economic Outlook Update. May 2015. p.6.

255) 박정호 외, "중앙아 주요국의 경제발전전략과 경협 확대 방안", 대외경제정책연구원(KIEP). 2016. p.183~184.

256) Дилемма диверсификации, Деловой журнал "Казахстан", №3, 2016 год. http://www.investkz.com/journals/110/1509.html

(2) 카자흐스탄 경제구조

카자흐스탄의 경제구조는 에너지 자원 관련 산업에 편중된 모습을 보인다. 독립 직후인 1991년 카자흐스탄의 경제는 농업이 29.5%, 광공업이 27.2%, 건설이 9.2%를 차지하는 전형적인 농업 국가였다. 2000년대 들어서면서 농업이 차지하는 비중이 10%대 이하로 줄어들면서 농업 사회에서 완전히 탈피하였다. 서비스업의 비중이 급속히 늘어났으나 여전히 50% 후반 대를 넘어서지 못하고 있으며, 제조업은 도리어 1999년 14%에서 2017년 11%로 축소되었다. 광업은 10%에서 글로벌 금융위기 직후인 2010년에는 20%까지 육박했다. 그 후 다시 축소되며 13%대를 유지하면서 카자흐스탄 경제를 이끌고 있다. 글로벌 금융위기 이후 추진하고 있는 제조업 육성을 통한 산업구조의 다변화 정책이 아직 구체적 성과를 보이지 않고 있음을 보여준다.

표 53. 카자흐스탄 경제구조 (2000~2017)

(%)

	2000	2002	2004	2006	2008	2010	2012	2013	2014	2015	2016	2017
농림어업	8.2	8.0	7.1	5.5	5.3	4.5	4.2	4.5	4.4	4.8	4.6	4.3
광공업	32.6	29.5	29.3	29.6	32.2	32.9	30.1	27.8	27.3	24.7	26.1	26.5
광업	13.0	12.1	13.6	16.1	18.7	19.5	17.1	15.2	15.2	12.7	12.9	13.3
제조업	16.5	14.5	13.3	11.7	11.8	11.3	11.0	10.7	10.2	10.1	11.3	11.2
전기가스수도	3.1	2.9	2.4	1.8	1.7	2.1	2.0	1.9	1.9	1.9	1.9	1.9
건설업	5.2	6.3	6.1	9.8	8.1	7.7	6.2	6.0	5.9	6.0	5.9	5.6
서비스업	48.3	50.6	53.4	51.6	52.1	51.7	51.5	53.1	54.8	59.4	57.8	57.5

자료 : 카자흐스탄 통계위원회(http://stat.gov.kz) Структура ВВП

오늘날 카자흐스탄 경제 및 산업구조의 가장 눈에 띄는 점은 광업, 그중에서도 석유가 중심이 된 에너지 자원 의존형 경제라는 것이다. 에너지 자원이 카자흐스탄 경제에서 차지하는 역할을 주요 거시경제지표를 통해 살펴보면 다음과 같다.

① 국내총생산(GDP)과 에너지 자원

세계 경제에서 카자흐스탄이 지니고 있는 비교우위는 풍부한 광물자원 부존과 밀접하게 연결되어 있다. 광물자원은 카자흐스탄의 국가 부를 결정하는 가장 중요한 요소이다. 광물자원 그중에서도 석유 및 천연가스 부문은 카자흐스탄 경제를 지배하는 핵심 산업이다. 석유-가스 산업은 카자흐스탄 경제성장을 이끈 원동력이었다. 2000년 전까지 유가가 20달러 수준에서 횡보했을 때 카자흐스탄 국내총생산 규모도 답보상태를 벗어나지 못하고 있었다. 반면 2008년까지 유가가 급상승하면서 GDP 규모도 급속도로 증가함을 보여주었다. 경제위기로 인해 2009년 유가가 급락했을 때 카자흐스탄 GDP도 줄어들었다가 유가가 회복되면서 다시 확대되고 있음을 보여주고 있다. 그리고 2014년부터 국제유가가 다시 하락하면서 GDP도 급속히 축소되고 있다. 동시에 GDP에서 석유-가스 부문이 차지하는 비중이 2010~ 2012년 25%대를 유지하였으나 국제유가가 하락하기 시작한 2014년에는 20%대 이하로 떨어졌고, 2015년에는 17%대로 축소된 후 2016~2017년에는 18%대를 유지하고 있다.

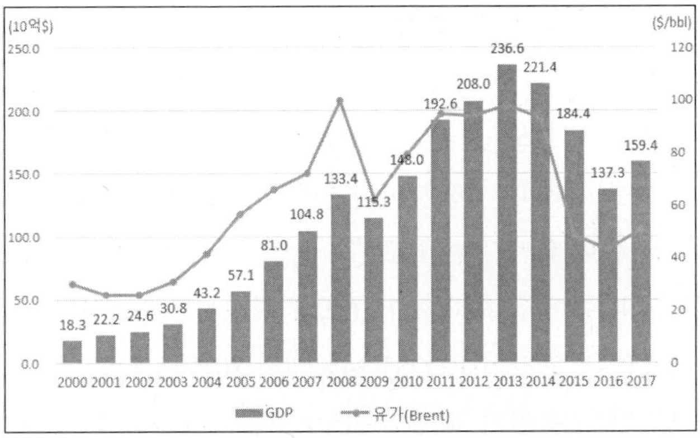

그림 44. 카자흐스탄 GDP와 국제유가

표 54. 카자흐스탄 국내총생산(GDP)에서 석유가스 부문이 차지하는 비중

	2010	2011	2012	2013	2014	2015	2016	2017*
◦ 석유가스부문	25.3	25.2	25.9	21.2	19.9	17.3	18.2	18.3
채굴	16.5	14.9	14.4	12.8	12.7	10.3	10.4	10.8
가공, 정제	2.2	1.9	2.3	2.0	1.5	1.6	2.2	1.4
유통	6.6	8.4	9.2	6.4	5.7	5.4	5.6	6.1
◦ 비석유가스부문	71.5	65.9	66.1	70.2	72.5	77.6	76.2	75.6
◦ 원료부문	24.0	22.7	21.3	19.7	19.6	17.4	17.4	17.8
동식물	4.4	4.9	4.2	4.2	4.1	4.5	4.3	4.2
광업	19.5	17.7	17.1	15.2	15.2	12.7	12.9	13.3
◦ 비원료부문	72.8	68.4	70.7	71.7	72.8	77.5	77.0	76.1

2017* : 추정치
자료 : 카자흐스탄 통계위원회.

② 카자흐스탄 상품 수출과 에너지 자원

카자흐스탄 경제의 성장을 이끈 쌍두마차는 수출과 자본투자였고 이를 이끈 동인이 석유-가스로 지칭되는 연료-에너지 부문이었다. 연료-에너지 부문의 생산 확대는 내수시장을 넘어 해외시장을 지향해야 했고 이는 결국 수출확대로 이어졌다. 그리고 국제유가의 상승과 에너지 안보의 강화는 카자흐스탄 에너지산업부문 고정자본투자로 외국자본(직접투자, 차입금)의 유입을 이끌었다. 동시에 수출 증대는 경제성장에 필요한 자본재의 수입을 확대해 국가 경제의 생산 잠재력을 확충시키는 결과로 이어졌다.

카자흐스탄 수출에서 석유 가스 부문(원유, 콘덴세이트, 석유제품)이 차지하는 비중은 거의 절대적이다. 카자흐스탄 전체 수출에서 광물성 연료가 약 70% 이상이 차지하는데 그중에서 석유 및 가스 콘덴세이트가 90%를 차지한다. 광물성 연료 수출을 통한 외화 유입액이 2011~2014년에는 매년 600억 달러를 넘었으나 2015년에는 국제유가의 급락으로 절반 수준인 310억 달러로 축소되었고 2016년에는 200억 달러로 다시 줄어들었다가 2017년 300억 달러를 회복했다. 철강 및 비철금속 (구리, 알루미늄, 우라늄, 아연 등)이 총수출의 13%를 차지하고 있다. 일반적으로 국제원자재 가격은 유가에 연동되는 경향을 보인다. 따라서 국제 원유가격은 카자흐스탄의 교역조건을 결정하는 가장 중요한 요인이다. 수출구조 또한 강한 자원특화를 유지하고 있으며 이와 같은 추세가 강화되고 있다. 이는 카자흐스탄 경제가 소비재나 투자재 및 서비스 부문에서 다른 국가와 경쟁체제를 형성하지 못하고 있음을 보여준다. 2010년 기준 수출에서 연료에너지 자원의 의존도를 기준으로 할 때 카자흐스탄은 71.7%로 투르크메니스탄에 이어 세계 23위를 차지하였다.[257)]

---

257) Dan Haglund, Blessing or curse? The rise of mineral dependence among low- and middle-income countries. Oxford Policy Management (OPM), 2011. p.27. http://www.eisourcebook.org/submissions/1325523556OPMBlessingorcursereport2011.pdf

표 55. 카자흐스탄 상품 수출에서 석유-가스 비중

(단위: 백만 달러. %)

	2005	2006	2007	2008	2009	2010	2011	2012	2013	2014	2015	2016	2017
총수출	278.5	382.4	477.5	711.7	432.0	572.4	881.1	922.8	847.0	794.6	459.5	367.8	483.4
광물성연료	195.3	262.8	315.2	489.1	300.3	410.3	634.6	644.9	646.2	607.0	311.2	223.3	306.8
(%)	70.1	68.7	66.0	68.7	69.5	71.7	72.0	69.9	76.3	76.4	67.7	60.7	63.5
석유, 가스	180.8	245.1	292.8	454.9	280.1	386.6	590.0	600.6	606.3	569.2	291.6	211.2	288.5
(%)	64.9	64.1	61.3	63.9	64.8	67.5	67.0	65.1	71.6	71.6	63.4	57.4	59.7

자료 : ITC. Trademap

③ 에너지 자원과 재정수입

석유 가스 부문은 카자흐스탄 정부 예산수입의 가장 중요한 원천으로 사회 안정을 보장하고 경제구조의 현대화를 위한 인프라를 구축하는데 필요한 재원을 제공해 준다. 2010년 이후 석유 가스 부문이 예산수입에서 차지하는 비중은 약 40%, 국민기금(National Fund) 조성의 90% 이상을 담당한다.[258] 2015년도 에너지를 중심으로 한 지하자원 부문이 납부한 세금 및 지급금은 일반정부 예산(6조 7,913억 텡게)의 43.3%에 해당한다.[259] 2013년에는 세금 및 지급금으로 3조 4,224억 텡게, 수출관세로 5,280억 텡게 등 총 3조 9,504억 텡게가 세수로 납부되면서 일반정부 예산(8조 9,113억 텡게)의 44.3%를 차지했다.[260] 2015~2017년 카자흐스탄 일반정부 재정이 GDP 대비 -6.1%, -4.4%, -4.6% 적자로 돌아선 것은 유가 하락으로 석유-가스 부문에서의 세수가 급감하였기 때문이다. 글로벌 금융위기 이후 2014년까지 카자흐스탄이 비에너지 부문에서 GDP 대비 6%가 넘는 적자를 감당하면서도 일반정부 재정을 흑자로 유지할 수 있었던 것은 석유-가스 부문에서의 대규모 세수 유입이 있었기 때문에 가능했다. 그러나 GDP 대비 10%가 넘던 원유부문에서의 세수가 2015~2017년 4~5%대로 급감하면서 재정수지에서 대규모 적자가 불가피해졌다.

---

258) "Казахстан импортирует из России от 12 до 30% различных ГСМ - У.Карабалин", КАЗ ИНФОРМ 05 ноября 2014. http://www.government.kz/index.php/ru/integratsiya

259) Факты и цифры нефтегазовой отрасли Казахстана за 2015 год, http://yvision.kz/post/677935

260) Факты и цифры нефтегазовой отрасли Казахстана за 2013 год, http://yvision.kz/post/405781

표 56. 카자흐스탄 재정수입에서 원유가 차지하는 비중

(단위: GDP 대비 %)

	2007	2008	2009	2010	2011	2012	2013	2014	2015	2016	2017e
재정수입	32.5	30.3	27.3	27.9	28.9	28.8	26.7	24.5	18.6	19.7	21.1
원유	9.7	11.9	9.7	11.2	13.9	13.9	12.1	10.3	4.0	4.5	5.7
비원유	22.8	18.4	17.6	16.7	15.0	14.9	14.6	14.3	14.6	15.2	15.4
재정수지	5.0	2.5	-0.8	4.1	7.4	6.3	5.6	1.5	-6.1	-4.4	-4.6
비원유재정	-3.0	-9.8	-8.8	-7.1	-6.5	-7.6	-6.4	-8.8	-10.1	-8.9	-10.3

자료 : World Bank, "Kazakhstan : Enhancing the Fiscal Framework to Support Economic Transformation", Public Finance Review, November 2017. pp.23, 42.

④ 에너지 자원과 산업생산

카자흐스탄 산업생산에서 석유 가스 부문(채굴, 석유제품 생산)은 핵심을 이룬다. 석유-가스 산업이 전체 산업생산에서 차지하는 비중은 2000년대 들어 50%대를 유지하며 지속해서 증가하기 시작해 2011년에는 56.4%로 최고치를 기록하기도 하였다. 그 후 유가 하락과 더불어 비중이 감소하였으며, 2015년과 2016년에는 42%대로 떨어진 후 2017년에는 44%대로 다시 소폭 증가하였다. 최근 수년 동안 그 비중이 10% 이상 감소했음에도 불구하고 원유-천연가스 채굴 및 이와 관련된 서비스, 석유제품 생산이 카자흐스탄 전체 산업(생산금액 기준)에서 차지하는 비중은 여전히 높다. 질적인 면에서도 상류 부문(탐사 및 채굴)이 대부분을 차지하고 하류 부문(정제, 가공)은 2%대에 불과할 정도로 지나치게 낮다. 이는 석유-가스 산업에서의 부가가치 창출이 제대로 이루어지지 않고 있음을 보여준다.

표 57. 산업생산에서 석유가스 산업

(단위: 10억 텡게)

	2005	2006	2007	2008	2009	2010	2011	2012	2013	2014	2015	2016	2017
총산업생산	5,281	6,547	7,857	10,195	9,122	12,106	15,929	16,852	17,834	18,529	14,931	18,559	22,659
석유가스채굴	2,673	3,246	3,802	5,306	4,643	6,195	8,573	8,721	9,037	9,164	5,880	7,336	9,371
석유가스정제	156	156	173	223	214	332	415	635	798	565	462	631	710
소계	2,829	3,403	3,975	5,529	4,856	6,528	8,988	9,356	9,834	9,729	6,342	7,967	10,081
(%)	53.6	52.0	50.6	54.2	53.2	53.9	56.4	55.5	55.1	52.5	42.5	42.9	44.5

자료 : Официальная статистическая информация, Оперативные данные (экспресс информация, бюллетени), Промышленность, Основные показатели работы промышленности Республики Казахстан. Министерство Национальной Экономики Республики Казахстан Комитет по Статистике

2) 우즈베키스탄

(1) 우즈베키스탄 경제발전 전략과 경제성장

우즈베키스탄의 경제발전 전략은 카리모프 시대(1991~2016년)가 폐쇄적이고 내부지향적이었던 반면, 미르지요예프 정권(2016~현재)의 신정부는 더욱 적극적인 개혁과 개방을 표명하며 새로운 성장 전략을 추진하고 있다.

우즈베키스탄은 1991년 독립 이후 러시아, 카자흐스탄과 같이 급진적 체제전환방식을 채택했다. 그러나 1996년 우즈베키스탄 수출의 핵심인 원면의 국제가격이 폭락하면서 경제 상황이 급격하게 나빠지면서 민영화, 대외개방 등 IMF의 신자유주의 처방인 워싱턴 컨센서스(Washington Consensus)를 거부하고 점진적 체제개혁과 국가의 경제통제하에 자국 산업을 보호, 육성하는 수입대체 산업화 정책으로 전략을 선회했다. 동시에 외국자본의 유입에 부정적 태도를 보이며 농업과 에너지 자원 부문에서의 자급자족 달성을 추구하였다. 2003년 10월 우즈베키스탄 정부는 통화의 태환성을 보장하는 국제통화기금(IMF) 제 8조 의무를 수락했으나 외화 부족으로 인해 강력한 외환 통제를 하였다. 외국인투자기업의 경우에도 법령에서는 투자 활동을 통해 합법적으로 취득한 외화수입을 해외로 자유로이 송금할 수 있게 되어 있으나 실무에서는 자유로운 환전이 보장되지 않았다. 우즈베키스탄 정부는 수입 관세를 포함해 여러 조치를 마련하며 수입을 제한하였다. 자국 생산 제품을 보호하기 위한 조치로 고율의 소비세(물품세)를 부과함으로써 사실상 수입을 불가능하게 만들었다. 자국 산업 육성을 위한 수입 억제 조치는 수입 의존도가 높은 생필품 가격의 급등, 품귀 현상을 초래하는 부작용을 초래했다. 이로 인해 2000년대 중반까지 우즈베키스탄은 중앙아시아에서 경제성장률이 가장 저조한 국가로 전락하며 중앙아시아 맹주 자리를 카자흐스탄에 넘겨야 했다. 빅뱅(Bigbang) 전략을 옹호했었던 많은 경제학자는 우즈베키스탄이 IMF의 경제 처방을 따르지 않았기 때문에 극심한 경제침체를 겪을 것이라고 예상했는데 실제로 2000년대 초반까지 우즈베키스탄은 중앙아시아 국가 중에서 최저의 성장률을 기록하며 그 예상에 부합했다.

그러나 2000년대 중반부터 특히 2008년 글로벌 금융위기 이후 전개된 세계 경제의 침체 속에서 우즈베키스탄은 농업과 제조업에서의 생산 확대를 바탕으로 연평균 8~9%에 달하는 안정적인 성장을 구가하였다. 이처럼 신자유주의 개혁을 동반하지 않은 우즈베키스탄의 성장을 '우즈베크의 역설(Uzbek paradox: progress without neo-liberal reform)'이라 칭한다. 2007년부터 2008년까지 연평균 9%가 넘는 고도성장을 나타냈고, 글로벌 금융위기 이후인 2009년부터 2014년까지 8%대의 성장을 지속하였다. 이는 주로 은행 및 다른 전략 산업에 대한 정부의 강력한 개입과 다변화된 경제구조, 글로벌 금융시장으로부터 상대적 고립으로 세계 경기침체의 영향을 거의 받지 않았기 때문이다. 그리고 에너지 자원 수출주도의 경제성장을 추진한 카자흐스탄이나 투르크메니스탄과 달리 우즈베키스탄은 자원의 국가독점 체제 아래 국내산업 육성 중심의 수입대체정책을 추진하였기 때문에 글로벌 금융위기의 여파가 경제에 미친 부정적 영향이 상대적으로 미미하였다.

표 58. 우즈베키스탄 주요 거시경제 지표

	2005	2006	2007	2008	2009	2010	2011	2012	2013	2014	2015	2016	2017*
경제성장(%)	7.0	7.5	9.5	9.0	8.1	8.5	8.3	8.2	8.0	8.0	7.9	6.2	5.2
GDP (억$)	143.1	173.3	223.1	295.5	336.9	393.3	459.2	518.2	576.9	630.7	669.0	670.7	487.2
산업생산	5.3	7.9	8.4	6.5	9.9	5.6	4.8	7.0	9.2	7.9	8.2	5.6	4.8
물가상승률	7.8	6.8	6.8	7.8	7.4	7.3	7.6	7.0	6.8	6.1	5.6	5.7	14.4

* 2017년 우즈베키스탄이 5.2%의 성장에도 불구하고 GDP 및 1인당 GNI가 축소된 것은 9월 정부가 숨의 환율을 4,120에서 8,100으로 급격히 평가절하한데 기인한다.

자료 : GDP 세계은행. 나머지 자료 우즈베키스탄 통계청.

그러나 2016년부터 경제 성장의 둔화가 현저하게 나타났다. 2014년 서방의 경제제재와 하반기부터 시작된 글로벌 시장에서의 원자재가격 하락으로 러시아 경제의 침체가 본격화되며 달러화 대비 루블화의 실질 가치가 2014년에만 34.4% 절하되었고, 2015년에도 추가로 10.6% 절하되었다. 명목환율 또한 2013년 달러당 31.2루블에서 2014년에는 38.0루블, 2015년에는 60.7루블로 폭등했다. 그에 더해 2015년 8월 11일 중국이 위안화를 4.66% 대폭 평가절하하는 조치를 했다. 이에 따라 러시아와 중국 경제에 대한 의존성이 높았던 CIS 국가의 환율정책 변화(고정환율제 폐기)와 이에 따른 통화가치 절하가 이어졌다. 특히 유가 하락으로 2014년부터 상당한 경제적 어려움을 겪고 있던 카자흐스탄은 2015년 8월 20일 기존의 환율변동 폭 제한을 폐지하고 변동환율제도로 전환하는 조치를 전격 단행하면서 달러당 텡게화 환율이 하루 만에 188.38에서 255.26으로 35.5%나 폭등하였고 연말에는 339.47로 상승했다. 텡게화 가치가 4개월 만에 80% 이상 폭락했다. 무엇보다 루블화 가치가 큰 폭으로 하락하면서 우즈베키스탄의 대러시아 주요 수출품인 자동차를 포함한 많은 수출상품의 가격경쟁력이 약화하면서 대외 수출이 감소하였다. 우즈베키스탄 정부는 경제구조의 개혁을 통한 지속 가능 발전을 위한 중기 국가발전전략을 채택하며 새로운 대외 환경 변화에 대응하는 조치를 취했다. 2017년 2월 투르크메니스탄 정부는 '2017～2021년 국가개발전략'을 발표하며 5대 중점정책으로 ① 공공행정 및 국가 체제 개선, ② 법치주의 강화, ③ 경제성장 지속 및 경제 자유화, ④ 사회안전망 개선, ⑤ 안보 강화를 채택하였다. 경제발전 및 자유화 세부 정책으로 거시경제 안정, 높은 경제성장 지속(외환 자유화의 단계적 도입, 은행시스템 개혁 등 포함), 경제구조 개혁과 현대화, 농업 현대화 및 발전, 경제부문의 정부 비중 축소, 개인 소유권 강화, 중소기업 활성화, 지역균형 발전, 관광부문 발전을 제시하였다. 그리고 2017년 9월 4일 외환관리 방식을 자유화 및 시장중심 방식으로 전환하는 "외환정책 자유화 우선 조치(On Priority Measures for the Liberalization of Currency Policy)"를 단행하면서 동시에 달러당 숨의 최초 환율을 8,100으로 고시(9월 3일 4,210숨)하며 대폭적인 평가절하 조치를 취했다.[261] 이를 통해 교역환경 개선, 수출경쟁력 강화와 활성화, 외국인투자 유입의 촉진을 도모하였다. 외환자유화 조치는 미르지요예프 신정부의 대외정책과 경제운용의 방향이 과거의 폐쇄적이고 내부지향적에서 개방적이고 대외지향으로 나아갈 것을 보여주는 신호로 여겨진다. 실제로 우즈베키스탄 정부는 '외환 자유화 우선 조치'를 필두로 10월 1일 1,400개 품

261) 박지원, "우즈베키스탄 외환자유화 조치의 의미와 배경", 투르크-알타이 경제권 이슈, NOVEMBER, 2017. No.21, pp.21~23.

목의 관세를 변경한 '우즈베키스탄 대외경제 활동의 추가적 간소화를 위한 조치'에 이어 이번 '대외무역 추가 자유화 및 기업 지원에 관한 조치' 결의안 제정 등 일련의 단계적인 대외무역 관련 자유화 조치를 통해 기존의 국가 주도의 폐쇄적인 무역환경과 구조를 점차 개선하고 외국자본의 적극적인 투자를 유치하기 위한 의지를 보인다.

(2) 우즈베키스탄 경제구조

우즈베키스탄은 중앙아시아 국가 중에서 경제 및 산업구조가 가장 다변화되어 있는 국가다. 그런데도 경제가 면화, 금, 천연가스 등 일차 산업에 대한 의존도가 높다. 농림어업은 2017년 부가가치 기준 GDP의 19.7%를 차지하고 있다. 2000년대 초반까지 30% 이상을 기록한 것과 비교해 훨씬 그 비중이 작아졌지만, 여전히 높은 비중을 차지하고 있다. 반면에 서비스 부문은 전체 부가가치 창출의 50%에도 미치지 못할 정도로 낙후되어 있다.

표 59. 우즈베키스탄 경제구조 (%)

	2000	2004	2006	2008	2009	2010	2011	2012	2013	2014	2015	2016	2017
농림어업	34.4	30.8	27.9	21.9	20.6	19.8	19.4	19.2	19.0	18.9	18.3	18.1	19.7
광공업	16.2	20.4	24.2	26.0	26.1	26.7	26.6	26.2	25.9	25.8	25.7	25.6	27.2
-광업	15.0					15.0	12.7	14.7	12.7	11.0	11.1	9.6	12.3
-제조업	73.8					73.8	77.2	75.8	78.3	79.9	79.0	80.3	79.1
건설	6.9	5.6	5.6	6.2	7.5	6.6	6.2	6.2	6.5	6.8	7.3	7.4	6.9
서비스	42.5	43.2	42.3	45.9	45.8	46.9	47.8	48.4	48.6	48.5	48.7	48.9	46.2
총부가가치	100.0	100.0	100.0	100.0	100.0	100.0	100.0	100.0	100.0	100.0	100.0	100.0	100.0

자료 : 우즈베키스탄 통계청(https://stat.uz/ru)

둘째, 광공업이 전체 경제에서 차지하는 비중이 1990년대에는 15%에 불과했으나 2004년 20%를 넘어선 이후 2008년부터는 25~26%대를 유지하면서 농림어업 부문을 대체하고 있다. 광공업 중에서 광업이 차지하는 비중은 2000년대 15%에서 2010년대에는 11~12%로 축소된 데 반해 제조업은 74%에서 80%로 확대되었다. 우즈베키스탄은 제조업이 경제 및 산업에서 차지하는 비중이 중앙아시아 국가 중에서 가장 높다. 그리고 제조업 내에서도 분포도 식품, 섬유 및 의류, 화학, 석유제품, 금속가공, 기계제작 등 다양한 업종으로 분산된 특징을 지닌다. 그러나 공산품이 세계 시장에서 경쟁력은 갖추지 못하고 있다.

셋째, 정부의 강력한 통제와 규제로 금융업이 지나치게 폐쇄적이며 낙후되어 있다. 은행업을 제외한 증권, 보험, 투자신탁 등의 금융 산업은 발달 수준이 미미하며, 상업은행은 모든 업무 분야에서 중앙은행의 직접적이고 강력한 통제를 받고 있다. 또한 대부분의 개발도상국처럼 은행에 대한 정부의 통제 및 규제가 심하고, 은행은 정부의 경제정책 및 투자 프로그램 이행 기관이며 기업 감시자의 역할을 수행하고 있다. 특히 정부의 과도한 외환 통제로 인해 수출입 및 기업의 투자 활동을 지원하는 은행 본연의 기능이 위축되고 있다. 최근 정부 주도하에 금융 산업 개혁이 추진되고 있으나 정부 간섭, 낮은 은행 신뢰도, 국영은행의 금융자원 독점, 정부의 엄격한 외환 통제, 국제기준에 맞지 않은 규범 등의 문제점을 안고 있다.

넷째, 경제활동에서 민간부문이 차지하는 비중이 과도하게 낮다. 우즈베키스탄 통계청의 공식자료에 의하면 2017년 1월 1일 기준 국가 등록 법인 및 조직 중 소유권이 국가인 기업이 13.5%에 불과한 것으로 나타났으나 민간이 소유권을 가진 기업 또한 27.5%에 불과했다. 외국자본 참여 기업이 1.8%였고, 기타가 57.2%를 차지했다. 그리고 국내총생산에서 국가 부분이 차지하는 비중이 18.7%였으나, 민간이 아닌 비국가 부문이 차지하는 비중이 81.3%를 차지했다.[262)]

다섯째, 무역구조에 있어 수출상품이나 교역대상국의 분포가 카자흐스탄이나 투르크메니스탄과 비교해 상대적으로 다변화되어 있다. 하지만 철강 및 비철금속, 면화, 금, 천연가스 등 일차 산업의 수출 비중이 여전히 높아 국제 원자재 가격 변화에 취약하다. 반면 대외교역의 경우 2017년 약 170개 대상국 중 상위 10개국이 차지하는 비중이 60%를 조금 웃돌 정도로 상당히 분산되어 있다. 최대 교역대상국은 중국으로 18.5%(수출입 각각 16.1%, 21.0%)를 차지했고, 러시아

---

262) Государственный Комитет Республики Узбекистан по статистике, Социально-экономическое положение Республики Узбекистан за 2016 год 2017. p.9.

가 17.9%(15.1%, 20.8%), 카자흐스탄이 7.7%(7.7%, 7.7%), 터키가 5.7%(6.3%, 5.2%), 한국이 5.1%(0.9%, 9.5%)를 차지했다.[263)]

표 60. 우즈베키스탄 수출입(상품+서비스) 지표

	2000	2006	2008	2009	2010	2011	2012	2013	2014	2015	2016	2017
수출	3,265	6,390	11,493	11,771	13,023	15,021	13,600	14,323	13,546	12,508	12,095	13,928
수입	2,947	4,782	9,704	9,438	9,176	11,345	12,817	13,947	13,984	12,417	12,138	13,055
수지	317	1,608	1,789	2,333	3,848	3,677	783	376	-439	91	-43	872
수출비중	100.0	100.0	100.0	100.0	100.0	100.0	100.0	100.0	100.0	100.0	100.0	100.0
면화	27.5	17.2	9.3	8.6	12.1	9.0	9.3	8.1	7.7	5.9	5.3	3.4
식료품	5.4	7.9	4.5	6.0	9.7	13.3	6.4	10.3	12.4	10.5	5.7	6.3
화학제품	2.9	5.6	5.6	5.0	5.1	5.6	5.6	4.2	4.7	4.9	6.9	6.3
전력, 석유제품	10.3	13.1	24.7	34.2	22.8	18.5	34.6	24.0	23.0	21.4	14.2	13.8
철강, 비철금속	6.6	12.9	7.0	5.0	6.9	7.4	7.8	6.7	7.2	6.6	5.9	6.6
기계설비	3.4	10.1	7.6	2.9	5.5	6.6	6.5	5.7	4.0	1.3	1.8	2.5
서비스	13.7	12.1	10.4	8.8	10.2	11.8	17.3	20.6	22.4	24.5	25.8	25.4
기타	30.2	21.1	30.9	29.5	27.7	27.8	12.5	20.4	18.6	24.9	34.4	35.7
ITC 추정*	-	5,536	8,680	5,821	6,714	6,948	6,598	8,633	7,212	6,408	7,609	8,519

ITC 추정* : 국제무역센터(ITC)의 우즈베키스탄 상품 수출 추정치
자료 : 우즈베키스탄 통계청(https://stat.uz/ru)

2010년부터 우즈베키스탄 정부가 시장개방의 일환으로 수출장려 정책을 추진하였지만 2011년 이후 수출은 지속해서 감소하였다. 우즈베키스탄 통계청 발표 자료를 바탕으로 서비스를 제외한 상품 수출은 2015년 100억 달러 이하로 줄어들었고, 2016년에는 90억 달러 이하로 떨어진 후 2017년 다시 100억 달러를 회복한 것으로 추정된다. 그러나 국제무역센터(ITC)는 우즈베키스탄의 2017년 상품 수출을 85.2억 달러로 추정하였다.(표 60 참조) 2017년 기준 수출(상품 및 서비스)은 면화를 포함한 농산물이 9.7%, 화학 및 석유제품이 20.1%, 철강 및 비철금속이 6.6%, 기계설비가 2.5%를 차지하고 있다. 에너지 원료, 원면, 식품류, 철, 비철금속 등이 주요 수출 품목이다. 우즈베키스탄은 경제 및 수출에서 가장 중요한

263) Ibid. p.140.

항목의 하나가 면화다. 면화는 소비에트 시절 연방 생산기지 역할을 담당하였고 독립 이후에는 우즈베키스탄 국가 경제의 중요한 버팀목이었다. 2017/2018년 우즈베키스탄은 83만 8천 톤의 면화를 생산하여 터키에 이어 세계 8위를 차지했고, 28만 3천 톤을 수출하여 세계 5위를 차지했다.[264] 2010년 112.5만 톤을 생산한 이후 지속해서 감소하고 있지만, 면화는 가장 중요한 수출 품목의 하나로 전국에서 재배되고 있다. 면화 수출은 2010년 총수출의 12.1%에 해당하는 15.8억 달러를 기록한 후 비중 및 금액에서 감소 추세가 계속되고 있다. 2017년 면화 수출은 4.8억 달러로 급감하며 우즈베키스탄 총수출에서 차지하는 비중도 3.4%로 축소되었다. 반면 섬유 및 의류 수출은 2010년 6.6억 달러에서 2016년 11억 달러, 2017년에는 13억 달러를 기록하며 6년간 약 100%의 가파른 성장세를 보인다.[265]

우즈베키스탄 정부는 산업 다각화를 통해 일차 산업이 차지하는 비중을 줄여 경제구조의 취약성을 개선하는 노력을 꾀하고 있다. 제조업 육성, 면화 및 에너지 등의 자원을 가공하는 이차 산업 분야의 생산설비를 현대화시키는 프로젝트를 추진하고 있다. 우즈베키스탄은 지속적인 경제 성장을 위해 꾸준히 수입대체 정책을 추진하고 있는데, 중점분야에 대한 집중적인 지원과 해당 분야 완제품 수입에 대한 높은 관세 부과를 주요 조치로 삼고 있다. 그리고 '2015~2019 국산화 프로그램'을 발표하고, 이에 따라 수입품 대체 및 자국 생산을 장려하고, 각종 혜택을 부과하는 동시에 수입 억제 정책을 폈다. 그러나 25년간 장기집권하다 2016년 9월 급서한 카리모프 대통령 이후 신정부는 경제 개혁 및 자유화를 점진적으로 추진하고 있다. 외국인투자유치를 통한 국내산업 육성을 정부 정책의 중요한 목표로 삼고 있다. 이에 따라, 외국인투자를 적극적으로 권장하고 있으며, 국영기업의 민영화 등을 통해 외국 투자자본 유입과 국내산업의 현대화를 추진하고

264) Statista, "Cotton production by country worldwide in 2017/2018" "Leading cotton exporting countries in 2017/2018". 우즈베키스탄 정부 통계에 따르면 2017년 면화 생산량은 95만 2천 톤이다.

265) USDA Foreign Agricultural Service, "Uzbekistan Cotton and Products Annual Report 2018", 4/1/2018. p.3.

있다. 그러나 외환 규제, 금융 및 은행 인프라와 통관 시스템이 낙후되어 외국인 투자 환경은 여전히 열악한 편이다.

3) 투르크메니스탄

(1) 투르크메니스탄 경제발전 전략과 경제성장

투르크메니스탄은 1991년 소비에트 붕괴 후 독립국가연합(CIS) 국가 중 유일하게 국제통화기금(IMF)과 세계은행(World Bank)의 체제전환 프로그램을 거부하고 과거 소비에트 계획경제체제를 바탕으로 개혁과 개방을 거부한 채 폐쇄형 수입대체전략이라는 독자노선을 견지하였다. 국가 주도의 '권위주의 개발독재 정책'하에 국가가 국민경제 전반에 관한 계획과 관리를 수행하고 있으며, 정부 강제구매제도, 고정환율제도, 석유-천연가스 산업의 국가 소유, 전기, 가스, 수도 등의 사회 기본 서비스와 생필품 등에 대한 저가 또는 무상공급 등 사회주의 방식의 경제성장 전략을 고수하였다. 그리고 천연가스 수출을 통해 벌어들인 외화 수입으로 건설, 농업, 석유 및 가스 정제 등 핵심 산업을 발전시키고, 수입대체 부문을 확대하여 경제의 자급자족을 추구하였다. 그러나 2006년 투르크메니스탄을 21년째 철권통치한 사파르무라트 니야조프가 급서한 후 2007년 취임한 베르디무하메도프가 글로벌 경제위기 직후 시장경제 도입을 명시적으로 선언한 신헌법을 채택하며 경제자립, 보호주의, 수입대체 등 세계 경제로부터의 고립을 목표로 한 이전 경제정책에서 탈피하는 모습을 보였다. 민간 부문의 육성, 에너지 부문에 대한 투자, 산업 다변화, 대외무역의 발전과 외국자본 유치를 통한 경제 발전 전략을 추진하였다. 대표적인 조치로는 2008년부터 농업, 운송, 통신, IT 등의 부문에서 중소 규모의 사유화를 추진하고, '2013~16년 투르크메니스탄의 기업 및 자산 사유화 프로그램'을 통해 2013년부터 대기업 사유화를 진행하기 시작했다. 2007년과 2010년 발표한 '2007~30 전략'과 '2011~30 발전전략'에서는 신규 천연가스 파이프라인 건설과 에너지 부문의 효율성 향상을 위한 대규모 에너지 프로젝트 시행, 섬유산업 육성, 관광특구 조성, 수도인 아시가바트 건설 투자를 통한 산업 다변화를 추진하였다. 2017년 10월 채택한 "2018~2024년 국가발전계획(National Development plan for 2018~2024)"에서는 투르크메니스탄의 전역에서 일자리 창출, 지방자치(州) 수준에서의 자급자족 촉진, 수입감소 및 수출증대를 위한 신속한 조치, 중소기업 육성, 식량 안보를 위한 사적 농민(private farmer)의 출현을 위한 조건 창출 등을 달성 목표로 설정했다. 그리고 광업, 화학, 야금 산업 및 물류 분야의 주요 산업 프로젝트를 제시했고 자유경제지대(SEZ) 법, 노동법, 토지법 및 세법에 대한 개정안 등의 입법 개혁안을 통과시켰다.

투르크메니스탄 또한 여타 중앙아시아 국가와 마찬가지로 독립 이후 신생독립국가 형성 과정에서의 혼란으로 인한 1990년대(1992~1997) 경기침체, 2000년대(1998~2008) 고속성장, 2010년대(2009~2017) 성장둔화의 과정을 밟고 있다. IMF 통계에 의하면 1990년대 경기침체기 동안 투르크메니스탄은 독립 이후 6년 연속 역(-)성장을 기록하였는데 1991년 -4.7%를 포함할 경우 7년 연속 역성장으로 중앙아시아 국가 중에서 최장기간이다. 그 결과 실제 경제 규모는 1991년 대비 54.1로 45.9%나 축소되었다. 구매력평가 기준 국내총생산(GDP)도 1992년 118.3억 달러에서 2017년 74.7억 달러로 줄어들었다. 소비에트 시대 투르크메니스탄은 농업은 면화 생산에 광업은 천연가스 부문에 특화되어 있었기 때문에 소비에트 붕괴 후 심각한 식량(빵) 부족 사태를 겪었다. 그리고 1994년 러시아로의 가스 수출 금지와 1997년 아르메니아, 그루지야, 우크라이나 천연가스 판매 중단 조치 등으로 가스 생산과 수출이 감소하고 이로 인한 세수 격감으로 재정수지가 적자(GDP 대비 0.2%)로 돌아서고 및 경상수지에서 대규모 적자(GDP 대비 21.6%)가 발생하며 총체적 위기에 봉착하기도 했다.

2000년대 투르크메니스탄 경제는 세계 경제성장률 역사에 기록될 정도로 역동적이었다. 투르크메니스탄은 1998년 6.7% 성장을 기록하며 경기침체에서 벗어난 후 2008년까지 10년 연속 두 자릿수의 고도, 고속성장을 지속했다. 1998~2008년까지 투르크메니스탄의 총 실질 GDP 증가율은 341%에 달했고, 이는 연평균 14.5%가 넘는 고도성장이다. 구매력평가 GDP는 2008년 419.3억 달러를 기록하며 1997년 대비 5.6배 늘었다. 1998년 이후 투르크메니스탄 경제가 장기 침체에서 벗어나며 역동적 성장을 이룩할 수 있었던 것은 이란으로의 신규 가스 수출, 러시아와 우크라이나 등 CIS 국가로의 가스 수출 재개, 국제에너지 가격 상승 등이 어우러진 결과다. 천연가스 생산량이 1997년 11.7bcm에서 2008년 66.1bcm으로 6배나 늘었고, 천연가스 가격[266]은 100만 Btu당 2.09달러에서 2008년 8.86달러로 4배 이상 급등했다.

표 61. 투르크메니스탄 주요 경제지표

	2007	2008	2009	2010	2011	2012	2013	2014	2015	2016	2017
투르크메니스탄 국가통계위원회											
GDP증가율(%)	11.0	14.7	6.1	9.2	14.7	11.1	10.2	10.3	6.5	6.2	6.5
대외무역(백만$)	13,374	17,652	18,315	17,883	28,112	34,125	34,944	36,420	26,215	20,697	17,977
-수출	8,932	11,945	9,323	9,679	16,751	19,987	18,854	19,782	12,164	7,520	7,788
-수입	4,442	5,707	8,992	8,204	11,361	14,138	16,090	16,638	14,051	13,177	10,189
소비자물가	8.72	8.85	0.11	4.77	5.60	7.81	4.02	4.42	5.97	6.17	10.42
국제통화기금(IMF)											
총투자(GDP.%)	18.6	31.7	46.6	52.9	51.9	47.2	40.6	44.4	47.2	39.0	-
재정수입(GDP%)	17.3	20.9	20.4	15.8	18.3	22.2	18.4	17.9	16.6	11.7	14.9
재정지출(GDP%)	13.4	10.9	13.4	13.8	14.6	14.7	16.9	17.0	17.3	14.1	17.7
재정수지(GDP%)	3.9	10.0	7.0	2.0	3.6	7.5	1.5	0.9	-0.7	-2.3	-2.8
상품수출(백만$)	9,114	11,786	8,946	9,660	16,719	19,884	18,955	19,340	11,894	10,059	-
- 탄화수소	8,093	11,007	8,419	8,617	15,817	18,743	17,825	18,298	10,705	8,727	-
상품수입(백만$)	3,780	5,363	8,071	7,428	10,447	13,357	14,923	15,197	10,409	8,673	-
경상수지(백만$)	4,037	3,560	-3,355	-2,917	-243	-308	-2,866	-2,641	-5,577	-7,207	-4,369
(GDP 대비.%)	15.5	16.5	-16.6	-12.9	-0.8	-0.9	-7.3	-6.1	-15.6	-19.9	-11.5

자료 : 투르크메니스탄 국가통계위원회, Макроэкономические показатели за 2007-2017 годы http://www.stat.gov.tm/netcat_files/userfiles/makro_2007-2017_r.pdf
자료 : IMF http://www.imf.org/external/np/sec/pr/2016/pr16193.htm

2008년 하반기 미국발 서브프라임모기지 사태로 촉발된 세계 경기 침체로 인한 에너지 수요 감소, 에너지 부문에 대한 투자 지연, 주요 경제협력 파트너인 러시아의 경기 침체 등 대외여건의 악화로 인해 2009년 경제성장률이 한 자릿수(6.1%)로 급격히 둔화하기도 하였다. 2010년대 중국 가스 수출 개시와 이란 가스 수출 증가 및 에너지 분야에 대한 외국인투자 증대 등에 힘입어 2010년 9.2%로

266) US Henry Hub Natural Gas Spot Price, $/100만 Btu 기준.
https://www.eia.gov/dnav/ng/hist/rngwhhdA.htm 참조.

회복된 후 2011~2014년에는 다시 두 자릿수의 높은 경제성장률을 달성했다. 강력한 정부의 에너지 부문 투자와 칼키니쉬 가스전(Galkynysh Gasfield)에서의 본격적 가스 생산에 힘입은 비탄화수소 부문의 고도성장 덕분이었다.

그러나 2015년 들어서면서 투르크메니스탄 경제는 글로벌 금융위기 때 보다 더 큰 경기둔화를 경험하고 있다. 2015년 이후 3년 연속 6%대의 중속 성장에 머무르며 정체되는 경향을 보인다. 무엇보다 국제 유가의 급격한 하락과 러시아와 이란의 가스 수입 축소, 중국으로의 가스 공급 증가세 둔화 등 대외경제 환경이 급격히 악화하면서 성장에 브레이크가 걸렸다. 국제유가 하락에 따른 수출의 급감으로 경제성장의 둔화와 더불어 재정수지와 경상수지가 큰 폭의 적자로 돌아서는 등 고성장의 시대가 종언을 고한 것으로 평가된다.

(2) 투르크메니스탄 경제의 특징

2000년대 이후 지금까지 세계에서 가장 빠른 경제성장률을 유지해 오고 있다. 투르크메니스탄은 2000년부터 글로벌 금융위기 직전인 2007년까지 8년간 연평균 15.2%에 달하는 고도 경제성장을 이룩함으로써 인구 100만 이상인 전 세계 151개 국가 중에서 아제르바이잔(15.5%)에 이어 2위를 차지했다. 그리고 글로벌 금융위기 이후에도 연평균 9%의 고도성장을 지속하고 있다. 2000년부터 2017년까지 18년간 투르크메니스탄의 연평균 경제성장률은 12.0%로 중앙아시아 5개국 중 가장 고속의 성장이며 동 기간 세계 평균(3.84%)보다 3배 이상 높고, 신흥경제 평균(5.73%)보다도 2배 이상 높다. 투르크메니스탄 경제의 고속 성장을 이끈 동력은 세계 4위에 해당하는 풍부한 천연가스 자원의 해외 공급을 통한 오일머니 유입, 건설, 운송, 통신, 소매를 중심으로 한 비에너지부문의 투자 및 매출 확대, 에너지 자원 개발부문으로 외국인투자 자본 유입의 증가였다.

투르크메니스탄 경제의 가장 큰 특징은 중앙아시아 5개 국가 중에서 가장 폐쇄되고 통제된 정치 및 경제체제를 고수하고 있으며, 에너지 자원, 특히 천연가스에 대한 경제의존도가 과도하다는 점이다. 이를 구체적으로 살펴보면 다음과 같다.

첫째, 국가 주도의 폐쇄적 통제경제 체제를 유지하고 있다. 투르크메니스탄은 독립국가연합(CIS) 국가 중 유일하게 IMF의 체제전환 프로그램을 수용하지 않고 과거 소비에트의 계획경제를 계승하는 독자노선 고집하고 있다. 천연가스 수출을 통해 벌어들인 외화를 바탕으로 건설, 정유, 농업 등 핵심 산업을 발전시키고, 수입대체 부문을 확대하는 자급자족 경제 건설 추진을 도모하고 있다. 과거 니야조프 정부(1990.10~2006.12)는 물가통제를 최우선 순위로 두고 임금 동결, 고정환율제도 유지, 가격 상한제 시행 등을 통해 물가 상승을 억제해 왔다. 또한, 석유 및 천연가스 수출을 통해 벌어들인 외화로 정권 유지를 위해 각종 보조금 혜택 및 전력・가스・수도 무상 공급 등 반시장적인 정책을 추진하여 왔으며 국영기업의 민영화는 시도조차 하지 않았다. 반면 베르디무하메도프 정부(2007.2~현재)는 제한적인 시장경제 지향적 개혁조치를 점진적으로 시행하고 있다. 2008년 9월 채택된 신헌법에 시장경제 도입을 명시적으로 선언하였고, 2008년 5월 이중환율제도 폐지하고, 2009년 1월 화폐개혁(denomination)을 단행했다. 재정악화 타개를 위한 조치로 2008년 1월과 5월 각각 유류가격 현실화 및 대중교통요금 인상 등을 실시하였다. 외국인투자 유치 등 대외적인 면에서 부분적으로 개방을 확대하고는 있으나, 지난 정권의 정책 기조를 대부분 계승하고 있어 경제 전반에 대한 국가 통제를 지속하고 있다. 2012년 11월 '투르크메니스탄의 기업 및 자산 사유화 프로그램'을 채택하고 국유기업의 사유화 계획을 발표했다. 2013년 소기업, 2014~2015년 중형기업, 2016년 대기업의 사유화 추진 일정을 발표하며 쇼핑센터 및 식품 가공공장 등에서 국유재산 사유화를 진행하고 있으나, 경제 분야에 대한 정부 통제를 놓지 않고 있다. 2011년 유럽부흥개발은행(EBRD)의 평가에 따르면 2010년 투르크메니스탄 GDP 구조에서 민간 부문이 차지하는 비중은 25%에 불과하며 소매유통, 서비스, 식료품 제조업 등이 주축을 이루고 있다. 투르크메니스탄 국가통계위원회는 민간부문이 2014년 GDP 구성에 63% 기여했다고 발표했으나 GDP에서 가장 항목인 탄화수소 부문을 배제하는 오류를 범한 데 기인한다.[267] 2014년 7월 '국유재산의 비국유화 및 민영화법'을 발효하

267) U.S. Department of State, Turkmenistan Investment Climate Statement 2015, p.4.

여 2020년까지 경제에서 민간부문이 차지하는 비중을 70%로 높이겠다는 목표를 세우고 있으나 경제의 핵심을 이루는 에너지자원 분야가 제외되어 있고, 은행을 중심으로 한 금융산업이 국가 통제에 놓여있고, 민간 자본이 축적되어 있지 않은 상황에서 민영화 정책의 효과는 미미할 것으로 보인다. 현재 GDP의 3/4이 정부 부문에서 생산되며, 에너지, 금융 등 경제의 기본 산업이 정부 통제하에 있다. 각종 보조금 지급, 가격 통제, 전력 무상공급, 고정환율제도 등으로 경제 활동을 통제하고 있으며, 내국인의 토지 소유 및 외국인 주택 소유를 법적으로는 인정하고 있으나 실질적으로 불허하는 등 사적 소유권을 제한하고 있다.

둘째, 에너지 자원 부문에 대한 경제의존도가 높다. 투르크메니스탄은 석유 및 천연가스가 GDP의 40%, 총수출 수입(收入)의 85%, 공업생산의 75%를 차지하는 등 에너지 부문에 대한 의존도가 지나치게 높다.[268] 그리고 탄화수소는 투르크메니스탄 재정수입의 80%를 차지한다.[269] 천연가스는 투르크메니스탄 제1의 수출 품목으로 2012년 이후 전체 수출의 약 80%를 담당하고 있다. 에너지 수출로 유입된 외화 수입을 통해 투르크메니스탄 정부는 건설 및 인프라 구축사업을 추진하고 있으며 교육 및 보건 분야 확충에도 사용하고 있다. 1990년대에 전체 수출의 10%에 달했던 면화생산이 점차 둔화하여 최근에는 면화의 수출 비중이 4% 이하로 낮아졌다. 베르디무하메도프 정부는 경제성장의 주요 동력인 가스, 석유 부문에 대한 투자를 확대하는 한편, "농촌개발프로그램" 도입을 통해 쇠퇴해가는 면화생산 등 농업부문 활성화에 노력을 기울이고 있다.

투르크메니스탄의 거시경제 관련 통계를 이해하는 데 있어 반드시 유의해야 할 사항이 있다. 투르크메니스탄 거시경제 관련 통계치가 발표기관에 따라 대단히 큰 차이를 보인다. 국제경제기구들이 투르크메니스탄 정부 통계를 신뢰하지 않고 자체 추정치를 발표하고 있는데 이는 투르크메니스탄이 경제통계를 국가 비밀로 취급하며 국제경제기구(IMF, 세계은행 등)에 경제정보를 제대로 제공하

---

268) 조영관, "투르크메니스탄 인프라 개발과 우리 기업의 진출 확대방안", 한국수출입은행, 해외경제연구소, Issue Report. Vol. 2015-지역 이슈-14 (2015.12.)

269) Coface, Turkmenistan. Economic Studies/Country Risks Assessments http://www.coface.com.hk/Economic-Studies/Turkmenistan

지 않고 있기 때문이다. IMF나 세계은행, ADB 등의 국제경제기구나 경제연구소 등이 투르크메니스탄 정부 발표 경제통계는 그 수치가 상당히 부풀려져 있다고 생각하고 있는데 이는 다음의 3가지 이유에 기인하고 있다.[270] 첫째, 투르크메니스탄 정부가 발표하는 경제성장률은 실질 국내총생산(real GDP) 증가율이 아니라 총산출(AGO. Aggregate Gross Output)을 기준으로 하고 있는데 문제는 AGO의 경우 물량 중심의 생산으로 일반적으로 그 성장률이 훨씬 높게 나오는 경향이 강하다. 실례로 2003년 투르크메니스탄 AGO 증가율이 23.1%였는데 이는 공식적 GDP 증가율 17.1%와 비교해 6%나 높게 나타났다. 둘째, 산출(output)통계는 기업들의 보고에 의존하고 있는데 사회주의 경제체제에서는 생산목표 달성 여부를 정부에 보고해야 하므로 대다수의 투르크메니스탄 공기업들이 생산실적을 부풀려 보고하고 있다. 반면 민간 기업들은 세금을 회피하기 위해 생산실적을 줄여서 보고하고 있다. 투르크메니스탄은 국민경제에서 국영 부문이 75%를 차지하고 있으며, 민간 부문은 25%(투르크정부는 40%에 달한다고 주장)에 불과하다. 셋째, 많은 기업체가 국제가격으로 볼 때 부가가치가 적은 왜곡된 국내가격으로 생산 실적을 산정하고 있다. 그리고 투르크메니스탄 마나트화가 상당히 과대평가되어 있어 달러 표시 거시경제지표들이 높게 나타난다. 투르크메니스탄 정부가 인정하는 마나트화의 공식 환율은 1달러에 3.5마나트인 데 반해 2017년 9월 암시장 환율은 6.6마나트에 달한다.[271]

4) 키르기스스탄

(1) 키르기스스탄 경제발전 전략과 경제성장

키르기스는 1991년 8월 소비에트로부터 독립 이후 추진된 사회주의 계획경제에서 자본주의 시장경제로의 체제전환에서 중앙아시아 5개국 가운데 가장 먼저 시장 지향적 개혁을 채택한 국가다. 주변 국가보다 더 빠르고 더 진척된 사유화

270) ADB. Asian Development Outlook 2006. p.109.

271) EBRD, “Country Assessments : Turkmenistan, Transition Report 2017-18 Sustaining Growth”, http://2017.tr-ebrd.com/countries/#

와 가격 및 외환 자유화를 추진했다. 그리고 1998년 12월 키르기스는 독립국가연합(CIS) 12개 회원국은 물론 중국보다 앞서 세계무역기구(WTO)에 가입하여 무역자유화를 추진하면서 개방형 무역, 투자제도를 마련하는 등 중앙아시아 국가 중에서 가장 개방된 시장경제를 도입하였다.

독립 직후 키르기스스탄 경제는 다른 중앙아시아 국가와 비교해 체제전환 과정에서 상대적으로 작은 충격을 받았다. 국영기업의 민영화 정책 및 토지개혁으로 1996년부터 플러스 성장으로 돌아서는 등 경기가 호전되는 기미를 보였으나 1998년 러시아 모라토리엄 선언과 금 생산의 저조로 경제 성장이 다시 둔화하기 시작해 2002년에는 마이너스(-) 성장을 기록했다. 2003년부터 전력발전 시설이 정비되고 농업 및 IT 산업, 도로건설 등이 해외 원조를 통해 육성되면서 2년 연속 7%의 경제성장률을 달성했으나 2005년대 총선 부정 선거에 대한 대중의 반정부 운동(튤립 혁명)과 국제 상품가격 상승, 금 생산 저조로 경제는 다시 역(-)성장을 기록했다. 정국안정과 수출 증가 및 해외 이주 노동자의 국내 송금 확대로 2007년과 2008년에는 각각 8.5%, 7.6%의 고성장을 기록하기도 했다. 글로벌 금융위기 여파로 2009년 경제성장률이 2.9%로 급격히 둔화하였고, 2010년에는 제2차 튤립 혁명과 오시에서의 민족 간 분쟁 등으로 경제는 다시 역성장을 기록하고 2011년 반등, 2012년 마이너스 성장, 2013년 금 생산의 확대와 해외 이주 송금의 급증으로 10%의 성장을 기록하는 등 글로벌 금융위기 이후 5년 동안 롤러코스터를 탔다. 2015년 주요 교역국인 러시아, 카자흐스탄 등의 경제침체 영향으로 유라시아경제연합(EAEU) 내의 교역량은 감소하면서 성장률이 3.9%로 떨어졌으나 그 후 반등하며 2년 연속 평균 4%대의 성장세를 나타내고 있다. 러시아 경기 회복에 따른 EAEU 회원국과의 교역량 증가, 해외 이주 노동자의 국내 송금 증가, 외국인직접투자 확대 등의 긍정적 요인이 작동하고 있다.

표 62. 키르기스스탄 주요 거시경제 지표 추이 (2005~2017)

		2005	2006	2007	2008	2009	2010	2011	2012	2013	2014	2015	2016	2017
경제성장(%)		-0.2	3.1	8.5	7.6	2.9	-0.5	6.0	-0.1	10.9	4.0	3.9	4.3	4.6
물가상승률		4.9	5.1	20.1	20.0	0.0	19.2	5.7	7.5	4.0	10.5	3.4	-0.5	3.7
무역(백만$)		1,774	2,822	4,110	5,928	4,713	4,979	6,503	7,504	7,994	7,618	5,637	5,574	6,281
-수출		672	891	1,321	1,856	1,673	1,756	2,242	1,928	2,007	1,884	1,483	1,573	1,791
(금. %)		34.2	23.1	17.0	25.0	31.6	38.1	44.9	29.2	36.7	38.1	44.9	44.6	-
-수입		1,102	1,931	2,789	4,072	3,040	3,223	4,261	5,576	5,987	5,735	4,154	4,000	4,490
경상수지	백만$	93	-70	-193	-736	41	-105	-180	248	-972	-1,195	-1,069	-792	-558
	%*	3.8	-2.5	-5.1	-14.3	0.9	-2.2	-2.9	3.7	-13.3	-16.0	-16.0	-12.1	-7.8
재정	수입%*	25.3	27.0	30.9	29.8	32.9	31.2	32.7	34.7	34.4	35.4	35.6	34.7	37.8
	지출%*	29.6	30.1	31.8	29.3	34.4	37.1	37.4	40.6	38.1	34.9	36.8	39.3	41.1
	수지%*	-4.3	-3.1	-1.0	0.5	-1.5	-5.9	-4.7	-5.9	-3.7	0.5	-1.2	-4.6	-3.3

* %* : GDP 대비 비중

자료 : 키르기스스탄 국가통계위원회(http://www.stat.kg/en/), 국제통화기금(IMF)

(2) 키르기스스탄 경제구조의 특징

키르기스 경제는 농업이 경제의 12%를 차지할 정도로 여전히 농업 중심의 경제구조를 지니고 있다. 그러나 2000년 34%에 비해 급속도로 줄어들면서 서서히 농업구조에서 탈피하고 있음을 보여준다. 반면 서비스업이 차지하는 비중이 2000년 37%에서 2014년 이후로는 60%대를 유지하면서 경제구조가 서비스업 중심으로 재편되고 있음을 보여준다. 제조업 부문이 차지하는 비중은 15% 수준에서 머물고 있다. 건설이 차지하는 비중이 또한 도로망 구축 등과 관련된 투자로 인해 8%대로 상당히 높다. 광업은 경제에서 차지하는 비중은 작지만, 외화수입의 핵심이다.

키르기스스탄은 상품 교역에 있어 수입이 수출을 훨씬 초과하는 만성적인 무역수지 적자국이다. 수출이 금을 중심으로 한 광물자원에 한정된 데 반해, 전력 생산을 위한 에너지 자원을 거의 전적으로 수입에 의존하고 있고, 음식료 및 의류 중심의 경공업 제품 수입이 확대되고 있다. 키르기스스탄 수출 주요 품목은 광물자원으로 금이 전체 수출의 44%(2015~2016년)를 차지할 정도로 금에 대한 수출의존도가 과도하게 높다. 주요 수입 품목 또한 광물자원으로 대부분 전력 생산과 관련된 에너지 상품(가스, 연료 등)이며, 그 외 의류 및 섬유제품 등 소비재가 큰 비중을 차지한다.

표 63. 키르기스스탄 경제구조 (2000~2017)

(단위 : %)	2000	2002	2004	2006	2008	2010	2012	2013	2014	2015	2016	2017
농림어업	34.2	34.4	29.9	28.7	23.5	17.4	16.7	14.6	14.7	14.1	12.8	12.3
광공업	18.6	13.5	16.0	11.4	13.8	17.6	12.9	16.5	14.3	14.8	16.1	16.1
광업	0.5	0.5	0.6	0.4	0.5	0.6	0.9	0.7	0.7	0.8	0.6	1.0
제조업	18.1	13.0	15.3	11.0	13.2	17.0	12.1	15.8	13.7	14.1	15.4	15.1
전기가스수도	6.4	4.4	3.3	3.5	1.4	3.1	2.8	2.0	2.1	1.9	2.1	2.1
건설업	4.2	3.4	2.5	2.7	5.3	5.5	6.5	6.3	7.4	8.4	8.4	8.2
서비스업	36.6	44.3	48.3	53.7	56	56.4	61.1	60.6	61.5	60.8	60.6	61.3
도소매	12.1	14.3	16.0	18.4	16.3	16.0	15.9	16.5	17.8	18.8	17.9	17.9

자료 : 키르기스스탄 국가통계위원회 국민계정 자료를 바탕으로 작성

해외 이주노동자의 국내 송금은 키르기스 경제에 대단히 중요한 역할을 담당한다. 매년 키르기스 노동자들이 해외에서 국내로 송금하는 금액이 상품수출로 얻는 외화수입 보다 월등히 많다. 특히 2017년 외화송금은 24.9억 달러로 상품수출 17.9억 달러보다 약 40%나 많았다. 그리고 국내총생산(GDP)과 비교해 국내 송금 규모는 2005년 이후 10%, 2008년 이후에는 20%를 넘어섰다. 2012~2014년 송금액이 20억 달러를 넘어서며 GDP 대비 30%를 넘어섰다. 2015년 송금 규모가 GDP 대비 25.3%로 줄어들었으나 2017년에는 약 25억 달러가 유입되며 GDP 대비 33%로 가장 높은 수준을 기록했다. 글로벌 금융 및 경제위기에 따른 2009년 국제유가 폭락과 서방의 경제제재로 러시아 경기가 침체한 2015년과 2016년 키르기스스탄의 가장 중요한 해외인력 송출 채널이었던 러시아에서의 송금 감축이 발생했고 이는 키르

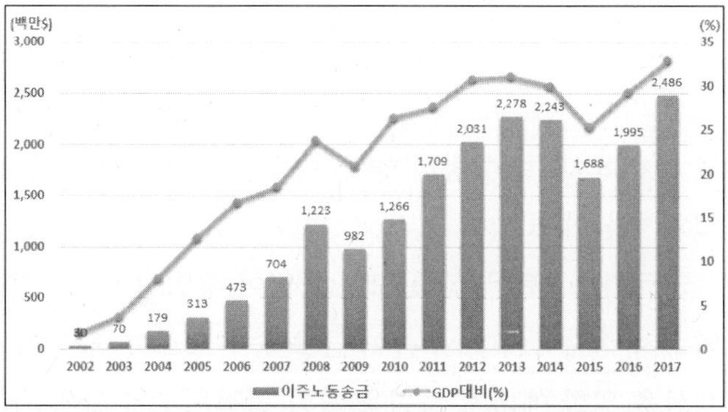

그림 45. 키르기스스탄의 해외 이주 노동자 송금

기스 내수시장에 부정적 영향을 미쳤다. 2008년 미국발로 시작된 글로벌 경제위기 이후 2009년과 2010년, 그리고 러시아 경기침체 기간인 2015년과 2016년 키르기스스탄은 급격한 수입 감소를 기록하였는데 이는 키르기스스탄 국민들의 소비심리 위축 때문이었다. 해외 이주 노동자들의 본국 송금액이 급격히 감소하면서 키르기스스탄 소비 심리가 크게 위축되었다. 키르기스가 2015년 8월 역내 경제통합기구인 유라시아경제연합(EAEU)에 가입한 이유 중 하나도 이주노동을 확보하려는 조처다.[272] 키르기스스탄의 국내 고용시장의 불안정으로 많은 키르기스스탄 국민이 일자리를 찾아 해외로 나가고 있다. 2015년 말 기준 키르기스의 해외 이주자는 760,800명으로 전체 인구의 11.4%에 해당한다. 약 80%인 591,300명이 러시아에 거주하고 있고, 나머지는 독일 83,700명, 우크라이나 26,700명, 타지키스탄 11,700명, 우즈베키스탄 4,900명, 카자흐스탄 6,700명 등으로 분포되어 있다.[273] 노동 활동인구의 과도한 해외 이주는 국내 경제 및 사회 발전에 심각한 부작용을 일으키고 있어 키르기스스탄 정부는 최근 국경 단속을 강화하고 있다.

(3) 키르기스스탄 경제 불안정 원인

언급한 바와 같이 키르기스스탄은 중앙아시아 국가 중에서 가장 개방된 경제, 민주화된 정치 시스템을 도입한 국가다. 그런데도 키르기스 경제는 아직 성장과 발전을 위한 시스템이 제대로 작동하지 않고 있다. 정치권의 리더십 부재와 민족 간 갈등, 만연한 부패, 600만 명에 불과한 소규모 인구, 타 중앙아시아 국가와의 상대적 천연자원 빈곤이 키르기스스탄의 경제 성장과 발전을 더디게 만들었다.

1, 2차 튤립 혁명에서 보여주듯 키르기스스탄은 중앙아시아 국가 중에서 정치 불안이 가장 심한 국가다. 정치 불안은 키르기스스탄 경제의 불확실성을 높여 성장과 발전의 가장 큰 장애 요인이 되었다. 독립 후 아카예프(Askar Akaev) 정부

272) Kyrgyzstan's Migrants Wary on Russian Economy, but Excited by Closer Ties. January 7, 2015. http://www.eurasianet.org/node/71546

273) http://www.iom.int/countries/tajikistan

는 중앙아시아 국가로서는 예외적일 만큼 국내적으로 시민 민주주의를 지향하였고, 대외적으로는 개방적인 무역정책 및 세계 경제 통합정책을 추진하였다. 키르기스스탄은 1990년대 말까지 서방으로부터 탈 소비에트 지역의 '민주주의의 섬(an island of democracy)이라 불릴 정도로 중앙아시아의 인근 국가와 비교하여 시민적 · 정치적 자유의 정도가 상대적으로 높은 나라로 평가받았다[274]. 그러나 아카예프의 장기집권에 따른 권위주의의 강화와 인권 탄압, 부패, 2005년 총선 부정 선거로 1차 시민혁명(튤립 혁명)이 발생하며 15년간 장기 집권했던 아카예프가 실각하고, 이후 선거를 거쳐 쿠르만베크 바키예프가 대통령으로 당선됐다. 그러나 바키예프 정부 역시 독재와 부패, 언론 탄압을 지속하였고, 살인적인 인플레이션, 전력요금 인상, 실업률 증가 등 경제정책에서 실패하면서 2010년 4월 제2의 튤립 혁명(민주 시민혁명)으로 물러났다.

민족 갈등 또한 체제전환국가 중에서 가장 심각한데 이것이 키르기스의 경제개혁 노력을 좌절시키는 요인으로 작용했다. 역대 정부는 광범위한 지지를 얻을 수 있는 경제개혁과 현대화 의제가 부족했는데 이는 정치적 불안정과 민족 및 산업화한 북부와 농업 중심의 남부 간의 지역 갈등에 기인했다. 특히 오시 지역은 키르기스와 우즈베키스탄 접경지대로 다수인 키르기스족과 소수인 우즈베크족이 공존하는데 독립한 뒤 민족 분쟁이 끊이지 않았다. 2010년 6월 초 남부 페르가나 계곡 지역 오시(Osh)와 잘랄 - 아바드(Jalal-Abad)주에서 키르기스인과 우즈베크인 사이에 대규모 민족 간의 충돌로 사망자 420명, 부상자 2,000명 이상, 우즈베크계 피난민 10만 명 이상 발생했다.

사회 전체에 만연된 작은 부패(petty corruption)[275] 또한 성장을 가로막는 장애물로 작용하고 있다. 키르기스는 뇌물, 입막음 돈, 리베이트 등의 비공식적 지급

274) 강봉구, "튤립 혁명 이후 키르기스스탄 재민주화의 한계", 대한정치학회보, 2009. vol 17 No1. p.283.

275) 작은 부패(petty corruption)는 일반 국민들(가계, 중소기업 등)의 뇌물공여와 같은 가족 부양이나 생계를 위해 소규모 이익을 추구하는 부패를 말한다. 큰 부패(grand corruption)는 권력층과 정치 분야의 부패를 말한다. 정치부패는 권력과 이권을 매개로 입법 및 선거 등의 정치영역에서 나타나는 선출직 공직자와 이해당사자들 사이의 부패를 총칭하며, 권력형 부패는 통치자 및 그 주변 인물들의 권력 남용을 통해 사적 이익을 추구하는 것을 지칭한다.

(informal payments)이 가장 큰 국가로 여겨지고 있다. BEEPS(Business Environment and Enterprise Performance Survey)가 2008~2009년 실시한 설문조사에 의하면 키르기스 기업의 1/3 이상이 일상 업무에서 비공식적 지급을 요구받았다고 대답했는데 이는 조사 대상 28개 체제전환국가 중 가장 높은 수준이었다.276) 특히 대외무역과 중소기업이 경제를 지배하는 국가에서 이는 경제활동에 큰 부담이 된다. 알맘벳 식크마마토프 국회의원의 발표에 따르면, 키르기스스탄 정부는 연간 부패로 300억 솜(som), 약 4억 4,770만 달러 규모의 손해를 보며, 키르기스스탄의 GDP가 500억 솜임을 고려했을 때, 지하경제 규모는 전체 경제의 약 40%로 추산된다고 했다. 반면 상공회의소 부의장인 무수랄리예프(Мусуралиев)는 지하경제 규모가 GDP의 60%에 달한다고 주장하였다.277)

5) 타지키스탄

(1) 타지키스탄 경제발전 전략과 경제성장

타지키스탄은 1991년 독립 이후 시장경제로의 체제전환 초기에 경제발전수준, 경제구조, 부존자원, 정치 및 사회 환경 등의 여러 조건이 중앙아시아 5개국 중 가장 열악했다. 1992년 타지키스탄의 국민소득(1인당 GDP)은 52달러로 키르기스스탄의 1/4, 카자흐스탄과 우즈베키스탄의 1/3에 불과했다. 그리고 지리적으로 파미르 고원의 산악지형과 중앙아시아의 가장 내륙지역에 위치한 열악한 입지 조건으로 국제교역과 운송로를 우즈베키스탄에 크게 의존해야 했고, 부족하고 노후화된 운송 및 교통 인프라로 산업생산 능력이 저하되었다. 이웃한 중앙아시아 대부분 국가가 석유, 천연가스, 광물 등의 지하자원을 풍부하게 보유하고 있지만, 타지키스탄은 천연자원 매장량이 많지 않고, 투자재원 부족으로 보유자원에 대한 개발도 제대로 이루어지지 않았다. 인구의 70% 이상이 농촌에 거주하

276) EBRD, “Transition Report 2013”, p.56. http://tr.ebrd.com/tr13/images/downloads/357_TR2013v3.pdf

277) Государство ежегодно теряет 30 млрд сомов по коррупционным схемам, - депутат 6 апреля 2018, http://www.tazabek.kg/news:1441209 & Доля теневой экономики в Кыргызстане достигает 60%, 19 июня 2018. www.tazabek.kg/news:1455133?f=cp

고 농업이 국내총생산(GDP)의 30% 이상을 차지하는 농업 중심의 산업구조는 기상이변이나 국제 식량 및 농산물 가격의 급등락과 같은 예상치 못한 변수에 취약할 수밖에 없었다. 공업생산은 알루미늄을 중심으로 한 야금, 섬유 및 의류 중심의 경공업, 식품 가공, 수력발전 같은 극소수 부문에 집중되어 있었다. 이와 같은 경제적, 지리적, 산업적 절대 열위는 타지키스탄이 세계 경제와 교역 및 투자 협력을 맺는데 심각한 장애 요인이 되었다. 그리고 독립 이후 5년(1992~1997년) 동안 계속된 지역적(고지대 거주민과 저지대 거주민 간의 대립), 이데올로기적(소비에트 세속주의 대 이슬람주의, 구체제 대 민주주의/자유주의) 차원에서 발생한 내전은 엄청난 인명 피해와 물적 손실을 입혔다.[278] 이 전쟁으로 타지키스탄에서는 5~10만 명이 사망하고 120만 명의 난민이 생겼으며 많은 국민들이 국제 원조 기구의 지원을 받아 생존했다. 또한 기반 시설이 크게 파괴되었고 인재들의 해외 유출 현상이 일어났다. 타지키스탄 경제는 직격탄을 맞으며 1992년 마이너스 28.9% 성장을 시작으로 5년 연속 역성장(그중 4년 연속 -10% 이상)을 기록하며 1996년 경제 규모는 1991년 대비 58% 이상 축소되었다. 2000년 타지키스탄의 1인당 국민소득(GNI)은 138달러로 에티오피아(124$), 부룬디(136$)에 이어 하위에서 세계 3위였다. 타지키스탄 경제가 1990년대 초반 5년간의 경기침체를 극복하고 1991년 수준으로 복귀한 것은 2009년으로 18년의 세월이 소비되었다. 카자흐스탄은 2003년, 우즈베키스탄은 2001년, 투르크메니스탄은 2002년, 키르기스스탄은 2007년에 1991년 경제 수준을 회복했다.

2000년대 중반 이후 타지키스탄은 중앙아시아 국가 중에서 가장 안정적이고 견고한 성장을 구가하고 있으며 물가상승률도 2010년대 들어 안정세를 보인다. 글로벌 금융위기가 엄습했었던 2009년 3.9%를 제외하고 매년 6~7%대의 지속적 성장을 이루었다. 외국자본의 공공 및 민간투자가 확대되면서 건설과 산업생산이 늘었고, 해외 이주 노동자의 국내 송금 확대로 국내 소비가 활성화되었다. 타지키스탄은 2009년 경상가격 국내총생산에서 2010년에는 구매력평가(PPP)

278) 김영진. “타지키스탄의 체제전환과 경제발전 : 내전의 영향과 회복의 지체”, 유라시아의 체제전환과 경제발전. 한양대학교 아태지역연구센터. 2012. p.263.

GDP에서도 키르기스스탄을 추월하였고, 그 후 그 격차를 더욱 벌리고 있다.

표 64. 타지키스탄 주요 거시경제 지표 추이 (2005~2017)

		2005	2006	2007	2008	2009	2010	2011	2012	2013	2014	2015	2016	2017
경제성장(%)		6.7	7.0	7.8	7.9	3.9	6.5	7.4	7.5	7.4	6.7	6.0	6.9	7.1
물가상승률		7.1	12.5	19.8	11.9	4.9	9.8	9.3	6.4	3.7	7.4	5.1	6.1	6.7
무역(백만$)		2,239	3,124	4,015	4,682	3,580	3,852	4,463	5,138	4,989	5,275	4,326	3,930	3,973
-수출		909	1,399	1,468	1,409	1,010	1,195	1,257	1,360	943	977	891	899	1,198
(면화.%)		15.8	9.2	9.4	7.7	9.9	16.7	15.7	16.5	20.1	13.9	7.2	13.6	10.1
(전력.%)		5.8	3.5	4.1	4.4	6.3	0.3	0.3	1.6	3.5	4.5	2.2	5.7	4.5
(알루미늄)		60.1	-	-	-	6.3	61.6	52.9	39.4	39.2	24.0	12.2	23.1	16.8
-수입		1,330	1,725	2,547	3,273	2,570	2,657	3,206	3,778	4,045	4,297	3,436	3,031	2,775
경상수지	백만$	-19	-21	-495	48	-180	-222	-462	-687	-655	-258	-471	-265	-35
	%*	-0.8	-0.8	-13.3	0.9	-3.6	-3.9	-7.1	-9.0	-7.7	-2.8	-6.0	-3.8	-0.5
FDI	백만$	54.5	338.6	360.0	375.8	15.8	79.4	161.1	239.3	125.5	309.3	426.1	240.5	200.1
	%*	2.4	12.0	9.7	7.3	0.3	1.4	2.5	3.1	1.5	3.3	5.4	3.5	2.8
재정	수입%*	20.1	23.6	22.5	22.1	23.4	23.2	24.9	25.1	26.9	28.4	29.9	29.9	29.1
	지출%*	23.0	21.9	28.0	27.2	28.6	26.1	27.0	24.6	27.7	28.4	31.8	39.7	31.5
	수지%*	-2.9	1.7	-5.5	-5.1	-5.2	-3.0	-2.1	0.6	-0.8	0.0	-1.9	-9.8	-2.4

* %* : GDP 대비 비중
자료 : 타지키스탄 통계청과 중앙은행, IMF, World Bank. ADB

2000년대 들어 타지키스탄은 무역확대와 수력 발전부문에서의 외국인투자 유치를 통한 경제성장을 목표로 2001년 5월 세계무역기구(WTO) 가입 신청서를 제출하였고, 11년 동안 상품 및 서비스 분야 양자 및 다자협상을 타결하면서 2013년 3월 중앙아시아에서는 키르기스스탄에 이어 두 번째로 정식회원국이 되었다. WTO 가입은 타지키스탄이 열악한 경제 환경을 극복하고 대외교역과 투자유치를 늘리는 계기로 작용하고 있다. 그리고 타지키스탄은 러시아로부터 노동이주 송금이 경제에서 차지하는 비중이 높고, 역내 국가와의 교역 및 투자 협력의 필요성이 증대될 경우 러시아 경제에 대한 의존성의 심화에도 불구하고 유라시아경제연합(EAEU) 가입이 불가피할 것으로 보인다.

(2) 타지키스탄 경제구조의 특징

타지키스탄은 전형적인 산악국가로 경작 가능한 토지가 국토의 7%에 불과하지만, 농업이 경제(총부가가치)의 약 25%를 차지하고, 농산물과 식료품이 수출의 약 20% 이상을 담당할 정도로 전형적인 농업 중심의 경제구조를 지닌 국가다. 농업에 종사하는 인구가 154만 명으로 전체 고용인구의 약 65%를 차지한다. 93.3%의 농산물이 소규모 농장에서 생산되고 있다. 제조업은 타지키스탄 GDP의 10% 미만에 불과할 정도로 취약하다. 광업 또한 많은 잠재력에도 불구하고 2014년 기준 총 5억 달러(귀금속 3억 달러, 광물자원 2억 달러)에 그치며 GDP의 약 5%를 차지했다.[279] 그러나 광업이 상품 수출에서 차지하는 비중은 막대하다.

표 65. 타지키스탄 경제구조(2000~2016)

(단위 : %)	2000	2002	2004	2006	2008	2010	2012	2013	2014	2015	2016
광공업	36.2	36.7	26.6	24.0	16.3	16.6	15.6	15.0	13.9	15.2	17.1
-제조업	-	-	-	-	-	9.7	9.5	8.7	7.6	8.7	9.7
농업	27.4	24.7	21.6	24.2	22.7	22.1	26.6	24.3	27.2	25.1	23.0
건설	2.3	2.3	8.4	6.9	11.8	11.5	9.5	11.7	11.6	12.7	13.6
도소매	11.7	12.6	18.1	19.1	22.2	22.6	15.9	17.9	16.6	17.0	17.3
운송	5.2	6.1	7.5	8.1	11.5	12.6	17.5	15.9	15.3	14.3	14.3
기타	0.7	0.8	0.9	0.5	1.1	0.3	0.0	0.0	0.0	0.0	0.0
시장/비시장 서비스	16.5	16.8	17.0	17.3	14.3	14.3	14.9	15.3	15.4	15.7	14.7

자료 : 타지키스탄 통계청(https://www.stat.tj/en)

타지키스탄은 대외무역에 있어 수출보다 수입이 훨씬 많은 만성적인 상품수지 적자국이다. 수출 상품이 농산물과 광산물에 제한되어 있지만, 운송수단을 포함한 기계설비, 석유 및 화학제품, 식료품을 중심으로 한 일반 소비재와 경공업 제품의 수입이 늘고 있다. 상품 수출에 있어 농산물, 광물자원, 금속 및 그 제품, 귀금속, 섬유제품이 전체 수출의 90% 이상을 차지한다. 농산물은 면화, 채소, 과일이 주를 이루는데 그 가운데서도 면화는 타지키스탄의 핵심 수출품 중 하나로 2010년 이후 적게는 총수출의 10%, 많게는 16%를 담당했다. 알루미늄을 중심으

279) https://www.export.gov/article?id=Tajikistan-Mining

로 한 광물자원이 2017년 40%를 차지했고, 금을 중심으로 한 귀금속이 18%를 차지했다. 개별 품목으로는 알루미늄이 생산의 전량이 수출되며 2억 100만 달러(16.8%), 전력이 5,150만 달러(4.3%), 면화가 1억 2,100만 달러(10.1%) 수출되었다.[280] 지나친 농산물 및 광산물 중심의 수출구조는 국제 원료 및 재료 시장에서 가격 변화에 따라 수출 수입(收入)이 결정되는 문제점을 지닌다.

타지키스탄 경제에 가장 중요한 요소는 해외 이주 노동자의 국내 송금이다. 이주 노동자의 고국 송금은 대내적으로는 천연자원이 부족한 타지키스탄 경제 성장과 국민 생활의 개선에 결정적 기여를 하며, 대외적으로는 상품수지에서 대폭적인 적자에도 불구하고 경상수지의 악화를 막는 완충작용을 한다. 글로벌 금융위기가 발생한 2008년부터 2017년까지 해외 이주 노동자의 국내 송금은 연 평균 25.7억 달러로 동기간 타지키스탄의 상품 수출액 11.1억보다 130%나 많았다. 국내 송금은 타지키스탄의 21.9억 달러에 달하는 무역수지 적자를 보존해주었다. 국내총생산(GDP)과 비교해 보면 국내 송금 규모가 2006년 이후 많게는 GDP 대비 49.3%(2008년)에 달하는 등 약 30~40%를 차지하고 있다, 글로벌 금융-경제위기 이후인 2009~2010년, 국제유가 폭락과 서방의 경제제재로 러시아 경제가 침체국면에 접어들었던 2015~2016년 해외 송금 규모가 축소되면서 키르기스 경제 또한 후퇴하는 양상을 보여주었다. 러시아 이주 노동자의 국내 송금액 감소로 인한 가구의 구매력 하락 및 국내 소비 위축이 주요 원인의 하나로 작용하였다.

타지키스탄의 노동 이주는 여러 가지 요인에 의해 발생하는데 그중 가장 중요한 것이 경제적 요인이다. 국제이주기구(IOM. International Organization for Migration)의 2014년과 2015년 조사에 의하면 86%의 이주 가계가 송금을 주로 식품과 의류 등 기초 생활품을 마련하는 데 사용했다. 그리고 송금은 가계 부채를 갚거나 주택을 개량하는 데도 사용되었다. 자동차와 가전제품 등 내구소비재를 구매하는데 중요한 부분을 차지했다. 교육비나 의료비를 충당하는데 사용되는 등 국민의 생계에 중요한 역할을 하였다.[281] 송금은 국제수지를 개선하고 국

280) http://export.gov.kz/public/files/analytics/countryReview/2017/Таджикистан.pdf
281) 김영진, “타지키스탄의 이주노동과 송금 : 글로벌 금융위기의 영향”, 슬라브학보 제28권 4호.

내소비를 촉진하는 것 외에, 별다른 빈곤 대책이 없는 취약한 가계에 소득 흐름을 제공함으로써 빈곤을 완화하는 데 중요한 역할을 하였다. 그러나 과도한 이주 노동은 자국 경제 및 사회는 물론 가정에 심각한 부작용을 일으키기도 했다. 경제의 종속(송출국의 경제 및 고용 상황에 직접 종속)과 인력의 송출로 인한 성장잠재력이 훼손되고, 이혼 증가와 아이들의 방치로 인한 가정 파탄을 불러일으키기도 했다. 2015년 타지키스탄의 해외 이주자는 589,700명으로 전체 인구의 6.5%에 해당한다. 러시아에 466,500명, 카자흐스탄에 15,800명, 우즈베키스탄에 11,500명, 우크라이나에 29,400명, 독일에 29,000명이 거주하고 있다.[282] 타지키스탄의 노동 이주는 다른 국가와 달리 1992년부터 1997년까지 계속된 내전이 영향을 끼쳤다. 많은 남성이 입대를 피할 목적으로 노동 이주를 선택하기도 했다.

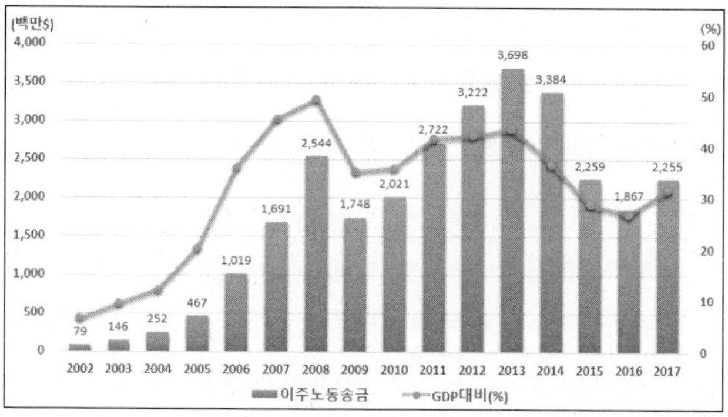

그림 46. 타지키스탄의 해외 이주 노동자 송금

2013. p.120.

282) http://www.iom.int/countries/tajikistan

Ⅴ. 세계 속의 중앙아시아 경제

1. 중앙아시아의 전략적 가치

2000년대 들어서며 중앙아시아는 세계 정치 및 경제 무대에서 가장 이목을 끄는 지역 중의 하나로 급부상하였다. 이 지역이 지닌 국제 지리・정치・경제・군사적 측면에서의 전략적 가치와 중요성이 다시 주목받았기 때문이다. 중앙아시아는 고대로부터 중세에 이르기까지 아시아와 유럽 간 상품 교역과 문화 교류의 역사적 역할을 충실히 수행해 온 세계사의 대동맥이었던 '초원길(Steppe Route)'과 '비단길(silk road)'의 중심지였다. 동시에 알렉산더, 칭기즈칸, 티무르 등 세기의 정복자들이 마지막 패권 쟁탈에 나선 종착지였다, 19세기 중반에는 부동항을 개척하고 새로운 시장을 확보하기 위해 남진 정책을 폈던 제정러시아와 인도 식민지를 지키려는 영국이 제국주의의 패권을 놓고 자웅을 겨뤘던 '거대게임(Great Game)'의 무대였다. 1920년대 소비에트 사회주의 연방(USSR)에 병합되면서 중앙아시아는 세계사적 역할을 일시적으로 상실하는 암흑기를 맞기도 했다. 1991년 소비에트체제가 붕괴하면서 중앙아시아는 70년 만에 5개의 독립된 국가 형태로 세계 정치, 경제 무대에서 다시 그 모습을 드러냈다. 그러나 20세기 마지막 10년 동안 중앙아시아는 사회주의 계획경제의 틀을 탈피하기 위한 체제전환이라는 미증유의 실험과 새로운 국가건설 작업을 추진하는 과도기적 상황에서 심각한 정치, 경제, 사회적 불안정과 혼란을 경험해야 했다. 1990년대 중앙아시아는 세계에서 가장 무질서하고 위험하며 낙후된 지역으로 인식되었고, 아시아에서 생산된 마약과 불법무기류가 유럽과 중동으로 밀매되는 통로가 되었다.

1) 중앙아시아의 급부상 배경

21세기 세계 경제의 골디락스(goldilocks) 시대 도래와 함께 시작된 에너지 자원을 중심으로 한 국제 원자재 가격의 장기간 고공행진(super cycle)은 카스피해 연안과 중앙아시아 내륙 지역에 대규모로 매장되어 있는 석유-천연가스 등 전략 광물자원의 생산과 수송에 대한 세계의 이목을 집중시킨 촉매제가 되었다. 중앙아시아는 미국, 유럽연합(EU), 러시아, 중국, 터키 등 세계열강이 자국의 에너지 안보를 확보하고 강화하기 위한 경쟁의 장이 되었다.

1990년대 세계 유일의 패권 국가로 등극했었던 미국이 역사상 처음으로 적대 세력에 의해 본토 공격을 당한 2001년 9.11테러 사건을 계기로 국가안보 및 외교 정책의 기본 원칙을 수정했다. 미국은 국가이익과 국가정책을 세계화하며 세계 유일의 패권 국가로서 '범세계적 안보 벨트 구축'이라는 일방주의적 세계전략을 강력하게 추진하였다. 아프가니스탄에서 탈레반 조직과의 대(對)테러 전쟁을 수행하고, 이란의 핵무기 개발을 억제하기 위한 제재정책을 강행하는 데 있어 배후 기지로서 중앙아시아의 전략적 중요성이 주목받았다. 러시아는 2000년 푸틴이 옐친의 뒤를 이어 새로운 대통령으로 취임하면서 21세기 러시아 국가전략의 핵심 기조로 '강한 러시아 건설과 강대국으로 복귀'를 천명하며 소비에트연방 붕괴 후 방치해 왔었던 포스트 소비에트 공간에서 러시아의 배타적 영향력 복원을 최우선 과제로 설정하였다. 중국 또한 유라시아 대륙에서 EU, 러시아, 중국이 세계 다극화의 주요 추동 역량이며, 중앙아시아는 이들 3자를 연결하는 중심 위치에 있는 '대륙 심장 지대'라고 간주하였다. 미국, 러시아, 중국의 정치, 외교, 군사적 이해관계가 중앙아시아 지역에서 충돌하였다. 미국, 러시아, 중국 3국은 중앙아시아 각국과의 경제적, 군사적 지원 및 협력 강화를 경쟁적으로 추진하며 이 지역에서의 영향력 확대에 몰두하였다. 그리고 유럽연합(EU), 인도, 터키 등 주변 국가 또한 에너지 안보와 관련해 자국의 정치, 경제적 이득을 확보하고자 가세함으로써 중앙아시아 에너지자원 패권(hegemony)을 둘러싼 경쟁이 격화되었다.

2000년대 중앙아시아를 놓고 세계열강이 벌인 주도권 쟁탈전은 19세기 중앙아시아 진출을 추진했던 러시아와 인도로의 통로에 대한 러시아의 진출을 막으려는 영국 간의 패권 다툼이었던 '거대게임(Great Game)'에 상응하는 '신 거대게임(New Great Game)'으로 까지 지칭되었다. 영국과 러시아 간의 양자 패권 다툼인 '구 거대게임'과 달리 '신 거대게임'은 미국, EU, 러시아, 중국, 이란, 터키, 인도 등 참가 국가 수가 많을 뿐만 아니라 기본적 목표 또한 신제국주의적 패권 확립, 문화적 연대감 형성, 국가안보 확대, 자국의 정치, 경제적 영향력 확대 등 훨씬 다양하다는 특징을 보였다.[283)]

2) 중앙아시아의 전략적 가치

유라시아 대륙의 심장 지대에 자리 잡고 있는 중앙아시아의 전략적 가치와 중요성을 지정학적, 경제적, 지경학적 측면에서 살펴보면 다음과 같다.

먼저 지정학적 측면에서, 중앙아시아는 세계에서 가장 큰 대륙인 유라시아의 중앙부에 위치한다. 유라시아 대륙의 면적은 5,476만㎢로 지구 육지 면적의 36.2%를 차지하고 있으며, 세계 인구의 약 72.5%인 50억 명이 거주하고 있다.[284)] 유라시아 지역은 세계 국내총생산(GDP)의 약 62%를 차지하며, 세계 에너지자원 매장량의 약 3/4이 분포되어 있을 정도로 세계의 많은 부(富)가 기업이나 지하자원 형태로 집중되어 있다. 중앙아시아 지역은 동서로는 유럽과 아시아, 남북으로는 중동지역과 러시아의 중간지대에 있는 지정학적 특수성으로 인해 유라시아 대륙 국가의 가교 구실을 담당할 수 있는 안보 전략적 요충지대다. 1970년대와 80년대 백악관 국가안보보좌관을 지낸 국제전략 문제 전문가인 즈비그뉴 브레진스키(Z. Brzezinski)는 21세기 미국의 '세계 일등 지위(global supremacy)'를 굳히기 위한 전략서인 "거대한 체스판(The Grand Chessboard : American Primacy and Its Geostrategic Imperatives)"에서 유럽의 정치적 통합이 반미적 성격으로 촉진될 가능성, 중국과 러시아 그리고 이슬람 진영이 연대하여 미국을 견제해 올 가능성, 일본이 다시 과거 대동아공영권을 연상시키는 반미적 아시아주의에 기울 가능성 등을 각각 상정하면서 유라시아 대륙이야말로 세계의 패권을 놓고 미

---

283) Matthew Edwards, "The Great Game and the new great gamers: Disciples of Kipling and Mackinder," Central Asian Survey, Vol. 22, Issue 1. 2003. pp.83~102.

284) http://en.wikipedia.org/wiki/Eurasia

국이 한 판 게임을 벌여야 하는 '거대한 체스판'이라 하였다. 그는 특히 중앙아시아를 "유라시아의 발칸"이라 칭하며 세계적 불안정의 중심지대로 유라시아에서 가장 산업화한 양극단을 연결하는 교통체계에 걸터앉아 있어 지정학적 중요성을 지닐 뿐만 아니라 인접한 세 강대국, 즉 러시아, 터키 그리고 이란의 안보적 관점이나 역사적 야심의 견지에서도 중요성을 지니며, 중국의 정치적 관심 또한 점증하고 있다고 보았다.[285] 실제로 중앙아시아는 2000년대 들어 '미국 중심적 세계체제의 구축'을 추진한 미국의 세계전략과 '중앙아시아 지역에서의 배타적 영향력 복원'이라는 러시아의 대외정책이 첨예하게 대립하는 접점이 되었다.[286] 그리고 이슬람 극단주의 및 알카에다의 근거지인 아프가니스탄과 파키스탄에 인접한 관계로 국제적 반테러 작전 및 대량파괴무기(WMD) 비확산을 위한 관심지역으로 미국, 러시아, 중국, 터키, 이란 등 강대국 간 세력 경쟁이 치열하게 전개되었다. 특히 2001년 9・11 테러사태 발생 이후 미국이 아프가니스탄에서 '대테러와의 전쟁'을 수행하는 과정에서 중앙아시아 지역은 전진기지로서 전략적 역할을 담당하였다.[287] 우즈베키스탄의 카르시 하나바드(K2), 키르기스스탄의 마나스(Manas) 미군 공군기지 설치가 그 대표적 사례다. 물론 이는 당시 러시아 대통령이었던 푸틴이 자국 내 체첸 분리 독립 세력에 대한 무력 진압을 위해 미군의 중앙아시아 주둔을 전격적으로 허용했기에 가능한 일이었다. 그러나 소비에트 붕괴 이후 중앙아시아 지역에서 힘의 공백과 국가형성 과정에서 지역의 내부적 불안정이 심화하는 상황에서 미국의 중앙아시아 전진 정책은 러시아와 중국의 에너지 및 군사적 안보위협에 대한 경각심을 불러일으켰다. 러시아와 중국은 중앙아시아에서 자국의 이해관계를 훼손당하지 않기 위해 상호협력 관계를 강화하는 동시에 경쟁하면서 미국에 대응했다. '상하이협력기구(SCO. Shanghai

---

285) Z. 브레진스키, "거대한 체스판 :21세기 미국의 세계전략과 유라시아", 김명성 옮김. (서울: 삼인. 2000), p.166.

286) 박정호. "카자흐스탄과 우즈베키스탄의 국가발전 전략 비교 연구," KIEP, 중앙아시아: 정치, 사회, 역사, 문화. 전략 지역 심층연구 09-04. 논문집 I. pp.63~67.

287) 이재영, 박상남 편저. "중앙아시아의 부상과 한국의 대응전략", 대외경제정책연구원(KIEP), 2007. p.19.

Cooperation Organization)'는 유라시아 지역의 정치적 위상과 경제적 영향력을 강화하기 위해 결성된 국제기구로 그 주요 활동 무대가 중앙아시아다. 상하이협력기구는 1996년 4월 중국의 주도하에 러시아, 카자흐스탄, 키르기스스탄, 타지키스탄의 5개국 정상들이 "국경 지대의 군사적 신뢰 강화를 위한 조약"을 체결하면서 그 활동을 시작하였고, 2001년 6월 우즈베키스탄이 합류하면서 상하이 5국(Shanghai Five)에서 상하이협력기구로 개편되었다. 상하이협력기구는 테러리즘, 분리주의, 극단주의에 대한 공동 대응을 통해 중앙아시아, 유라시아의 안전보장을 확립하고 회원국 간의 정치, 경제, 군사, 문화 등의 분야에서 협력 강화를 목적으로 하고 있다. 그리고 2017년 6월 인도, 파키스탄이 가입하면서 회원국은 8개국으로 확대되었다. 중국이 SCO를 결성한 것은 러시아와 함께 대미-대EU 견제 전략을 강화하면서, 동시에 러시아의 중앙아시아 지배력 약화를 통해 동 지역에서 주도권을 쥐기 위한 전략이었다. 그리고 러시아가 인도를 SOC에 끌어들인 것은 중앙아시아에서 중국의 지배력 강화를 분산시키기 위한 대응 전략이었다. 이처럼 각 회원국 간의 이해관계가 상호 갈등하고 있다. 터키와 이란 또한 역사에 바탕을 둔 지역적 영향력을 추구하기 위해 SOC 가입을 추진하고 있다.

둘째, 자원의 경제적 가치 및 공급 측면에서, 중앙아시아는 풍부한 에너지 및 광물자원의 보고이다. 2000년대 들어 자원 부국들 사이에서 드러난 자원민족주의(Resource nationalism)로 세계열강들이 자원 확보를 위한 총성 없는 전쟁을 벌이면서 중앙아시아의 중요성이 급격히 커졌다. 2000년대 세계 경제가 역사상 그 유례를 찾아보기 힘든 확장의 시대(Goldilocks)에 접어들면서 전 세계적으로 광물자원에 대한 수요가 지속해서 증가했지만, 생산이 이를 따라가지 못하면서 공급 부족이 발생하였고, 베네수엘라, 볼리비아, 나이지리아 등 저개발 자원보유국에서 자원민족주의가 대두되면서 자원에 대한 수출 통제와 과세 강화로 석유를 중심으로 한 국제 원자재가격이 장기간 급등하였다. 그 결과 글로벌 금융위기가 발생하기 직전인 2008년 상반기까지 새로운 원유와 천연가스 공급처로서 중앙아시아 지역의 중요성이 크게 주목받았다. 중앙아시아는 '제2의 중동', '세계 에너지 자원의 마지막 보고'라 일컬어질 정도로 내륙 및 카스피해 지역에 대규모의 석유와 천연가스가 매장되어 있다. 특히 카스피해 분지(연안과 육상)에 묻혀있는 원유 및 가스 콘덴세이트가 가채매장량 기준 482억 배럴, 천연가스가 292조 세제곱피트(292tcf)에 달하는 것으로 평가되고 있다. 에너지 자원 매장량이나 생산량에 있어 중동에는 훨씬 미치지는 못하나 미개발지가 많아 추가 개발 가능성이 대단히 높으며, 북미 및 북해 지역을 포함한 많은 기존 유전에서 그 생산량이 감소하거나 정점에 달한 데 비해 중앙아시아 지역에서의 에너지 자원 생산은 시간이 갈수록 늘어날 수 있다는 점이 매력적인 요소로 주목받았다. 2000년 카스피해 북서 해상(카자흐스탄 영토 내)에서 발견된 카샤간(Kashagan) 유전은 최근 50년 동안 발견된 세계 유전 중에서 최대 규모로 확인매장량만 110억 배럴에 달했다. 또한 2006년 투르크메니스탄 동남부지역에서 발견된 갈키니쉬(Galkynysh) 가스전은 영국 GCA의 탐사 결과 추정매장량이 최소 13.1조m^3에서 최대 21.2조m^3에 달하는 세계에서 2번째로 큰 가스전으로 확인되었다. 에너지 자원 영토 확장에 매진하고 있는 중국, 인도, 터키 등 중앙아시아 주변 국가는 물론이고, 유럽, 미국, 일본, 한국 등의 국가까지 에너지자원 공급원을 다변화하기 위해 중앙아시아 지역에서 자원 확보 경쟁을 치열하게 전개하였다.

표 66. 카스피해 분지 에너지자원 매장량 (proved and probable reserves 기준)

	아제르바이잔		이란		카자흐스탄		러시아		투르크메니스탄		우즈베키스탄	
	해상	육상	해상	육상	해상	육상	해상	육상	해상	육상	해상	육상
원유(억bbl)*	68	17	5	(S)	157	155	16	45	11	8	0	(s)
소계	85		5		312		61		19		(S)	
가스(tcf)	46	5	1	1	36	68	14	95	9	10	0	7
소계	51		2		104		109		19		7	
총계	카스피해 분지 원유 및 가스 콘데세이트 : 482 (해상 196, 육상 286) 카스피해 분지 천연가스 : 292 (해상 106, 육상 186)											

원유* : 가스 콘덴세이트 포함.
자료 : https://www.eia.gov/beta/international/regions-topics.php?RegionTopicID=CSR

셋째, 지경학적 측면으로 중앙아시아는 아시아와 유럽을 잇는 가장 중요한 교통 및 물류 수송 루트의 하나다. 중앙아시아는 유라시아 대륙의 중심을 관통하는 사통팔달의 교통 요지에 자리 잡고 있다. 이란을 통해 페르시아만으로, 아프가니스탄과 파키스탄을 통해서 인도양으로, 중국을 통해 아시아-태평양 지역으로, 카스피해~코카서스를 통해서 지중해 지역으로 진출할 수 있어 지리적 측면에서 운송 경쟁력을 갖춘 물류의 거점지대다. 중앙아시아 지역이 석유와 천연가스, 구리, 철, 금 등 풍부한 광물자원을 보유하고 있으나 내륙국가라는 지리상 취약점으로 인해 해상이나 육로를 통한 자원의 이동에는 시간과 공간의 제약이 따랐다. 파이프라인은 중앙아시아 지역의 에너지 자원을 다른 지역으로 공급하는 가장 용이하고 효율적인 수단이었다. 따라서 러시아, 유럽(EU), 중국은 중앙아시아 지역에서 자원 개발권을 취득하고, 생산한 석유와 천연가스를 파이프라인을 통해 운송할 수 있는 통제권을 확보하기 위해 치열한 경쟁을 벌였다. 미국과 유럽연합(EU)은 2006년 바쿠(Baku)-트빌리시(Tbilisi)-제이한(Ceyhan)을 연결하는 송유관(BTC Oil Pipeline)을 완공하였고, 2007년에는 바쿠(Baku)-트빌리시(Tbilisi)-에르주룸(Erzurum)을 잇는 가스관(BTE Gas Pipeline)을 건설하였다. 이 두 파이프라인은 러시아 영토를 거치지 않고 카스피해에서 생산된 에너지 자원을 유럽으로 직접 공급할 수 있는 새로운 루트로 중앙아시아 및 카스피해 연안의 에너지 자원에 대한 러시아의 영향력을 약화하고 유럽의 에너지 안보를 강화하기 위한 서방측의 카드였다. 이에 대응하여 러시아는 블루스트림 가스관(Blue Stream Pipeline)과 터키스트림 가스관(Turkey Stream Pipeline) 건설, 카스피해 송유관 컨소시엄(CPC, Caspian Pipeline Consortium) 및 중앙아시아-중앙 가스관(CAC. Central Asia-Center Gas Pipeline) 확장 공사를 추진하며 중앙아시아 지역에서 에너지 자원 수송 루트에 대한 주도권을 유지하고자 애썼다. 중국은 2000년대 연평균 10%가 넘는 고도 경제성장을 구가하며 세계 에너지 자원 소비의 블랙홀로 급부상하면서 중앙아시아에서 자원 외교를 적극적으로 추진하였다. 중동에 집중된 에너지 자원 공급처를 다변화하고 독자적인 수송망을 구축하기 위한 에너지 안보정책의 일환으로 카스피해 유전에서 생산된 원유를 중국 신장으로 수송하는 육상 송유관인 카자흐스탄-중국 송유관(Kazakhstan-China Oil Pipeline)을 2009년 완전히 개통한 데 이어 중국 서부의 신장지역과 중앙아시아 3국을 연결

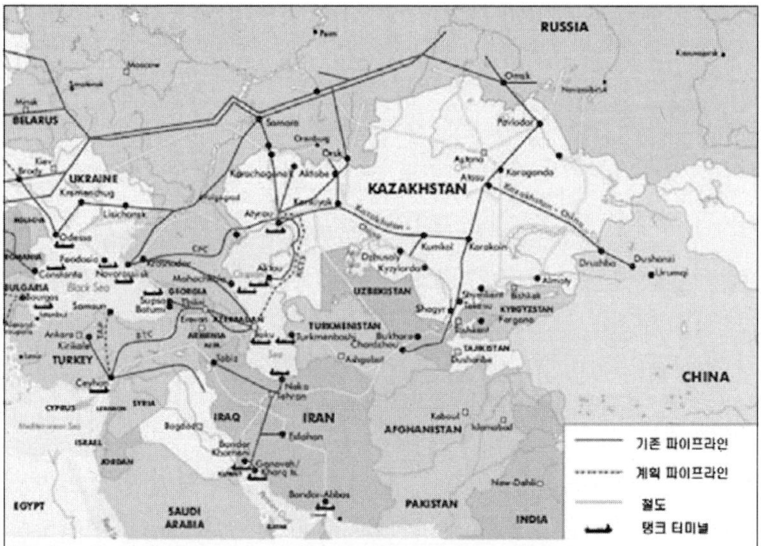

자료 : https://www.globalsecurity.org/military/world/centralasia/maps.htm

그림 47. 중앙아시아 석유 파이프라인

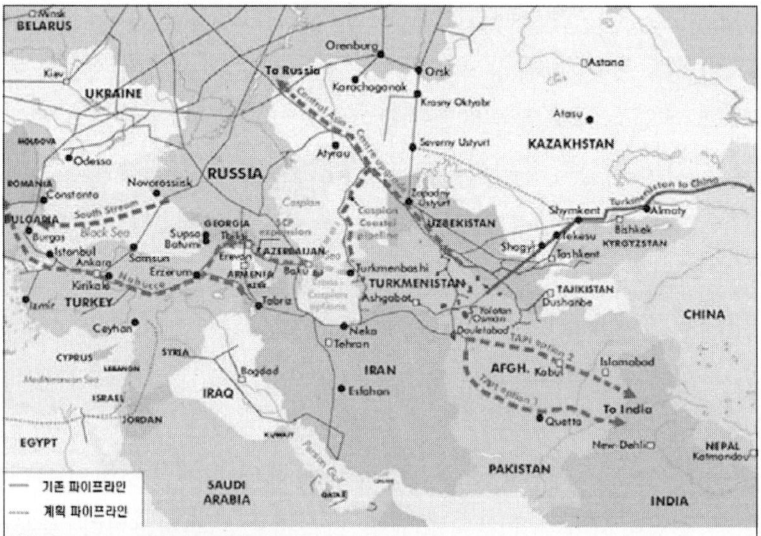

자료 : https://www.globalsecurity.org/military/world/centralasia/maps.htm

그림 48. 중앙아시아 천연가스 파이프라인

하는 천연가스 파이프라인인 중앙아시아-중국 가스관(CACP. Central Asia-China Gas Pipeline) 라인 A, B, C를 2009~2012년 완공하였다. 인도는 투르크메니스탄에서 생산된 천연가스를 수송하기 위한 TAPI(투르크메니스탄~아프가니스탄~파키스탄~인도)가스관 건설을 추진하고 있다. 유럽이 중심이 되어 카자흐스탄의 카스피해 연안 원유를 아제르바이잔 바쿠로 수송하기 위한 "트랜스 카스피해 송유관(TCOP. Trans-Caspian Oil pipeline)", 투르크메니스탄의 천연가스를 BTE와 연결하기 위한 '트랜스 카스피해 가스관(TCGP, Trans-Caspian Gas Pipeline)', 카스피해와 중동에서 생산되는 천연가스를 터키를 거쳐 오스트리아로 공급하기 위한 "나부코 가스관(Nabucco Gas pipeline)" 건설 등을 추진하였다. 중앙아시아는 유럽과 아시아, 러시아와 중동 및 인도를 연결하는 유라시아 대륙의 '석유-가스 로드(oil-gas road)'의 중심지로 부상하며 세계 에너지경제의 지형도를 바꾸고 있다. 최근에는 중국의 일대일로(一帶一路, One Belt and One Road) 전략과[288] 러시아 주도의 유라시아경제연합(EAEU) 간 협력과 경쟁이 교차하고 있다. 게다가 중앙아시아는 트라세카(TRACECA : Transport Corridor Europe- Caucasus-Asia) 운송망 프로젝트의 종착역이기도 하다. 트라세카는 유럽~흑해~코카서스~카스피해~중앙아시아로 연결되는 도로, 철도, 항공노선을 포함하는 교통 및 물류 회랑 건설 프로젝트로 러시아를 거치지 않고 아시아로 갈 수 있는 실크로드를 염원했던 유럽 국가와 러시아의 간섭을 받지 않고 아시아와 유럽을 중계하려는 중앙아시아 국가의 이해가 맞아떨어진 결과물이다.[289]

---

288) '일대일로'는 2013년 9월 중국 국가주석 시진핑이 중앙아시아 및 동남아시아 순방 중 처음 제시한 전략으로 육로를 연결한 '실크로드 경제벨트'와 '21세기 해상 실크로드'로 구성되어 있다. '실크로드 경제벨트'는 △중국-중앙아시아, 러시아, 유럽(발트해) △중국-중앙아시아, 서아시아, 페르시아만 △중국-동남아시아, 남아시아, 인도양 등을 잇는 도로 및 철도망 건설을 말한다. '21세기 해상 실크로드'는 중국 연안 항구와 인도양, 남태평양 등을 거쳐 유럽으로 연결되는 고효율 운송통로 구축을 말한다. 2049년 완공을 목표로 하는 '일대일로'는 동아시아와 유럽 경제권을 연결하는 초대형 프로젝트로 완성될 경우 총 64개 국가를 포괄하는 경제회랑이 구축되며, 해당 국가 및 지역의 총인구와 경제 규모는 각각 전 세계의 63%(약 44억 명), 29%(약 21조)를 차지하고, 무역 규모는 23.9%에 달할 것으로 예상한다.

289) 트라세카(TRACECA)는 유럽연합(EU)의 발의로 1993년부터 착수된 유럽~중앙아시아 간 동서축 교통협력 프로그램으로, 유럽연합과 동유럽, 코카서스와 중앙아시아 지역의 13개 회원국(터키, 아르메니아, 아제르바이잔, 불가리아, 조지아, 이란, 카자흐스탄, 키르기스스탄, 몰도바, 루마니아, 타지키스탄, 우크라이나, 우즈베키스탄)으로 구성되어있다.

2. 거시경제지표로 본 중앙아시아

2000년 이후 2017년까지 지난 18년간 중앙아시아 5개국의 경제 규모는 2008~2009년 글로벌 경제위기의 충격에도 불구하고 인상적인 성장을 이룩했다. 1999년 대비 2017년 투르크메니스탄의 실질 GDP 규모가 무려 666% 늘어난 것을 필두로 타지키스탄(275%), 우즈베키스탄(239%), 카자흐스탄(223%)이 200%의 성장을 달성하며 동기간 동안 세계 경제 평균(97%)은 물론 신흥경제국 평균(173%)을 훨씬 상회하는 실적을 거두었다. 단지 키르기스만이 정치 불안으로 115% 성장에 그치며 신흥경제국 평균을 밑돌았다. 중앙아시아 각국이 2000년대 이후 이룩한 경제성장과 발전을 국내총생산(GDP), 국민총소득(GNI), 대외무역, 외국인직접투자(FDI) 등과 같은 주요 거시경제 지표를 통해 살펴보면 다음과 같다.

1) 중앙아시아 5개국의 국민소득

국민소득통계는 한 나라의 경제력이나 경제 수준을 종합적으로 나타내는 대표적인 경제지표이다. 동 지표를 통해 한 나라의 경제 수준이 과거와 비교해 얼마나 발전하였는지 또는 다른 나라와 비교해 어느 정도 수준인지를 파악할 수 있다. 그리고 경제 현상을 이해하는데 필요한 유용한 정보를 제공함으로써 정부의 경제정책 결정을 포함해 각종 경제 분석의 기초자료로 활용된다. 국민소득지표는 생산의 포괄범위에 따라 국내총생산(GDP. Gross Domestic Product)과 국민총소득(GNI. Gross National Income), 가격의 평가방법에 따라 명목 국민소득과 실질 국민소득으로 분류된다. GDP는 생산의 측면에서 영토 개념에서 측정한 국민소득이며, GNI는 소득의 측면에서 거주성 개념을 기준으로 측정한 국민소득이다. 명목 국민소득은 그해의 생산물(재화 및 서비스)에 그해의 가격을 곱하여 산정되므로 명목 국민소득 변동에는 생산물의 수량과 가격변동분이 포함되어 있다. 실질 국민소득은 각 상품이나 항목별로 지수 기준년의 명목 금액에 그 해까지의 연쇄 물량지수를[290] 곱하여 산정한다. 따라서 실질 국민소득은 가격변동에 의한 증감액이 제거된 생산 수량으로 나타낸 국민소득이다. 생산물량이 늘어나지 않더라도 물가가 오르면 명목국민소득은 물가상승분만큼 커지지만, 실질 국민소득은 물가상승분이 반영되지 않으므로 커지지 않는다. 국민소득을 명목과 실질로 구분하는 것은 각각 그 용도가 다르기 때문이다. 명목 지표는 국민경제의 전체적 규모나 구조변동 등을 분석하고자 할 경우 유용하며, 실질 지표는 경제성장, 경기변동 등 국민경제의 실질적인 생산 활동 동향을 파악하는 데 효과적이다.[291]

(1) 중앙아시아 5개국의 국내총생산(GDP)

앞에서 살펴본 바와 같이 2000년 이후 중앙아시아 5개국은 경제성장에 있어 세계 최고의 역동성을 보였다. 그러나 이들 5개국이 세계 경제에서 차지하는 비중은 0.33%에 불과할 정도로 여전히 낮은 수준에 머무르고 있다. 국제통화기금(IMF)이 2018년 4월 발표한 세계경제전망데이터베이스(World Economic Outlook Database)에 의하면 2017년 기준 중앙아시아 5개국의 경상가격 국내총생산(GDP)은 2,611억 달러를 기록하며 2000년 394억 달러보다 6.6배 늘었다. 세계 전체 GDP에서 중앙아시아가 차지하는 비중도 2000년 0.116%로 2017년 0,327%로 3배 증가하였다. 카자흐스탄이 중앙아시아 전체 지역총생산의 62%를 차지한 데 반해 우즈베키스탄과 타지키스탄은 각각 18%, 16%를 차지하는 데 그쳤다. 홍

그림 49. 중앙아시아 3개국 경상가격 GDP 추이

290) 매년의 개별 재화와 서비스의 가중치 및 수량변화가 반영된 물량지수이다.
291) “알기 쉬운 경제지표 해설”, 한국은행. 2010. pp.19~24.

미로운 점은 1999년 우즈베키스탄의 경상 가격 GDP가 170.4억 달러로 카자흐스탄의 168.7억 달러로 우즈베키스탄이 많았고, 2000~2017년 동안 총 경제성장률 또한 우즈베키스탄이 높았음에도 불구하고 2017년 경상가격 GDP는 카자흐스탄이 1,608억 달러로 우즈베키스탄의 479억 달러와 비교해 3.4배나 많았다. 이는 원유의 달러 가격 상승으로 카자흐스탄의 오일 부문(oil sector)의 GDP가 증가하였고, 동시에 텡게화의 절상으로 비오일(non-oil sector) 부문의 GDP 또한 증가한 데 기인한다. 중앙아시아 5개국은 2014년에서 2016년 사이에 모두 양(+)의 경제성장률을 기록했음에도 불구하고 동기간 경상가격 GDP가 급격히 축소되는 현상을 보였다. 특히 카자흐스탄은 경상가격 GDP가 2013년 2,366억 달러로 최고치를 기록한 후 2016년에는 1,337억 달러로 44% 축소되었고, 투르크메니스탄은 2014년 435억 달러에서 2015년 358억 달러로 18%, 우즈베키스탄은 2016년 667억 달러에서 2017년 479억 달러로 28% 축소되었다. 키르기스스탄과 타지키스탄 또한 2014년 대비 2015년 각각 11%, 15% 축소되었다. 이는 카자흐스탄 중앙은행이 2013년 9월 미 달러와 유로, 루블화를 넣은 통화바스켓을 통해 텡게화 관리변동환율제를 시행하면서 러시아 루블화의 가치하락으로 인한 무역불균형에 대응해 2014년 2월 11일 텡게화의 통화가치를 무려 19%나 절하한 데 이어 2015년 8월 20일 카자흐스탄 재경부가 러시아 중앙은행(2014년 11월)을 따라 국가가 외환매입과 판매로 환율에 간섭해오던 종전의 관리변동환율 정책을 버리고, 환율 결정을 시장에 맡기는 자유변동환율(floating exchange rate) 제도로 변경함으로써 미국 달러 대비 텡게화의 평균 환율이 외환거래소에서 26%나 폭락하였기 때문이다[292]. 이에 대응해

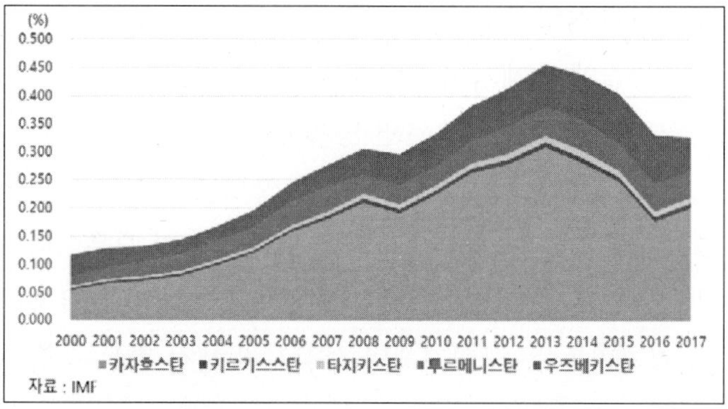

그림 50. 중앙아시아 5개국 세계 GDP 비중 추이 (%)

타지키스탄, 키르기스, 투르크메니스탄 또한 수출경쟁력 및 외환시장의 안정을 위해 2015년 경쟁적으로 환율을 평가절하(환율인상)하였고, 우즈베키스탄은 2017년 9월 달러 당 숨을 4,210에서 8,100으로 92%나 대폭 절하하는 조치를 취했다. 환율의 대폭적인 평가절하는 각국의 달러 표시 경상가격 GDP의 급격한 축소를 초래했다.

표 67. 중앙아시아 5개국의 국내총생산(GDP)

(총 193개국)

	경상가격 기준 GDP					구매력평가 기준 GDP				
	2017년			2000년		2017년			2000년	
	순위	백만 $	(%)*	백만 $	(%)*	순위	백만 $	(%)*	백만 $	(%)*
카자흐스탄	57	160,839	0.201	18,292	0.054	43	477,593	0.376	117,291	0.235
키르기스	148	7,163	0.009	1,368	0.004	141	22,971	0.018	8,117	0.016
타지키스탄	146	7,279	0.009	991	0.003	133	28,382	0.022	5,925	0.012
투르크메니스탄	94	37,926	0.047	5,022	0.015	84	103,491	0.081	11,563	0.023
우즈베키스탄	85	47,883	0.060	13,717	0.041	64	222,560	0.175	49,152	0.098
중앙아 5개국	-	261,090	0.327	39,390	0.116	-	854,997	0.673	192,048	0.384

(%)* : 세계 전체 GDP에서 차지하는 비중

자료 : IMF, World Economic Outlook Database, April 2018.

환율 및 물가를 고려한 2017년 구매력평가 GDP는 전년도(8019억)보다 6.6% 증가한 8,550억 달러로 경상가격 GDP보다 227%가 많았다. 중앙아시아가 세계 전체 구매력평가 GDP에서 차지하는 비중은 2000년 0.384%에 비해 0.89%포인트 증가한 0.673%를 차지하였다. 중앙아시아 5개국 중에서는 카자흐스탄이 2000년 이후 연평균 8%가 넘는 고도성장을 바탕으로 우즈베키스탄을 제치고 중앙아시아 최대 경제 대국으로 확실한 자리매김을 하였다. 카자흐스탄은 경상가격 및 구매력평가 GDP에서 중앙아시아에서는 유일하게 세계 경제에서 60위권(각각 57위, 43위) 내에 진입하였다. 경상가격 및 구매력평가 GDP에서는 우즈베

292) 2014년 이후 중앙아시아 각국의 달러 대비 환율의 평가절하는 다음과 같다. 미 달러 대비 카자흐스탄 텡게는 2015년 7월 186.8에서 2016년 1월에는 365.8로 100%. 투르크메니스탄의 마나트는 2014년 말 달러 당 2.85에서 2015년 1월 1일부로 3.50으로 22.8%, 타지키스탄의 소모니는 2014년 달러 당 5.3079에서 2015년 6.9902로 31.7%, 키르기스스탄의 솜은 2014년 달러 당 58.8865에서 2015년 75.8993으로 28.9% 평가 절하되었다.

키스탄이 중앙아시아에서는 2위, 세계 경제 193개국 중에서 각각 85위, 64위, 투르크메니스탄이 중앙아시아에서는 3위, 세계 경제에서는 각각 94위, 84위를 차지하며 100위권 내에 포함되었다. 키르기스스탄과 타지키스탄은 세계 140위의 하위권에 포진되었다. 눈에 띄는 점은 글로벌 금융위기 이후 우즈베키스탄이 연평균 8%에 육박하는 고도성장을 유지하며, 성장세가 급격히 둔화한 카자흐스탄과의 격차를 조금씩 줄이고 있다는 점이다.

IMF의 '세계경제전망데이터베이스(World Economic Outlook Database)'를 기초로 구매력을 기준으로 한 GDP와 단순 시장환율을 적용한 경상가격 GDP 간의 차이가 분석해 보면 선진국보다는 개발도상국에서 월등히 크게 나타나고 있다. 개발도상국의 구매력 기준 GDP는 경상가격 GDP보다 2002년 243%나 차이가 난 후 계속 감소하여 2011년에는 94%로 축소되기도 했다 그 후 다시 격차가 커지면서 2017년 135%로 확대되었다. 2000~2017년 동안 선진국의 구매력 기준과 경상가격 기준 GDP 간의 격차는 10% 미만이었다. 반면 2017년 기준 중앙아시아 5개국의 구매력 기준과 경상가격 기준 GDP 간의 격차는 227%로 개발도상국 평균보다 무려 92%포인트 높았다. 카자흐스탄이나 투르크메니스탄의 구매력평가 기준 GDP는 경상가격 기준보다 각각 197%, 173% 높은 데 반해 키르기스스탄과 타지키스탄은 각각 221%, 290% 높았고, 우즈베키스탄은 무려 365%나 차이를 보였다. 우즈베키스탄 숨의 구매력이 카자흐스탄의 텡게화나 투르크메니스탄의 마나트화보다 월등히 높음을 보여주었다.

(2) 중앙아시아 5개국의 국민총소득(GNI)

세계은행(World Bank)은 환율의 일시적 변동에 따른 영향을 완화하기 위해 당해연도 포함 직전 3년 동안의 이동평균 환율을 적용하여 지역통화를 달러 금액으로 환산하는 'Atlas method'를 채택하여 매년 각국의 국민총소득(GNI)을 발표해오고 있다. 세계은행이 188개 회원국과 30,000명 이상의 인구를 지닌 총 217개 국가를 대상으로 2018년 7월 1일 발표한 "세계개발지수데이터베이스(World Development Indicators database)"에 의하면 2017년 기준 중앙아시아 5개국 국민총소득(GNI)은 2,606억 달러로 세계 총 GNI에서 차지하는 비중은 0.334%였다. 2014년 3,317억 달러, 세계 총 GNI의 0.417%로 최고치를 기록한 후 3년 연속 금액과 비중에서 감소가 계속되고 있다. 언급한 바와 같이 이는 2015년부터 중앙아시아 각국이 연쇄적인 환율 평가절하 정책을 펼친 인위적인 결과다. 그리고 역내 국가 간의 비중 추이도 변화를 보인다. 중앙아시아 전체 GNI에서 카자흐스탄은 2007년 66.8%로 최고치를 기록한 이후 계속해 비중이 감소하며 2017년에는 54.6%로 축소되었다. 반면 우즈베키스탄은 18%에서 25%까지 그 비중을 확대하였다.

표 68. 중앙아시아 5개국의 국민총소득(GNI)

(2017년 기준)

국명	국민총소득(GNI) Atlas method			1인당 국민총소득(GNI)			
				Atlas method		구매력평가(PPP)	
	순위	백만 $	비중(%)*	순위	달러($)	순위	달러($)
카자흐스탄	55	142,275	0.182	74	7,890	56	23,440
키르기스	146	6,990	0.009	158	1,130	153	3,620
타지키스탄	138	8,846	0.011	161	990	151	3,670
투르크메니스탄	90	38,266	0.049	81	6,650	72	17,320
우즈베키스탄	71	64,236	0.082	141	1,980	122	7,130
중앙아시아 5개국	-	260,614	0.334	세계평균	10,366	세계평균	16,927

비중(%)* : 세계 전체 GNI에서 차지하는 비중

자료 : World Bank, Gross national income 2017, Atlas method & Gross national income per capita 2017, Atlas method and PPP

세계은행은 Atlas method를 적용한 1인당 GNI를 기준으로 2010년부터 세계 각국을 4개 그룹(저소득(low income), 하위 중소득(lower middle income), 상위 중소득 (upper middle income), 고소득(high income))으로 분류하고 있다. 지금까지 중앙아시아 5개국 중 어느 나라도 고소득 국가군에 속하지 못했다. 가장 높은 소득을 지닌 카자흐스탄이 2014년과 2015년 각각 11,670달러, 11,580달러를 기록하였으나 고소득 국가 기준인 12,736달러, 12,476달러에는 미치지 못했다. 그 후 정부의 환율 평가절하로 달러 표시 국민소득이 1만 달러 이하로 줄어들었다. 2017년 기준 카자흐스탄과 투르크메니스탄이 1인당 GNI에서 7,890달러, 6,650

달러를 기록하며 상위 중소득 국가 그룹(3,896달러~12,055달러)에 소속되었다. 우즈베키스탄과 키르기스스탄이 각각 1,980달러, 1,130달러로 하위 중소득 국가 그룹(996~3,895달러)에 포함되었고, 타지키스탄은 990달러로 저소득국가 그룹에서 벗어나지 못했다.[293]

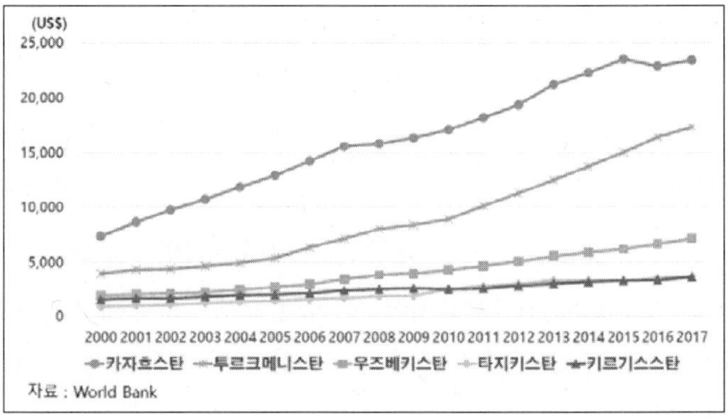

그림 51. 중앙아시아 5개국 1인당 GNI (PPP 기준)

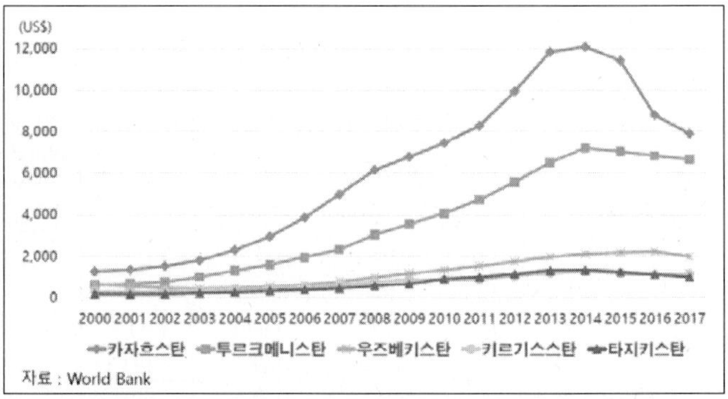

그림 52. 중앙아시아 5개국 1인당 GNI (Atlas method)

앞에서 살펴본 바와 같이 중앙아시아 각국은 GDP와 GNI에서 다소의 차이를 보이는데 그 이유는 다음과 같다. 먼저 GNI는 GDP에 교역 조건의 변화를 반영한 순수한 무역 손익과 무역외 손익을 합친 것으로 한 나라의 국민이 일정 기간 생산 활동에 참여하여 벌어들인 소득의 합계를 의미한다. 이 개념은 한 나라의 경제에 있어서 무역이 차지하는 비중이 커짐에 따라 국민의 구매력을 교역조건을 고려하여 산정하기 위해 도입되었다. GDP는 무역 손익을 고려하지 않기 때문에 생산량과 수출량이 일정하면 수입량이 더 많더라도 실제 국민소득은 일정하게 나타나게 된다. 구체적으로 설명하면 교역조건이 개선되어 수출가격은 오르고 수입가격이 내리면 같은 수출량을 더 많은 수입품과 교환할 수 있게 되어 구매력이

293) World Bank, Gross national income per capita 2017, Atlas method and PPP
http://databank.worldbank.org/data/download/GNIPC.pdf

상승하지만 반대로 교역조건이 악화하면 수출가격은 내리고 수입가격이 오르면서 같은 수출량으로 더 적은 수입품과 교환하게 되어 무역손실이 발생하고 그 결과 구매력이 떨어져 국민소득도 감소하게 된다. GDP는 증가하였으나 GNI가 감소하였다는 것은 그 기간 내수시장은 활성화되어 GDP는 증가하였으나 무역 조건이 악화하여(수출 경쟁력이 떨어져서) GDP 증가 폭 이상으로 무역 손실이 발생하여 결국 GNI는 감소하였다는 것이다.

2) 중앙아시아 5개국의 대외무역

(1) 중앙아시아 5개국의 상품 및 서비스 교역

세계무역기구(WTO) 통계자료에 의하면 2017년 중앙아시아 5개국의 상품수출은 688억 달러를 기록하였는데 이는 세계 상품수출의 약 0.39%에 해당한다. 상품수입은 545억 달러로 세계 상품수입에서 차지하는 비중은 0.30%였다. 카자흐스탄이 중앙아시아 전체 상품교역의 63%(수출의 70%, 수입의 54%)를 차지하며 중앙아시아 최대 교역국으로 확실한 자리매김을 하였다. 우즈베키스탄이 18%(수출 15%, 수입 22%), 투르크메니스탄이 11%(수출 10%, 수입 11%)를 담당하였고, 키르기스스탄과 타지키스탄이 각각 5%, 3%를 차지했다. 카자흐스탄과 투르크메니스탄은 중앙아시아 최대 에너지 자원 보유국답게 전체 수출에서 연료 및 광물자원이 차지하는 비중이 각각 70% 이상을 차지하였다. 반면 우즈베키스탄은 목화 섬유를 포함한 농산물, 의류 및 섬유제품, 화학 및 석유제품이 최대 품목이며, 에너지 자원 빈국인 키르기스스탄은 금을 중심으로 한 귀금속이 50%, 타지키스탄은 면화를 중심으로 한 농산물, 알루미늄과 금 등의 광물자원이 수출 주요 품목을 이루었다. 반면 중앙아시아 각국의 수입구조에 있어 기계설비 및 공산품을 중심으로 한 제조업 제품이 적게는 전체 수입의 50%를 많게는 80%를 차지하여 전형적인 에너지 및 농업 중심 경제 및 무역구조를 지닌 지역임을 보여주었다.

표 69. 중앙아시아 5개국 상품 교역 현황

(2017년 기준. 백만$)

국명	상품 수출(A)			상품 수입(B)			상품 및 경상수지		교역도**	1인당 무역액
	수출액	(%)*	순위	수입액	(%)*	순위	상품수지	경상수지	%	$***
카자흐스탄	48,342	0.27	49	29,305	0.16	65	19,037	-4,662	29.1	2,587
우즈베키스탄	10,500	0.06	86	12,000	0.08	87	-1,500	1,774	20.9	397
투르크메니스탄	7,000	0.04	97	6,000	0.03	114	1,000	-4,369	-	-
키르기스스탄	1,791	0.01	139	4,481	0.02	130	-2,690	-558	54.0	597
타지키스탄	1,200	0.01	147	2,700	0.01	144	-1,500	-189	27.2	231
중앙아5국 소계	68,833	0.39	-	54,486	0.30	-	14,347	-	-	-

(%)* : 세계에서 차지하는 비중

교역도** : 2015~2017년 평균. GDP 대비, 1인당 무역액 : 2015~2017 평균

자료 : WTO, 경상수지는 IMF자료.

표 70. 중앙아시아 5개국 서비스 교역 현황

(2017년 기준. 백만$)

국명	서비스 수출(A)			서비스 수입(B)			서비스 수지
	수출액	(%)*	순위	수입액	(%)*	순위	
카자흐스탄	6,199	0.12	75	10,716	0.21	59	-4,517
우즈베키스탄	3,506	0.07	91	978	0.02	139	2,528
투르크메니스탄	-	-	90	-	-	88	-
키르기스스탄	841	0.02	135	863	0.02	147	-22
타지키스탄	247	0.00	166	533	0.01	158	-286

(%)* : 세계에서 차지하는 비중

자료 : WTO, http://stat.wto.org/Home/WSDBHome.aspx?Language=E

(2) 중앙아시아 5개국의 무역 개방도

중앙아시아 대외무역의 특징은 무역 개방도(trade-to-GDP ratio, trade openness ratio)가 높다는 점이다. 무역 개방도는 상품 및 서비스 이동 측면에서 세계화 수준을 측정하는 지표로 사용되는데 연간 교역 규모(상품 및 서비스 수출액과 수입액의 평균)를 해당연도 국내총생산(GDP)으로 나눈 수치를 말한다. 교역 규모 자체를 세계화의 지표로 사용하지 않고 교역 규모를 GDP로 나눈 교역도를 세계화의 지표로 사용하는 것은 GDP는 일국의 경제 규모를 나타내는 수치로 GDP가 클수록 일반적으로 교역 규모도 커질 것이므로 수치에 의한 왜곡을 방지하기 위한 것이다. 따라서 어느 나라에 있어 기준연도보다 비교연도의 교역도가 증가할

경우 이는 외국과의 교류 정도가 심화하였다고 말할 수 있고, 이는 상품/서비스 이동의 측면에서 그 나라의 세계화 정도가 진척되었다고 볼 수 있다. 무역 개방도는 경제 규모가 큰 국가나 인구가 많은 나라에서 상대적으로 낮게, 반면에 경제 규모가 작거나 인구가 많은 국가에서 높게 나타난다. 2015~2017년 미국과 중국의 무역 개방도가 각각 13.4%, 19.1%인데 반해 도시국가인 싱가포르와 홍콩은 각각 160.2%, 189.2%였다. 그리고 무역 개방도가 높을수록 국민경제(GDP)가 대외무역에 더 큰 영향을 받는다.

2000년 이후 중앙아시아 각국의 무역 개방도는 글로벌 금융위기가 발생한 2008년까지 세계 평균을 훨씬 웃돌았다. 특히 키르기스스탄과 타지키스탄의 무역 개방도가 상대적으로 높았는데 앞서 언급한 바와 같이 GDP 규모가 상대적으로 작았던데 기인한다. 2000년대 중반까지 중앙아시아 국가는 다른 어떤 지역보다 상품 및 상업용 서비스의 이동에 있어 세계 경제로 급속히 편입되는 양상을 보여주었다. 그러나 2008년 글로벌 금융위기 이후 중앙아시아 모든 국가의 무역 개방도는 급격히 하락하며 카자흐스탄과 투르크메니스탄, 우즈베키스탄은 세계 평균 이하로까지 떨어졌다. 이는 세계경기 침체로 에너지 및 광물자원에 대한 세계 경제의 수요 둔화가 그 원인이었다. 그로 인해 자원 수출주도형 경제를 지닌 카자흐스탄과 투르크메니스탄의 수출입 증가세가 급격히 둔화하며 명목 GDP 증가세를 따르지 못했다. 우즈베키스탄의 무역 개방도가 2016년 18.1%에서 2017년 28.2%로 급등한 것은 환율의 평가절하로 경상가격 GDP가 667억 달러에서 479억 달러로 28% 축소됐지만, 상품 수출입은 205억 달러에서 225억 달러로 10% 늘어났기 때문이다.

유럽중앙은행(ECB)이 2012년 11월 발표한 보고서(Trade Openness Reduces Growth Volatility When Countries Are Well Diversified)[294]는 무역 개방도와 경제성장률 변동성 간의 관계를 분석하고 있다. 일반적으로 무역 개방도와 경제성

294) Mona Haddad, Jamus Jerome Lim, Cosimo Pancaro and Christian Saborowski, “Trade Openness Reduces Growth Volatility When Countries Are Well Diversified”, ECB, Working Paper Series, No 1491, November 2012. https://www.ecb.europa.eu/pub/pdf/scpwps/ecbwp1491.pdf

표 71. 중앙아시아 5개국 무역 개방도 추이 (2000~2017)

(단위 : %)

	2000	2005	2006	2007	2008	2009	2010	2011	2012	2013	2014	2015	2016	2017
카자흐스탄	45.3	47.8	45.2	45.5	46.5	37.0	35.9	35.3	36.1	31.9	31.6	25.5	29.6	29.4
키르기스스탄	46.4	46.6	63.9	70.4	74.2	64.8	66.3	64.9	72.3	70.0	65.6	55.7	56.8	55.7
타지키스탄	79.7	56.1	64.5	62.4	51.3	40.3	41.9	42.7	41.7	37.1	33.5	32.3	32.5	32.1
우즈베키스탄	22.6	33.2	32.2	35.2	35.9	31.5	28.7	28.4	25.6	24.9	22.3	19.6	18.1	28.2
투르크메니스탄*	42.7	23.0	22.7	24.2	40.8	29.2	27.0	35.2	37.5	34.2	31.6	26.5	19.3	17.1
세계	23.8	27.9	29.5	30.3	31.8	26.7	29.1	31.0	30.9	30.9	30.6	28.8	27.8	28.9

투르크메니스탄* : 상품 수출입 자료만을 기초로 작성
자료 : WTO와 IMF data를 기초로 작성

장률(산출증가율) 변동성 간에는 다음과 같은 관계가 성립된다고 인식되어 왔다. 무역 개방도(의존도)가 높은 경제는 그렇지 않은 경제에 비해 외부충격에 대한 노출 정도가 높아 경제성장률 변동성이 확대된다. 그러나 무역 개방도가 높아 외부시장(수출) 접근성이 높은 경우 내수경기 부진으로 인한 성장률 하락을 막아 줄 수 있기 때문에 높은 무역 개방도가 반드시 성장률 변동성을 높인다고 단정적으로 말할 수 없다는 것이다. ECA 연구 보고서는 수출상품의 집중도가 달라질 때, 무역 개방도와 성장률 변동성의 관계에 초점을 맞추어 실증분석(수출 집중도 조건부 개방도와 성장률 변동성 간 관계)을 하였는데 흥미로운 결과가 도출되었다. 수출품목 다양화는 수출의존도가 높아 글로벌 충격(global shocks)에 취약한 국가의 성장률 변동성을 완화하는 방향으로 작용하였다. 수출품목 다양화(diversification)와 수출시장 다변화의 상대적 중요성과는 관계없이 수출품목이 다양해질수록 성장률 변동성에 대한 무역개방도 파급효과가 감소하는 것으로 나타났다. 즉, 수출품목이 다양한 상태에서 무역 개방도의 상승은 경제성장률 변동성을 축소하는 방향으로 작용하였다. 77개 분석대상국의 약 56%가 무역 개방도 확대 시 성장률 변동성이 완화되는 것으로 나타났는데, 이러한 이득(benefit)을 얻는 국가는 수출품목이 일부 품목에 한정되어 있지 않고 충분히 다양화되어 있는 즉, 수출 집중도가 낮은 국가였다. 성장률 변동성에 대한 무역 개방도의 효과가 마이너스(-) 값에서 플러스(+) 값으로 바뀌는 수출 집중도 값(전환점)은 5대 수출 상품 집중도가 0.48인 것으로 나타났다. 즉 수출 집중도가 0.48 이하인 한 무역 개방도 확대는 경제성장률 변동성을 축소하며, 그 이상이면 개방도 확대가 성장률 변동성을 확대하는 것으로 나타났다. 최근 13년(2005~2017년) 동안 중앙아시아 5개국의 상위 5개 수출품목의 수출집중도(HS digit 4 기준)는 모두 0.5 이상이었고, 투르크메니스탄은 2009~2010년을 제외하고는 모두 0.9 이상으로 수출 집중도가 과도하게 높았다. 카자흐스탄도 전 기간 0.7을 상회하면서 13년간 상위 5개 수출품목의 수출 집중도가 평균 0.76에 달했다. 타지키스탄이 2014~2017년 평균 0.71로 높은 집중도를 보였다. 우즈베키스탄과 타지키스탄이 상대적으로 낮은 집중도를 보였으나 양국 모두 0.6을 웃돌았다. 중앙아시아 국가 모두 글로벌 충격(수출가격 하락에 의한 수출 감소)에 취약하며 그로 인해 경제성장률 변동성이 큰 것으로 나타났다. 그중에서도 무역 개방도가 높고 수출 집중도가 높은 카자흐스탄, 키르기스스탄, 투르크메니스탄이 상대적으로 낮은 우즈베키스탄과 타지키스탄보다 글로벌 금융위기 시기(2009~2010년)와 국제원자재 가격 폭락 시기(2015~2016년)에 실제 경제성장률 변동성이 더 높았다.

표 72. 중앙아시아 5개국 상위 5개 품목 수출 집중도(CR5) 추이

	2005	2006	2007	2008	2009	2010	2011	2012	2013	2014	2015	2016	2017	평균
카자흐스탄	0.77	0.76	0.72	0.74	0.75	0.78	0.77	0.77	0.81	0.80	0.76	0.71	0.72	0.76
키르기스스탄	0.55	0.52	0.51	0.65	0.69	0.67	0.66	0.52	0.59	0.65	0.66	0.66	0.57	0.61
타지키스탄	-	-	-	-	-	-	-	-	-	0.73	0.73	0.69	0.69	0.71
투르크메니스탄	0.93	0.93	0.95	0.95	0.86	0.84	0.93	0.95	0.93	0.92	0.93	0.90	0.95	0.93
우즈베키스탄	0.60	0.65	0.60	0.64	0.67	0.54	0.49	0.53	0.58	0.53	0.63	0.63	0.67	0.60

HS digit 4 기준
자료 : ITC data를 기초로 작성.

3) 중앙아시아 5개국의 외국인직접투자(FDI)

오늘날 많은 국가가 투자환경을 개선하며 외국인직접투자(FDI)를 유치하고자 서로 경쟁하는 것은 FDI 유치가 가져다주는 경제적 효과 때문이다. 특히 2000년대 이후 FDI는 개발도상국(developing economies)의 외부금융(직접투자, 포트폴리오투자, 장단기 민간 및 공공부문 차입금, 공적 개발원조(ODA), 국내송금 등)

에서 가장 중요한 원천이며, 포트폴리오 투자, 송금, 기타투자(은행 차입)보다 자금의 흐름에 있어 변동성이 훨씬 적은 안정적인 재원이다. 동시에 FDI는 경제 및 금융위기 시 충격을 축소하는 중요한 완충장치였다. 2013~2017년 동안 개발도상국 전체 유입자금의 39%를 FDI가 담당했다. 반면 최저개발국(LDCs. least developed countries)에 있어서는 ODA가 36%로 가장 중요한 재원이었고 FDI가 21%를 차지했다.[295] FDI는 산업발전을 통한 지속 가능 경제성장을 도모하고 있는 개발도상국에 있어 장기적인 관심사이다.

(1) 중앙아시아 5개국의 외국인직접투자 유치

유엔무역개발위원회(UNCTAD)가 2018년 6월 발표한 '세계투자보고서 2018-투자와 신산업 정책(World Investment Report 2018 - Investment and New Industrial Policies)'에 의하면 2017년 글로벌 직접투자 규모는 1조 4,298억 달러로 전년(1조 8,675억 달러) 대비 23% 감소했다. 국제간 인수·합병(M&A)이 22% 감소한 것이 결정적 요인이었고 그린필드 투자도 14% 줄어들었다. 특히 선진국과 체제전환국가로의 직접투자 유입이 급격히 줄었으며, 개발도상국에서는 직접투자 변화가 거의 없었다. 선진국으로의 직접투자 유입이 37% 줄어들었고, 체제전환국가로의 직접투자 유입은 27% 줄어들며 2005년 이래 가장 낮은 수준이었다. 특히 러시아, 카자흐스탄, 아제르바이잔, 우크라이나에서 감소가 두드러졌는데 지정학적 불확실성과 천연자원 투자의 부진이 결정적 요인이었다.

2017년 중앙아시아 5개국이 유치한 FDI 금액은 72억 7,900만 달러로 전년(113.1억 달러) 대비 35.6%나 감소했다. 세계 전체 FDI 유입에서 차지하는 비중도 0.61%에서 0.51%로 급감하였다. 중앙아시아 5개국은 글로벌 금융위기에도 FDI 유치에 있어 다른 신흥시장과 달리 충격을 받지 않았다. FDI 유치가 2007년 132.9억 달러에서 2008년 175.0억 달러, 2009년 189.6억 달러로 늘어났고, 2011년에는 198.9억 달러로 유치가 확대되었다. 그러나 그리스발 유럽 재정위기가 본격화

295) UNCTAD, "World Investment Report 2018 : Investment and New Industrial Policies", 2018. p.12.

되면서 2012년 중앙아시아로의 FDI가 감소추세로 전환하였고, 2014년 러시아-우크라이나 사태와 2015년 국제유가 급락으로 FDI는 2015년 85.1억 달러로 급감했다. 2016년 113.1억 달러로 회복되었으나 2017년에 다시 72.8억 달러로 축소되며 2006년 이후 최저치를 기록했다.

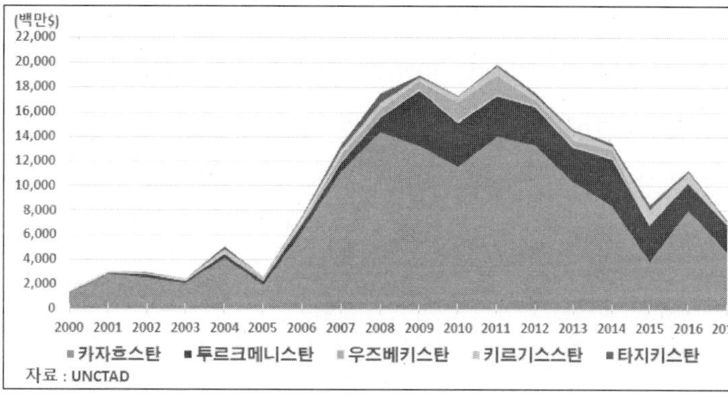

그림 53. 중앙아시아 5개국 FDI 유치 추이 (2000~2017)

2000~2017년 중앙아시아 국가별 FDI 유치 현황을 살펴보면 카자흐스탄이 최대 FDI 유치국으로 나머지 국가를 압도했다. 카자흐스탄은 연평균 74.5억 달러를 유치하여 중앙아시아 FDI의 72.4%를 차지했다. 투르크메니스탄이 18.6억 달러로 18.1%를 담당했지만, 우즈베키스탄은 4.8억 달러(4.7%), 키르기스스탄은 3억 달러(2.9%), 타지키스탄은 2.03억 달러(2.0%) 유치에 그쳤다. 카자흐스탄은 2011년 139.7억 달러의 외국자본을 유치한 후 매년 감소하여 2015년에는 38.6억 달러까지 축소되었다. 2016년 81억 달러로 회복되었으나 2017년 다시 46.3억 달러로 줄어들었다. 투르크메니스탄은 2009년 45.5억 달러를 유치하며 최고치를 기록한 후에도 꾸준히 매년 30억 달러 이상을 유치하였으나 2016년과 2017년 각각 22.4억 달러, 23.1억 달러로 줄어들었다. 키르기스스탄은 2010~2014년 매년 2.5~7.0억 달러 수준의 FDI를 유치하였으나 2015년 11.4억 달러를 유치하며 최고치를 기록하였으나 2016년 6.2억 달러로 축소되었고, 2017년은 1억 달러 이하로 떨어지는 등 유치 금액 면에서 매년 큰 변동성을 보인다. 타지키스탄은 중앙아시아 5개국 중에서 FDI 유치 실적이 가장 부진한 국가로 2008년 8.2억 달러로 최고를 기록한 후 2009~2017년에는 매년 1~2억 달러의 FDI를 유치하는 데 그치고 있다. 연간 FDI 유입에 있어 타지키스탄은 중앙아시아 국가 중에서는 변동성

이 가장 낮다. 우즈베키스탄은 중앙아시아 국가 중 경제 규모와 비교하면 FDI 유치가 가장 적은 국가다. 2010~2011년 16억 달러 이상을 유치하기도 하였으나 2012~2014년에는 5~7억 달러 수준으로 축소되었고, 2015년과 2017년은 1억 달러 미만으로 떨어지는 등 2010년 이후 연간 FDI 유입 축소 폭이 가장 컸다.

표 73. 중앙아시아 5개국 외국인직접투자(FDI) 유치 현황

	외국인직접투자 유치 (백만$)					% (총고정자본형성 대비)				
	2005-2007	2014	2015	2016	2017	2005-2007	2014	2015	2016	2017
카자흐스탄	6,456	8,406	3,860	8,097	4,634	26.9	17.6	8.5	25.7	13.1
우즈베키스탄	357	757	66	133	96	6.8	3.2	0.3	0.7	0.5
투르크메니스탄	668	3,830	3,043	2,243	2,314	-	-	-	-	-
키르기스스탄	144	248	1,142	616	94	21.8	10.2	51.5	28.8	4.0
타지키스탄	201	289	397	219	141	38.3	28.0	27.3	16.1	11.0
중앙아 소계	7,824	13,530	8,508	11,308	7,279	-	-	-	-	-
세계 비중(%)	0.55	1.01	0.44	0.61	0.51	(11.4)	(6.8)	(10.4)	(10.1)	(7.4)

(11.4) : 세계 총고정자본형성 대비 세계 FDI 비중임.
자료 : UNCTAD, "World Investment Report 2018"

표 74. 중앙아시아 5개국 외국인직접투자(FDI) 잔액 현황

	외국인직접투자 잔액 (백만$)					% (국내총생산(GDP) 대비)			
	1995	2014	2015	2016	2017	1995	2015	2016	2017
카자흐스탄	2,895	132,574	133,752	143,089	147,064	17.4	72.5	107.0	93.2
우즈베키스탄	106	8,956	9,023	9,156	9,252	1.0	13.8	13.8	13.5
투르크메니스탄	415	26,655	29,698	31,941	34,254	7.1	82.4	88.3	80.9
키르기스스탄	144	3,553	4,638	5,246	5,536	9.7	69.4	80.1	80.8
타지키스탄	40	1,678	2,019	2,346	2,554	7.0	25.7	33.9	35.3
중앙아 5국 소계	3,600	173,416	179,130	191,778	198,660				
세계 비중(%)	0.10	0.68	0.70	0.69	0.63	(11.1)	(34.1)	(36.3)	(40.4)

* (11.1) : 세계 GDP 대비 세계 FDI잔액 비중임.
자료 : UNCTAD, "World Investment Report 2018"

FDI 누적 잔액에 있어 중앙아시아는 2017년 말 기준 1,987억 달러로 전년보다 3.6% 증가하였다. 그러나 세계에서 차지하는 비중은 0.63%로 전년보다 0.06% 포인트 축소되었다. 중앙아시아 5개국 가운데 카자흐스탄만이 세계 FDI 잔액 규

모에 있어 나름의 의미를 지녔다. 2017년 말 카자흐스탄의 FDI 잔액은 1,471억 달러로 중앙아시아 전체 FDI 투자 잔액의 74%를 차지하며 세계 203개 국가 중 39위에 자리매김했다. 투르크메니스탄이 342.5억 달러로 69위를 차지했고, 나머지 3개국(우즈베키스탄 120위, 키르기스스탄 134위, 타지키스탄 155위)은 100위권 밖으로 밀려날 정도로 대단히 미약했다.

중앙아시아 국가(우즈베키스탄 제외)들에 있어 FDI는 경제성장의 중요한 축인 고정자본투자 확대에 결정적 역할을 담당했다. 글로벌 금융위기 직전인 2005~2007년 총고정자본형성 대비 FDI 유치 규모는 타지키스탄이 38.3%, 카자흐스탄이 26.9%, 키르기스스탄이 21.8%로 동기간 세계 평균(11.4%)보다 2~3배나 높았다. 2010년대 들어 그 비율이 많이 축소되고 있음에도 불구하고 상기 3개 국가의 고정자본형성 대비 FDI 유입 비율은 여전히 세계 평균을 상회하고 있다. 그러나 우즈베키스탄은 FDI 유치액이 상대적으로 적어 총고정자본형성에서 차지하는 비중이 세계 평균에 훨씬 미치지 못하고 있는데 2015~2017년에는 1% 미만에 그쳤다. FDI가 우즈베키스탄의 고정자본형성에 거의 도움을 주지 못하고 있음을 보여준다.

(2) 중앙아시아 5개국의 외국인직접투자 잠재지수

유엔무역개발회의(UNCTAD)가 FDI 유치와 관련해 개발한 대표적 지수로 FDI 잠재지수(Inward FDI Potential Index), FDI 매력지수(Inward FDI attraction index), FDI 성과지수(Inward FDI Performance Index)가 있다.

FDI 잠재지수는 세계 각국이 FDI를 유치하는 데 있어 그 잠재력이 어느 정도인지를 지수로 산정한 것으로 4개 영역 10개 지표를 사용하고 있다.[296] 중앙아시

296) FDI 잠재지수 산정에 사용되는 결정요인과 근사지표(FDI determinants and proxy indicators)는 다음과 같다. Ⅰ. 시장 매력도에는 시장 규모(GDP(구매력 기준)), 소비력(1인당 GDP(구매력 기준)), 시장 성장 잠재력(실질 GDP 증가율), Ⅱ. 저임금 노동력과 기술 활용 가능성에는 단위 노동비용(시간당 보상과 노동 생산성), 제조업 노동인구 규모, Ⅲ. 천연자원 부존에는 자원개발(연료 및 광석 수출 금액), 농업잠재력(농경지 이용 가능성)이, Ⅳ. 인프라에는 운송 인프라(도로밀도, 포장 도로 비율, 철도 길이, 정기선 연계선 지수), 에너지 인프라(전력 소비), 통신 인프라(전화선/인구 100명당, 무선 통신 가입/인구 100명당, 유선 인터넷 가입자/인구

아 5개국 중 카자흐스탄만이 시장 매력도와 천연자원 부존에서 좋은 평가를 받으며 평가 대상 177개국 중 33위로 중상위권에 편입되었다. 우즈베키스탄과 투르크메니스탄이 각각 67, 76위를 차지하며 중위권에 위치했지만 키르기스스탄과 타지키스탄은 100위권에도 들지 못하며 투자 잠재력이 대단히 낮은 것으로 평가되었다.(표 75)

표 75. FDI 유치 잠재지수 순위로 본 중앙아시아 (2011년)

Economy	시장매력도	저임금노동력과 기술 활용 가능성	인프라	천연자원부존	전체 순위
카자흐스탄	16	50	75	11	33
키르기스스탄	128	52	113	111	108
타지키스탄	107	..	134	120	131
투르크메니스탄	43	..	115	95	76
우즈베키스탄	57	..	107	48	67

자료 : UNCTAD. Web table 32a. Country rankings by Inward FDI Potential Index, 2011

FDI 매력지수(Inward FDI attraction index)는 FDI 유입 규모에서 국가 순위와 국내총생산 대비 FDI 유입액 비율에서 국가 순위를 합쳐 평균하여 산출하였다. 동 지수에서 카자흐스탄은 2011년 평가대상 182개 국가 중 7위, 투르크메니스탄은 9위로 Top 10안에 진입했지만, 타지키스탄은 178위로 최하위를 기록했다.

표 76. FDI 매력 지수로 본 중앙아시아

	2000	2001	2002	2003	2004	2005	2006	2007	2008	2009	2010	2011
카자흐스탄	21	12	14	10	10	18	17	14	5	5	5	7
키르기스	114	149	174	156	116	123	111	130	114	122	92	64
타지키스탄	146	148	145	146	75	99	71	85	83	127	153	178
투르크메니스탄	110	111	108	112	113	116	94	106	89	17	9	9
우즈베키스탄	143	144	152	151	151	151	154	146	139	138	108	78

자료 : UNCTAD. Country rankings by Inward FDI Attraction Index, 2000 - 2011

100명당)가 사용되었다.

UNCTAD. World Investment Report 2012: Towards a New Generation of Investment Policies. p. 30.

(3) 중앙아시아 5개국의 외국인직접투자 성과지수

외국인직접투자 성과지수(Inward FDI Performance Index)는 UNCTAD가 세계 각국의 FDI 유치 실적을 객관적으로 비교 분석하기 위해 제시한 방법으로 FDI를 유치한 국가의 해당연도를 포함한 3년 평균 FDI가 세계 FDI에서 차지하는 비중과 그 국가의 3년 평균 GDP가 세계 GDP에서 차지하는 비중을 비교하여 구한다. 이 방법은 일반적으로 경제 규모가 큰 경우 외국인투자의 절댓값 또한 크게 나타나는 수치상의 문제점을 보완할 수 있을 뿐만 아니라, 투자성과를 다른 국가와 비교할 수 있다는 장점이 있다. 성과지수와 잠재지수를 비교해 볼 때 FDI 유치에 있어 중앙아시아 국가는 그 잠재력을 훨씬 초과하는 실적을 얻고 있음을 보여준다. UNCTAD(2006년)가 FDI 유치 잠재력과 FDI 성과를 비교해 세계 각국을 4개 권역 국가, 즉 Front-runners(높은 FDI 잠재력을 지니고 있으며 유치 실적도 많은 국가), Above potential(낮은 FDI 잠재력을 지닌, 그러나 유치 실적은 많은 국가), Below potential(높은 FDI 잠재력을 지닌, 그러나 유치 실적은 적은 국가), Under-performers(낮은 FDI 잠재력과 적은 유치 실적을 지닌 국가)로 분류하면서 카자흐스탄은 Front-runners로, 타지키스탄과 키르기스스탄은 Above potential로, 우즈베키스탄은 Under-performers 유형에 속하는 것으로 분류하고 있는 것에서도 알 수 있다.[297)]

표 77. 중앙아시아 5개국의 FDI 성과지수 순위

	1995	2000	2005	2006	2007	2008	2009	2010
카자흐스탄	19	26	63	29	19	18	9	25
키르기스	10	136	100	41	61	37	51	36
타지키스탄	82	79	83	17	15	15	133	117
우즈베키스탄	133	118	110	124	93	92	77	74
룩셈부르크			7	1	141	6	1	1
홍콩	23	1	5	6	5	3	3	2
몽골	91	45	18	30	24	7	6	3
한국	118	91	122	132	137	123	118	122

자료 : UNCTAD, Inward FDI Performance and Potential Index rankings, 1990-2010

297) http://unctad.org/Sections/dite_dir/docs/Matrix_2006_en.pdf

중앙아시아 지역은 카스피해의 풍부한 에너지 자원을 보유하고 있다는 점을 제외하고는 투자환경이 이머징마켓 경쟁국과 비교해 아주 열악하다. 즉 구매력, 산업생산 및 인프라, 금융, 혁신 등에 있어 여전히 투자 흡인력이 낮지만, 정치, 사회, 범죄, 환경, 법률 및 행정 제도적 측면에서 투자 위험도가 상대적으로 높다. 그런데도 FDI 유치 성과에 있어서 중앙아시아 5개국은 보다 나은 투자환경을 지닌 아시아 및 중동부 유럽 신흥경제 국가와 비교해 훨씬 뛰어난 실적을 냈다. 이와 같은 중앙아시아로의 외국인투자 행태는 합리적이며, 이성적 동기에 의해 경제적 이익을 추구한다는 독점적 우위이론(Monopolistic advantage theory), 내부화이론(Internalization theory), 절충이론(Eclectic theory) 등과 같은 기존의 일반적 FDI 이론 틀과는 적지 않은 차이를 보인다. 즉 외국기업들의 중앙아시아 진출은 아제르바이잔에서와 마찬가지로 지정학적, 지경학적 요인에 기인한 국제정치의 역학관계라는 비논리적이며, 비합리적인 측면이 큰 영향을 미치고 있어 특수 형태인 행동과학적 접근(Behavioral theory) 이론이 적용되고 있다. 또한 중앙아시아 에너지 자원의 개발 및 운송과 관련해 석유메이저들이 경쟁적으로 진출함으로써 과점적 대응이론(Oligopolistic Reaction theory)도 부분적으로 적용되고 있음을 보여준다.

4) 중앙아시아 5개국의 대외부채

1991년 소비에트 해체 결정 과정에서 러시아는 소련의 합법적 승계국으로 국제정치 무대에서 인정받으며 소련의 대외 자산과 부채를 모두 승계했다. 따라서 중앙아시아 5개국 모두는 국제대차(대외채무와 대외채권)가 제로(0)인 상태에서 출발했다. 그러나 정치적으로는 소비에트 통치체제로부터 민주주의 시스템으로의 이행, 경제적으로는 계획경제에서 시장경제로의 체제전환 등 새로운 국가건설(state building) 과정에서 많은 재정투입이 요구되었다. 국내자본의 축적이 없었던 중앙아시아 각국은 국제통화기금(IMF), 세계은행(WB), 아시아개발은행(ADB), 유럽부흥개발은행(EBRD) 등으로부터 차입을 통해 자금을 조달하였고 이는 1990년대 대외부채의 증가로 이어졌다. 2000년대 카자흐스탄을 중심으로 외국자본 유치를 통한 광물자원 개발과 사회 및 산업인프라 구축을 추진하면서 대외부채의 증가 폭이 확대되었다.

과도한 대외부채는 재정 건전성 악화와 국가신용등급 하락 요인으로 작용하여 국가 부도를 초래할 가능성을 높인다. 유럽연합(EU)은 국가채무 비율 60% 이내, 재정적자 비율 3%를 재정준칙으로 설정하고 회원국들에서 권고하고 있다. IMF는 국가별 국가채무 기준 전망(Baseline)에 여러 가지 충격 가정을 설정하고 국가채무의 지속가능성을 분석하였는데 국가채무 비율이 GDP의 70~80% 수준으로 상승하면 채무에 대한 이자 지급 부담이 많이 증가하고[298] 재량정책을 더 강화하면서 추세적 성장을 저해하는 등 경제의 기초체력을 약화하는 것으로 나타났다.[299] 국가채무의 완화를 위해서는 무엇보다 재정수지 안정과 경제성장이 뒷받침되어야 한다고 강조했다. 그리고 IMF는 세계은행과 '부채지속가능성프레임워크(DSF. Debt Sustainability Framework)'를 제시하였는데 DSF는 저소득 국가가 짊어질 수 있는 부채의 규모를 평가하기 위해 개발된 지표다. DSF를 기반으로 IMF와 세계은행은 저소득국가를 위해 매년 '부채지속가능성분석(DSA: Debt Sustainability Analysis)'을 하고 있다. DSA는 대외 공공부채의 규모와 부채 부담으로 인해 발생하는 위험도를 등급별로 나타낸다. DSA는 GDP 대비 부채비율(debt-to-GDP ratio) 40%, 수출 대비 부채비율(debt-to-exports ratio) 150%, 재정수입 대비 부채비율(debt-to-revenue ratio) 250%, 수출 대비 부채상환과 재정수입 대비 부채상환 비율(debt service-to-exports and debt service-to-revenue ratios) 20%를 한계지표로 제시하고 있다.[300]

298) Égert, B. "Fiscal Policy Reaction to the Cycle in the OECD: Pro-or Counter-cyclical?" 2010.
299) Reinhart and Rogoff, "Growth in a Time of Debt" (2010), Cecchetti et al., "The Real Effects of Debt" (2011)
300) IMF, "Republic of Uzbekistan : the 2018 Article IV consultation— Debt sustainability analysis", April 19, 2018, p.1.

표 78. 중앙아시아 5개국 대외부채 현황

(단위 : 백만 달러)

	카자흐스탄 (2017.12)	우즈베키스탄 (2017.12)	키르기스스탄 (2017.09)	타지키스탄 (2015.12)	투르크메니스탄 (2015.12)
총대외부채	167,485	15,563	8,067	5,100	402.9(총부채)
정부 및 정부보증	14,308	7,529	3,968	2,195	234.2(국가부채)
민간	153,177	8,035	4,099	2,905	38.1(민간부채)
총부채/GDP (%)	104.1	41.3	112.6	64.9	33.8(단기부채)
정부부채/GDP(%)	8.9	24.5	55.4	27.9	96.7(IMF신용)
총부채/수출 (%)	307.1	111.1	306.5	446.2	-

자료 : ADB, Key Indicators for Asia and the Pacific 2017, (www.adb.org/statistics) & 카자흐스탄, 키르기스스탄 중앙은행 data.

중앙아시아 5개국의 대외부채 부담을 살펴보면 우즈베키스탄과 투르크메니스탄을 제외하고 카자흐스탄, 키르기스스탄, 타지키스탄의 부채위험이 상당히 높은 것으로 나타났다. 우즈베키스탄의 총 대외부채 및 정부 보증 부채는 여전히 낮은 수준이며 향후 GDP 대비 비중은 축소될 것으로 보인다. 2017년 우즈베키스탄의 총 대외부채는 155.63억 달러로 GDP 대비 41.3%를 기록하였다. 공공 및 정부보증 대외부채가 GDP의 약 24.5%를 차지하였다. 상품 및 서비스 수출대비 대외부채는 111% 수준으로 DSA 한계지표를 충족시키고 있다. 2016년 GDP 대비 총 대외부채는 20.3%, 정부보증 대외부채는 10.5%였다. 지표가 1년 사이에 큰 폭으로 나빠진 것은 2017년 9월 숨화의 약 100%에 달하는 평가절하로 인해 경상가격 GDP가 크게 축소된데 기인한다. 그런데도 이 지표들의 수준은 양호하다. 향후 경제의 견실한 성장과 수출 증가 및 완만한 대외 차입을 고려할 경우 ‘대외부채 피로 리스크(risk of external debt distress)’는 더 낮아질 것으로 평가된다.[301] 투르크메니스탄은 GDP 대비 총외채가 2015년 19.4%에서 2017년 25.9%로 늘어난 것으로 EBRD는 추정하고 있다.[302] 이는 중앙아시아 5개국 중 가장 낮은 수치다.

카자흐스탄의 2017년 말 기준 총외채는 1,674억 8,471만 달러로 중앙아시아

301) IMF, “List of LIC DSAs for PRGT-Eligible Countries”, As of August 01, 2018.

302) EBRD, “Country Assessments : Turkmenistan, Transition Report 2017-18 Sustaining Growth”, http://2017.tr-ebrd.com/countries/#

국가 중에서 가장 많다. 그러나 정부가 직접 차입하거나 보증한 대외부채는 143.1억 달러로 총부채의 8.5%에 불과하고 나머지 91.5%인 1,531.8억 달러는 상업은행이나 기업 등 민간이 부담해야 할 부채다. 카자흐스탄의 GDP 대비 총외채 비율은 2017년 기준 104.1%로 대단히 높은 수준이다. 2015년 이후 비율이 급격히 상승하였는데 이는 2015~2016년 텡게화의 평가절하로 인해 경상가격 GDP가 축소되었기 때문이다. GDP 대비 총외채 비율은 2014년 71.2%에서 2015년 83.2%, 2016년 122.4%로 급격히 상승했다. 대외부채 총액이 2014년 1,575.6억 달러에서 2016년 1,636.3억 달러로 3.9% 증가에 그쳤지만, GDP 대비 외채비율은 급격한 환율의 평가절하로 51.3%포인트나 증가했다. 상품 및 서비스 수출 대비 부채비율 또한 307.1%를 기록하며 DSA 한계지표를 크게 상회하며 대외부채 위험성이 점증하고 있음을 보여주었다. 2016년을 기점으로 석유 수출과 비석유 수출이 증가하며 경상수지가 개선되며 경제성장률 또한 회복될 것으로 예상함에 따라 대외부채 비율은 GDP의 100% 이하로 떨어지며 개선될 것으로 보인다.

키르기스스탄은 중앙아시아 국가 중 대외부채 위험성이 가장 높은 국가다. 2017년 9월 총 대외부채가 80억 6,700만 달러였고 그 중 국가부채가 39.68억 달러였다. GDP 대비 총외채 비율이 112.6%, 정부부채 비율이 55.4%로 중앙아시아 국가 중 가장 높았다. 상품 및 서비스 수출 대비 부채비율도 300%를 넘었다. 대외부채는 도로재건과 에너지 분야 효율성 개선을 위해 세계은행, 아시아개발은행, 중국 수출입은행으로부터 대출받은 금액이 대부분을 차지했다.[303] DSA의 한계지표에 따라 분석해 보면 대외부채피로리스크(risk of external debt distress)가 높아 인프라 및 산업 투자를 위한 키르기스스탄의 해외 차입이 어렵다고 하겠다.

타지키스탄 또한 대외부채 위험성이 높은 국가다. 2015년 기준 총외채는 51억 달러이고 그 중 정부부채가 43%인 22억 달러다. GDP 대비 총외채 비율이 64.9%, 정부부채 비율이 27.9%로 카자흐스탄이나 키르기스스탄에 비해 낮았지만 상품 및 서비스 수출 대비 비중은 무려 450%에 육박하였다. 그리고 2017년 말 타지키스탄의 정부 대외부채는 29억 달러에 달하며 GDP 대비 정부부채 비율이

303) https://akipress.com/news:601842

40.3%로 심리적 지지선인 40%를 넘어섰다.[304] IMF는 타지키스탄의 DSA에서 대외부채피로리스크(risk of external debt distress)가 높아 투자에 필요한 자본 차입이 어려울 것이라고 결론을 내리며 핵심 개혁 분야에서 구체적인 조처를 해야 한다고 조언했다.[305] 타지키스탄 재무부에 따르면, 2017년 6월 말 현재 타지키스탄의 주요 채권국은 중국으로 대외부채의 절반을 차지하고 있다. 타지키스탄은 중국 국영 수출입 은행에 12억 달러 이상, 세계은행에 3억 1,800만 달러, 아시아개발은행에 2억 7,800만 달러, 이슬람개발은행에 1억 1,200만 달러의 부채를 안고 있다[306].

5) 중앙아시아 5개국의 외환보유액

외환보유액(International Reserves)은 일국의 통화 당국이 일정 시점에서 보유하고 있는 외화표시 현금성 자산과 언제라도 현금화가 가능한 수준의 안전성과 유동성을 가진 외화자산의 총액을 말한다. 일반적으로 외환보유고는 해외로부터 재화나 서비스를 수입할 때 그 대금을 결제하거나, 해외에서 차입한 대외부채의 원리금을 상환하기 위한 지급준비금의 성격을 지니기 있어 일국의 대외신용도를 가늠하는 척도가 된다는 점에서 대단히 중요한 의미를 지닌다. 그리고 외환보유액은 국제수지의 일시적 역조를 보전하거나, 외환 투기 및 대내외 경제적 요인에 의해 외환시장이 충격을 받을 때 이를 완충하는 안전판 기능을 수행하며, 국가 신임도 제고를 통해 기업 및 금융기관의 해외자금조달에 유리한 조건을 제공해준다.

2000년대 들어, 특히 2008년 글로벌 금융위기를 계기로 중앙아시아 각국의 외환보유액이 급속도로 늘어나는 추세를 보인다. 카자흐스탄의 2017년 말 외환보유액은 307.5억 달러로 2007년과 비교해 74% 증가했음에도 중앙아시아 나머지 3개국과 비교해 상승률이 가장 낮았다. 그러나 2000년부터 급격한 유가변동에

304) https://eurasianet.org/s/tajikistan-debt-crosses-a-red-line
305) https://www.cgdev.org/blog/aiib-tajikistan-and-risks-non-concessional-lending
306) https://eurasianet.org/s/tajikistan-debt-crosses-a-red-line

표 79. 중앙아시아 5개국의 외환보유액

(단위: 백만 달러)

	2005년	2007년	2008년	2010년	2012년	2014년	2015년	2016년	2017년
카자흐스탄	7,069	17,629	19,872	28,275	28,269	29,209	27,871	29,710	30,745
카자흐스탄1*	8,074	21,006	27,486	30,980	57,927	73,187	63,392	61,218	58,334
우즈베키스탄	2,900	7,500	9,500	14,600	22,133	24,149	24,436	26,429	28,077
투르크메니스탄	4,457	13,222	-	-	-	-	-	-	-
키르기스	612.4	1,178	1,225	1,719	2,067	1,958	1,778	1,969	2,176
타지키스탄	188.9	84.9	163.2	403.4	628.5	510.8	493.3	644.8	642.4*

카자흐스탄1* : 국가기금(National Fund)
자료 : ADB, Key Indicators for Asia and the Pacific 2017 (www.adb.org/statistics)

따른 경제적 충격을 예방하기 위한 대비책으로 조성하고 있는 국가기금(National Fund)[307] 583.3억 달러를 고려할 경우 총 대외지급준비금은 891억 달러로 증가율이 130%가 넘는다. 타지키스탄이 8,490만 달러에서 6.4억 달러로 증가 폭이 657%로 가장 높았다. 우즈베키스탄이 75억 달러에서 281억 달러로 274% 늘었고, 키르기스스탄이 11.8억 달러에서 21.8억 달러로 85% 늘어났음에도 증가율은 가장 낮았다. 투르크메니스탄은 외환보유액 및 대외부채에 관한 공식 통계를 발표하지 않고 있다. 우즈베키스탄도 최근 들어 자료를 발표하기 시작했다. 중앙아시아 각국의 외환보유액이 많이 늘어났음에도 불구하고 대외부채와 비교해 지나치게 적다는 특징을 지닌다. 특히 카자흐스탄은 절댓값에서 중앙아시아 국가 중에서는 가장 많은 외환을 보유하고 있으나 대외부채 대비 외환보유액은 18%에 불과하고, 국가기금을 포함해도 53%에 그친다. 키르기스스탄 또한 외환보유액이 대외부채의 27%만을 충당하고 있고, 타지키스탄은 10%에 불과하다. 우즈베키스탄만이 대외부채보다 80%나 많은 대외지급준비금을 보유하고 있다.

---

307) 기금 규모는 2018년 5월 말 기준으로 592억 달러이며, 국제유가하락과 정부 재정에 대한 지원 등에 대한 지출 확대로 2014년 8월 말 772억 달러에서 2016년 1월 642억 달러, 2017년 12월 말 583억 달러로 감소한 후 최근 소폭 늘어나고 있다. 기금은 기본적으로 정부재정 지원을 목적으로 하고 있으나, 경제안정과 위기예방 산업개발 및 사회・산업 인프라 구축을 목표로 한 '누를리 졸(Nurly Zhol)' 정책 자금 지원, 산업 다변화 정책 지원, 중소기업 자금 지원 등 다양한 목적으로 활용되고 있다.

3. 경제활동자유로 본 중앙아시아

1) 중앙아시아 5개국의 경제자유지수(Index of economic freedom)

헤리티지재단(Heritage Foundation)은 경제자유(Economic freedom)를 모든 인간이 자신의 노동과 재산을 통제 할 수 있는 근본적인 권리로 보았다. 경제적으로 자유로운 사회에서 개인은 자유롭게 일할 수 있고, 생산하고, 소비하고, 투자할 수 있다. 그리고 경제적으로 자유로운 사회에서 정부는 노동, 자본 및 재화의 자유로운 이동을 허용하고 자유 자체의 보호 또는 유지에 필요한 정도 이상의 강제나 제한을 자제해야 한다고 주장한다. 헤리티지재단은 월스트리트(Wall Street) 저널과 자유시장 이론을 바탕으로 개인 및 기업이 한 국가에서 비즈니스 활동을 영위하는데 얼마나 자유로운지를 수치화한 경제자유지수(Index of economic freedom)를 1995년부터 발표해 오고 있다. 지수는 4개 범주(categories), 12개 항목(factor)을 평가하여 100% 만점에서 차지하는 퍼센트(%)로 국가별 점수를 산출하는 방법을 취하고 있다.

헤리티지 재단은 2018년에는 180개국을 대상으로 경제자유지수를 산정하면서 각국을 5단계로 구분하였다. 경제활동이 대단히 자유로운 'Free' 단계는 지수가 80.0~100%인 경우로 홍콩, 싱가포르, 뉴질랜드, 스위스, 호주, 아일랜드 6개국이 여기에 해당하였다. 경제활동이 상당히 자유로운 'Mostly Free' 단계는 지수가 70.0~79.9%인 경우로 에스토니아, 영국, 캐나다 등 28개국이 포함되었다. 경제활동이 다소 자유로운 'Moderately Free' 단계는 지수가 60.0~69.9%인 경우로 보츠와나, 루마니아, 우루과이 등 62개 국가가 해당하였다. 경제활동이 상당히 자유롭지 못한 'Mostly Unfree' 단계는 지수가 50.0~59.9%인 경우로 탄자니아, 사우디아라비아 등 63개 국가가 포함되었다. 마지막으로 지수가 0~49.9%인 경제활동이 억압된 'Repressed' 단계에는 북한, 쿠바, 베네수엘라, 콩고 등 21개 국가가 해당하였다.

2018년 중앙아시아 5개국은 경제활동의 자유가 적은 국가로 평가받았다. 5개국 누구도 'Free' 단계와 'Mostly Free' 단계에 진입하지 못했다. 카자흐스탄이 가장 높은 69.1점을 받아 평가 대상 180개국 중 41위를 차지하며 'Moderately Free' 국가군에 포함되었다. 키르기스스탄은 62.8(78위)점으로 카자흐스탄과 같이 'Moderately Free' 그룹에 포함되었다. 타지키스탄과 우즈베키스탄은 50점대로 'Mostly Unfree' 국가군에 소속되었다. 우즈베키스탄은 2016년까지는 40점대로 경제활동이 억압된 'Repressed' 군에 속했으나 2017년 평가 항목이 10개에서 12개로 확대되면서 50점대 'Mostly Unfree' 국가군에 처음으로 진입했다. 반면 투르크메니스탄은 47.1점으로 169위를 차지하며 'Repressed' 단계에서 벗어나지 못했다. 2000년 이후 경제활동의 자유가 가장 많이 확대된 국가는 카자흐스탄으로 18.7점 향상되었다. 반면 2000년 55.7점을 받으며 중앙아시아 5개국 중 경제자유지수가 가장 높았던 키르기스스탄은 가장 낮은 7.1점 늘어나는 데 그쳤다. 투르크메니스탄은 9.5점, 타지키스탄과 우즈베키스탄은 각각 13.5점, 13.4점 상승했다.

표 80. 중앙아시아 5개국 경제자유지수 (2018년 기준)

순위	국가	지수	법의 지배			정부 규모			규제 효율성			시장 개방		
			재산권 보호	정부 청렴성	사법 효율성	정부 지출	조세 부담	재정 건전성	기업 활동 자유	노동 자유	통화 자유	무역 자유	투자 자유	금융 자유
41	카자흐스탄	69.1	56.0	44.6	58.1	85.3	92.6	87.3	74.3	86.8	68.2	75.6	50.0	50.0
78	키르기스	62.8	50.2	29.4	22.1	58.2	93.8	89.2	73.3	77.9	74.9	74.5	60.0	50.0
106	타지키스탄	58.3	46.8	38.2	50.3	71.4	91.8	90.4	63.4	52.2	69.6	70.6	25.0	30.0
152	우즈베키스탄	51.5	48.7	24.2	35.3	65.5	91.0	99.7	66.9	52.0	61.9	62.5	0.0	10.0
169	투르크메니스탄	47.1	29.8	27.3	5.0	62.2	95.9	98.6	30.0	20.0	76.3	80.0	0.0	10.0

자료 : 헤리티지재단 (http://www.heritage.org/index/ranking)

중앙아시아 국가는 다 같이 조세부담, 재정 건전성 항목에서 90점대의 높은 평가를 받았다. 무역자유, 통화자유, 정부지출 항목에서도 상대적으로 양호한 평가를 받았다. 반면 법의 지배와 관련된 3개 항목(재산권 보호, 정부 청렴성, 사법 효율성) 모두와 시장개방 2개 항목(투자자유, 금융자유)에서 대단히 낮은 평가를 받았다. 특히 정부 청렴성에서 5개국 모두 45점 이하를 기록하며 가장 취약한 부문으로 평가받았다. 투르크메니스탄은 사법 효율성, 투자자유, 금융자유 부문에서 10점 이하 최악의 점수를 받았고, 노동자유와 기업활동 자유, 정부 청렴성, 재산권 보호에서도 낙제점을 받았다. 우즈베키스탄 또한 투자자유, 금융자유, 정부 청렴성 부문에서 낙제점을 받았다.

중앙아시아 5개국의 2018년 경제자유에 대한 헤리티지의 평가는 다음과 같다.

카자흐스탄의 경제자유지수는 69.1점이며, 순위로는 41위를 차지했다. 재정 건전성 및 통화자유에서의 급격한 감소에도 불구하고 투자자유와 정부 청렴성 항목에서 현저한 개선으로 전체 지수는 0.1점 상승했다. 카자흐스탄은 아시아태평양 지역 43개국 중 11위를 차지했으며 전체 지수는 지역 평균(61.0) 및 세계 평균(61.1)보다 높았다. 카자흐스탄 정부는 경제가 석유 및 채취 산업에 지나치게 의존하고 있음을 잘 인식하고 있음에도 불구하고 운송, 제약, 통신, 석유화학 및 식품가공 부문을 개발하기 위한 개방정책의 시도에도 불구하고 투자는 산업 전반에서 고르게 이루어지지 않았다. 일부 긍정적인 변화에도 불구하고 지역 및 지방자치 단체에서의 부패, 관료주의 및 자의적인 법 집행은 투자를 저해하는 요인이 되고 있다. 또한 은행 부문의 유동성 부족, 자산 건전성 취약, 투명성 부족 등도 투자 활동을 위축시키고 있다. 카자흐스탄은 정부 규모와 규제 효율성에서 양호한 평가를 받았지만, 법의 지배 부문에서 가장 취약한 것으로 나타났다. 정부가 재산권 관련 계약 집행을 개선하고 부동산 등록을 단순화시키는 등의 조치를 했음에도 불구하고 재산권은 완전히 보호되지 않고 있다. 사법부는 정치권력에 종속되어 있고, 부패가 사법제도는 물론 정부 전반에 걸쳐 널리 퍼져있다.

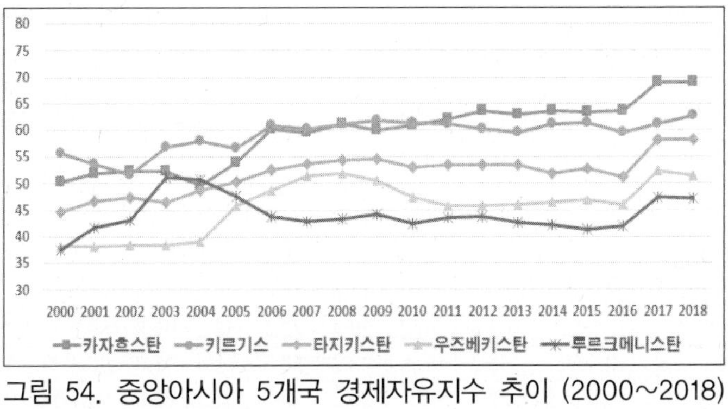

그림 54. 중앙아시아 5개국 경제자유지수 추이 (2000~2018)

키르기스스탄의 경제자유지수는 62.8점으로 세계에서 78번째로 자유로운 국가로 평가받았다. 지수는 전년 대비 1.7점 증가했는데 노동자유 및 정부 청렴성에서 지수가 하락했음에도 불구하고 재정 건전성과 통화자유가 크게 개선된 덕분이다. 키르기스스탄은 아시아태평양지역 43개국 중 18위에 올랐으며 지수는 지역 및 세계 평균보다 높았다. 일부 개혁에도 불구하고 키르기스스탄의 전반적인 기업 환경 개선은 더디고 균등하지 않았다. 특히 정치적 혼란은 정책 변동성과 불확실성을 높여 경제발전을 저해한다. 정쟁(政爭)과 강력한 특수집단의 이해관계는 구조 개혁을 방해하고 있다. 많은 분야에서 소비에트 사회주의 체제의 잔재가 여전히 존재하고 있어 더 나은 경제활동의 자유로 나아가기 위한 제도적 토대가 부족하다. 취약한 법치는 전반적인 부패와 소유권 불안을 조장하여 민간 부문의 투자와 기업 성장을 방해한다. 계약 이행과 재산권 보호 등에서 법치주의가 취약하다. 사법부는 독립적이지 않으며 행정부의 지배를 받는다. 매관매직이 성행하며, 부패가 사회에 만연되어 있으며, 약탈적인 정치 엘리트들이 권력 유지에 정부 자원을 전용한다.

타지키스탄의 경제자유지수는 58.3으로, 세계 106위를 차지하였다. 지수는 전년 대비 0.1포인트 상승했는데 정부 청렴성과 사법 효율성 부문에서의 개선이 재정 건전성과 무역자유 항목에서의 부진을 상쇄했다. 타지키스탄은 아시아태평양지역 43개국 중 23위를 차지했으며 지수는 지역 및 세계 평균보다 낮았다. 열악한 기업 환경, 과도한 관료주의적 규제 및 일관성 없는 행정편의주의는 외국인 투자의 장애 요인이 되고 있다. 붕괴 위기에 놓여있는 은행 부문이 투자 전망에 가장 큰 제약이 되고 있다. 중소기업의 민영화 진전에도 불구하고 민간 부문의 발전은 더디게 진행되고 있다. 법치주의는 여전히 취약하며, 부패는 심각한 수준이다. 토지대장(cadaster) 시스템이 존재하지만, 부동산 소유권은 종종 명확하지 않으며, 부동산 담보권이 존재하지만, 집행에는 여전히 문제가 된다. 타지키스탄(Tajik) 법에서 모든 토지는 정부에 소속된다. 사법부는 독립성이 없고 뇌물 수수는 일종의 거래 관행으로 정착되었다. 부패가 사회 전반에 만연해 있다. 시장개방 부문에서 무역 자유도는 높지만, 투자 및 금융자유는 대단히 낮다. 수출과 수입을 합친 대외교역 규모는 GDP의 53%에 해당할 정도로 무역은 타지키스탄 경제에 중요하다. 평균 적용 관세율은 7.2%며 비관세 장벽은 무역을 저해한다. 정부가 새로운 투자를 선별하고 모든 토지를 소유하며, 규제 제도는 외국인투자를 제한한다. 금융부문 자산은 증가했지만, 지속적인 국가 간섭은 민간부문 개발을 위한 자본 확충을 심각하게 방해한다.

우즈베키스탄의 경제자유지수는 51.5점이며, 최하위권인 152위다. 지수는 사법 효율성, 무역자유 및 정부 청렴성 지표가 하락하며 기업활동 자유, 노동자유 및 통화자유 지표에서의 개선에도 불구하고 0.8점 감소했다. 우즈베키스탄은 아시아태평양지역 43개국 중 37위를 차지했으며 지수는 지역 및 세계 평균보다 낮다. 우즈베키스탄은 경제의 다양한 측면에서 오랫동안 부패, 보호주의 및 정부 개입의 역사를 가지고 있는데 이것이 경제성장을 저해했다. 투자환경 개선의 필요성을 인식한 새 정부는 비즈니스 분야를 개혁하고, 변동환율제를 도입하고, 잠재적 외국인투자자에게 자금 조달 및 세제 혜택을 제공하고, 일부 자본통제를 제거하기 위한 단계적 조처를 하고 있다. 그러나 법의 지배는 매우 취약하고, 부족한 법률체계에 의해 손상되었다. 우즈베키스탄에서 모든 토지는 국가 소유로 재산권은 일반적으로 존중되지만, 동산소유권(chattel property)의 유치권 등록을 위한 일반적인 시스템은 없다. 사법부는 행정부의 영향을 크게 받는다. 경찰, 검찰 및 판사는 자신의 임의적 판단 또는 정치적 지시에 따라 법을 해석하므로 항소할 수 없다. 부패가 만연해 있다. 무역이 우즈베키스탄 경제에서 지니는 중요성은 크지 않다. 대외교역 규모는 GDP의 42%에 해당한다. 평균 적용 관세율은 8.7%다. 비관세장벽은 무역을 크게 저해한다. 경제의 많은 부문에 대한 투자가 제한되고, 관료주의는 외국인투자를 억제하며, 금융부문에 대한 국가 개입이 심각하다. 은행 부문의 제한된 능력과 고비용은 민간 부문에 타격을 준다. 정부의 국민경제 통제 수준이 매우 높지만, 최근 몇 년간 부분적인 개혁으로 비즈니스 환경이 점진적으로 개선되었다. 과도한 세금부담과 무역 규제의 완화로 많은 고용주가 노동자를 고용할 때 비공식 경제를 이용한다.

투르크메니스탄의 경제자유지수는 47.1점이며, 세계 180개국 중 169위로 최하위권이다. 지수는 전년 대비 0.3점 줄었는데 재산권과 정부 청렴도 지표의 하락이 통화자유의 완만한 개선을 초과했다. 투르크메니스탄은 아시아태평양지역 43개국 중 42위를 차지했으며 지수는 지역 및 세계 평균보다 훨씬 낮다. 독립 이후 독재정권은 기업환경 개선, 국영기업 사유화, 만연한 부패와의 전쟁에 별다른 노력을 기울이지 않았다. 대중들의 불만은 기초생필품 및 전기, 가스, 수도의 무상공급, 광범위한 국고 개발 및 사회 지출에 의해 완화되었다. 유가 하락으로 재정여건이 악화하며 보조금이 삭감되었다. 통화가치 하락, 경제자립 정책 및 공공서비스 지출의 제한으로 경제침체가 발생했다. 엄격한 노동 규정과 재산권 부재는 민간부문의 활동을 위축시켰다. 정부 규모의 3개 항목과 규제 효율성의 통화자유 항목, 시장개방의 무역자유 항목을 제외하고 나머지 7개 항목에서 최하위 평가를 받았다. 계약 및 재산권은 효과적으로 시행되지 않고 있다. 모든 토지는 정부 소유이며 다른 소유권도 제한되어 있다. 대통령은 무소불위의 권력을 행사하며, 사법부는 뇌물에 노출되어 있고, 부패는 검찰과 경찰 및 모든 사회 및 경제 분야에서 널리 퍼져 있다. 불투명한 규제 체계는 비즈니스의 자유를 방해한다. 공공 부문이 고용의 70~80%를 담당한다. 수출과 수입을 합산한 대외무역 규모는 GDP의 118%에 해당할 정도로 무역은 투르크메니스탄 경제에 대단히 중요하다. 그러나 비관세장벽은 무역을 크게 저해한다. 정부는 새로운 투자를 선별하고 관료주의 및 규제 장벽은 외국인 투자를 저해한다. 국가가 은행시스템을 통제하고 모든 대출의 90%를 국영기업에 배정하고 있다. 엄격한 외환 통제와 과대평가된 고정환율제도는 경제를 왜곡하고 민간부문의 발전을 억제하고 있다.

2) 중앙아시아 5개국의 세계경제자유지수(Economic Freedom of the World)

미국의 월스트리트저널과 헤리티지재단의 경제자유지수와 유사한 지표가 캐나다 프레이저 연구소(Fraser Institute)가 발표하는 세계경제자유(EFW. Economic Freedom of the World) 보고서다. 1980년을 시작으로 매년 발표하는 국가별 경제 자유도 순위로 한 나라 경제가 얼마나 자유로운지, 성장하기 좋은 제도를 가졌는지, 또 사업하기 좋은 환경인지를 종합적으로 나타낸다. 2017년에는 159개 국가를 대상으로 '세계경제자유지수 2017 보고서(Economic Freedom of the World: 2017 Annual Report)'를 발표했다. 순위는 2015년 자료를 기초로 했는데 이는 객관적인 자료(hard data)에 따라서 지수를 산정하기 때문에 시차가 발생했기 때문이다. 지수는 정부규모, 법률체제 및 재산권 보호, 통화 건전성, 국제무역 자유, 규제 등 5개 분야(area) 24개 항목(components)으로 구성되어 있다.

2017년 경제 자유도가 높은 최상위 10개국은 홍콩, 싱가포르, 뉴질랜드, 스위스, 아일랜드, 영국, 모리셔스, 조지아, 에스토니아였고, 최하위 10개국에는 이란, 차드, 미얀마, 시리아, 리비아, 아르헨티나, 알제리, 콩고공화국, 중앙아프리카공화국, 베네수엘라였다. 그 외 주요 국가(G20)의 순위는 미국과 캐나다가 각각 11위, 독일 23위, 한국 32위, 일본 39위, 프랑스 52위, 이탈리아 54위, 멕시코 76위, 인도 95위, 러시아 100위, 중국 112위, 브라질 137위였다.

동 보고서는 경제 자유와 인류 진보(human progress)와의 관계를 분석하였다. 경제 자유는 소득, 소득증가율, 기대수명, 남녀평등, 정치적 권리 및 시민 자유와 높은 상관성을 보여주었다. 2015년 1인당 평균 GDP(2011년 US$ 불변가격 PPP 기준)가 경제 자유도가 높은 상위 25% 국가군은 42,463달러인데 반해 최하위 25% 국가군은 6,036달러로 7.03배 차이가 났다. 그리고 경제활동이 가장 자유로운 25% 국가군 최빈곤층 10%의 평균 소득은 11,998달러로 가장 자유롭지 못한 25% 국가군 최빈곤층 10%의 평균 소득 1,124달러에 비해 10.7배나 높았다. 상위 25% 국가군의 극빈층(1일 소득 1.90달러 미만)과 빈곤층(1일 소득 3.10달러 미만) 비율이 각각 0.98%, 2.26%인데 반해 하위 25% 국가군의 극빈층 및 빈곤층 비율은 각각 30.34%, 48.9%에 달했다. 그리고 경제성장률에서도 큰 격차를 보였다. 1990~2015년 상위 25% 국가군의 1인당 GDP 증가율이 연평균 3.35%인데 반해 중상위 25% 국가군은 2.68%, 중하위 25% 국가군은 2.67%, 하위 25% 국가군은 1.66%에 그쳤다. 상위 25% 국가군의 기대수명은 80.7세인데 반해 하위 25% 국가군의 기대수명은 64.4세로 16.3세의 차이를 보였다. 그리고 경제적 자유가 높은 나라일수록 정치적 권리 및 시민 자유, 양성평등, 행복 수준 역시 월등히 높

게 나타났다.308)

표 81. 중앙아시아 각국의 세계경제자유지수

	카자흐스탄				키르기스스탄				타지키스탄		
	2005	2010	2014	2015	2005	2010	2014	2015	2010	2014	2015
전체 순위	69	71	64	66	79	94	80	80	113	88	82
전체 점수	6.88	6.94	7.22	7.18	6.54	6.61	6.98	6.89	6.28	6.82	6.80
-정부규모	8.16	7.84	7.48	7.50	6.62	7.36	7.64	7.55	6.46	6.42	6.20
-법률체제와 재산권보호	5.71 (4.89)	5.56 (4.29)	5.62 (5.39)	5.61 (5.61)	3.98 (3.33)	4.31 (2.37)	4.19 (3.83)	4.20 (4.22)	5.19 (4.63)	4.88 (5.33)	5.14 (5.76)
-통화건전성	6.85	8.24	8.98	8.60	8.65	8.21	8.68	8.64	7.51	9.12	9.09
-무역자유	6.12	5.57	6.0	6.38	6.61	6.38	7.48	7.36	5.73	7.02	7.08
-규제	7.57	7.51	7.96	7.83	6.86	6.78	6.92	6.70	6.49	6.67	6.49
(금융시장)	10.0	8.92	9.33	8.60	9.19	7.86	8.67	8.36	8.33	8.67	7.82
(노동시장)	7.35	7.08	7.72	7.55	6.51	6.46	6.12	5.82	5.24	5.41	5.53
(기업)	5.37	6.52	6.82	7.33	4.88	6.03	5.98	5.91	5.90	5.92	6.10

자료 : Fraser Institute, Economic Freedom of the World: 2017 Annual Report
https://www.fraserinstitute.org/sites/default/files/economic-freedom-of-the-world-2017.pdf

중앙아시아 5국 중 우즈베키스탄과 투르크메니스탄은 자료 부족으로 경제 자유도 산정에서 제외되었다. 동 보고서는 설문조사(soft data)를 가능한 한 배제하고 객관적인 통계자료(hard data)에 기초해 작성하고 있다. 평가 대상인 카자흐스탄, 키르기스, 타지키스탄의 경제 자유도는 2010년 이후 지속해서 개선된 것으로 나타났다. 카자흐스탄은 159개 국가 중 7.18점을 받아 66위에 랭크되며 중앙아시아 국가 중에서는 가장 경제활동에서의 자유가 많은 것으로 평가되었다. 2014년에 비해 0.04점 하락했지만 2010년 6.94점으로 71위에 랭크된 것과 비교해 점수에서는 0.24점, 순위에서는 5위 상향 조정되었다. 가장 적극적인 시장경제로의 개방정책을 추진했던 키르기스가 6.98점을 얻어 80위를 차지했는데 2005년 6.54점에 비해 점수는 0.35 높아졌으나 순위는 1단계 하락했다. 타지키스탄이 가장 경제활동의 자유가 개선된 국가로 평가받았다. 2010년 6.28로 113위에 랭크되었으나 점수는 5년 만에 점수는 0.52, 순위는 31위 상승했다. 분야(area)별로는 통화

308) Fraser Institute, Economic Freedom of the World: 2017 Annual Report, 2017. pp.22~26.

건전성 부문에서 중앙아시아 3국은 가장 높은 평가를 받았는데 최저 8.60점(카자흐스탄)에서 9.09점(타지키스탄)이었다. 반면 법률체제 및 재산권 보호 분야는 가장 경제자유가 부족한 부문으로 평가받았다. 카자흐스탄은 노동과 자본이동 통제(3.06), 공정재판(4.81), 사법권 독립(4.90), 경찰신뢰(5.13), 무역장벽(5.28), 재산권 보호(5.61) 항목에서 경제자유가 낮은 것으로 평가받았다. 키르기스스탄은 공정재판(3.44), 경찰신뢰(3.72), 사법권 독립(3.82), 군의 법치 및 정치개입(4.00), 재산권 보호(4.22), 계약이행(4.52), 노동과 자본이동 통제(4.88), 비관세장벽(4.89) 등이 자유로운 경제활동을 방해하는 가장 큰 문제로 지적되었다. 타지키스탄은 군의 법치 및 정치개입(4.00), 무역장벽(4.33), 공정재판(5.43), 노동과 자본이동 통제(5.49), 노동시장 규제(5.53), 사법권 독립(5.74), 재산권 보호(5.76) 등이 취약했다.

3) 중앙아시아 5개국의 기업환경평가(Doing Business)

세계 경제의 글로벌화 과정에서 세계 각국은 지속적인 경제성장과 경쟁력 강화라는 쉽지 않은 과제에 봉착하고 있다. 세계은행(World Bank)은 성장의 동력인 기업 창업과 투자 및 비즈니스 활동 활성화를 위한 기업환경 개선 노력에 대한 평가를 시행해오고 있다. 세계은행이 2003년부터 발간하고 있는 '기업환경평가(Doing Business)'는 세계 각국의 기업 환경에 관한 종합 평가보고서다. 현지 전문가를 대상으로 한 설문조사를 바탕으로 세계은행(World Bank) 회원국의 국가별 기업환경을 기업 생애주기(Life Cycle)에 따라 창업에서 퇴출에 이르는 10개 부문으로 나누어 기업 활동에 대한 규제 정도를 분석하여 부문별 및 종합 순위를 산정하는 방식을 취하고 있다. 즉 각국에서 기업이 창업, 확장(재산권 등록, 자금조달, 투자자 보호, 계약집행), 운영(건축 인허가, 전기연결, 세금납부, 국제교역), 퇴출의 활동을 수행할 때 실제 발생하는 절차, 시간, 비용 위주의 33개 세부지표를 계량화하여 평가하고 있다.

2017년 10월 발표된 '기업환경평가 2018(Doing Business 2018)'은 세계은행이

국제금융공사(IFC)와 공동으로 비즈니스 컨설턴트, 회계사, 법률가, 운송주선인, 정부 관료, 학자 등 12,500명 이상의 현지 전문가를 대상으로 한 설문조사 결과를 바탕으로 세계 190개국의 기업환경 경쟁력을 평가한 보고서다. 2017~2018년 세계에서 기업을 경영하기 가장 좋은 나라로 뉴질랜드가 2016~2017년에 이어 2년 연속 선정되었다. 2007년부터 2016년까지 줄곧 선두를 지켰던 싱가포르가 2년 연속 2위를 차지했다. 그 뒤를 덴마크, 한국, 홍콩, 미국, 영국 등이 따랐다.

표 82. 세계은행의 기업환경평가(Doing Business)로 본 중앙아시아

부문	세부지표	카자흐스탄			키르기스			타지키스탄			우즈베키스탄		
종합순위		2015	2017	2018	2015	2017	2018	2015	2017	2018	2015	2017	2018
		77위	35위	36위	102위	75위	77위	166위	128위	123위	141위	87위	74위
창업	부문순위	55	45	41	9	30	29	106	85	57	65	25	11
	절차(수)	6	5	5	2	4	4	4	5	4	7	4	3
	시간(일)	10	9	9	8	10	10	39	22	11	7.5	5.5	5
	비용/1인당 GNI(%)	0.5	0.3	0.3	2.4	2.0	2.1	23.3	16.8	19.3	3.3	3.2	3.1
건축 인허가	부문순위	154	22	52	42	32	31	168	162	136	149	147	135
	절차(수)	25	13	19	10	11	11	24	27	25	23	23	17
	시간(일)	156	68	123	141	142	142	228	242	182	160	176	246
	비용/건축비 (%)	1.5	1.3	1.9	2.1	1.8	1.7	1.9	2.1	2.0	1.7	3.8	3.4
전기 연결	부문순위	97	75	70	168	163	164	178	173	171	145	83	27
	절차(수)	6	7	7	7	7	7	9	9	9	7	7	4
	시간(일)	88	77	77	159	125	125	185	133	133	89	89	88
	비용/1인당 GNI(%)	56.6	50.6	47.4	1872	858.1	814.4	942.1	742.5	811.5	1688	1233	883
재산권 등록	부문순위	14	18	17	6	8	8	70	97	90	143	75	73
	절차(수)	4	3	3	3	3	3	6	6	5	13	9	9
	시간(일)	11	3.5	3.5	5	3.5	3.5	37	37	36	55	46	46
	비용/자산가액(%)	0.1	0.1	0.1	0.3	0.2	0.2	3.7	2.7	3.1	1.3	1.3	1.2
자금 조달	부문순위	71	75	77	36	32	29	116	118	122	104	44	55
	법적권리지수(12점)	3	4	4	8	8	9	1	1	1	1	6	6
	신용정보지수(8점)	7	7	7	5	6	6	6	7	7	7	7	7
투자자 보호	부문순위	25	3	1	35	42	51	56	27	33	100	70	62
	공시지수(10점)	7	10	9	7	7	7	8	8	8	4	8	8
	이사책임지수(10점)	6	6	6	5	5	5	6	6	6	1	3	3
	주주소송지수(10점)	6.7	8	9	6.7	8	8	6.7	6	6	5.3	7	7
	주주권리지수(10점)	6.6	9	10	6.3	4	4	5.8	9	9	5.1	6	6
	기업투명성지수(10점)	-	8	9	-	7	7	-	7	7	-	5	7
세금 납부	부문순위	17	60	50	136	148	151	169	140	132	118	138	78
	연간 납부횟수	6	7	7	52	51	51	31	12	6	33	46	10
	연간 납부소요시간	188	178	178	210	225	225	209	258	224	192.5	192.5	181
	실효세율(이익대비 %)	28.6	29.2	29.2	29.0	29.0	29.0	80.9	65.2	65.2	42.2	38.1	38.3

국제 교역	부문순위	185	119	123	183	79	84	188	144	149	189	165	168
	수출필요문서(개/시간)	10	128	128	9	21	21	11	66	66	11	174	174
	수출통관시간(일/시간)	79	133	133	63	20	20	71	75	75	54	112	112
	컨테이너당수출비용($)	5,285	894	894	4,760	590	590	9,050	643	643	5,090	570	570
	수입필요문서(개/시간)	12	6	6	11	36	36	12	126	126	13	174	174
	수입통관시간(일/시간)	67	2	2	73	37	72	70	108	107	104	111	111
	컨테이너당수입비용($)	5,265	0	0	6,000	712	712	10,650	483	483	6,452	570	570
계약 집행력	부문순위	30	9	6	56	141	139	40	54	54	28	38	39
	시간(일)	370	370	370	260	410	410	430	430	430	195	225	225
	비용/소송가액(%)	22.0	22.0	22.0	37.0	47.0	47.0	25.5	25.5	25.5	20.2	20.5	20.5
퇴출	부문순위	63	37	39	157	130	119	149	144	148	77	77	87
	소요시간(년)	1.5	1.5	1.5	4.0	1.5	1.5	1.7	1.7	1.7	2.0	2.0	2.0
	비용/기업자산(%)	15	15	15	15	15	15	9	9	9	10	10	10
	채권 회수율(%)	43.3	41.4	38.3	19.2	34.3	35.2	36.9	35.9	36.0	39.9	39.5	37.2

자료 : World Bank. Doing Business 2015, 2017, 2018

중앙아시아 5개국의 기업환경 경쟁력은 국가별로 큰 차이를 보이는데 이는 각국이 취하고 있는 경제 개방정책과 밀접한 관련이 있다. 개방형 연성권위주의 국가인 카자흐스탄은 전체 기업환경 평가에서 36위로 중앙아시아 국가 중에서 가장 높은 경쟁력을 지닌 것으로 평가받았다. 이는 러시아(35위)와 비슷하며, 나머지 브릭스(BRICs)인 중국(78위), 인도(100위), 브라질(125위)보다 훨씬 좋은 평가다. 카자흐스탄 비즈니스 환경에 대한 호의적 평가는 '개발독재'라 지칭되는 국가 주도의 개방적, 친시장적 경제정책과 수출주도형 산업 전략을 통해 경제성장 정책 추진이 중요한 역할을 하였다. 연성권위주의 국가인 키르기스는 적극적인 개방정책에도 불구하고 정치 혼란으로 77위에 그쳤다. 반면 폐쇄적 경성권위주의 정책을 추진했던 우즈베키스탄이 2012년 166위에서 2018년 74위로 급상승했다. 우즈베키스탄이 최근 기업환경에서 좋은 평가를 받은 것은 지금까지 고수해 온 폐쇄정책, 즉 자원민족주의 강화, 국영기업 중심의 경제체제 유지, 수입대체산업 육성을 통한 경제안정과 자립 정책에서 벗어나 조금씩 국외자본에 대한 개방과 외환 자유화 조치, 대외경제활동 간소화 조치 등 기업활동 부문에서의 자유화를 추진하고 있는 것이 주된 요인이었다. 타지키스탄은 123위를 기록하며 하위권에서 벗어나지 못했고 시장경제를 거부하고 있는 투르크메니스탄은 평가 대상에서 제외되었다.

중앙아시아 국가의 기업환경 평가에서 특징은 2015년을 기점으로 2016~2018년 기업환경이 급격히 개선되었다는 것이다. 카자흐스탄은 2015년 77위에서 2018년 36위로, 우즈베키스탄은 141위에서 74위로, 키르기스는 102위에서 77위로, 타지키스탄은 166위에서 123위로 순위가 모두 급등하였다.

2016~2018년 기업환경평가에서 중앙아시아 각국의 개선 사항을 살펴보면 다음과 같다. 카자흐스탄은 창업부문에서 중소기업 등록비용을 없애고 등록 기간을 단축하고 회사 인감 사용 관련 법적 요건을 없앴다. 또한 설립 문서와 설립자 서명의 공증 요건을 폐지하여 사업 시작 과정을 단순화하였다. 건설 인허가 부문에서 토지사용에 대한 지형측량조사 요구를 폐지하였고, 단일창구(single window)를 도입하여 허가 절차를 간소화했다. 전력공급 부문에서는 주(州)정부 에너지감독위원회(State Energy Supervision Committee)의 공식 발굴 허가의 필요성과 검사를 폐지함으로써 전기연결 프로세스를 간소화했다. 또한 유틸리티 기술요구 사항을 이행하고 공급 계약을 체결하는 데 필요한 시간을 단축했다. 재산권등록 부문에서는 양도를 위한 기술문서(technical passport) 취득 요건과 양도인과 양수인 간 법인 서류 공증 요건을 폐지하여 재산권의 이전을 쉽게 했다. 자본조달 부문에서는 담보 인정 자산 항목에 대한 전반적인 기재를 허용하는 담보 거래에 관한 새로운 법률을 채택함으로써 신용에 대한 접근성을 향상했다. 투자자 보호 부문에서 2015년 연차 재무제표에 대한 상세한 공개를 요구하는 새로운 규정 도입, 자회사의 모회사 발행 주식 취득 금지, 주식과 관련된 권리 변경 시 의결권 주식의 2/3 이상 승인 요구; 이사진의 다른 이사회 직책 및 기본 취업에 관한 정보 공개요구가 추가되었다. 2016년에는 특수 관계자 거래의 즉각적인 공시, 주요 기업 의사결정에서 주주 권리와 역할 강화, 소유지배 구조의 명확화, 기업 투명성 강화를 요구함으로써 소수 주주 보호를 강화했다. 무역부문에서는 통관에 필요한 수출서류 2개를 폐지함으로써 비용을 줄이도록 했다. 계약집행 부문에서는 소액 배상청구에 단순하고 신속한 절차를 도입하고, 집행 절차에 관한 규정을 간소화하고, 새로운 민사소송법을 채택하고 특정 사건에서 재판관의 최대 휴회 회수의 재량권을 규제함으로써 계약을 더욱 쉽게 집행할 수 있게 했다. 퇴

출 부문에서는 채권단이 재조직 절차에 착수하고, 계속기업(going concern)으로 자산 매각을 장려할 수 있도록 조치하였다. 재조직 계획에 대한 투표 절차를 변경하고 그 계획에 반대하는 채권자들을 보호함으로써 청산을 쉽게 하도록 했다. 또한, 청산과정에서 채권자에게 채무자에 대한 정보를 더 많이 접근할 수 있도록 권한을 부여하였고. 자신들의 권리에 영향을 미치는 결정에 이의를 제기할 수 있도록 조치했다.

키르기스스탄은 무부담 증명서(nonencumbrance certificate)를 취득하기 위한 온라인 절차를 도입함으로써 재산권 이전을 더욱 쉽게 했다. 또한 신용정보기관들이 긍정적이고 부정적인 신용정보를 배포하기 시작함으로써 신용정보에 대한 접근성을 향상시켰다. 그리고 2015년 유라시아경제연합(EAEU) 회원국이 됨으로써 수출에 필요한 시간과 비용이 줄어들었다.

타지키스탄은 기업 소득세, 부가가치세, 고용 관련 세금(labor taxes)과 도로세에 대한 전자신고 및 지급 시스템을 도입함으로써 기업의 세금납부를 더욱 쉽게 만들었다. 또한 도로세율을 인하함으로써 세금을 줄였다. 반면에 부동산세는 인상하였다. 통관신고를 전자방식으로 제출할 수 있게 함으로써 무역을 쉽게 했다. 500,000 소모니(Somoni) 이상의 연간 매출을 가진 회사를 부가가치세(VAT) 대상 기업으로 등록되도록 요구함으로써 비즈니스 활동을 보다 어렵게 만들었다.

우즈베키스탄이 2013년 취한 기업환경 개선 조치로는 창업부문에서의 최저자본금 폐지, 은행 계좌개설을 위한 서명 공증 폐지, 재산권 등록 부문에서의 공증비용 인하. 자금조달 부문에서 2년 이상의 신용자료 수집 및 배포 요구, 납세부문에서의 몇 가지 작은 세금 폐지, 국제교역 부문에서는 수입계약 세관 등록 폐지, 수출서류 간소화 조치, 계약집행 부문에서 전자 기록 시스템 도입을 들 수 있다.[309] 2014년에는 "기업활동 및 행정서비스 제공 절차 추가 개선 방안"을 대통령 결의로 채택하여, 인허가 절차의 대폭 간소화, 비용 절감 등 많은 부분에서 개선이 이루어졌으나 아직도 국제 규범이나 표준에 부합하지 못하고 있다. 2006년

---

309) World Bank, "Doing Business 2014: Understanding Regulations for Small and Medium-Size Enterprises", 11 Edition. World Bank Group Corporate Flagship. p.171.

부터는 온라인 원스톱 숍(one stop shop)을 도입하고 등록 절차를 간소화하여 사업을 더욱 쉽게 시작하도록 했다. 여러 가지 서로 다른 무부담 증명서(non encumbrance certificate) 제공 요건을 폐지하여 부동산 양도를 쉽게 했다. 정보의 투명성을 높임으로써 재산권의 이전을 더욱 쉽게 했으나 재산 양도와 관련된 비용은 증가했다. 기업의 소유지배 구조를 명확히 함으로써 소수투자자 보호를 강화했다. 고용주가 지급하는 통합사회보장(부담금) 세율과 기업 소득세율을 인하함으로써 세금을 줄였다. 그러나 타슈켄트시의 토지 세율은 인상했다. 자본조달 부문에서는 담보 인정 자산 항목에 대한 전반적인 기재를 허용하는 담보 거래에 관한 새로운 법률을 채택하였고, 현대적이고 통일된 공지기반의 담보 레지스트리(registry)를 구축했다. 그리고 2016~2017년에는 세금 신고 및 납부를 위한 전자시스템을 도입하였고, 연금기금을 지원하는 한편 전기연결 프로세스를 간소화하였다. 그리고 2018년 7월 샤브카트 미르지요예프(Shavkat Mirziyoyev) 대통령이 세계은행의 기업환경평가(Ease of Doing Business) 지수에서 우즈베키스탄 순위를 2022년까지 상위 20위권으로 향상시키는 것을 목적으로 한 법령에 서명하였다.[310)]

부문별로 살펴보면 중앙아시아 5개국은 다 같이 국제교역과 전기연결 부문에서 기업환경이 취약한 것으로 나타났는데 이는 내륙국가로서의 특성으로 인해 국제교역상 불리함이 계속 유지되고 있으며, 전력 생산 및 공급에서의 인프라 구축이 여전히 제대로 갖추어져 있지 않기 때문이다.

개별 국가별로 살펴보면 카자흐스탄은 소수 투자자 보호(1위), 계약집행력(6위), 재산권 등록(17위)에서는 최상위 평가를 받았다. 반면 국제교역(123위), 자금조달(77위), 전기연결(70위) 부문에서는 기업 환경이 취약한 것으로 지적되었다. 가장 눈에 띄는 점은 건축인허가(154위→52위), 투자자 보호(25위→1위), 국제교역(185위→123위), 계약집행력(30위→6위) 부문에서 기업환경 개선이 두드러지지만, 세금납부(17위→50위) 부문에서는 크게 나빠졌다. 키르기스는 재산권

310) “Uzbekistan eying TOP-20 in Ease of Doing Business ranking by 2022”, The Tashkent Times. 2018-07-16.

등록(8위)에서 가장 우수한 평가를 받았고, 창업(29위), 자금조달(32위), 건축인허가(31위)에서 양호한 평가를 받았다. 그러나 전기연결(164위), 세금납부(151위), 계약집행력(139위), 퇴출(119위)에서는 최하위권으로 분류되었다. 국제교역부문이 183위에서 84위로 크게 개선됐지만, 창업은 9위에서 29위로, 계약집행력은 5위에서 139위로 크게 환경이 악화하였다. 타지키스탄은 소수 투자자 보호(33위)를 제외한 대부분에서 기업환경이 열악한 것으로 평가받았다. 그중에서도 특히 세금납부(132위), 건축인허가(136위), 퇴출(148위), 국제교역(149위), 전기연결(171위)에서 기업환경이 가장 나쁜 것으로 평가받았다. 우즈베키스탄은 최근 3년간 중앙아시아 5개국 중 기업환경이 가장 크게 개선된 국가였다. 계약집행력과 퇴출 부문에서 약간의 순위 하락이 있었을 뿐 나머지 8개 부문에서는 괄목할 개선이 이루어졌다. 특히 창업부문(65위→11위), 전기연결(145위→27위), 재산권등록(143위→73위), 자금조달(104위→55위) 부문에서의 기업환경 개선이 두드러졌다. 그런데도 우즈베키스탄은 여전히 국제교역(168위), 건축인허가(135위)에서는 환경이 매우 취약한 것으로 지적되었다.

중앙아시아 각국의 투자환경 개선을 위한 기업부문에 대한 규제 완화에도 불구하고 중앙아시아는 여전히 기업 활동을 수행하기 힘든 지역으로 지목되고 있다. 비효율적인 정부 관료와 관련된 인허가 절차의 복잡성, 조세제도의 후진성, 전기연결, 대외무역 환경의 열악성 등은 중앙아시아 모든 국가의 비즈니스 환경에 악영향을 미치는 핵심 요인이었다.

4) 중앙아시아 5개국의 부패지수(Corruption Perceptions Index)

국제투명성기구(TI. Transparency International)는 1993년 국제사회에서 부패방지를 위해 설립된 대표적인 국제 비영리(not-for-profit), 비정부(non- governmental) 기관으로 비즈니스 관련 부패 방지를 전문으로 활동한다. OECD를 비롯하여, 유럽연합(EU), 미주기구(OAS) 등의 국제 상거래 관련 반뇌물 협약을 회원국들이 적절히 이행하고 있는지를 점검, 감시하고, 각국 정부조달 행정에서의 투명성, 책임성 향상을 위한 프로그램을 개발하고, 개발도상국 국민들의 반부패 중요성에 대한 자각 활동 등을 수행한다. 특히 부패문제에 대한 국제적 관심을 불러일으키기 위해 작성, 공개하고 있는 부패인식지수(CPI)와 뇌물공여지수(BPI)는 국제투명성기구의 가장 주목받는 활동 중의 하나다. 이는 세계은행(World Bank)의 각국 반부패 노력에 대한 지원이 과연 기대된 효과를 거두고 있는지를 확인하기 위해 시작되었으나, 현재는 각국의 반부패시스템 채택을 경쟁적으로 유도, 촉진하는 하나의 강력한 수단이 되고 있다. 부패인식지수(CPI. Corruption Perceptions Index)는 세계 각국 공무원이나 정치인들이 얼마나 부패를 조장하는지에 대한 인식을 수치화한 것이며, 뇌물공여지수(BPI. Bribe Payers Index)는 주요 수출국 기업들이 외국에서 활동할 때 외국의 공무원들에게 뇌물을 제공할 것인가에 대한 인지도를 조사하여 그 결과를 지수화한 것으로 각각 1995년, 1999년부터 발표해 오고 있다.

오늘날 부패인식지수(CPI)는 한 국가의 청렴도를 나타내는 대표적인 지표로 국제사회에서 인정받고 있다. CPI는 14개 전문여론조사를 바탕으로 최저 0점에서 최고 100점으로 평점을 매기고 있다. 부패수준이 낮을수록 100점에, 높을수록 0점에 가깝다. 많은 연구 결과들은 부패가 효율성, 소득, 투자 등의 경제변수와 반비례 관계가 있다는 것을 입증하고 있다. Abed and Davoodi[311)]는 국가 청렴도지수가 1단위가 증가하면 국민 1인당 GDP가 2.64% 상승한다는 연구결과를 내놓았고, Shang Jin Wei[312)]는 OECD 가입국을 대상으로 한 분석을 통해 부패지수가 1단위 감소하면 외국인투자가 0.2% 상승한다는 결과를 제시했다. 2000년 하버드대 연구에 따르면, 국가청렴도가 싱가포르 수준에서 말레이시아 수준으로 떨어지면 외국인직접투자가 100% 감소한다는 분석결과도 제시되었다. 이외에도 2001년 미 이코노미스트지의 분석 결과는 부패한 정부가 테러보다 경제 환

311) Abed, George. T. and Davoodi, Hamid. R. "Corruption, Structural Reforms, and Economic Performance in the Transition Economies". IMF Working Paper ; WP/00/132, IMF, 2000. p.18, 32.

312) Shang-Jin Wei, Corruption, composition of capital flows, and currency crises, Policy Research Working Paper Series 2429, World Bank. 2000.

경을 더 위축시킨다고 주장하고 있으며, 중국은 부패로 보통 GDP의 3~5% 손실이 발생하는 것으로 알려졌다.[313)]

표 83. 부패인식지수(CPI)로 본 중앙아시아 국가의 부패 수준

년도	카자흐스탄		타지키스탄		키르기스		투르크메니스탄		우즈베키스탄		평가 국가수
	순위	지수	순위	지수	순위	지수	순위	지수	순위	지수	
2003	100	2.4	124	1.8	118	2.1	-	-	100	2.4	133
2004	122	2.2	133	2.0	122	2.2	133	2.0	114	2.3	146
2005	107	2.6	144	2.1	130	2.3	155	1.8	137	2.2	159
2006	111	2.6	142	2.2	142	2.2	142	2.2	151	2.1	163
2007	150	2.1	150	2.1	150	2.1	162	2.0	175	1.7	180
2008	145	2.2	151	2.0	166	1.8	166	1.8	166	1.8	180
2009	120	2.7	158	2.0	162	1.9	168	1.8	174	1.7	180
2010	105	2.9	154	2.1	164	2.0	172	1.6	172	1.6	178
2011	120	2.7	152	2.3	164	2.1	177	1.6	177	1.6	183
2012	133	28	157	22	154	24	170	17	170	17	176
2013	140	26	154	22	150	24	168	17	168	17	177
2014	126	29	152	23	136	27	169	17	166	18	175
2015	123	28	136	26	123	28	154	18	153	19	168
2016	131	29	151	25	136	28	154	22	156	21	176
2017	122	31	161	21	135	29	167	19	157	22	180

자료 : 국제투명성기구(TI). http://www.transparency.org/research/cpi

국제투명성기구의 국가별 부패인식지수에 의하면 중앙아시아 국가의 경우 평가 대상에 포함된 1999년 이후 2017년까지 나타난 가장 큰 특징은 부패가 5개 국가 모두에 만연해 있으며, 특히 우즈베키스탄과 투르크메니스탄, 타지키스탄은 심각한 수준이다. 우즈베키스탄은 2002년을 정점으로 2011년에 지수는 2.9에서 1.7로, 순위는 68위(88개국)에서 177위(183개국)로, 투르크메니스탄 또한 2006년 2.2(142위)에서 1.7(177위)로 떨어지면서 세계에서 가장 부패한 국가 그룹으로 전락하였다. 카자흐스탄, 키르기스스탄, 타지키스탄의 부패지수 또한 22~26 수준으로 세계 140위권 밖으로 떨어지며 큰 차이를 보이지 않았다. 중앙아시아 5개국의 부패지수는 2011년을 기점으로 2015년까지 지수 및 순위에서 개선되는

313) KDI, "사회적 청렴과 국가경쟁력 간 연관성 분석, 연구" 최종보고서. 2009. 10. pp.11~12.

흐름을 보여주었다. 그러나 2016년부터 다시 지수가 떨어지며 순위가 하락하였는데 투르크메니스탄과 타지키스탄이 심했다. 반면 카자흐스탄, 키르기스스탄, 우즈베키스탄은 지수가 상승했지만, 그 폭은 1~2포인트로 미미했다. 중앙아시아 5개국은 경제 및 대외무역 규모가 작아서 뇌물공여지수(BPI. Bribe Payers Index) 산정 국가 그룹에는 포함되지 않았다.

4. 중앙아시아 5개국의 인간개발지수(HDI)

인간개발지수(HDI. human development index)는 유엔개발계획(UNDP)이 1990년부터 '수명과 건강(a long and healthy life)', '지식 접근성(access to knowledge)', '적절한 생활수준(a decent standard of living)'의 3가지 기본적인 차원에서 각 나라의 인간다운 생활수준을 가늠하기 위해 개발한 지표다. 지수는 각국의 평균 수명(기대수명)과 교육수준, 1인당 실질 국민소득 등 모두 206개 지표를 토대로 작성된다. 삶의 질(質)을 물질적 요소뿐만 아니라 건강, 수명, 교육 등 비물질적 요소까지 포함해 총체적으로 분석한다.

표 84. 인간개발지수(HDI)에 따른 UNDP의 국가 분류 (HDI 2015)

국가 수준	지수	국가 수
최고(最高)수준 인간개발 (very high human development)	0.8 이상	51개국
고(高)수준의 인간개발 (high human development)	0.7~0.8	55개국
중(中)수준의 인간개발 (medium human development)	0.55~0.7	41개국
저(低)수준의 인간개발 (low human development)	0.55 미만	41개국

자료 : UNDP, Human Development Report(http://hdr.undp.org/en/statistics/)

UNDP의 "Human Development Report 2016: Human Development for everyone"에 의하면 중앙아시아 국가 중 고수준 인간개발 국가군에 포함된 나라는 카자흐스탄과 우즈베키스탄이다. 나머지 3개국은 인간개발정도가 중수준 국가군에 포함되었다. 카자흐스탄의 HDI는 0.794로 조사대상 188개국 중 56위를 차지하며 최고 수준(0.8

표 85. 중앙아시아 5개국의 2000~2015년 인간개발지수(HDI)

	HDI 순위	HDI지수		기대수명(年)		기대학업 지속년수(年)		평균학업 년수(年)		1인당 GNI (PPP. $)	
	2015	2000	2015	2000	2015	2000	2015	2000	2015	2000	2015
카자흐스탄	56	0.679	0.794	63.5	69.6	12.7	15.0	10.0	11.7	9,318	22,093
우즈베키스탄	105	0.594	0.701	67.0	69.4	10.8	12.2	9.1	12.0	2,432	5,748
투르크메니스탄	111	0.665	0.691	63.9	65.7	10.2	10.8	-	9.9	5,053	14,026
키르기스스탄	120	0.593	0.664	66.2	70.8	11.8	13.0	9.9	10.8	1,925	3,097
타지키스탄	129	0.535	0.627	63.5	69.6	9.7	11.3	10.6	10.4	1,134	2,601
세계 평균	-	0.597	0.717	65.3	71.6	9.2	12.3	-	8.3	8,780	14,447
개발도상국	-	-	0.668	-	70.0	-	11.8	-	7.2	-	9,257

자료 : UNDP, Human Development Report(http://hdr.undp.org/en/statistics/)

이상) 인간개발 국가군 진입을 눈앞에 두고 있다. 우즈베키스탄은 처음으로 0.7을 넘어서며 중수준 인간개발 국가에서 고수준 인간개발 국가로 진입하였다. 나머지 3개국은 0.627에서 0.691로 중진국으로 분류되었으나 세계 평균치인 0.717에 못 미치며 100위권 밖으로 밀려났다. 투르크메니스탄은 HDI 지수 0.691로 111위, 키르기스스탄은 0.664로 120위, 타지키스탄은 0.627로 129위에 머물렀다. 중앙아시아 국가는 성인 문자해독률과 초·중·고등교육 비율 등이 포함되는 평균 학업 연수에서 높은 세계 평균 이상을 기록하며 높은 평가를 받았지만, 기대수명과 1인당 국민소득에서는 지나치게 낮은 점수를 받음으로써 전체 지수 순위에서 적지 않는 감점을 받았다. 그럼하고 불구하고 중앙아시아 5개국에서 인간개발지수는 지난 15년(2000~2015) 동안 모두 상승한 것으로 분석되었다. 특히 카자흐스탄의 경우 0.115포인트 (0.679 → 0.794) 증가하며 가장 큰 상승 폭을 보였다. 동 기간 상승 폭에서 평가대상 168개국

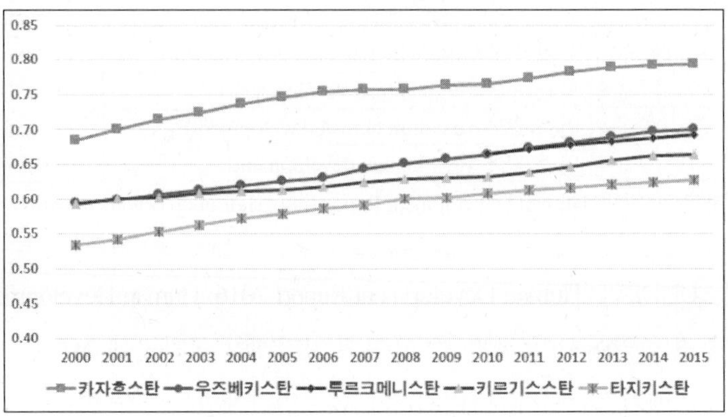

그림 55. 중앙아시아 5개국 HDI 추이 (2000~2015)

중에서 28위를 차지했다. 우즈베키스탄이 0.107포인트 상승하며 32위, 타지키스탄 0.092포인트로 53위, 키르기스스탄이 0.072포인트로 83위를 차지했다. 투르크메니스탄은 0.027포인트 상승하여 증가 폭이 가장 작았으나 이는 2010년을 기준으로 한 것에 기인한다. 최근 5년간을 기준으로 할 때 HDI가 가장 상승한 국가는 우즈베키스탄으로 0.037포인트 상승하며 세계 188개국 중 13번째로 상승폭이 컸다. 키르기스스탄 또한 0.032포인트로 27위를 기록했다.

소비에트 붕괴 이전 수준인 1990년과 비교해 중앙아시아 5개국의 주요 인간개발지표 향상 정도를 살펴보면 다음과 같다. 카자흐스탄은 기대수명이 1990년 대비 2.8년, 기대 학업 연수는 3.6년 늘었다. 1인당 국민소득(GNI)은 60% 증가했다. 우즈베키스탄은 기대수명이 2.6년, 기대 학업 연수가 0.9년 늘었고. 1인당 국민소득(GNI)은 91% 증가했다. 투르크메니스탄은 기대수명이 2.9년, 소득은 86% 늘어난 반면 평균 학업 연수는 0.6년 증가에 그쳤다. 키르기스는 기대수명이 4.5년 늘며 중앙아시아 5개국 중 유일하게 70세를 넘어섰다. 기대 학업 연수가 1.2년 증가했지만 1인당 국민소득은 3,407달러에서 3,097달러로 9% 감소했다. 타지키스탄은 기대수명이 6.7년으로 가장 많이 늘어났으나, 국민소득은 28%나 감소하였고, 기대 학업 연수도 0.7년 축소되었다.[314)]

314) UNDP, “International Human Development Indicators : Country profile”. http://hdr.undp.org/en/countries

Ⅵ. 중앙아시아 5개국의 국가경쟁력

2000년대 들어 세계 경제의 글로벌화가 급속히 진전되면서 전 세계적으로 국가경쟁력에 대한 관심이 증대되었다. 스위스 로잔에 있는 국제경영개발원(IMD)과 세계경제포럼(WEF)은 종합적인 국가경쟁력 순위를 평가하는 대표적 기관으로 이들의 발표하는 세계 각국의 국가경쟁력지수는 일국의 경제 환경과 구조적 문제점을 파악하는데 널리 활용되고 있다.

IMD는 1989년부터 세계경쟁력연감을 발표하면서 OECD 국가를 포함한 주요 국가의(2018년도에는 63개국) 국가경쟁력 순위를 발표해 오고 있으며, WEF는 1979년부터 글로벌경쟁력보고서를 발표하면서 IMD보다 많은 국가(2017~2018년도 137개국)를 대상으로 하여 국가경쟁력 순위를 발표해오고 있다. IMD는 경제규모가 큰 국가를 대상으로 평가하는 관계로 중앙아시아 국가 중에는 카자흐스탄만 포함되고 나머지 4개국은 포함되지 않았다. 2018년 카자흐스탄은 IMD국가경쟁력 순위에서 평가대상 63개국 중 38위를 차지했다.

1. 중앙아시아 5개국의 글로벌 경쟁력

2010년대 들어 중앙아시아 국가의 글로벌 경쟁력이 지속해서 강화되는 추세를 보인다. 2017년 WEF가 발표한 “글로벌경쟁력보고서 2017~2018(The Global Competitiveness Report 2017~2018)”에 의하면 중앙아시아 국가 중 가장 높은 국가경쟁력을 갖춘 나라는 카자흐스탄으로 137개 평가 대상국 중 57위를 차지하였다. 카자흐스탄의 글로벌경쟁력지수(GCI. Global Competitiveness Index)는 4.35였다. 카자흐스탄은 2015~2016년 42위, 2016~2017년 53위에 비해 2년 연속 하락했지만 2010~2011년 72위(GCI 4.12)와 비교해 순위는 15위, 지수는 0.23 상승했다. 타지키스탄은 국가경쟁력 순위에서 79위를 기록하며 전년 77위에서 2단계 하락했다. 타지키스탄은 자료 부족으로 2013~2014년 평가대상에서 제외되기도 했으나 2009~2010년 122위를 기록한 후 순위 및 지수에서 가장 큰 폭의 상승 추세를 유지하고 있다. 키르기스스탄은 111위서 102위로 9단계 상승하며 최고 순위를 기록했으나 이는 2015~2016년 102위를 회복하는 데 그쳤다. 우즈베키스탄은 자료 부족으로 평가에서 제외되었는데 2007~2008년 131개 평가대상 국가 중 중위권인 62위(카자흐스탄 61위)를 차지하기도 했다. 투르크메니스탄은 처음부터 평가에서 제외되었다.

표 86. WEF의 2017-2018년 중앙아시아 각국의 주요 분야별 경쟁력 순위

	카자흐스탄		타지키스탄		키르기스		우즈베키스탄*	
	순위	점수	순위	점수	순위	점수	순위	점수
글로벌 경쟁력 지수(2017~2018)	**57**	**4.35**	**79**	**4.14**	**102**	**3.90**	**62**	**4.13**
글로벌 경쟁력 지수(2016~2017)	**53**	**4.41**	**77**	**4.12**	**111**	**3.75**	**-**	**-**
Ⅰ. 기초 요인	**69**	**4.6**	**81**	**4.4**	**97**	**4.1**	**69**	**4.36**
① 제도	60	4.0	42	4.4	103	3.4	56	4.10
② 인프라	68	4.2	99	3.3	109	3.0	66	3.46
③ 거시경제환경	98	4.2	103	4.1	88	4.4	103	4.34
④ 보건 및 초등교육	59	5.9	73	5.7	75	5.7	59	5.54
Ⅱ. 효율성 증진	**56**	**4.3**	**95**	**3.7**	**108**	**3.6**	**76**	**3.77**
⑤ 고등교육 및 훈련	56	4.6	76	4.3	89	4.0	49	4.25
⑥ 상품시장 효율성	72	4.3	68	4.3	81	4.2	66	4.16
⑦ 노동시장 효율성	35	4.6	34	4.6	113	3.7	43	4.49
⑧ 금융시장 발전	114	3.3	105	3.5	86	3.8	115	3.47
⑨ 기술 수용 적극성	52	4.6	114	3.0	102	3.2	84	2.92
⑩ 시장규모	43	4.5	118	2.8	117	2.8	70	3.30
Ⅲ. 기업혁신 및 성숙도	**95**	**3.4**	**62**	**3.7**	**128**	**3.0**	**51**	**3.86**
⑪ 기업활동 성숙도	108	3.6	75	3.9	127	3.3	59	4.17
⑫ 기업혁신	84	3.2	47	3.6	126	2.7	42	3.55

우즈베키스탄*: 2007~2008(131개국), 그 후 자료 부족으로 평가 제외.
자료 : 세계경제포럼, Global Competitiveness Report 2017-2018

카자흐스탄의 글로벌경쟁력지수(GCI)를 분야별로 살펴보면 기초요인 분야에서 평점 4.6을 받아 69위, 효율성증진 분야에서 평점 4.3으로 56위, 혁신 및 성숙도요인 분야에서 평점 3.4로 95위를 차지하였다. 세부 영역별로는 노동시장효율성 부문이 35위(평점 4.6)로 가장 높은 평가를 받았다. 정리해고비용(24위), 여성

경제활동 참가율(28위), 고용 및 해고 관행(41위) 등에서 높은 점수를 받은 것이 긍정적 영향을 미쳤다. 주목할 점은 2013~2014년 재정수지(13위), 정부부채(14위), 국가저축률(36위)에서 좋은 점수를 받아 23위(평점 5.9점)를 기록했었던 거시경제 부문이 재정수지 적자(96위)와 인플레이션(130위)으로 인해 98위(평점 4.2)로 떨어지며 전체 경쟁력 순위 하락에 결정적 영향을 미쳤다. 금융시장발전 부문은 글로벌 금융위기 이후 카자흐스탄의 국가경쟁력 향상에 걸림돌이 되고 있다. 2017~2018년 금융시장발전 부문은 3.3의 평점을 받아 114위를 기록하며 가장 경쟁력이 취약한 것으로 분석되었는데 8개 세부항목 모두 하위권인 80위권 밖이었다. 특히 증권거래 관련 규제(117위), 은행 건전성(114위), 국내주식시장을 통한 자본조달(108위), 벤처자금 활용(102위) 등이 100위권 밖으로 낮은 평가를 받았다. 기업활동 성숙도에서도 108위(3.6점)에 랭크되었는데 9개 세부항목 중 5개가 100위권 밖이었다. 특히 기업클러스터 조성 상태(126위), 가치사슬의 폭(121위), 국내공급업자의 양(114위), 국내공급업자의 질(102위), 경쟁우위의 본질(101위)이 취약한 것으로 평가되었다. 그 외 보건 및 초등교육 부문의 결핵이 기업에 미치는 영향(107위), HIV/AIDS이 기업에 미치는 영향(102위), 인프라 부문에서 도로의 질(115위), 항만 인프라의 질(105위), 고등교육과 훈련 부문에서 비즈니스 스쿨의 질(100위), 상품시장 효

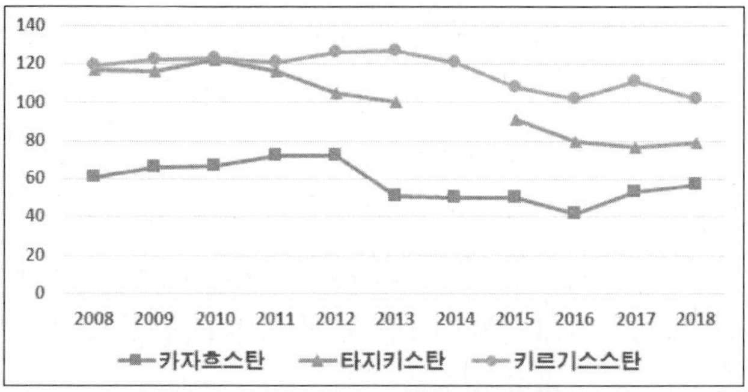

그림 56. 중앙아시아 3개국 글로벌경쟁력 순위 추이

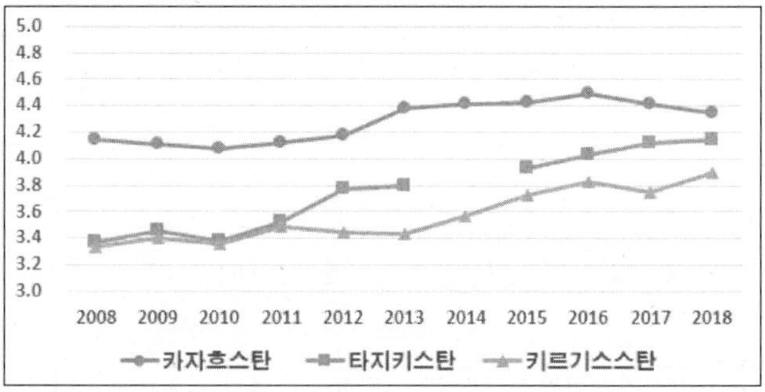

그림 57. 중앙아시아 3개국 글로벌경쟁력 지수 추이

율성 부문에서 현지시장 경쟁 강도(114위), 외국인 소유권의 확산(110위), GDP 대비 수입(112위), 노동시장 효율성 부문에서 임금결정의 유연성(105위), 전문경영인 제도(105위) 등이 경쟁력이 취약한 것으로 평가되었다. 경쟁력이 향상된 부문은 시장규모로 2013년 54위에서 43위로 상승하였다.

타지키스탄은 평점 4.14로 79위를 차지했는데 노동시장효율성(34위, 4.6점)과 제도(42위, 4.4점), 기업혁신(47위, 3.6점) 분야에서 상대적으로 높은 평가를 받았다. 제도와 혁신 분야는 2012-13년과 비교해 순위가 각각 23위, 19위 상승했다. 반면 시장규모(118위), 기술수용적극성(114위), 금융시장발전(105위), 인프라(103위) 분야에서는 낮은 평가를 받았다.

키르기스는 평점 3.9로 102위에 매겨지며 국가경쟁력 부분에서 최하위권에 포진했다. 12개 부문 중 보건 및 초등교육이 75위(평점 5.7), 상품시장효율성이 81위(평점 4.2)로 가장 높은 순위일 정도로 대부분 분야에서 경쟁력을 갖추지 못한 것으로 평가되었다. 특히 기업활동 성숙도(127위), 기업혁신(126위), 시장규모(117위), 노동시장 효율성(113위) 분야는 최하위 평가를 받았다.

중앙아시아 지역의 경우 지난 2000년 이후 역동적인 고도 경제성장을 바탕으로 한 거시경제지표의 눈부신 개선에도 불구하고 인프라 구축과 금융시장 발전, 기업활동 성숙도 측면에서의 개혁이 제대로 이루어지지 못한 것이 국가경쟁력 강화의 걸림돌이 되고 있다. 중앙아시아 각국이 자국의 국가경쟁력을 높이기 위해서는 무엇보다도 먼저 사회 전반에 만연한 부패를 근절하는 데 힘쓰며, 정부의 투명성을 높이고, 조세제도를 개혁하며, 사회 및 경제발전을 위한 인프라 구축에 적극적으로 나서야 할 것으로 보인다.

2. 중앙아시아 5개국의 국가신용등급

국가신용등급(sovereign credit rating)이란 일국 정부가 해외에서 발행하는 만기 1년 이상인 외화표시 장기 채권에 대해 그 원리금을 상환할 수 있는 능력을 평가하는 것으로 일반적으로 장기 외화표시 채권등급을 말한다. 국가신용등급 평정에는 외환보유액을 포함해 경제성장률, 인플레이션, 국민소득 수준과 분포도, 정부재정, 외채 규모, 기업 및 금융기관의 재무건전성 등 외채상환 능력에 영향을 미칠 수 있는 경제요인은 물론 정치 및 사회 제도의 안정성, 전쟁, 폭동, 내란의 발생 가능성과 같은 국가안보를 위협하는 요인까지도 고려된다.[315)]

세계 각국의 국가신용등급을 평가하는 대표적인 국제신용평가회사로는 "Moody's", "S&P(Standard and Poors)", "Fitch IBCA" 등이 있다. 이들 기관은 국제자본시장에서 채권발행 정부의 채권상환 능력(capacity)과 의지(willingness)를 평가하고 있다. 평가 대상국은 110개국 내외로 경제협력개발기구(OECD)와 유럽연합(EU) 등 선진국 위주로 평가하고 있어 채권발행이 힘든 저개발국에 대한 평가등급이 많지 않다. 국가신용도에 해당하는 외화표시 장기채권 등급을 AAA/Aaa, AA+/Aa1, …, SD/D 등 20개 이상의 등급으로 공시하고 있다.(표 87 참조)

표 87. 국제신용평가회사의 국가신용등급(sovereigns ratings) 분류표

Moody's	S&P	Fitch	등급(Grade)
Aaa	AAA	AAA	Prime
Aa1, Aa2, Aa3	AA+, AA, AA-	AA+, AA, AA-	High grade
A1, A2, A3	A+, A, A-	A+, A, A-	Upper medium grade
Baa1, Baa2, Baa3	BBB+, BBB, BBB-	BBB+, BBB, BBB-	Lower medium grade
Ba1, Ba2, Ba3	BB+, BB, BB-	BB+, BB, BB-	Non-investment grade speculative
B1, B2, B3	B+, B, B-	B+, B, B-	Highly speculative
Caa1, Caa2, Caa3	CCC+, CCC, CCC-	CCC+, CCC, CCC-	Substantial risks
Ca	CC	CC, C	Extremely speculative
-	SD	RD	In default with little prospect for recovery
C	D	D, DD, DDD	In default
WR	NR	-	Not rated

자료 : http://countryeconomy.com/ratings

오늘날 세계 각국은 세계 주요 국제신용평가기관이 행하는 자국 신용등급의

315) 자세한 내용은 S&P의 "Sovereign Rating Methodology", December 18, 2017을 참조하기 바람.

평가 조정에 민감히 반응하며 등급 상향에 노력을 기울이고 있다. 이는 국제신용평가기관의 국가신용등급 평정이 국가 신뢰도 및 경제 환경에 미치는 영향력이 대단히 크기 때문이다. 일반적으로 국가신용등급의 상향조정은 해외에서 자본조달을 조달할 때 위험 프리미엄(spread)을 낮추어 차입금리를 인하하며, 외국인 투자자들의 투자심리를 호전시켜 해외로부터의 자본 유입을 촉진한다. 반대로 신용등급의 하향은 국외자본 조달 시 위험 프리미엄을 상승시켜 더 높은 조달 금리를 요구하며, 외국인 투자자들의 투자심리를 악화시켜 자본의 해외유출을 조장한다.

표 88. 카자흐스탄 신용등급 추이

일자	등급	일자	등급
2017.09	BBB-/stable	2006.06	BBB-/positive
2016.02	BBB-/negative	2005.11	BBB-/stable
2015.02	BBB/negative	2004.05	BBB-/stable
2014.06	BBB+/negative	2003.05	BB+/stable
2011.11	BBB+/stable	2002.06	BB/positive
2010.12	BBB/stable	2001.05	BB/stable
2009.05	BBB-/stable	2000.07	BB-/stable
2008.04	BBB-/negative	1999.12	B+/stable
2007.10	BBB-/stable	1998.09	B+/negative
2007.10	BBB/Watch Neg	1996.11	BB-/stable
2006.11	BBB/stable	자료 : S&P	

중앙아시아 5개국의 경우 국가신용등급이 대단히 낮은 것으로 평가받고 있다. 카자흐스탄만이 S&P, Moody's와 Fitch 등 세계 3대 신용평가회사로부터 투자 적격 신용등급을 부여받은 유일한 국가로 글로벌 금융위기 이후 국제신용평가회사의 카자흐스탄 장기외화표시채권에 대한 신용등급 상향이 이루어지고 있다. S&P는 2010년 12월 카자흐스탄의 국가신용등급을 BBB-(stable)에서 BBB (stable)로, 2011년 11월에는 BBB+ (stable)로 상향 조정하였다. 2014년 6월에는 신용등급은 BBB+를 유지한 채 신용등급전망에 대해서는 안정적(stable)에서 부정적(negative)으로 하향하였다. 그리고 2015년 2월에는 BBB/negative로 1단계 하향하였고, 2016년 2월에는 다시 BBB-/negative로 하향하였다. 2017년 9월 BBB-/stable로 상향한 뒤 2018년 5월 말까지 유지하고 있다. 투자등급 중에서 낮은 중등급(lower medium grade)에 해당하는 것으로 투자적격 등급 중 가장 낮은 수준이다.

무디스(Moody's)는 2006년 6월 신용등급을 Baa3에서 Baa2로 상향 조정하였고, 신용등급전망을 2010년 4월 부정적(negative)에서 안정적(Stable)으로, 그리고 2013년 8월에는 긍정적(positive)으로 변경하며 신용등급 상향을 예시하기도 하였다. 그러나 2015년 3월과 2016년 3월 각각 신용등급을 각각 Baa2/stable, Baa2/negative로 낮추었고, 2016년 4월에는 Baa3/Negative로 강등하였다.

Fitch는 2011년 11월 신용등급을 BBB-에서 BBB로, 2012년 11월에는 BBB+(stable)로 상향 조정한 후 2016년 4월까지 이를 유지하였다. 카자흐스탄의 국가신용등급 및 등급 전망의 상향조정은 글로벌 금융위기 이후 카자흐스탄 정부가 추진한 외국인투자유치 정책과 안정적인 위기관리 능력을 인정하였기 때문이다. 그러나 Fitch도 2016년 4월 S&P와 무디스에 이어 카자흐스탄의 국가신용등급을 BBB/Stable로 강등하였다. 국제신용평가 3사가 2016년 4월 들어 카자흐스탄의 국가신용등급을 일제히 1단계 강등한 것은 2015년에 이어 계속된 2016년 초까지의 국제유가 폭락으로 수출 규모 감소와 러시아 경기침체 영향의 지속 가능성에 따른 경기침체 등 거시지표가 불안해진 것이 원인이었다.

키르기스스탄은 2015년 12월에 무디스와 S&P로부터 투기등급(Highly speculative)에 해당하는 B2/stable과 B/stable의 신용등급을 부여받았다.[316)]

투르크메니스탄에 대해서 Moody's는 2010년 9월 정부 신용등급 평가를 지속하기 위한 자료가 불충분하다는 이유로 2002년 1월에 부여했던 자국 통화표시 채권 등급(B2)을 철회하였다.[317)] Fitch는 장기 외화표시 채권에 대해 1998년 1월 처음으로 등급(B)을 부여한 후 2001년 5월 B-(stable)에서 CCC-로 하향하였고, 2005년 2월에는 등급을 철회하였다.[318)] S&P는 투르크메니스탄에 대해 신용등급을 부여하지 않았다.

우즈베키스탄과 타지키스탄은 아직 3대 신용평가회사로부터 국가신용등급을 부여받지 못하고 있다. 우즈베키스탄 정부는 2015년까지 신용평가기관으로부터 국가신용등급을 얻는 것을 목표로 하였으나 실패한 상태다.[319)] 아프리카 국가인

---

316) http://www.tradingeconomics.com/kyrgyzstan/rating

317) https://www.moodys.com/research/Moodys-Withdraws-Turkmenistans-Sovereign-Ratings--PR_205258

318) Fitch. “Complete Sovereign Rating History”, Fitch Rating. 24 Aug 2012.

319) http://www.universalnewswires.com/centralasia/viewstory.aspx?id=2537

우간다, 잠비아, 르완다, 케냐 등이 3대 신용평가회사 모두로부터 B나 B+ 수준의 신용등급을 부여받고 있다는 점에서 중앙아시아 국가에 대한 국제사회의 신뢰 수준이 어느 정도인지를 짐작해 볼 수 있다.

3. 중앙아시아 5개국의 국가위험

세계 경제의 글로벌화는 한 국가의 위험(risk)이 해당 국가만이 아니라 다른 국가로 전이되어 세계 경제 전체에 악영향을 미친다. 이에 주요 경제-연구기관뿐만 아니라 국제기구에서도 큰 관심을 가지고 세계 각국의 국가위험도를 평가하고 있다. 경제협력개발기구(OECD)는 1999년부터 수출과 관련된 국가위험을 평가하고 있다. OECD의 국가위험 분류는 “공적 수출신용에 관한 협약(Arrangement on Guidelines for Officially Supported Export Credit)” 참여자들의 신용위험에 대한 최소보험료율을 산정하기 위한 것이다.

OECD 국가위험 분류에 따르면 중앙아시아 5개국의 투자위험이 대단히 높은 것으로 나타났다. 카자흐스탄이 가장 높은 평가를 받았음에도 불구하고 하위 그룹인 5등급에 불과했고, 우즈베키스탄과 투르크메니스탄은 6등급, 키르기스스탄과 타지키스탄은 최하위인 7등급에서 벗어나지 못했다. 카자흐스탄은 2009년 10월 OECD 국가위험도 평가전문가(CRE) 회의에서 국가위험 등급이 4등급에서 5등급으로 한 단계 하향 조정되었는데 은행부문에서 19.7%에 달하는 높은 무수익여신(NPL)과 과도한 석유산업 의존형 산업구조, 과중한 외채부담이 원인으로 지적되었다. 그리고 수출 감소와 경기하락, 재정수지 악화 등이 예상되면서 2016년 1월 CRE회의에서 다시 6등급으로 1단계 하향 조정이 이루어졌다. 2017년에는 외채지표가 2016년에 비해서는 다소 개선되었으나, 여전히 외채상환능력은 취약한 것으로 평가되고 있다. 2017년 9월 말 기준 카자흐스탄에 대한 OECD 회원국 ECA의 승인금액은 단기 1억 2,830만 달러, 중장기 22억 달러 등이며, 이 가운데 중장기 1억 1,900만 달러가 연체 중이고, 그중에서 9,370만 달러는 회수불

능 상태인 것으로 알려졌다.[320)]

우즈베키스탄은 2008년 2월 OECD 국가위험 등급이 7등급에서 6등급으로 상향조정되며 최하위권에서 벗어났다. 대통령 선거 종료에 따른 정치적 위험 감소, 외채상환 부담의 경감, 수출상품 가격 호조, 러시아 및 아시아국가로부터의 외국인투자 증가 등으로 견조한 경제성장에 대한 기대감이 반영되었기 때문이다. 2014년 1월 국가위험도 평가전문가(CRE) 회의에서는 우즈베키스탄의 폐쇄적 경제구조와 장기 독재체제 지속 등을 반영하여 기존의 6등급을 유지하였다. 2017년 9월 말 기준 우즈베키스탄에 대한 OECD 회원국 ECA의 인수승인 잔액은 단기 3억 8,940만 달러, 중장기 10억 7,420만 달러이며, 중장기 여신 가운데 100만 달러가 연체되고 있다.[321)]

투르크메니스탄 또한 2008년 2월 국가위험 등급이 7등급에서 6등급으로 상향조정되었는데 천연가스를 중심으로 한 풍부한 천연자원에 기반한 경제성장 잠재력과 니야조프 사후 베르디무하메도프 신정부의 대외관계 개선 노력이 바탕이 되었다. 또한 과거 파리클럽과의 채무재조정(rescheduling) 경험이 없고 폐쇄경제 체제로 인해 대외부채 규모가 크지 않으며 OECD 회원국의 ECA에 대한 연체가 없는 것도 반영되었다. 2017년 3월 기준 OECD 회원국의 ECA 인수승인 잔액은 단기 4,050만 달러, 중장기 50억 8,100만 달러 등 총 51억 2,150만 달러다.[322)]

키르기스스탄과 타지키스탄은 OECD가 국가위험 등급 평가를 시작한 1999년부터 지금까지 한 번의 등급 조정도 없이 최하위인 7등급에서 벗어나지 못하고 있다. 키르기스의 경우 2002년 1억 달러의 채무 경감, 2005년 1.2억 달러의 외채탕감과 4.3억 달러의 리스케줄링 등 파리클럽과의 2차례 채무재조정을 받았고, 2013년 9월 말 기준 OECD 회원국 ECA의 중장기 지원 잔액(3,910만 $)의 89.3%인 3,490만 달러가 연체 중으로 회수불능인 상태에 있다.[323)] 타지키스탄은 대러

320) 한국수출입은행 해외경제연구소, "카자흐스탄 국가신용도 평가리포트", 국별리포트. 2011. 2. 2016. 12., 2018. 3. p.13.
321) Ibid, "우즈베키스탄 국가신용도 평가 리포트", 국별리포트. 2018. 4. p.11.
322) Ibid, "투르크메니스탄 국가신용도 평가 리포트", 국별리포트. 2017. 8. p.10.

시아 채무재조정, 국제통화기금(IMF), 세계은행(WB)으로부터의 채무 탕감 경험이 있고, 중국으로부터의 대외 차입 증가 등으로 GDP의 약 50%, 외환보유액의 580%에 달하는 과도한 대외부채가 국가위험을 높이고 있다.

표 89. 중앙아시아 주요국 국가리스크 분류(OECD)

	2000	2004	2006	2008	2010	2012	2014	2015	2016	2017	2018.6
카자흐스탄	6	5	4	4	5	5	5	5	6	6	6
우즈베키스탄	7	7	7	6	6	6	6	6	6	6	6
투르크메니스탄	7	7	7	6	6	6	6	6	6	6	6
키르기스	7	7	7	7	7	7	7	7	7	7	7
타지키스탄	7	7	7	7	7	7	7	7	7	7	7
러시아	6	4	4	3	4	3	3	4	4	4	4
아제르바이잔	7	6	5	5	5	5	5	5	5	5	5
아르메니아	7	4	6	6	6	6	6	6	6	6	6
조지아	7	7	7	6	6	6	6	6	6	6	6

자료 : OECD, Country Risk Classification.

4. 중앙아시아 5개국의 무역경쟁력

무역가능지수(ETI Enabling Trade Index)는 세계경제포럼(WEF)이 한 국가가 국제거래를 하는데 얼마나 좋은 환경을 갖추고 있는가, 즉 대외무역의 원활성이 어느 정도인지를 평가하여 지수화한 것이다. ETI는 한 나라의 정부무문과 민간부문을 함께 평가해 2년마다 발표하는 지수로 무역 증진을 위한 각국의 시장 접근성(market access), 국경행정(border administration), 수송 및 통신 기반시설(infrastructure), 사업환경(operating environment) 등 4가지를 종합해 산출한다. 2016년 ETI 산정에는 136개국을 대상으로 총 57개 지표가 사용되었다.

WEF가 2008년부터 격년으로 발표하는 무역가능보고서(The Global Enabling Trade Report)에서 ETI를 제시하고 있다. 무역가능보고서에서 중앙아시아 5개국

323) Ibid, "키르기스 국가신용도 평가 리포트", 국별리포트. 2014. 2. p.9.

중 카자흐스탄, 키르기스스탄, 타지키스탄 3국이 평가에 포함되었고, 투르크메니스탄과 우즈베키스탄은 자료 부족으로 제외되었다. 2016년 중앙아시아 3개국의 무역 여건 및 환경은 대단히 취약한 것으로 드러났다.

표 90. 2014~2016년 중앙아시아 3개국 무역가능지수(ETI)

2014년 : 138개국	카자흐스탄				키르기스스탄				타지키스탄*			
2016년 : 136개국	순위		점수		순위		점수		순위		점수	
	2014	2016	2014	2016	2014	2016	2014	2016	2012	2016	2012	2016
무역가능지수(ETI)	94	88	3.7	4.0	109	113	3.5	3.8	110	114	3.4	3.7
Ⅰ. 시장 접근성	108	129	3.2	3.3	32	110	4.2	3.7	100	120	3.7	3.6
1) 국내시장	112	111	3.8	3.9	82	122	4.7	3.6	-	97	-	4.5
2) 해외시장	59	116	2.7	2.7	19	91	3.8	3.8	-	119	-	2.7
Ⅱ. 국경행정	127	88	3.0	4.2	118	77	3.3	4.4	128	103	2.5	3.9
3) 투명성과 효율성	127	88	3.0	4.2	118	77	3.3	4.4	-	103	-	3.9
Ⅲ. 인프라	53	54	4.2	4.3	104	115	3.0	3.0	92	119	3.4	2.9
4) 운송인프라	61	67	3.6	3.5	105	132	2.6	2.2	68	89	4.2	3.0
5) 운송서비스	65	68	4.1	4.0	128	123	3.1	3.1	90	127	3.4	3.0
6) ICT이용	42	46	4.9	5.2	90	96	3.4	3.8	101	120	2.7	2.7
Ⅳ. 사업환경	67	53	4.2	4.5	121	102	3.4	3.9	72	51	4.2	4.5
7) 사업환경	67	53	4.2	4.5	121	102	3.4	3.9	72	51	4.2	4.5

타지키스탄* : 2014년 평가대상에서 제외됨.
자료 : 세계경제포럼(WEF)

2016년 카자흐스탄은 대외무역의 원활성을 나타내는 무역가능지수(ETI)에서 종합 평점 7점 만점에 4.0점을 얻어 평가대상 136개 국가 중에서 하위 35%에 해당하는 88위를 차지했다. 2014년 94위보다 6단계나 상승했고, 점수에서도 0.3포인트 증가했다. 7개 세부 항목별로는 큰 차이를 보였다. 세부적으로 가장 높은 평가를 받은 항목은 기반시설 부문의 기술정보통신(ICT) 유용성과 이용으로 46위를 차지하였고, 상품의 수출, 수입, 거래, 수송에서 기업에 영향을 미치는 국가의 사업 환경 품질에서 53위를 기록했다. 반면 국내 및 국외로의 시장 접근성 부문에서 최하위인 129위에 그쳤다. 무역 협상을 통해 수출 대상 국가 간 관세 장벽을 개선했는지를 따지는 지표인 '해외시장 접근성'에서 116위, 관세 장벽의 수준 및 복잡성과 수입관세 면제 상품 등을 고려해 시장 개방성을 평가하는 '국내시장 접근성'에서 111위에 머물렀다. 국경행정(세관)의 효율성과 투명성을 나타내는 국경행정에서 88위에 그쳤다. 운송인프라의 유용성과 품질, 운송서비스의 유용성과 품질에서는 각각 67위, 68위로 중위 수준의 경쟁력을 갖춘 것으로 평가받았다. 기업 경영진을 대상으로 한 설문조사(2015년)에 의하면 수입에서 가장 큰 장애 요인으로 관세 및 비관세 장벽, 부담스러운 수입절차, 국제운송에서 지연 및 고비용이 1~3위를 차지했고, 국내운송에서 지연 및 고비용, 국내 기술기준 및 표준규정, 세관부패 등이 그 다음으로 지적되었다. 수출에서 핵심 장애 요인으로 구매자(buyer)의 수량 및 품질요구 충족의 어려움과 국제운송에서 지연 및 고비용이 1~2위로 지목되었고, 국내운송에서 지연 및 고비용, 잠재시장 및 구매자 찾기, 해외 국경 통관에서의 부담스러운 행정절차, 해외 기술기준 및 표준규정, 싼 가격으로 수입된 투입재(중간재)의 사용이 그 뒤를 이었다.

2016년 키르기스스탄은 무역가능지수(ETI)에서 종합 평점 7점 만점에 3.8점을 얻어 평가대상 136개 국가 중에서 하위 17%에 해당하는 113위를 차지했다. 2014년 3.5점보다 평점이 0.3포인트 상승했으나 순위는 4단계 하락했다. 7개 세부 항목 중 118위에서 77위로 급상승한 국경행정을 제외하고는 대부분이 최하위권에 머물렀다. 특히 해외시장 접근성은 19위에서 91위로 크게 약화하였다. ICT 이용이 96위에 기록되었고, 나머지 4개 항목, 국내시장 접근성, 운송인프라, 운송서비스, 사업환경은 모두 100위권 밖으로 밀려날 정도로 경쟁력을 갖추지 못한 것으로 평가받았다. 수출입 애로 사항에 관한 기업 경영진을 대상으로 한 설문조사(2015년)에 의하면 키르기스스탄의 수입에서 가장 큰 장애 요인으로 국경(세관)부패와 관세 및 비관세 장벽이 1, 2위로 지목되었고 그 뒤를 부담스러운 수입절차, 국제운송에서 지연 및 고비용, 범죄와 절도 등이 언급되었다. 수출의 장애요인으로 해외 기술기준 및 표준규정과 잠재시장 및 구매자 찾기가 1, 2위를 차지하였고, 부적절한 생산기술, 구매자의 수량 및 품질요구 충족의 어려움이 뒤를 이었다.

2014년 평가에서 일시적으로 제외되기도 했었던 타지키스탄은 2016년 무역가능지수(ETI)에서 종합 평점 7점 만점에 3.7점을 얻어 평가대상 136개 국가 중에서 하위 16%에 해당하는 114위를 기록했다. 2012년 110위보다 4단계나 하락했으나 평점은 0.3포인트 증가했다. 평점 4.5로 51위를 기록한 국가의 사업 환경 품질을 제외한 나머지 6개 세부 항목에서 경쟁력이 취약한 것으로 평가받았다. 특히 국내외 시장 접근성과 인프라 부문의 운송서비스, ICT 이용에서 120위 밖으로 벗어나며 경쟁력을 전혀 갖추지 못한 것으로 판정받았다. 기업 경영진을 대상으로 한 설문조사(2015년)에 의하면 타지키스탄의 수입에서 가장 큰 장애 요인으로 관세 및 비관세 장벽이 지목되었고, 부담스러운 수입절차, 국제운송에서 지연 및 고비용, 국경(세관)부패가 뒤를 이었다. 수출의 장애 요인으로 잠재시장 및 구매자 찾기가 압도적 1위를 차지하였고, 싼 가격으로 수입된 투입재(중간재)의 사용, 무역금융 접근성, 부적절한 생산기술, 구매자의 수량 및 품질요구 충족의 어려움이 2~5위를 차지했다.

5. 중앙아시아 5개국의 물류경쟁력

물류성과지수(LPI. Logistics Performance Index)는 세계은행(World Bank)이 세계 각국의 물류 경쟁력을 측정하기 위해 개발한 지표다. 세계은행은 전 세계 160여 개국을 대상으로 2007년부터 2년 주기로 LPI를 발표하고 있다.

세계은행의 “Connecting to Compete 2018 : Trade Logistics in the Global Economy”에 의하면 LPI 상위 10개국은 독일을 위시한 유럽 8개국과 일본, 싱가포르 등 고소득 국가로 공급사슬산업(supply chain industry)이 잘 발달한 국가였다. 반면 하위 10개국은 저소득 또는 하위 중소득 국가로 아프리카나 고립(내륙) 지역에 있으며, 정치적 혼란, 무장분쟁, 자연재해 등에 시달리거나 지리적 제약에 따른 물류 장벽으로 인해 글로벌 공급사슬에 참여하는데 제약이 크다. 하위 중소득 국가 중에서 인도(3.18점 44위)와 인도네시아(3.15점. 46위), 신흥경제 중에서 베트남(3.27점. 39위)과 코트디부아르(3.08점. 50위)가 양호한 경쟁력을 갖춘 것으로 평가되었다. 이들 국가는 해양을 끼고 있거나 글로벌 수송허브

(transportation hub)에 인접하고 있다는 공통점을 가졌다. 물류성과가 높은 상위 10개 국가와 낮은 하위 10개 국가 사이의 물류 격차는 여전히 높은 수준으로 유지되고 있는 것으로 나타났다. 2018년 상위 10개국의 평균 물류지수는 4.03인데 반해 하위 10개국의 평균 물류지수는 2.08로 격차가 1.95였다. 그러나 이는 2016년 2.22(상위 10개국 4.13, 하위 10개국 1.91)에 비해 그 격차가 많이 줄어들었다.

세계은행의 2018년 물류성과지수에 따르면 중앙아시아 5개국의 물류성과지수는 2016년 2.32에서 2018년에는 2.54로 0.22포인트 늘어났다. 그런데도 중앙아시아 5개국은 물류경쟁력이 현저히 낮은 수준을 기록했다. 카자흐스탄이 가장 높은 평가를 받았으나 순위는 71위에 그쳤다. 다음으로 우즈베키스탄이 99위를 차지했고, 나머지 3개국은 100위권 밖으로 처졌는데 타지키스탄은 134위로 최하위권에 포함되었다. 최고의 물류경쟁력을 갖춘 독일과 비교해 카자흐스탄을 제외한 4개국은 50% 수준에도 미치지 못했다. 항목별로는 국제운송과 물류품질은 5개국 모두에서, 적시성은 카자흐스탄을 제외한 4개국에서 특히 취약했다. 중앙아시아 국가는 내륙국가로 글로벌 공급사슬과의 연결에 있어 지리적인 한계를 지니고 있을 뿐만 아니라 경제 규모가 적어 '규모의 경제(economy of scale)'를 추구하기 힘들다는 점이 물류경쟁력 약화의 결정적 요인으로 작용하고 있다.

표 91. 2018년 중앙아시아 5개국의 물류성과지수

	LPI		최상위국 기준	통관		인프라		국제운송		물류품질		화물추적		적시성	
	순위	점수		점수	순위	점수	순위	점수	순위	점수	순위	점수	순위	점수	순위
카자흐스탄	71	2.81	56.5	2.66	65	2.55	81	2.73	84	2.58	90	2.78	83	3.53	50
우즈베키스	99	2.58	49.3	2.10	140	2.57	77	2.42	120	2.59	88	2.71	90	3.09	91
키르기스	108	2.55	48.3	2.75	55	2.38	103	2.22	138	2.36	114	2.64	99	2.94	106
투르크멘	126	2.41	44.0	2.35	111	2.23	117	2.29	136	2.31	120	2.56	107	2.72	130
타지키스탄	134	2.34	41.8	1.92	150	2.17	127	2.31	133	2.33	116	2.33	131	2.95	104
우크라이나	66	2.83	57.2	2.49	89	2.22	119	2.83	68	2.84	61	3.11	52	3.42	56
러시아	75	2.76	54.9	2.42	97	2.78	61	2.64	96	2.75	71	2.65	97	3.31	66
아르메니아	92	2.61	50.2	2.57	81	2.48	86	2.65	95	2.50	97	2.51	113	2.90	111
벨라루스	103	2.57	49.2	2.35	112	2.44	92	2.31	134	2.64	85	2.54	109	3.18	78
몰도바	116	2.46	45.5	2.25	124	2.02	141	2.69	90	2.30	122	2.21	142	3.17	82
조지아	119	2.44	45.1	2.42	95	2.38	102	2.38	124	2.26	132	2.26	139	2.95	105

자료 : World Bank, LPI. https://lpi.worldbank.org/

중앙아시아 국가는 화물 운송을 철도나 항공을 통해 이뤄져야 하므로 해양 항만을 보유하고 있는 국가에 비해 통관 때 걸리는 시간이 더 길고 이로 인해 높은 물류비용이 발생한다는 근본적 문제를 안고 있다. 게다가 국경 통과 때 과도한 관료주의적 절차(red tape)와 장비 부족은 화물 통과의 비효율성을 더욱 높이고 있다. 지나치게 많은 통관 서류 요구와 중앙아시아 국가 간 서로 다른 국경 통과 방법 및 절차는 국가 간 육상교통로를 통한 교류 시 통관 시간을 지연시키고 비용을 증가시키는 요인이 되고 있다. 중앙아시아 국가 간에는 국제적 관행에 기초한 통일된 운송규율이 존재하지 않는다. 철도 통과 기준, 배기가스 통제 기준, 관세와 교통안전규율, 외제차량의 이용제한, 철도사용에 대한 임의적인 관세 기준, 차별적인 철도 통과세 등이 대표적 사례다. 당사국 간에 수차례에 걸쳐 상기 문제가 논의되었고, 이에 따른 당사국의 서명이 이루어졌으나 실현되지 않고 있다.[324)]

카자흐스탄은 중앙아시아 5개국 중 LPI가 가장 높은 국가다. 2007년 2.12점, 133위에서 2018년 2.81점 71위를 기록하며 점수 및 순위에서 가장 큰 폭의 상승을 이루었다. 세관 등 관계 당국이 요구하는 통관 절차의 속도, 단순성 그리고 예측 가능성을 보여주는 통관의 효율성(customs)과 예정된 기간 내 화물이 인도되는 빈도를 보여주는 적시성(timeliness) 부문에서 현저한 개선이 이루어졌다. 카자흐스탄은 나머지 4개 항목인 인프라, 국제운송, 물류 품질, 화물추적에서 중하위권인 80위 밖으로 떨어졌다. 세계은행의 '기업환경평가 2018(Doing Business 2018)'을 기초로 카자흐스탄의 수출입 때 요구되는 서류 종류와 통관 비용 및 시간을 살펴보면 다음과 같다. 수출과 수입 관련 요구 서류는 다른 국가와 비교해 많지 않았다. 수출은 상업 송장(Commercial invoice), 포장명세서(Packing list), 수출신고서(Export customs declaration), 화물운송장(Waybill), 적합인증서(certificate of conformity) 등 5종류의 서류를 요구하였고, 수입은 3종류를 요구하는 등 주요 신흥국과 비교해 상대적으로 적었다. 통관할 때 소요 비용은 상대적

324) 이채문, "중앙아시아 횡단철도의 건설과 그 현재적 함의" 한국지역지리학회 제15권 제1호. 2009. 81쪽.

으로 많이 요구되었다. 수출할 때 국경통관비용(Cost to export : Border compliance)과 서류검사 비용(Cost to export: Documentary compliance)은 총 894 달러로 중앙아시아 5개국 중 가장 비쌌고, 유럽 및 중앙아시아 국가 평균(305.2 달러)과 OECD 평균(185.3달러)보다 각각 2.9배 4.8배 높았다. 통관 소요 시간 또한 카자흐스탄은 신흥국들과 비교해 경쟁력이 낮았다. 수출할 때 통관에 드는 총 시간(서류검사 및 통관 시간)은 261시간으로 유럽 및 중앙아시아 국가 평균인 55.9시간, OECD 국가 평균 15.1시간과 비교해 과도하게 많은 시간이 소모되었다. 수입할 때 국경통관 및 서류검사 비용과 시간 모두 0으로 표시되고 있는데 이는 집계 오류에 기인한 것으로 보인다.

표 92. 카자흐스탄 물류성과지수 추이

	평가 국가수	LPI		최상 위국 기준	통관		인프라		국제운송		물류품질		화물추적		적시성	
		순위	점수		점수	순위	점수	순위	점수	순위	점수	순위	점수	순위	점수	순위
2007년	150	133	2.12	35.2	1.91	139	1.86	137	2.10	129	2.05	126	2.19	116	2.65	120
2010년	155	62	2.83	58.9	2.38	79	2.66	57	3.29	29	2.60	73	2.70	85	3.25	86
2012년	155	86	2.69	54.2	2.58	73	2.60	79	2.67	92	2.75	74	2.83	70	2.73	132
2014년	160	88	2.70	54.4	2.33	121	2.38	106	2.68	100	2.72	83	2.83	81	3.24	69
2016년	160	77	2.75	54.3	2.52	86	2.76	65	2.75	82	2.57	92	2.86	71	3.06	92
2018년	160	71	2.81	56.5	2.66	65	2.55	81	2.73	84	2.58	90	2.78	83	3.53	50

자료 : World Bank, LPI. https://lpi.worldbank.org/

우즈베키스탄은 2017년 LPI가 2.58을 기록하며 중앙아시아 5개국 중 카자흐스탄 다음으로 높은 수치를 보였으나 세계 순위로는 하위권인 99위를 차지하며 물류경쟁력이 취약한 국가로 판정받았다. 인프라 부문이 77위로 가장 높은 순위를 기록했고, 나머지 부문에서는 경쟁력을 갖추지 못하고 있다. 특히 국제운송과 통관 부문이 가장 취약했다. 통관은 모든 필요 서류 및 관련 정보가 제출되고, 관세신고가 접수된 날로부터 3 근무일 이내에 완료되는 것이 원칙이나 실무에서는 거의 지켜지지 않고 있다. 수출할 때 훈증 소독증명서(Certificate of fumigation), 수출대금 선결제 은행 증명서(Notice from the bank about advance 100%

pre-payment), 특정 상품 수출허가서(License to export a particular product) 등 10종류의 서류, 수입은 8종류의 서류가 요구되는 등 많고 복잡했다. 통관 때 많은 서류 제출의 요구는 통관 절차를 복잡하게 만들어 시간과 비용을 증가시키는 원인이 된다. 우즈베키스탄은 수출과 수입 통관 때 소요 비용과 소요 시간이 거의 차이를 보이지 않는다. 통관 때 소요 비용은 중앙아시아 국가 중에서는 상대적으로 적었으나 이중내륙국가인 관계로 소요 시간은 가장 길었다. 수출할 때 국경통관비용과 서류검사 비용은 총 570달러로 중앙아시아 5개국 중 가장 저렴했지만, 유럽 및 중앙아시아 국가 평균(305.2달러)과 OECD 평균(185.3달러)보다 각각 87%, 208% 높았다. 수입할 때 국경통과 및 서류검사 비용 또한 총 570달러로 유럽 및 중앙아시아 국가 평균(279.8달러)과 OECD 평균(136.6달러)보다 각각 104%, 318% 비쌌다. 수출과 수입 통관에 드는 총 시간은 각각 286시간, 285시간으로 중앙아시아 국가 중에서 가장 길었다. 유럽 및 중앙아시아 국가 평균(55.9시간, 53.2시간)과 OECD 국가 평균(15.1시간, 12.2시간)과 비교해 과도하게 많은 시간이 소모되었다.

표 93. 우즈베키스탄 물류성과지수 추이

	평가 국가수	LPI		최상위국 기준	통관		인프라		국제운송		물류품질		화물추적		적시성	
		순위	점수		점수	순위	점수	순위	점수	순위	점수	순위	점수	순위	점수	순위
2007년	150	129	2.16	36.3	1.94	136	2.00	124	2.07	133	2.15	118	2.08	123	2.73	112
2010년	155	68	2.79	57.5	2.20	107	2.54	70	2.79	83	2.50	89	2.96	63	3.72	50
2012년	155	117	2.46	46.9	2.25	118	2.25	120	2.38	127	2.39	117	2.53	105	2.96	101
2014년	160	129	2.39	44.7	1.80	157	2.01	148	2.23	145	2.37	122	2.87	77	3.08	88
2016년	160	118	2.40	43.5	2.32	114	2.45	91	2.36	130	2.39	116	2.05	143	2.83	114
2018년	160	99	2.58	49.3	2.10	140	2.57	77	2.42	120	2.59	88	2.71	90	3.09	91

자료 : World Bank, LPI. https://lpi.worldbank.org/

키르기스스탄은 2018년 LPI가 2.55로 중앙아시아 5개국 중 카자흐스탄, 우즈베키스탄 다음으로 3위를 차지했으나 세계 순위로는 하위권인 108위를 차지하며 물류 경쟁력이 취약한 국가로 평가받았다. 그러나 2016년 2.16점으로 146위를 차지한 것과 비교해 최근 2년 사이 가장 큰 폭의 개선을 이루었다. 특히 통관 부문에서 2016년 1.80점에서 2018년 2.75점으로 0.95점 상승한 것이 결정적 기여를 하였다. 화물추적이 99위를 기록하였고, 나머지 4개 부문에서도 현저한 개선이 이루어졌지만, 세계 순위에서는 모두 100위권 밖에 머물렀다. 키르기스스탄은 운송주선인을 위한 위임장(Power of attorney to freight forwarder), 매매계약서 등 수출 및 수입 관련 서류가 각각 12개씩 요구된다. 통관 때 소요 비용은 수출은 590달러로 우즈베키스탄에 이어 2번째로 적었으나 수입 비용은 712달러로 가장 많았다. 통관 소요 시간은 중앙아시아 국가 중에서 가장 짧았다. 수출 통관에 드는 총 시간은 41시간으로 유럽 및 중앙아시아 국가 평균보다 더 짧았다. 수입 통관 소요시간은 총 108시간으로 유럽 및 중앙아시아 국가 평균보다 조금 더 길었다.

표 94. 키르기스스탄 물류성과지수 추이

	평가 국가수	LPI		최상위국 기준	통관		인프라		국제운송		물류품질		화물추적		적시성	
		순위	점수		점수	순위	점수	순위	점수	순위	점수	순위	점수	순위	점수	순위
2007년	150	103	2.35	42.3	2.20	102	2.06	112	2.35	106	2.35	100	2.38	95	2.76	109
2010년	155	91	2.62	52.0	2.44	71	2.09	118	3.18	39	2.37	107	2.33	132	3.10	106
2012년	155	130	2.35	43.3	2.45	84	2.49	90	2.00	147	2.25	129	2.31	132	2.69	135
2014년	160	149	2.21	38.7	2.03	145	2.05	147	2.43	127	2.13	151	2.20	145	2.36	155
2016년	160	146	2.16	35.8	1.80	156	1.96	150	2.10	152	1.96	151	2.39	115	2.72	126
2018년	160	108	2.55	48.3	2.75	55	2.38	103	2.22	138	2.36	114	2.64	99	2.94	106

자료 : World Bank, LPI. https://lpi.worldbank.org/

타지키스탄은 중앙아시아 5개국 중 물류경쟁력이 가장 낮은 국가다. 2018년 LPI는 2.34로 세계 160개 국가 중에서 최하위권인 134위를 차지하였다. 2016년과 비교해 순위 및 점수에서 큰 폭의 상승이 있었으나 2007년 이후 6번의 평가와 비교해 큰 변화를 보이지 않았다. 6개 평가 항목 모두가 100위권 밖이었다. 그중에서도 통관 부문은 1.92점으로 150위에 그치며 가장 취약한 부문으로 평가받았다. 타지키스탄은 수출할 때 터미널 화물처리 수취증(Terminal handling receipt)

등을 포함해 총 13개, 수입에도 11개의 서류를 요구하는 등 중앙아시아 5개국 중 서류 요구 사항이 가장 많다. 통관 소요 비용은 수출은 많이 들고 수입은 상대적으로 적은 체제를 갖추고 있다. 수출 통관 관련 총비용(서류검사 및 국경통관)은 643달러로 카자흐스탄 다음으로 많이 소요되지만, 수입 통관 총비용은 483달러로 가장 적게 든다. 통관 소요 시간은 산악국가라는 지리적 불리함으로 중앙아시아 국가 중 이중내륙국가인 우즈베키스탄 다음으로 길었다. 수출 소요시간은 상대적으로 짧고, 수입 시간은 긴 시스템을 유지하고 있다. 수출 통관 때 총 141시간이 소요되는 데 반해 수입은 233시간으로 유럽 및 중앙아시아 국가 평균보다 3~4배 더 소요되었다.

표 95. 타지키스탄 물류성과지수 추이

	평가 국가수	LPI		최상 위국 기준	통관		인프라		국제운송		물류품질		화물추적		적시성	
		순위	점수		점수	순위	점수	순위	점수	순위	점수	순위	점수	순위	점수	순위
2007년	150	146	1.93	29.3	1.91	140	2.00	125	2.00	136	1.90	141	1.67	146	2.11	146
2010년	155	131	2.35	43.2	1.90	147	2.00	127	2.42	127	2.25	125	2.25	141	3.16	98
2012년	155	136	2.28	41.1	2.43	85	2.03	138	2.33	135	2.22	130	2.13	143	2.51	146
2014년	160	114	2.53	48.9	2.35	115	2.36	108	2.73	92	2.47	113	2.47	119	2.74	133
2016년	160	153	2.06	32.9	1.93	150	2.13	130	2.12	151	2.12	143	2.04	144	2.04	159
2018년	160	134	2.34	41.8	1.92	150	2.17	127	2.31	133	2.33	116	2.33	131	2.95	104

자료 : World Bank, LPI. https://lpi.worldbank.org/

투르크메니스탄은 2018년 LPI가 2.41로 세계 160개국 중에서 126위를 차지할 정도로 물류경쟁력이 취약하다. 2010년 2.49점으로 114위를 기록한 것과 비교해 경쟁력이 더 나빠진 것으로 평가받았다. 6개 평가 항목 모두 100위권 밖에 포진되었다. 특히 국제운송은 2.29점으로 136위, 적시성은 272점으로 130위, 물류품질은 2.31점으로 120위를 기록하며 경쟁력을 전혀 갖추지 못하고 있다.

표 96. 투르크메니스탄 물류성과지수 추이

	평가국가수	LPI		최상위국기준	통관		인프라		국제운송		물류품질		화물추적		적시성	
		순위	점수		점수	순위	점수	순위	점수	순위	점수	순위	점수	순위	점수	순위
2007년	150															
2010년	155	114	2.49	47.9	2.14	119	2.24	101	2.31	138	2.34	111	2.38	126	3.51	65
2012년	155															
2014년	160	140	2.30	41.8	2.31	122	2.06	146	2.56	116	2.07	155	2.32	134	2.45	153
2016년	160	140	2.21	37.6	2.00	143	2.34	103	2.37	127	2.09	145	1.84	154	2.59	142
2018년	160	126	2.41	44.0	2.35	111	2.23	117	2.29	136	2.31	120	2.56	107	2.72	130

자료 : World Bank, LPI. https://lpi.worldbank.org/

세계은행은 각국의 물류성과를 결정하는 가장 핵심 요인으로 적시성으로 대표되는 공급사슬의 신뢰성(supply chain reliability)을 꼽았다. 설문조사 결과 모든 국가에서 수취인은 언제, 어떻게 물류의 배송이 이루어지는지에 대해 높은 확신을 요구하며, 신뢰성은 속도보다 훨씬 중요하며 화주는 이를 위해 더 큰 비용을 지급할 용의가 있다고 응답했다. 적시성과 관련해 선적을 지연시키는 요인으로 보세창고 의무 사용(compulsory warehousing), 선적 전 검사(PSI. preshipment inspection), 해상 환적(maritime transshipment), 절도(theft), 비공식지급(informal payment) 등이 지적되었다. 세계은행은 이를 바탕으로 국가와 시장을 잇는 공급사슬의 신뢰성을 어떻게 높이냐에 따라 물류의 효율성이 결정되며, 효율성이 낮은 나라는 인프라나 통관절차, 출입국 관리를 개선해야 하며, 효율성이 높은 국가는 주로 개발이나 서비스 질을 중심으로 한 복잡한 과제에 대응하는 것이 중요하다고 밝혔다. 개발도상국에서 인프라는 기본적 수송망 정비나 주요 시장으로의 접근성을 확보하는 데 가장 중요한 역할을 한다는 점에서 물류성과지수가 낮은 국가는 인프라(항만, 항공, 철도, 도로, 창고 및 환적, ICT)를 우선 개선해야 하는 것이 중요하다. 그리고 지수가 낮은 하위 국가, 특히 내륙국가처럼 지리적 제약이 많은 저소득 국가에서는 관료주의와 형식주의(red tape)로 처리시간이 지연되고 물류비가 상승하는 요인으로 작용하기 때문에 국경 지역에서의 물류 관리 개선도 우선되어야 한다. 물류성과지수는 물류 효율성을 결정하는 데 있어 인도,

중국, 태국, 르완다, 베트남이 보여주듯 소득수준이나 풍부한 천연자원(앙골라, 가봉, 적도기니, 이라크, 투르크메니스탄 등)이 중요한 역할을 하지 않는다는 것을 보여주었다. 동아프리카연합(EAC)처럼 세관 업무의 단일화를 추진한 지역(Single Customs Territory)에서 역내 무역 통로의 통관 소요시간이 대폭 단축되었고, 내륙국가인 르완다가 무역 통로 개선을 포함해 지역적으로 연계함으로써 물류성과지수가 2014년 80위에서 2018년 57위로 대폭 향상된 것은 중앙아시아 국가에 많은 것을 시사한다. 물류환경 개선을 위한 국가 차원에서의 적극적인 개혁 및 정책 추진이 무엇보다 중요하다.

6. 중앙아시아 5개국의 지배구조(Governance)

세계거버넌스 지표(Worldwide Governance Indicators)는 세계은행(World Bank)이 1996년부터 세계 연구기관과 비정부기구(NGO), 국제기구, 민간기업 등이 발표하는 32개의 자료를 바탕으로 해마다 발표하고 있는데 1996~2016년 보고서에서는 세계 214개국을 대상으로 하고 있다[325]. 6개 분야 거버넌스 지표는 -2.5점에서 +2.5점 사이로 측정되고 있다. 동시에 각각의 상대적 순위도 매기고 있는데 전체 100%를 기준으로 최하위권(0%~10%), 하위권(10%~25%), 중하위권(25%~50%), 중상위권(50%~75%), 상위권(75%~90%), 최상위권(90~100%) 등 6가지로 분류하고 있다. 6개 평가대상 분야로는 ①의사 표현과 책임(Voice and Accountability), ②정치적 안정성과 폭력/테러 부재(Political Stability and Absence of Violence/Terrorism), ③정부 효율성(Government Effectiveness), ④규제의 질(Regulatory Quality), ⑤법의 지배(Rule of Law), ⑥부패통제(Control of Corruption)로 구성된다.[326]

---

325) http://info.worldbank.org/governance/wgi/index.aspx#doc

326) Kaufmann, Daniel, Aart Kraay and Massimo Mastruzzi, “Governance Matters VIII : Aggregate and Individual Governance Indicators 1996-2008”, Policy Research Working Paper 4978, The

표 97. 중앙아시아 5개국의 세계거버넌스 지표

	의사 표현과 책임						정치 안정성과 폭력부재					
	est.			rank			est.			rank		
	2008	2012	2016	2008	2012	2016	2008	2012	2016	2008	2012	2016
카자흐스탄	-1.09	-1.18	-1.29	16.83	15.02	13.30	0.62	-0.41	0.04	68.27	34.12	47.62
우즈베키스탄	-2.10	-2.03	-1.89	1.92	1.88	2.46	-1.21	-0.52	-0.34	13.46	29.86	34.29
투르크멘	-2.07	-2.22	-2.20	1.92	0.47	0.00	0.53	0.43	-0.31	63.94	60.19	34.76
키르기스	-1.09	-0.61	-0.49	17.31	28.64	32.51	-0.57	-0.91	-0.66	26.44	18.96	22.86
타지키스탄	-1.36	-1.42	-1.67	10.10	8.45	4.93	-0.83	-1.24	-0.79	18.27	12.32	19.52

	정부 효율성						규제의 질					
	est.			rank			est.			rank		
	2008	2012	2016	2008	2012	2016	2008	2012	2016	2008	2012	2016
카자흐스탄	-0.46	-0.44	-0.06	39.81	40.28	51.44	-0.34	-0.38	-0.10	43.20	39.34	51.92
우즈베키스탄	-0.87	-0.91	-0.60	18.93	18.48	30.77	-1.37	-1.58	-1.62	5.83	3.32	4.33
투르크멘	-1.42	-1.26	-1.14	4.85	9.48	11.54	-2.02	-2.07	-2.09	2.43	1.42	1.92
키르기스	-0.79	-0.65	-0.90	21.84	29.86	17.79	-0.35	-0.33	-0.35	42.23	41.23	40.38
타지키스탄	-1.07	-0.93	-1.02	13.11	18.01	14.42	-1.09	-1.00	-1.09	15.53	17.54	12.02

	법의 지배						부패통제					
	est.			rank			est.			rank		
	2008	2012	2016	2008	2012	2016	2008	2012	2016	2008	2012	2016
카자흐스탄	-0.82	-0.68	-0.42	23.56	30.52	34.62	-0.98	-0.92	-0.80	16.02	18.96	20.67
우즈베키스탄	-1.17	-1.29	-1.13	11.06	7.98	11.06	-1.06	-1.30	-1.20	14.08	4.74	10.10
투르크멘	-1.47	-1.40	-1.56	4.33	5.16	5.29	-1.50	-1.43	-1.46	2.43	1.90	4.33
키르기스	-1.37	-1.13	-1.10	6.73	13.15	12.98	-1.22	-1.15	-1.08	6.31	11.37	12.02
타지키스탄	-1.29	-1.20	-1.18	8.17	9.86	10.58	-1.18	-1.28	-1.07	8.25	6.64	12.50

est.: 추정값(estimate of governance)으로 범위는 - 2.5에서 +2.5사이.
rank : 평가대상 국가 중에서 차지하는 %로 범위는 0(최하위)에서 100(최상위)임.
자료 : World Bank, The Worldwide Governance Indicators: Aggregate Governance Indicators 1996-2016. http://info.worldbank.org/governance/wgi/index.aspx#home

2016년 중앙아시아 5개국의 세계거버넌스 지표(WGI) 성적은 6개 분야 모두에서 지표 값이 세계 평균에 훨씬 못 미치고 순위에서도 최하위를 기록했다. 주변 인접국인 코카서스 3국(아제르바이잔, 아르메니아, 조지아)과 비교해서도 한참 뒤처졌다. 2008년과 비교해 눈에 띄는 개선이 보이지 않고 있다. 중앙아시아 5개국 가운데 카자흐스탄이 상대적으로 가장 나은 평가를 받았고 그 뒤를 키르기스

World Bank Development Research Group Macroeconomics and Growth Team, June 2009. p.6. http://papers.ssrn.com/sol3/papers.cfm?abstract_id=1424591

와 타지키스탄이 따랐다. 반면 투르크메니스탄이 가장 저조한 평가를 받았고, 다음은 우즈베키스탄이었다.

2016년 카자흐스탄은 정치 안정성과 폭력부재(0.04점), 정부 효율성(-0.06점) 분야에서 다소 양호한 평가를 받았으나 214개국 전체를 대상으로 한 상대적 평가에서는 중하위 그룹(25%~50%)에 속했다. 의사 표현과 책임(-1.29점), 부패통제(-0.80점) 분야에서는 낮은 평가를 받으며 하위 그룹(10%~25%)에 소속되었다. 2008년과 비교해 눈에 띄게 저조한 부문은 정치 안정성과 폭력부재 분야로 +0.62점에서 +0.04점으로 급락하였고, 의사 표현과 책임도 -1.09점에서 -1.29점으로 나빠졌다. 정부 효율성(-0.46 → -0.06)과 규제의 질(-0.34 → -0.10), 법의 지배(-0.82 → -0.42) 부문은 상당 부분 개선된 것으로 평가받았다.

우즈베키스탄은 정치 안정성과 폭력부재(-0.34점), 정부 효율성(-0.60)이 가장 양호한 평가를 받으며 중하위 그룹에 속했다. 반면에 의사 표현과 책임은 -1.89점으로 평가대상국 중 최저 2.46%, 규제의 질은 -1.62점으로 최저 4.33%를 기록하며 최하위 그룹(0%~10%)에 포함되었다. 부패통제는 -1.20점(10.1%), 법의 지배는 -1.13점(11.06%)으로 하위권의 하단에 속했다.

투르크메니스탄은 2008년과 2012년 각각 0.53점, 0.43점을 받아 세계 평균 이상을 기록하며 중상위 그룹(50%~75%)에 유일하게 소속되었던 정치 안정성과 폭력부재 부문이 2016년에는 -0.31점을 기록하며 중하위 그룹(25%~50%)으로 떨어졌다. 정부 효율성 부문은 -1.42점에서 -1.14점으로 가장 큰 폭의 개선이 이루어졌지만 11.5%로 하위권 하단에 속했다. 나머지 4개 부문에서는 -1점 이상을 기록하며 거버넌스가 가장 취약한 최하위 국가 그룹으로 편입되었다. 의사 표현과 책임(-2.20점), 규제의 질(-2.09점) 부문에서는 최하점(-2.5점)에 육박하며 최악 중 최악인 세계 최하위 1% 그룹에 소속되었다. 나머지 법의 지배(-1.56점)와 부패통제(-1.46점)도 최하위 4~5%대에 포함되었다.

키르기스스탄은 -0.35점에서 -1.10점 사이 평점을 받으며 중앙아시아 국가 중에서는 카자흐스탄 다음으로 거버넌스가 양호한 국가로 평가받았다. 정치 안정성과 폭력부재, 정부 효율성, 법치주의, 부패통제 4개 부문에서 하위권에 편입됐지만, 의사 표현과 책임(-0.49점, 32.51%), 규제의 질(-0.35점, 40.38%) 부문에서는 중하위 그룹에 소속되었다. 특히 의사 표현과 책임에서 중앙아시아 5개국 중에서 거버넌스가 가장 양호한 것으로 평가받았다.

타지키스탄은 정치 안정성과 폭력부재(-0.79)를 제외한 5개 부문에서 -1점 이하를 기록하며 하위 15%내에 포함되는 등 전반적인 거버넌스가 매우 취약한 것으로 평가받았다. 특히 의사 표현과 책임 부문이 -1.67점(4.93%)으로 최하위 그룹으로 분류되었다. 가장 양호한 정치 안정성과 폭력부재도 19.52%로 하위 그룹으로 분류되었다.

중앙아시아 5개국은 2016년 평가대상 6개 부문에서 정치안정과 폭력(카자흐스탄)을 제외한 모두에서 마이너스(-) 점수를 받았다. 2008년과 2012년 유일하게 플러스(+)점수를 받은 투르크메니스탄의 정치 안정성과 폭력부재 부문도 2016년에는 (-)로 전환되었다. 정치 안정성과 폭력부재는 우즈베키스탄과 카자흐스탄에서도 가장 높은 평가를 받았다. 반면 부패통제에서는 5개 국가 모두, 법의 지배에서는 카자흐스탄, 의사 표현과 책임부문에서는 키르기스스탄을 제외한 4개국 모두에서 가장 낮은 점수를 부여받았다. 이는 상기 3개국의 장기독재 및 권력집중의 정치체제와 밀접한 상관관계가 있음을 보여준다. 또한 중앙아시아 각국에 있어 정부의 효율성과 규제의 질 및 부패통제 분야의 성적이 비슷한 양상을 보이는데 이는 민간부문을 활성화하고 정부의 효율성을 높이기 위해서는 규제개혁이 필요하다는 것을 보여준다.

참고문헌

< 한국어 >

기연수 편저자, "러시아, 위대한 강대국 재현을 향한 여정", 한국외국어대학교 출판부, 2009.

기획재정부, "2011년 국가경쟁력보고서", 2011. 12.

김대성 외, "중앙아시아학 입문", 한국외국어대학교 출판부. 2009.

김성기, "실크로드의 중심지 우즈베키스탄", 명성서림. 2015.

강봉구, "중앙아시아 나린강/시르다리야강의 국제 수자원 정치", 세계지역연구논총. Vol.27 No.3. 2008. pp.226~227.

______, "튤립 혁명 이후 키르기스스탄 재민주화의 한계", 대한정치학회보, vol 17 No1. 2009.

강윤희, 이문영, 최아영, 황동하, 「러시아학 입문」. 인간사랑, 2006.

김영진, "타지키스탄의 이주노동과 송금 : 글로벌 금융위기의 영향", 슬라브학보 제28권 4호. 2013.

______, "타지키스탄의 체제전환과 경제발전 : 내전의 영향과 회복의 지체", 유라시아의 체제전환과 경제발전. 한양대학교 아태지역연구센터. 2012.

김혜진, "러시아의 민족 I : 북서부 & 볼가-우랄 편", 한국외국어대 지식출판원, 2015.

대외경제정책연구원, "중앙아시아 : 정치, 사회, 역사, 문화", 전략지역심층연구 09-04. 논문집 I. 2009.

______, "중앙아시아 : 경제, 자원, 과학", 전략지역심층연구 10-07. 논문집 II. 2010.

______, "중앙아시아 1", 전략지역심층연구 논문집 IV. 2011.

______, "중앙아시아 2", 전략지역심층연구 논문집 V. 2011.

라승도, "러시아 인문공간 : 자연, 인간, 문화", 한국외국어대출판부. 2012.

박정호. "카자흐스탄과 우즈베키스탄의 국가발전 전략 비교 연구," KIEP, 중앙아시아: 정치, 사회, 역사, 문화. 전략 지역 심층연구 09-04. 논문집 I. 2009.

박정호 외, "중앙아 주요국의 경제발전 전략과 경협 확대방안", 대외경제정책연구원(KIEP), 2016.

박지원, “우즈베키스탄 외환자유화 조치의 의미와 배경”, 투르크-알타이 경제권 이슈, No.21, NOVEMBER, 2017. pp.22~25.

박태성, “러시아는 어떤 나라인가? : 러시아의 지역사정과 문화”, 신아사. 2018.

Z. 브레진스키, “거대한 체스판 :21세기 미국의 세계전략과 유라시아”, 김명성 옮김. 서울. 삼인. 2000.

손민중 외, “한국 국가경쟁력 분석과 정책적 시사점 : WEF 금융경쟁력 지수를 중심으로”, 삼성경제연구소. 2010. 12.

신현준, “러시아의 네덜란드병(Dutch disease) 징후와 정책적 시사점”, KIEP세계경제 제8권 제9호. 대외경제정책연구원. 2005. pp.90~103.

안데쉬 오슬룬드. 이웅현, 윤영미 옮김. “러시아의 자본주의 혁명”, 전략과 문화. 2010.

양의석, “투르크메니스탄의 천연가스 수급 및 수출능력 확충 전략”, 에너지경제연구원, 세계 에너지시장 인사이트 제18-22호 2018.6.18. pp.3~21.

양준석, “WTO의 무역원활화 GATT X조 투명성 논의와 정책적 함의”, 『무역학회지』 한국무역협회, 제30권 4호 2005. 8. pp.53~75.

______, “WTO의 통관절차 및 무역원활화 논의와 정책적 함의”, 『무역학회지』 한국무역협회, 제29권 3호 2004. 6. pp.59~80.

에너지경제연구원. “에너지자원 개발의 이해”, 2008.

외교부, “러시아 개황 2016”, 2016.

______, “러시아 극동-시베리아 개황”, 2016.

______, ‘카자흐스탄 개황 2014’. 2014.

______, ‘키르기스 개황 2013’. 2013.

윤성학 외. “글로벌 금융위기 이후 한국의 대중앙아시아 진출전략”, 전략지역심층연구 09-02. 대외경제정책연구원. 2009.

이달석, 최성희, 오세신, 김영덕, “新 고유가 대응전략 연구 : 유가 상승의 원인과 파급효과 분석,” 에너지경제연구원 연구보고서 07-12, 2007.

이명헌 외 “WTO 무역원활화 규범 관련 논의 동향 및 대응방안 연구” 한국조세연구원. 2002.12.

이미혜, “수력발전 현황 및 전망”, 해외경제연구소 산업투자조사실. 한국수출입은행. Vol. 2013-P-02

이성규, “북극지역 자원개발 현황 및 전망”, 에너지경제연구원, 수시연구보고서 10-03.

이원우, 이문배, 김중구, 김재두, “고유가의 원인과 대응방안”, 에너지경제연구원 연구보고서 05-15, 2005.

이유신 “카자흐스탄과 투르크메니스탄의 에너지자원 수송로 다변화 정책의 비교 연구”, 21세기정치학회보 제25집 1호. 2015년 3월. pp.217~241.

이종문, “러시아 경제의 에너지자원 의존과 네덜란드병 징후 분석”, 슬라브학보, 제25권 4호. 2010. 12. pp.291~319.

______, “러시아 투자환경 분석”, 부산외국어대 CORE사업단. 2018.

______, “시장경제체제로의 전환과정에서 나타난 러시아에서의 자본도피”, 슬라브연구 제21권 1호. 2005. 06. pp.189~217.

______, “유라시아 경제개관”, 부산외국어대 CORE사업단. 2017.

______, “유라시아 경제연합(EEU) 연구”, 부산외국어대 CORE사업단. 2017.

______, “유라시아 자연, 인문, 경제지리”, 부산외국어대 CORE사업단. 2018.

______, “현대 러시아 경제”, 명경사. 2007.

이종문 외, “러시아 개관”, 러시아중앙아시아 연구소 총서시리즈1. 세종출판사. 2018.

이종문 외, “유라시아시대 러시아의 국가경쟁력”, 한국외국어대 지식출판원. 2015.

이재영, 박상남 편저. “중앙아시아의 부상과 한국의 대응전략”, 대외경제정책연구원(KIEP), 2007.

이재영 외, “포스트소비에트 20년 중앙아시아의 미래 : 통합 가능성과 균열 요인 연구” 전략지역심층연구 11-12. 대외경제정책연구원. 2011.

이주리, “러시아의 석탄 수출역량 강화 전략과 수출 잠재력 평가”, 세계 에너지 시장 인사이트. 제17-37호 2017.10.30. pp.3~18.

이채문, “페르가나 지역과 중앙아시아 민족, 종교, 국경선 및 수자원을 둘러싼 갈등”, 대외경제정책연구원, 중앙아시아 1, 2011.

정세진, “러시아 이슬람 : 역사, 전쟁, 이념”, 민속원. 2015.

______, “중앙아시아 민족 정체성과 이슬람”, 한양대학교 출판부. 2012.

조영관, “투르크메니스탄 인프라 개발과 우리 기업의 진출 확대방안”, 한국수출입은행, 해외경제연구소, Issue Report. Vol. 2015-지역 이슈-14 (2015.12.)

조영관 외. “중앙아시아 외국인투자의 특징과 한국기업에 대한 시사점”, 전략지역심층연구 11-14. 대외경제정책연구원. 2011.

조영관 외. “중앙아시아 자원에너지 투자환경 분석과 정책 시사점”, 전략지역심층연구 09-01. 대외경제정책연구원. 2009.

최우익 외, “러시아의 심장부 : 중앙연방관구”, 한국외국어대 지식출판원, 2015.

______, “북방의 등대 : 러시아 북서연방관구”, 한국외국어대학교 출판부, 2012.

코트라(KOTRA), “국가정보 : 러시아”, 모스크바 무역관, 2015.12.28.

한국개발연구원(KDI), “사회적 청렴과 국가경쟁력 간 연관성 분석, 연구”, 최종보고서 2009.10.

한국수출입은행 해외경제연구소, “러시아 국가신용도 평가 리포트”, 국별리포트. 2017.12월.

______, “우즈베키스탄 국가신용도 평가 리포트”, 국별리포트. 2018. 4월.

______, “카자흐스탄 국가신용도 평가리포트”, 국별리포트. 2018. 3월.

______, “키르기스 국가신용도 평가 리포트”, 국별리포트. 2014. 2월.

______, “투르크메니스탄 국가신용도 평가 리포트”, 국별리포트. 2017. 8월.

한국에너지공단, “개도국 이슈리포트 : 투르크메니스탄” 2018.5.

한국은행, “알기 쉬운 경제지표 해설”, 한국은행. 2014.

한양대학교 아태지역 연구센터, “유라시아의 생활양식과 정체성 I”, 러시아-유라시아 연구총서 10/06. 민속원, 2010.

________, “유라시아의 생활양식과 정체성 II”, 러시아-유라시아 연구총서 11/08. 민속원. 2011.

________, “유라시아의 체제전환과 국가건설”, 한울아카데미. 2012.

현승수, ‘중앙아시아 수피즘 연구를 위한 시론(試論), 유라시아의 생활양식과 정체성 II. 민속원. 2011.

홍완석 편저, “러시아연방 인문공간의 이해 I : 21개 공화국 탐구”, 한국외국어대학교 출판부, 2010.

______, “러시아연방 인문공간의 이해 II : 9변강, 1자치주, 4자치관구 탐구”, 한국외국어대학교 출판부, 2011.

“2016 Russian Report : 분야별 평가와 전망”, 한국외국어대 러시아연구소. 2017.

“2017 Russian Report : 분야별 평가와 전망”, 한국외국어대 러시아연구소. 2018.

<러시아어>

Алина Есеналина, "Крупные месторождения угля в Казахстане. Инфографика" LS, 1 марта 2018 года.

Андрей Зуев, Богатства шельфа Сахалина, ТЭК РОССИИ №12 2017, Декабрь. http://www.cdu.ru/tek_russia/articles/1/450/?PAGEN_1=3

_______, Девять Сахалинов, ТЭК РОССИИ №8 2014, Август, Тема номера http://www.cdu.ru/tek_russia/issue/2014/8/302/

Государственный комитет Республики Узбекистан по статистике, Демографи ческая ситуация в Республике Узбекистан, 20/07/2017.

________. "Основные показатели социально-экономического развития Респуб лики Узбекистан за январь-декабрь 2017 года".

________, "Социально-экономическое положение Республики Узбекистан за 2017 год" 2018.

Данные Государственного комитета РФ по геологии и использованию недр. ц итируется по В. Андрианов. Экономический потенциал России // Вопр осы экономики, 1997, No 3, с. 134.

В.А. Малахов, К.В. Несытых, О роли топливно-энергетического комплекса (ТЭК) в экономике России. 2017.

А.В. Новак. Итоги работы Минэнерго России и основные результаты функцио нирования ТЭК в 2012 – 2017 гг.: Задачи на среднесрочную перспекти ву, Москва 6 апреля 2018. https://minenergo.gov.ru/node/11279

Институт экономической политики. "Ежегодный обзор : Российская экономик а. Тенденции и перспективы".
https://www.iep.ru/ru/publikatcii/categories.html

Комитет по статистике Министерства национальной экономики Республики К азахстан. Социально-экономическое развитие Республики Казахстан. Январь 2016 года. & Январь-Ноябрь 2016 года.

Министерство энергетики Республики Казахстан, Форсайт-2050 : Новый мир энергии и место Казахстана в нем", Астана - Июнь, 2017.

Министерство энергетики РФ, 'Добыча природного газа и попутного нефтяно

го газа 2017’, https://minenergo.gov.ru/node/1215
______, “Производство и поставки сжиженного природного газа (СПГ) 2017” http://minenergo.gov.ru/node/4853
Минприроды России. ‘Государственный доклад «О состоянии и использовани и минерально－сырьевых ресурсов Российской Федерации в 2013 году »’. Москва. 2014.
_____ . ‘Государственный доклад «О состоянии и использовании минераль но－сырьевых ресурсов Российской Федерации в 2014 году»’. Моск ва. 2015.
______. ‘Государственный доклад «О состоянии и использовании минерально －сырьевых ресурсов Российской Федерации в 2015 году»’. Москва. 2016.
______. ‘Государственный доклад «О состоянии и использовании минерально －сырьевых ресурсов Российской Федерации в 2016 и 2017 годах»'. М осква. 2018.
______. ‘Государственный доклад «О состоянии и использовании водных ресу рсов Российской Федерации в 2015 году»’, М.:НИА－Природа, 2016.
______. ‘Ежегодный доклад о состоянии и использовании лесов Российской Ф едерации за 2012 год.’ Москва. 2013.
______. ‘Доклад о состоянии и использовании лесов Российской Федерации за 2015 г”. 20 Декабря 2016.
Национальный статистический комитет Кыргызской Республики, “Численност ь постоянного населения Кыргызской Республики по отдельным нацио нальностям в 2009-2018гг.”
Национальный статистический комитет Кыргызской Республики, Перепись на селения и жилищного фонда Кыргызской Республики 2009 года. Книга Ⅲ Регионы Кыргызстана. Город Ош (Бишкек, 2010a)
Правительственный портал Республики Узбекистан, Справочная информация, География. http://www.gov.uz/ru/helpinfo/geography
Презентация Минэнерго России “Итоги работы Минэнерго России и основны

е результаты функционирования ТЭК в 2016 году. Задачи на среднесрочную перспективу" 07.04.2017.
https://www.minenergo.gov.ru/node/7687

Программа развития угольной промышленности России на период до 2030 года, Правительства. Российской Федерации от 21 июня 2014 г. №1099-р. p.10.

Религия в России. Материал из Википедии — свободной энциклопедии.

Росстат, Демографический ежегодник России. 2017: Стат. сб./ Росстат. -М. 2017.

______, Оценка численности постоянного населения на 1 января 2018 года и в среднем за 2017 год.

______, Россия в цифрах. 2017: Крат.стат.сб./Росстат– М.

______. "Российский статистический ежегодник. 2017", Стат.сб./Росстат. -Р76 М., 2017.

______, "Регионы России. Основные характеристики субъектов Российской Федерац ии 2016", Р32 Стат. сб. / Росстат. – М., 2016.
http://www.gks.ru/free_doc/doc_2016/region/reg_sub16.pdf

______, "Регионы России. Социально–экономические показатели 2016", Р32 Стат. сб. / Росстат. – М., 2016.
http://www.gks.ru/free_doc/doc_2016/region/reg-pok16.pdf

______, Промышленное производство в России. Среднегодовая численность работников организаций по видам экономической деятельности. 2016: Стат.сб./Росстат.
http://www.gks.ru/bgd/regl/b16_48/Main.htm

Словари и энциклопедии на Академике. Список высочайших горных вершин России.

Таджикистан в цифрах, 2017, Агентство по статистике при Президенте Республики Таджикистан 2017.

ТЭК РОССИИ — 2016. Статистический сборник, Аналитический центр при Правительстве Российской Федерации. выпуск — июнь 2017.

Тугжанов, Е. Л., Г. В. Кан, В. С. Коробков, и Н. У. Шаяхметов, Ассамблея народа Казахстана: исторический очерк, Алматы: Раритет, 2010.

Экономическая экспертная группа (ЭЭГ) "Обзор экономических показателей" http://www.eeg.ru/pages/186

Эльвира Джантуреева, "Недропользование. Энергетический комплекс: запасы, добыча, инвестиции" Деловой журнал "Казахстан", №5, 2016 год.

Энергетическая стратегия России на период до 2035 года. http://www.energystrategy.ru/ab_ins/source/ES-2035_09_2015.pdf

Kebaili El hocine, "Глобализация и Русский язык", Оран 2014. pp.67~68. https://theses.univ-oran1.dz/document/TH4349.pdf

<영어>

Abed, George. T. and Davoodi, Hamid. R. "Corruption, Structural Reforms, and Economic Performance in the Transition Economies". IMF Working Paper ; WP/00/132, IMF, 2000.

ADB, "Central Asia Atlas of Natural Resources", 2010.

Agency of Statistics of the Republic of Kazakhstan, "Results of the 2009 National population census of the Republic of Kazakhstan : Analytical Report", Astana. 2011.

Annette Bohr, "Turkmenistan: Power, Politics and Petro-Authoritarianism", Research Paper, Russia and Eurasia Programme, March 2016.

Artur Kochnakyan, "Uzbekistan Energy/Power Sector Issues Note" World Bank, 2013. p.vi

Bedinger, George M. "Titanium and Titanium Dioxide" (PDF). USGS. Retrieved 20 December 2017.

Bernard A. Gelb, "Russian Oil and Gas Challenges", CRS Report for Congress. January 3, 2006.

BMI, "Uzbekistan 2015," Business Monitoring International, 2015, 22.

BMI, "Turkmenistan Oil & Gas Report-2Q 2018", 2018

BP, "Statistical Review of World Energy 2018." June 2018.

British Geological Survey, “World Mineral Production 2012~2016”, 2018.

Dan Haglund, Blessing or curse? The rise of mineral dependence among low- and middle-income countries. Oxford Policy Management (OPM), 2011.

Dariya Ivantsova, “Kazakhstan: A Market of Possibilities for Russian Oil field Service Companies”, ROGTEC, September 29, 2016.

Demographia, “World Urban Areas (Built Up Urban Areas or World Agglomerations. 13th ANNUAL EDITION)”, 2017.

Diamond Producers Association. “Production Statistics, World Diamond Production by Volume and Value 2016”.

Donald L. Gautier and Thomas E. Moore, “Introduction to the 2008 Circum-Arctic Resource Appraisal (CARA) Professional Paper”, U.S. Geological Survey Professional Paper 1824.
https://pubs.usgs.gov/pp/1824/a/pp1824a.pdf

EBRD, “Country Assessments : Turkmenistan, Transition Report 2017-18 Sustaining Growth”

______, “Transition Report 2013”,

Égert, B. “Fiscal Policy Reaction to the Cycle in the OECD: Pro-or Counter-cyclical?” 2010.

EIA, “Country Analysis Brief: Kazakhstan”, Last Updated: May 10, 2017.

______, “Turkmenistan : International energy data and analysis”, Last Updated July 2015.

______, “International Analysis : Russia”, October 31, 2017.

______, International energy data and analysis : Kazakhstan, Last Updated: January 14, 2015.

______, “International energy data and analysis ; Turkmenistan”, Last Updated July 2015 .

______, “International energy data and analysis ; Uzbekistan”, Last Updated: July 2016.

______, “International energy statistics”, 2015.

______, “International energy statistics : Proved Reserves of Natural Gas”. 2017.

______, “Overview of oil and natural gas in the Caspian Sea region”, Last Updated:

August 26, 2013.
______, “Total Petroleum and Other Liquids Production, 2014”
EITI, 2016 Kazakhstan Report, EITI Kazakhstan, September 2017.
EnerData, “Turkmenistan Energy Report”, Oct 2017
Ernst & Young, “Arctic oil and gas”, 2013
http://www.ourenergypolicy.org/wp-content/uploads/2013/09/Arctic_oil_and_gas.pdf
EY, “EITI Report of Kyrgyz Republic for 2013-2014”. 30 December 2015,
European Commission, “EU Crude Oil Imports and supply cost, Volumes and prices for monthly and cumulative crude oil imports by country of origin (2013-2017)”, (accessed August 10, 2018).
______, “Tenth Report on Potentially Trade-Restrictive Measures 1 May 2012~31 May 2013”, 2013., “11th Report on Potentially Trade-restrictive Measures. 1 June 2013~30 June 2014”, 2014., “Analysis of new potentially trade restrictive measures in the period 1 July 2014~31 December 2015”, 2016. & “Overview of potentially trade restrictive measures identified between 2008 and end 2015”, 2016.
FAO, “Yearbook of Forest Products 2016(Multilingual Edition)”. september 2018.
Fraser Institute, Economic Freedom of the World: 2017 Annual Report
GFMS Platinum Group Metals Survey 2018, Thomson Reuters. 2018.
Heritage Foundation and Dow Jones & Company, Inc. ‘2018 Index of Economic Freedom’, 2018.
IEA, Outlook for Natural Gas, Excerpt form World Energy Outlook 2017, 2018,
IMD, “World Competitiveness Yearbook 2017.” IMD World Competitiveness Center. June 2017.
IMF, “Caucasus and Central Asia: Oil Price Decline and Regional Spillovers Darken the Outlook”. Regional Economic Outlook Update. May 2015.
______, “Currency Composition of Official Foreign Exchange Reserves(COFER)”. 2018.2.27
______, “List of LIC DSAs for PRGT-Eligible Countries”, As of August 01, 2018.
______, “World Economic Outlook Database”, April 2018.

International Copper Study Group. "The World Copper Factbook 2017"

Investment Climate and Market Structure Review in the Energy Sector of Kazakhstan, Energy Charter Secretariat. 2013.

ITU. "Measuring the Information Society Report", 2017.

James Marson, "Russia Bets on Shale Oil to Defend Its Spot as Top Producer of Crude", Wall Street Journal. Dec. 29, 2017.

Janos Harmatta, "History of civilization of Central Asia : The development of sedentary and nomadic civilizations 700 B.C. to A.D. 250". Volume II. UNESCO. 1994.

Jesse Allen, "Kashagan, Oil and Gas Field, Kazakhstan", NASA Earth Observatory, September 20, 2015.

John Helliwell, Richard Layard and Jeffrey Sachs "World Happiness Report 2016", UN Sustainable Development Solutions Network, New York, 2016.

Joseph Murphy, "NCOC Mulls Development Of Kashagan Satellites", FSUOGM, 28 February 2018.

______, "Turkmenistan's Floundering Offshore Strategy", FSUOGM - Former Soviet Union Oil & Gas, 07 August 2017, Week 30, Issue 942.

Kalikova & Associates Law Firm. "Business in the Kyrgyz Republic: Legal Aspect", informational and Reference Guide 2014. 2014.

Kaufmann, Daniel and Aart Kraay, "Governance Indicators: Where Are We, Where Should We Be Going?" Policy Research Working Paper 4370, World Bank Institute, 2007.

Kaufmann, Daniel, Aart Kraay and Massimo Mastruzzi, "Governance Matters VIII : Aggregate and Individual Governance Indicators 1996-2008", Policy Research Working Paper 4978, The World Bank Development Research Group Macroeconomics and Growth Team, June 2009.

Kochnakyan, A., Khosla, S.K., Buranov, I., Hofer, K., Hankinson, D., & Finn, J. "Uzbekistan energy/power sector issues note," International Bank for Reconstruction and Development / The World Bank, 2013, 11.

Konur Alp Kocak, "Water disputes in Central Asia: Rising tension threatens regional stability", European Parliamentary Research Service Blog, November 5, 2015

Laza Kekic, "How development is growth on the oil price?", The St. Petersburg Times. February 3, 2004.

Matthew Edwards, "The Great Game and the new great gamers: Disciples of Kipling and Mackinder," Central Asian Survey, Vol. 22, Issue 1. 2003. pp.83~102.

Ministry of National economy of the Republic of Kazakhstan Committee on Statistics. "Kazakhstan in figures 2016", Astana 2016.

Mona Haddad, Jamus Jerome Lim, Cosimo Pancaro and Christian Saborowski, "Trade Openness Reduces Growth Volatility When Countries Are Well Diversified", ECB, Working Paper Series, No 1491, November 2012.

Nienke Oomes, & Katerina Kalcheva (2007), "Diagnosing Dutch Disease: Does Russia Have the Symptoms?", IMF Working Paper No. 07/102

OECD NEA & IAEA, "Uranium 2016: Resources, Production and Demand", 2016,

Oil & Gas Journal, "Worldwide Look at Reserves and Production." December 7. 2015.

Oil & Gas Sector Analysis : Turkmenistan, Business Sweden, Kazakhstan, November 2016.

OPEC, "Annual Statistical Bulletin", 2016 & 2018.

Porter, M. E., 「The Competitive Advantage of Nations」, N.Y. Free Press, 1990. p.71~72.

Qaya Mammadov, "Turkmenistan positions itself as Eurasian natural gas power", Oil & Gas Journal. December 7, 2015. pp.76~83.

Raiser, M., Schaffer, M.E., Schuchhardt, J. 2004. "Benchmarking structural change in transition", Structural Change and Economic Dynamics, 15 pp.47~81.

Reinhart and Rogoff, "Growth in a Time of Debt" American Economic Review: Papers & Proceedings 100 (May 2010): 573 – 578. 2010.

Shang-Jin Wei, Corruption, composition of capital flows, and currency crises, Policy Research Working Paper Series 2429, World Bank. 2000.

State Committee of the Republic of Uzbekistan on Geology and Mineral Resources, "Mineral Resources of Uzbekistan and opportunities for project development" 2016.

______, "Status of the State Balance of Mineral Reserves of the Republic of Uzbekistan as of 01.01.2017"

Stephen G. Cecchetti et al., "The Real Effects of Debt" BIS Working Paper No. 352. 19. Oct 2011.

UN, "World Population Prospects The 2017 Revision", ESA/P/WP/248 Department of Economic and Social Affairs Population Division. UN 2017.

UNCTAD, "Investment Guide to the Silk Road 2014." 2014.

_______, "World Investment Report 2018 : Investment and New Industrial Policies", 2018.

UNDP, "Cost of doing business in Uzbekistan", Tashkent-2012.

______, Human Development Report. 2016.

______, "Invest in Uzbekistan". 2013.

UN SDSN, "World Happiness Report 2018". 2018.

USDA Foreign Agricultural Service, "Uzbekistan Cotton and Products Annual Report 2018", 4/1/2018.

US Geological Survey(USGS). "Mineral Commodity Summaries", January 2018.

______, 2014 Mineral Year Book : Kazakhstan, December 2017.

______, 2014 Mineral Year Book : Kyrgyzstan, August 2017.

______, 2014 Mineral Year Book : Russia, December 2017.

______, 2014 Mineral Year Book : Tajikistan, September 2017.

______, 2014 Mineral Year Book : Turkmenistan, August 2016.

______, 2014 Mineral Year Book : Uzbekistan, December 2017.

______, "Circum-Arctic Resource Appraisal: Estimates of Undiscovered Oil and Gas North of the Arctic Circle, 2008.

WEF, "The Global Competitiveness Report 2017~2018" . Geneva, 2017.

World Bank. "Doing Business", 2008, 2012 & 2018

______, "Global Gas Flaring Reduction Partnership(GGFR) : All flaring data (2013-17)"

______, "Kazakhstan : Enhancing the Fiscal Framework to Support Economic Transformation", Public Finance Review, November 2017.

______, "The Worldwide Governance Indicators: Aggregate Governance Indicators

1996- 2016".
______. "World Development Indicators database", 1 July 2018.
World Nuclear Association, World Uranium Mining Production(Updated July 2018)
World Silver Survey 2018, The Silver Institute & Thomson Reuters. 2018.
World Steel Association. World Steel in Figures 2018 & Steel Statistical Yearbook 2017.
WTO, "Trade Profiles 2018", 2018.
______, "World Trade Statistical Review 2018". 2018.
Yadong Luo. "Political Risk and Country Risk in International Business: Concepts and Measure." The Oxford Handbooks of International Business (2 ed), 2009.

<사이트>

국제기구 및 기관

경제협력개발기구(OECD) http://www.oecd.org/
국제무역센터(ITC) http://www.intracen.org/
국제무역센터 Trade Map https://www.trademap.org/Index.aspx.
국제통화기금(IMF) https://www.imf.org/external/index.htm
국제투명성기구(Transparency International) https://www.transparency.org/
세계경제포럼(WEF) https://www.weforum.org/
세계무역기구(WTO) https://www.wto.org/
세계은행(WB) http://www.worldbank.org/
세계은행 기업환경평가(Doing Business) http://www.doingbusiness.org/
스위스국제경영개발원(IMD) https://www.imd.org/
아시아개발은행(ADB) https://www.adb.org/
유엔무역개발협의회(UNCTAD) https://unctad.org/en/Pages/Home.aspx
유엔개발계획(UNDP) http://www.undp.org/

러시아

가이다르연구소(Gaidar Institute for Economic Policy) https://iep.ru/ru.html
러시아 경제발전부 http://economy.gov.ru/minec/main

러시아 경제전문가그룹(ЭЭГ) http://www.eeg.ru/
러시아 관세청 http://www.customs.ru.
러시아 국가금융시장참여자협회 http://www.naufor.ru/
러시아 에너지부 http://minenergo.gov.ru/
러시아 위키페디아 https://ru.wikipedia.org/wiki/
러시아 재무부 https://www.minfin.ru/ru/
러시아 중앙은행 : http://www.cbr.ru/
러시아 지리 : https://www.z-rus.ru/o_russia.php
러시아 통계청 : http://www.gks.ru/
러시아 천연자원환경부 http://www.mnr.gov.ru/
레바다센터 Левада–центр http://www.levada.ru/
로스비즈니스컨설팅 https://www.rbc.ru/
모스크바시투자포탈 Инвестиционный портал Москвы, https://investmoscow.ru/
유라시아경제연합(EAEU)위원회 http://www.eurasiancommission.org/
Национального Рейтингового Агентства http://www.ra-national.ru/

중앙아시아
우즈베키스탄 경제부 https://mineconomy.uz/ru
우즈베키스탄 국가통계위원회 https://stat.uz/ru/
우즈베키스탄 중앙은행 http://www.cbu.uz/ru/

카자흐스탄 경제부 http://economy.gov.kz/
카자흐스탄 국립은행(중앙은행) http://www.nationalbank.kz/
카자흐스탄 통계위원회 http://stat.gov.kz/
Деловой журнал “Казахстан”. http://investkz.com/

키르기스스탄 경제부 http://mineconom.gov.kg/ru
키르기스스탄 국가통계위원회 http://www.stat.kg/ru/
키르기스스탄 국립은행(중앙은행) http://www.nbkr.kg/index.jsp?lang=RUS

타지키스탄 경제개발-무역부 http://www.medt.tj/ru/
타지키스탄 국가통계청 https://www.stat.tj/ru
타지키스탄 국립은행(중앙은행) http://www.nbt.tj/ru/

투르크메니스탄 국가통계위원회 http://www.stat.gov.tm/ru/
투르크메니스탄 중앙은행 http://www.cbt.tm/ru/index.html

중앙아시아 지리포탈사이트 Central Asian Geoportal
http://cac-geoportal.org/en/index.php
________, Kazakhstan, http://www.geoportal-kz.org/
________, Kyrgyzstan, http://www.geoportal-kg.org/
________, Tajikistan. http://www.geoportal-tj.org/